CES BONNES LETTRES

Une correspondance familiale au XIXe siècle

Bibliothèque Albin Michel
Histoire

CÉCILE DAUPHIN
PIERRETTE LEBRUN-PÉZERAT
DANIÈLE POUBLAN

CES BONNES LETTRES

Une correspondance familiale au XIXe siècle

Préface de Roger Chartier

Ouvrage publié avec le concours
du Centre national des Lettres

Albin Michel

22, rue Huyghens, 75014 Paris.

ISBN 2-226-07605-0
ISSN 1158-6443

Sommaire

CES BONNES LETTRES

Préface

Depuis une dizaine d'années, au fil des colloques [1], des numéros spéciaux de revues [2], des publications de documents inédits [3], l'étude des correspondances ordinaires a connu un bel envol. L'épistolarité « sans qualités » (du moins sans les qualités qui ont fait considérer comme dignes de la littérature les lettres de certains épistoliers et épistolières, mués en auteurs à part entière) est devenue un objet majeur. Croisant l'histoire des normes et la sociologie des pratiques, la description des formes de sociabilité et l'écoute des aveux d'intimité, l'analyse des lettres qui appartiennent à un quotidien banal et commun s'est affirmée comme l'un des plus sûrs moyens pour pénétrer, comme par effraction, dans les existences privées.

Dans cette invention d'un nouveau domaine de recherche, Cécile Dauphin, Pierrette Lebrun-Pézerat et Danièle Poublan (toutes trois membres du Centre de recherches historiques de l'École des Hautes Études en sciences sociales) ont tenu un rôle discret mais essentiel. Ce sont, en effet, leurs contributions qui ont donné sa charpente à un ouvrage collectif, publié en 1991, sous le titre *La Correspondance. Les usages de la lettre au XIXe siècle* [4]. Dans ce livre, chacune d'entre elles a mené l'étude d'un corpus particulier : les « secrétaires » ou manuels épistolaires, publiés en nombre (195 titres, 616 éditions) entre 1830 et 1899, pour Cécile Dauphin ; l'ensemble des 750 lettres expédiées de Paris entre 1830 et 1865 conservées dans la collection des Marques postales du musée de la Poste pour Danièle Poublan ; les lettres de postiers et postières publiées dans le courrier des lecteurs du *Journal des Postes* entre 1865 et 1914 pour Pierrette Lebrun-Pézerat. Ensemble, elles ont dépouillé, traité informatiquement et analysé l'immense enquête postale de 1847 (343 volumes conservés aux Manuscrits français de la Bibliothèque nationale) qui permet de dresser une cartographie de la correspondance à la mi-XIXe siècle, de mesurer son volume et ses flux, d'établir ses régularités et ses raisons.

Le livre que proposent aujourd'hui les trois auteurs est comme l'envers de ce premier ensemble de recherches. Aux comptages statistiques, massifs et anonymes, il oppose la lecture minutieuse de lettres singulières. À la description des normes et des conventions épistolaires, une attention portée aux pratiques effectives. À des correspondances principalement vouées aux affaires, les échanges affectueux entre les membres d'une parentèle. Aux lettres écrites pour devenir publiques, des correspondances qui ne doivent circuler qu'au sein du for familial. C'est pourtant sur la trame du savoir préalablement construit, qui entendait, avant tout, dénouer le lien trop hâtivement serré entre la lettre et le sentiment, la correspondance et l'intimité, que sont lus les milliers de lettres rencontrés un jour d'avril 1988 chez M. Froissart à Campagne-lès-Hesdins.

De la rencontre, ce livre est né. Il ne constitue pas la première étude consacrée aux correspondances familiales. D'autres, excellentes, l'ont précédée [5]. Mais il opère un déplacement fondamental dans la façon de les aborder. Son hypothèse de départ est que la matière essentielle de l'échange épistolaire est l'écriture des lettres elles-mêmes. Le contenu informatif des missives, le plus souvent très restreint puisque la plupart n'annonce aucune « vraie » nouvelle, compte moins que leur existence. L'analyse doit donc abandonner l'approche classique, thématique et descriptive, qui lit les correspondances comme des « documents » révélant les manières de vivre, l'existence quotidienne, les habitudes et les conduites.

Les pratiques qu'il faut mettre au centre de l'enquête sont, avant tout, celles qui portent l'écriture des correspondances [6]. De là, la définition de nouveaux objets : ainsi les représentations, dans les lettres elles-mêmes, des conditions de leur rédaction, ou les figures de la permanente réitération de ce que les auteurs désignent, au prix d'un heureux détournement de concept, le « pacte épistolaire » [7], ou encore la progressive constitution du réseau de correspondances chargé de démontrer la force et la solidité du groupe familial. La rupture à laquelle nous convient Cécile Dauphin, Pierrette Lebrun-Pézerat et Danièle Poublan fait passer des énoncés – en l'occurrence les contenus des lettres – aux situations et aux modes de l'énonciation épistolaire.

Le parti, rigoureusement suivi, a ses conséquences. Il amène, par exemple, à séparer le récit de l'histoire de la famille et l'étude des correspondances, sans déduire, à la manière habituelle, l'un de l'autre. Il éloigne de toute reconstitution des destins singuliers, des psychologies individuelles, des modes d'existence. Il met en garde contre l'illusion de vérité ou de réalité attachée à l'écriture épistolaire, supposée traduire avec une évidente transparence les pensées et les sentiments, les gestes et les actions. Le pas de côté qui nous est proposé a donc quelque austérité puisqu'il refuse de sonder les cœurs et les âmes, de dire les existences enfuies, de retrouver, en toute immédiateté, un monde perdu.

Mais cette austérité a ses vertus. Elle montre, tout d'abord, qu'une correspondance familiale est toujours le résultat d'une construction, donc de tris, de destructions, d'archivages. Le matériau donné à l'historien enregistre la succession des gestes qui, de génération en génération, ont constitué une partie de toutes les lettres écrites et reçues en témoins de l'identité familiale. Le hasard peut avoir son rôle dans les disparitions et les conservations mais il ne faut pas l'exagérer. Toutes les lettres, en effet, n'ont pas une égale chance de survie. Les conditions les meilleures sont réunies lorsque le destinataire assume la tâche de porte-parole ou d'archiviste de la mémoire familiale, lorsque les lettres proviennent de parents proches, lorsque la résidence familiale demeure stable au fil des décennies. Léguées et héritées, rassemblées et ordonnées, les correspondances expédiées ou reçues par les membres d'une même famille (et, le plus souvent, échangées entre eux) acquièrent un nouveau statut, une nouvelle fonction : garantir à travers des temps qui changent la continuité et la stabilité de la lignée. Étudier une correspondance familiale est donc, en premier lieu, reconstruire la série d'intentions et de décisions qui l'ont constituée dans son état actuel. Si les lettres prises séparément peuvent être rapportées au seul moment de leur rédaction et de leur envoi, leur rassemblement dans une même archive exige un autre déchiffrement, attentif aux significations dont est investi le geste de la collection.

Chaque lettre, en décrivant le moment et le lieu de sa rédaction, en mentionnant d'autres lettres (reçues, attendues, espérées), fait du « pacte épistolaire » son objet premier. Sensibles dans ce travail comme dans d'autres à la construction de la différence sexuelle [8], les auteurs marquent avec beaucoup de subtilité le contraste entre les représentations proposées par les femmes et les hommes. Les premières, qui tiennent souvent le rôle d'épistolière familiale, mettent en scène une écriture qui n'a pas de lieu propre dans la maison, qui est toujours entourée ou interrompue par la présence des autres, en particulier des enfants, qui rappelle l'exigence du devoir épistolaire, inculquée dès l'enfance aux petites filles écrivant sous la surveillance de leur mère. Les seconds, qui dérobent au temps des affaires les moments consacrés à la correspondance familiale, insistent au contraire sur la solitude de leur écriture, dans leur bureau ou en voyage. Les unes et les autres, dans le monde bourgeois qui est le leur, connaissent les normes et les conventions qui doivent gouverner la rédaction de toute lettre. Mais tous et toutes savent aussi que l'art épistolaire implique, non l'imitation besogneuse de modèles scrupuleusement respectés, mais l'aisance et le naturel. Ils jouent donc avec liberté de codes suffisamment intériorisés pour être bousculés – une liberté plus ou moins audacieuse selon ce que permet la proximité de parenté, d'âge et de condition qui existe entre les épistoliers.

Dans la longue durée, les correspondances familiales sédimentent une mémoire. Dans le moment de leur écriture, elles forment un réseau qui inscrit l'existence particulière de l'individu et de ses proches dans les solidarités d'un « front de parenté ». Les échanges épistolaires, tissés entre les membres de la famille, sont un moyen privilégié pour sauvegarder des liens que l'éloignement met en péril. La lettre, régulière, obligée, manifeste à chacun, à chaque fois, l'existence d'une communauté constamment rendue présente par les services demandés, les commissions réciproques, matérielles ou affectives, le respect, souligné ou réclamé, de l'engagement épistolaire. Parfois écrite à plusieurs mains, plus souvent encore lue à plusieurs voix, transmise, recopiée, la lettre de la correspondance familiale n'est pas le lieu des épanchements intimes. Elle impose une grande retenue, de sévères censures, levées seulement lorsque celui (ou celle) qui l'écrit est sûr de la discrétion de son correspondant. La tentation de la confidence personnelle affleure souvent, tout comme celle d'aveux plus intimes, permis par l'affinité entre deux âmes. Mais dans les lettres soigneusement préservées par M. Froissart, la réserve reste grande. Comme si, prise entre les exigences du réseau familial et l'aspiration à la complicité, la correspondance familiale ne pouvait qu'écarter les expressions les plus directes de l'affectivité.

Pourtant, dans les lettres que ce livre nous invite à lire, les émotions, les désirs, les élans ne sont pas absents. Euphémisés par pudeur, dissimulés derrière les conventions, celles d'un langage qui ose peu et celles d'une sociabilité qui demande beaucoup, les sentiments sont toujours à fleur de lettre. La correspondance familiale n'étouffe pas la tentation de l'intime, mais elle l'enserre dans les formes et les obligations qui sont les siennes. Pour approcher le secret des êtres, il ne faut donc pas montrer trop de hâte. Il n'est donné qu'à ceux et à celles qui, comme Cécile Dauphin, Pierrette Lebrun-Pézerat et Danièle Poublan, savent reconnaître sous les mots obligés les battements des cœurs.

ROGER CHARTIER

NOTES

1. Citons, comme jalons essentiels, les actes des colloques suivants : *Écrire, publier, lire les correspondances (problématique et économie d'un « genre littéraire »)*, sous la direction de Jean-

Louis Bonnat et Mireille Bossis, Nantes, Publications de l'Université de Nantes, 1984 ; *Les Correspondances inédites*, sous la direction d'André Françon et Claude Goyard, Paris, Économica, 1984 ; *Des mots et des images pour correspondre*, sous la direction de Jean-Louis Bonnat, Nantes, Publications de l'Université de Nantes, 1986 ; *L'Épistolarité à travers les siècles. Geste de communication et/ou d'écriture*, sous la direction de Mireille Bossis et C. A. Porter, Stuttgart, Franz Steiner Verlag, 1990 ; *Expériences limites de l'épistolaire : lettres d'exil, d'enfermement, de folie*, sous la direction d'André Magnan, Paris, Honoré Champion, 1993, et *La Lettre à la croisée de l'individuel et du social*, sous la direction de Mireille Bossis, Paris, Éditions Kimé, 1994.

2. Parmi les plus importants, il faut noter « Lettres d'écrivains », *Revue des Sciences Humaines*, n° 195, 1984 ; « La lettera familiare », *Quaderni di Retorica e Poetica*, n° 1, 1985 ; « Men/Women of Letters », *Yale French Studies*, n° 71, 1986 ; « Lo spazio della lettera », *Igitur*, n° 1, 1991 ; « La lettre d'amour », *Textuel*, n° 24, 1992, et « Écrire à l'écrivain », *Textuel*, n° 27, 1994.

3. À titre d'exemples *Marthe*, Paris, Éditions du Seuil, 1982 ; *Émilie*, Paris, Éditions du Seuil, 1985 ; *Les Lettres d'Hélène*, Paris, Éditions Hermé, 1986, et Roger d'Amécourt, *Le Mariage de Mademoiselle de la Verne*, Paris, Librairie Académique Perrin, 1987.

4. *La Correspondance. Les usages de la lettre au XIXe siècle*, Paris, Fayard, 1991. Voir les contributions de Cécile Dauphin, Pierrette Lebrun-Pézerat et Danièle Poublan, avec la collaboration de Michel Demonet, « L'enquête postale de 1847 », p. 21-119, de Cécile Dauphin, « Les manuels épistolaires au XIXe siècle », p. 209-272, de Danièle Poublan, « Affaires et passions. Des lettres parisiennes au milieu du XIXe siècle », p. 373-406, et de Pierrette Lebrun-Pézerat, « La lettre au journal. Les employés des Postes comme épistoliers », p. 427-449.

5. Citons les recherches de Rambert George, *Chronique intime d'une famille de notables au XIXe siècle. Les Odoard de Mercurol*, Lyon, Presses Universitaires de Lyon, 1981, de Caroline Chotard-Lioret, *La Socialité familiale en province : une correspondance privée entre 1870 et 1920*, thèse de doctorat de 3e cycle, Université Paris V, 1983, et « Correspondre en 1900, le plus public des actes privés, ou la manière de gérer un réseau de parenté », *Ethnologie française*, XV, 1985, n° 1, p. 63-71, de Marie-Claire Grassi, *Correspondances intimes (1700-1860). Étude littéraire, stylistique et historique*, thèse de doctorat d'État, Université de Nice, 1985, « Des lettres qui parlent d'amour », *Romantisme. Revue du XIXe siècle*, « Amour et société », n° 68, 1990, p. 23-32, et *L'Art de la lettre au temps de la Nouvelle Héloïse et du romantisme*, Genève, Éditions Slatkine, 1994.

6. C'est une même intention, appliquée à d'autres pratiques d'écriture, qui porte l'enquête *Écritures ordinaires*, sous la direction de Daniel Fabre, Paris, Centre Georges Pompidou, Bibliothèque Publique d'Information/Éditions P.O.L., 1993.

7. Le concept ainsi détourné est celui de Philippe Lejeune, *Le Pacte autobiographique*, Éditions du Seuil, 1975.

8. Voir dans l'ouvrage collectif *Madame ou mademoiselle ? Itinéraires de la solitude féminine XVIIIe-XXe siècle*, Paris, Montalba, 1984, les contributions de Cécile Dauphin, « Un excédent très ordinaire. L'exemple de Châtillon-sur-Seine en 1851 », p. 75-94 et « Histoire d'un stéréotype : la vieille fille », p. 207-231, et celle de Pierrette Pézerat et Danièle Poublan, « Femmes sans maris. Les employées des Postes », p. 117-162. Cf. aussi la contribution de Cécile Dauphin, « Femmes seules », dans *Histoire des femmes en Occident*, sous la direction de Georges Duby et Michelle Perrot, tome 4, *Le XIXe siècle*, sous la direction de Geneviève Fraisse et Michelle Perrot, Paris, Plon, 1991, p. 445-459, et la participation de Pierrette Lebrun-Pézerat et Cécile Dauphin à l'élaboration de l'article collectif, tout à fait fondamental dans l'histoire des femmes, « Culture et pouvoir des femmes : essai d'historiographie », *Annales E.S.C.*, mars-avril 1986, p. 271-293.

Introduction

Respiration de l'instant, suspendue entre un avant et un après, la lettre ne rompt pas « pour la première fois le silence d'un monde muet de toute éternité[1] ». Elle n'est qu'un maillon dans une chaîne sans début ni fin. Elle suppose l'existence d'énoncés antérieurs auxquels son propre énoncé se rattache. Elle se fait l'écho d'interrogations et de réponses implicites. Elle naît au point de contact entre l'expression individuelle et les circonstances d'une situation précise. L'époque, le milieu social donnent le ton.

À ce titre, la lettre de Caroline à sa cousine Isabelle est une des introductions possibles à la correspondance Mertzdorff, point d'entrée particulier dans l'écheveau des relations et le déroulement du temps*.

Mardi 30 Mars 1858

Pardon ! pardon ! ne te fâche pas, ne me gronde pas, ne me boude pas, ne me punis pas car je reconnais ma faute, humblement je l'avoue ; en tremblant, je demande à en être accusée ; 15 jours sans écrire ! quel crime abominable mais au lieu de mourir, je trouve que le meilleur moyen d'expier mon forfait, c'est de prendre ma plume et mon papier et de t'envoyer une bonne petite causerie qui, je l'espère, préviendra l'orage. Un seul mot d'excuse et d'explication l'affaire M. a reparu sur l'horizon, d'une manière plus grave, tant d'idées se sont pressées dans ma tête depuis 10 jours que je ne pourrais y faire entrer autre chose ; je ne te donne pas d'explication car les écrits restent ; je suis bien contente que l'oncle H. ait été ici ; il est si bon, si affectueux et de si sage conseil, pourtant rien n'est fait, retiens le, seulement en marche.

Que n'es-tu ici ma petite Isabelle car je te dirais tout, mais pour toi. Je suis

* Nous avons choisi de respecter scrupuleusement l'orthographe des « auteurs » – et tous les défauts éventuels : absence de ponctuation et de capitales, abréviations, etc. Cependant, pour les citations, afin de faciliter la lecture, ponctuation et orthographe ont été rétablies.

bien agitée, bien préoccupée peut être pour rien et le bon Dieu seul sait ce qui m'est réservé.

Ta lettre m'a fait grand plaisir, tu le savais bien car tu sais comme tout ce que tu fais ou ce qui t'occupe m'interesse. Tu es bien, bien gentille dans ta si gracieuse manière de m'inviter à aller au Hâvre ; si cela se pouvait, ce serait un vrai bonheur pour moi, car je l'aime tant cette chère Côte et ses habitants ; j'y ai été si heureuse qu'en tous cas elle restera dans mon esprit et même dans mon cœur comme un de ces bons et doux souvenirs qu'on aime à retrouver et à reprendre lorsque quelqu'une des traverses de cette vie vous mène aux idées noires et qu'il faut un beau rayon de soleil pour les chasser.

Ce qui me réjouit fort, c'est de penser que toi, tu vas nous venir il faudra tâcher de nous voir beaucoup et comme moi je ne suis toujours pas des plus solides, c'est toi ma vieille qui viendra t'installer dans ma petite chambre, cette semaine on lave mes rideaux ce que ma maladie avait rendu très nécessaire et je vais être toute blanche et fraîche pour recevoir ma chère petite cousine que ce sera si bon d'écouter, d'embrasser, de taquiner et de fatiguer de bavardages.

Il me semble que je n'ai pas grand chose à te dire parce que dans ce moment, pour moi, tout ce qui ne se rapporte pas à la chose, n'est pas une chose, tu comprends ? je n'ai rien fait, rien vu, mais j'ai beaucoup entendu et pour mon malheur le petit bec de ma plume ne peut tout te répéter. Nos Dimanches ont été fort calmes, une fois l'oncle Henri a diné à la maison mais il n'y a eu presque personne le soir. Je ne suis pas du tout sortie que pour aller chez mes amies qui ont aussi la tête fort à l'envers elles ont pourtant retrouvé assez de bon sens pour me charger de mille choses pour toi, elles sont fort contentes de penser qu'elles te verront.

Tout ce que tu m'as raconté sur ta pauvre femme m'a interessée et bien touchée : pauvre créature ! combien il doit être dur de penser qu'on laisse après soi un petit être abandonné, il n'y a que Dieu qui puisse donner le courage nécessaire pour soutenir d'aussi rudes combats. Le mariage Q. est retardé n'est-ce pas ? ils ont perdu un oncle, et Arthur a été souffrant. Le carême passé, vous allez ravoir des soirées, sans doute car le printemps n'est pas bien avancé ; ce sera joliment agréable pour toi d'avoir Edmond.

Mercredi

Hier mes amies sont venues ; nous avons eu Mr Fröhlich à diner et ma lettre n'a pu partir, si je t'ai écrit promptement la dernière fois, cette fois-ci est une triste compensation ; décidément je ferme et j'envoie seulement une recommandation il n'y a rien de fait pour ce que tu sais je t'en prie ne laisse pas trotter l'imagination. Au revoir, mille pardons et tendresses et sois sûre de l'amitié de ta vieille Crol.

Je te promets un bon dédommagement la semaine prochaine

X O

Tel le fil d'Ariane indiquant des repères dans une histoire à découvrir, cette lettre pourrait nous diriger dans le dédale de la correspondance Mertzdorff : quelque trois mille lettres conservées qui, bon an mal an, retracent l'histoire de cinq générations, depuis la venue à Paris du grand-père de Caroline en pleine Révolution, André Constant Duméril, jusqu'aux diverses péripéties vécues par ses petits-enfants sur le front de la guerre de 14.

Au cœur de cette saga familiale, l'alliance de la famille Duméril à un industriel alsacien, Charles Mertzdorff, ou « l'affaire M. » nommée dans la lettre du 30 mars 1858. En effet, le 20 avril aura lieu la rencontre des futurs, Charles et Caroline, au Jardin des Plantes, le 11 juin, la signature du contrat, le 15 juin, le mariage et le départ du couple pour l'Alsace.

La lettre de Caroline prise isolément révèle les inquiétudes de la jeune fille à la veille d'un projet de mariage arrangé. Elle lève un coin du voile sur la vie quotidienne au Jardin des Plantes à l'époque de Napoléon III : ambiance familiale feutrée, faite de chuchotements et de soumission ; intimité affectueuse entre cousines, nourrie d'échanges épistolaires ; vie mondaine raisonnable insérée dans un calendrier bien rempli, qui ménage repas dominicaux, rencontres amicales et visites aux pauvres gens...

La découverte d'une lettre incite toujours à raconter : l'histoire même de sa découverte, l'histoire de ceux qui ont écrit, l'histoire des événements qu'elle évoque. L'attrait tient dans le suspens, dans le déchiffrage des énigmes. La lettre invite à en savoir plus, à entrer dans la correspondance, à s'en imprégner, à pénétrer le secret des êtres et des familles. Sur cette histoire nous reviendrons.

TRACES

S'il est vrai qu'« on écrit l'histoire pour ne pas la raconter[2] », il faut de toute façon dresser une toile de fond. Cette chronique rapide en constitue la trame la plus simple, l'introduction la plus élémentaire, sur laquelle il ne s'agit pas non plus de broder une saga familiale, ni des séries de portraits. En effet, ces genres sont avides de traces visibles et, ô combien ! de correspondances, qui deviennent preuves ou indices, au gré des auteurs. Semblant se tenir au plus loin du document officiel et du discours construit, la citation épistolaire produit cet « excès de sens[3] » que la palpitation de l'être insuffle aux lambeaux de textes conservés. Les correspondances se prêtent avec force et conviction à cet usage des citations. Telles des kaléidoscopes, elles peuvent produire d'infinies combinaisons d'images aux contours mouvants et aux couleurs changeantes. Mais si toute écriture, comme le soutient Antoine Compagnon[4], est collage et glose, citation et commentaire, ce travail tel qu'il opère dans le genre biographique ne donne pas véritablement accès aux textes originaux dont on risque de perdre le sens à force de coups de ciseaux et de greffages trop esthétiques.

Entre une histoire de famille et la correspondance accumulée au fil des années, existe un rapport complexe et ambigu : celui qui relie des itinéraires singuliers et mêlés, et les traces qu'ils ont laissées. Entre les désirs à peine avoués, les aspirations confuses, les frustrations et les envies, et leur expression émiettée dans des lettres, bridée par les convenances et décantée par le temps, quelles résonances le lecteur peut-il saisir ?

Comme n'importe quelle source, la correspondance familiale n'est pas exempte de mécanismes d'illusions et ne peut être tenue pour évidente. Du côté des épistoliers, chacun s'efforce de donner sens au monde qui est le sien et construit sa propre version de la réalité où s'enchevêtrent l'événement et les petits riens qui tissent la trame quotidienne. Le temps aussi fait œuvre de magicien. Les lettres exhumées des greniers, placards et tiroirs, ne revivent pas, telle la Belle au Bois dormant, dans leur fraîcheur originale et leur spontanéité lumineuse. Les ruptures de temps et d'espace qui ont rythmé leur production sont effacées. Les pointillés de la vie, reliés par des fils invisibles, s'étirent aujourd'hui en un ensemble unique et continu. Par son intervention, le chercheur, enfin, qui classe, découpe, ajuste et rapièce, suggère une nouvelle lecture, en partie soufflée par le questionnement historiographique du moment. Voire, il donne sens au corpus en fonction de sa propre expérience épistolaire.

La correspondance est donc un objet historiquement construit, inscrit dans le temps et dans l'espace social, depuis la naissance, une à une, des lettres éparses, jusqu'à leur découverte, une fois réunies en un tout indissociable.

Une fois attestée cette distance entre le vif de l'existence et ses empreintes laissées dans l'histoire, entre l'éphémère du quotidien et ses expressions sauvées des feux et des corbeilles à papier, qui peut prétendre connaître la voie pour la réduire et en saisir toutes les ramifications ? On pourra compter les lettres conservées, identifier les interlocuteurs, dater, situer, décrypter jambages, pleins et déliés, trier pépites et scories, classer le vocabulaire, répertorier les thèmes, nommer les êtres et les choses... Utiles et légitimes, ces opérations laisseront sans doute filtrer des rayons du passé, vacillants comme la lumière des étoiles éteintes, qui nous parvient encore. Le romancier ne s'embarrasse guère de ces traces, lui qui est capable de donner vie à ses personnages par la seule magie de l'imagination. La fiction dépasse la réalité, nul ne le conteste. Mais l'historien n'est pas fabuliste. Si l'opération historiographique[5] ne peut s'émanciper du récit et de ses procédures techniques, elle n'en est pas moins investie d'un statut épistémologique propre qui vise à mettre en relation divers indices du passé pour produire un savoir. Il apparaît surtout que cette réalité « refigurée » n'est pas une, mais plurielle. Plausible et fragmentaire. Face aux archives-correspondances, l'intelligibilité du passé doit se faire encore plus modeste. Plus que tout autre document, elles fascinent par leur aura de spontanéité, du dire vrai. Parce qu'elles se fabriquent au fur et à mesure des situations vécues, elles semblent, dans le filet des mots sagement alignés, charrier le goût du vivant. Pourtant, contrairement aux apparences, les lettres, même les plus simples, forment chacune un récit dont la pertinence émane d'une reconstitution d'éléments épars, comme autant de morceaux de puzzle à replacer dans les trames biographiques, comme autant de témoignages à décrypter. « Témoins malgré eux » de leur temps, pour reprendre la formule de Marc Bloch [6], les épistoliers ne disent pas toute la vérité, rien que la vérité. Les vestiges de leur passage, précieux mais fragiles, ne montrent pas ce qui s'est passé là, ne dévoilent pas les intentions conscientes ou inconscientes. Ils ne peuvent donner qu'une image éclatée et orientée du réel. Certes, « on ne ressuscite pas les vies échouées en archive [7] ». Mais dès lors qu'on admet qu'il faut « se tenir loin de l'archive-reflet où l'on ne puise que des informations et de l'archive-preuve qui achève des démonstrations [8] », se pose la question de la manière de restituer du sens, de produire une intelligibilité. La fascination qu'exercent les correspondances, n'expose-t-elle le lecteur qu'à « une errance à travers les mots d'autrui [9] » ? Risque que nous n'avons cessé d'évaluer à chaque étape du traitement des lettres, depuis leur découverte, le déchiffrage et la saisie sur ordinateur, jusqu'aux découpages transversaux de séquences significatives. Risque assumé finalement en proposant une mise en texte qui en préserve la pertinence.

OBJECTIF

Puisque les traces ne peuvent parler d'elles-mêmes, il faut en produire un nouvel agencement, les organiser de telle sorte qu'on puisse comprendre mieux les raisons qui ont fait que la pratique épistolaire ait pu s'inscrire dans des temps et des espaces sociaux spécifiques, tout en conservant une étonnante stabilité à travers l'histoire, mais en recouvrant en fait des fonctions extrêmement variables. Il suffit de rappeler ici que le terme même de correspondance désignant un échange réciproque et continu de lettres s'est appliqué en premier lieu aux négociants ainsi que le montre l'exemple proposé par Furetière (1690) : « c'est un grand négociant qui a des correspondances par tout ». La lettre personnelle a d'abord été une lettre traitant d'affaires, tandis que la lettre dite intime s'est affirmée avant tout comme genre littéraire à partir de la figure emblématique de Mme de Sévigné. La question est alors de savoir comment ce double héritage a évolué au XIXe siècle et comment il a été géré par les familles.

Dans cette longue histoire de la correspondance qui reste à faire, l'analyse d'un corpus particulier permet de poser quelques jalons. L'objectif, dans ce cas précis d'une famille du XIXe siècle, est de saisir la dynamique en vertu de laquelle chaque lettre émerge des ruines d'un vécu, d'instants irrémédiablement perdus, tout en sauvant aussi ce vécu fugitif selon des dispositifs qui édifient peu à peu ces lettres en correspondance et cette correspondance en archives (et en livre).

Comprendre mieux, c'est donc cerner l'opération qui unifie une action entière (tenir et conserver une correspondance), sans perdre de vue la combinaison de circonstances, de mots, d'approches, plus ou moins issue de la volonté de chacun. Entre l'éphémère dissous dans la conscience des intéressés et les objets qui durent au-delà du moment de l'échange, s'opère un tri qui procède autant des pratiques sociales que de l'usure du temps. Comme des galets qui ricochent et déclenchent un écho de loin en loin, de lettre en lettre, ces traces finissent par esquisser une histoire, une culture, une société. Dès lors, l'éphémère n'est plus à ranger au rayon du futile et de l'insignifiant. Soumis à l'épreuve de l'écriture épistolaire, il vient illustrer, en même temps qu'il les fonde, les règles d'une grammaire sociale, autant qu'on puisse en dégager les formes et l'enchaînement.

Dans cette perspective, s'est imposée l'idée de lier dans une même présentation, traces et interprétation, édition d'un choix de lettres et analyse d'une pratique.

ÉDITER DES LETTRES ORDINAIRES

À l'écoute des bribes de récits, naît l'émotion. Au gré des mots et des silences, se profilent des silhouettes peu à peu familières. Aucune glose, aucun découpage ni assemblage de citations ne saurait mieux apprivoiser le lecteur que le texte même des lettres, et tout le texte, jusque dans ses méandres obscurs. Il va de soi que cette exigence d'exhibition et d'exhaustivité ne peut pas concerner l'ensemble du corpus qui réunit près de trois mille lettres. Si une lecture littérale apparaît comme condition première à la compréhension, il reste cependant à sélectionner, ou plutôt à prélever dans les différentes strates la carotte géologique révélatrice de l'ensemble de la sédimentation. Un tel prélèvement, plus intuitif que raisonné, prend valeur d'expérience dans ce genre éditorial.

En effet, dans le vaste horizon de l'édition de correspondances, les lettres ordinaires ont fait une entrée récente, remarquée mais fragile. C'est seulement dans la décennie 1980 que l'écriture émanant de personnes « sans qualités », au sens que Robert Musil a donné à cette expression, c'est-à-dire « sans ces qualités exceptionnelles [qui les] distinguent du commun », a brigué le droit à l'édition. Le terrain avait été préparé : en particulier par l'intérêt porté à la face cachée et privée de l'histoire, qui rend digne d'être publiés, montrés au public, tous les écrits périphériques de l'œuvre, comme trésor d'écriture jaillissante, naissante, inachevée. Dans cette promotion de la vie privée et de l'intime [10], les correspondances sont tenues pour laboratoire de l'œuvre, préface à la vie, coulisse de l'événement. Ainsi, les éditions de correspondances littéraires, artistiques ou politiques, deviennent de plus en plus exhaustives, le nom et le rôle joué dans l'histoire légitiment et valorisent toute forme de production écrite jusqu'au plus petit billet : toute trace écrite devient signe, symptôme à interpréter.

Portées par la problématique du privé et de l'attention accordée aux gestes quotidiens, les correspondances ordinaires sont entrées dans le cénacle de l'imprimé. Mais comme l'intrus au royaume des élus, elles sont soumises à une opération de catharsis, et à l'inverse des « grandes » correspondances, dépouillées des détails incongrus ou obscurs, épurées en somme. Cette distinction semble tracer une nouvelle frontière entre le territoire de l'expertise qui travaille sur toutes les pièces du dossier, et l'horizon indifférencié du sens commun à qui on fait entendre la musique, ou l'histoire, sans montrer l'orchestration, ou les mécanismes.

Faut-il pour autant assigner un statut différent aux correspondances des « grands » acteurs, ceux du devant de la scène, et à celles des « petits », les figurants ? L'inévitable hiérarchie entre les empreintes laissées dans l'histoire, identifiables à des rôles, des qualités d'expression, ne doit pas faire éluder la question des conditions historiques de la production épistolaire et des modalités de son appropriation culturelle. À savoir, comment se fait et se défait une certaine conception de la correspondance et comment cet habitus traverse diverses couches aisées et cultivées de la société. Ainsi, anonymes ou célèbres, les textes eux-mêmes ne sont plus seulement des « sources », grandes ou petites, prolixes ou murmurantes, mais des témoins de leur temps également dignes d'intérêt, ne serait-ce que par le partage de ces pratiques épistolaires.

Pensons à Madame de Maraise, à Marthe, à Émilie, à Caroline B., à Hélène, à Mademoiselle de la Verne, et aux autres [11]... Leur entrée sur la scène éditoriale a été entendue comme « les voix des exclus de l'Histoire officielle », comme « sources vives du temps vécu [12] ». Mais au moment de pénétrer au « royaume de l'imprimé », les manuscrits privés, encore tout embrumés du mystère de leur découverte, sont soumis au « rituel des valeurs déclarées[13] ». Leur déballage dans le domaine public doit être justifié. Singularité ou exemplarité, différence ou banalité, peu importe finalement l'argument qui revient peu ou prou à célébrer l'avènement du quotidien, de la parole anonyme, du détail et de l'intime dans l'historiographie. Il reste que la chirurgie esthétique appliquée à ces correspondances, pour raison de lisibilité, opére un changement de statut et de destination[14]. Elle tend à constituer une intrigue avec un ensemble d'incidents fragmentés et dispersés, et à en suggérer une lecture romanesque. La présentation linéaire d'un « alors et alors », « et ainsi de suite » ne s'obtient qu'au prix de schématisations et d'enchaînements pointant des événements donnés comme significatifs.

Les correspondances ordinaires, à l'exemple des histoires de vie, se sont engouffrées dans la brèche du goût pour le caché et le vivant. Elles connaissent la même vogue et les mêmes avatars. L'« illusion biographique[15] » dont se nourrissent l'un et l'autre genres en a déplacé le sens. Si les lettres comme les récits biographiques sont l'écho d'une réalité fractionnée dans le quotidien et dans l'éphémère, leur agencement en intrigue produit une histoire qui introduit intention et cohérence là où elles n'étaient pas forcément.

La question n'est plus alors de scruter l'ombre pour dévoiler le mystère, ni de donner sens à tout prix à une histoire qui peut paraître « pleine de bruit et de fureur, mais vide de signification ». Vaste est le chantier qui doit chercher à saisir comment et pourquoi des épisodes partiels, des énoncés incongrus ou obscurs, relèvent d'une construction préalable d'un espace social, d'une constellation de positions et de relations multiples. Tels des vestiges, les correspondances témoignent de la présence d'un monument plus complexe. Il ne s'agit donc plus de combler les vides, ni de rendre cohérent ce qui ne l'est pas, mais de déchiffrer les principes mêmes qui ont érigé cette sédimentation de lettres en forme d'archives familiales, à la fois étranges et ordinaires.

LA PRATIQUE ÉPISTOLAIRE

En « inventant » les correspondances ordinaires, l'édition augmente leur résistance au temps, les inscrit dans la durée, au même titre que l'œuvre imprimée s'opposant à la fugacité des choses. Mais les rêts du filet éditorial ne suffisent pas à sauver de l'oubli, ou pire, de la destruction, l'essentiel de cette écriture ordinaire dispersée aux quatre vents. L'exigence de lisibilité ne permettra jamais de tout embrasser. Ramenée au quotidien, l'histoire ouvre sur le dérisoire et la banalité autant que sur le tragique ou le romanesque. Il apparaît surtout qu'on a affaire à une logique propre, à des règles de production se situant aux marges de la créativité, mais insérées dans la norme sociale. Au-delà de la réalité manifeste des mots, il s'agit de restituer les mécanismes qui peuvent les expliquer. Au-delà des règles de savoir-vivre et des formules épistolaires, la correspondance familiale génère son propre rituel : à travers la définition d'un espace d'écriture, d'un rythme, de modes d'expression appropriés, se jouent les frontières du dicible ou du recevable et celles des identités singulières et familiales. De même que tout texte est absorption et transformation d'une multiplicité d'autres textes, on peut dire que la pratique épistolaire ordinaire intègre et adapte les habitudes gestuelles, affectives, mentales et les modèles d'écriture qui règlent les relations sociales dans un contexte historique particulier.

À ce titre, les correspondances ordinaires participent autant de la culture d'une époque que celles léguées par les grands dont les moindres gestes sont aussi observés à la loupe. Il est clair que cette approche de la culture, qui ne se targue pas d'être « savante », recouvre « tous les acquis issus d'une création sociale et impliqués dans l'usage individuel, et transmis par une tradition : le langage, les techniques, les arts, les attitudes et croyances religieuses ou philosophiques, dans la mesure où ces diverses fonctions sont incluses dans l'héritage social des individus vivant au sein d'une société particulière [16] ». Cette définition, fortement ancrée dans la démarche anthropologique, cautionne en quelque sorte l'attention portée aux gestes et aux choses du quotidien. Si la fonction de l'œuvre littéraire est de problématiser le vécu d'une culture [17], la pratique épistolaire ordinaire traduit aussi ce vécu de la culture. Elle en donne sa version personnelle dans une mise en récit des instants traversés, dans leur triple dimension des choses du passé mémorisées, des choses du présent visionnées, et des choses à venir attendues [18]. Temps et récit, ces deux termes qui entrecroisent l'histoire et la fiction, se déploient aussi avec force dans les correspondances familiales.

C'est dans cet espace qui va et vient du document brut à sa logique propre, de la familiarisation avec le langage au déchiffrage de séquences significatives, d'une approche poétique à une analyse du rituel, c'est dans ces interstices mobiles que pourrait s'effectuer une lecture qui mêlerait l'agrément, le goût de l'énigme et les ressources entrecroisées de l'histoire et de l'anthropologie.

UNE CORRESPONDANCE FAMILIALE

1.
Histoire de la famille

L'histoire de cette famille n'est pas l'objet du livre, le récit en sera donc volontairement court par rapport à la masse documentaire, mais il n'en est pas moins nécessaire pour cadrer les personnages : les situer dans le réseau épistolaire et le contexte historique ; définir les caractères de leur propre histoire, héritière d'un passé familial socialement et culturellement modelé, mais aussi soumis aux aléas de toute aventure humaine singulière.

Ce récit est construit pour l'essentiel avec les matériaux fournis par la correspondance. Mais il emprunte aussi aux volumes publiés par la famille. Les documents privés qui y figurent (photos, portraits, inventaires divers...) et les renseignements précieux sur les généalogies familiales, les biens immobiliers et mobiliers, l'évolution financière et industrielle de l'entreprise Mertzdorff, comblent des lacunes, éclairent des zones d'ombre dans les relations parentales et amicales entre les personnes et les familles ; ils donnent silhouette et visage aux protagonistes, formes et dimensions aux biens matériels. Des recherches complémentaires ont permis de mieux dessiner quelques portraits ou d'évoquer les itinéraires de plusieurs personnages ayant connu une certaine notoriété.

Cette longue histoire qui pourrait être pensée comme un tout cohérent, à la manière d'un roman ayant commencement et fin, n'est en fait qu'une suite de moments racontés par les acteurs eux-mêmes. Le premier moment émerge de l'ombre d'un passé sans visage, seulement suggéré par les informations généalogiques. Les phases biographiques plus proches d'aujourd'hui ne seront qu'évoquées par souci de réserve. La mise en récit de ces instantanés de vie, par les articulations et les reconstructions de relations entre personnes et événements qu'elle impose, offre au lecteur le fil conducteur qui doit lui permettre de reconnaître les protagonistes. Entre tous les personnages ayant vécu et écrit durant tant de décennies, il

GÉNÉALOGIE SIMPLIFIÉE

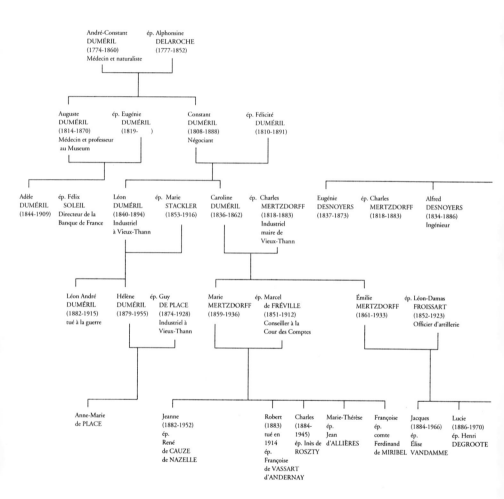

- André-Constant DUMÉRIL (1774-1860), Médecin et naturaliste, ép. Alphonsine DELAROCHE (1777-1852)
  - Auguste DUMÉRIL (1814-1870), Médecin et professeur au Museum, ép. Eugénie DUMÉRIL (1819-)
    - Adèle DUMÉRIL (1844-1909), ép. Félix SOLEIL, Directeur de la Banque de France
  - Constant DUMÉRIL (1808-1888), Négociant, ép. Félicité DUMÉRIL (1810-1891)
    - Léon DUMÉRIL (1840-1894), Industriel à Vieux-Thann, ép. Marie STACKLER (1853-1916)
      - Léon André DUMÉRIL (1882-1915), tué à la guerre
      - Hélène DUMÉRIL (1879-1955), ép. Guy DE PLACE (1874-1928), Industriel à Vieux-Thann
        - Anne-Marie de PLACE
    - Caroline DUMÉRIL (1836-1862), ép. Charles MERTZDORFF (1818-1883), Industriel maire de Vieux-Thann
      - Marie MERTZDORFF (1859-1936), ép. Marcel de FRÉVILLE (1851-1912), Conseiller à la Cour des Comptes
        - Jeanne (1882-1952) ép. René de CAUZE de NAZELLE
        - Robert (1883) tué en 1914 ép. Françoise de VASSART d'ANDERNAY
        - Charles (1884-1945) ép. Inès de ROSZTY
        - Marie-Thérèse ép. Jean d'ALLIÈRES
        - Françoise ép. comte Ferdinand de MIRIBEL
      - Émilie MERTZDORFF (1861-1933), ép. Léon-Damas FROISSART (1852-1923), Officier d'artillerie
        - Jacques (1884-1966) ép. Élise VANDAMME
        - Lucie (1886-1970) ép. Henri DEGROOTE

- Eugénie DESNOYERS (1837-1873), ép. Charles MERTZDORFF (1818-1883)
- Alfred DESNOYERS (1834-1886), Ingénieur

Jules DESNOYERS (1800-1887) Bibliothécaire du Museum ép. Jeanne TARGET (1805-1882)

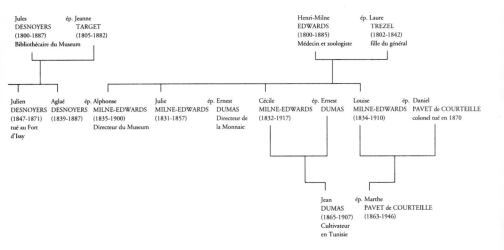

Henri-Milne EDWARDS (1800-1885) Médecin et zoologiste ép. Laure TREZEL (1802-1842) fille du général

Julien DESNOYERS (1847-1871) tué au Fort d'Issy

Aglaé DESNOYERS (1839-1887) ép. Alphonse MILNE-EDWARDS (1835-1900) Directeur du Museum

Julie MILNE-EDWARDS (1831-1857) ép. Ernest DUMAS Directeur de la Monnaie

Cécile MILNE-EDWARDS (1832-1917) ép. Ernest DUMAS

Louise MILNE-EDWARDS (1834-1910) ép. Daniel PAVET de COURTEILLE colonel tué en 1870

Jean DUMAS (1865-1907) Cultivateur en Tunisie ép. Marthe PAVET de COURTEILLE (1863-1946)

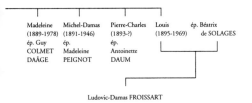

Madeleine (1889-1978) ép. Guy COLMET DAÂGE

Michel-Damas (1891-1946) ép. Madeleine PEIGNOT

Pierre-Charles (1893-?) ép. Antoinette DAUM

Louis (1895-1969) ép. Béatrix de SOLAGES

Ludovic-Damas FROISSART

a fallu faire un choix : mettre l'accent sur tel ou telle en raison de sa représentativité sociale, de son rôle dans les destinées familiales ou de son originalité propre ; laisser dans la pénombre certains autres, pour des raisons inverses, même s'ils ne sont pas secondaires comme épistoliers ; donner un coup de projecteur sur un acteur épisodique quand son émergence ajoute du sens et parfois de la nouveauté au tableau. Il a fallu aussi choisir entre les situations et les événements : mettre en relief les plus pesants, les plus décisifs, parfois les plus intimes. Choix discutable probablement, car il relève d'une lecture personnelle, intuitive de ces textes, qui sont d'abord des autoconstructions narratives de chacun des acteurs. Mais choix guidé aussi par un souci de lisibilité et de compréhension. « Un récit, comme tout acte verbal, ne peut qu'informer, c'est-à-dire transmettre des significations. Le récit ne "représente" pas une histoire (réelle ou fictive), il la raconte, c'est-à-dire qu'il la signifie par le moyen du langage [1]. »

Le secret de Caroline, cette « *affaire M.* » qui la préoccupe tellement que « *tout ce qui ne se rapporte pas à la chose n'est pas une chose* », cette agitation et ce mystère autour d'elle, son impossibilité de nommer ce qui se trame en dehors d'elle et qui la concerne pourtant au plus haut point, qu'est-ce donc ? Un projet de mariage, bien sûr, d'abord vague, souterrain, puis de plus en plus clair, à la fois menaçant et excitant. Caroline, certes, pourra récuser le prétendant qu'elle n'a jamais vu, mais quelle est sa liberté réelle face au choix de ses parents qui ont accumulé, bien entendu, les renseignements les plus favorables sur cet inconnu ? Caroline dira oui et l'affaire se conclura rapidement.

En 1858, elle a 22 ans. Elle est intelligente, cultivée et certainement charmante, mais ses parents, absolument sans fortune, ne peuvent la doter. Son père, Constant Duméril, s'est ruiné dans une entreprise industrielle malheureuse et rembourse ses dettes avec la dot de sa femme, Félicité, qui est aussi sa cousine germaine. Leur fils, Léon, cadet de Caroline, se prépare au concours de Centrale. La famille vit à Paris, modestement semble-t-il, mais dans un climat culturel privilégié, hérité des deux branches parentales et stimulé par la proximité du grand-père de Caroline, André Constant Duméril [2] et du réseau de ses nombreuses relations universitaires dans les parages du Jardin des Plantes.

Ce grand-père, alors âgé de 84 ans, est un personnage phare pour toute sa lignée et sa parenté plus lointaine. Son heure de gloire est sans doute passée, mais il est encore un représentant connu et respecté du monde scientifique. À la fois médecin et naturaliste, il a exercé des fonctions d'enseignement et de recherche à l'École de médecine et surtout au

Muséum d'histoire naturelle où il occupera une chaire jusqu'à sa mort en 1860. Membre de l'Académie des sciences depuis 1816, il en est le doyen en raison de sa longévité.

C'est lui le premier acteur-auteur de la volumineuse correspondance qui, à sa manière lacunaire, elliptique ou parfois bavarde, souvent unilatérale, livre une part d'intimité des personnages de cette histoire, de leurs faits et gestes, de leurs espoirs, échecs et réussites, de leurs découvertes et de leurs regards sur les événements collectifs et personnels qui traversent et font leurs vies. André Constant Duméril entre en scène avec une courte lettre à sa mère du 11 messidor an III (29 juin 1795). Il est à Paris depuis peu, venu là pour étudier la médecine au titre d'« élève de la patrie » à l'École nationale de Santé, choisi parmi plusieurs candidats pour représenter le département de la Somme[3]. Il a 21 ans et va partager pendant plusieurs mois gîte et couvert avec son frère Auguste, venu lui aussi à Paris pour faire des études. Sans doute n'est-il pas tout à fait l'un de ces « jeunes campagnards pauvres » à qui la Révolution permit de faire carrière au sein de l'élite médicale et savante, parmi lesquels Ackerknecht[4] le range. Son père est procureur à Amiens, sa mère, fille d'un notaire d'Oisemont. Mais leur fortune semble mince et, surtout, ils ont huit enfants. Lourde charge qui a contraint André Constant, septième de la nichée, à prendre un emploi rémunéré pour pouvoir entreprendre à Rouen les études de médecine dont il rêvait.

Les lettres à ses parents témoignent de cette ambition et des difficiles étapes de sa réalisation dès son installation à Paris où, sans leur aide, aussi minime fût-elle, il n'aurait peut-être pu survivre : envois de pain, de toile, de quelques paires de bas, d'un peu d'argent[5]. Rudes débuts, sous la Convention thermidorienne, dans un Paris encore agité, affamé et meurtri par la cherté de la vie et les désillusions. Rudes combats pour conquérir une place au soleil de la science médicale et de ses satellites, dans un climat d'intrigues et de concurrence féroce. Mais en contrepartie, l'effervescence intellectuelle, la soif générale de savoir et la créativité théorique et pratique qui sont alors particulièrement vives dans les domaines imbriqués des sciences naturelles et de la médecine aiguillonnent l'ardeur d'André Constant à l'instar de nombreux autres jeunes gens qui se feront un nom[6]. Remarqué par Cuvier qu'il suppléera à l'École centrale du Panthéon dans certains de ses cours et dont il deviendra très vite un proche collaborateur, il est membre actif ou correspondant de nombreuses sociétés savantes, à Paris ou en province où elles « prolifèrent spontanément[7] ». Mais c'est en médecine qu'il va faire les premiers pas d'une vraie carrière.

À 24 ans, à l'issue d'un concours quasiment épique qui l'oppose en particulier à Dupuytren et qui fut un événement pour la jeune École de médecine, il s'impose au jury chargé de choisir le meilleur des candidats

André Constant Duméril
1774-1860

pour le poste de chef des travaux anatomiques, devenu vacant[8]. C'est à la fois le début d'une plus grande sécurité financière, la reconnaissance de sa valeur scientifique et une sorte de revanche contre le scepticisme de ses parents, apparemment peu favorables à son amour de la médecine et des sciences. Mais conscient de ses mérites, il sait aussi ce qu'il doit aux circonstances : « *La Révolution qui a été funeste à tant de gens m'a été fort utile*, écrit-il à son père. *Jamais sous l'Ancien Régime, je ne serai arrivé à mon âge au point où j'en suis.* » (14 thermidor an VII)

Il n'a pas fini de se réjouir : trois ans plus tard, il obtient la chaire d'anatomie à l'École de médecine. Annonçant sa nomination à son père, il écrit :

Vous auriez de la peine à vous figurer toutes les intrigues que j'ai eu à déjouer, le nombre de démarches que j'ai été obligé de faire, la variété des moyens que j'ai mis en jeu. Cette place est de 5 000 F. fixes. C'est la première chaire de l'École de Médecine. [...] Ce sont les professeurs de l'École qui m'ont proposé au Ministre. Sur 19 votants, j'ai obtenu 15 suffrages au premier tour de scrutin[9]*. [...] Quand j'y pense je crois rêver! Si vous voyez comme moi la perspective qui m'attend! Ce qui flatte un peu mon amour propre, c'est sur-*

tout de pouvoir vous reprocher les conseils, que par de bonnes intentions, vous me faisiez donner si souvent de ne point tant me livrer aux sciences accessoires ! Il faut avouer aussi que je suis bien heureux car jusqu'ici tout ce que j'ai entrepris m'a réussi. (9 ventôse an IX)

À 27 ans, le voici reconnu dans le monde savant et parvenu à un statut social et financier plutôt flatteur. Il peut alors se permettre de faire des projets d'un ordre plus intime, donner à sa vie jusque-là austère et solitaire la douceur d'un foyer, comme il le confie à ses parents. Il loue donc un appartement accordé à sa nouvelle situation et se met en frais pour le meubler avec l'aide de sa mère venue à Paris pour la circonstance. L'absence de toute correspondance venant de ses parents jette de l'ombre sur un premier projet de mariage en 1801 avec une jeune fille qui semble habiter Amiens et qu'il a peut-être rencontrée lors d'une visite à sa famille. Dans les lettres d'André Constant, elle n'est jamais nommée que Mademoiselle B., mais il est plusieurs fois question de son père, Monsieur Brasseur. Qui est-il ? On ne le sait mais, venu à Paris, il fait la connaissance de Cuvier qu'il espère voir chez lui un jour. Les parents d'André Constant le connaissent et, s'ils ne sont pas forcément à l'origine de ce projet, ils y sont pleinement associés. Leur fils Joseph, dit Désarbret, avance même de l'argent à son frère quand il s'engage pour de bon dans des frais en vue des épousailles : bijoux, argenterie, cadeaux divers. Le mariage pourtant ne se conclura pas. André Constant sortira malheureux et meurtri de ce rêve avorté. Cependant, les lettres adressées à sa mère avant la rupture laissent deviner la conscience d'une certaine tiédeur de la jeune fille à son égard qui provoque chez lui inquiétude et impatience. Mais elles ne disent rien des raisons de cet échec. C'est à son ami Bretonneau, qu'André Constant les livre :

Mon mariage est entièrement rompu. La jeune personne, comme vous l'avez su, est venue à Paris. Là, elle a senti vivement la séparation qui allait s'opérer avec sa famille qu'elle n'avait jamais quittée. Cette affection a été même telle qu'on pouvait la regarder comme nostalgique. Malgré toutes mes attentions, les prévenances que j'ai eues pour elle, elle a été froide, indifférente. Sur les derniers temps je me suis plaint de cette apathie ; elle s'est déclarée alors franchement, elle m'a demandé un mois de nouvelles réflexions, je le lui ai accordé, et c'est au bout de cet intervalle qu'elle s'est décidée pour la négative. L'hésitation première m'avait un peu refroidi, cependant j'étais sincèrement attaché.

J'ai senti que je faisais une perte, j'ai eu du chagrin, et beaucoup, mais maintenant je suis guéri, entièrement guéri, mon parti est pris. [...] Au reste, s'il y avait un sentiment d'attachement qui me la faisait désirer, j'ose croire que je serai encore susceptible d'en retrouver la faculté, et puisqu'on l'a dit du rameau d'or « uno avulso, non deficit alter », *peut-être trouverai-je le bonheur après lequel je cours*[10]. (4 fructidor an IX- 22 août 1801)

Confidence pénible à laquelle l'aphorisme en latin donne un peu de légèreté, mais qui n'en est pas moins l'aveu, à un ami intime, d'un manque profond. Ce besoin secret, André Constant l'avait confié à sa mère, quinze jours plus tôt :

Maman, l'idée que tout ceci vous a fait de la peine augmente mon chagrin. Vous aviez vu nos projets avec tant de satisfaction, vous les aviez secondés avec tant de jouissance, que leur anéantissement m'affecte encore par rapport à vous. Il faut espérer et dire que tout est pour le mieux. Jusqu'ici, tout m'a réussi, tout m'a mené à un but. Cependant je n'ai eu aucun plaisir dans la vie. Je n'ai pas connu le bonheur. Un de ceux dont je suis digne et que je sçaurai bien savourer sera celui d'un bon ménage. Peut-être ne l'aurais-je pas trouvé. C'est une idée qui me console et c'est la seule qui m'ait donné du courage. J'ai reçu hier sa dernière lettre. J'en attends une aujourd'hui du père. Je n'aurai plus maintenant de rapport immédiat. Vous sentez bien que je ne puis pas aller à Amiens dans les circonstances actuelles. Je vais me remettre au travail de manière à m'étourdir. (15 thermidor an IX- 3 août 1801)

De projet matrimonial, il n'est plus question pendant cinq ans. André Constant se plonge à corps perdu dans le travail. En 1802, il supplée Lacépède au Muséum d'histoire naturelle dans son cours sur les reptiles et les poissons (il lui succédera officiellement en 1825), tout en assurant son propre cours d'anatomie à l'École de médecine. Dans le même temps, il travaille tous les jours chez Cuvier à la mise au point de son cours sur l'anatomie comparée dont la publication se poursuit et, presque tous les soirs, il se rend à l'École de médecine pour les examens, ou participe aux réunions des sociétés savantes dont il est membre. On peut supposer qu'il en est un membre actif, entièrement gagné à « l'Idéologie hygiéniste », telle qu'elle s'affirme en particulier au sein de la Société des Observateurs de l'homme où il se retrouve avec Jussieu, Cuvier, Cabanis, Pinel et bien d'autres[11]. Il n'est alors pas étonnant qu'il soit chargé par le ministère d'enquêter aux côtés de Desgenettes[12] sur une épidémie dans les régions de Pithiviers et Orléans. Il en est heureux et fier. Il l'est encore davantage, lorsqu'un décret impérial du 17 prairial an XIII (6 juin 1805) le nomme membre d'une commission chargée d'enquêter en Espagne sur une épidémie de fièvre jaune. Ces missions – la dernière surtout – flattent son désir de reconnaissance et lui font entrevoir d'heureuses perspectives pour son avenir. En même temps, elles lui permettent d'approcher de hauts personnages, « le Prince de la Paix », par exemple [13] ; elles lui ouvrent des portes sur le monde scientifique étranger et satisfont sa grande curiosité intellectuelle, cantonnée jusque-là à l'univers de la science parisienne et des sociétés savantes provinciales. Ces voyages, aux étapes souvent inconfortables, sont pour lui l'occasion d'exercer son esprit d'observation et d'en consigner le récit avec la précision du savant érudit et la jubilation du découvreur curieux.

Sa vision politique, telle qu'elle apparaît dans sa correspondance, semble étroitement calquée, dans ses débuts à Paris surtout, sur l'opinion du plus grand nombre, puis elle est marquée par l'évolution favorable de sa carrière et de sa situation financière. Très critique à l'égard de la Convention thermidorienne puis du Directoire, elle glisse vers l'absence de commentaires lors de l'annonce de grands changements, coup d'État du 18-Brumaire puis Empire. Il ne commente pas les nouvelles militaires, ou n'y fait allusion que lors d'événements, mouvements de troupes ou sièges pouvant affecter deux de ses frères qui sont aux armées, à des postes d'ailleurs peu exposés. Mais on ne peut interpréter ce quasi-mutisme comme un opportunisme politique marqué de la part d'André Constant : ses lettres ne suivent pas obligatoirement les événements, elles sont rares et, comme ses contemporains, il a fait l'apprentissage d'une certaine prudence dans le cours si agité de l'histoire [14]. Et puis, il est avant tout passionné par la recherche scientifique à laquelle il se livre avec succès, notamment dans le domaine de l'anatomie comparée où son apport est reconnu par Cuvier lui-même ; il est donc légitimement ambitieux et se garde – du moins dans sa correspondance – de tout jugement. Cependant ses lettres révèlent quelques liens avec des hommes du pouvoir consulaire. Il a ses entrées chez Chaptal, comme sans doute plusieurs de ses confrères, et chez le général Dejean ; il semble même connaître Cambacérès, ami de Chaptal. Il est mis à contribution pour faire jouer ces relations et quelques autres, plus modestes, lorsque son père est menacé de destitution après le 18-Brumaire, ou pour intervenir en faveur d'amis. Mais jamais il ne pénétrera dans la sphère politique, ni ne bénéficiera de faveurs ou de titres particuliers, ni ne s'enrichira sous les régimes successifs. S'il fut nommé médecin consultant de Louis-Philippe, comme bien d'autres notoriétés médicales, rien n'indique qu'il ait eu à exercer réellement cette fonction. Ce n'est qu'à la veille de sa mort qu'il est promu commandeur de la Légion d'honneur, après avoir été fait chevalier sous la Restauration, puis officier en 1837.

Le 2 février 1806, il écrit à ses parents : « *Mes chers parents, je suis enfin décidé à me marier et je crois avoir trouvé la femme qui me convient ainsi qu'à vous. Malheureusement elle n'a point de fortune, elle n'a que de légères espérances.* » Après avoir présenté la famille, il poursuit :

Je désire [...] avoir votre consentement avant d'aller plus loin. J'espère que vous consentirez à cette union qui est autant un mariage de raison que d'amour.

La dame que je recherche avait épousé Mr Horace Say, Capitaine du génie qui est mort après avoir demeuré seulement quinze jours avec sa femme. [...]

Je ne vous parle pas de mon amitié pour Madame Say. Si je disais tout ce que j'en pense, vous croiriez que j'exagère. Je vous embrasse bien tendrement.

Votre fils C. Duméril

Il a alors 32 ans. Ce choix, il l'a fait seul, cette fois-ci, après y avoir longuement réfléchi. Ses parents y consentent, probablement assurés qu'il ne s'engage pas à la légère, car ils ne pourront avoir d'opinion propre qu'après le mariage, lorsque, avec sa femme, Alphonsine, il leur rendra visite à Amiens. En attendant, dans un échange de courrier accéléré, il les informe avec sa précision habituelle de tout ce qui peut les intéresser. Il fait un portrait de sa future épouse aussi complet que possible, décrit ses talents, son maintien, sa mise modeste, « *à la manière anglaise* ». Il note, en passant, que « *sous le rapport de la fortune* » il peut espérer « *un peu plus qu'on ne lui avait dit d'abord* », mais il insiste surtout sur la qualité des relations qu'entretient Alphonsine avec ses parents. Il y voit un « *bon augure dans les relations qu'elle va établir avec [notre] famille* ». « *Au reste,* ajoute-t-il pour les rassurer complètement, *votre ménage heureux a laissé à vos enfants un beau modèle à suivre et un excellent exemple à imiter et je me le proposerai toujours* . » Il lève avec autorité la seule réticence visiblement manifestée par ses parents, informés de la différence de religion. Sa future femme est protestante et lui catholique. Il est inutile d'ébruiter la chose à Amiens avant le mariage, leur dit-il en substance. Un accord a été conclu : chacun des époux gardera sa religion ; les filles seront élevées dans celle de leur mère, les fils dans celle du père, libre à eux de choisir ensuite celle qui leur conviendra. La religion ne semble pas tenir dans sa vie une place importante. En tout cas, ni dans sa correspondance, ni dans celle de sa femme, on ne relève trace de sentiment religieux, même dans les circonstances, deuils, maladies, où il pourrait se manifester.

Quelle est donc cette famille dans laquelle il va entrer ? Le père, Michel Delaroche, est médecin. D'origine genevoise, il était avant la Révolution installé à Paris où il exerçait les fonctions officielles de médecin des gardes suisses du Roi. Après une émigration de quelques années à Genève, revenu à Paris avec l'amnistie, le voilà médecin à l'hôpital du faubourg Saint-Martin et en charge par ailleurs d'une clientèle privée. Son fils aîné, François, époux de Cécile Delessert, est un riche négociant du Havre. La fortune est de ce côté-là seulement, semble-t-il. Aucun indice ne laisse supposer chez les parents d'Alphonsine plus qu'une aisance bourgeoise.

Le jeune couple ne paraît pas avoir d'autres revenus que les traitements d'André Constant qui, on l'a vu, cumulera des enseignements en médecine et au Muséum d'histoire naturelle. Il est vrai qu'après la mort de son beau-père en 1812, puis de son plus jeune beau-frère, également médecin, frappé par l'épidémie de choléra un an après son père, il reprend une partie de leur clientèle privée. « *Magnifique clientèle* », selon M. Dunoyer, qu'il sacrifiera « *avec quelle abnégation des idées de fortune* [...] *au désir de se consacrer à la science avec un dévouement plus entier*[15] ». Il est aussi chargé de présider plusieurs jurys de médecine, ce qui l'oblige à voyager durant quelques semaines en septembre et octobre chaque année. Ces tournées l'éloignent de son foyer auquel il manifeste un grand attachement, comme en témoignent les lettres à ses parents et celles d'Alphonsine qu'il a précieusement conservées. Elles le privent aussi de temps pour ses recherches. Ces tournées quittées elles aussi, il peut davantage se consacrer à la rédaction d'ouvrages et d'articles sur les sciences naturelles qui, plus que la médecine, constituent pour lui un champ de prédilection, notamment l'erpétologie, l'ichthyologie et l'entomologie. On ne sait s'il tire quelque bénéfice financier de ses longs articles encyclopédiques et de ses énormes et nombreux ouvrages. En tout cas, sa vie matérielle semble sans éclat, puisqu'il sera contraint de travailler presque jusqu'à la fin de sa vie, faute d'une pension suffisante. La publication, à la veille de sa mort, de son dernier ouvrage, *Entomologie analytique*, qu'il souhaite transmettre en main propre à Napoléon III n'aura pas plus d'effet positif que les démarches ultimes faisant valoir ses états de service auprès du même.

Le second acte de cette histoire familiale s'ouvre avec la naissance des enfants. Il y en aura cinq. Tout médecin qu'il est, André Constant ne peut en sauver trois d'une mort précoce. Seuls deux garçons survivent : Constant, né en 1808, prénommé comme son père dont pourtant il ne suivra pas la voie, et Auguste qui, héritant, lui, du prénom de son oncle marchera très exactement dans les traces paternelles. Les deux frères épousent les deux filles de cet oncle Duméril, Félicité et Eugénie, si bien que leurs familles, longtemps parisiennes, se trouvent doublement et durablement liées. En témoigne la correspondance qu'échangent dans leur jeunesse, lors de leur éloignement pendant les vacances, les filles des deux couples, Caroline que nous retrouvons ici et Adèle, sa cousine, de quelques années sa cadette. Des liens, nourris de visites réciproques et de lettres, existent également de longue date avec la famille Delaroche du Havre. Isabelle Latham, petite-fille de Michel Delaroche (le frère d'Alphonsine), est par l'âge plus proche de Caroline que la petite Adèle. Elle semble avoir été sa correspondante de prédilection avant son mariage.

Caroline Duméril-Mertzdorff

Caroline, dont le cœur bat si fort dans la lettre à Isabelle qui sert de prologue à ce récit, va donc ratifier le choix de ses parents. Elle sait bien que le mariage est aussi, et sans doute avant tout, dans son univers social, une affaire entre deux familles. « Affaire » dont la connotation économique habituelle ne peut faire oublier, dans ce cas, la recherche des chances d'harmonie affective, intellectuelle et morale entre les époux, garantie de sa réussite. Caroline n'a d'ailleurs pas d'autres modèles conjugaux que ceux de son entourage, parents, oncles et tantes, amies, et qui tous, à une ou deux exceptions près, sont conformes aux règles du « mariage arrangé[16] ». Charles Mertzdorff n'est peut-être pas, au premier abord, le prétendant dont une jeune fille comme elle peut rêver. Il a près de quarante ans et vit dans un monde dont elle ne sait rien. Que peuvent dire l'Alsace, la vie dans un petit village et l'industrie textile à une jeune fille de la bourgeoisie parisienne qui côtoie les grands personnages de la science et de la médecine françaises ? Le mystère demeure sur ces questions, comme sur les raisons qui ont conduit Charles Mertzdorff à choisir Caroline pour épouse. On sait seulement, par une brève remarque dans une lettre, que ce mariage est l'aboutissement d'une médiation et qu'il ne doit rien au hasard ni à une relation directe.

Charles Mertzdorff

Médiation « *heureuse* »[17], puisque cette union (qui se réalise à la deuxième génération de la lignée d'André Constant Duméril) va se révéler harmonieuse et bénéfique pour la parenté proche de Caroline. Charles Mertzdorff a une formation d'ingénieur, acquise à Bâle, et une compétence qu'il met en œuvre avec beaucoup de réussite dans l'établissement familial de blanchiment et d'impression dont il a hérité pour un tiers à la mort de son père, Pierre Mertzdorff, en 1843. Il ne cesse de moderniser son matériel, d'agrandir ses usines et de s'adapter aux changements structurels de l'industrie textile, en plein essor sous le second Empire. C'est ainsi qu'il se spécialise dans le blanchiment et inaugure le travail à façon pour le compte de tisserands qui lui confient leurs produits écrus. En 1856, après le rachat des parts de sa mère et de sa sœur, il devient le seul propriétaire et chef d'une entreprise en pleine prospérité. Le contrat de mariage, publié dans le volume qui lui est consacré, le montre riche de biens immobiliers de diverses natures : outre la manufacture de blanchiment de Vieux-Thann (65 bâtiments et une maison d'habitation sur 6 hectares), il possède une autre grande maison dans le village, 25 hectares de prés et champs sur le communal, 10 hectares en vigne, une ferme et une maison d'habitation avec 92 hectares à Cernay, village de sa mère, 50 hectares de forêts en plusieurs lots sur des communes environnantes. Ses valeurs mobilières à usage personnel ne sont pas décrites, mais le contrat énumère les valeurs mobilières et industrielles entrant dans la communauté : marchandises et matières premières servant à l'industrie du blanchiment (350 000 F) ; créances et portefeuille (250 000 F) ; 24 actions de 5 000 F chacune des houillères de Ronchamp ; 100 actions de 700 F chacune des Houillères de Blanzy ; 200 actions de 400 F chacune des chemins de fer sardes de Victor-Emmanuel. Les possessions immobilières ne sont pas évaluées, mais le montant des seules valeurs mobilières et industrielles s'élève, selon nos calculs, à 870 000 F. Il fait une dotation à son épouse de 100 000 F à son décès, lui garantit l'usufruit de ses biens et s'engage à assurer seul les dépenses du ménage. L'apport de Caroline paraît bien mince en contre-partie : elle reçoit 10 000 F de sa mère, la même somme de son grand-père André Constant, et de sa grand-mère maternelle une rente annuelle de 500 F. Son trousseau est évalué à 10 500 F et elle est titulaire d'une rente de 547 F à 4 1/2 % sur l'État. En épousant Caroline, ce n'est certes pas le souci d'accroître sa propre fortune qui a guidé Charles, ni sans doute celui du statut social. Il jouit d'une assise solide de notable local qui lui vaudra d'être maire de Vieux-Thann, durant de longues années.

Caroline, en même temps que l'amour conjugal, découvre avec surprise et bonheur les agréments d'une aisance financière qui sait ne pas être ostentatoire, et qui s'accorde en cela avec les principes de son éducation chrétienne. Sa mère, Félicité, est une catholique fervente, comme sa propre mère dont le testament moral marque la volonté absolue de voir sa postérité élevée dans les principes et la pratique de la religion catholique. Félicité a su, semble-t-il, amener son mari Constant à entrer pleinement dans ses vues. Charles, de son côté, est catholique par sa mère et manifestera tout au long de sa vie un soutien moral et matériel aux bonnes œuvres catholiques de Vieux-Thann et de ses environs dont il sera bien souvent le fondateur. Ce mariage renforce donc dans cette sphère familiale un enracinement religieux des plus durables, comme on le verra.

Fort bien reçue en Alsace, Caroline s'adapte rapidement à sa nouvelle vie et à ses nouveaux rôles familiaux et sociaux. Elle entretient d'excellentes relations selon ses dires avec sa belle-mère qui vit dans une maison voisine et avec sa belle-sœur, Émilie, qui, après un remariage, s'installera à Colmar. À Vieux-Thann, vit aussi l'oncle maternel de Charles, Georges Heuchel, personnage haut en couleurs, bienveillant et très présent dans la correspondance, en particulier celle de Charles qu'il seconde dans certaines tâches à l'usine.

Peu de temps après l'installation de Caroline en Alsace, son frère Léon, qui a échoué au concours de Centrale, vient habiter chez elle pour tâter de la vie active, s'essayer à l'industrie du blanchiment, avec l'agrément, ou plus sûrement, sur la proposition de Charles. L'acclimatation est un peu difficile pour ce garçon de 18 ans, affecté par son échec, mais elle se réalise au fur et à mesure que ce petit coin d'Alsace se peuple de nouveaux membres de la famille Duméril : un cousin d'abord, Georges, qui est chimiste, puis en 1860, les parents de Caroline et Léon. Charles les pourvoit tous de logements et de fonctions dans ses établissements, au Moulin d'abord, puis à Morschwiller, près de Mulhouse, où il acquiert une usine dans laquelle son beau-père et Léon exerceront en son nom des responsabilités majeures. Ainsi, tous les proches de Caroline sont réunis, rassemblés là grâce à Charles et à sa fortune qui leur garantissent, pour ainsi dire, un avenir plutôt enviable.

Le grand-père, André Constant, disparu cette même année (1860), laisse une place emblématique, celle de la notoriété scientifique et universitaire qui brillait dans le firmament familial. D'une certaine manière, dans le contexte tout différent du Second Empire et de l'expansion industrielle, c'est Charles qui va dorénavant concentrer sur lui l'admiration et la reconnaissance des membres de cette branche aînée des Duméril, devenue durablement alsacienne et dont la fortune et l'ascension futures lui devront une très grande part.

En 1859 naît la première fille du couple, Marie (« Mimi » ou « Miky ») ; en 1861, la seconde, la petite Émilie, drôlement surnommée « Founichon ». Caroline, que tourmentent beaucoup les banals accrocs de santé des deux fillettes, longuement décrits dans les lettres à ses parents, est sans doute rassurée par leur proximité lorsqu'ils s'installent au Moulin, annexe et complément de l'établissement principal, à quelques kilomètres de Vieux-Thann. Chacun semble avoir trouvé sa place dans cette nouvelle vie, si éloignée de l'expérience antérieure. Et puis, un jour d'été, en 1862, Caroline prend froid. Elle tombe malade et malgré tous les soins prodigués, elle meurt au bout de quelques semaines. Elle avait 26 ans. Mort inattendue, cruelle, qui n'autorisera pas l'oubli : ni celui de Charles qui, dans une lettre à ses filles, à la fin de sa vie, chuchotera sa nostalgie de ces si courtes « quatre années de bonheur », ni celui des parents, bien sûr, ni même celui des fillettes, très jeunes pourtant, mais élevées dans le souvenir de leur mère.

Félicité, la mère de Caroline, minée de chagrin et d'inquiétude pour ses petites-filles dont elle se trouve au bout de quelque temps éloignée par la froideur de la mère de Charles, peut-être mue par d'autres raisons qui restent tues, entame une correspondance avec Eugénie Desnoyers, amie de longue date de Caroline. Elle s'épanche auprès d'elle et peu à peu formule le désir de lui voir prendre la place de sa fille auprès de Charles et des deux fillettes. Elle fait valoir l'affection qui liait les deux amies, la similitude de leurs goûts et de leurs caractères pour convaincre Eugénie de se consacrer à cette noble tâche. La jeune fille fait la sourde oreille un moment puis, Charles entré ouvertement dans le projet, elle se laisse convaincre.

Ils se marient en 1864, deux ans après la mort de Caroline. Marie et Émilie ont alors cinq et trois ans. Eugénie doit quitter tous ceux qu'elle

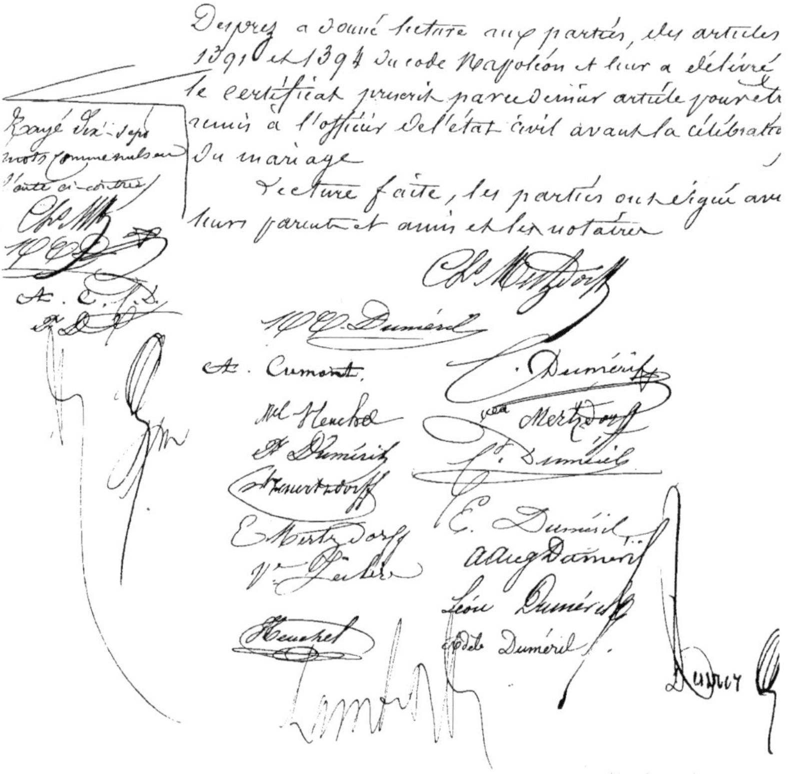
Desprez a donné lecture aux parties, des articles 1391 et 1394 du code Napoléon et leur a délivré le certificat prescrit par ce dernier article pour être remis à l'officier de l'état civil avant la célébration du mariage.

Lecture faite, les parties ont signé avec leurs parents et amis et les notaires

Contrat de mariage de Charles Mertzdorff et de Caroline Duméril, 10 juin 1858.

signent : Charles Mertzdorff – Caroline Duméril – Dorothée Alexandrine Cumont veuve d'Auguste Duméril (grand-mère) – André Constant Duméril (grand-père) – Marie Anne Heuchel veuve de Pierre Mertzdorff (mère) – Félicité Duméril et Constant Duméril (parents) – Frédéric Mertzdorff (oncle) – Émilie Mertzdorff veuve Leclerc (tante) – Auguste et Eugénie Duméril (oncle et tante) – Léon Duméril (frère) – Georges Heuchel (oncle) – Adèle Duméril (cousine germaine) – Desprez (notaire).

aime à Paris, ses parents, son jeune frère Julien et surtout sa sœur Aglaé, sa confidente de toujours. Elle n'abandonne pas sans regret le milieu animé du Jardin des Plantes et du Muséum où son père exerce les fonctions de bibliothécaire[18]. Quelles parts ont dans sa décision le dévouement aux enfants de sa meilleure amie (elle est la marraine de Marie), l'attirance pour Charles, le désir de se marier, l'insistance de Félicité ? On ne sait. Ses débuts en Alsace ne sont pas ceux de Caroline dont le deuil est encore si présent, peut-être si oppressant, et qui est l'objet d'un véritable culte (son portrait n'est-il pas accroché dans la chambre conjugale ?), mais elle devient très vite pour les enfants une mère aimante et aimée. Sa relation à Charles ne se dévoile pas dans les lettres avec autant d'abandon, mais leurs mots sont ceux de l'entente et de l'amour conjugal.

Avec la venue d'Eugénie, les liens des Mertzdorff, sans rupture avec les Duméril, s'élargissent à la famille Desnoyers et s'étendent même à ses apparentés. Aglaé, la sœur d'Eugénie a, en effet, épousé Alphonse Milne-Edwards, jeune naturaliste, lui-même fils du célèbre Henri Milne-Edwards, professeur au Muséum[19]. Tout ce monde vit au Jardin des Plantes, dans une proximité intellectuelle et affective qu'Eugénie n'a pas quittée sans regret. Ainsi s'opère un retour vers le « cher Jardin », peuplé encore des fantômes du grand-père et de Caroline pour les Duméril, plein de souvenirs et d'êtres aimés pour Eugénie. Les visites et les lettres entretiennent ces liens que les événements tragiques ultérieurs transformeront pour certains, et en particulier pour les fillettes, en une très vive affection.

L'affaire de Charles, qui modernise constamment ses usines, prospère jusqu'en 1868, année où culminent le chiffre d'affaires (1 620 000 F), les bénéfices (233 602 F) et les amortissements (154 438 F). En vingt ans de stabilité monétaire, le chiffre d'affaires a été multiplié par cinq. Mais en 1869, le textile alsacien est frappé d'une grave sous-activité qui n'épargne pas l'entreprise Mertzdorff : le bénéfice tombe à 11 954 F. Au début du mois de juillet 1870, le sous-emploi entraîne dans la région de Mulhouse une agitation sociale qui s'étend à la vallée de Thann. Charles Mertzdorff est alors en vacances à Paramé avec sa famille et quelques membres de la famille d'Eugénie. Il a laissé l'usine sous la responsabilité de l'oncle Heuchel mais, le 14 juillet, il doit regagner précipitamment Vieux-Thann où, dans la plupart des usines, des grèves ont été déclenchées. Eugénie reste en famille à Paramé alors que d'autres événements, bien plus graves, menacent l'horizon proche. À peine arrivé, Charles, utilisant ses talents politiques et son autorité de maire et de patron, s'emploie à calmer l'agitation à Vieux-Thann. Il réussit rapidement pour sa propre usine : le 16 juillet au matin, tous les ouvriers sont à leurs postes. Mais quelques heures plus tard, la mobilisation générale est décrétée !

La correspondance de Charles, durant la séparation des époux, le montre submergé de responsabilités au point qu'il souhaite démissionner de sa charge de maire. Il y renonce par sens du devoir lorsque se précise le désastre après Sedan. En accord avec lui, Eugénie, à la fin du mois de juillet, suit sa famille à Paris avec les enfants, puis, le 16 septembre, elle gagne Bâle où se sont réfugiés de nombreux Alsaciens. Charles estime alors, au vu de ce qui se passe autour de lui et selon le désir d'Eugénie, qu'il est temps de se retrouver à Vieux-Thann. Cela se réalise quelques jours plus tard. En Alsace, malgré des points de résistance, la bataille est irrémédiablement perdue : Strasbourg tombe le 27 septembre, les « Prussiens » sont à Colmar le 8 octobre, et font leur apparition à Vieux-Thann le 5 novembre.

Durant ces deux longs mois de séparation, les époux n'ont cessé de s'écrire chaque jour, souvent à plusieurs reprises dans la journée, en toute hâte et l'angoisse au cœur. Réinstallée à Vieux-Thann, Eugénie se trouve maintenant complètement coupée de sa famille d'origine, enfermée dans Paris assiégé. Seules lui parviennent les lettres envoyées par ses parents en ballon monté, une vingtaine environ, qui témoignent d'une grande anxiété que l'on sait partagée, et que l'on tente d'apaiser par des nouvelles rassurantes. C'est Julien, le jeune frère d'Eugénie, enrôlé dans les gardes mobiles au fort d'Issy, qui est le plus exposé. L'inquiétude de tous à son égard est malheureusement fondée : il est mortellement blessé le 5 janvier 1871. C'est une perte dont les parents d'Eugénie ne feront jamais le deuil, semble-t-il, et qui s'accroît de la dévastation totale de leur propriété de Montmorency.

Charles, dont les usines n'ont pourtant pas souffert des combats, mais qui se sent découragé, songe un moment à s'installer en France après l'annexion. Il renonce finalement à ce projet qui concerne aussi les Duméril et qui pose des problèmes financiers et de succession. Il reste en Alsace avec femme et enfants, mais il est décidé que les fillettes recevront une éducation française qu'Eugénie, avec l'aide de cours par correspondance (le cours Boblet, à Paris), se charge vaillamment de leur assurer. La vie reprend donc pour toute la famille réunie dans les conditions nouvelles de l'annexion. Charles, submergé de travail et qui n'a pas envie d'administrer sa commune sous le contrôle de l'autorité allemande, démissionne de son poste de maire en mars 1872. Les voyages étant redevenus possibles, les visites réciproques à Paris et en Alsace et les séjours communs en vacances rompent de temps en temps une séparation à laquelle la disparition de Julien ajoute son poids de tristesse.

Mais les malheurs ne sont pas finis. Un peu plus de dix ans après la mort de Caroline, à la veille de Noël 1872, c'est Eugénie qui est frappée brutalement par la maladie, une fièvre typhoïde qui l'emporte en quelques semaines, elle aussi, malgré les soins et la présence de sa sœur Aglaé, accourue à son chevet. Voici Charles à nouveau veuf et ses filles, à peine âgées de 13 et 11 ans, privées de leur seconde mère. Longtemps après ce drame, Émilie Mertzdorff, devenue Émilie Froissart, en consignera, à l'intention de ses enfants, le récit et la décision qu'il entraîna. Sur la proposition d'Aglaé et de son mari Alphonse Milne-Edwards restés sans enfants, Charles accepte de leur confier ses filles dont l'éducation, qu'il souhaite française, n'est pas terminée. Marie et Émilie quittent alors l'Alsace et leur père (qui s'est sacrifié, écrit Émilie) pour venir vivre à Paris chez leurs « *oncle* » et « *tante* », au sein du « *cher jardin* » et parmi tous ses habitués, les grands-parents Desnoyers, les Milne-Edwards : père, sœurs et neveux d'Alphonse, tous connus et aimés comme de proches parents, auxquels s'ajoutent les amis des uns et des autres. Aglaé reprend avec ardeur et générosité la tâche d'Eugénie. Elle soigne les deux enfants, les entoure d'affection, leur fait poursuivre assidûment les études commencées au cours Boblet, les pourvoit en professeurs de langues, de piano, de dessin, de danse, et, prêchant par l'exemple, continue de leur assurer avec une ferveur passionnée une éducation chrétienne sans faille. Comme leurs deux mères, entraînées dès leur plus jeune âge à la pratique des bonnes œuvres, elles ont leurs « *pauvres* », femmes et enfants, qu'elles vont visiter et secourir sous la conduite d'Aglaé. Bref, tout en veillant à les garder modestes et à entretenir chez elles une éthique du travail, inculquée dès leur plus tendre enfance par leurs deux mères et également cultivée par Charles [20], leur « tante » fait d'elles des jeunes filles accomplies, hautement pourvues de valeurs morales et qui ont le privilège rare de rencontrer les grands savants et médecins de l'époque, collègues et amis de Jules Desnoyers et des Milne-Edwards. Henri Milne, le père d'Alphonse est alors directeur du Muséum.

Mais si pour elles, cette vie nouvelle et animée a bien des attraits, Charles, de son côté, se retrouve seul avec deux domestiques et un jardinier dans sa grande maison. Il n'est pas sans amis ni parenté à Vieux-Thann même ou dans les environs. L'oncle Heuchel et sa femme, les Duméril, quelques amis de longue date, gardent avec lui des contacts fréquents. Il partage son temps entre l'usine, les déplacements pour affaires, à Mulhouse en particulier où il se rend à la Bourse (de plus en plus rarement), les œuvres philanthropiques et les agréments et devoirs de l'amitié. Mais ses filles lui manquent et elles le savent. De part et d'autre, entre les visites de Charles à Paris et les vacances passées ensemble, on fait ce qui va de soi dans la séparation : on s'écrit, seul acte possible contre l'absence. Marie et Émilie lui écrivent deux et souvent trois fois par semaine. Il répond tour à tour à chacune d'elles et c'est ainsi que se tisse une double chronique qui durera près de dix ans. Correspondance au long cours dans laquelle, peu à peu, sous l'enjouement, se devinent, puis se disent la solitude et la fatigue de Charles, tandis que s'épanouit la jeunesse de ses filles.

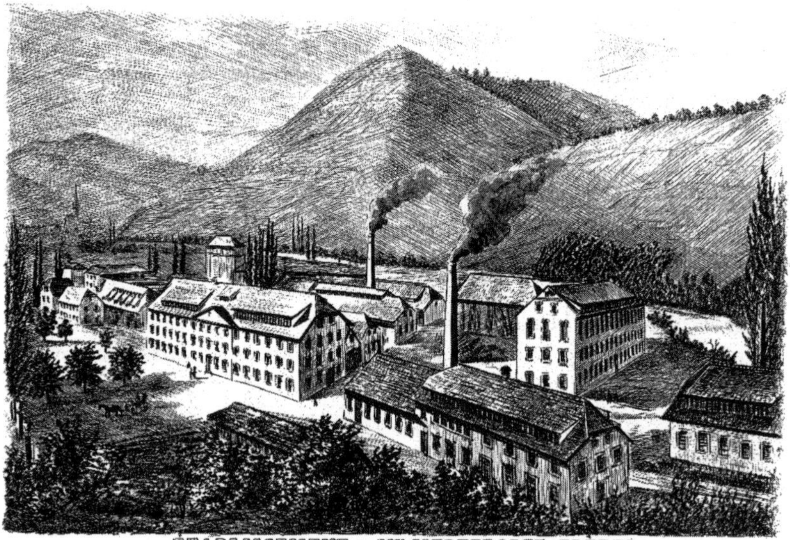

ÉTABLISSEMENT de Mrs MERTZDORFF FRÈRES
au Vieux Thann, ht Rhin.

À Vieux-Thann, l'événement familial le plus notable, et le plus souhaité depuis longtemps par l'intéressé et par ses proches, est, après un projet inabouti, le mariage de Léon Duméril en 1877. Dès qu'elle est dans l'air, l'affaire devient l'objet d'une abondante correspondance. Félicité, sa mère, tout particulièrement, est soulagée de le voir prendre femme, car il a alors 37 ans. Le portrait qu'elle trace de la jeune fille, Marie Stackler, semble répondre à ses vœux. Mais il n'est rien dit de la fortune ni de l'origine sociale de la jeune épousée, si ce n'est qu'elle est d'une famille très honorable et que sa mère est parfaitement distinguée. Léon est comblé :

« [elle] est excessivement bonne et très gaie et spirituelle, écrit-il à Aglaé qui l'a félicité. [...] *Vous ne pouvez vous faire une idée même imparfaite de la façon dont elle est appréciée à Mulhouse, aussi toutes les personnes que je rencontre me félicitent-elles chaudement de mon bonheur. »* Le frère de Marie est étudiant en médecine et *« on le dit charmant* [...] *Quant à Madame Stackler, c'est bien la plus charmante belle-mère que l'on puisse rêver ».* (4 décembre 1876)

En épousant une Alsacienne, Léon signe un contrat définitif avec l'Alsace. Il faut dire que c'est ici que se trouve son avenir puisque Charles, resté sans héritier mâle et pensant à sa succession, a modifié le statut juridique de son entreprise de manière à y intéresser financièrement Léon. Il l'a transformée en société en commandite par actions, nommée « Société Mertzdorff et Compagnie », tout en lui conservant une structure très familiale et gardant pour lui la moitié des actions en échange de ses apports. Léon ne souscrit que dix actions de 5 000 F, soit 50 000 F sur un capital de 1 700 000 F, mais il est nommé gérant, aux côtés de Charles et d'Eugène Frédéric Jaeglé, entré dans la société en 1854 et seul étranger à la famille. Charles, d'ailleurs, laisse de plus en plus de responsabilités à Léon qui a acquis une compétence certaine, et à son ami Jaeglé, dévoué et rompu aux affaires.

La famille Duméril, vieux-thannoise, s'agrandit avec la naissance chez Léon de la petite Hélène en 1878, puis d'André en 1882. Mais elle se réduit aussi, en septembre 1881, avec le départ pour un retour définitif à Paris des vieux parents Duméril, Constant et Félicité. Charles, sous la pression de la crise du textile et de la concurrence allemande, a choisi ou a été contraint de se défaire de son usine de Morschwiller où Constant s'employait encore. L'âge de la retraite est venu, et heureusement, pour Félicité en particulier qui souffre de son isolement et de la nostalgie de Paris. Le couple y a gardé de nombreuses attaches et de nouveaux liens les y attendent. C'est qu'en effet ici aussi, il y a du neuf. Émilie vit toujours chez Alphonse et Aglaé Milne-Edwards, mais depuis avril 1880, Marie est devenue Madame de Fréville.

Grande affaire encore que ce mariage qui alimente longuement la chronique épistolaire familiale pendant les quelques mois précédant la cérémonie. De manière feutrée et même secrète au début des « pourparlers », puis ouverte et de plus en plus satisfaite quand toutes les garanties sur le prétendant et sa famille se confirment et quand, enfin, après les visites d'usage, le jeune homme ayant plu, Marie dit « son oui ». Félicité, toujours expansive et prompte à réagir, se montre enthousiaste : « *Tu couronnes aujourd'hui ton œuvre*, écrit-elle à Aglaé, *par un mariage tel que nos cœurs pouvaient le souhaiter.* » (11 janvier 1880)

Comme pour le mariage de Caroline et Charles, vingt et un ans plus tôt, rien n'a filtré des préparatifs souterrains et des principaux acteurs. Sans doute, cependant, Aglaé est-elle à l'origine de cet événement, avec l'assentiment de Charles qui, pour la circonstance, vient à Paris voir et juger par lui-même.

Qui est donc le nouveau venu dans cette constellation familiale où science, humanisme, industrie et fortune ont si heureusement conflué dans le partage des valeurs morales et des convictions religieuses, pour s'incarner dans les personnes de Marie et d'Émilie ? Marcel de Fréville de Lorme, âgé de 29 ans, conseiller à la Cour des comptes, est apparemment sans fortune, mais, outre des qualités personnelles que tout le monde se plaît à louer, il apporte à cette union l'éclat de son patronyme et le prestige de sa fonction dans les hautes sphères de l'Administration[21]. On ne sait si les deux familles se connaissaient, mais il est permis de faire quelques rapprochements : Jules Desnoyers, le père d'Aglaé, membre de l'Académie des Inscriptions et Belles-Lettres, a très probablement connu Charles Ernest de Fréville de Lorme, archiviste-paléographe mort en 1855, qui y siégeait aussi[22]. Tout laisse à penser qu'il s'agit du père de Marcel dont le premier enfant mâle recevra à son baptême le prénom d'Ernest en tête de liste et qui, comme son grand-père (probable), sera diplômé de l'École des Chartes.

C'est un beau mariage, une belle union dont la postérité ajoutera autant de blasons que d'enfants à sa couronne aristocratique. La réussite est d'ailleurs si totale et l'accord si parfait dans les alliances successives que parents et enfants vivront, jusqu'à la mort de Marie en 1936, dans le voisinage le plus immédiat, grâce à l'acquisition des terrains et maisons entourant le pavillon des de Fréville.

Mais bien avant ces heureux prolongements encore imprévisibles, Marie se dit comblée. Grâce aux largesses de Charles, le jeune couple peut louer (avant de l'acquérir quelques années plus tard), réaménager à son goût et meubler chèrement un pavillon, situé rue Cassette, dont Marie est tombée littéralement amoureuse. Avec le revenu des actions alsaciennes et de placements judicieux, le couple peut s'offrir un train de vie confortable qui le deviendra plus encore après la mort de Charles. En 1891, il achètera une belle propriété à Livet, dans l'Orne. Durant les premières années, les réceptions, visites et vacances passées en commun semblent limitées aux relations familiales des deux époux, dont, du côté de Marcel, Madame de Fréville, sa mère, et le couple de La Serre, sa sœur et son beau-frère. Il est vrai que cinq enfants naîtront à un rythme rapproché et occuperont beaucoup Marie malgré l'aide de domestiques. Le premier, une fille, Jeanne, naît en 1881. Charles est un peu déçu dans ses espoirs de postérité mâle, lui qui avait écrit à Marie au sujet de cet enfant tant attendu, d'avance prénommé Robert : *« Ce sera un nouveau spartiate, peu parisien. Il nous faut un bon soldat, pour ne pas dire un bon industriel, ne craignant pas la lutte, sentant sa force et sa volonté. »*

Il reprendra espoir avec l'annonce d'une prochaine naissance. Mais, bien qu'il ne s'en plaigne guère, il est malade. Ses cures régulières à Wattwiller, petite station balnéaire proche de Vieux-Thann[23], soulagent peut-être ses rhumatismes, mais pas son estomac, probablement atteint d'un cancer.

Le départ de ses beaux-parents Duméril en septembre 1881 et surtout la mort de sa sœur, Émilie Zaepffel, en décembre de la même année, l'affectent beaucoup. L'ombre de la vieillesse et le noir des vides qui se creusent autour de lui accroissent sa tristesse : « *Nous venons de fermer les yeux de ma pauvre sœur,* écrit-il à Marie. *[...] Ce sont des moments terribles, pour les survivants surtout, lorsqu'on a tant de souvenirs. L'on est heureux de pouvoir se cramponner à l'idée que cette fin est un commencement, mais on a beau être fort, la douleur fait mal.* » (16 décembre 1881)

Avec courage cependant, il fait face à sa solitude en s'occupant le plus possible pour écarter tout sentiment de vacuité et d'inutilité et en menant une vie d'une « *régularité mathématique* », comme il l'écrit à Marie, à qui il détaille son emploi du temps et confie ses joies les plus chères : « *Onze heures et demie arrivent* [...] *et je trouve au bureau les lettres de mes chéries, c'est la belle et bonne demi-heure, je lis et relis, je vous vois, je suis avec vous.* » (10 mars 1882)

Il se rend encore à Paris pour voir ses filles, mais on lui trouve mauvaise mine. Dès son retour, il prétend se sentir infiniment mieux, grâce à un régime à base de laitages, sans pain ni légumes et il envisage même, dans la perspective d'une cure à Carlsbad où Émilie doit l'accompagner, de visiter quelques villes, Vienne en particulier. Mais il s'en remet à Aglaé qui a toute sa confiance et doit venir à Vieux-Thann avec Émilie pour la décision à prendre. Chacun est manifestement inquiet. Marie, alors enceinte pour la seconde fois, est chagrine de n'être « *propre à rien* » dans cette circonstance et essaie de le réconforter avec l'image de son propre bonheur et sa reconnaissance pour sa générosité : « *Pense à ta fille si, si heureuse avec son cher mari, si heureuse qu'on ne peut pas plus. Pense que c'est toi qui as fait ce bonheur-là.* » (fin juillet 1882)

Mais la santé de Charles, après quelques semaines où les présences simultanées ou successives d'Aglaé, d'Émilie et de Marie semblent avoir apporté un peu de mieux, se dégrade rapidement. Il ne peut plus rester seul et au début de décembre, Émilie, que sa tante accompagne toujours en voyage, s'installe à Vieux-Thann pour veiller constamment sur son père. Pendant ce temps, Marie accouche du petit Robert tellement désiré. Charles reçoit les sacrements le 22 janvier mais, entouré des soins constants d'Émilie, visité par Aglaé, Alphonse, Marcel de Fréville, il vit encore quelques semaines. Marie et les siens sont présents lors de sa mort le 2 mars 1883 . À Vieux-Thann, il ne reste alors des Duméril que Léon et sa famille.

Durant la maladie de Charles, Aglaé se préoccupe de l'avenir d'Émilie, c'est-à-dire d'un parti possible qui aurait l'agrément de Charles et elle sait qu'il faut faire vite : « *Quelle question importante que celle d'un mariage ; et combien on en est occupé lorsqu'on a une jeune fille de l'âge d'E. J'avoue que maintenant c'est là mon idée fixe ; je ne serai tranquille que lorsque je la verrai heureuse comme toi* », écrit-elle de Vieux-Thann à Marie, le 16 août 1882.

Ce problème agite toute la famille, Émilie exceptée, qui est tenue à l'écart de cette recherche. Mais n'en capte-t-elle pas, les sens en alerte car elle a l'âge du mariage, les indices les mieux cachés ? De son côté, Charles, bien que très malade, y pense aussi, mais il repousse un projet venu de la parenté du Havre et qui lui est transmis par Constant Duméril. Il *« trouve avec raison*, écrit Aglaé dans la même lettre, *que la position d'employé de chemin de fer, sans même le titre d'ingénieur, est trop modeste et ne montre pas une grande capacité »*.

Avant de mourir, cependant, Charles donne son accord pour un autre projet, qui sera le bon. Émilie, comme sa mère Caroline, comme sa sœur Marie, acquiescera à la proposition familiale, arrêtée après l'obtention de toutes les garanties d'usage sur le jeune homme, Léon Damas Froissart, dit Damas, et sur sa famille. L'intermédiaire dans ce qui est nommé au début « *l'affaire Fr* », est Louis Target, un cousin d'Aglaé (par sa mère, qui est une fille Target), ami du prétendant. La seule ombre au tableau qui a, deux ans durant, fait écarter sa demande, est la carrière de Damas : il est officier d'artillerie en garnison à Lille. C'est, comme l'écrit Félicité, chroniqueuse abondante et précieuse pour tout ce qui touche au mariage, « *le vilain côté de la chose* », car Émilie va devoir s'éloigner de sa famille. Charles, séduit par ailleurs, aurait penché pour la démission. Mais l'obstination du jeune homme vient finalement à bout des réticences, tant il rassemble dans sa personne morale et sociale d'autres avantages que Félicité détaille avec enthousiasme, une fois le mariage décidé, en mai 1883. Polytechnicien, *« naturellement »*, titulaire d'études de droit, *« il est le fils unique de riches propriétaires, vivant sur leurs terres, près d'Hesdin, dans la plus grande simplicité. [...] Sa fortune est en terres, celle d'Émilie en valeurs mobilières, tous deux comptent en faire le plus noble emploi*[24] ». (23 août 1883)

Ils se marient en septembre 1883, six mois après la mort de Charles. La fortune de Léon Damas Froissart est en effet considérable[25]. L'ensemble de ses propriétés, provenant de successions anciennes tombées entre les mains de ses parents et constamment accrues de leur vivant, forme un fameux héritage. Il le complète par des acquisitions personnelles si bien que terres et maisons couvriront en 1918 une surface de plus de 1 500 ha, le tout réparti en plusieurs exploitations, situées pour l'essentiel dans l'arrondissement de Montreuil (Pas-de-Calais) : à Campagne-lès-Hesdin où se trouve la maison des parents de Damas, Dommartin, Lambus, Bamières où vivent son cousin germain Paul Froissart et sa famille... La liste est très longue. Voitures à cheval, puis « autos » et bicyclettes seront utilisées pour un va-et-vient fréquent entre ces différents lieux. Mais la résidence « campagnarde » la plus habituelle de Damas et des siens, à partir des années 1890, sera la belle maison de Brunehautpré à Campagne-lès-Hesdin qui deviendra le lieu de rassemblement de toute la famille pour les grandes circonstances, notamment l'ouverture annuelle de la chasse, véritable événement local à travers lequel se lit un mode de vie et se devine le réseau social d'une famille de la bourgeoisie terrienne du Nord, auquel s'ajoute une sociabilité du monde militaire. Durant de longues années, et après quelques déménagements, semble-t-il, Émilie et sa famille vivent à Douai où Damas assure ses fonctions militaires qui le mèneront au grade définitif de commandant. Entre 1884 et 1895, le couple aura six enfants, quatre garçons et deux filles.

Après la mort de Charles en 1883, le volume de la correspondance a naturellement beaucoup diminué. Cependant le réseau épistolaire est encore large et vivant. Il est vrai qu'à l'exception d'Émilie et de Léon, la plus grande partie de la famille est maintenant regroupée à Paris. Mais les deux sœurs, toujours étroitement unies, continuent de s'écrire souvent, et les occasions d'échange de courrier avec d'autres membres de la famille parisienne ne manquent pas : visites en Alsace pour les uns, voyages, vacances à la montagne ou au bord de la mer pour les autres, cures thermales pour presque tous [26]. Aglaé est une fidèle correspondante dans ces moments de séparation. Mais ses belles-sœurs, Louise Pavet de Courteille et surtout Cécile Dumas [27], « *la tante Cécile* », gardent avec leurs « *nièces* » un contact épistolaire qui n'est pas de pure forme. Marie a gardé de nombreuses lettres de Cécile. Lettres alertes, d'un style élégant qui dessinent le portrait d'une femme intelligente, observatrice critique des nouvelles mœurs de la société bourgeoise qu'elle côtoie lors de ses voyages et séjours de vacances. Des Salines-Bex où son fils suit une cure, elle écrit par exemple à Marie le 22 août 1883 :

Le pays est bien joli [...] et si ce n'était ce monde petit et grand, grouillant et se démenant, je crois que je l'apprécierais fort. Mais plus je vais, moins j'aime cet apprêté, ce convenu qu'on retrouve partout et toujours le même. Il y a nombre d'enfants ici, c'est la meilleure chose, et leurs jeunes mères, blanches, roses ou maïs agitent leurs petites croupes factices (pardonne-moi) en se promenant à l'abri d'ombrelles éclatantes et avec de jolis mouvements d'oiseaux effarouchés. Ce serait très amusant à l'Opéra comique ; au milieu de la nature vraie, c'est moins à sa place et parfois cela prête à rire.

Elle partage ce sens de l'humour avec son frère Alphonse et elle l'exerce aussi bien à l'égard de ses propres travers et des défaillances qui lui viennent avec l'âge. En même temps, ses lettres expriment une vraie tendresse pour ses nièces adoptives. Elle est la mère du « *petit cousin Jean* », longtemps compagnon de jeux des deux sœurs au Jardin des Plantes et lors des séjours dans les maisons familiales de Montmorency ou de Launay. Il épousera sa cousine germaine, Marthe, fille de Louise.

Tous ces épistoliers, plus ou moins liés entre eux, se connaissent, s'apprécient et participent de l'attachement à Marie et Émilie qui sont au cœur de ce réseau. Mais cette correspondance est forcément épisodique et ne rend compte, faute d'éloignement prolongé des protagonistes, ni de la vie quotidienne, ni même d'événements familiaux majeurs. On ne connaît certaines dates de décès ou de naissance que par les indications généalogiques fournies par les biographies publiées.

Un seul événement familial fera l'objet d'un échange intense de correspondance et sera durablement évoqué : la mort d'Aglaé en juillet 1887, après une opération suivie d'une longue agonie. Aglaé n'avait que 47 ans. Elle est sans conteste une figure majeure de cette saga familiale. Elle y occupe la place d'une femme donnée comme exemplaire. Ce portrait se dessine non seulement dans les regrets unanimes exprimés après sa mort, et qui ne peuvent se lire uniquement comme une apologie de circonstance, mais aussi dans ses propres lettres, quels qu'en fussent les destinataires. On y voit une femme active, intelligente, entièrement dévouée à ses proches et aux devoirs qu'elle se fixe, d'une foi religieuse inébranlable où elle puise force et courage. Elle ne lésine pas sur les conseils pratiques ni sur les « *leçons de morale* » qui, après coup, la font, parfois, se moquer d'elle-même. D'ailleurs, bien qu'étant son aînée, Eugénie éprouvait pour elle une affection admirative de cadette. Le chagrin est grand pour Marie et pour Émilie qui, présente durant la maladie de sa tante, en tient la chronique pour sa sœur retenue hors de Paris. L'influence d'Aglaé est de celles qui marquent une vie. Émilie en donne la preuve lorsque, longtemps après cette mort, elle se met à écrire, pour ses enfants « *quelques souvenirs de [notre] chère tante* » : « *C'est un travail plein de charme pour moi,* écrit-elle à Marie, *et cela me fait vivre avec elle, mais je me sens bien au-dessous de ma tâche et j'ai peur que mes enfants n'y trouvent pas grand intérêt. Je ne continuerais pas même, si je n'y trouvais un très grand et très réel avantage pour moi-même à repasser cette vie si belle, à en regarder toute la suite, à voir tout le bien que tante a répandu autour d'elle. Je t'assure que c'est un beau sujet de méditation.* » (13 mars 1903)

Mais, bien entendu, dans l'immédiat, c'est Alphonse, « *le pauvre oncle* », qui n'a pas quitté Aglaé durant sa maladie et sort effondré de cette épreuve, qui reçoit les marques d'une compassion unanime. Malgré l'attention chaleureuse de son entourage, de sa sœur Cécile en particulier qui lui évitera le plus possible la solitude, il ne se remettra que lentement et peut-être jamais de cette perte. Cependant, il décide de consacrer son temps libre au réaménagement et à l'agrandissement de la propriété de Launay, échue à Aglaé après la mort d'Eugénie (qui l'avait eue en héritage de sa marraine). Ils avaient rêvé ensemble d'en faire une maison ouverte à tous ceux qu'ils aimaient, où chacun pourrait se sentir chez soi : « *Pauvre Launay,* écrit-il à Marie le 6 avril 1888, *tu ne saurais croire tout ce que j'y trouve de souvenirs parfois bien amers, parfois bien doux. Bien amers quand je pense à tout ce que j'ai perdu ; bien doux quand je me souviens du bonheur si complet dont j'y ai joui. Tout m'y parle de ta chère tante, nous y étions si complètement l'un à l'autre et nous y avons fait tant de projets d'avenir. C'est pour moi un plaisir de penser qu'elle approuverait ce que je viens de décider et je ne cherche pas à oublier, mais au contraire à peupler le vide par le souvenir de sa bonté si parfaite, de son cœur si chaud, de son intelligence si prompte et si bienveillante. Mes regrets, tu les comprends, tu les partages. Aussi je ne crains pas de t'en parler.* »

Paroles de confidence que seule, peut-être, la lettre intime permet d'énoncer dans cette forme achevée de l'expression du deuil. Elles apparaîtront encore sous la plume de cet homme blessé, autrefois enjoué, plein d'humour et qui fut véritablement pour ses « *chères bonnes filles* » un « *oncle-papa* » comme il aimait à se nommer.

La mort d'Aglaé signe la fin des Desnoyers. Alfred, le frère célibataire, est mort en 1884. Chez les Duméril, des vides se creusent aussi en quelques années : Constant meurt en 1888 ; sa femme Félicité en 1891 ; leur fils Léon en 1894. À Vieux-Thann, l'ancienne « Société Mertzdorff et Compagnie », transformée en 1890 en « Société Duméril, Jaeglé et Compagnie », perd l'un de ses deux gérants avec la mort de Léon. C'est Georges Duméril, le cousin chimiste qui connaît bien l'usine pour y avoir travaillé pendant plusieurs années qui le remplace dans cette importante fonction jusqu'en 1904. André, le fils de Léon, né en 1882, est de toute manière trop jeune – et, peut-être, trop peu intéressé – pour prendre place dans la succession. On sait peu de choses d'ailleurs sur ce jeune homme, peu présent dans la correspondance, et qui « disparaît » au front, en septembre 1914. Sa mère, minée par le chagrin et une attente désespérée, ne lui survivra guère.

Ces disparitions, pour certaines tragiques et prématurées, feront d'Hélène la seule représentante de la lignée de Léon, mais bien avant qu'elles ne surviennent, elle garde des liens assez étroits avec ses cousines Marie et Émilie, et cela durablement. En 1899, elle a 21 ans, l'âge du mariage. Après de longues réflexions, elle accède à la demande en mariage de Guy de Place, jeune homme de 25 ans que semblent connaître les de Fréville. Elle annonce sa décision à Marie : « *Maintenant je suis une heureuse fiancée, je t'assure, et je crois vraiment qu'il y a des grâces d'état, car tous les vilains moments de trouble et d'inquiétude me paraissent envolés au loin et c'est de tout mon cœur que j'ai donné mon affection à Mr de Place pour qui j'avais déjà tant d'estime et de sympathie. Merci encore, car c'est bien à vous en partie que je dois mon bonheur.* » (16 octobre 1899)

Marie et son mari, Marcel de Fréville, qui se fait l'avocat de Guy de Place, ont donc joué un rôle important dans la réalisation de ce projet, également approuvé par Émilie. La mère d'Hélène, une fois la chose décidée, témoigne de son entière satisfaction à une destinataire non identifiée qu'elle appelle « *Ma chère amie* » : « *Priez beaucoup pour ma chérie, qui du reste est heureuse maintenant que la décision est prise, mais il a fallu toute la persévérance de Mr de Fréville pour arriver à ce résultat. Quant à lui* [Guy de Place], *il est rayonnant et sa mère partage son bonheur d'une façon absolument touchante.* » (octobre 1899)

Ce mariage aura d'heureuses conséquences pour les intérêts économiques des associés de l'entreprise de Vieux-Thann. C'est Guy de Place, en effet, qui va succéder au cousin Georges Duméril lorsque celui-ci quitte son poste de gérant en 1904. Cette succession arrange probablement tout le monde, car étant sur place et directement intéressé à l'affaire, Guy de Place est le garant d'une bonne gestion. On ne peut douter qu'il offre la compétence et les qualités nécessaires pour une telle responsabilité. La guerre, coupure à tous égards majeure, atteint très rapidement les intérêts familiaux situés en Alsace. En 1914 et 1915, les usines et maisons subissent des dégâts importants. Guy de Place, cogérant avec Jaeglé fils, et qui vivait à Vieux-Thann avec sa famille jusqu'en 1914, se trouve en charge de faire faire le constat des dommages, de veiller à la sauvegarde de tout ce qui peut l'être, de rester en relations étroites avec les responsables des usines restés sur place, en particulier M. Meng, comptable et principal destinataire d'un volumineux courrier (180 lettres), précieusement conservé. De Besançon où il s'est replié, Guy de Place s'informe, informe, donne conseils ou ordres administratifs, commerciaux, comptables, techniques dans des conditions de communication le plus souvent difficiles. Mais en juillet 1915, il doit partir au front. Il se réfère parfois dans ses lettres à son neveu Charles de Fréville, et plus souvent à Damas Froissart qui, choisi comme président du conseil de surveillance et assez libre de ses mouvements, peut parfois se rendre à Vieux-Thann selon les déplacements du front et consacrer une partie de son temps à la sauvegarde des intérêts alsaciens de la famille. Guy de Place recommande souvent à son représentant, Monsieur Meng, de se conformer aux directives de D. Froissart, lui-même n'étant pas en mesure d'être aussi bien informé et donc d'avoir un avis. On trouve trace de la collaboration des deux hommes, non exempte de conflits d'après quelques brèves allusions notées dans les lettres de Damas.

Dans le volume consacré à Charles Mertzdorff, hommage est rendu à Guy de Place pour avoir réussi à remettre en route une partie de l'usine dès novembre 1919. On peut penser aussi que les démarches et le concours de Damas Froissart l'ont aidé à sauvegarder l'essentiel des intérêts familiaux, dans la jungle inextricable des réparations des dommages de guerre. Le même volume rend également compte des transformations, par associations et absorptions successives, de l'ancienne Société Mertzdorff, et cela jusqu'à nos jours.

Revenons à Marie et à Émilie au tournant du siècle. Elles ont fort à faire avec leur famille nombreuse qui s'élargit à la parenté proche de leurs conjoints, mais elles restent en relations étroites et chaleureuses. Dans les lettres d'Émilie, seules conservées, il est naturellement beaucoup question des enfants de l'une et de l'autre, de nouvelles concernant parents et amis communs, mais aussi de réceptions, de visites et de chasses à Brunehautpré. Les petites « Mimi » et « Founichon » sont devenues d'excellentes mères, mais aussi des dames très à l'aise dans leurs nouveaux rôles et espaces sociaux. Elles y ont été parfaitement préparées, même si le « standing » de leur vie s'est élevé de quelques crans depuis le Jardin des Plantes et si leur environnement socioculturel leur ouvre d'autres horizons et implique pour chacune d'elles des nouveautés dans le mode de vie domestique et le réseau de leurs relations. Elles ont été pourvues du « capital social » nécessaire à des adaptations qui, de toute manière, ne remettent rien en cause de leur éducation intellectuelle et religieuse et qui, au contraire, peuvent être vues comme ayant un « effet multiplicateur » sur ce capital d'origine[28]. Elles n'ont rien à renier d'elles-mêmes. Leurs conduites et jugements, tels qu'ils se lisent dans les lettres, sont fondés sur les valeurs qui les ont structurées, qu'elles (ou plutôt leur famille) ont si heureusement rencontrées chez leurs maris et qu'elles veulent transmettre à leurs enfants avec une conviction affirmée. Dans une lettre à Marie, Émilie témoigne de cette permanence. Elle la félicite de donner *« un aliment sérieux à l'activité de Jeanne »* (la fille aînée de Marie, âgée alors de 19 ans) : *« C'est si bon d'apprendre à s'occuper des autres et à utiliser les ressources que donnent l'intelligence et l'instruction. J'ai horreur des femmes banales et j'en vois tant ! Je ne sais si c'est l'apanage particulier de la province, je suis assez tentée de le croire. »* (Douai, 20 novembre 1900)

Peut-on mieux rendre hommage à l'éducation morale et à l'héritage intellectuel, particulièrement parisien, reçus par les deux sœurs et dire la satisfaction de correspondre à un modèle à perpétuer ? Mais si demeurent ces valeurs intangibles et ces règles de la vie féminine, la nouvelle position sociale implique des « obligations » mondaines, nombreuses et, semble-t-il, assez agréables. Émilie, tout en jugeant Marie et Marcel « *plus mondains* » qu'eux-mêmes, énumère joyeusement ses sorties avec Damas, en particulier leur participation à « *un bal costumé où étaient surtout des familles de militaires et de magistrats* », épinglant au passage la Générale : « *D'où sort-elle ? elle a une tête d'actrice, d'aucuns la disent juive, [...] elle n'a rien d'attrayant*. » (Douai, 17 février 1901)

En épousant Damas, Émilie a aussi épousé l'armée. Au retour d'un séjour à Fontainebleau où elle a sans doute vécu quelque temps au début de sa vie conjugale, elle confie à Marie son « *bonheur de reprendre la vie intime avec Damas, [...] l'affection si confiante de [son] cher petit ménage, toutes les bonnes amitiés [que j'ai] retrouvées là-bas et qui sont si particulières à l'armée, cette vie militaire enfin [que j'aime] tant* ». (9 juin 1900)

Elle l'aime tant qu'elle applaudit Marie de la voir devenir à son tour « *si militaire* » : « *Tu ne le seras jamais trop et je te félicite d'avoir un fils qui veuille entrer dans l'armée, j'aimerais bien, pour ma part, que les miens aient cette vocation. C'est vraiment plus que jamais le moment de s'attacher à l'armée et d'y faire entrer de nobles cœurs quoique ce soit peut-être leur demander un très réel dévouement au pays. Si on arrivait à changer la composition et l'esprit de l'armée comme on a fait pour la magistrature, il me semble que ce serait le dernier coup porté à notre pauvre France. Dieu merci, nous n'en sommes pas encore là !* » (16 juillet 1901)

Le nom de Dreyfus n'est pas écrit, ni ici ni ailleurs, mais « l'Affaire » est là, encore là, à l'ombre de convictions si bien partagées qu'elles n'ont pas besoin d'être davantage explicitées [29]. Le soupir sur « *notre pauvre France* » se retrouve dans d'autres lettres de familiers bien antérieures à celle-ci. Il n'est que l'écho étouffé d'une opinion publique profondément atteinte de pessimisme depuis la défaite de 1870, sentiment alimenté par une presse et une abondante littérature [30]. Quant à la touche d'antisémitisme qui orne, si l'on peut dire, le portrait de la Générale, elle a des précédents chez Charles : vingt ou trente ans plus tôt, il laissait percer tout naturellement son antipathie pour les juifs et ne cachait pas son désagrément d'avoir à traiter quelques affaires avec certains d'entre eux, surtout s'ils étaient Allemands. (Encore ne les traitait-il pas plus mal que les « rouges » qu'Eugénie ne portait pas davantage dans son cœur.) D'ailleurs l'antisémitisme, si banal à l'époque dans toutes les couches de la société française, ne revêt jamais ici une expression haineuse, ni même simplement affirmée. Par contre, les convictions politiques, étroitement liées au catholicisme le plus militant, y sont constamment présentes et le seront toujours. Émilie n'est pas femme à se cantonner dans les soucis domestiques, même si sa nombreuse famille accapare une grande partie de son temps.

Quand Damas s'engage dans des combats politiques à plus ou moins grande échelle, elle s'y intéresse vivement et même avec passion. Tout naturellement, elle raconte et commente, dans ses lettres à Marie d'abord, puis à ses fils plus tard, les petits et grands événements politiques locaux pouvant impliquer une action ou une réaction de Damas, en tant que notable catholique. Ainsi écrit-elle à Marie :

« *Damas a été Dimanche à Campagne passer seulement quelques heures. Nous avions été très bouleversés par l'annonce dans le Journal de Montreuil d'une conférence pour ce jour-là, à Campagne, d'un certain prêtre défroqué qui, payé probablement par la franc-maçonnerie, parcourt tout le pays en débitant partout les mêmes horreurs. Il s'attaque à la religion, aux prêtres, dit des choses épouvantables sur la confession et termine ses conférences en faisant voter l'assistance pour la Séparation de l'Église et de l'État. Ne pouvant aller lui-même lui tenir tête et ne trouvant personne qui soit capable de le faire ou disposé à s'en donner la peine, Damas s'est décidé Samedi à rédiger une lettre ouverte qui servît de réfutation à la conférence et signée Les Catholiques de Campagne.* » (14 février 1905)

Ces convictions religieuses et politiques se dévoilent plus complètement lorsque Damas, « sollicité par la hiérarchie religieuse et par ses nombreux amis catholiques » décide de se présenter aux élections législatives d'avril-mai 1910 sous l'étiquette de « Républicain libéral[31] ». Il mène une campagne active et même mouvementée. Émilie s'y intéresse vivement et en rapporte de très nombreux et vivants détails dans les lettres qu'elle adresse à son fils Louis, alors en Allemagne pour un séjour linguistique. Dans son ouvrage sur Campagne, Ludovic Damas Froissart cite plusieurs passages de ces lettres, ainsi que de longs extraits du programme politique de son grand-père, et de la polémique entre les deux candidats dont rendent compte les journaux qui les soutiennent respectivement, *L'Éclaireur* pour Damas Froissart et le journal de Campagne pour Morel. « Damas Froissart loue une maison à Montreuil, sur la place, pour mieux suivre la campagne » et y fait venir son gendre Henri Degroote et sa famille. « La compétition prend tout de suite un ton très âpre », écrit-il. Le contentieux local est lourd, et il s'inscrit dans un contexte politique national encore chargé d'oppositions tranchées sur les questions scolaires et religieuses. Dans un manifeste programmatique, publié par *L'Éclaireur* du 17 avril 1910, Damas Froissart insiste sur son appartenance au monde agricole dans lequel se situent la majorité de ses électeurs potentiels et, par conséquent, sur son aptitude à les comprendre et les défendre. Puis il dénonce les grands maux dont, à son avis, souffre la France : « Votre pays est la proie d'une secte abominable : la Franc-Maçonnerie. Cette secte est maîtresse du pouvoir. Elle opprime la nation, tyrannise les fonctionnaires, écrase ceux qui ne veulent point se courber sous son joug. 30 000 francs-maçons ont la prétention de commander à 36 millions de Français dont la fierté avait été jusqu'ici légendaire. » Aussi se veut-il le défenseur de la liberté religieuse, de l'enseignement, des communes, écrasées par le pouvoir de l'État. Dénonçant le gaspillage des deniers publics, il réclame une réforme du système fiscal qui n'atteindrait pas « la terre d'une façon beaucoup plus lourde que les valeurs mobilières » et, tout en n'étant pas hostile à un impôt sur le revenu, il « réprouve l'inquisition fiscale telle que l'a instituée le projet actuel, voté par [notre] député et les inégalités qu'il consacre au détriment de la propriété foncière ». Il expose ensuite son programme de réformes sociales, conforme à celui du catholicisme libéral hostile à tout monopole d'État, favorable à l'institution de retraites et d'allocations aux familles nombreuses. Il donne une couleur locale à ce programme en se faisant le défenseur des agriculteurs, bien sûr, mais aussi des marins et des planteurs de tabac, pour qui il réclame le privilège des « fumeurs de cru », aussi légitime à ses yeux que celui des « bouilleurs de cru ». Il accuse le Parlement de ne pas représenter la France et « d'exécuter les basses œuvres de la franc-maçonnerie » et définit sa position en matière de réforme électorale : « Je suis donc partisan de la suppression des fiefs électoraux, des scrutins viciés par la faveur et la pression, et, pour cela, je voterai la représentation proportionnelle après avoir obtenu l'égalité approximative des circonscriptions électorales à défaut de laquelle le Nord est systématiquement sacrifié au Midi. » Sa signature, accompagnée de tous ses titres, se veut chargée du pouvoir de l'autorité, de la compétence et de la légitimité que lui confèrent son appartenance à la région et sa profession d'agriculteur : « Commandant Froissart. Officier de la Légion d'honneur, licencié en droit, agriculteur[32]. »

Malgré cette détermination, l'aide d'amis politiques, la mobilisation de la famille dont Émilie en personne, et la présence de plusieurs des enfants à certaines réunions *« pour faire une foule de Froissart »* (Émilie à Louis, 8 avril 1910), Damas échouera. Il y a ballotage après le premier tour où s'opposaient trois candidats. Paul Dewisme, le dernier en course, socialiste semble-t-il, fait le moins bon score et se retire. Distancé par Morel d'un peu plus de mille voix à ce premier tour, Damas Froissart récolte au second une grande partie des voix des électeurs de Dewisme, mais avec 8 170 votes, il est néanmoins battu par Morel qui en obtient 9 720 et qui doit sa victoire au canton de Campagne qui a voté pour lui aux deux tiers de ses électeurs. Dans ses lettres, Émilie redoutait cet échec, mais peut-être impressionnée par l'agitation et les incidents souvent « arrosés » (des deux côtés) de la campagne électorale, elle en masque, par anticipation, les raisons politiques par une explication humoristique et désabusée : « *C'est sans doute le dernier qui fait boire qui est le plus coté.* » (22 avril 1910) Cet échec dut être amer pour Damas qui s'était beaucoup dépensé. Cependant, de nouveau sollicité pour les élections du printemps 1914, il renouvelle la tentative, après avoir hésité et sans plaisir, selon Ludovic Damas Froissart. Mais il échoue une fois de plus.

L'absence des lettres de Marie laisse dans l'ombre la vie des de Fréville et renforce le sentiment que, depuis que leurs enfants sont devenus adultes et se sont mariés pour certains, les deux sœurs vivent dans des constellations familiales de plus en plus indépendantes, dominées par les liens de la conjugalité et de la filiation directe. L'histoire de la lignée Duméril-Mertzdorff s'est dédoublée et la dissymétrie des sources documentaires accroît une impression de distance entre les deux familles, bien naturelle si l'on songe à leur taille respective qui fait de chacune une petite planète. Elles sont certes liées par l'attachement réciproque de Marie et d'Émilie, par les relations avec la parenté qui leur est commune et par des intérêts économiques partagés (l'usine de Vieux-Thann et les participations dans d'autres établissements alsaciens) ; mais elles ont été aussi longtemps séparées par la géographie et se sont forcément centrées sur elles-mêmes. L'origine sociale et l'univers professionnel différents des maris n'ont pas pu être sans effet sur la création de nouvelles habitudes, de nouveaux horizons, en particulier pour la descendance.

De la raréfaction de la correspondance à partir de 1911, on ne peut naturellement déduire un changement dans les relations réelles. On ne peut que constater, à la lecture des lettres d'Émilie et de Damas à leur fils Louis en particulier, que très peu de nouvelles concernent les de Fréville. La famille de Damas y tient bien plus de place que celle de Marie. En effet, même lorsque les Froissart viennent s'installer à Paris, rue de Sèvres, les lettres ne font presque jamais mention de relations entre les deux familles, alors que les appartements de l'une et de l'autre sont proches. Il y est très rarement question de visites, de rencontres, de simples nouvelles sur l'oncle, la tante et les cousins germains de Fréville. Mais s'il ne subsiste pas de trace de la mort de Marcel de Fréville en 1912, c'est peut-être qu'aucune lettre porteuse de l'événement ou de condoléances n'a été conservée, ou bien encore que les Froissart étaient déjà à Paris. Les lacunes épistolaires sont source de mystère et de perplexité, mais l'absence de toute correspondance dans les circonstances dramatiques d'un deuil peut s'expliquer plus simplement par la proximité physique des personnes concernées.

La focalisation des nouvelles sur les êtres les plus proches, les plus chers, est particulièrement flagrante quand se déclenche le grand drame de 1914. Les deux familles y sont concernées dans leur chair, puisque les fils et les gendres de chacune seront mobilisés. L'ombre de la guerre envahit alors la presque totalité de la vie familiale et entraîne un repliement de chaque foyer dans l'inquiétude et l'attente de nouvelles, dans le besoin d'un échange intense de lettres. Le fil ténu des mots ne doit pas être rompu : tant que dure le dialogue, la vie est là, chaque lettre écrite ou reçue éloignant pour un moment l'anxiété par le simulacre de présence qu'elle crée. Durant cette guerre, comme en 1870-1871, le volume du courrier s'accroît beaucoup, mais nulle trace n'en existe pour nous du côté de Fréville. On apprend seulement dans des lettres échangées plus tard la mort au front, en septembre 1914, de Robert, le fils aîné de Marie. Charles, on s'en souvient, avait rêvé de voir dans son premier petit-fils un successeur, un « bon industriel » à son image. Mais Robert, en choisissant l'École des Chartes, avait suivi la voie paternelle et même grand-paternelle[33]. Ainsi Marie, en un laps de deux années, a perdu son mari et son fils aîné. Charles, son fils cadet, réchappera de la guerre ainsi que les maris de ses filles.

Du côté Froissart subsiste une correspondance substantielle, constituée dans sa presque totalité par les lettres adressées par ses parents à Louis, le cadet des six enfants d'Émilie et Damas. Il en reste quelques-unes destinées à Michel, le troisième fils, et un certain nombre d'autres, dactylographiées et reproduites en autant d'exemplaires que de destinataires – des lettres circulaires, portant chacune quelques mots manuscrits à l'intention de Louis. Avec quatre fils, les occasions d'écrire et de recevoir des lettres n'avaient pas manqué, lors des séjours en internat ou en voyage par exemple. Mais la séparation au milieu des dangers, des péripéties et des souffrances de la guerre donnent au geste épistolaire une tout autre dimension que celle de l'échange familial lors de l'éloignement dans des circonstances ordinaires. La dimension de l'urgence, de l'intensité, de la fréquence du besoin de rassurer et surtout d'être rassuré pour ceux de l'arrière. Ainsi de Damas à Louis, un exemple parmi plus de cent autres :

Eh bien ! tu en as des choses à téléphoner, et de jour et de nuit, depuis ta lettre du 12, la dernière qui nous soit parvenue !

Je voudrais bien savoir comment tu as résisté à tous tes ennemis, les boches, de tous calibres, qui devaient être bien en peine d'atteindre tes observateurs [...], la pluie atroce qui a dû bien paralyser votre attaque, les insomnies et peut-être un régime alimentaire médiocre – sans compter les gaz qui se sont peut-être reproduits ? – Que n'avez-vous un temps meilleur ! bien qu'il rende les gaz moins faciles à émettre [mot illisible].

Nous avons bien pensé à toi : c'est dur de ruminer que toi aussi te voilà dans la fournaise !

Tâche de nous envoyer souvent le mot qui indique... que tu vis ! (21 avril 1917)

Les quatre frères, Jacques, Pierre, Michel et Louis, combattront au front directement, et souvent dans les secteurs les plus exposés, et, fort exceptionnellement, tous en reviendront. Émilie et Damas ont probablement écrit aussi souvent à chacun de leurs fils. De sa mère, Louis a reçu deux à trois lettres par semaine ; de son père, un peu moins, mais Damas était tellement occupé, sans cesse en déplacement entre Paris, le Pas-de-Calais, Lyon, et même le Sud-Ouest où, à la fin de la guerre, l'une de ses filles chargée d'enfants s'était réfugiée pour éviter les bombardements de Paris. Si Émilie écrivait très régulièrement, Damas réagissait promptement à tout événement susceptible d'affecter la vie de ses fils : plus grande exposition aux dangers, maladies, blessures ; ou au contraire, à tout motif de fierté : galons gagnés, citations, croix de guerre. Les seules interruptions de ce courrier enfiévré sont celles des permissions ou des convalescences passées en famille à la suite de blessures.

Cette correspondance est, malheureusement pour nous, unilatérale, elle n'est faite que de « lettres au soldat ». Mais quelle chronique, tout de même ! Quatre fils et deux gendres mobilisés, certains déjà pères de plusieurs enfants, la guerre n'arrêtant pas d'ailleurs l'accroissement de plusieurs de ces foyers grâce aux permissions. On se perdrait à vouloir entrer dans le détail d'une pareille postérité (Émilie et Damas ont eu quarante-quatre petits-enfants). Ce n'est d'ailleurs pas notre objet, ni notre désir, car nous pénétrerions alors dans la vie de générations présentes aujourd'hui.

Bornons-nous donc à souligner la valeur de la longue et double chronique que constituent les lettres d'Émilie et de Damas à leur fils Louis. Né en 1895, il prépare une licence de lettres lorsqu'il doit partir faire ses classes avant d'être expédié au front. Comme ses frères, il sert dans l'artillerie et les communications et si, contrairement à Michel et à l'un de ses beaux-frères, il échappe à de graves blessures, il est atteint, entre autres maladies très fréquentes parmi les soldats, d'une grave mastoïdite dont sa vie durant il subira les conséquences. Tous gagneront galons et distinctions pour la plus grande fierté de leurs parents, ardents patriotes, qui, malgré leur angoisse, lettre après lettre, ne cesseront de les encourager dans la voie du devoir et de l'ambition militaire, de les soutenir physiquement aussi par l'envoi très fréquent de colis dont Émilie détaille le contenu, s'inquiétant souvent de leur bonne réception. Longues, parfois très longues lettres qui informent l'absent de tous les événements familiaux, petits et grands, touchant aux personnes et aux biens (les terres et les maisons du Pas-de-Calais seront d'une manière ou d'une autre atteintes par la guerre : réquisitions, destructions, occupations) ; lettres qui mêlent aux commentaires sur les événements militaires et politiques, les nouvelles sur les parents et amis, morts, blessés, pris en otage ou dont on s'inquiète selon les déplacements du front. Damas ne cache pas son pessimisme dès 1917 sur l'issue de la guerre, en particulier avec le retrait des Russes, et ne reprend courage que peu de temps avant la victoire. Son regard sur la guerre est celui d'un spécialiste de la chose militaire, mais aussi celui d'un père inquiet. Émilie, de son côté, s'efforce de ne pas céder à l'abattement et continue jusqu'au bout à entretenir le fil de l'espoir ; mais elle ne peut s'empêcher d'égrener les mauvaises nouvelles, pourtant peu propices à soutenir le moral du soldat.

Damas Froissart n'avait pas tort de craindre une renaissance allemande pour l'équilibre de l'Europe ; par contre, sa vision d'une Russie « bochifiée », alors que lui échappe l'importance de la Révolution russe, témoigne d'un certain aveuglement dû à son obsession anti-germanique. Dans l'ordre du privé, il semble que ses inquiétudes à l'égard de l'avenir incertain de ses fils ne se soient pas réalisées. Il mourra en 1922, épuisé et ayant prévu sa fin prochaine. Émilie lui survivra jusqu'en 1933. Quant à Louis, il reprendra ses études interrompues par la guerre, deviendra financier et épousera la sœur d'un de ses camarades de combat, Béatrix de Solages. Il est le père de Ludovic Damas Froissart à qui nous devons le précieux privilège d'avoir pu disposer de cette correspondance.

2.

Mémoire et patrimoine

LE FONDS FROISSART

« Les familles préservent leurs secrets », regrette Anne Martin-Fugier qui s'est vu refuser l'accès à la plupart des manuscrits conservés par les descendants de ces « bourgeoises » auxquelles elle consacrait un livre [1]. Pourtant une famille nous a ouvert ses archives et la chance nous a été offerte de consulter un large fonds de correspondances [2]. Trois mille lettres nous ont été confiées.

Leur actuel propriétaire, Ludovic Damas Froissart, a rassemblé de nombreux autres souvenirs dans sa demeure : photographies, arbres généalogiques, actes notariés, documents commerciaux, archives industrielles, etc. Il s'est lui-même intéressé au passé de sa famille. Il a publié pour les siens plusieurs volumes sur leurs ancêtres. À l'occasion de ce travail, il a répertorié les lettres qu'il possédait, cherché et photocopié celles qui étaient dispersées. Se sont ajoutés à son fonds propre les papiers de la famille Duméril que lui a donnés Anne-Marie de Place en 1946 [3] et les photocopies des archives de Bernard de Nazelle sur la famille Mertzdorff. Il a ainsi, le dernier en date, rassemblé et remodelé les correspondances déjà classées par ses prédécesseurs et leur a donné une ultime forme : celle d'un volume imprimé.

Les cartons pleins de lettres qu'il nous livre ne sont donc pas la restitution d'échanges épistolaires miraculeusement immobilisés, fossilisés et remis à jour, intacts, des décennies plus tard. Les lettres que nous découvrons sont le résultat d'un processus complexe de sélection, orienté par les idées que les générations successives se sont faites de la famille, de son patrimoine, de son avenir, de la transmission, du souvenir. La correspondance est perçue comme témoin et preuve d'une réussite familiale, d'une ascension sociale et, à ce titre, elle peut être montrée à l'extérieur, consultée par des chercheurs.

S'il importe d'abord de prendre la mesure du corpus, de présenter les lettres conservées, il faudra ensuite évaluer les quantités de manuscrits perdus pour allouer leur juste place à ceux qui subsistent, puis s'interroger sur la construction de ces lettres en mémoire familiale. Qui a gardé les lettres ? Pourquoi ? Quelles valeurs sont à l'œuvre dans la présentation imprimée qui en est faite ?

La conservation des lettres et leur organisation propre ne sont pas seulement le fruit du hasard, ni le résultat d'une volonté initiale (écrire pour la postérité). Des interventions multiples ont travaillé ces objets, y ont déposé des empreintes durant leur traversée du temps. Retrouver les gestes de conservation, c'est chercher à identifier des contraintes matérielles (le rôle d'un espace approprié), des interventions subjectives et individuelles (ceux qui rassemblent, collectionnent) et les déterminismes sociaux (valeurs, positions).

Inventaire des lettres conservées

Les 3 000 lettres (originaux et photocopies) sont regroupées par auteur et, pour chacun d'eux, classées par ordre chronologique. La plus ancienne lettre est datée du 11 messidor an troisième (29 juin 1795), la dernière du 7 mai 1933. Les papiers s'accumulent certaines années (28 lettres en 1812, 56 en 1859, 173 – un record – en 1870, 121 en 1918) tandis que d'autres périodes sont silencieuses (1822-1823, 1825-1827, 1833-1840, 1849, 1853, 1906-1908, 1925-1926, 1929). Enjambent ces lacunes cent quarante ans d'écriture épistolaire, destinée à quelques dizaines de personnes, produite par les mêmes et par d'autres (les signataires sont plus nombreux que les destinataires). Certains ont écrit ou reçu une seule lettre, d'autres des centaines – il faudrait dire plutôt : une seule lettre, ou des centaines, ont été conservées. L'inventaire actuel, en fait, ne permet pas de tirer de conclusions sur l'écriture réelle. C'est de ce jeu ambigü entre le réel effacé et ses traces, les lettres virtuelles et les lettres présentes, qu'il faut se défier.

Les lettres nous ont été présentées en trois lots par Ludovic Damas Froissart, qui a publié un volume à partir de chacun d'eux[4]. Les trois ensembles se font suite dans le temps et mettent en scène des générations successives. Chaque paquet est singulier. Le premier est centré sur André Constant Duméril, avec les lettres (manuscrits originaux) du « couple fondateur », André Constant et son épouse Alphonsine Delaroche (tableau 1). André Constant écrit régulièrement à ses parents et, après son mariage en 1806, ce courant s'étoffe avec la participation de sa femme. Restent 125 lettres qu'il leur a adressées (1795-1819) et 25 d'Alphonsine (1806-1821). Des parents d'André Constant, nous n'avons aucune missive. Les conjoints André Constant et Alphonsine correspondent aussi entre eux, mais les traces sont plus irrégulières : au gré des séparations et des voyages, elle a gardé 15 lettres de lui (entre 1841 et 1844, et une en 1811), il a conservé 60 lettres d'elle (1812-1844, dont 19 en 1812). Ce premier ensemble de 245 lettres est dominé par l'écriture d'André Constant (150) et celle de son épouse Alphonsine (90).

Le second paquet apparaît beaucoup plus volumineux : les deux tiers des lettres (sous forme de photocopies) se retrouvent là, écrites entre 1845 et 1908 (tableau 2). La moyenne des documents conservés passe de 5 par an pour la première période à 33 par an pour celle-ci. Ce second groupe concerne Charles Mertzdorff, ses épouses Caroline et Eugénie, et ses deux filles, Marie et Émilie ; il a été utilisé pour la biographie de cet ancêtre. Pour certains auteurs, de nombreuses lettres ont été conservées (plus de 300 de Marie, Charles et Eugénie). Pour d'autres, une seule : Marie a reçu en 1887, après la mort d'Aglaé (sa tante et mère adoptive), des dizaines de lettres de condoléances, qui forment un vrai dossier[5]. Après cette date subsistent seulement 130 lettres adressées à Marie jusqu'en 1908 (dont 70 d'Émilie et 20 de Cécile Milne-Edwards).

Le troisième paquet – tous des documents originaux – renferme deux séries distinctes (tableau 3). L'une rassemble les lettres expédiées par Émilie et son mari Damas Froissart à leur fils Louis pendant toute la période 1909-1933, mais avec une décrue après 1919. À ces 500 manuscrits que Ludovic Damas Froissart a utilisés pour une histoire de leur propriété, étaient jointes 180 lettres adressées pendant la guerre, pour l'essentiel par Guy de Place (petit-neveu de Charles, cogérant de la société Mertzdorff) à M. Meng (un « chef de service », homme de confiance, qui dirige l'usine alsacienne réquisitionnée). Cette liasse est d'une nature particulière : le destinataire est extérieur à la famille et l'objet principal des messages reste la gestion de la fabrique et la sauvegarde des intérêts économiques en l'absence des gérants. Mais ces lettres nous ont été livrées avec les autres, assimilées à la correspondance familiale – il est vrai que M. Meng apparaît comme un familier, avec qui Guy de Place et son épouse Hélène n'hésitent pas à parler des proches.

Le tableau 4 additionne les trois tableaux précédents. Apparaissent ainsi les principaux signataires et destinataires des 2 955 lettres conservées entre 1795 et 1933.

Dans ces tableaux (pages suivantes), l'auteur principal s'est vu attribuer la lettre entière. Lorsque deux auteurs ont collaboré à égalité, on a considéré que chacun avait écrit une demi-lettre. De même, dans le cas de destinataires doubles, on a compté que chacun avait reçu une demi-lettre.

Tableau 1 : lettres 1795-1844

	écrites	reçues
André Constant Duméril	150	60
Alphonsine Delaroche (veuve Say) ép. Duméril	90	15
Auguste Duméril (frère d'André Constant)	2	2
M. Delaroche (père d'Alphonsine)	1	1
Michel Delaroche (frère d'Alphonsine)	1	–
Reine Duméril (sœur d'André Constant)	1	–
Rosalie Duval ép. Duméril (mère d'André Constant)	–	65
Jean-Charles Duméril (père d'André Constant)	–	50
Rosalie + J.-C. Duméril	–	36
Joseph Duméril (Désarbret, frère d'André Constant)	–	5
Constant Duméril (fils d'André Constant)	–	5
Félicité Duméril (nièce et bru d'André Constant)	–	3
Auguste Duméril (fils d'André Constant)	–	3
Total	245	245

Tableau 2 : lettres 1845-1908

	écrites	reçues
Marie Mertzdorff ép. de Fréville	480	590
Charles Mertzdorff	360	630
Eugénie Desnoyers ép. Mertzdorff	350	200
Félicité Duméril	135	120
Caroline Duméril ép. Mertzdorff	130	30
Émilie Mertzdorff ép. Froissart	130	20
Aglaé Desnoyers ép. Milne-Edwards	90	240
Alphonse Milne-Edwards	30	3
Cécile Milne-Edwards ép. Dumas	30	–
Paule Arnould (amie)	30	–
Constant Duméril	20	50
Jeanne Target ép. Desnoyers	20	20
Dames Boblet (cours par correspondance)	20	–
André Constant Duméril	15	2
Léon Duméril	15	1
S. de Fréville (mère de Marcel)	10	–
Eugénie Duméril ép. d'Auguste Duméril	9	4
Émilie Mertzdorff ép. Zaepffel (sœur de Charles)	9	–
Marthe Pavet de Courteille	9	–
Marcel de Fréville	6	25
Jules Desnoyers	6	1
Jean Dumas	6	–
Edgar Zaepffel (beau-frère de Charles)	6	–

Paul Duméril	5	–
Louise Pavet de Courteille	4	–
Alfred Desnoyers	4	–
Adèle Duméril	2	30
Isabelle Latham (cousine et amie de Caroline)	1	35
Auguste Duméril (fils d'André Constant)	1	7
Divers femmes	75	20
Divers hommes	32	12
Total	2 040	2 040

Tableau 3 : lettres 1909-1933

	écrites	reçues
Émilie Mertzdorff ép. Froissart	360	–
Guy de Place	155	5
Damas Froissart	130	–
Hélène Duméril ép. de Place	10	–
Louis Froissart	–	460
M. Meng	–	160
Enfants Froissart	–	20
Autres	15	25
Total	670	670

Tableau 4 : lettres 1795-1933

	écrites	reçues
Émilie Mertzdorff ép. Froissart	490	20
Marie Mertzdorff ép. de Fréville	480	590
Charles Mertzdorff	360	630
Eugénie Desnoyers ép. Mertzdorff	350	200
André Constant Duméril	165	62
Guy de Place	155	5
Félicité Duméril	135	123
Caroline Duméril ép. Mertzdorff	130	30
Damas Froissart	130	–
Aglaé Desnoyers ép. Milne-Edwards	90	240
Alphonsine Delaroche ép. Duméril	90	15
Alphonse Milne-Edwards	30	3
Cécile Milne-Edwards ép. Dumas	30	–
Paule Arnould (amie)	30	–
Constant Duméril	20	55
Jeanne Target ép. Desnoyers	20	20
Dames Boblet (cours par correspondance)	20	–

Léon Duméril	15	1
S. de Fréville (mère de Marcel)	10	–
Hélène Duméril ép. de Place	10	–
Eugénie Duméril ép. d'Auguste Duméril	9	4
Émilie Mertzdorff ép. Zaepffel (sœur de Charles)	9	–
Marthe Pavet de Courteille	9	–
Marcel de Fréville	6	25
Jules Desnoyers	6	1
Jean Dumas	6	–
Edgar Zaepffel (beau-frère de Charles)	6	–
Paul Duméril	5	–
Louise Pavet de Courteille	4	–
Alfred Desnoyers	4	–
Adèle Duméril	2	30
Isabelle Latham (cousine et amie de Caroline)	1	35
Louis Froissart	–	460
M. Meng	–	160
Rosalie Duval ép. Duméril (mère d'André Constant)	–	85
Jean-Charles Duméril (père d'André Constant)	–	65
Enfants Froissart	–	20
Divers femmes	88	46
Divers hommes	40	30
Total	2 955	2 955

Auteurs et destinataires

L'inventaire chiffré n'épuise pas la description du corpus qui s'est construit autour de relations dialogiques. Des échanges intenses, continus, n'ont laissé quelquefois que des traces ténues, ou bien se présentent de façon dissymétrique lorsque subsistent uniquement les lettres d'un des deux correspondants.

La relation parentale à elle seule représente près de la moitié des lettres, sous forme de vrai dialogue où parents et enfants se répondent (Charles et Marie ; Eugénie et sa mère Jeanne) ou bien d'échanges tronqués dans lesquels une seule voix s'entend (André Constant à ses parents ou Émilie et Damas à leur fils Louis). La relation père-fille, peu fréquente en général dans les corpus conservés, prend dans le fonds Froissart une ampleur d'autant plus intéressante : il reste 225 lettres de Charles à Marie et 450 lettres de Marie à son père – en revanche, aucun écho n'est parvenu des échanges parallèles de Charles avec son autre fille, Émilie[6].

La relation conjugale apparaît à l'occasion de séparations passagères plus ou moins longues : tournées des jurys d'examen du professeur (André Constant), voyages de l'industriel (Charles), villégiatures de la mère et des enfants (Eugénie, Marie et Émilie), ou encore pérégrinations au début de la guerre de 1870. 290 lettres représentent l'écriture du couple : 75 d'André Constant et Alphonsine, une dizaine de Charles et Caroline et surtout 200 de Charles et Eugénie.

La troisième relation concerne les frères et sœurs. La conservation inégale a effacé la plupart des échanges réguliers entre Léon et sa sœur Caroline, Auguste Duméril et son frère Constant, Eugénie Duméril et sa sœur Félicité (une seule lettre conservée !) et même Charles Mertzdorff et sa sœur, Émilie Zaepffel. Et elle a gommé, dans le dialogue entre les sœurs, la voix d'une des correspondantes : la plume d'Eugénie domine (170 lettres et 12 d'Aglaé), puis celle d'Émilie (85 lettres et 2 de Marie).

À ce réseau familial s'ajoutent les lettres de Guy de Place consacrées aux affaires, celles des dames Boblet, professeurs par correspondance, et 150 lettres « amicales » qui concernent des jeunes filles : Caroline, Isabelle Latham, Adèle Duméril, Paule Arnould, Marie. Les lettres de ces amies, qu'unit souvent aussi un lien de parenté[7], ne représentent que 5 % du corpus. C'est bien la tonalité familiale qui domine le fonds Froissart.

Si des milliers de lettres subsistent, l'évidence de leur accumulation ne doit pas masquer toutes celles qui ont disparu. Il ne s'agit pas ici de déterminer précisément la production de courrier mais de sonder les grands pans d'oubli dans l'amoncellement actuel des cartons. Il faudra ensuite tenter d'identifier les filtres successifs, composé de hasards et d'actes délibérés, qui ont pu éliminer une partie des lettres.

DES PERTES ÉVIDENTES

Partons donc des lettres pour les suivre à la trace. Le texte est riche d'indices qui signalent leur existence (« *j'ai reçu hier ta chère lettre* »). Nous étudierons par ailleurs la signification de cette omniprésence de la lettre dans la lettre ; ici notre approche, sommaire, se réduit à un comptage, rendu possible par toutes ces mentions qui balisent littéralement le parcours épistolaire.

Un premier filtre possible, suggéré peut-être par les images romanesques de lettres sans cesse recommencées et jamais expédiées, est à éliminer tout de suite. Dans cette famille, ce comportement n'est qu'exceptionnellement mentionné. En revanche, nombreuses sont les lettres commencées, abandonnées, reprises, achevées plus tard, le lendemain, quelques jours après – voire plusieurs semaines après. Caroline avertit son amie Isabelle, au mois de juin 1858 au cours duquel elle se marie : « *Je t'envoie ce griffonnage afin que tu voies bien que j'ai pensé à toi...voilà 18 jours que cette lettre a été commencée, que de choses en si peu de temps !* » Eugénie aussi s'exclame en reprenant sa causerie : « *plus de quinze jours se sont écoulés* » et sous la date

« *15 Août 56* », elle précise « *fermée le 1er 7bre 56* ». Eugénie encore commence une lettre le 16 septembre 1869 et ne la termine que le 24 octobre, soit plus de cinq semaines après : « *Je retrouve ce commencement de lettre dans mon buvard et toute honteuse, ma chère Victorine, de n'avoir pas repris la plume depuis si longtemps.* » On peut penser que les lettres entreprises sont finalement achevées et envoyées.

Un deuxième filtre possible, dont nous pouvons assez vite aussi rejeter les effets, serait la mise en cause du service postal : nous l'évoquons car l'indiscrétion des postiers est un thème récurrent chez certains épistoliers du XIXe siècle [8]. Ici la transmission ne pose problème que dans les mois troublés du siège de Paris. Jeanne Desnoyers et son mari écrivent très souvent à leur fille Eugénie qui est alors en Alsace ou en Suisse. Leurs lettres partent par ballon monté, mais ils restent des mois sans nouvelles et les lettres qu'Eugénie leur a écrites sont perdues. Hors cette période exceptionnelle, la seule allusion à un message non transmis date de 1879. Le 15 août, Charles s'inquiète auprès de sa fille : « *quel dommage si mon épître de 6 pages a été égarée par la Poste.* » Notons qu'au début du XIXe siècle, plus sans doute pour des raisons d'économie que de sécurité, André Constant confie de nombreuses lettres à des porteurs.

Dans quelle proportion les lettres qui sont parvenues à leurs destinataires ont-elles pu disparaître ensuite ? Effectuons une plongée dans celles qui subsistent. La recension a été effectuée pour quelques interlocuteurs, pendant des périodes limitées : le but est de déceler un type de comportement plutôt que d'établir une comptabilité minutieuse et toujours fausse (puisqu'il manque des lettres !).

Lettres conjugales

Le premier échantillon choisi pour le repérage des lettres réellement écrites couvre le voyage professionnel de Charles Mertzdorff en Angleterre du 1er au 22 mai 1860. Sa jeune femme Caroline est accueillie pendant ce temps chez ses parents à Paris, avec la petite Marie âgée de un an. Les époux échangent des lettres à peu près tous les jours. Dès son arrivée à Manchester, Charles réclame des nouvelles quotidiennes : « *tu n'auras que peu de temps, mais savoir comment vous allez tous est tout ce que je demande journellement si cela ne te contrarie pas trop* » (2 mai 1860). Il semble bien que Caroline réponde à son attente. Il se réjouit auprès de son beau-père que « *cette chère petite amie tous les jours* [*lui*] *donne de ses caresses et de ses bons souvenirs* » (11 mai 1860). De son côté, Charles écrit très régulièrement. Quand il s'abstient, il le signale : « *si je ne t'écris pas ces deux à trois premiers jours, sois contente, c'est un signe que je suis bien occupé, que je rentrerai d'autant plus vite* » (6 mai 1860) ou bien « *je ne t'ai pas écrit hier... Je ne l'ai pas fait, chérie, parce que j'étais de très mauvaise humeur et cela parce que j'avais dépensé toute une journée en chemins de fer, voiture...* » (16 mai 1860). De cette correspondance régulière on pourrait attendre de trente à quarante lettres en tout. Or il en reste sept de Charles et une seule de Caroline. Les a-t-elle plus fidèlement gardées que son mari ? La disparition n'est-elle que le fait des destinataires ?

Les lettres sont précieuses à l'un comme à l'autre. Tous les deux les attendent avec impatience. Charles : « *Je pense ce soir trouver une petite lettre de toi. Songe combien il me tarde de la lire* » (2 mai 1860) ; « *je ne te dirai pas tout le bonheur que j'éprouve lorsque je reçois tes bonnes lettres* » (8 mai 1860). Caroline : « *J'espère mon bien-aimé qu'aujourd'hui tu vas m'écrire puisque c'est dimanche, j'attends mardi avec impatience pour recevoir cette chère lettre* » (13 mai 1860).

Comment expliquer que ces lettres auxquelles Charles tient tant aient disparu ? Peut-on avancer quelques explications à leur conservation différentielle ? D'abord, le voyage. Charles se déplace sans cesse en Angleterre et loge à l'hôtel. Caroline n'est pas non plus chez elle, à Vieux-Thann ; mais c'est dans sa famille, à Paris, qu'elle est hébergée et les conditions semblent plus favorables à la conservation des papiers.

À cette raison toute matérielle, s'en ajoute peut-être une autre, qui tient à la fonction de la lettre, différente pour les deux époux. Il apparaît que Charles espère de bonnes nouvelles de la santé des siens et que Caroline attend des mots affectueux.

Charles veut savoir comment vont les siens, en particulier sa petite fille : « *Tu peux croire si je suis toujours avec vous, combien de fois je me suis demandé dans ces 24 heures ce que fait Miki que j'ai laissée un peu souffrante. Je sais que tu me tiendras bien au courant de tout. Ayons confiance en Dieu qui a toujours été si bon pour nous* » (1er mai 1860) ; « *Il me tarde de te lire, savoir comment va Miki que j'ai laissée un peu souffrante. Enfin mets toi un peu à ma place et tu sauras tout ce que l'on souffre à être loin de tout ce qu'on aime* » (2 mai 1860) ; « *Les bonnes choses que vous me dites de Miki me font un bien que je ne désire pas que tu comprennes car pour cela il faut être à 200 lieues d'elle* » (4 mai 1860). Les messages quotidiens de sa femme ont pour charge essentielle de le rassurer. Tout laisse penser que la dernière lettre reçue ayant apaisé ses inquiétudes, seule compte alors la suivante, qui décrira une vie familiale tranquille.

Caroline joue parfaitement son rôle, qui conte à son mari : « *Je ne peux te dire comme Miki devient gentille. Elle a un peu fondu mais beaucoup embelli. Dans les magasins où je la mène chacun la remarque et elle séduit par ses airs gracieux* » (13 mai 1860). Est-ce un hasard si la seule lettre de Caroline conservée par Charles comporte quelques mots de la main de sa chère Miki ? Guidée par sa mère (elle n'a qu'un an !), elle a griffonné :

« *petit papa j'aime beaucoup t'écrire mais j'aimerai bien mieux te voir et surtout t'embrasser, ta Miki.* »

En retour, est-ce aux occupations d'industriel de son mari que Caroline s'intéresse le plus ? Ce n'est pas certain. Elle a prévenu Charles qui répète son avertissement : « *tu ne veux pas que je te fasse la description de mon voyage* » ; mais il n'hésite pas à enchaîner sur le menu du déjeuner à Amiens, les horaires de la traversée par Boulogne, les conditions du voyage, etc. (1er mai 1860). Il semble que Caroline soit surtout sensible aux « *petits mots affectueux qui [lui] vont droit au cœur et [la] rendent heureuse* ». À côté de son évocation de la vie familiale (sa fille, bien sûr, mais aussi son père, les cousines, les amis), elle offre à son mari un flot d'effusion tendre : « *je ne puis te dire tous les rêves de bonheur que je fais pour quand nous serons de retour dans notre intérieur chéri où nous sommes si heureux ensemble, quel bonheur de ne plus se quitter.* » Malgré tous les détails qu'elle prodigue, la tendresse l'emporte sur le récit et sans doute reflète son attente. Non seulement Caroline a plus de facilités matérielles pour conserver les lettres mais aussi plus de raisons : l'affection qu'elle lit et à laquelle, plus qu'aux renseignements quotidiens, elle est attentive, garde toute sa valeur au fil des jours. L'information se périme, les émotions se prolongent, l'impression ressentie en lisant des phrases tendres peut se renouveler aux lectures suivantes. L'importance accordée à l'expression des sentiments et la relative stabilité géographique se conjuguent-elles pour expliquer la conservation différente des lettres de Charles et de Caroline (7 contre 1) ? Elle aurait presque tout gardé, il aurait presque tout perdu.

La responsabilité de soustraction de document peut être imputée à Charles à cette époque-là et non à la postérité, car Caroline étant morte peu après (en 1862), ses lettres ont été rassemblées, les copies de ses derniers envois ont circulé parmi ses amis et sa famille. Une telle attention s'accommoderait mal de négligences ou de destructions.

Lettres familiales

Qu'en est-il des autres correspondants de Charles, toujours pendant ce périple anglais ? Hormis son épouse, il est en contact épistolaire avec plusieurs personnes. Il remarque en commençant une lettre à sa femme : « *c'est la 13ième page que j'écris aujourd'hui* » (6 mai 1860). Il tient au courant Caroline de sa correspondance, regroupée autour de deux pôles géographiques, Paris et Vieux-Thann, et souvent la lui résume.

De Paris, outre les lettres conjugales, il reçoit deux « *aimables petites lettres* » de son beau-père. La réponse qu'il lui fait le 11 mai, et qui subsiste, est surtout relative aux problèmes commerciaux et fiscaux (droit d'exportation, etc.). Messages d'affaires aussi sans doute que ceux de Gasser : ils apportent des « renseignements » (16 mai 1860). Enfin, la demande de « *remercier tout le monde qui y a contribué* » (8 juin 1860) signale une lettre collective venue de la capitale.

À Vieux-Thann, il écrit à sa mère (deux réponses sont mentionnées), à son beau-frère Léon (trois réponses mentionnées), à son oncle Georges Heuchel qui, « vexé » de ne pas avoir de nouvelles de Charles, s'adresse à Caroline plutôt qu'à son neveu. Un échange avec un oncle non identifié est aussi signalé.

De plus, Charles est pris dans un réseau extra-familial de lettres d'affaires ; il est porteur de recommandations et reste en contact avec des industriels Anglais et Français, comme lui en voyage d'information. De ces nombreuses lettres écrites par Charles, dont six sont explicitement mentionnées, une seule subsiste : celle du 11 mai à son beau-père Constant Duméril. Parmi les lettres qu'il a reçues, onze sont signalées. Aucune n'a été conservée – en revanche, la lettre de l'oncle Heuchel à Caroline, du 22 mai, figure au dossier.

À partir de cet exemple, il apparaît que le taux de conservation des lettres familiales, même dans la famille proche, demeure inférieur à celui de la correspondance conjugale et s'avère très faible.

Le même type de comptage, effectué quelques années plus tard, permet d'affiner ces constatations. En 1873, Charles se retrouve veuf pour la seconde fois. Ses deux filles, Marie (qui a alors 14 ans) et Émilie (12 ans), sont élevées à Paris, dans la famille de sa dernière épouse, tandis que lui-même continue de diriger son usine en Alsace. Dans le corpus conservé, l'échange de Charles à sa fille Marie est presque complet ; dans le sens inverse (de Marie à son père), quelques lacunes sont repérables mais la majorité des lettres subsiste. Les vides se creusent quand il s'agit de lettres destinées à Émilie ou de lettres d'Émilie. Hors de ce cercle très restreint, la correspondance n'a pas laissé de traces. Comme vingt ans plus tôt, nous constatons une déperdition importante, voire totale, des lettres qui échappent aux liens très étroits et privilégiés de la famille nucléaire. De plus, la conservation accentue l'effet de focalisation de l'écriture sur certaines personnes. Nous en proposons une illustration exemplaire : deux feuillets sont postés sous la même enveloppe ; un seul nous est parvenu, celui de Marie tandis que celui de sa tante, simple « petit papier » il est vrai, est perdu (30 mai 1873).

Un troisième sondage, nettement plus tardif, signale lui aussi l'érosion qui réduit le massif initial des correspondances. Les acteurs sont différents (Émilie est devenue adulte) mais la disparition des lettres demeure. Le mois d'août 1909 voit la famille Froissart se disperser. La mère (Émilie Mertzdorff, épouse Froissart), avant de s'endormir, visite par la pensée les villes où se trouvent mari et enfants : « *balançant ma tête deci delà, je ne savais plus si j'étais à Cauterêt ou à Tarbes, ou à la Bourboule, ou à Coblentz ou à Wimereux mais j'avais une vague souvenance que mon cœur était partagé entre tous ces points* » (Émilie, 9 août 1909). À cette date, Émilie est à Cauterêt avec son fils Michel pour suivre un traitement de trois semaines. Elle a quitté la Bourboule où son mari séjourne encore avec ses fils Jacques et Pierre. Elle a laissé au passage sa fille Madeleine chez des amis à Tarbes. Sa fille aînée, Lucie, déjà mariée, est dans le Pas-de-Calais ; son plus jeune fils, Louis, à Coblence.

Cette dispersion géographique est favorable à la multiplication du courrier : entre parents et enfants, entre frères, avec la famille et les domestiques [9]. Louis, poussé par sa mère (« *j'espère que tu envoies de temps en temps une carte à Françoise qui doit bien désirer avoir de tes nouvelles* », 9 août), encouragé par elle (« *je te fait mes compliments pour ton courage pour la correspondance* », le 16), contrôlé (« *Suzanne a reçu ta carte et s'est trouvée très punie, car c'est bien vrai que ni la carte ni l'écriture ne sont bien belles* », le 14), expédie sa prose à la famille, aux amis, à la servante. Bien sûr, c'est à ses parents qu'il écrit le plus. « *Mon bon petit Louis, nous étions désolés que tu ne donnes pas tous les jours tes impressions de voyage* » (Damas, le 6). Des souvenirs de voyage expédiés chaque jour ! Émilie semble moins exigeante, mais les lettres de son fils sont attendues avec impatience, commentées, elle y répond très vite.

Que reste-t-il de ces lettres nombreuses, intéressantes sûrement (en particulier celles où Louis raconte sa vie à Coblence) et auxquelles on attache du prix ? Uniquement les lettres envoyées à Louis par ses parents : deux de Damas, neuf d'Émilie. D'elle, seules une lettre à l'adresse mal rédigée [10] et une carte postale de Lourdes (souvenir pieux, exposé, ou gardé à part ?) ne se retrouvent pas.

Beaucoup de lettres ont disparu, qu'elles aient été écrites en 1909 ou cinquante ans plus tôt, qu'elles se soient échangées entre parents et enfants ou mari et femme. Pourquoi ont-elles été égarées ? Pourquoi certaines, en revanche, furent conservées ?

DÉTRUIRE, CONSERVER, COLLECTIONNER

Plusieurs temps peuvent être distingués dans le processus d'érosion qui, partant des lettres envoyées, aboutit à la liasse archivée. D'abord le moment où la lettre est écrite et lue, où elle joue son rôle de messager : sitôt sa mission terminée, elle peut être jetée – ou non [11]. Ensuite d'autres motivations, d'autres projets sont mis en œuvre pour la conservation des manuscrits, qui se construisent en collection.

Jeter ou garder les lettres

Des auteurs demandent quelquefois à leur correspondant de détruire leur lettre, ce qui n'a pas toujours été fait. La destruction délibérée juste après lecture est réclamée par Eugénie à son amie Caroline, peu après la naissance de Marie : « *ce n'est qu'à la condition que tu brûlerais ma lettre que maman m'a permis de t'écrire l'autre jour aussi veille à ce que je ne désobéisse pas à maman* » (3 mai 1859). Quelques lignes plus haut, elle fait allusion à une longue lettre antérieure « *de je ne sais combien de pages* », absente du dossier. La précédente date du 1er avril. Qu'a-t-elle pu confier entre-temps qui devait disparaître et a disparu ? Pourquoi cette censure maternelle ? Questions sans réponse.

Les lettres qui devaient être détruites et ne l'ont pas été apportent peu d'éclaircissements. Eugénie rappelle à sa sœur en post-scriptum : « *écris-moi, je brûle les lettres à mesure que les suivantes arrivent ; fais en autant des miennes* » (fin 1871). Que voulait-elle ainsi systématiquement effacer ? Sûrement pas les déplorations après la mort de leur frère Julien, si présentes dans toute la correspondance, ni le récit des tâches quotidiennes (« *aujourd'hui on a posé les vieux tapis de ma chambre et de celle des enfants...on a fait les navets aigres...je viens d'écrire à Mulhouse pour qu'on m'envoie une sonate pour Marie...les enfants vont descendre au jardin casser la glace du jet d'eau* »). Peut-être Eugénie veut-elle effacer toute trace des discussions qui entourent le sort de Jean, ce petit cousin souvent confié à la garde d'Aglaé ? En effet, un paragraphe lui est consacré : « *Au point de vue de Jean, le parti que sa mère prend de vous le laisser le plus possible est certainement ce qui peut être le plus avantageux à son petit garçon, mais pour elle que de privations et comme tu dis, combien le monde comprendra peu. Je te remercie de m'avoir mise au courant car ce sont des questions qui m'intéressent beaucoup.* » (Eugénie à Aglaé, fin 1871) Dans une autre lettre dont la destruction est demandée (Marie à ses grands-parents, juillet 1887), les questions relatives à la santé de Léon, telles qu'elles sont formulées (il a refusé de se rendre chez un médecin) semblent aussi peu compromettantes que ces arrangements familiaux.

Les raisons se devinent plus aisément quand les deux sœurs s'entretiennent de leurs espoirs de grossesse puis de leur déception : « *Ma chère petite Gla, Tu peux être tranquille, ta lettre est brûlée et je comprends si bien ton désir que je te prie d'en faire autant de celle-ci comme de sa sœur aînée. Elles se détruisent l'une l'autre, c'est-à-dire que mes confidences d'aujourd'hui l'emportent sur les dernières. Il n'est plus question de rien, si réellement question était comme nous l'avons cru ; certaine chose est venue avant hier, assez fort ; j'ai été souffrante hier.....Je te dis seulement de ne pas te décourager et que ce que nous te souhaitons tous pourra bien t'arriver.* » (Eugénie à Aglaé, 23 septembre 1864) Fort heureusement pour nous, la consigne n'a pas été respectée. Si le contenu de certaines lettres les destine à finir dans la cheminée, la désobéissance du destinataire semble tout aussi habituelle [12]. Les destructions programmées sont rares dans le fonds Froissart, et la plupart des lettres disparaissent sans commentaire.

D'autres lettres, en revanche, trouvent immédiatement une utilisation qui assure leur conservation. Les lettres recopiées, montrées, retransmises – pratiques fréquentes, nous le verrons –, se trouvent ainsi préservées.

Est aussi gardé ce qui est lu et relu par le destinataire ; le plaisir de la lecture est retrouvé, renouvelé, dans les heures ou les jours qui suivent. Charles, inquiet en ce mois d'août 1870 où le désarroi est général, trouve du réconfort dans les nouvelles familiales : « *tes lettres font mon plus grand bonheur, aussi je les relis plus d'une fois* », avoue-t-il à sa femme. Ses filles ont la même habitude. Eugénie raconte : « *on avait relu ta bonne lettre avant de se mettre à la besogne, ce qui avait donné un grand courage* » (à Charles, 17 août 1870).

Si les mots de la lettre reçue sont précieux, la feuille qui les porte peut suffire au bonheur. La lettre est perçue par Marie et Émilie non comme un texte mais comme un objet d'affection : « *tes petites filles sont bien heureuses d'avoir chacune une lettre du père chéri, celle-là leur appartient et chacune l'embrassait et l'a mise dans sa poche* » (Eugénie à Charles, 15 août 1870). Il arrive que le texte même de la lettre perde de son importance ; elle fait fonction de fétiche que l'on couvre de baisers et qui devient un cataplasme guérisseur : « *Votre dernière lettre a fait un si grand plaisir que la petite Émilie ne la quitte pas ; le soir elle est placée sous son oreiller et la nuit lorsque son bras la réveille elle prend sa chère lettre et la promène sur la douleur ; elle me disait hier avec un si gentil petit air : "pauvre papa il ne se doute pas qu'il sert de cataplasme, mais le remède est infaillible".* » (Aglaé à Charles, 13 octobre 1873) Paradoxalement, ce type d'usage peut être cause efficace de dégradation. La lettre transportée dans une poche, relue, dépliée maintes fois, sera bientôt bonne à jeter, froissée et illisible.

Il n'est fait aucune allusion, dans les lettres conservées, à ces destructions systématiques qui ont ravagé tant de correspondances. Dans certaines familles, les survivants n'hésitent pas à effacer brutalement des traces dont ils redoutent le témoignage ; ainsi ont disparu la plupart des lettres de Jenny à son époux Karl Marx [13] et des centaines de lettres de Colette [14]. Michelle Maurois déplore les autodafés dont furent victimes, par vagues, les papiers de la famille Caillavet [15]. Malgré le silence des documents restants, il n'est pas exclu que de telles coupes claires aient été opérées dans les archives Duméril-Merztdorff-Froissart.

Dans les premiers moments qui suivent la réception de la lettre, sa conservation est liée à l'intérêt qu'elle présente pour les correspondants et à leurs habitudes. Mais, ensuite, son destin dépend d'autres motivations. La lettre a perdu sa fonction première, l'actualité de son message est révolue ; elle devient un témoin du passé, investi d'une nouvelle finalité. Les lettres anciennes sont rassemblées, triées, classées ; elles s'organisent en ensembles cohérents et constituent une collection.

Collectionner les lettres

Krzystof Pomian définit la collection comme « un ensemble d'objets naturels ou artificiels, maintenus temporairement ou définitivement hors du circuit d'activités économiques, soumis à une protection spéciale dans un lieu clos aménagé à cet effet, et exposés au regard[16] ». En ce sens, les lettres du fonds Froissart peuvent être qualifiées de collection : elles sont soustraites à toute transaction, rassemblées dans la maison familiale, gardées dans des cartons et des boîtes (acquises chez le fournisseur des Archives nationales). Elles sont montrées à l'occasion aux familiers et prêtées à des chercheurs.

Collectionner, c'est dénier à l'objet son rôle d'instrument, l'abstraire de son usage, lui assigner de nouvelles fonctions. Il devient intercesseur symbolique, « intermédiaire entre les spectateurs et l'invisible[17] », l'invisible étant « ce qui est très loin dans l'espace, de l'autre côté de l'horizon, mais aussi très haut ou très bas. Et c'est, de même, ce qui est très loin dans le temps, dans le passé, dans l'avenir[18] ». La réflexion de K. Pomian s'élabore à partir de collections anciennes, trésors princiers ou offrandes aux temples. Étudiant des objets beaucoup plus quotidiens et « les processus par lesquels les gens entrent en relation » avec eux, Jean Baudrillard précise la nature de ce lien avec l'invisible[19]. Il perçoit la collection comme un moyen d'évasion radicale dans le temps – une temporalité éludée, imaginairement maîtrisée. Refoulant le temps réel qui irréversiblement conduit à la mort, « la collection figure le perpétuel recommencement d'un cycle dirigé[20] ». Ce jeu avec le temps s'accompagne d'une tentative d'ouverture au monde. Celui qui collectionne (*colligere* : choisir et rassembler) dépasse le stade du stockage, de l'entassement. Il ne recueille pas n'importe quoi, n'importe comment. Il poursuit avec plus ou moins de bonheur la constitution d'un ensemble jamais clos, subjectif, où se devine un dessein. Cette entreprise « émerge vers la culture : elle vise des objets différenciés, qui ont souvent valeur d'échange, qui sont aussi "objets" de conservation, de trafic, de rituel social, d'exhibition – peut-être même source de bénéfices. Les objets sont assortis de projets[21] ».

Les lettres archivées, par leur nature même, poussent à l'extrême les rapports que toute collection entretient avec le temps, l'au-delà, la mort et accentuent le caractère culturel du projet qui surgit de toute réunion d'objets choisis. Elles redoublent les fonctions de la collection parce qu'elles ont une forte charge affective, au moins tant que leurs auteurs restent proches, et parce qu'elles portent des textes qui continuent de nous parler.

La passion de la collection – des coquillages aux médailles, des poupées aux cartes postales – gagne à la fin du XIXe siècle même la petite bourgeoisie provinciale[22] et vient renforcer une autre attitude qui s'est développée tout au long du siècle : la conservation de mèches de cheveux, de bijoux, de vêtements ayant appartenu à des êtres chers, pieuses possessions qui apportent quelque consolation aux proches. Eugénie partage avec Félicité le désir de retenir près d'elle un peu de la présence de Caroline, morte si jeune, en lui donnant quelques-unes de ces choses que la jeune femme avait touchées, portées, appréciées. « *Nous sommes heureux que ce soit vous qui portiez ces objets qui ont appartenu à votre bien-aimée Caroline ; il y a encore là bien des souvenirs doux et tristes pour vous, mais ces souvenirs vous accompagnent sans cesse ; c'est pourquoi nous avons pensé agir dans l'esprit de Caroline en vous confiant une partie des objets qu'elle portait.* » (Eugénie à Félicité, 26 janvier 1866) Les « objets-souvenirs » s'amoncellent, et parmi eux les lettres, qui prennent une valeur nouvelle quand leur auteur a disparu.

Les lettres sont relues quelquefois des années après : les émotions passées resurgissent, les jeunes découvrent l'enfance des adultes ; on rit ensemble, on s'attendrit. Marie raconte la scène à son père : « *Après le dîner oncle et tante sont montés dans notre chambre et pendant que nous nous déshabillions tante nous a lu des lettres de Mme Edwards, la mère d'oncle, pendant qu'elle était dans le midi. Elles sont vraiment charmantes et elles nous ont bien amusées parce qu'elle y parle de ses enfants et entre autres d'oncle.* » (20 mars 1873) Les images d'années révolues, restituées hors de toute actualité, assurent de la continuité du temps et des générations. Les filiations se montrent, le petit Alphonse apparaît derrière M. Milne-Edwards, donnant de la réalité à son enfance, un sens à sa carrière.

La charge émotive des vieilles correspondances est perçu par tous. Trente ans après la mort de Caroline, Isabelle livre à la mère et aux filles de celle-ci les lettres que lui adressa sa cousine et amie. Félicité, qui les reçoit, annonce ce don à Marie : « *elle a fait un vrai sacrifice en votre faveur à toutes deux, à toi et à Émilie, en m'apportant pour vous les remettre les chères lettres que ma fille lui a adressées dans le temps ; elle m'a dit en me les remettant qu'elles étaient pour vous seules et pour moi.* » (3 juillet 1890) Les lettres sont préservées, regroupées, classées – et changent de propriétaire.

Les papiers, comme tous les objets de collection, se dépouillent de leur usage premier : ils ne servent plus à communiquer, sinon avec un passé reconstruit; ils ne s'échangent pas mais se figent en témoignages d'un monde ancien, originel. Ces traces très personnelles assurent une forme de survie à leurs auteurs (identifiables par leur graphie, leur style, leur vocabulaire, leurs préoccupations, leurs gestes datés, etc.) et la collection qui les réunit renforce cet effet. Si les objets les plus divers parlent de ce que l'on ne voit pas, à plus forte raison les lettres, porteuses d'écriture, du langage qui, lui, fait exister l'invisible, « sécrète l'invisible[23] ». Les lettres sont des textes dont la fonction change au cours du temps mais dont les mots gardent signification.

Ce lent travail d'élaboration est effectué par les générations successives, qui regroupent, mettent en forme, classent de façon systématique. Certains semblent prédisposés, par leurs habitudes professionnelles, à ces pratiques. Les savants et juristes du côté Duméril conservent et classent l'écrit : les lettres d'André Constant et Alphonsine sont numérotées, avec des ajouts de plusieurs plumes, semble-t-il. Auguste annote la correspondance de ses parents : il signale par quelques mots les documents importants (par exemple, l'annonce de leur mariage). Ou bien il remplace une lettre par un billet de sa main : « *Lettre de M. Duméril à ses parents pour leur annoncer la mort de sa fille Caroline. J'ai pris cette lettre pour la placer dans mes archives. A-Aug-D.* » Il suggère ainsi un double classement. Quelques lettres ressenties comme intimes, peut-être porteuses d'émotions jugées plus profondes ou plus personnelles, se distingueraient de la liasse destinée aux archives familiales. Confronté aux papiers de son père qui fut une notoriété du monde scientifique de son époque, Auguste Duméril s'est-il posé la question des frontières ténues qui séparent écrits intimes et documents ? A-t-il senti que l'homme privé pouvait se préserver (devait se dérober ?) derrière le personnage public ? Quelles que soient ses motivations, il a opéré un partage, imposé sa logique à ses successeurs.

Les négociants et hommes d'affaires de la branche Mertzdorff gardent des doubles de tous les échanges qu'occasionne leur métier. Mais cet autre volet des échanges épistolaires, ceux strictement liés aux affaires, échappe à notre champ d'investigation car il constitue un autre corpus aux modes de conservation particuliers – les lettres de Guy de Place faisant exception.

Pour ce qui est des lettres familiales, Charles a beaucoup conservé (630 lettres reçues). Sa fille Marie aussi. Dès sa tendre adolescence, elle est appelée par son père sa « petite secrétaire ». Elle garde les lettres de la famille, de son père en particulier. Des centaines de lettres sont ainsi regroupées en liasses annotées : « *mes lettres à papa après mon mariage* » par exemple. Le tout est transmis à l'aînée de ses cinq enfants, Jeanne, qui poursuit son œuvre : « *lettres de tante et oncle Alphonse Milne Edwards à Maman* », écrit-elle sur un paquet. Les descendants de Jeanne de Nazelle à leur tour prennent le relais ; son fils Bernard ajoute aux papiers hérités son propre récit du passé familial et son épouse en recopie de larges extraits pour leurs proches. Le souci de conservation était vif aussi chez Aglaé. Elle exprime ses craintes dans son testament (le brouillon est conservé) : « *je serais désolée que les papiers de famille et tous les souvenirs de notre heureuse jeunesse passent entre les mains de cousins que nous ne connaissons pas.* »

Citons aussi Damas Froissart. Il introduit la notion de patrimoine quand il fait part à son cousin (lettre du 16 novembre 1890) de son intérêt pour les « débris artistiques » ou les « trésors archéologiques » que sa propriété peut receler, mais aussi de son désir de « récupérer les manuscrits ». Il associe dans le recensement des richesses de la famille biens matériels et papiers divers. Comme tous ceux qui ordonnent les documents de ce type, il légitime sa position sociale. « Se faire archiviste de la mémoire familiale [c'est] une manière de la coloniser, de l'organiser autour de soi, de s'imposer aux génération futures comme centre d'un réseau », souligne Philippe Lejeune[24]. C'est bien ainsi qu'apparaît Ludovic Damas Froissart, qui a centralisé, sous la forme de photocopies[25] ou d'originaux, les papiers de famille et qui a dirigé leur publication.

Si la collection suppose des collectionneurs, elle réclame aussi un lieu pour se constituer et durer. En ce sens, les propriétés familiales jouent un rôle décisif. Les Mertzdorff puis les Froissart ont longuement occupé les mêmes demeures. À Vieux-Thann d'abord, malgré des modifications successives, la maison avec jardin et dépendances acquise en 1817 par Pierre Mertzdorff reste un point d'ancrage solide pendant un siècle.

Les filles de Charles acquièrent à leur tour des domaines. Marie et Marcel de Fréville achètent le château de Livet, dans l'Orne, en 1891. Il est aujourd'hui propriété de leur petit-fils. C'est là qu'a été conservée une grande partie des correspondances publiées, rangées avec soin dans des caisses entreposées au grenier. À Paris, leur immeuble de la rue Cassette, occupé depuis 1880, a pu servir de dépôt, tout comme celui des descendants de Léon Duméril, dans la rue du Montparnasse, où s'accumulent les souvenirs depuis quatre-vingts ans.

Émilie par son mariage s'est rattachée aux terroirs de la famille Froissart, dans le Pas-de-Calais. La maison de Campagne-lès-Hesdin, où nous sommes allées chercher les lettres, est habitée par la même famille depuis

1841. Notons que si de nombreuses lettres d'Émilie ont disparu[26], les centaines qui restent sont centrées sur son fils Louis, celui qui hérita de cette demeure[27]. La permanence géographique privilégie le lien épistolaire de ceux qui furent successivement maîtres d'un même lieu.

Ainsi s'élabore, peu à peu, une mémoire collective. Toute archive de personne célèbre ou de mouvement politique ou intellectuel provoque des questions sur sa constitution : les papiers conservés, les auteurs, les destructions, les transmissions, les regroupements, les dons aux institutions, les filiations idéologiques, les réseaux intellectuels apparaissent comme autant d'indices pertinents et nécessaires à la compréhension des traces livrées aux chercheurs. L'histoire des archives saint-simoniennes, par exemple (dans lesquelles les correspondances sont primordiales), révèle un souci très précoce de justification et de propagande, une organisation hiérarchisée dominée par la figure d'Enfantin et bousculée par des schismes successifs[28]. Le mode d'élaboration des archives, fruit de la volonté personnelle du dirigeant et du besoin collectif des adeptes, est à prendre en compte ; il faut comprendre la lecture qu'il induit, la perception qu'il impose.

L'accumulation des papiers dans une famille ordinaire, malgré son caractère apparemment non concerté, sans idéologie exprimée, appelle le même type d'interrogation et de regard, au-delà de son évidence même. La collection des lettres, ensemble cohérent, offre un lieu où se cristallisent les valeurs d'une famille, la conscience qu'elle a de son histoire et l'image qu'elle en veut donner. Tout ce projet familial qui reste enfoui dans les liasses se donne à voir dans la forme ultime que prend la collection de lettres : des volumes imprimés.

Celui qui prend des lettres entassées dans un grenier et les présente sous forme de livre est obligé de faire des choix (de texte, de présentation) et des commentaires, même succincts. Ces interventions soulignent des intentions déjà présentes dans la collection de manuscrits, mais voilées et moins discernables. Un détour s'impose par ces livres, où se révèle au dernier stade de son élaboration la mise en ordre de la mémoire familiale.

HISTOIRES DE FAMILLES

À partir des correspondances, Ludovic Damas Froissart a rédigé pour les siens l'histoire de leur famille, présentée en trois volumes multigraphiés[29]. La séquence ternaire correspond à la division en trois lots des lettres que nous avons consultées, chacun dominé par un personnage : André Constant Duméril, Charles Mertzdorff, Damas Froissart. Cependant parenté, ancêtres et descendants sont présentés aux côtés de ces trois hommes : c'est la vie de toute une famille qui est racontée. Dans ces années 1970-1980 où Ludovic Damas Froissart publie ses ouvrages, paraissent de nombreuses histoires de familles[30]. Il ne s'agit pas d'ébaucher un historique du genre, mais de comparer ces livres autour du thème commun qu'ils se donnent. Dégager leurs caractères généraux permettra de situer la démarche de Ludovic Damas Froissart, à un double niveau : celui du texte et celui des sources.

Ce type de récit s'apparente à la mise à jour d'une identité familiale de la même façon – Philippe Lejeune l'a bien montré[31] – que la question de l'identité se trouve au cœur de l'autobiographie. L'auteur-narrateur d'une histoire de famille ne raconte pas sa vie mais la vie de *sa* famille et, s'il n'est pas le personnage principal du récit, il est en quelque sorte le scénariste privilégié des personnages principaux, celui qui leur donne vie. Comme l'autobiographe qui doit signer son texte, il se situe parfaitement en tant que membre identifiable de la famille. Au nom de tous ceux dont il est issu il jette son filet sur le passé et ramène des morceaux de la mémoire familiale, vestiges de façons de faire et de penser, traces de croyances et de vies. Il ne cherche pas tant à captiver le lecteur qu'à définir ce qui caractérise sa lignée. Il construit peu à peu cette identité familiale « plus problématique encore que celle d'un individu[32] ». Son point d'ancrage fort est généalogique (et géographique). Son entreprise est soutenue par la conviction d'une réussite (matérielle ou morale), et les valeurs qui ont assuré ce succès sont mises à jour.

Si le travail de Ludovic Damas Froissart obéit aux règles du genre, en revanche, son originalité se marque par l'utilisation des lettres. La plupart des auteurs d'histoires de familles puisent dans les papiers conservés par leurs ancêtres. Mais parmi ces documents, les correspondances occupent rarement une place de choix, même si elles peuvent servir de source à des mémoires[33] ou des « journaux[34] ». Les chroniqueurs empruntent plus volontiers aux tableaux de descendance et écrits généalogiques ou aux titres de propriétés et actes notariaux. Cependant quelques récits font la part belle aux lettres. Comment sont-elles utilisées et citées ? Quelle est leur place ? leur fonction ? Qu'apportent-elles de différent aux histoires de familles ?

L'identité familiale

Une famille, en Occident, c'est d'abord un nom. L'intérêt que notre chroniqueur lui porte apparaît dès le titre de ses monographies : « André Constant Duméril » et « Charles Mertzdorff » figurent en gros caractères sur la couverture. Dans cette dernière monographie sont rappelés les ancêtres, connus depuis Andréas (1621-1694). Des généalogies (Mertzdorff et alliés) figurent en fin de volume[35], ainsi qu'une table des noms de personnes. À côté de la transmission d'un nom on suit aussi, chez les Froissart, celle d'un prénom rare (Damas) qui redouble pour certains hommes les signes d'appartenance à la lignée.

Les lettres trahissent l'attente d'un héritier mâle : « *certainement pour vous surtout et pour Madame votre mère, nous aurions désiré d'abord un rejeton mâle, mais il est toujours bon de savoir que l'on peut en espérer* », écrit Constant Duméril à Charles Mertzdorff à l'occasion de la naissance de son arrière-petite-fille Marie (17 avril 1859). Après la venue d'une seconde fille, la maman constate : « *Charles* [papa depuis neuf jours] *commence à prendre son parti de son sexe et ma belle-mère s'est mieux résignée que je n'aurais osé l'espérer, mais tu comprends que le premier désappointement a été bien vif.* » (22 février 1861) Évidemment, c'est à la transmission du nom que l'on pense. Cette belle-mère qui s'est résignée à une seconde petite-fille le dit crûment à propos d'un petit garçon de la famille : « *puisqu'il ne porte pas le nom de Mertzdorff, ça n'a aucune importance* » (rapporté par Eugénie à Aglaé, le 6 octobre 1864).

Nommer les personnes va bien au-delà de leur identification. Les historiens médiévistes ont souligné l'intérêt politique des premières filiations rédigées jusqu'au XIe siècle à la demande exclusive de familles princières, puis introduites dans des couches de plus en plus larges de l'aristocratie[36] avant de se répandre, beaucoup plus tardivement, dans toutes les classes. Elles garantissent un pouvoir, affirment une légitimité. Cette recherche fondatrice est à l'œuvre dans une partie de l'énorme production généalogique des familles nobles ou prétendues telles. Robert Lemaignen[37] promène son lecteur dans une véritable forêt généalogique à la poursuite d'un hypothétique ancêtre noble.

Pour les familles bourgeoises aussi, le savoir généalogique reste un discours de légitimation, même s'il n'est pas établi par des professionnels, ces « experts[38] » qui travaillent pour le compte des puissants. Ce sont des membres de la famille (directement ou par alliance) qui écrivent et ils peuvent faire leurs les réflexions du bourgeois marseillais Louis Henri Caune (1823-1891) adjurant ses enfants de continuer son livre de raison « car tout ce qui tend à reserrer les liens de la famille et à en propager les traditions est un acte de grande moralité[39] ». La monarchie de Juillet en particulier est propice à l'éclosion de la mémoire de la classe moyenne qui « au lieu d'avoir honte d'elle-même, doit considérer avec orgueil ses origines[40] ». Le goût des recherches se répand.

L'histoire d'une famille peut se réduire à une litanie de noms, ainsi celle que publie Pierre Dormeuil[41]. Cependant, la plupart des auteurs vont au-delà et mettent au service de leurs préocupations ou de leurs obsessions des filiations souvent établies par leurs ascendants, des traditions orales interprétées, des souvenirs ; ils convoquent la grande et la petite histoire pour établir des lignages et, à travers la survivance du nom, construire un mythe familial. « Ces maçons du Gâtinais ont construit plus que des maisons, ils ont construit une magnifique famille », remarque avec fierté Jean Carmignac[42]. Pierre Marron[43], que n'effraient pas les vastes perspectives, s'abrite derrière les théories d'Alexis Carrel pour glorifier « la famille, continuation du couple biologique, institution sociale et réalité scientifique », dépositaire de la « mémoire chromosomique ».

Ludovic Damas Froissart n'est pas le premier à se préoccuper de généalogie. Il peut s'appuyer sur les recherches déjà menées par des ancêtres. Par exemple, un cousin, Raoul Duval, a « *fait de toute la famille Duméril un tableau généalogique très complet* », qu'il recopie et offre à Marie à l'époque de son mariage (Marie à Charles, 18 février 1880).

Il connaît aussi le livret de souvenirs laissé par Émilie. Elle a une quarantaine d'années lorsqu'elle prend la plume : « *T'ai-je dit que j'ai commencé à mettre par écrit quelques souvenirs de la vie de notre chère tante ; c'est un travail rempli de charme pour moi....J'ai fait déjà ces jours-ci pour mes enfants qui s'embrouillent dans toutes nos familles un petit récit très court et très simple de notre enfance qui est destiné à précéder ce que je leur raconterai de tante ; cela aussi a été très doux à méditer ; comme tous les événements s'enchaînent, sont préparés de loin.* » (Émilie à Marie, 13 mars 1900) Elle a soigné la présentation de sa « méditation ». Son écriture régulière remplit un petit cahier d'une cinquantaine de pages, scandées de paragraphes numérotés. Son regard, débordant de «*profonde reconnaissance*», porté sur le passé, ne retient que la cohésion familiale. Elle fait remonter leur histoire à une époque qu'elle n'a pas connue. Plus précisément, elle commence par la rencontre au catéchisme de sa mère Caroline avec sa seconde mère, Eugénie : « *c'est là qu'elles se lièrent d'une étroite amitié* » (deuxième phrase du texte). Elle poursuit : « *Eugénie Desnoyers avait une sœur un peu plus jeune, Aglaé, qui partageait leur affection et leur intimité.* » D'entrée de jeu l'union des trois mères qui successivement élevèrent Émilie et sa sœur est posée. Son récit se place sous le signe des liens de l'amitié : « *ces trois jeunes filles n'avaient pas de plus grand bonheur que de se trouver réunies* ». Son père Charles Mertzdorff n'apparaît qu'ensuite, dans le second sous-chapitre, ce qui souligne encore l'affirmation d'unité du trio maternel. Après la représentation de la famille unie dont les sentiments (et la foi) permettent de surmonter les épreuves, vient celle du patron aimé et respecté. Dès le premier chapitre de ses souvenirs, Émilie indique deux composantes qui structurent la mémoire du groupe : la famille et l'entreprise. En cela, sa préoccupation ne diffère pas de celle de Ludovic Damas Froissart ; il espère que son ouvrage sur Charles Mertzdorff «*permettra de mieux découvrir* (son) *engagement d'industriel... et son sens de la famille* (qui) *nous paraissent exemplaires* ».

Pour le livre sur Charles Mertzdorff comme pour beaucoup de chroniqueurs, le souci de légitimation par la généalogie repose sur une réussite matérielle. La conscience d'une progression sur l'échelle des fortunes ou des pouvoirs suscite souvent la rédaction des histoires de famille. Au départ se dresse un homme qui établit la famille en un lieu. Le titre même du volume met l'accent sur cette installation : *Un industriel alsacien : Charles Mertzdorff à Vieux-Thann 1818-1883.* Car « une bonne généalogie commence par une intégration réussie[44] ». Cet enracinement se mérite, il est à mettre au compte de l'ancêtre fondateur. Aussi la mention du lieu est-elle fréquente dans les titres : *La Famille Marron en Dauphiné depuis le XIe siècle, Chronique intime d'une famille de notables au XIXe siècle, les Odoard de Mercurol*[45] (Mercurol est un nom de lieu) ou *Une famille de la haute bourgeoisie rouennaise, Histoire de la famille Rondeaux*[46]. L'importance de la localisation en Alsace des Mertzdorff est renforcée par l'image : en couverture, une vue de l'église du village dans la verdure et dans le corps du livre, l'église encore et le pont sur la Thur en 1788, des plans, une carte de la région.

Cet intérêt pour un terroir se limite à un attachement à une terre, une maison ou une usine. Certaines histoires de famille ne sont contées que pour légitimer une propriété foncière, toujours contestée par les voisins (procès pour un fossé ou quelques arbres) et menacée par les partages lors des successions. L'histoire des Coste de 1587 à 1830 se bâtit à coup d'actions juridiques, testaments, contrats de mariage et arrangements monétaires[47]. L'histoire de la famille Coste glisse vers celle de leur propriété, les personnes s'effacent, réduites au rôle d'héritiers partageux ou rassembleurs. Les «*grands désordres*» dénoncés ne concernent pas les relations humaines mais renvoient à « *la maison et au domaine vendus par expropriation* ».

Chez les Mertzdorff, l'intérêt se concentre sur l'usine de blanchiment, le lieu où se noue l'alliance avec les Duméril. Charles et son oncle Georges d'un côté, le père et le frère de Caroline de l'autre, participent à sa bonne marche. La correspondance serrée entre ces hommes se prolonge, famille et affaires mêlées, vers la branche Desnoyers et Milne-Edwards, via Eugénie. La réussite économique de Charles fait l'orgueil, toujours discret, de tous et leur prospérité. Le grand-père André Constant ne se prive pas de décrire longuement les merveilles techniques qu'il découvre en visitant les ateliers. Vieux-Thann a accueilli des Mertzdorff pendant plus d'un siècle. Mais l'usine ne leur appartient plus depuis des décennies et un autre lieu doit faire figure de propriété familiale. Dans la monographie qui lui est consacrée, *Histoire d'une vieille maison de famille à Campagne-lès-Hesdin*, Ludovic Damas Froissart raconte l'élaboration d'un patrimoine qui accumule en parallèle terres et papiers. C'est dans cette demeure familiale du nord de la France que sont entreposées les correspondances ou leurs photocopies.

Un ancêtre acheta en 1841 ce corps de logis en briques à un étage, flanqué de divers bâtiments, qui ne cessa depuis cette date d'être occupé par la lignée[48]. La maison n'est qu'un élément du patrimoine foncier, constitué systématiquement depuis le début du XIXe siècle pour atteindre plus de mille cinq cents hectares à la veille de 1914. Les pièces de la mosaïque furent patiemment ajoutées les unes aux autres, d'abord par deux frères, leur sœur et leurs conjoints – le quatrième enfant, une sœur « mal mariée » fut tenue à l'écart du trio initial. L'un des frères (Norbert Damas Froissart) assura le relais, puis ses descendants, à raison d'un achat tous les dix-huit mois en moyenne : jusqu'en 1918 sont mentionnées quatre-vingt-six acquisitions (de moins d'un demi-hectare jusqu'à plus de deux cents). De plus, douze successions ont amené des terres. La mémoire familiale s'enracine dans ces champs, ces fermes, ces prés longuement convoités puis investis parcelle après parcelle. Les ancêtres ont parcouru ces lieux, les ont habités. Le château apparaît comme patrimoine foncier, capital social, lieu de rassemblement des vivants et des disparus.

Les traces de toutes les opérations sont précieusement conservées. Damas Froissart (1852-1923), rappelle son petit-fils, « entretenait une nombreuse correspondance avec les fermiers, notaires, hommes d'affaires, fournisseurs, etc. Grâce à une presse, il gardait un double de cette correspondance. Il existe dans les archives de Campagne de nombreuses copies sur pelure jaune, écrites à l'encre violette, mais la lecture est bien difficile, à cause de l'écriture de l'expéditeur d'une part et du procédé de reproduction assez médiocre d'autre part ». Dans un contexte totalement différent, on retrouve l'attachement des bourgeois florentins du XVe siècle à leur « *ricordanze* », ce registre personnel et familial où ils donnaient une image de leur « maison », inscrivant leurs biens et leurs pouvoirs, reconstituant le passé de leur lignée, notant les événements au jour le jour[49]. Parallèlement à l'accumulation des terres et des pierres (et à ses traces juridiques), s'élabore un patrimoine mobilier et symbolique.

La demeure est aménagée comme un musée : meubles, tableaux, bibelots, documents se répartissent dans les pièces du rez-de-chaussée. Le grenier prend figure de dépôt d'archives ; des séries de volumes et de boîtes s'étendent sur des dizaines de mètres d'étagères. Il fallait cet espace suffisamment vaste, occupé assez longtemps, pour que se déposent les sédimentations de papiers, biens fragiles et sans valeur marchande. On pense à la réflexion de Michel Melot dans un article provocateur (« Les archives seraient-elles une substance hallucinogène[50] ? ») : les objets archivés seraient « une nouvelle forme de relique, adaptée aux démocraties marchandes, qui tireraient de ces témoignages symboliques une légitimation globale ». Ludovic Damas Froissart l'a bien senti, qui, en écrivant la monographie sur la maison familiale pour « les générations futures qui devront la prendre en charge, avec ses contraintes », voulait leur livrer « une âme, une clef pour comprendre la tradition » en même temps que « la maison, le parc, la bibliothèque, les tableaux, les archives, les lettres ».

La généalogie des Dormeuil s'applique à montrer comment coïncident acquisitions de biens meubles et immeubles et construction d'une mémoire familiale. Pierre Dormeuil n'a fait « aucune recherche spéciale pour découvrir les origines très lointaines de la famille », il n'a eu qu'à regarder autour de lui pour présenter « la génération qui construit » (1820-1895) puis « la génération qui collectionne » (celle de ses parents : 1850-1940). Et il a gardé en mémoire – mais des papiers sont là pour l'attester – les mille huit cents parcelles achetées par son oncle Georges.

Ce capital économique s'enrichit pour la lignée Mertzdorff d'une solide assise intellectuelle, comme le montre l'histoire de la famille.

L'actuel propriétaire de la maison Froissart a une conscience très vive de son appartenance lignagère, de l'importance des généalogies et des archives qui les légitiment et les exaltent et du rôle de la demeure familiale qui les conserve. Comme la plupart de ceux qui écrivent l'histoire de leur famille, il raconte aussi le triomphe d'un certain nombre de valeurs, vertus et croyances qui apparaissent comme autant de justifications de leur promotion. Parmi ces qualités mises en avant (et aussi contradictoire que cela puisse paraître dans des histoires de familles qui mettent l'accent sur l'héritage et la transmission), l'exaltation du travail personnel est souvent présente.

Nous l'avons signalé à propos du journal d'Émilie et de la préface de Ludovic Damas Froissart où Charles Mertzdorff est peint en travailleur, modèle d'industriel. La faillite des frères Mertzdorff (en 1826) qui aurait pu ternir l'image est oubliée[51]. Carmignac rappelle que ses ancêtres ont « *estimé le travail plus que le profit* » et Dormeuil que cinq sur six des hommes de la génération de la fin du XIXe siècle s'occupèrent activement de l'affaire de négoce des tissus.

En filigrane des destins personnels qui tissent ces histoires, l'appartenance religieuse (avec sa dimension culturelle) se devine souvent comme déterminante. Elle est le point crucial où se noue le drame de la famille Baumann[52]. Parce qu'elle est juive, cette « famille comme les autres » est transportée en

1943 des prisons vosgiennes à Drancy avant d'être anéantie à Auschwitz par les nazis, « parents, grands-parents et petites filles espiègles ».

Hormis ce tragique récit, la pratique religieuse apparaît souvent comme un pôle fort par rapport auquel l'auteur définit sa famille, que cette pratique soit majoritaire ou minoritaire, héritée des siècles ou issue d'une conversion récente.

Éliane Richard, étudiant l'ascension sociale de négociants protestants marseillais [53], note combien la famille Fraissinet « fonde son identité sur son appartenance à une minorité religieuse » et puise sa force dans le maintien de pratiques culturelles (et, plus largement, sociales) originales. Le mode de vie érigé en système s'estompe avec l'assurance de la réussite : en 1931, l'héritier épouse une catholique.

Cette identification familiale fondée sur l'appartenance religieuse est aussi déterminante chez les Rondeaux, bourgeois rouennais, mais de façon inversée. Là, l'auteur (qui a épousé en 1881 une demoiselle Rondeaux) veut au contraire détruire des « traditions ridicules » qui donneraient des origines protestantes à cette famille. Son récit, très érudit et documenté, cite des lettres (publiées) d'un parent jésuite au XVIIIe siècle. Mais il ne peut éluder une grand-mère protestante qui compte parmi ses descendants, dont notre auteur se démarque nettement, André Gide. Est-ce pour éviter toute confusion que l'avocat normand insiste sur les valeurs catholiques de la famille ? Tout esprit de justification est en revanche absent du livre de Carmignac, lui aussi attentif à ses « ancêtres accueillis par Dieu » et qui, toujours présents, intercèdent pour les vivants. Il affirme simplement sa foi et son amour de sa famille : « je compose cette histoire parce que je vous aime » écrit dès le début ce prêtre à l'adresse de ses « chers cousins ».

La religion est également sous-jacente dans l'histoire des Mertzdorff. Elle apparaît comme composante essentielle de la sensibilité familiale et mériterait une étude spécifique. Deux citations ici témoigneront pour beaucoup d'autres de l'imprégnation de la vie courante par les pratiques cultuelles. Émilie place ses souvenirs sous la protection de l'Église : « *En 1848, Monsieur l'Abbé Moreau, curé de Saint Médard, faisait chez lui le catéchisme aux enfants de la paroisse qui n'appartenaient pas aux écoles communales. C'est là que se rencontrèrent Eugénie Desnoyers et Caroline Duméril* », écrit-elle pour commencer.

Mariée, Caroline écrit à sa mère : « *nous sommes arrivés à Neuf-Brisach où nous avons été accueillis avec toute la bonté et l'affection possible par l'oncle curé qui a été avec moi aussi charmant qu'on peut l'être. Le lendemain matin nous sommes allés à la messe...* » (22 juillet 1858)

Et la volonté est affirmée par testament que les enfants soient élevés dans la religion catholique et épousent des catholiques [54].

Ces manifestations masquent une double discordance : le décalage social d'une famille catholique dans le milieu industriel alsacien majoritairement protestant, et la rupture récente d'une tradition séculaire. Les Mertzdorff seraient originaires de Prusse, alliés par les femmes avec des Français exilés après la révocation de l'Édit de Nantes. Au début du XIXe siècle, deux frères Mertzdorff, issus de la bourgeoisie protestante de Magdebourg, arrivent en Alsace. L'un, le père de Charles, épouse en 1817 une jeune fille catholique de Cernay. Par son contrat de mariage, il s'engage à laisser ses enfants être élevés dans la religion catholique.

Usage des lettres dans les histoires de familles

Le passage en revue de quelques histoires de famille a permis de souligner les valeurs à l'œuvre dans ce genre de récit : reconstitution de filiation ; ancrage dans une classe sociale, un terroir, une foi ; légitimation de réussite et de fortune ; apologie d'un système de valeurs. Dans l'élaboration et la présentation de ces thèmes, quel est le rôle assigné à la correspondance ? Les lettres participent-elles, et comment, à cette recherche de l'identité familiale ? Les histoires de famille leur accordent des espaces très variables, adoptant deux options opposées : soit le recours massif, soit l'abstention par manque d'objet ou par choix de l'auteur. La question reste posée.

Aucune trace de lettre chez les Carmignac (descendants de maçons du Gâtinais) ou les Lemaignen (qui se cherchent des ancêtres dans la noblesse). Des lettres sont signalées chez les Cordonnier[55] (issus d'artisans lillois) et les Coste[56] (ruraux de la Loire). Dans les deux cas ce sont des lettres de soldats, ce qui ne surprend pas. Le service militaire et la guerre sont en effet, dans ces milieux sociaux, une des rares causes d'éloignement qui nécessitent le recours à la communication écrite. C'est souvent pour ces périodes hors de l'ordinaire d'une vie que des liasses d'origine populaire sont conservées.

D'autres histoires de famille n'accordent de place qu'à une ou deux lettres exceptionnelles – textes plus proches du domaine public que de l'écrit intime. Pierre Dormeuil recopie la lettre que lui adressa l'ambassadeur de France à Londres quand il fut nommé chevalier de la Légion d'honneur en 1952. Le Verdier, lui, rappelle une publication qu'il a faite de missives d'un jésuite, parent des Rondeaux du XVIIIe siècle[57]. Quant aux Marron, ils ne se souviennent que de la lettre d'un lointain « apparenté », Marcel Marron (auteur d'un panégyrique de Jeanne d'Arc), à Anatole France, lettre conservée à la Bibliothèque nationale[58].

À l'opposé de ce désert épistolaire qui recouvre le passé de ruraux et de citadins, de bourgeois et d'artisans, se présentent trois textes dans lesquels les lettres sont au cœur de la publication. Trois livres dissemblables, qui vont du témoignage brut à l'essai littéraire.

La publication de Denise Baumann présente une parole nue, au plus près des lettres manuscrites. À la fin de la guerre, une amie remet à la jeune fille, seule rescapée de sa famille juive, les documents confiés par les Baumann au moment de leur arrestation. Pendant trente ans, elle conserve, sans pouvoir les relire, « un paquet de lettres jaunies, quelques dessins d'enfants, la petite liasse défraîchie d'enveloppes timbrées à l'effigie du maréchal Pétain ». Après tout ce temps, elle se fait un devoir de publier ces pages « afin qu'au-delà des témoignages des vivants, nul n'oublie et que les jeunes [...] réfléchissent à ce que fut le calvaire de millions d'êtres [59] ». Dans sa préface, Pierre Gascar qualifie ces lettres de « document essentiel », car, dit-il, elles « nous font mesurer [...] l'horreur et l'ampleur de l'œuvre d'extermination qui s'est accomplie en ce temps ». Des lettres, « souvent d'une assez grande platitude », mais par elles « ces hommes et ces femmes accèdent à une solidarité qui ne les a peut-être pas toujours unis auparavant ; ils se dépouillent de tout égoïsme et placent leur espoir en ceux qui leur survivront ; ils apparaissent même sans haine. Cette transfiguration s'accomplit à travers une chronique encombrée d'histoires de ravitaillement, de colis perdus et retrouvés, de bulletins de santé, de mille détails sans importance. C'est souvent avec les matériaux les plus ordinaires que l'homme construit sa grandeur [60] ».

Chronique d'un drame, appel à la conscience des générations plus jeunes, tentative pour apaiser une souffrance sans fin, devoir du souvenir : seules les lettres peuvent servir les intentions de cette histoire de famille très particulière. Sans elles, le livre n'existerait pas, car rien d'autre ne peut rappeler cette « famille comme les autres ». Denise Baumann ne peut mobiliser ses propres souvenirs, car, à cette époque-là, elle était loin des prisonniers ; envoyée en zone sud par ses parents, elle y fut éducatrice puis agent de liaison dans la Résistance.

À ces lettres, seule voix audible et non façonnée, s'opposent les papiers utilisés par Michelle Maurois. Il ne s'agit plus ici de traces affectives rassemblées dans l'urgence, nouées avec un chiffon qui serre aussi une étoile de mauvais tissu jaune arrachée d'un vêtement, mais de documents « conservés avec soin pour les générations à venir » dans une propriété de Dordogne : « les archives gardées depuis deux cents ans par la famille de ma belle-mère, Simone, née Arman de Caillavet, seconde femme d'André Maurois, mon père [...] : actes d'état-civil remontant jusqu'au milieu du XVIIIe siècle, fragments de journaux intimes, livres de comptes, lettres, lettres surtout d'amour, d'affaires, d'échanges familiaux sur les événements de la vie quotidienne[61] ». Michelle Maurois trie et classe les dossiers, elle poursuit le travail de « Simone, sa mère, ses deux grands-mères qui laissent courir leur plume, annotent, gardent, ficellent comme d'autres entreprennent la confection de tapisseries. Elles conservent non seulement les lettres qu'elles reçoivent mais souvent les brouillons de celles qu'elles expédient. De plus, vingt ans, quarante ans plus tard, elles inscrivent dans les marges des commentaires qui font ressembler ces missives à des copies revues par un correcteur impérieux. Elles ont conscience de servir l'histoire des lettres, l'histoire de leur temps, l'histoire tout court. Rien ne doit être perdu, presque rien ne l'a été... Ces trois générations de brillantes épistolières se savaient mêlées à la vie littéraire de leur époque et elles aspiraient certainement à marquer leur passage sur terre[62] ». Et leur héritière s'interroge : « S'il avait fallu compter sur les deux grands-pères de Simone et même sur Gaston de Caillavet, que resterait-il de leurs vies ? »

À ces préoccupations d'archivistes qui traversent les générations (et que nous avons vues à l'œuvre plus durablement encore chez les Duméril-Mertzdorff-Froissart) succède le travail de Michelle Maurois. Elle ne cherche pas à publier des manuscrits, elle « tente de faire revivre des êtres, insérés dans leur entourage et leur époque[63] ». Elle confronte les documents en sa possession avec ses souvenirs personnels et construit son récit sur les dissonances mêmes qui surgissent alors. Par son écriture, elle veut résoudre les conflits qu'elle découvre et n'avait jamais devinés, assurer la continuité entre les acteurs jeunes qui s'expriment et les gens âgés si différents qu'ils sont devenus et qu'elle a connus. Elle s'efforce de sortir ces personnages de l'oubli par un travail d'écrivain plus soucieux de proposer des explications psychologiques, un paysage social et intellectuel, un univers cohérent et séduisant que de respecter les silences, les contradictions, les obscurités d'êtres ayant réellement vécu.

Elle déchiffre « les écritures, les surnoms, les sous-entendus, les allusions, les mensonges, les abréviations dont ces gens usaient volontiers[64] », elle s'approprie les textes, les enrichit de ses interprétations et de son imaginaire puis les restitue avec son propre style sous forme d'une biographie. Le texte de Michelle Maurois est omniprésent, laissant peu de place à la citation. Les lettres disparaissent, interprétées, camouflées, réécrites. Pourtant, elles restent le fondement du livre. « Les gens ont relativement peu menti au moment où ils vivaient certains épisodes[65], reconnaît la biographe, et quand ils ont parfois essayé, plus tard, de modifier les événements afin de les rendre plus glorieux... quand ils ont remanié le passé, ils ont négligé d'effacer les preuves de leur imposture... Dans le choix de ce qui a été préservé, il y a déjà un aveu et les mensonges eux-mêmes sont intéressants parce que révélateurs. » Inconséquence ou naïveté, telle dame qui dresse des arbres généalogiques où elle se rajeunit les range avec des actes de naissance authentiques.

Dans cette histoire de famille, Michelle Maurois pose des problèmes d'historien (nous avons cité ses remarques sur la véracité des documents, leur archivage et leur destruction) et elle les résout en écrivain. N'est-ce pas la démarche du biographe ?

Objectif littéraire – et notoriété des personnages – mis à part, une démarche semblable est adoptée par Rambert George face au coffre contenant « des actes juridiques, des testaments, des ventes, des conventions, des reçus de dates très anciennes, de la fin du XVIe siècle à nos jours ; et aussi, classés par correspondants, toute une correspondance familiale, certains feuillets datant du XVIIIe siècle, mais la plupart du XIXe, de l'époque de Louis-Philippe ; il y avait encore six liasses de papier fort, un *Livre de raison* tenu jour après jour de 1827 à 1849 et enfin deux registres où ces papiers avaient été répertoriés et brièvement résumés [66] ».

Il renonce à publier les documents et choisit de faire revivre ses ancêtres à travers une chronique qui paraphrase les lettres, en cite de tout petits fragments, les commente, constate les silences et les disparitions. Ses réticences, exprimées tout au long de son récit, traduisent bien les tensions qui traversent le chroniqueur – ainsi qu'il se nomme lui-même. Celui qui exhume les lettres veut à la fois raconter « vrai » et justifier ses ancêtres, écouter leur voix et respecter (ou restaurer) leur image. Rambert George raconte comment Jules séduit une jeune institutrice qui doit ensuite élever seule leur enfant et il s'interroge : « Ai-je eu raison de tirer de l'oubli cette histoire, de ternir "la gloire" de la famille Odoard par ce qui vous semblera "un mauvais roman", de recopier ces lettres (du moins en partie) avec leurs expressions ampoulées et leurs vers aux rimes faciles ? Mais il ne s'agit pas d'une fiction, tout est vrai, ces lettres ont bien été écrites dans ce langage où se mêlent des réminiscences de cantiques et de romans-feuilletons. Est-il indifférent de savoir comment les amours d'un jeune homme de bonne famille et d'une fille pauvre, si fréquemment romancées ont pu se dérouler dans la réalité au XIXe siècle [67] ? » Et il ajoute à son récit, élaboré à partir des lettres réécrites, une véritable plaidoirie : « Ne jetons pas la pierre à Jules (le séducteur). Je soupçonne ses parents de l'avoir mal compris... Il devint un homme parfaitement honorable... Après tout il n'a jamais dit du mal de Fanny (l'institutrice qu'il a rendue mère) et, si nous nous sommes efforcés de respecter scrupuleusement la réalité, nous ne pouvons l'accuser qu'avec les lettres emportées par l'amour ou la rancune de celle-ci… Accusons, si vous le voulez, une société bourgeoise qui respecte les dix commandements, mais en ajoute un autre : "on n'épouse pas une fille de rien". Là encore soyons justes. Reconnaissons – toutes les pages de ce livre le prouvent – les grandes qualités de ces notables qui se saignaient aux quatre veines pour assurer l'avenir de leurs enfants[68]… » Rambert George mêle chronique et justifications dans un texte où il se montre autant qu'il découvre les autres et où la lettre n'apparaît que réécrite.

Ludovic Damas Froissart, lui, offre aux correspondances plus d'espace et les entoure d'un appareil critique plus élaboré ; il les rassemble et les classe, puis construit l'histoire de la famille à partir de citations et de documents annexes. Son livre peut être lu non seulement comme un recueil de lettres (ou d'extraits) mais aussi comme une monographie historique, des biographies mêlées, un ensemble de témoignages où se devine l'empreinte de celui qui les présente.

Le simple passage du manuscrit à l'imprimé – et la remarque vaut pour tous les livres – constitue déjà une intervention majeure. Souvenons-nous du héros de Daniel Pennac qui ne reconnaît pas son propre texte lorsqu'il le découvre, mis en livre[69]. Le manuscrit devenu imprimé revêt une parure nouvelle et sa métamorphose impose une lecture différente. L'italique des caractères peut tenter d'imiter l'écriture, essayer de donner le change, reste toute la distance qu'installe le livre, sa forme, son poids, son prestige, son caractère de marchandise achetée, échangeable, offerte au public. De l'intimité (illusoire peut-être) du papier volant sur lequel une main singulière a laissé des traces uniques ne subsiste qu'un « texte », des mots à usage collectif. La lettre imprimée perd ses ratures, la fantaisie de sa graphie, les ondulations de ses lignes, la couleur de son encre. Ses hésitations, comme grossies, deviennent défaut ; sa familiarité choque, car la noblesse de l'imprimé réprouve le laisser-aller et réclame plus de tenue.

Aussi, très souvent, l'éditeur de lettres ordinaires est-il conduit à rétablir ponctuation, majuscules et orthographe incertaines, à supprimer les abréviations que seuls les glissements de la plume autorisaient, puis, sur sa lancée, à corriger quelques mots, quelques formules. Quand la notoriété de l'auteur n'inspire pas le respect de tout ce qu'il écrivit, la tentation est forte de corseter les textes ordinaires, de les rendre dignes de l'édition en gommant leurs imperfections (réelles ou imaginaires), en supprimant des formules répétées. À ce nettoyage formel plus ou moins draconien s'ajoute la censure de tout ce qui ne sert pas les desseins du chroniqueur, les lettres qui racontent la monotonie des jours ou, au contraire, l'incident à occulter. En cela, les pratiques de Ludovic Damas Froissart rejoignent celles de la plupart des éditeurs.

Qu'est-il demandé aux lettres ? D'abord et surtout, d'animer une commémoration. La commémoration doit rappeler le souvenir d'une personne, assurer une vie publique aux morts parmi les vivants. Les lettres donnent à ce travail de mémoire un saisissant effet de vérité, valorisant un texte banal, ajoutant épaisseur et chair au récit le plus plat. L'histoire de famille tire son efficacité auprès du lecteur (« mes ancêtres ont bien existé, ils étaient ainsi ») de la complexité des lettres, ancrées dans le quotidien, l'habitude, mais aussi l'implicite, le secret, le dramatique. Et en même temps que des faits et des gens, les lettres déposent sur la plage du livre l'écume des vertus des ancêtres. La correspondance illustre les valeurs familiales : elle en propose à la fois une énonciation et sa preuve. Le texte épistolaire est chargé d'une idéologie qui existe en dehors de lui (comme le montrent les histoires de famille « sans lettres ») et dans un même mouvement il est chargé de sécréter, d'illustrer, de prouver l'enracinement de ces principes éthiques dans la vie même des parents.

Quand des souvenirs matériels existent, les dépositaires de ces objets se sentent investis d'un véritable « devoir de transmission[70] ». C'est à cette injonction que répondent les « historiens familiaux » qui présentent les lettres. En exhumant des correspondances, ils perpétuent la présence de leurs auteurs. Cette commémoration s'inscrit dans un jeu entre le privé et le public. Car même les mémorialistes qui affirment n'écrire qu'à l'intention de leurs proches, destinent en fait leur texte à un cercle plus large : leur message a une dimension sociale[71].

Ludovic Damas Froissart montre bien comment la commémoration familiale s'élargit, s'étoffe et aboutit au livre. L'idée du volume consacré à Charles Mertzdorff germa à l'occasion du centenaire de sa mort : papiers et souvenirs sont exhumés par et pour les différentes branches de la famille.

Dans la préface à la biographie d'André Constant Duméril, il raconte un processus semblable : « À l'occasion du deux cent cinquantième anniversaire de la naissance de Jean Charles François Duméril, Monsieur Pierre-Louis Duméril a organisé à Versailles en décembre 1983 une amicale réunion regroupant les descendants ; il nous a alors posé la question à plusieurs reprises : mais qui était ce Jean Charles François ? Qu'a-t-il fait dans la vie ? Quels sont ses liens avec Constant Duméril, le directeur du Muséum ? Et, à propos, qui était ce Constant Duméril ? Or, il existe aux archives de Campagne de nombreux documents sur les Duméril.... Nous avons donc tenté de retracer la vie d'André Constant Duméril, médecin et naturaliste, un des fils de Jean Charles François, à partir de ces documents en tentant de situer également ses proches. C'est ainsi que nous avons été amenés à parler également des cousins Cumont, de la belle-famille Delaroche comme des Say. »

La commémoration, initiée par et pour les proches, se diffuse grâce au livre et peut même ensuite se trouver amplifiée par les chercheurs (aucune demande de travestissement des noms propres n'a été formulée).

Ces commémorations sont des temps forts dans la construction d'une mémoire familiale qui se nourrit des échos du passé, du patrimoine conservé. Ces « biens que l'on a hérités de ses ascendants [72] » ont tendance à se charger, sous la plume de nos contemporains, d'une valeur affective [73] et d'une portée symbolique qui n'en fait « plus tant le bien qu'on possède par héritage que celui qui vous constitue [74] ».

Les collections de lettres, ajoutées les unes aux autres, modelées par les transmissions successives, finissent par former un vaste texte collectif qui est à son tour redistribué à chacun des membres de la famille sous forme de livre. La mémoire typographiée a un statut différent, encore plus de poids et d'exemplarité puisque la censure s'exerce aisément et qu'une sélection affective et démonstrative s'opère.

La « mise en livre », réactualisant les manuscrits anciens, provoque un retour aux documents, une recherche dans les greniers des héritiers, qui entraînent une nouvelle publication. Elle témoigne de la constitution et de la transmission des fortunes, des positions sociales, des noms, des traditions et des principes qui caractérisent le groupe. L'image d'une famille exemplaire se précise – et chacun se sent valorisé d'appartenir à cette famille, de contribuer à cette image. L'imprimé fait fructifier le patrimoine manuscrit, lui donne sa forme la plus achevée. Mais, en amont, restent les lettres dépositaires de l'expérience vécue des individus. Elles persistent en souvenirs partagés par le groupe avant de devenir pour les générations suivantes « trace écrite » ou « tradition », débarrassées de la charge émotive initiale et porteuses du « sens nouveau conditionné par l'époque dans laquelle elles vivent [75] ».

Les correspondances familiales, éléments d'un patrimoine sans cesse réactualisé, peuvent être considérées comme des « lieux de mémoire » au sens où l'entend Pierre Nora [76] : ce sont des éléments du passé (ici des papiers) non pas seulement donnés, mais construits et reconstruits par les générations qui viennent ensuite avec de nouvelles préoccupations. La double dimension matérielle et symbolique, tangible et abstraite, joue dans l'usage qui est fait des lieux de mémoire. Ce qui était d'abord rassemblement hétéroclite de papiers s'enrichit de sens, s'élabore en collection, se constitue comme lieu de mémoire. Cette construction suppose une volonté collective qui s'applique à conserver mais surtout à choisir, trier, rejeter : « les lieux de mémoire, ce sont d'abord des restes[77] ». Cette mise en scène (mise en livre) du patrimoine et de la mémoire coïncide avec une conscience de l'identité familiale, aiguisée peut-être par la perception de sa fragilité. Ne s'exercerait-elle que dans les moments de rupture où les significations s'estompent et menacent de basculer dans l'oubli ? Qu'est-ce qu'un chef d'entreprise comme Charles Mertzdorff quand les héritiers sont devenus des actionnaires ? Peuvent-ils, à la manière de leurs ancêtres, se percevoir en tant que notables ? Que devient une famille quand chacun veut fonder la sienne à sa guise ? Quelle est la place d'un croyant pratiquant dans une société qui se déchristianise ?

Le processus identitaire, qui crée un ensemble homogène (la famille) à partir d'une grande diversité d'individus, qui délimite nettement ce groupe malgré ses frontières floues que le temps modifie, met en ordre les gens et simplifie la réalité. La fiction ainsi élaborée – ou bricolée – offre un moyen de comprendre le réel. Dans un monde mouvant, elle permet de se nommer soi-même et de désigner les autres en assignant à chacun sa place et ses rôles. Quand les cadres symboliques de référence sont bousculés, la recherche des racines se présente comme un effort (ou un essai) pour fixer les choses.

Ces pathétiques tentatives de sauvetage d'une société défunte par l'archivage et la réécriture, cet espoir fou « d'arrêter le temps, de bloquer le travail de l'oubli, de fixer un état des choses, d'immortaliser la mort, de matérialiser l'immatériel[78] » appellent en contrepoint recherches de significations et questionnements critiques. Car si « la mémoire installe le souvenir dans le sacré, l'histoire l'en débusque[79] ». L'analyse s'impose face à cette pieuse construction, chantier encore ouvert, dont les fondations manuscrites du XIXe siècle proposent plusieurs perspectives.

3.

Le rituel

On qualifie souvent les correspondances ordinaires de banales, de répétitives et finalement indignes de l'épreuve éditoriale, à moins qu'on y ait détecté quelque parfum de scandale ou quelque argument romanesque. Nous proposons de prendre cette banalité au sérieux. À l'exemple des anthropologues qui vont et viennent entre les sociétés exotiques et leur propre culture, il nous faut aussi essayer de porter un regard distancié sur des pratiques familières, évidentes, qui semblent aller de soi. Comme eux aussi, on peut considérer qu'il n'y a pas de gens « plus simples » et donc moins dignes d'intérêt ; il n'y a que des gens disposant d'outils d'expression plus ou moins élaborés. Mais la vie imaginative et émotionnelle est toujours et partout riche et complexe [1].

Dans cette perspective anthropologique, la correspondance familiale peut être tenue pour le produit d'une pratique ritualisée où les individus, confrontés à un ensemble de références et de modèles, doivent classifier la réalité et réévaluer leurs relations aux autres. Autrement dit, dans les situations les plus banales, chacun est appelé à puiser dans un fonds commun de mots, d'images, de concepts. Cet agencement sans cesse renouvelé donne une version personnelle du rapport au monde et à la culture. Dans ce travail d'expression et d'appropriation, une grande diversité d'expériences s'énonce dans la répétition de certaines formules et de certains gestes, et dans la reconnaissance mutuelle de leur efficacité.

Une telle démarche nécessite la mise au point d'une méthode adéquate. D'abord choisir de mener l'analyse en profondeur en la situant dans le temps court. En effet, la réunion *a posteriori* de milliers de lettres en un fonds cohérent et étendu dans le temps – de la Révolution à la Grande Guerre – répond surtout à une fonction identitaire dont nous avons marqué les raisons. Mais cette construction ne se confond pas avec le vécu de la communication épistolaire, ni avec l'efficacité immédiate de chacune des lettres. Malgré la forme relativement fixe des protocoles d'écriture et l'attrait d'une longue traversée de l'histoire, ces objets gardent trace de significations multiples et mouvantes, qui relèvent autant de contraintes événementielles ou socio-économiques que du libre arbitre des individus. Pour comprendre, du point de vue des acteurs eux-mêmes, le sens de ces pratiques, il importe d'en observer le fonctionnement dans un contexte historique précis. Pour ce faire, l'état du corpus a imposé sa propre temporalité. Concentration des lettres et extension du réseau des correspondants caractérisent une courte période qui va du mariage de Charles avec Caroline (1858) à la mort d'Eugénie, sa seconde femme (1873). À la différence des parties extrêmes qui ne présentent que des cas de relations deux à deux et à sens unique (sans les réponses), les années médianes, par la quantité des lettres conservées et la complexité du réseau concerné, offrent un très riche panorama du vécu de la culture épistolaire.

En deuxième lieu : restreindre le corpus à un échantillon de lettres. Cherchant à repérer les mots et les situations les plus ordinaires, quels que soient les événements traversés, nous avons affaire à la répétition et au ressassement. Il n'est donc pas nécessaire d'être exhaustif, ni de décalquer indéfiniment les mêmes contours, présents à des degrés divers dans toutes les lettres. Nous avons donc procédé par échantillonnage. Ainsi tous les épistoliers de la période allant de 1857 à 1873 sont représentés. Comme les échanges varient beaucoup selon les relations et les années, toutes les lettres ont été exploitées chaque fois que leur nombre par signataire était inférieur à dix. Au-dessus, nous avons sélectionné un échantillon en fonction de la richesse des expressions « ritualisées ». Ainsi sur les 350 lettres retenues, la majorité (301) appartient à huit signataires : 102 lettres d'Eugénie, 61 de Caroline, 46 de Charles, 42 de Marie et/ou d'Émilie, 20 d'Aglaé, 16 de Félicité et 14 d'André Constant. Une portion supplémentaire de quarante lettres se répartit entre dix personnes pour lesquelles nous possédons entre deux et neuf lettres. À ce groupe principal, nous avons ajouté neuf signataires dont une lettre seulement a été conservée dans ce laps de temps. C'est donc la production de vingt-huit épistoliers différents qui a été retenue pour cette analyse.

Enfin, dernier choix, appliquer « au pied de la lettre » la définition anthropologique. Autrement dit, isoler dans le texte même des lettres les énoncés qui se rapportent aux notions d'espace, de temps, de finalité et d'effets sur les acteurs. Ainsi avons-nous opté pour une lecture transversale des lettres [2]. Ont été extraits et regroupés par rubrique tous les fragments qui relèvent de la définition du rituel : les façons de se présenter à l'autre dans un décor approprié, les ajustements à un calendrier implicite et au devoir d'écriture, les propos sur l'absence et les variations autour du *je-pense-à-toi*, la métaphore du bavardage qui comble le vide et enveloppe les vagues de « nouvelles », le leitmotiv du plaisir de recevoir et de ce qu'il en coûte d'écrire, etc. Il apparaît que tous ces motifs occupent une grande place dans les lettres : la moitié du texte en moyenne, parfois plus, mais jamais moins d'un tiers. Outre cette mesure globale, une statistique succincte permet aussi d'apprécier le poids relatif de chaque rubrique. Par exemple, il est clair que la description du geste d'écriture occupe plus d'espace dans les lettres féminines et qu'en revanche, le pointage scrupuleux de la circulation du courrier est plus répandu du côté des hommes [3].

En définitive, l'agencement de ce découpage a permis de dégager trois axes d'analyse. Le premier réunit les références spatiales et scéniques, offrant ainsi une mise en scène de l'écriture ; le deuxième examine les procédés rhétoriques qui traduisent en mots l'impulsion relationnelle, ce qui peut être tenu pour un pacte épistolaire ; le troisième regroupe les modalités expressives qui désignent des gestes de solidarité et de fusion entre les épistoliers et leurs proches : c'est la mise en œuvre de l'union familiale.

LA MISE EN SCÈNE DE L'ÉCRITURE

L'empreinte la plus évidente du rituel apparaît avec la définition d'un espace particulier, plus ou moins coupé du tissu quotidien. Le choix d'un lieu approprié conditionne le déroulement même de l'action. Pris entre les prescriptions intangibles et les risques d'interventions intempestives, les acteurs doivent maîtriser l'extérieur et tout débordement par des postures et des dispositifs d'accueil qui leur permettent de se fixer, de se concentrer sur la finalité de l'action. La mise en scène du rite devient donc constitutive de l'efficacité des gestes, elle participe du sens qu'ils prennent dans cet enchaînement particulier.

Ainsi, les références spatiales et scéniques jouent un rôle évident dans la compréhension du phénomène rituel. Les sciences humaines n'ont de cesse d'en faire usage pour appréhender, ailleurs que dans les cultures « exotiques », les faits sociaux et les comportements des individus en société.

Il est donc couramment admis que la vie sociale est une scène permanente. La métaphore dramaturgique a fait florès depuis que Goffman a montré « de quelle façon une personne, dans les situations les plus banales, se présente elle-même et présente son activité aux autres, par quels moyens elle oriente et gouverne l'impression qu'elle produit sur eux, et quelles sortes de choses elle peut ou ne peut pas se permettre au cours de sa représentation [4] ». Ce modèle est généralement développé pour analyser comment, à partir des interactions et de la conduite des individus placés face à face, le social se construit dans le jeu des mimiques, des regards et des échanges de paroles. Dans le cas d'une correspondance, les interlocuteurs ne sont pas en présence l'un de l'autre, mais il n'en reste pas moins que, par l'intermédiaire d'un objet écrit, se déroule aussi un jeu interactif.

Ainsi, quel que soit le contenu informatif de la lettre, le signataire dispose çà et là des repères sur sa façon d'entrer en matière, sur le cadre où il est installé, sur les événements qui interviennent pendant le temps réel de l'écriture. Tous ces signes permettent à l'interlocuteur d'imaginer la scène, de la revivre rétrospectivement à travers bruits, objets, odeurs, présences qui sont reconnaissables ou familiers, qui font sens pour lui tout particulièrement. Suivant cette hypothèse, on peut considérer que le geste épistolaire opère une mise en scène de la même façon que l'écriture dramaturgique dispose autour de ou dans le texte proprement dit un ensemble de mentions sur le décor, les accessoires, les postures et les mouvements des acteurs, autant de marques nécessaires à la compréhension de la pièce pour celui qui la lit.

D'ailleurs, l'idée de théâtralisation de l'écriture épistolaire n'est-elle pas déjà inscrite dans les ouvrages didactiques ou la norme ? En effet, *La Grande Encyclopédie du XIXᵉ siècle*, reprenant la formulation la plus répandue alors, définit la lettre comme une conversation entre absents. Et pour expliquer dans quelles dispositions l'épistolier doit se mettre pour parvenir à ses fins – un échange verbal transposé dans l'écriture –, elle donne cette recommandation : « Figurez-vous donc que vous êtes en présence de celui qui vous lira, qu'il entend le son de votre voix, et a les yeux fixés sur les vôtres. » Certes, cette conception qui traverse tous les manuels épistolaires du XIXᵉ siècle [5] traduit la volonté de vulgariser les pratiques de correspondance et, dans ce but, de ramener l'effort de l'écriture à la situation ordinaire d'un échange oral. Mais l'application de ce principe suppose que l'épistolier supplée l'absence par l'imagination, qu'il donne à voir les éléments capables de le représenter, d'évoquer sa personne et le contexte où il se trouve.

Ainsi le cérémonial épistolaire, tel qu'il apparaît dans les ouvrages normatifs du XIXᵉ siècle, peut-il être considéré comme un ensemble de consignes qui fixent les règles de la présentation de soi dans les lettres : il exige de se situer dans le temps et dans l'espace en inscrivant la date et le lieu, ainsi que dans le tissu social par l'énoncé de l'adresse, des vocatifs, de la formule finale et de la signature appropriés à la situation. Ces règles élémentaires qui définissent la forme lettre sont autant de façons de se présenter à l'autre, de l'interpeller, de fixer les termes de la rencontre. Elles orientent la réception du message, elles visualisent la distance sociale entre les interlocuteurs.

Le cérémonial ne se limite pas à la définition stricte d'une étiquette.

Pris dans son acception large, il intègre en réalité les règles de la civilité. Il en est l'émanation. À la source, la société de cour[6] a imposé les normes de la présentation de soi dans tout le domaine du savoir-vivre, y compris dans la relation épistolaire. Ainsi la problématique des circonstances appropriées qui structure les ouvrages normatifs, si florissants au XIXe siècle, repose à la fois sur le motif du « naturel » qui marque l'ultime distinction de l'art, et sur la référence à l'esthétique romantique qui valorise l'expression du sentiment – écrire ce que l'on sent. C'est dans ce cadre général de la rhétorique épistolaire et des règles de la civilité que se définit ce qu'il est permis de dire, ce qu'il convient de montrer, ce qu'il est possible d'écrire. À chacun d'aménager son expression propre, de choisir les indices qui donnent sens et cohérence à la communication. La façon de lier manières et contenu, sentiments et contexte, le dedans et le dehors, opère ainsi une véritable mise en scène du geste d'écriture.

La correspondance familiale nous offre donc la possibilité de saisir sur le vif comment l'écriture ordinaire des lettres compose son propre théâtre à partir des ingrédients de la culture épistolaire. Décrire le cadre choisi pour écrire, évoquer les postures, nommer les accessoires, avouer les malaises et les faiblesses du corps, signaler les mouvements de l'entourage... sont autant d'éléments pertinents pour l'interlocuteur. Ils marquent la frontière de ce qui peut être montré, ils révèlent les manières de se présenter et de se comporter dans la microsociété familiale. Ils livrent quantité d'informations susceptibles d'impressionner l'interlocuteur autant que l'expression verbale proprement dite. Le partage de ces motifs, futiles, furtifs, conditionne la rencontre. Ces mentions sont le plus souvent succinctes, anodines, mais elles sont connues, reconnues, attendues de l'interlocuteur. Habituellement gommées dans les éditions de correspondances comme insignifiantes, elles forment la trame de l'écriture familiale. En dernier ressort, la question serait de comprendre comment, à travers des énoncés usuels et des stratégies banales, l'épistolier ordinaire révèle, restitue et s'approprie, en la « bricolant », la culture épistolaire.

Le cérémonial épistolaire

Au premier abord, le cérémonial épistolaire apparaît comme un monument des antiquités, comme un bastion de formules figées dès l'Ancien Régime, mais nécessaire. Voué cependant aux vents de l'érosion et aux modes de la transgression, il fonctionne à distance de l'ironie et de la dévotion. Dédale pour initiés, il reste signe de reconnaissance en incitant à l'exercice de l'originalité individuelle[7].

Pour résumer, on peut dire que la norme épistolaire s'énonce en trois principes : 1) la mesure, en évitant les excès et les débordements dans les marges, en post-scriptum ou en lignes croisées ; 2) la clarté, par une écriture propre et lisible, par des alinéas et des paragraphes ; 3) la conformité en adaptant l'amplitude du format, des marges, des espaces entre l'adresse et le corps de la lettre, à la distance sociale entre les interlocuteurs.

Par rapport à cette règle générale, et au vu des manuscrits, la correspondance Mertzdorff se situe plutôt du côté de la démesure, du foisonnement et de la proximité. Si la règle des deux feuillets (une grande feuille pliée en deux et utilisée comme quatre pages) est la plus courante, Charles n'hésite pas à remplir une suite de plusieurs feuilles de grand format *recto verso*. Marie, prise par le jeu de l'émulation, accumule jusqu'à dix pages consciencieusement numérotées. Surprise par cet exploit épistolaire, elle est elle-même submergée par la démesure et par l'effort d'une relecture et d'une autocorrection : « *Adieu cher petit père, mille pardons pour cette horrible griffonnage et pour les fautes, je ne la relis pas c'est trop long...* » (5 juillet 1871)

Quel que soit le format, ce qui compte avant tout, est de couvrir complètement les pages, de haut en bas, dans les marges, avec un enchaînement en forme de dédale, en écriture perpendiculaire (à l'anglaise), voire croisée en diagonale, et surtout en post-scriptum quelquefois plus longs que le corps du texte même. Véritable logorrhée de l'écriture épistolaire qui, finalement, respecte rarement la règle de clarté du texte par la création de paragraphes et l'usage d'alinéas. Certes, les lettres les plus formelles sont adressées par Caroline à son grand-père André Constant. Mais l'écriture des enfants, qui raturent et tachent les feuilles, a droit à l'indulgence des aînés.

La mise en page du texte livre donc tous les signes de la proximité. Les blancs – entre adresse et texte, puis entre texte et signature – qui marquent la distance sociale se réduisent comme une peau de chagrin. Adresses, formules et signatures sont souvent submergées par les ajouts d'urgence et des flots de paroles. Dans une large palette qui présente quelques lettres de forme stricte, on trouve surtout des objets compacts, pleins, débordants même [8].

• *Date et lieu*

Premiers repères du temps et de l'espace, les mentions de date et de lieu jouent sur un très faible registre de variations. André Constant, Caroline, Félicité, Marie, Émilie respectent la norme de façon stricte : lieu et date sont inscrits en tête de la feuille [9]. « *Vieux-Thann, 31 Décembre 1858... Morschwiller, 9 Février 1873... Paris le 6 Avril 1873, Dimanche des Rameaux... Paramé, 16 Juillet 1870...* » Charles se montre moins constant et selon l'habitude commerciale, place souvent ces mentions en fin de lettre. Il omet quelquefois le lieu et, à la place de la date proprement dite, se contente du jour et/ou de l'heure. Cette dernière précision scande souvent le cours de sa lettre inscrite dans une tranche horaire précise. Eugénie, imperturbable quand il s'agit de donner le lieu, manifeste plus de fantaisie en ce qui concerne la date qui peut se réduire à l'année ou au jour, voire à l'heure ou moment (matin, soir...). Aglaé simplifie encore : elle ne mentionne presque jamais le lieu (sauf une fois « de la classe de Marie »), et réduit le plus souvent la date à l'un de ses éléments (jour seulement ou quantième du jour et du mois).

Mais dans le corps de la lettre, l'heure, à la minute près, est très souvent mentionnée et signale les interruptions, ou encore un déplacement à l'intérieur de la maison, par exemple les fillettes obligées de laisser la place aux adultes et de déménager. Il est alors évident, et le signataire tient à le souligner (par l'énoncé et matériellement par un trait), que l'écriture d'une même lettre s'étale souvent sur plusieurs heures ou se trouve interrompue pour des raisons diverses le plus souvent explicitées. Elle peut être reprise les jours suivants ou après plusieurs semaines, voire un mois. Plutôt que de recommencer, on préfère garder trace véridique du vécu de la relation inachevée.

• *Vocatif de l'incipit*[10]

Il n'est pas de rencontre sans salutations ni de départ sans adieux. Comme des signes de ponctuation, les façons d'entrer en contact et de se quitter figurent les « parenthèses rituelles qui enferment un débordement d'activité conjointe[11] ». Certes ces rituels d'accès situés au début et à la fin des lettres appartiennent aux injonctions les plus contraignantes et explicites du cérémonial épistolaire. Sans incipit, sans formule d'adieu, que reste-t-il de la forme lettre ? D'ailleurs ces formules sont souvent traitées avec désinvolture par les éditeurs de correspondances (par raccourcis ou suppressions), comme n'offrant guère l'occasion, même au plus professionnel de la plume, d'exercer sa verve et sa créativité. Pourtant, l'entrée en matière reste le lieu où s'affrontent, sans fard et sans appel, les enjeux de la distinction et les effets de l'intimidation. Ces éléments évidents du cérémonial épistolaire méritent donc qu'on s'y attarde, comme signes du lien qui unit les interlocuteurs.

D'entrée de jeu, le vocatif donne le ton, il identifie l'autre et indique le degré d'intimité. En regard du nom inscrit sur l'enveloppe (malheureusement rarement conservée) qui retient la raison sociale, identifiable par les professionnels du tri et de la distribution postale, visible de l'entourage (domestiques ou membres de la famille), le vocatif qui interpelle le correspondant marque la frontière de la relation interpersonnelle. Il désigne celui qui est autorisé à entrer dans le texte. Dans une famille où lecture et écriture revêtent des formes collectives [12], cette borne marque un choix : je m'adresse à toi plutôt qu'à un autre, à Marie plutôt qu'à Émilie, à Maman plutôt qu'à Papa, à Caroline plutôt qu'à Charles... ou inversement.

Placé en exergue, le vocatif se conforme très fidèlement au code épistolaire de la mise à distance sociale, visualisée, matérialisée dans l'espace du papier blanc. En début de texte, ou en incise, il vise à défaire la formule, à ne pas utiliser le cérémonial comme tel, à rapprocher les interlocuteurs [13].

Dans les deux tiers des cas (sur l'ensemble des lettres de notre échantillon), le vocatif est placé en vedette, à plus ou moins de distance du début du texte, mais conformément au code (Eugénie, Marie, Émilie, Jules, Alphonse sont les plus conformes). Marquant la proximité, le vocatif peut précéder immédiatement le texte, sans espace blanc (dans une lettre sur dix). Cette pratique est majoritaire dans les lettres d'André Constant, d'Aglaé (presque une fois sur deux) et de Charles (une lettre sur trois). La pratique du vocatif en incise est particulière à Félicité (dans deux tiers des lettres, surtout quand elle s'adresse à Eugénie après la mort de Caroline) et à Jeanne (pour moitié des cas). Caroline aussi emploie ce procédé (dans un peu plus d'un tiers de ses lettres), mais avec un changement remarquable : avant son mariage, c'est le vocatif en incise qui domine (il s'agit alors d'une correspondance entre amies et entre jeunes filles) ; après son mariage, la mise en vedette devient majoritaire. On peut lire dans ce déplacement une forme de mise en scène de la femme mariée, quittant son milieu parental et cherchant à ajuster ses manières de faire et d'écrire à son nouveau statut.

L'identification et le degré d'intimité ne semblent pas fixés une fois pour toutes par la nature du lien qui unit les interlocuteurs, mais sont l'objet d'approches et d'invites. Ainsi dans la relation conjugale : Charles emploie rarement le prénom de Caroline et d'Eugénie (une fois chacune sur vint-sept lettres en tout). Inversement, l'une et l'autre épouse s'adressent à lui par son prénom principalement. En appelant Caroline « *ma bonne petite femme* », « *ma chère petite femme* », Charles désigne effectivement le lien conjugal, mais l'emploi également courant de « *ma chère amie* » ou de « *ma chère petite amie* » insiste sur la relation affective où se mêlent le choix, la confidence, l'égalité et la mise à distance [14]. Eugénie, quant à elle, est le plus souvent appelée par son diminutif : « *ma chère petite Nie* », « *ma chère Nie* », « *ma chère Nie mignonne* »... On retrouve aussi fréquemment sous la plume de Charles le terme d'amie accompagné de qualificatifs affectueux (« *chère petite amie aimée* », « *amie chérie* »...) ou tout simplement un terme affectif (« *ma chère bien aimée* », « *ma chérie* »). Nous ne possédons qu'une seule lettre de Félicité à Constant. Elle dit le lien conjugal : « *mon bon petit mari* ».

La relation parentale : pour les grands parents, le vocatif est invariable, « *bon papa* » ou « *bonne maman* » désigne André Constant ou Félicité ou Constant sous la plume des petits-enfants. Mais Eugénie et Aglaé adoptent le même vocabulaire d'adresse : dans leur rôle de mères, elles empruntent à l'univers des enfants la référence d'un lien qui n'est pas le leur. Le lien filial n'offre que peu de variantes : Caroline appelle Félicité « *maman* » (« *chère maman* »), Constant « *père* » (« *cher père* ») et les deux « *parents* » (« *chers parents* »). Les termes sont fixes et jamais échangés en « *mère* » ou « *papa* ». Elle semble marquer ainsi une plus grande proximité dans la relation maternelle. Eugénie, par contre, s'adresse à sa mère de façon constante par le terme générique, marquant cependant une grande proximité par l'emploi de qualificatifs de familiarité : « *chère bonne mère* », « *bonne petite mère* »... Quant aux fillettes, elles jouent sur le registre le plus ouvert possible dans ce champ restreint du vocatif filial : une douzaine de variantes associent les qualificatifs affectueux et familiers (« *bon* », « *petit* ») au terme de papa ou père, allant jusqu'à l'emploi teinté de snobisme et de malice de « *my dear father* » par Émilie[15].

Du côté des parents, André Constant appelle ses fils, adultes il est vrai, « cher ami ». Félicité emploie le prénom pour Aglaé et Marie, et réserve le terme d'« *enfant* » à Caroline. Le vocabulaire d'adresse révèle tout son poids quand, au lendemain de la mort de sa fille, Félicité le transfère littéralement sur Eugénie qui n'est alors qu'une amie de la défunte : « *chère et tendre enfant* », « *chère et bonne enfant* », « *bien chère enfant* ». Ainsi désigne-t-elle dès l'incipit, le rôle qu'elle entend assigner à l'amie de Caroline et le processus d'adoption qu'elle met en œuvre dans l'écriture épistolaire[16]. Charles, comme dans la relation conjugale, utilise peu le prénom et s'adresse à ses filles par les termes d'« *amie* » ou d'« *enfant* » (« *chère petite amie* », « *chère petite fille et amie* »), ne craignant pas d'associer le lien égalitaire et adulte d'amitié à celui de la parenté. Il lui arrive aussi de taquiner Marie en la traitant de « *grosse chérie* ». Dans le rôle maternel, Eugénie souligne exclusivement le lien parental et l'affirme d'autant plus qu'il n'est pas évident (« *mes chères bonnes petites filles* »), alors qu'Aglaé retient le prénom pour les enfants. Du côté des parents Desnoyers, Jules n'emploie que le prénom d'Eugénie, tandis que Jeanne joue sur un registre plus varié : le prénom est rare, l'« *enfant* » qualifiée de « *douce* », « *aimée* », sa préférence va au diminutif de « *Nie* » et au terme affectueux de « *chérie* ».

La relation fraternelle, observée ici à partir du cas d'Eugénie et d'Aglaé, semble fixée une fois pour toutes dans la plus grande proximité avec l'emploi des diminutifs. Les vocables de l'enfance demeurent à jamais, « *Nie* » et « *Gla* » s'imposent aux plus intimes au-delà du mariage des sœurs. Le diminutif de Caroline, « *Crol* », qu'elle-même utilise souvent comme signature, n'apparaît en début de lettre que sous la plume d'Eugénie, mais jamais sous celle de son époux. Entre frères, Auguste et Constant en restent au « *cher ami* ». Entre sœurs, Eugénie Duméril et Félicité Duméril s'appellent par leur prénom.

Dans les autres situations (entre oncles/tantes et neveux ou entre cousins), c'est le lien de parenté qui est le plus souvent souligné, sauf dans la correspondance entre cousines-amies, dans le cas de Caroline, Adèle et Isabelle. C'est alors le prénom qui prévaut mais sans exclure la mise à distance malicieuse avec un « *Mademoiselle Isabelle* » sous la plume de Caroline.

Ce corpus de correspondance familiale n'a retenu que de rares lettres à des personnes étrangères : une de Charles à un homme d'affaires (« *cher monsieur* ») et une de Félicité à un inconnu (« *monsieur et ami* »). Les appellations « distanciées » restent donc l'exception. Par exemple le « *bien chère madame* » de la première lettre d'Eugénie à Félicité marque toute la distance convenue de l'amie de Caroline pour sa mère.

Certes, les vocatifs de l'incipit n'exhibent qu'une palette restreinte de rôles, proposés ou imposés par les relations familiales. Ils sont cependant l'occasion d'affirmer la nature d'un lien (de parenté, d'alliance, d'amitié). Surtout l'émancipation de ces formes codées permet de proposer une combinaison nouvelle (mère amie, petite fille amie...), ou encore d'abonder dans les qualificatifs tout aussi convenus de « *bon* » ou « *petit* ». Mais leur généralisation finit pas rendre équivalents les différents niveaux du réseau familial ; les décalages de générations et de rangs sont en quelque sorte laminés par les vocables qui mêlent l'amitié et la parenté.

• *Autres vocatifs*

Il n'est guère de lettres sans incipit. Dans cinq pour cent des cas seulement, il est absent[17]. Ce premier vocatif appartient effectivement à la forme épistolaire : son absence équivaudrait à une sorte d'appel à la cantonade, soit que l'on parle à quelqu'un supposé dans les coulisses, soit que l'on fasse semblant de ne s'adresser à personne en particulier. Mais s'il y a un doute sur l'identité de l'interlocuteur, l'épistolier ne manque pas de l'interpeller à nouveau au cours de la lettre. Quoi qu'il en soit, d'autres vocatifs sont disposés çà et là, de façon plus aléatoire mais non moins significative.

Signal de changement d'interlocuteur, l'interpellation dans le texte permet d'attribuer des fragments précis de lettre à différentes personnes. Dans l'hypothèse d'une lecture collective, par-dessus l'épaule, à haute voix ou à tour de rôle, l'épistolier s'adresse à l'un ou l'autre, supposé présent, sur scène ou en coulisse, susceptible d'entendre ou de voir le message précis qui lui est destiné, sans qu'il ait besoin de demander au correspondant initial de jouer au médiateur, comme dans le cas très fréquent des « commissions » à transmettre. Ainsi Eugénie dans une lettre à Aglaé : « *Ma bonne petite mère, maintenant que j'ai bien causé commission et chiffon avec ma Gla, je m'adresse directement à toi...* »

Plus fréquents sont les vocatifs qui rappellent le même interlocuteur dans le cours du texte. Les termes varient souvent. Ces inflexions et ces interpellations réitérées semblent souligner une information particulière ou tout simplement attirer l'attention sur soi en assignant à l'autre un lien affectif précis. Caroline et Félicité usent le plus de ce procédé de rappel (dans presque une lettre sur deux). Par exemple, Caroline qui écrit à Adèle, la traite de « *chère enfant* » ou de « *pauvre enfant* ». Celle-ci n'a que huit ans de moins, ce qui lui vaut pourtant quelque condescendance maternelle de la part de sa cousine. Mais dans la formule finale, Caroline rétablit la balance en revenant au prénom et en se présentant comme cousine et amie. Elle joue de la sorte sur le double registre de la familiarité et de l'autorité, non seulement en superposant les liens de cousine, enfant et amie, mais en alliant aussi le ton de la taquinerie (« *ma pauvre enfant* ») à la formule codée (« *ta cousine bien attachée* » ou « *tout à toi* »).

On trouve le même jeu de brouillage dans les lettres de Caroline à Isabelle qu'elle saupoudre d'interpellations alertes et familières (« *ma vieille* », « *ma petite Isabelle* »...) autant que de mises à distance ironiques (« *Mademoiselle* ») ou que de présignatures formelles (« *ta bien affectionnée* », « *ta toute dévouée* », « *ta dévouée amie et cousine* »...).

Ce jeu de rôles alternatifs entre jeunes filles, parentes et amies, apparaît très clairement aussi dans les lettres d'Eugénie à Aglaé. Elle utilise une large palette de termes affectueux qui qualifient tantôt la sœur cadette, tantôt la femme mariée, au moment précis où cette dernière vient de se marier tandis qu'elle-même semble alors destinée au célibat[18] : « *ma jeune Gla* », « *ma chère mignonne* », « *ma petite Gla chérie* », « *ma petite sœur* », « *sœur amie* »... ou bien « *petite dame chérie* », « *madame* », « *belle dame* »... Brouillant sa position de sœur aînée et d'amie, elle signe : « *ta petite sœur, ta vieille amie de toujours* » (25 octobre 1859) ou « *sœur amie* » (3 octobre 1862).

Du côté de l'écriture masculine, on note peu de vocatifs dans le texte. Charles, par exemple, se contente de répéter « *chérie* » et « *amie* » tant pour son épouse que pour ses filles. Exceptionnel, « *ma petite dame* » dans le cours d'une lettre, distille un brin de malice quand il veut rassurer Eugénie qui s'est inquiétée à tort de la circulation de sa prose.

L'usage parcimonieux des vocatifs par Charles renforce le sens de ceux qui semblent lui échapper aux moments cruciaux. Par exemple, après le décès d'Eugénie, il appelle Marie « *ma chère petite fille et amie* » et signe

« *ton père et ami* » (2 avril 1873). Au cours de la narration du retour en Alsace, laissant aller son regard sur le jardin et notant les signes du printemps, il évoque sa solitude à deux reprises. Mais c'est finalement à travers cette double définition de la relation paternelle et amicale que le père solitaire assigne Marie à un rôle de confidente et d'interlocutrice privilégiée capable de deviner, plus que d'entendre, sa plainte. La demande ne passe pas par des développements. Le vocatif et la présignature suffisent ici à fixer les termes nouveaux de la relation. Mais Marie n'est encore qu'une enfant (elle a juste 14 ans) et malgré tout le sérieux et la maturité dont elle fait preuve, ses lettres résonnent surtout de rires et d'anecdotes. Elles disent la vie à la fois papillonnante et appliquée, routinière et impromptue d'une petite Parisienne rangée du Jardin des Plantes. De son côté Charles lui parle à livre ouvert de toutes ses préoccupations d'industriel alsacien pendant l'occupation allemande. Amie et confidente malgré elle, Marie retourne à son père le rôle auquel lui-même l'a assignée en l'appelant « *ami* », tout en redoublant les termes affectifs (« *mon petit papa chéri* », « *mon petit père mignon* »...) et en protestant de son amour filial (« *ta petite Marie qui t'aime énormément* »...).

Émilie, confiée quelques jours à la garde de sa grand-mère à Morschwiller, tout comme sa sœur, abonde en paroles tendres et se présente elle-même généreuse en affection : « *ta petite fille qui t'aime beaucoup* », « *qui t'adore* ». Elle sait en outre, dans une situation qu'elle présente comme désespérée, user de vocatifs répétés en forme de ritournelle : « *Je te dis tout bas : mère, mère, viens chercher ta petite fille, viens mère chérie... j'espère que je pourrai bientôt embrasser cette chère figure, ma mère chérie, je pense toute la journée à toi et à mon bon père, à la maison de Vieux-Thann. Viens nous chercher, mère, viens... Mère, je t'en supplie, viens nous chercher avec père chéri... Père, mère, venez nous chercher*. » (3 novembre 1870)

Entre les cas extrêmes d'Émilie qui scande les vocatifs comme autant d'appels au secours, ou de Félicité qui exhibe à travers l'adresse un souhait non encore explicité, et celui d'Aglaé qui limite cet usage à la stricte étiquette, semble jouer la « règle d'atténuation » dont parle Goffman [19], qui réduit l'ampleur des situations aux signes de reconnaissance minimale. En ce sens, des énoncés aussi élémentaires que l'adresse et les vocatifs évoquent un jeu complexe de rôles, choisis, testés, assumés. Révélateurs d'élans plus ou moins maîtrisés, ils contribuent à définir et à construire les relations familiales.

• *Les formules finales*

Les adieux, comme les salutations, font partie des actes les plus conventionnels et les plus formels de l'activité sociale. Goffman nous a convaincus qu'ils ne pouvaient être traités comme « un résidu vide et trivial[20] » : « L'au-revoir clôt la rencontre sans ambiguïté, en résume les conséquences pour la relation et étaye celle-ci en prévision de la perte de contact à venir[21]. » Dans cette perspective, la formule finale des lettres, transposant le rite d'adieu dans l'écriture, mérite une attention particulière. Elle présente un assemblage composite d'éléments relativement fixes (préformule, vocatif, formule, présignature et signature) dont la répétition de lettre en lettre permet de mettre en évidence le fonctionnement.

Il est rare qu'on ne puisse pas l'isoler nettement du reste de la lettre, même en l'absence d'alinéas, fréquente par ailleurs. En effet, si la formule finale n'est pas visualisée par l'espace blanc « réglementaire », l'énoncé en signale la limite sans ambiguïté. Ainsi, la préformule annonce la fin et marque très précisément le dernier point de contact pour ouvrir la scène des adieux proprement dite. La transition recommandée par les manuels et pratiquée par les « grands » épistoliers est ici réduite à sa plus simple expression : « adieu » est le signal le plus usité dans cette famille, quasi intangible dans les fins de lettres de Caroline et de Félicité, très fréquent chez Eugénie et Aglaé, rare cependant sous la plume de Charles. Dans les lettres d'André Constant, il peut se suffire à lui-même, juste accompagné de la signature, sans plus de façons.

À côté ou à la place du mot « adieu », on trouve souvent des annonces plus circonstanciées, comme s'il fallait justifier le dénouement inéluctable de la séparation. Le papier à lui seul montre cette approche à mesure que l'espace se remplit. Atteindre le bas du quatrième feuillet suffit d'ailleurs à annoncer cette scène finale des adieux. Alors l'épistolier peut constater l'évidence même : « *Me voici au bout de mon papier.* » Cette réflexion rappelle la règle de la page bien pleine et du nombre idéal de feuillets. Le contrat est honoré. Inversement, il paraît impossible de se quitter tant que le papier n'est pas saturé. Mais le temps qui presse est aussi souvent invoqué précisément à ce point de la lettre. Matérialisée par une sonnerie d'horloge ou de cloche, l'heure vient extraire l'épistolier de sa retraite et le rappeler à ses tâches quotidiennes (les pleurs du bébé, le souper, une visite...). La durée nécessaire à l'écriture d'une lettre peut encore être perçue à travers la fatigue qui en résulte et le sommeil qui, souvent, gagne l'épistolier : « *J'ai bien sommeil... Il est bien tard* », ou tout simplement : « *Bonsoir* » ou « *Bonne nuit* ». Ainsi veut-il transmettre la vérité de l'instant tout en rejetant cette scène dans l'anachronisme quand la lettre sera reçue par le lecteur. Sorte de conditionnel passé : si tu avais été là, nous nous serions souhaité mutuellement bonne nuit. Le départ du courrier enfin vient hâter le moment des adieux : « *Il faut te quitter pour que ma lettre parte* » (Caroline, 11 janvier 1860). À la différence de l'heure matériellement perçue par une sonnerie ou la vue des aiguilles, le départ du courrier met en scène le domestique chargé de transporter les lettres jusqu'à la poste. Son entrée dans l'espace épistolaire, sa présence au moment d'en finir et ses allées et venues pressantes s'entendent comme autant de rappels à l'ordre, comme autant d'interférences qui, par la force des choses, coupent le contact.

Toutes ces circonstances qui forment transition entre le corps de la lettre et la formule finale semblent vouloir atténuer l'effet de séparation. Parmi les raisons plausibles – le temps qui passe, la fatigue, le devoir, le départ du courrier –, qui sont données comme une fatalité, comme si la volonté n'intervenait pas, l'épistolier choisit néanmoins celle qui paraît la plus recevable pour l'interlocuteur, celle qui parle de lui, de son cadre de vie, de ses activités, le détail véridique qui masque l'artifice de toute fin inéluctable. Il faut bien en finir, mieux vaut en adoucir les effets. La raison invoquée peut alors entraîner un nouveau développement et des suppléments qui retardent l'ultime moment comme autant de faux départs où la mémoire s'active tout particulièrement pour repêcher les choses « importantes » oubliées dans le corps de la lettre. Ces cas de fins multiples jouent sur l'effet de suspens d'un récit qui pourrait ne jamais être clos mais qui fait naître aussi « une intolérable impression de liberté » (Sartre) chez celui qui est pris entre la crainte d'avoir manqué l'essentiel et le désir d'en finir.

Ainsi amené sur le pas de la porte et à l'instant de la séparation, l'épistolier doit énoncer la formule proprement dite. Dans un même geste, il importe aussi de l'inclure dans des signes de reconnaissance mutuelle, le vocatif final et la présignature. Cette identification, si évidente soit-elle, peut être lue comme les parenthèses de la pudeur où se disent les baisers et les mots qui ne concernent plus que « toi et moi », le « toi » inscrit en tête de la rencontre et le « moi » signataire, comme s'il fallait revenir, après maints apartés et digressions, au lien principal qui a motivé la lettre.

Dans ce modèle épistolaire de la bienséance, entre vocatif final et présignature, chacun brode son propre canevas. On reconnaît celui de Caroline, précis, élégant et conforme : « *Ma chère et bonne petite Adèle* » / « *Ta cousine et amie* », « *Mes chers parents* / « *Votre fille bien affectionnée* ». Celui de Félicité, posé et pesé : « *Mon bon petit mari* » / « *Tout à toi* », « *Mes bien chers enfants* » / « *En véritable mère* ». Celui d'Émilie, direct et charmeur : « *Cher père* » / « *Ta petite Founichon chérie* », « *Oh ma chère mère* » / « *Ta petite fille qui t'adore* ». Celui de Marie, sage et affectueux : « *Mon petit père mignon* » / « *Ta petite Marie* », « *Mon père chéri* » / « *Ta petite fille qui t'aime de toutes ses forces* ». Celui d'Aglaé, pudique jusqu'à l'effacement de soi dans la majorité des cas : « *Bonnes petites chéries* » / « *Tante amie* ». Celui d'Eugénie, appliqué et généreux, voire précieux :

« *Ma chère mignonne* » / « *Ta petite sœur, ta vieille amie de toujours* », « *Mignonne chérie, sois ma Crol bien aimée* » / « *Ta vraie amie* », « *Mon cher Charles* » / « *Ta petite femme aimée* », « *Mes chères amies* » / « *Votre maman qui vous aime beaucoup* ». Celui de Charles, simple et rapide jusqu'à l'oubli du vocatif final : « *Chérie* » / « *Tout à toi* ». Enfin pour André Constant, vocatif et présignature sont le plus souvent absents, sauf pour s'identifier sur le mode humoristique : « *Ton père qui se trouve heureux d'être ton obligé* », « *Ton père bien heureux lui-même* ». Dans cette dernière formule, André Constant ne résiste pas au plaisir du jeu de mots sur « *félicité* », à la fois prénom de sa bru et annonce d'un « *heureux* » événement chez Caroline : « *Je pourrai répondre à toutes les questions intéressées de Félicité à laquelle une autre félicité est préparée quel que soit son sexe* » (17 septembre 1858).

Ainsi insérée dans les signes d'identification des interlocuteurs, la formule finale, au-delà de ses formes stéréotypées, peut être lue comme le moment crucial de la scène d'adieux, voire de toute la lettre. Crucial, comme l'image des chemins qui se croisent, qui se séparent et se retrouvent ; ainsi l'épistolier s'arrête d'écrire et passe la plume pour que le dialogue s'instaure. Crucial, comme l'expérience qui, en philosophie, permet de confirmer ou de rejeter l'hypothèse qui sert de critère ; c'est donc le moment de faire la preuve d'un attachement, d'en mesurer la vigueur. Crucial, comme un point délicat, critique, décisif ; la formule devient l'acmé de l'expression affective où, tout en manifestant le plus vivement les sentiments qu'on éprouve ou veut paraître éprouver, il faut contenir les débordements qui pourraient passer pour inconvenants.

Cette figure du croisement permet de rendre compte de la multiplicité de sens que cachent des termes apparemment figés : c'est l'endroit où les fils se resserrent, où les registres (affectif, pratique, fonctionnel) se mêlent, où les personnes se regroupent, où l'on passe la parole à l'autre qui, lui-même, distribue « *bien des choses* » aux autres. Ainsi, ce court rituel permet d'orienter les effets de retour et de renforcer le tissu familial.

Prenons le cas de Caroline dont les lettres regroupées sur un laps de temps très court (1857-1862), couvrent les expériences décisives pour une jeune femme, des fiançailles, du mariage et de la maternité. Elle manifeste des qualités certaines pour l'écriture, par la vivacité du style et la diversité du ton. Aussi est-elle capable de moduler ses formules finales en jouant sur les effets de distance. Elle peut en effet user de formules brèves, sans forme verbale (« *Mille tendresses* », « *Tendresses pour vous* », « *Mille et mille tendres souvenirs* ») ; de formules emboîtées dans l'annonce par un participe présent (« *Je te quitte en t'embrassant du fond du cœur* », « ... *en te disant que je t'aime* ») ; de formules directes, les plus fréquentes, qui se conjuguent à l'indicatif présent (« *Je t'embrasse bien tendrement...*

du fond du cœur... du plus profond de mon cœur... » ou encore : « *Je t'envoie tout ce qu'on peut recevoir de plus affectueux... mille amitiés... mes meilleurs tendresses* ») ; de formules malicieuses, rares, en adoptant la troisième personne dans une sorte de dédoublement (« *elle t'envoie mille tendresses... ta fille et sa maman qui te mangeront à l'envi quand tu seras de retour* ») ; de formules plus distanciées qui emploient l'impératif de politesse (« *Reçois tous mes souhaits... les meilleurs embrassements... les meilleurs baisers... les meilleures et plus tendres amitiés* » avec désignation du signataire par la troisième personne). Avec le verbe recevoir, elle retient souvent les formes abstraites et conventionnelles (lieu commun du code épistolaire) : « *Reçois l'assurance de ma vive amitié... de ma sincère amitié... de ma vive affection...* » ou encore : « *Reçois l'expression de sentiments les plus affectueux... de la profonde affection* ». Cette dernière catégorie inclut les formules les plus codées qui expriment le respect dû à l'âge quand Caroline s'adresse à son grand-père : « *Veuillez recevoir l'assurance de ma vive et respectueuse affection* » ou encore : « *En vous priant de croire au bien vif et respectueux attachement de vos petits enfants* ».

En jouant sur un large registre, notre épistolière modèle ne paraît pas cependant obéir à la règle des positions respectives, excepté dans les lettres à André Constant. Les cousines, comme les parents, peuvent être traités tantôt sur le mode familier, tantôt selon l'étiquette la plus stricte.

Il semble qu'à ce point précis du rituel épistolaire, Caroline transfère dans l'écriture les tensions qu'elle affronte dans son nouveau rôle social. Sortir seule pour la première fois dans Vieux-Thann, donner des réceptions, rendre les visites, gérer les travaux domestiques, allaiter son bébé, tenir la correspondance à jour... sont autant de tâches auxquelles elle avait été préparée par son éducation. Mais elle se sent jugée (sa belle-mère habite juste à côté!) et intimidée dans ses nouvelles fonctions. La jeune Parisienne soudainement transplantée en Alsace manifeste beaucoup de bonne volonté pour se conformer aux habitudes et aux charges qui incombent à l'épouse d'un industriel. Mais sous l'étiquette, pointe un tempérament primesautier et doué du sens de l'humour. Ainsi ses lettres, justement dans la partie la plus codée, reflètent ces tensions en mêlant les formules distanciées aux termes familiers, dans une sorte de brouillage des positions et des règles hiérarchiques. Brouillage aussi de l'expression affective qui ne fait pas de partage véritable entre amour et amitié, entre relation conjugale et autres. Mais se peut-il que le langage amoureux dans une correspondance familiale puisse trouver un autre registre que celui de l'amitié [22] ? Lapsus ou signe de cette confusion des rôles, elle va jusqu'à appeler sa mère « *Ma chère enfant* ».

Sans analyser chacune des personnalités représentées dans cette correspondance, on peut encore s'arrêter sur l'exemple d'Eugénie et voir comment dans une pratique épistolaire familiale, qui reste plutôt conforme à la norme, chacun module le rite des adieux selon la place qui lui est assignée et selon le rôle attendu par les autres membres. Sans doute moins experte que Caroline dans l'art de manier la plume, Eugénie contribue cependant, pour une très large part, à la construction de la correspondance familiale : par le nombre de lettres (350 conservées), par leur longueur (79 lignes en moyenne) et par les circonstances (pendant le siège de Paris par exemple). Elle s'est trouvée propulsée, à 27 ans, dans le rôle particulièrement délicat de belle-mère et confrontée au difficile problème de succéder à son amie arrachée « *dans la fleur de l'âge* » à ses enfants, et dont la mémoire ne cessera d'être vénérée. Elle vient occuper en quelque sorte le point focal du réseau constitué des familles Duméril, Mertzdorff et Desnoyers, et fondé à la fois sur le sang, l'alliance et l'amitié.

Il semble que, dans ce contexte, au moment crucial de la séparation, Eugénie s'efforce de nouer les fils des différentes branches familiales et d'étayer sa position par l'effusion et l'inflation des signes à donner. Par exemple, elle s'évertue à repêcher, *in extremis*, les choses qu'elle a pu oublier. Anxieuse de n'avoir pas tout dit ou bien dit, elle multiplie les fausses sorties. L'occasion est belle aussi de revenir sur les gestes affectifs, de les répéter comme pour mieux s'assurer de leur réalisation : «*Encore un bon bec... Encore un bon baiser... Encore une petite caresse... Encore de bien gros baisers* ».

Il est remarquable aussi que le rapprochement qui s'exprime dans des formules affectives directes et familières (« *Mille amitiés...Mille caresses...Je t'embrasse de cœur... Je t'embrasse bien fort...* »), et qui se marque par ailleurs par des souhaits de l'instant, du vécu présent (« *Bonsoir... Bonne nuit... Dors bien... Fais de beaux rêves...* »), ne puisse se dire que dans un canevas de salutations collectives et englobantes. À travers l'expression affective qui s'expose ainsi au regard du groupe, s'échappent néanmoins des signes de pudeur et de connivence. Sous forme de litote, Eugénie laisse finalement supposer plus qu'elle n'en peut dire : la formule banale du baiser contient beaucoup plus que les mots quand elle se présente comme « *ta vieille amie qui t'aime toujours plus qu'elle ne saurait le dire* » ou quand elle embrasse son mari « *comme tu sais que nous aimons à le faire à notre meilleur ami* », ou « *comme je t'aime et ce n'est pas peu dire* », « *bien fort comme tu sais* » ou sa sœur « *comme tu sais que je t'aime (bien fort)* ». Il semble alors que son travail de rassemblement fusionnel l'oblige à mettre en réserve un surplus qui ne peut trouver place dans le rituel familial.

On pourrait sans doute distinguer une façon plus masculine de prendre congé. Plus brèves, plus abruptes et moins circonstanciées sinon pour invoquer l'heure du repas ou les obligations professionnelles ou sociales, les fins de lettres des hommes de la famille ne cultivent guère la cérémonie. Sous la plume de Charles : « *Encore un bec... Baisers à toi... De tout cœur...* ». Du côté du grand-père, même rapidité dans l'expression (« *Amitiés... Toutes mes affections* »), mais aussi de l'élégance à l'occasion : « *Mon cher et bon Mr Mertzdorff, trouvez ici, la vive expression de votre vieux grand-père bien reconnaissant.* »

Pourtant, au-delà des différences individuelles, la cérémonie des adieux, dans cette correspondance familiale, présente un caractère commun : le moment de la séparation est surtout l'occasion d'englober et de désigner le groupe, d'en nommer les différents membres selon le rite des commissions à faire aux uns et aux autres. Configuration à géométrie variable, l'agrégation familiale à ce point précis de la lettre semble contredire l'interpellation individuelle contenue dans l'adresse du début. Dans une sorte de récapitulation générale, la formule finale, submergée de commissions, désigne le noyau des acteurs principaux. On parle beaucoup des autres dans la lettre, mais au moment crucial, il importe de choisir et de manifester la reconnaissance mutuelle des liens les plus étroits, la trame essentielle du tissu familial. La véritable culture du sentiment mise en œuvre au moment précis de clore la lettre ne concerne pas seulement les interlocuteurs mais passe par la communion avec tous les membres du groupe. Elle travaille à construire l'identité familiale par un jeu subtil de transmission de salutations, de paroles, de sentiments, d'intérêts... Ces rôles d'interprétation sont assignés au lecteur et leur répétition de lettre en lettre devient preuve de leur réalisation et de leur efficacité. Comme un mouvement ininterrompu de l'écho, s'imprime dans la mémoire l'idée du « meilleur souvenir » à entretenir.

Le décor [23]

La correspondance familiale apporte des indications précieuses sur le cadre dans lequel se situe l'écriture ordinaire. Mises bout à bout, elles permettent de reconstituer, tel un film, des séquences de la pratique épistolaire, spécifique à cette famille. Mais planter le décor dans un récit ne veut pas dire le décrire et en restituer tous les détails. La mise en scène consiste à choisir des éléments, à en éclairer certains pour laisser les autres dans l'ombre. Dans cette démarche sélective, l'épistolier se situe plus ou moins à contre-jour. En retenant la lumière, le sujet principal se réduit à un contour. Derrière les objets et les choses, il peut aussi se cacher. Mais le cadre représenté n'est jamais indifférent. Qu'il produise l'effet d'étrangeté ou de familiarité, le détail sélectionné dévoile un peu de l'être profond et devient composante de l'interaction.

Insolite et inattendu, voici un décor extérieur : il est 5 heures et demie du matin, dans la rue, Charles est assis sur un banc. « *Je t'écris en atten-*

dant qu'un café veuille bien s'ouvrir pour me donner à déjeuner. » Dans un long voyage de retour qui le mène de Paramé à Vieux-Thann, marqué par l'angoisse d'une déclaration de guerre imminente et par les soucis d'une grève à l'usine, Charles donne de ses nouvelles en attendant le prochain train. D'abord le bulletin de santé : perte d'appétit causé par la précipitation d'un retour impromptu, par une nuit d'insomnie dans un train bondé et inconfortable, pris d'assaut par les militaires. Surtout, il se montre en train d'écrire : le voici installé sur un banc et il donne à voir le spectacle qui s'offre à lui. « *Il y a déjà grand mouvement dans la rue d'où je t'écris. Il fait bon et le soleil qui se lève dans les cheminées vient encore égayer mon bureau improvisé. En ce moment arrive le train de Mulhouse, je vois les voitures passer mais pas une connaissance.* » Cette banale scène de rue occupe le premier plan dans une lettre où finalement l'essentiel doit se lire en filigrane. « *Je n'ai rien à t'apprendre* », avoue-t-il. Rien sinon que l'objet même de la lettre est impuissant à la remplir : « *j'ai beaucoup pensé à vous mes chéries, mais pourquoi le dire ?* » Dans cette présentation, Charles souligne de façon pertinente l'incongruïté de la situation, le déplacement du geste d'écriture en ce lieu public et finalement l'impossibilité de montrer ses états d'âme.

Autre mise en scène inattendue, celle évoquée par Marie, au moment où femmes et enfants plient bagages et quittent Paramé. En apprentie reporter, la fillette note sur le vif les préparatifs et le déroulement du voyage sur son petit cahier, « *plus commode pour être dans le chemin de fer* », et s'en fait l'écho en transcrivant des bribes de son journal pour son père. Décousue, quasi illisible, embrouillée, cette lettre montre Marie écrivant au milieu des paquets, ayant revêtu manteau et chapeau, attendant l'heure de la messe, puis dans la salle d'attente, plutôt perplexe entre malles, voitures et trains. Tels des petits cailloux pour marquer l'itinéraire, Marie donne à voir des signes déchiffrables par son père qui vient d'effectuer lui-même le trajet de Paramé à Vieux-Thann. Déplacement de l'écriture épistolaire dans des espaces mobiles mais aussi continuité du geste malgré le rythme heurté de ce départ. Ainsi les éléments du décor sont fournis à l'interlocuteur comme autant de stratégies furtives et ignorées de celle-là même qui les livre. Cette façon anodine mais significative de se présenter à l'autre conditionne et oriente l'information qu'elle veut donner sur elle-même : sentiment d'improvisation, d'incompréhension et d'inquiétude devant des événements que les fillettes ne maîtrisent pas mais aussi attitude délibérée de bonne humeur et volonté de dédramatiser.

Finalement, l'écriture à l'extérieur des maisons reste exceptionnelle. Elle s'inscrit toujours dans des contextes de voyage. Le train est le moyen de locomotion habituel pour de longs trajets de villégiature ou de loisir vers Paris, la Bretagne, la Normandie, les glaciers suisses, les stations thermales... ou bien pour les voyages professionnels en Angleterre ou aux Pays-Bas. Les lignes ferroviaires alsaciennes sont également empruntées par l'industriel pour ses diverses occupations (la bourse à Mulhouse, les bains à Wattwiller, les relations avec Morschwiller). Les lettres évoquent largement tous ces déplacements. Mais il paraît tout à fait exclu d'écrire dans les trains eux-mêmes, trop brinquebalants pour accueillir l'attirail fragile de l'épistolier de cette époque (plume et encre). Reste alors les chambres d'hôtel dont se plaint Charles en 1860 à Manchester : « *je suis dans un mauvais hôtel* », mais dont semble se réjouir Eugénie en villégiature sur la Côte de Grâce (Honfleur) : « *c'est de l'hôtel du Cheval blanc, en face de la mer que je t'écris* ». D'un côté, la fatigue et les soucis assombrissent le décor. De l'autre, le voyage d'agrément tire le regard vers des horizons plus vastes que la simple chambre d'hôtel.

C'est donc à la maison que se déroule l'essentiel de la correspondance familiale. Dans ce lieu évident, l'épistolier éprouve souvent le besoin de se situer plus précisément, de désigner la pièce qu'il a choisie ou qu'il est contraint d'occuper. C'est l'écart entre l'évidence d'un espace réservé, habituellement destiné à accueillir tel ou tel qui se consacre à l'écriture, et la pièce mentionnée dans la lettre que souligne l'épistolier qui se met alors en scène.

Caroline se montre volontiers au lit ou, plutôt, la maladie qui la cloue au lit ne l'empêche pas de tenir sa correspondance, soit qu'elle dicte sa lettre, soit qu'elle tienne elle-même la plume. La posture au lit ne favorise guère une écriture et une mise en page soignées. Caroline avoue qu'écrire sur ses genoux, « *ce n'est pas des plus commode* » (21 janvier 1858). De même, quand elle se montre tenant à la fois la plume et la fourchette (« *je vous écris en déjeunant* », 6 juin 1859), elle ne choisit pas la position la plus appropriée. En se montrant dans des postures malcommodes pour écrire, Caroline réussit à impressionner son interlocuteur par l'effort produit et, en quelque sorte, à appeler d'avance son indulgence pour ces conditions « déplacées » et pour les défauts formels qui en résultent.

De telles séquences ne manquent pas de rappeler les gravures qui, dans les manuels épistolaires du XIXe siècle, montrent les femmes en train d'écrire au lit ou sur les genoux. Ce sont d'ailleurs les seules images de la femme épistolière qui n'apparaît jamais par ailleurs attablée à un bureau et dans un décor adéquat. La majorité des illustrations la présente comme destinataire de lettres – d'amour, cela va de soi. Les quelques scènes évoquées par Caroline ne seraient-elles que simples coïncidences dans cette rencontre avec l'imaginaire de la lettre ?

En fait, il faut rapprocher ces gestes d'écriture féminine d'autres indications sur la présentation de soi, en particulier sur la tenue vestimentaire.

Caroline comme Eugénie ou les fillettes évoquent souvent ce détail pour situer le moment exact qui marque le début ou la fin de la lettre : après s'être déshabillée ou avant de s'habiller, comme si écrire une lettre supposait un allégement vestimentaire. Ainsi le chapeau et le manteau signalés par Marie apparaissent vraiment insolites et méritent bien un sort particulier dans sa mise en scène.

Il est clair que la présentation de soi en tenue d'intérieur, même si par ailleurs l'apprêt est prétexte à hâter la fin de la lettre, signale le seuil d'une intimité féminine qui coïncide avec l'écriture des lettres. En tout cas, les mentions qui annoncent un changement vestimentaire avant ou après l'écriture de lettres sont majoritairement le fait des femmes. Elles soulignent ainsi une opposition entre l'intérieur et l'extérieur, ce qu'on peut dévoiler à l'interlocuteur et ce qu'on doit cacher au public. Cette liberté de se montrer sans fard et sans costume s'exprime aussi par l'absence de brouillons et d'autocorrections. Ne pas se relire c'est ignorer le regard qui est porté sur soi, ou plutôt c'est se laisser voir à l'état naturel et parier sur la bienveillance et la compréhension du lecteur. Délivrée des raideurs de l'apprêt et du masque, libre de ses mouvements et de ses mots, l'épistolière donne ainsi les signes d'une certaine désinvolture et donc d'une grande proximité dans l'échange.

Une seule fois, Charles évoque sa tenue vestimentaire : dans une lettre brouillonne et elliptique qui énumère les activités d'un « *rude dimanche* », il se montre en train d'écrire « *en robe de chambre* », « *dans la chambre à coucher devant une tasse de thé* » (30 mai 1869). Ce détail détonne dans l'ambiance générale de cette lettre bourrée d'anecdotes. Il marque bien une coupure entre l'affairement de l'industriel dans la vie publique et le temps du repos dans l'intimité du tête-à-tête. Mais cette mention paraît exceptionnelle. Il est vraisemblable que, selon le lieu et le moment où Charles tient sa correspondance (dans son bureau ou dans sa chambre, le matin ou le soir avant de se coucher), il puisse être vêtu différemment. De façon générale, le costume masculin reste quasi invisible dans cette correspondance alors que robes, manteaux, chapeaux, rubans et dentelles sont très présents. En tout cas, Charles n'éprouve guère le besoin de fournir ce détail à l'interlocuteur. Sa manière de baliser l'intimité emprunte d'autres signes, d'ailleurs nombreux dans ses lettres. Ainsi : « *Je t'écris ce soir lundi assis à ta place, sur ta chaise, dans ton petit salon chéri* » (22 août 1870) ; « *Je t'écris dans le petit salon, à la lumière de la lampe, assis à ma place sur le canapé* » (1er juillet 1871) ; « *Le papier te dit que je t'écris de ton petit salon* » (13 juillet 1871) ; « *Je vous écris mes chers enfants, du salon de votre chère maman, quoiqu'il soit 11 h du matin ; c'est vous dire que je m'y trouve souvent, c'est en effet l'endroit de la maison où je préfère me tenir* » (14 avril 1873). Certes, ces mentions signalent un changement dans les habitudes de Charles qui quitte son bureau, lieu réservé à toutes sortes d'écritures, de comptes et de visites, y compris la tenue de la correspondance familiale. Elles avertissent surtout l'interlocuteur que ce déplacement à l'intérieur de la maison va de pair avec des dispositions psychologiques particulières. Alors, Charles opère une sorte de retraite, fuyant le monde des affaires pour se consacrer à sa famille (« *Je suis dérangé si souvent à mon bureau que j'aurais bien mieux fait de t'écrire dans le petit salon* », 2 avril 1873).

Sous la plume de Charles, c'est donc la désignation du salon, le petit salon favori d'Eugénie, et celle du mobilier qui marquent les frontières de l'intimité familiale. Le choix des lieux familiers de l'absente crée la connivence *de facto*. Ils rappellent une cohabitation et des moments d'intimité, sans que la lettre explicite cet épanchement à travers des mots intimes. Le maître de maison est seul à disposer d'un bureau et d'un lieu où s'entremêlent affaires et vie privée. Il peut éventuellement choisir de les séparer et d'en marquer les limites. Les épistolières, elles, sont mobiles et trouvent refuge un peu partout, dans la salle à manger, dans la bibliothèque, dans le cabinet ou dans la chambre de l'un ou l'autre. Elles ne disposent pas d'un lieu approprié. Les exemples foisonnent. Eugénie : « *Je t'écris de la chambre de Julien* » (25 octobre 1859) ; « *En ce moment, je t'écris de la chambre de maman* » ; « *Nous sommes tous les quatre avec maman dans le petit salon* » (25 janvier 1872). Aglaé : « *Je vous écris sur mes genoux dans la chambre de Marie pendant qu'on leur fait une dictée* » (novembre 1873). Marie : « *Nous voilà installées dans le cabinet* » (31 octobre 1870) ; « *On vient de nous emmener du cabinet pour nous faire aller au salon car papa avait aussi à écrire* » (25 janvier 1872) ; « *8 h 1/4. Salle à manger* » (1er avril 1873) ; « *Je t'écris du cabinet d'oncle où j'ai bien des distractions* » (6 avril 1873) ; « *Je t'écris de la bibliothèque où nous sommes tous* ». Émilie : « *Je t'écris dans le salon* » (16 juillet 1870) ; « *Nous allons quitter le cabinet* » (3 novembre 1870) ; « *Je t'écris dans notre chambre* » (8 juillet 1871). Toutes les pièces de la maison, sauf le bureau, peuvent donc être investies par les épistolières. Elles circulent et s'adaptent aux situations mais restent rarement seules.

Le théâtre de l'intimité familiale peut donc offrir des décors variables et mobiles. C'est surtout l'écart avec les habitudes, non dites, qui fait sens pour l'interlocuteur. D'autres éléments également significatifs, viennent compléter le tableau. Là encore, comme dans l'imaginaire de la lettre représenté dans les manuels épistolaires, l'éclairage et la cheminée sont associés à la scène d'écriture. Mais dans les lettres familiales, ces mentions ont surtout pour vertu de rassembler autour d'un point aussi nécessaire que symbolique.

Léon peut se plaindre de doigts engourdis pas le froid – prétexte à écourter la lettre ? – ou bien Émilie d'un éclairage défectueux qui l'oblige à déménager, ou encore Charles de la tombée du jour qui l'amène à interrompre sa lettre. Mais quand Eugénie mentionne le bon feu dans la cheminée, elle évoque surtout la présence des êtres chers autour du foyer. De même la lampe apparaît dans une de ses lettres pour montrer les visages qui s'agglutinent autour, comme pour mieux repasser les contours de l'image idéale et lumineuse de la famille réunie. Lampe que Charles plante aussi dans son décor quand il se présente confortablement installé dans le petit salon d'Eugénie, comme l'un de ces objets partagés, qui réchauffe et éclaire l'âme et le corps, comme objet symbolique de la proximité.

Dans ces scènes d'écriture, on peut encore noter la présence de l'horloge : « midi sonne ! » ou « la cloche sonne ! » Ainsi rappelle-t-on au destinataire, comme dans les images stéréotypées, que l'écriture d'une lettre prend du temps et doit lutter contre sa fuite inéluctable. L'heure marquée souvent avec beaucoup d'exactitude au cours de la lettre suppose la présence de ces marqueurs du temps : montre, pendule, horloge, cloche du repas ou de l'église qui sonne l'angélus.

Dernière similitude entre l'imaginaire et les représentations familiales : le regard jeté par la fenêtre. La plupart des illustrations montrent, avec l'esquisse d'une fenêtre, cette ouverture à l'espace, cette échappée vers le monde de l'autre, cette extension hors de soi, hors du for intérieur, symbolique si prisée de la culture épistolaire. Le regard que l'épistolier jette par la fenêtre se traduit, dans les lettres familiales, par la mention de ce qu'il aperçoit : « *Je vois Thérèse qui fait la toilette des chambres d'Élise et de son père.* » « *Il pleut et le jardinier, je vois, en profite pour sortir l'orangerie.* » Ainsi Charles note ce qu'il aperçoit par la fenêtre, mais cette échappée lui permet aussi d'informer Eugénie sur les tâches qu'il lui incombe de surveiller quand elle est là : le ménage et le jardin. S'adressant à Marie, le ton devient plus lyrique : « *Ma chérie, si tu avais été petit oiseau, tu m'aurais vu ce soir après le départ de bon papa et bonne maman assis à mon bureau regardant par la fenêtre, puis la pendule qui marquait 5 h 1/2. Je ne vois rien venir, puis cependant Melcher avec le courrier*. » (12 octobre 1873) Cette séquence associe très précisément au regard vers l'extérieur la double image du messager, l'oiseau fictif que pourrait être Marie visitant son père, et le coursier bien réel en la personne de Melcher, chargé d'apporter le courrier. La pendule explicitement mentionnée ici marque le passage un peu flou entre le probable et la réalité, entre le rêve et la déception… comme le temps qui passe.

D'autres mentions montrent encore ce jeu du regard jeté par la fenêtre. Va-et-vient entre la page et l'horizon, distraction dans le travail d'écriture, moment de silence à remplir, irruption des caprices du temps météorologique dans la définition des dispositions psychologiques, nombreuses sont les notations de la pluie qui tombe, du vent qui souffle ou du tonnerre qui gronde. Elles interviennent surtout pour mettre en scène un repli vers l'intérieur. Le mauvais temps, plus souvent présent dans les lettres que le soleil, « *porte à écrire ceux qui n'aiment pas cela* », observe Caroline avec malice. La relation de cause à effet est aussi soulignée par Eugénie : « *De grosses gouttes tombent... moi j'en profite pour venir causer avec toi.* » (4 juillet 1871) Ou par Marie : « *Je t'écris car il pleut.* » (4 août 1870) Mais la règle n'est pas univoque : au cours de la lettre, l'information météorologique peut tomber comme par hasard, sans relation explicite avec le contexte. « *Voici encore la pluie, le soleil reparaît de nouveau.* » (Eugénie, 27 juillet 1871) « *La neige continue à tomber.* » (Eugénie, 9 janvier 1872) « *J'entends Marie crier avec désespoir il pleut.* » (Émilie, 21 juillet 1871) Il semble que ces informations recueillies par un coup d'œil jeté par la fenêtre entrent dans la logique du reportage en direct et d'une mise en scène de soi en train d'écrire la plus véridique possible. La narration du vécu en temps réel inclut des respirations, des silences qui laissent entrer le monde extérieur dans l'espace partagé de la lettre. Inscrite dans le théâtre de l'intimité familiale, elle reste cependant perméable aux images qui viennent d'ailleurs et aussi aux bruits divers qui parviennent jusqu'aux oreilles : la percussion d'un marteau, l'accordage d'un piano ou le tintement de la sonnette. De même que la musique est faite aussi de silences, la lettre se compose de pauses et de soupirs.

Au plus près de l'objet lettre, l'épistolier parle de ses instruments pour écrire. Pas question ici de « l'attirail d'écrivain » idéal décrit par la Comtesse de Bradi dans son manuel[23 bis]. Point d'ivoire, ni de nacre, ni de palissandre ou de porcelaine. L'écriture ordinaire pratiquée par les familles bourgeoises n'échappe pas à l'économie de la rareté des objets, caractéristique du XIXe siècle. Le papier se compte à l'unité. Il arrive souvent qu'on écrive sur la dernière feuille disponible dans la maison : « *Je viens d'aller prendre à maman sa dernière feuille de papier.* » (Eugénie, 9 juillet 1871) « *Je trouve à l'instant une feuille de papier et personne ne veut savoir à qui elle appartient; je m'en empare donc.* » (Jeanne Scheurer, décembre 1871) « *Ce papier, c'est faute d'autre que j'oublie toujours de faire venir.* » (Charles, 18 octobre 1873)

Dans cet esprit d'économie, le bon usage du papier consiste à utiliser toute sa surface et à ajuster le format à la quantité de choses à dire : « *N'ayant que très peu à t'apprendre, je prends un petit papier.* » (Charles, 16 juillet 1870) « *Je n'ai pas besoin de beaucoup de place et je profite de ce petit coin de la lettre de Marie pour vous envoyer de bonnes amitiés.* » (Alphonse, 15 juin 1873) « *Voilà une feuille de papier que je n'aime pas voir partir aussi blanche, aussi je vais lui griffonner quelques petites pattes de mouches.* » (Eugénie, 17 mai 1872) Ainsi, d'entrée de jeu, l'épistolier peut évaluer le temps à partager à travers le choix d'un papier plus ou moins grand, voire même de la graphie plus ou moins étalée : « *Tu vois que je prends mon plus grand papier et ma plus petite écriture avec ma plume la plus fine.* » (Caroline, 16 décembre 1857) Mais au cours de l'entretien, l'espace matériel de la feuille peut apparaître inadapté aux besoins de l'expression, plus ou moins prolixe que prévue : « *J'ai beau regarder cette bonne grande feuille qui m'engage si aimablement à continuer mon bavardage.* » (Charles, 6 mai 1860) La surprise peut aussi venir de la capacité à occuper si vite tout l'espace et sans doute d'en manquer : « *J'avais pris du grand papier espérant vous dire beaucoup de choses et me voici déjà à la fin de ma 4e page ; il ne me reste presque plus de place.* » (Aglaé, novembre 1873) « *Je ne t'ai pas dit grand chose et voilà mon papier bien rempli.* » (Aglaé, 16 août 1871)

Cependant, le choix d'une grande feuille, qui annonce la « bonne » intention, peut être trahi par le manque de temps : « *Si je prends ce grand papier ne va pas croire que j'ai l'intention de le remplir.* » Conscient de sa bévue, Charles corrige immédiatement : « *Je me trompe, l'intention y est mais très probablement ma plume ne marchera pas aussi vite que l'aiguille sur le cadran.* » (18 octobre 1873) Il souligne bien ici la contradiction entre la fuite du temps, scandé par l'horloge, et son évaluation erronée, dénoncée par la taille d'un papier trop grand. Avec insistance, Charles expose ses intentions comme si son interlocuteur pouvait en douter mais celles-ci sont immédiatement contredites par l'aspect même de la page inachevée. Il enfreint donc la règle du papier plein et envoie à l'interlocuteur un message correctif des apparences matérielles. Ainsi, la rareté du papier définit une économie de l'écriture où doivent s'équilibrer les besoins de l'échange et les limites matérielles de la feuille.

De la plume aussi il est question dans les lettres, objet évident et symbolique, instrument de l'écriture et substitut de la parole : « *Maintenant que je dois avoir recours au papier et à l'encre pour causer avec toi, tu comprends que je me ferai toujours suivre de ces chers instruments qui peuvent seuls nous rapprocher.* » (Eugénie, 29 septembre 1862) Également objet précieux et ostentatoire quand la plume est d'or – sans doute offerte en cadeau –, sa fonction n'en reste pas moins utilitaire : « *Prends bien vite ta petite plume d'or et gratte m'en, comme tu dis, quelques longues pages.* » (Caroline, 25 novembre 1857) Le plaisir de l'instrument ne se cantonne pas à sa possession mais doit inciter à écrire. Plus banalement, la plume devient visible quand elle fait défaut : « *Là là comme ma plume éternue* », s'exclame joliment Caroline (5 février 1858). Une légère éclaboussure à cet endroit est prétexte et preuve à la fois de cette mention. « *La plume ne va pas, je prends le crayon pour aller un peu plus vite.* » (Charles, 5 août 1870) Les évocations de plumes défectueuses, rouillées ou en pointe d'épingle, montrent sans doute, comme pour le papier, la parcimonie évidente des dépenses dans ce domaine, mais aussi les insuffisances d'une industrie encore balbutiante.

Comme pour la production des plumes, les techniques de fabrication du papier ont fort progressé mais la qualité laisse encore à désirer. Émilie se plaint de devoir écrire sur du papier glacé : « *C'est très mauvais* », soupire-t-elle. À la médiocrité des instruments, s'ajoute sans doute la maladresse du geste enfantin, malgré une inculcation extrêmement précoce : « *Dès que Mimi me voit écrire, elle dit papa et elle se jette sur la plume qu'elle tient avec une grâce toute particulière ayant bien soin de la tremper dans l'encrier.* » (Caroline, 13 mai 1860) Marie n'a que quinze mois !

Outre le tracé des lettres (souvent malhabile, néanmoins performant), la mise en page assez fantaisiste témoigne de l'étourderie autant que de l'inexpérience des enfants : « *Je m'aperçois que j'ai commencé ma lettre à l'envers, je t'en demande bien pardon.* » (Marie, 20 juillet 1871) « *Je m'aperçois que je t'écris sur une feuille de papier sur laquelle j'avais commencé une lettre à mon compère (?) décidément je n'ai plus de tête.* » (Marie, 27 février 1873) « *Que je suis donc sotte, voilà que j'ai passé une page, enfin tu verras j'ai mis des numéros et j'espère que tu comprendras.* » (Émilie, 29 décembre 1873) L'étourderie, d'ailleurs, n'est pas seulement réservée aux plus jeunes, elle touche aussi André Constant : « *Je m'aperçois que j'ai commencé à écrire ce billet sur le verso je vais couper et continuer.* » (4 mars 1860)

La présence des autres

La mise en scène ne se réduit pas à planter les éléments du décor et à appliquer un cérémonial. Il lui revient aussi de signaler les mouvements des acteurs qui entrent en jeu. De ce principe dramaturgique, la correspondance familiale donne aussi sa version.

La représentation la plus courante de l'épistolier en train d'écrire est celle d'une personne seule, dans un espace clos. Les illustrations des manuels épistolaires ont fixé de façon quasi uniforme cette figure de la solitude. Les gravures et la peinture ne manquent pas non plus d'appuyer sur le trait de la retraite et du tête-à-tête par lettre interposée. C'est aussi la représentation que véhicule le plus souvent, comme allant de soi, les recherches sur l'épistolarité. Or, du côté des pratiques de la lecture, l'historiographie a depuis longtemps révisé l'idée d'un contact en solitaire avec l'écrit, et distingué diverses modalités de la lecture silencieuse ou à haute voix, seul ou en compagnie, ces pratiques pouvant coexister[24].

• *Le cas de Charles*

Les lettres familiales proposent une mise en scène plus nuancée du tête-à-tête. Quand l'épistolier se présente isolé dans une pièce, il semble qu'il le soit par la force des choses : ses proches peuvent être absents, ou bien il dispose d'un bureau réservé aux fonctions d'écriture. Charles répond très exactement à ce double critère lorsque femme et enfants partent en villégiature au bord de la mer ou à la campagne, lorsqu'à la déclaration de guerre, il tient volontairement les siens à l'écart du front, ou encore, lorsque, devenu veuf, il confie l'éducation de ses filles à la famille Desnoyers, au Jardin des Plantes. Il se retrouve, alors, seul habitant de sa demeure, sous la garde bienveillante de la cuisinière, du jardinier et de son commissionnaire. S'il quitte son bureau pour écrire une lettre et qu'il se réfugie dans un lieu inhabituel, il prend soin de le souligner et de marquer la rencontre du sceau de l'intimité et de la nostalgie. Mais là encore, il figure seul.

Marqué par les séparations temporaires et une longue décennie de veuvage (1873-1883) où le tête-à-tête de la lettre le porte naturellement à soupirer sur sa solitude, Charles apparaît comme l'épistolier le plus conforme à l'image de la retraite. Certes, il peut être dérangé, interrompu par des visites ou des sollicitations ; les importuns ne manquent pas : qui pour annoncer une députation au conseil municipal (5 août 1870), qui pour apprendre que la toiture de l'atelier de lessivage s'est effondrée (13 juillet 1871), qui pour rendre simplement visite, comme le curé par exemple. Mais ces interventions sont le fait d'étrangers qu'il désigne comme « *visiteurs inopportuns* », comme « *solliciteurs* », comme « *tout le monde du bureau* », ou comme « *les uns et les autres* ». L'emploi de ces termes indifférenciés marque bien que la frontière du privé reste perméable aux activités professionnelles et politiques ; celles-ci interfèrent dans le déroulement du temps de l'écriture familiale mais sans véritablement s'installer sur scène. L'identité des fâcheux ne semble pas mériter l'attention du destinataire de la lettre qui est invité à ne retenir que l'idée d'un homme très affairé.

Comme Charles, les épistoliers masculins (André Constant, Léon, Jules, Georges...) ne paraissent guère portés à théâtraliser les autres sur la scène de l'écriture. Les interventions, rarement mentionnées, ne le sont que pour signaler une interruption dans la rédaction de la lettre.

• *Les versions féminines*

Dans les mises en scène féminines, l'ambiance est tout autre. Non seulement le décor est mobile, on l'a vu, n'importe quelle pièce de la maison pouvant devenir le cadre improvisé de l'écriture, mais en outre, la présence des autres qui peut, comme pour les hommes, interrompre l'acte d'écriture, a surtout pour vertu de le nourrir. Sociabilité féminine et tenue de correspondance vont souvent de pair, spécialement lorsque la compagnie est celle des enfants. On peut par exemple bavarder tout en tenant la plume : « *Je t'écris tout en parlant appartement avec Mme Dumas.* » (Aglaé, 16 août 1871) À la scène de l'épistolier qui associe dans un même élan activités professionnelles et écriture des lettres, fait écho celle de l'épistolière qui insère ses « griffonnages » dans les interstices des tâches maternelles et domestiques. Pourtant si des scènes parallèles d'interférences et d'interruptions émaillent toutes les lettres, les uns et les autres les intègrent suivant des modalités différentes. En ce sens, l'écriture féminine se distingue de celle des hommes par une large inscription de la présence des autres. Ceux-ci sont reçus, associés, voire interpellés pour entrer dans le jeu de l'écriture elle-même.

Ainsi les frères et sœurs peuvent pointer le nez de temps à autre dans les lettres. Ils perturbent quelque peu mais leur entrée en scène est l'occasion aussi de rétablir un instant le noyau familial écartelé entre Paris et l'Alsace. « *Dans ce moment, Léon lit à haute voix, ce qui n'est pas des plus commode* », soupire Caroline qui a quelque peine à se concentrer sur son texte. Mais par cette réflexion rapide elle esquisse le tableau de l'union familiale par lettre interposée (21 janvier 1858). Eugénie aussi cherche à associer son frère Julien dont elle mentionne scrupuleusement les allées et venues pendant qu'elle s'adresse à sa sœur, tout en le désignant comme « *notre fils* » dans une sorte de geste protecteur et maternel. Cette façon de dire le réconfort qu'apporte la présence d'un proche peut d'ailleurs coïncider avec le confort d'un bon feu dans la cheminée : « *Je t'écris de la chambre de Julien entre un bon feu et le petit frère qui fait son thème.* » (25 octobre 1859)

En fait, la présence fraternelle reste minoritaire à côté de celle des enfants. Dans les lettres de Caroline, les interruptions assez fréquentes et l'écriture hâtive dès lors qu'elle est mariée laissent supposer des mouvements divers de visites, réceptions et sorties. Mais quand le « *baby* » paraît, il envahit littéralement l'espace épistolaire, non seulement dans le contenu qui exprime les soucis maternels ou dans la forme même des lettres, hâchées par des cris et des pleurs intempestifs. Mais la recherche de l'effet de vérité consiste surtout à faire intervenir l'enfant matériellement dans la scène d'écriture : « *Voilà qu'elle vient de se réveiller et me voyant écrire, il a fallu lui prêter ma plume et lui faire faire ces charmants jambages que tu vois.* » (31 décembre 1859) Ou encore : « *Mimi vient de se réveiller, elle a voulu absolument prendre la plume... elle pleure parce que je veux terminer moi-même la lettre.* » (31 juillet 1860)

Du côté d'Eugénie, la présence des enfants est également prégnante. En voici un exemple parmi tant d'autres. Le 5 décembre 1871, veille de la Saint-Nicolas, tout en présidant au coucher des fillettes, Eugénie ne lâche pas la plume. Au contraire, elle fait écho à leur babillage : « *En ce moment tout en se couchant, elle [Marie] rit tant qu'elle peut, en énumérant tout ce que St-Nicolas doit apporter cette nuit dans son soulier : un écheveau de fil noir, un bonhomme en brioche, une verge, et on crie bonsoir à St-Nicolas en lui recommandant de bien faire sa besogne etc.* » Interruption : Eugénie signale l'arrivée d'une dépêche prussienne et la présence de Charles. Mais c'est la réflexion d'Émilie qu'elle rapporte dans la lettre, suivi de son commentaire : pas encore couchée, mais elle est si gracieuse, si aimable. Puis c'est l'heure de déposer les cadeaux : « *10 h 1/2. Voilà mon rôle de St-Nicolas rempli, les petits paquets de bisquits, de gauffres, de pruneaux, de cerises, de fil sont faits et ornent les deux gros chaussons...* » Exemple banal d'une lettre féminine inscrite dans la vie quotidienne et se nourrissant de la présence des enfants.

Eugénie ne manque donc pas de mettre les enfants en scène à maintes reprises dans ses lettres. C'est alors prétexte à un rapport détaillé de leurs activités. En fixant l'attention sur la progéniture de son mari, elle rend compte par la même occasion de son rôle d'éducatrice. Ainsi montre-t-elle les fillettes en train de jouer à la poupée auprès d'elle, ou occupées à peindre, à exercer leurs mains au piano ou à « *lisotter* », mais surtout appliquées à leurs devoirs ou à écrire elles aussi des lettres. Ces notations multiples, en alliant jeux et devoirs, gaieté et sérieux, plaisir et contrainte, dressent finalement le portrait de petites filles modèles, dociles et câlines. Tableau idyllique qui permet certes de gratifier l'éducatrice soucieuse de recueillir l'approbation du « maître », comme elle se plaît à l'interpeller. Mais tableau idyllique aussi qui présente une inculcation épistolaire où la rédaction collective des lettres réalise de façon exemplaire l'intériorisation du devoir d'écriture. Ainsi, tout en écrivant elle-même à Charles, Eugénie souligne que « *les trois fillettes sont en composition de lettre, Émilie écrit à Colmar, Hortense s'adresse à sa petite sœur, Marie cause avec toi et Julien donne de mauvais points à la première écolière qui lève le nez et cela arrive assez souvent* » (22 juillet 1870). De telles notations sont foison : « *Toute la petite colonie prend la plume pour écrire au bon père et à l'ami qui travaille.* » (25 mai 1869) Ou bien : « *Les fillettes écrivent en ce moment.* » (20 août 1870) Tableau idyllique enfin de l'affection fusionnelle qu'Eugénie ne se contente pas de mettre en mots, en particulier dans les formules finales, mais aussi en scène dans l'évocation des gestes et des actes auxquels elle s'applique tout en écrivant : « *Je câline en ce moment ma petite Founi de la main gauche et Marie m'attend.* » (16 juillet 1870) « *J'entends les chéries qui se réveillent... je vais embrasser pour toi* », puis elle reprend le cours de la lettre (17 août 1870). Voici encore l'exemple d'une scène scrupuleusement retranscrite en direct : « *[Émilie] rentre : "C'est à ce bon cher père que tu écris ? Tu as bien raison." Voilà sa petite phrase qui par l'expression en disait beaucoup. Elle cueille à la fenêtre de maman deux fleurs de jasmin qu'elle t'envoie. Elle repart gaiement me chercher le livre de fables pour que je lui indique une fable à apprendre pour le cher papa.* » (4 juillet 1871) L'émiettement des tâches féminines qui ressort des récits de leur emploi du temps se trouve ici mis en représentation dans une sorte de reportage en direct.

• *Du côté des enfants*

En ce qui concerne les petites filles, les lettres se font l'écho du même affairement dans l'accomplissement des devoirs : « *Émilie fait un petit devoir à côté de moi* », écrit sa sœur (28 juin 1871). « *Marie vient de trouver un problème très difficile toute seule* », s'exclame l'autre admirative (31 mars 1873). Ainsi se profilent, dans un jeu de miroir, des séquences d'autoportraits que les sœurs se renvoient mutuellement : « *En ce moment, Marie prend sa leçon avec Melle Bosvy. Quant à moi je l'ai déjà prise.* » (29 décembre 1873) « *En ce moment, ma sœur se dépêche de copier son analyse.* » (Marie, 21 décembre 1873) Dans cette ambiance studieuse, le premier devoir à réaliser et à montrer, reste encore celui de la lettre. Sans jamais se départir du ton sérieux, la représentation de la rédaction épistolaire distille une bonne dose de gaieté à travers distractions et taquineries. *A contrario*, il arrive que le travail scolaire accapare tout le temps et empêche les écolières de rédiger leur courrier. Cette scène studieuse est évoquée par Aglaé quand elle prend alors la plume à leur place pour réparer l'accroc.

On peut trouver les mentions les plus simples du devoir accompli en chœur : « *Émilie écrit à Hélène.* » (Marie, 21 août 1870) « *Je t'écris de la bibliothèque où nous sommes tous.* » (Marie, 15 juin 1873) « *Marie Berger écrit à sa maman, Hortense écrit à Melle A.* » (Émilie, 5 novembre 1870) L'approbation de l'entourage peut venir rehausser la performance et flatter l'amour-propre : « *Maman passe et dit que je suis bien gentille.* » (Marie, 6 juillet 1871) Mais si les fillettes ont bien intériorisé, et précocement, le devoir épistolaire, elles n'en restent pas moins des enfants, douées pour le rire et le jeu. Tout l'art auquel elles sont exercées dès leur jeune âge consiste alors à intégrer ces éléments ludiques dans la lettre. Ainsi Marie, qui se trouve installée dans le « cabinet d'oncle », admet avoir « bien des distractions ». Alors elle brosse la scène du chahut où l'oncle, avec la ceinture de sa robe de chambre, joue à poursuivre petit Jean : « *Décidément je ne peux pas écrire* », avoue-t-elle. Mais elle continue néanmoins son récit avec une histoire d'œuf, guère intelligible pour un œil extérieur. Et pour cause : « *je ne sais pas ce que je t'écris* » (Marie, 6 avril 1873). Ainsi va la lettre enfantine, totalement submergée par le contexte et la présence d'autrui. Mais en attendant de mieux maîtriser les distractions, elle donne à lire le vécu de l'instant, au plus près des mouvements de l'entourage. Cette tranche éphémère et anodine forme, avec la complicité du lecteur acquise d'avance, le corps même du texte.

Ainsi les lettres des enfants portent très souvent les marques du jeu alternatif – écrire chacune son tour, sous forme de conversation triangulaire – qui parvient à brouiller l'identité des scripteurs. Qui de Marie ou d'Émilie a effectivement écrit tel ou tel passage ? La signature semble finalement avoir moins d'importance que l'interaction proprement dite qui montre comment la lettre peut se nourrir de la présence des autres. Quitte à en porter les signes tangibles, comme deux grandes raies en pleine page, tracées par le petit frère armé d'un crayon, comme le pointe Paule Arnould écrivant à son amie Marie. Les pâtés qui peuvent résulter d'une bousculade sont aussi l'occasion de commentaires, livrés au lecteur comme indices de bonne volonté, puis récupérés pour mieux rebondir dans l'argumentation : « *Oh quel affreux pâté, j'ai fait des bêtises et voilà ce qui en résulte. Ma lettre est bien sale mais avec sa mère ne doit-on pas faire tout ce que l'on peut faire de gentil, même des pâtés... On dit des horreurs sur mon pâté, on dit qu'il ressemble à un crocodile, moi je réponds cela m'est égal.* » Dans ce cas précis, Émilie joue la carte de la séduction auprès de sa mère qu'elle veut convaincre de venir la chercher au plus vite à Morschwiller. Elle n'a que neuf ans et demi mais manifeste une grande habileté à passer du regitre plaintif (« *Hélène et moi nous nous sommes déjà battues. Hier soir j'ai pleuré en lisant tes chères lettres* ») au registre édifiant : « *Je me suis mise à t'écrire, non sans peine, car nous bavardions et nous riions tant qu'il était impossible d'écrire une lettre. Maintenant tout est tranquille et je peux très bien t'exprimer ma pensée. Cette pensée que je ne dis qu'à ma mère est : qu'elle vienne me chercher avec père pour me ramener à Vx-Thann, et me faire travailler car le travail est une chose si belle qu'avec le travail on peut tout faire, d'ailleurs tu le sais plus que moi et mieux.* » (5 novembre 1870) On voit que pour plaider sa cause, l'intervention inopinée de l'entourage permet d'argumenter sa demande en bonne et due forme. Alors, qu'importe le pâté !

Alors que pour les hommes, l'entrée d'un acteur quelconque suspend la scène d'écriture, que pour les mères, la compagnie des enfants est intégrée, avec la force de l'évidence, au tableau idéal qu'elles veulent offrir au lecteur, du côté des fillettes, tenues au plus loin de la solitude et de l'oisiveté, la présence nécessaire des autres devient le sujet même de la lettre.

L'essentiel étant de maintenir la posture d'écriture quoi qu'il arrive et quoi qu'on écrive.

Dans ce théâtre improvisé de l'écriture des lettres, l'auteur-acteur joue finalement à visage découvert. Il ne cherche pas à gommer les ratés, mais les pointe, au contraire. Il attire l'attention sur les défauts, relativement mineurs par rapport au nombre de lettres écrites. Il montre avec quelle aisance et quelle désinvolture, il peut rire de lui-même et feindre d'ignorer le travail réel du geste d'écriture. L'épistolier ordinaire, mais bourgeois, peut-il alors rejoindre sans le savoir le panthéon de l'écriture « naturelle », où se cultivent le style négligé et, par définition, l'art épistolaire ? Là se pose très certainement la difficile question de l'esthétique littéraire, à savoir : qu'est-ce qui fait d'une lettre une belle lettre, d'une correspondance une œuvre et de l'écriture épistolaire un art ? On peut jouer à repasser les contours de la mise en scène de l'écriture familiale pour y reconnaître certains éléments stéréotypés. Mais au jeu des écarts et des ressemblances, le va-et-vient entre pratiques et imaginaire ne trouve pas de solution simple. L'un et l'autre se nourrissent mutuellement.

Comment, dans la configuration historique du milieu du XIXe siècle, s'articulent les filtres individuels et familiaux qui permettent d'incorporer certains motifs de la culture épistolaire (par exemple, la définition d'un décor approprié aux dispositions psychologiques), et l'imaginaire de la lettre qui circule dans un champ très vaste allant de l'œuvre littéraire aux modèles proposés dans les manuels, en passant par toutes les formes de représentations picturales ? Quoi qu'il en soit, n'aurait-il produit que des griffonnages comme il se complaît à désigner ses lettres, l'épistolier ordinaire appelle, par l'usage de ce terme, la participation active du lecteur. À l'autre de déchiffrer, de trouver les clés qui donnent unité au désordre apparent, cohérence à l'improvisation, sens aux signes furtifs de la mise en scène. C'est bien parce qu'il cherche à orienter et à gouverner l'impression qu'il veut donner de lui-même, que le signataire dispose tous ces indices dans le cours de la lettre. Par cette accumulation de détails concrets, ni vraiment incongrus, ni vraiment significatifs, il propose un système cohérent de marques, capable d'organiser et d'imposer l'impression de réalité. Le dire vrai du détail devient ici preuve d'un dire vrai du tout, donc preuve de sincérité. L'effet de réel équivaut alors à l'effet de vérité. C'est finalement dans ce jeu de la connivence que chacun doit sans cesse évaluer ce qu'il peut dévoiler de soi et ce qui est dicible.

LE PACTE ÉPISTOLAIRE

On ne saura jamais comment les lettres ont été lues, ni quelle émotion elles ont effectivement suscitée. L'œil de l'intrus ne découvrira pas non plus le sens profond de propos apparemment anodins ou incongrus. Pourtant, cette correspondance familiale, qui s'est construite au jour le jour, repose sur un besoin évident de communiquer et de maintenir les relations entre membres éloignés, quelle que soit par ailleurs la valeur informative du contenu. Réduite à sa plus simple expression, l'impulsion relationnelle doit trouver quelque procédé pour se mettre en mots. C'est cette recherche rhétorique qui permet de faire naître une réaction de sympathie chez le lecteur, de produire un ajustement harmonieux qui appelle une réponse et toujours plus de lettres. Ainsi une configuration d'arguments plausibles se développe de lettre en lettre et aide à la fois ceux qui ont quelque chose à dire, à le dire le mieux possible, et ceux qui n'ont rien, ou presque rien à dire, à donner le change. Pour honorer les termes de ce contrat – maintenir l'échange continu de lettres –, l'épistolier semble se trouver dans la même posture que l'autobiographe face à son projet d'écriture : former un pacte[25]. Fondé essentiellement sur le nom propre et la confusion de l'auteur et de la personne – le même –, le pacte autobiographique engendre un discours de subjectivité et détermine un mode et des effets de lecture, ces formes étant historiquement variables. Dans la situation épistolaire, le pacte, plus ou moins explicité, amène la personne signataire à se saisir d'outils rhétoriques pour mener à bien la rencontre avec l'autre. Là, l'écriture devient double de soi. Ici la lettre scelle l'engagement de soi dans la relation à l'autre.

L'épistolier, lui aussi, produit donc un discours spécifique qu'il convient d'analyser. À titre d'hypothèse, le pacte épistolaire, aménagé au gré des humeurs et des événements, peut être décrit selon quatre dispositifs principaux : celui qui vise à combler l'absence, celui qui développe le principe de plaisir, celui qui, dans la logique du don et du contre-don, évalue le coût de l'échange, celui, enfin, qui définit le rythme et le mouvement de cet échange.

L'absence

Tenir à l'absent le discours de son absence est, comme le suggère Roland Barthes, une « situation en somme inouïe ; l'autre est absent comme référent et présent comme allocutaire. De cette distorsion singulière naît une sorte de présent insoutenable. Je suis coincé entre deux temps, le temps de la référence et le temps de l'allocution : tu es parti (de quoi je me plains), tu es là (puisque je m'adresse à toi) ». Pour supporter l'absence, poursuit Barthes, on la « manipule » ; on cherche à « transformer la distorsion du temps en va-et-vient, [à] produire du rythme, [à] ouvrir la scène du langage ». Cette pratique active, cet « affairement » est bien souvent à la source des correspondances. Cette citation, tirée justement des *Fragments du discours amoureux* [26], suggère que le discours sur l'absence relèverait de l'expression amoureuse. Hypothèse massivement corroborée par la littérature épistolaire (romans, lettres publiées...) où le discours sur l'absence, tenu à l'absent, forme un véritable archétype. Dès les publications de lettres à l'époque classique, qu'il s'agisse de correspondances données pour authentiques ou des modèles de « secrétaires », la situation d'attente, le plus souvent attribuée à la femme restée seule ou franchement délaissée par l'homme, est source et cause d'écriture [27]. Elle reproduit le stéréotype de l'homme aventurier et de la femme sédentaire. La correspondance de Madame de Sévigné avec sa fille, celle de la mère séparée de son enfant bien-aimée, donne la variante emblématique de ces énoncés où s'entretiennent et se cultivent sentiments amoureux et discours sur l'absence [28].

Les manuels épistolaires du XIXe siècle évoquent cet archétype littéraire dans les lettres d'amour, mais sous des formes quelque peu fossilisées. Pour la seule relation conjugale, la séparation est présentée comme épisode d'épreuve dans le scénario stéréotypé de l'amour : jalousie, protestations d'attachement, plaintes sur la rareté des nouvelles et réconciliation, « *happy end* » oblige ! Il faut aussi rappeler que l'absence, dans les préfaces des manuels épistolaires, se situe au cœur des définitions de la lettre, comme condition qui lui donne naissance : « conversation entre absents », c'est le leitmotiv ressassé par la majorité de ces ouvrages. Pourtant, si la séparation incite à écrire pour pouvoir communiquer, il n'est nullement démontré qu'il faille discourir sur cette absence. Les classifications des circonstances et des situations d'écriture, qui font l'objet de surenchère [29], ne laissent pas entendre de discours spécifique sur l'absence (mis à part les rares modèles de lettres d'époux temporairement éloignés).

Sur la toile de fond du langage littéraire de la séparation, les lettres familiales dessinent leur propre système de références. Elles aussi dissertent sur leur raison d'être. Au-delà d'une visée informative, elles disent leur finalité, à savoir combler l'absence et rencontrer l'autre. Absence et rencontre, comme le double versant de la séparation, comme un double registre pour exprimer la relation à l'autre.

En réunissant tous ces énoncés, on peut essayer d'en saisir le sens, derrière leur aspect fractionné, répétitif et dissymétrique ; tenter de les appréhender comme une écriture ritualisée de la séparation. Dans cette perspective, le danger que représente l'éloignement d'un membre du groupe (pris dans l'acception anthropologique) doit être conjuré et la présence symboliquement recréée. Les jeux de langage pour combler l'absence et susciter une rencontre fictive permettent de supporter dans l'instant le déchirement de la séparation et d'apprivoiser le vide, vis-à-vis desquels on se sent impuissant.

• *L'espace et le temps*

Comme paramètre de la séparation, la référence à l'espace n'offre qu'une palette assez pauvre. Elle exprime d'ailleurs moins la perception d'une distance qui se mesurerait en nombre de kilomètres qu'une nouvelle perception de l'espace habituel, partagé, connu. « *Il est parfois triste d'être ainsi loin les uns des autres* » (Charles, 21 juillet 1870), c'est une évidence qui n'offre que de rares mentions. On insiste plus sur le vide et le silence provoqués par le départ : « *Le vide que vous faites ici* » (Caroline, 25 mars 1860) ; « *Le vide que nous avons dû faire à la maison* » (Caroline, 4 juin 1860) ; « *Même l'eau ne murmure plus dans la cour* » (Charles, 21 juillet 1870). L'image des objets familiers et de l'espace domestique s'en trouve modifiée : la chambre (sous-entendu celle que nous partageons habituellement) devient « grande ». Cette perception nouvelle de l'environnement aiguise aussi les sentiments : « *Ce n'est que lorsque l'on est loin de toi que l'on sent combien on t'aime.* » (Marie, 4 novembre 1870)

Le temps que dure la séparation est indissociable de la référence à l'espace. Exprimé en nombre de jours ou de semaines, il paraît toujours long : « *Il me semble qu'il y a déjà longtemps que je vous ai quittées et ne puis me mettre dans la tête que ce ne sont que 4 journées 1/2 sans vous.* » (Charles, 23 mai 1869) Les soupirs ponctuent ainsi nombre de lettres : « *Que c'est long, trop long!* » (Charles, 25 août 1870) Entre sœurs aussi, la durée s'étire à n'en plus finir : « *Une journée sans toi me paraît longue mais cela est bien naturel et ne demande pas d'amplifications* » (Eugénie, 21 octobre 1859) ; « *Il n'y a que 4 jours que nous nous sommes quittées... et il me semble que nous aurions déjà tant de choses à nous conter.* » (Eugénie, 29 septembre 1862) Pour les fillettes surtout le temps devient trop long dès qu'elles sont séparées de leurs parents : « *Le temps me paraît tout long depuis que tu es parti, il me tarde de te revoir* » (Émilie, 15 juillet 1870) ; « *Mon petit père chéri, j'espère que tu reviendras bientôt car je ne sais si tu t'aperçois qu'il y a déjà bien longtemps que tu nous as quittées .* » (Émilie, 5 juin 1873)

En fait, le temps et l'espace qui séparent ne se mesurent pas : quelques kilomètres, c'est déjà loin, quelques jours, c'est déjà trop long. Pour exprimer ce vide et ce temps long, l'épistolier accumule alors les signes de la présence de l'autre. Le vide semble imprégné de cette présence imaginée, comme dans la perception d'un membre amputé. Que ce soit dans le souvenir de ce qu'on a partagé, ou dans la projection d'un avenir proche, sont disposés des éléments de mise en scène de l'autre dans des postures et un cadre familiers : « *Tu me manques bien je t'assure car j'aimais beaucoup nos bonnes conversations et nos tête à tête.* » (Caroline, 28 octobre 1857) « *Tu ne saurais croire ma bonne chérie comme vous me manquez toutes deux à Launay, j'ai pris l'habitude de vous y voir chaque fois que j'y suis venue aussi le vide se fait-il sentir.* » (Aglaé, 30 septembre 1871) Dans un registre plus romantique, on évoque des moments passés à l'unisson de la nature : « *Le rocher est bien nu, les fougères sont flétries mais il a été charmant cet été comme lorsque nous y étions, te rappelles-tu les charmants moments que nous y avons passés ensemble ?* » (Isabelle, 14 février 1859) L'espace vide semble conserver l'écho des bruits, des rythmes et des mouvements propres à chacun : « *Combien il me tarde d'entendre au-dessus de ma place du bureau les pas cadencés de votre démarche ainsi que les bonds et les sauts de nos deux chères biches !* » (Georges Heuchel, 21 août 1870) La perspective du retour permet d'anticiper sur cet instant de « bonheur » : « *Depuis que je sais que le moment de vous revoir approche je me trouve une affection toute particulière pour le pays.* » (Charles, 20 mai 1860) La vie partagée, habituellement ou à l'occasion de vacances, reste le référent indispensable à la naissance de ces propos.

• *L'épreuve*

Outre les signes familiers, ténus, hypothétiques mais rassurants d'une présence passée ou à venir, le discours sur l'absence évoque la séparation comme une épreuve à surmonter. Selon les raisons et les circonstances qui motivent l'éloignement d'un membre de la famille, l'expérience s'inscrit dans des registres différents. Ainsi lorsque Aglaé se marie en 1862 avec Alphonse Milne-Edwards, professeur au Muséum, lorsque Alfred prend son envol pour exploiter les forges d'Ancy-le-Franc en Bourgogne, ou qu'Eugénie épouse Charles en 1864 et émigre en Alsace, ces étapes obligées de l'émancipation des enfants deviennent épreuve pour la mère. « *Alfred est parti samedi soir, cette séparation a encore été dure pour notre bonne mère. Mais l'égoïsme est si loin d'elle, qu'elle ne se plaint jamais.* » (Eugénie, 29 septembre 1862) Dans le cas précis du départ inéluctable des enfants, l'épreuve se dit en termes moraux et religieux. L'épistolier qui souffre de l'absence d'êtres chers s'efforce donc de faire bonne figure, de doser sa plainte. Il édifie ainsi ses correspondants par son attitude d'abnégation.

Lorsque la guerre éclate, que Paris se trouve assiégé, et qu'en conséquence, la poste n'assure plus le service normalement, l'épreuve de la séparation s'amplifie avec l'interruption des échanges épistolaires. Dans le silence, l'angoisse grandit au point de rendre indifférent au reste du monde : « *Ma chère et bien aimée fille, le besoin de recevoir de tes nouvelles se fait sentir ici d'une manière si violente que presque tout nous paraît indifférent devant cette privation. Nous sommes au 48eme jour de siège.* »

(Jeanne, 5 novembre 1870) Pleine de cette souffrance, la série des lettres écrites durant le siège de Paris, laisse peu de place au récit de la guerre elle-même. La demande de nouvelles, les supputations et les propos rassurants l'emportent sur l'écoute des faits et des événements qui ne trouvent dans ce silence qu'un écho lointain, étouffé par l'inquiétude pour les proches. Le repli sur soi et sur la famille devient posture de protection contre l'immersion dans le drame de la guerre. Les lettres se réduisent à dire le principe vital de l'attachement des êtres. Plus que jamais, à l'écart du destin national, elles sont « le sang des familles [30] ».

Dans la séparation temporaire entre époux, le manque et la tristesse s'éprouvent à l'évidence dans le désir de l'autre : « *J'ai le mal de toi* », « *Je suis en mal de toi* », ces cris du cœur qui échappent à Caroline comme à Eugénie, sont lancés comme le point d'acmé de la lettre à l'époux absent. Quasi impudique dans une correspondance familiale, cette expression de l'absence emprunte alors au discours amoureux les accents pathétiques de la crainte de l'abandon et de l'aveu du désir.

La lettre apparaît bien comme un exutoire par où s'épanche la souffrance mais elle en règle aussi les modes d'expression. Selon les circonstances, l'épreuve de la séparation se dit en termes de manque, de tristesse, de souffrance, allant jusqu'à la douleur violente. Tous ces propos, à des degrés divers, s'efforcent de conjurer le vide et le danger que représente la dispersion du groupe.

• *Je-pense-à-toi*

Dans une version plus contrôlée et plus neutre du sentiment amoureux, le leitmotiv du *je-pense-à-toi* circule dans toutes les lettres, quelle que soit la relation en cause. Roland Barthes s'est interrogé sur le sens de cette expression si banale. « Qu'est-ce que ça veut dire "penser à quelqu'un ?" Ça veut dire : l'oublier (sans oubli, pas de vie possible) et se réveiller souvent de cet oubli [...] En soi, cette pensée est vide : je ne te pense pas ; simplement, je te fais revenir (à proportion même que je t'oublie). C'est cette forme (ce rythme) que j'appelle "pensée" : je n'ai rien à te dire, sinon que ce rien, c'est à toi que je le dis [31]. » L'oubli de la pensée est à l'image du vide laissé par l'absent, c'est une suite d'épisodes à éclipses. Mais quelle qu'en soit la cause, c'est le propre de l'écriture épistolaire de les mettre en scène. Goethe s'était fait le chantre de ce paradoxe de la lettre à la fois vide et expressive :

> « Pourquoi j'ai de nouveau recours à l'écriture ?
> Il ne faut pas, chérie, poser de question si nette,
> Car, en vérité je n'ai rien à te dire ;
> Tes chères mains toutefois recevront ce billet [32]. »

La correspondance familiale recèle maintes variations de ce motif caractéristique. Ainsi Charles à Caroline : « *Je pense en ce moment à livre ouvert avec mon chou, c'est pour elle et quoiqu'elle connaisse déjà toutes mes pensées, j'aime bien les lui redire pour qu'elle voie bien que son ami n'a pas changé même dans cette belle Albion.* » (6 mai 1860) S'adressant à Eugénie : « *Si je n'avais pas à te dire que je pense trop souvent à toi et plus qu'à la guerre, je crois que pour aujourd'hui je n'aurais pas de quoi remplir une page.* » (22 juillet 1870) Les filles aussi reçoivent leur part : « *J'ai beaucoup pensé à mes chéries ; mais pourquoi le dire ?* » (juillet 1870) Les sœurs ne sont pas en reste : « *Tu me manques beaucoup* », répète Eugénie à Aglaé sur tous les tons.

Dans sa banalité et sa brièveté, le « je pense à toi » est bien synonyme d'amour et explicitement associé à lui par Eugénie, encore une fois s'adressant à sa sœur : « *Ma chère petite Gla, deux lignes seulement pour te dire combien je pense à toi et combien je t'aime ma petite sœur. Voilà une phrase que je pourrais allonger, mais elle renferme à elle toute seule tout ce que je sens, et les explications que je pourrais mettre à la suite ont été comprises de toi ; ton cœur me connaît, tu sais que je dis vrai.* » (3 octobre 1862)

Ainsi l'amour fraternel et l'amitié n'ont rien à envier au discours amoureux entre époux. La communion par la pensée non seulement réunit les sœurs mais y adjoint le souvenir de Caroline, l'amie commune : « *Tu vois, ma petite sœur chérie, que tu peux jouir de tout ton bonheur avec calme, je pense à toi et suis là pour me réjouir de tes joies et partager tout ce qui t'occupe et comme je l'ai fait pour ma pauvre Caroline.* » (29 septembre 1862) Aglaé vient de se marier, Caroline vient de mourir, le bonheur et le deuil sont ici réunis, résumés, fusionnés dans une sorte de communion. Pour peu que le contexte porte à l'émotion et à l'épanchement, les lettres amicales se nourrissent de cette rhétorique de l'absence qui articule, en toute innocence, le *je-pense-à-toi* sur le langage amoureux. À la veille de son mariage, dans l'agitation des préparatifs, Cécile Audouin adresse sa dernière lettre de jeune fille à sa « *bien-aimée amie* » Eugénie. Au cœur de la nuit, l'émotion prend la résonance d'une déclaration d'amour : « *Si tu m'aimes, écris-moi. Je pense bien à toi chérie et je t'aime bien tendrement* [souligné dans le texte]. *Surtout ne prends pas ça pour une banalité, on ne s'écrit pas du reste à près de minuit et avec un si grand désir de voir et d'embrasser celle à qui l'on parle.* » (9 juin 1857)

Quand les mots paraissent s'user à force d'être répétés, Charles ne dédaigne pas le symbolisme des fleurs pour dire, en raccourci, toute son affection (l'emploi de la troisième personne étant peut-être un signe de pudeur) : « *Chacune de ces deux pensées est chargée de te dire tant d'affection de la part de ton père qu'elles auront bien long à te raconter.* » (15 avril 1873) L'artifice est souvent mis en œuvre par les fillettes qui collent fougères et jasmins sur les feuillets. Eugénie est tout à fait explicite quand elle adresse, par exemple, un bouquet « *dont le parfum en se répandant dans l'appartement te fera penser à mère et sœur qui songent tant à toi* » (25 octobre 1859).

Par la pensée, on comble l'absence et cela doit se dire. À longueur de lettre, la formule résonne comme une incantation. Quelques fragments extraits des lettres d'Eugénie sont tout à fait exemplaires : à Aglaé, « *Est-ce que tu n'as pas compris que nos pensées vous suivaient ?* » (3 octobre 1862) ; à sa mère : « *je suis bien près de toi par la pensée* » (mai 1870) ; à Charles : « *Je pense bien à toi, tu le sais n'est-ce pas ?* » (3 juillet 1871) ; à Félicité : « *Je puis vous assurer que ma pensée est bien souvent près de vous tous* » (17 juillet 1870) ; aux fillettes : « *Je viens tenir ma promesse en m'adressant de suite à mes deux chéries pour leur dire que je pense bien à elles* » (31 octobre 1870).

Le « je pense à toi » ne trouve toute son efficacité que dans la résonance qu'il est assuré de provoquer chez l'interlocuteur. L'autre « *sait* », « *devine* », « *comprend* »... l'affirmation de la réciprocité accompagne la formule. L'idéal est sans doute d'imaginer que l'être cher puisse écrire au même moment : « *Peut-être en ce moment en fais-tu autant de ton côté, et ta plume court-elle vite sur les grandes feuilles de papier pour nous communiquer tes chères pensées.* » (Eugénie, 4 juillet 1871)

• *La conversation*

La rhétorique épistolaire s'est traditionnellement nourrie de l'art de la conversation. Au point que certains, comme Marc Fumaroli, voient dans la « vertu d'amitié » (dans l'œuvre de Cicéron) les racines d'un genre littéraire spécifique : la conversation écrite et orale [33]. La floraison conjointe à l'âge classique des manuels de correspondance, de conversation, de savoir-vivre et d'éducation a largement contribué à inscrire le modèle de la conversation au cœur de toutes ces pratiques. Même si l'acception du mot a évolué depuis le XVIIe siècle, il reste ancré dans la culture épistolaire comme la marque de l'oralité. Cette analogie joue aussi en faveur des vertus de la familiarité et de la spontanéité.

Dans ses formulations ordinaires, qu'est-ce que la métaphore de la parole retient de la rhétorique des modèles et des auteurs littéraires ? « Dire bonjour », « faire une petite amitié », « faire une petite visite », « venir causer un moment », « bavarder », « faire une petite causerie », ces termes évoquent la sociabilité d'un milieu où visites aux parents et aux amis, sans oublier les pauvres, absorbent la majeure partie du temps. Il est à parier que, selon la qualité des hôtes, les conversations empruntent des registres fort différents. En tout cas, la traduction de ce « commerce » dans le mode épistolaire retient surtout les termes de causeries et bavardages, autant de mots qui impliquent l'abondance, l'absence de contrôle, la légèreté et l'informel. Une telle présentation se réfère effectivement au topos de la conversation mais sous la forme dépréciative du bavardage.

L'analyse d'une lettre que Charles adresse à Caroline (6 mai 1860), pendant un voyage à Manchester, peut servir d'observatoire de ces références à l'oralité. Comme il arrive couramment, Charles dispose au cours de sa lettre divers éléments marqueurs de l'intimité. D'emblée, le vocatif est redoublé par l'emploi d'un sobriquet affectueux, soigneusement mis entre parenthèses : « *Ma chère petite femme (lis mon petit cornichon)* ». Il est repris dans la formule finale, venant clore une longue série de « commissions » (neuf personnes citées) : « *Tu diras à mon petit cornichon que je l'aime toujours bien* »...

Autre signe de l'intimité : le choix d'un petit salon pour faire sa correspondance, lieu par excellence destiné à la conversation. Il souligne que le cadre permet certes de rester seul, loin des obligations mondaines, mais surtout d'imaginer qu'il se retire avec sa famille, au point de se croire à Vieux-Thann, aux côtés des siens.

En harmonie avec cette mise en scène de l'intimité, c'est bien la métaphore de la conversation qui est affichée : à cinq reprises, Charles se surprend à « *causer* », à « *bavarder* ». Mais qu'entend-il exactement par ces termes ? Pris entre la prolixité, la précipitation, les soucis, l'anodin, notre voyageur trouve dans le bavardage un mode approprié à ses dispositions psychologiques. C'est un mode dynamique qui autorise les ruptures, la diversité des thèmes, la redondance, la fantaisie, l'ironie.

Bavarder, c'est d'abord être prolixe : quatre pages grand format annoncent une longue lettre, mais conforme à l'habitude. Bien que Charles feigne de se trouver à court d'idées (il dit n'avoir « *absolument rien de nouveau* » à apprendre), la plume court quand même et remplit les feuillets prévus. Cette lettre représente la treizième page, précise-t-il, écrite au cours d'une longue journée passée...à causer en somme. Mais la « *bonne part* » que Charles veut offrir à Caroline se réduit finalement à la portion congrue de ces longs moments consacrés à l'écriture. Dès le premier paragraphe, il déclare qu'il n'a « *que quelques minutes pour causer* » avec elle.

Le ton de l'intimité qui marque la lettre, sous prétexte de bavardages, permet à Charles de se laisser aller à la confidence, de livrer sa version personnelle de ce qu'il faut appeler le cas Léon, véritable affaire de famille. En effet, le frère de Caroline se trouve placé par les Duméril sous la houlette des Mertzdorff, à la suite de son échec au concours de Centrale et pour apprendre le métier du blanchiment. Malheureusement, ses goûts et son tempérament ne s'accordent guère à cette stratégie familiale. Charles se fait donc beaucoup de soucis : le problème de Léon occupe effectivement près d'un tiers de la lettre. C'est dans le genre sérieux de l'argumentation morale et de la mise en demeure qu'en tant que patron il vient d'ailleurs de lui écrire : « *j'ai assez longuement causé avec Léon* ». Rien de vraiment nouveau pour Caroline puisque Charles évoque des conversations communes à ce sujet. Il semble que le terme de causerie pour désigner ce long développement permette d'atténuer le caractère autoritaire de l'admonestation, de dédramatiser la situation, tout en marquant fermement ses propres convictions morales et sociales.

Parce qu'il s'agit d'un bavardage, Charles peut aussi couper court à ce sujet trop sérieux : « *Mais je cause, je cause, et je ne dis pas que j'ai rêvé de Miki...* » Il raconte alors sa vision à l'image du bonheur familial : « *J'ai vu un amour de petite fille de huit ans qui nous a fait très gentiment de la musique avec un tout petit peu de chant...* » Dans ce tableau d'une jeunesse éphémère pour un père qui se sent déjà vieillissant, que de soupirs et de regrets implicites !

Encore une fois, le registre du bavardage offre la facilité de se désengager, de résister à l'épanchement en le minimisant : « *Me voilà encore à bavarder trop longuement à propos de rien...* » jusqu'à ce que se tarisse le monologue malgré la « *bonne grande page qui m'engage si aimablement à continuer mon bavardage* ». Le temps presse, comme il l'avait d'ailleurs annoncé d'entrée de jeu. Mais l'essentiel n'est-il pas déjà dit ?

Il semble, à travers cette lettre à la fois ordinaire et exemplaire, que la métaphore de la conversation, dans sa version dépréciée du bavardage, fonctionne d'abord comme marquage de l'intimité et situe la rencontre dans un mode de sociabilité familier et informel. C'est un engagement mutuel, comme dans toute interaction conversationnelle [34], qui autorise un large éventail de relations, de la confidence à l'exposé d'idées générales, de l'anodin au sérieux. Le choix de ce registre permet surtout d'équilibrer l'échange en présentant le récit avec modestie. L'avantage ? c'est qu'on n'est pas tenu d'y mettre de l'ordre, qu'on n'a pas besoin de réfléchir à ce qu'on va écrire, « *ça marche bien plus vite* », constate Eugénie (12 décembre 1871). Cette façon de présenter la lettre facilite sans doute l'expression, et libère le contrôle de soi. Mais elle joue aussi un rôle stratégique pour éviter les impairs par rapport aux normes de la politesse. En situant l'échange épistolaire dans l'ordre du bavardage, ces lettres mettent en œuvre la pratique active qui consiste à remplir les silences, à relancer la conversation, à jouer sur une large palette de thèmes et de tons, bref à apprivoiser le vide.

Dans cet affairement qui interpelle l'autre, l'effet produit reste fonction de l'attente, ce qu'Eugénie ne manque pas de souligner dans ses lettres à Aglaé : « *Que tu es gentille, ma chère petite Gla, de m'avoir adressé trois aimables petites causeries, pour la peine j'ai envie de t'étouffer sous mes caresses; ce serait une manière un peu trop expressive de te montrer tout le plaisir qu'elles m'ont fait, mais du moins tu serais sûre que ces petits chiffons de papier ont bien rempli leur message.* » (25 octobre 1859) On voit dans ce fragment que le motif de la causerie qui marque cette lettre comme la plupart des autres du sceau de la familiarité, capable de provoquer des émotions fortes, fonctionne comme une équivalence de l'écriture offerte aussi sous des formes inachevées : griffonnages, petits chiffons de papier, petites pattes de mouches... mais « *chère écriture* », dont la valeur affective réside autant dans sa matérialité que dans son contenu. Evidence qu'Eugénie amplifie ainsi : « *Ces petites pattes de mouches voudront dire pour toi : Ma petite femme m'aime bien, pense à moi ; mes petites filles vont bien et ne m'oublient pas... Tu pourras encore ajouter toutes sortes de jolies choses du même ordre et tu seras encore au-dessous de la vérité, car tu es des meilleurs et tu es aimé comme tu le mérites. En voilà bien des préambules, diras-tu, où veut-elle en venir ? À rien du tout qu'à te répéter ce que tu sais bien et qui fait toujours plaisir à entendre.* » (9 septembre 1871)

Au-delà des propos plus ou moins développés pour désigner l'absence et le mode de la rencontre fictive, les lettres contiennent les marques d'un contrat plus général qui jouerait comme le véritable ressort de la constitution même d'une correspondance.

Le plaisir

Dans l'acception ancienne, la correspondance est d'abord définie comme un commerce et implique l'idée d'échange. Nous l'avons vu précédemment, l'accumulation de lettres produites et circulant dans une même famille constitue véritablement un élément du patrimoine, transmis de génération en génération. Mais pour réaliser et construire ce capital symbolique, chacun des membres du groupe a dû se soumettre aux règles implicites d'un contrat d'échange sous peine de rompre quelque lien essentiel.

Depuis Marcel Mauss, l'anthropologie s'est efforcée d'atteindre le sens profond de ces gestes d'échange qui ne se limitent pas aux choses utiles économiquement, à savoir le caractère volontaire, « apparemment libre et gratuit, et cependant contraint et intéressé de ces prestations ». « Quelle force y a-t-il dans la chose qu'on donne qui fait que le donataire la rend[35] ? » Cette « vieille » question mérite qu'on la pose également à la correspondance familiale, dès lors que les épistoliers l'abordent eux-mêmes, par bribes, par traits esquissés ou stéréotypés, néanmoins présents. Ainsi suggèrent-ils l'idée d'un pacte épistolaire où se mêlent obligations et libertés, coût et plaisir, comme deux pôles indissociables qui sous-tendent l'échange des lettres.

• *Qualification de la lettre*

C'est le plaisir de recevoir qui est d'abord exprimé. Il se dit à la fois dans l'appréciation de la lettre et des effets produits.

La première qualité de la lettre est d'être « *bonne* ». Banalité qui énonce avec force qu'elle convient, qu'elle répond à une attente, qu'elle est appropriée à la situation et conforme aux besoins. Mais banalité qui appelle une gamme de variantes autour de cette appréciation majeure du plaisir de recevoir. « *Petite, belle, jolie, charmante, aimable* », la « *bonne* » lettre séduit par son apparence. Marie, s'efforçant de qualifier la lettre de son père, s'exclame : « *tu écris si bien !* » Style, contenu ou calligraphie ? La flatterie affectueuse sous la plume de la fillette ne vise pas vraiment à décrire l'objet. À travers cette exclamation, il semble plutôt qu'elle sollicite toujours plus de lettres comme un enfant insatiable de gâteries continuelles.

Ce mode de communication [36], où un brin de mensonge permet d'espérer quelques gratifications, montre que la balance de l'échange ne s'équilibre pas dans des rapports strictement égalitaires. Le commerce épistolaire doit être sans cesse réactivé par un soupçon de flatterie qui relance l'échange. Autrement dit, la meilleure façon de solliciter une autre lettre pour renouveler le plaisir est d'en faire ressortir la qualité. Le plaisir se joue en partie sur cette balance entre l'expression flatteuse et les faveurs qui en résultent. En dehors des canons de la littérature et des sentiers battus de l'art épistolaire, l'appréciation de la lettre familière dépend d'abord de sa valeur subjective. Le jugement esthétique doit être affirmé, en dehors de toute preuve. Indépendamment de ses qualités littéraires, la « *bonne* » lettre est « *belle* » et *vice versa.*

La séduction qu'elle opère sur le lecteur repose avant tout et de façon indissociable sur l'expression d'un lien affectif : « *chère* », « *gentille* », « *affectueuse* », « *excellente* », « *précieuse* »... sont autant de qualificatifs qui situent d'emblée les lettres dans le registre du sentiment. La lettre plaît par sa délicatesse, sa douceur, sa bienveillance. Au sommet de l'expression affective, la « *chère* » lettre se range parmi les objets qui n'ont plus de prix : elles sont « *des plus précieuses* » et, de façon absolue, « *excellentes* ».

Il est frappant de noter le contraste lorsque l'épistolier exprime son plaisir à écrire : l'objet est alors déprécié et désigné comme de « *petites pattes de mouches* », de « *petits mots* », de « *petits bavardages* », « *ce ne sont que quelques lignes* »... Une pointe de flatterie s'accommode volontiers d'une bonne dose de modestie, vraie ou fausse. Ou bien faut-il voir là l'effet de relance recherché dans le déséquilibre de l'échange ? On peut penser que l'autodépréciation n'est pas seulement un procédé rhétorique mais qu'il appartient aussi à l'inculcation des vertus chrétiennes. En tout cas, dans ces milieux imprégnés de culture religieuse, la tenue d'une correspondance réalise pleinement les principes moraux d'une éducation fondée sur l'idée du sacrifice.

Les raisons des appréciations flatteuses sont quelquefois inscrites au détour de la phrase, de façon elliptique. Ainsi les lettres sont bonnes, car elles sont exactement « *comme je les aime* » ou « *telles que je les souhaitais* ». Cette corrélation entre l'écriture et l'attente, cette conformité aux goûts du lecteur évoquent l'harmonie et l'accord parfait entre les épistoliers. L'abondance des adjectifs comme « *bon* », « *aimable* » pour qualifier autant les personnes citées dans la lettre que la lettre elle-même, marque l'identification de l'épistolier à sa production d'écriture : ta lettre est bonne comme toi tu es bon, elle m'est chère autant que toi. Cette adéquation donne surtout l'impression d'un monde paisible, qui se montre en demi-teintes, imprégné d'irénisme, et qui ne laisse guère de place aux éclats et aux débordements.

Tout comme le pastel aux impressions douces et claires, les contours de la bonne lettre restent indéfinis et implicites. Au-delà des appréciations générales, l'épistolier ne fait guère écho au contenu et ne précise pas vraiment comment ni pourquoi il aime la lettre reçue. Il semble que le nombre de pages entre pour beaucoup dans l'impression favorable, surtout pour Marie qui s'extasie devant la « *longue, longue lettre* » de son père. Elle s'efforcera d'ailleurs, par toutes sortes d'artifices, d'interruptions et de reprises soigneusement décrites, d'imiter son père et de multiplier les pages. La dimension du cadeau joue aussi dans l'effet de séduction. *A contrario*, le père indulgent devant les efforts évidents des fillettes goûte autant un « *petit mot* » que de longues missives propres à impressionner la jeunesse.

En fait, l'appréciation de la lettre s'accorde au partage de gestes familiers. Elle est alors assimilée à « *d'aimables petites causeries* ». Nous retrouvons là la métaphore verbale. Quant aux « *caresses* » parfois évoquées, il n'est pas évident que l'allusion renvoie à des contacts physiques ou des attouchements fréquents. L'image de la lettre-caresse appartient aux deux registres de l'âme et du corps, de l'objet qui caresse le cœur [37].

Les énoncés qui disent la « *bonne* » lettre, empruntent donc le ton feutré et euphémisé qui sied aux convenances tout en s'inscrivant dans la connivence des gestes familiers, attendus et partagés. Mais dans le jeu de l'échange, le plaisir ne se dit pas seulement dans la qualification de l'objet reçu, il fait aussi écho aux effets produits par cet objet : celui qui sait plaire se rend aussitôt aimable et les jugements flatteurs se doublent d'un acte discret d'appel et d'accueil de toujours plus de lettres.

• *Composantes du plaisir*

Dire « *tout le plaisir que font les lettres* » est énoncé comme un leitmotiv et cette formule semble toucher à l'essentiel tout en restant très floue. Il faut des circonstances exceptionnelles pour que les composantes de ce plaisir soient exprimées plus clairement. Ainsi, après l'annonce de la naissance du premier enfant de Caroline, première arrière-petite-fille d'André Constant, celui-ci décrit de façon exemplaire l'effet produit par cette nouvelle. « *C'est dans toute la joie de la famille que je viens aujourd'hui vous remercier de la bonne et excellente lettre que nous attendions et qui nous comble de satisfaction. Nous étions réunis, quand nous avons reçu, Vendredi à 9 h, la nouvelle de l'heureuse délivrance de Caroline. Quelle émouvante et douce annonce! Je vous aurais écrit dès hier pour vous féliciter mais nous attendions quelques détails et vous avez la complaisance de nous les adresser si complets et d'une manière si bonne, si affectueuse que vous nous comblez de satisfaction.* » Dans ce fragment, le grand-père assimile le plaisir de la lettre à l'événement heureux qu'elle contient. « *La bonne et excellente lettre* », « *l'émouvante et douce annonce* », « *la manière si bonne, si affectueuse* »... ainsi la qualification de l'objet s'étend, sur le mode métonymique, à l'événement lui-même. Le plaisir relève également de l'idéal fusionnel exprimé par la situation de réception de la lettre : la famille était justement réunie ce vendredi à 9 heures, comme faisant un accueil symbolique au bébé à travers la lettre annonçant sa naissance. C'est donc la « *joie de la famille* » qu'André Constant affiche en tête de la lettre et de ce fragment sur le plaisir de la réception. Plaisir d'autant plus vif que cette nouvelle était attendue et cette exacte réponse à l'attente comble l'assemblée de satisfaction. Le plaisir, enfin, se mesure à l'intérêt pris dans la description de l'événement. Là encore, le désir d'informations détaillées est pleinement satisfait par la réception d'une seconde lettre écrite à cet effet. Sorte de redoublement (par la répétition de l'expression « *combler de satisfaction* ») où les termes flatteurs (*féliciter, complaisance, manière si bonne, si affectueuse*) sont une juste compensation de ce double don.

Hormis quelques circonstances exceptionnelles, le contenu informatif des lettres reçues n'est évoqué que de façon elliptique. Mais le plaisir provoqué reste fonction de la quantité de détails qu'elles contiennent : « *les détails qui m'intéressent bien vivement* », « *tous les détails, tout m'intéresse* », « *ces nombreux détails sur tous les membres et amis de la famille* »... toutes ces notations servent à qualifier la bonne lettre mais le contenu n'est pas explicité et n'est intelligible que pour les initiés. L'essentiel étant de dire le plaisir et non d'en détailler la cause.

Le leitmotiv de la « *bonne lettre qui fait plaisir* », plus ou moins amplifié d'adverbes de mesure (*si, tant, bien, beaucoup*) ou d'épithètes (*doux, agréable, véritable, grand*), semble le plus souvent se suffire à lui-même. Les variations autour de ce thème suggèrent finalement que l'attachement à l'objet est indépendant de son contenu. C'est sa vertu curative qui est mise en évidence : il « *fait du bien* », « *soulage* », « *aide* », « *console* »... Ces notations éparses sur la lettre bienfaisante s'apparentent à ce que les littéraires désignent sous le terme de « mystique de la lettre-objet[38] ». « *Votre dernière lettre a fait un si grand plaisir que la petite Émilie ne la quitte pas, le soir elle est placée sous son oreiller et la nuit lorsque son bras la réveille elle prend sa chère lettre et la promène sur la douleur, elle me disait hier avec un si gentil petit air : "pauvre papa, il ne se doute pas qu'il sert de cataplasme, mais le remède est infaillible".* » (Aglaé, 13 octobre 1873) De la lettre qui-fait-du-bien à la lettre-fétiche, il n'y a qu'un pas que, seule, l'enfant avoue avoir franchi. Ce doux moment qu'offre la réception de la lettre peut être renouvelé par des lectures réitérées : « *Vos lettres nous font grand plaisir, nous les lisons plusieurs fois, toujours avec plaisir.* » (Aglaé, 4 décembre 1871) Parallèlement, il faut noter le plaisir qu'éprouve Félicité à recopier des lettres ou des morceaux de lettres de Caroline, non seulement comme « relique » après sa mort, mais déjà au lendemain de son mariage.

Bien que le plaisir d'écrire soit moins souvent dit que celui exprimé sur la réception, sa vertu curative s'exprime également en termes de soulagement, de bienfaisance, de satisfaction : « *les seuls moments de bon* », écrit Charles. On peut citer aussi l'expression heureuse d'Eugénie qui explique qu'un « *petit bavardage, c'est rafraîchissant pour l'esprit et doux au cœur* » (12 décembre 1871). Elle utilise presque mot pour mot, en tout cas l'image est identique, les termes d'un poète roumain qui assimile l'écriture de la lettre à un « rafraîchissement du cœur et de l'esprit[39] ». Certes, les métaphores de la nutrition émaillent la littérature épistolaire et insistent sur les sensations gustatives et sur les effets de régénérescence qui en découlent. Mais si l'image empruntée par Eugénie semble exceptionnelle, il reste que le lieu commun de la lettre curative trouve un large écho dans ces « bonnes » lettres ordinaires.

Dans ce contexte de correspondance salutaire et bénéfique, le plaisir de recevoir se dit aussi sur le mode de la gâterie. De la « satisfaction » ou « contentement » à l'« avidité », les lettres apportent leur dose de douceur comme autant de preuves d'affection : « *Nous lisons avec bonheur la preuve de votre bonne et tendre affection.* » Comme un supplément dans l'échange de gratifications, l'effet de gâterie est de susciter une réponse rapide pour rendre sa part et récompenser le plaisir offert. La gâterie comme sur-don mais qui postule aussi l'indulgence : « *c'est mon plus beau cadeau* », s'exclame Marie. Mais comment remercier à l'égal du plaisir reçu sinon en avouant son embarras : « *T'exprimer le plaisir que me cause ta chère lettre est au-dessus de mes forces.* »

La vertu suprême de l'objet-lettre est de susciter une sorte d'hymne à la joie : « *elle rend heureux* », « *mon plus grand bonheur* », « *dans la joie* », « *véritable bonheur* », « *une bien douce jouissance et un vrai bonheur* »... Dire le bonheur de lire et d'écrire des lettres, plus encore affirmer la réciprocité de ce plaisir apparaît comme une condition nécessaire à la durée de l'échange. Demander et donner participent de la même logique qui veut préserver le fil essentiel pour relier les membres de la famille momentanément séparés. En particulier le père, solitaire en Alsace, énonce cette nécessité à ses fillettes, restées à Paris pour les besoins de leur éducation : « *Chère Marie, chère petite amie, si recevoir mes lettres, m'écrire même est un plaisir pour toi, je te prouve bien par cette lettre que j'ai la même satisfaction à bavarder avec ma grande Mie. J'ai reçu ta bonne lettre, elle m'a fait le plus grand plaisir, car lorsque l'on est seul, comme je le suis, avoir de bonnes nouvelles de tous ceux que l'on aime est une bien douce jouissance et un vrai bonheur de les savoir tous réunis en bonne santé.* »

Les sœurs aussi éprouvent le besoin de rappeler les termes du contrat implicite qui conditionne le bonheur d'un échange ininterrompu, même et surtout lorsque le malheur a frappé : « *Me voici tout à fait satisfaite de ce côté. Aussi je t'embrasse bien pour te remercier de ces deux dernières lettres qui sont comme je les aime. Que ta modestie ne craigne rien ; fais-en un acte de vertu, avec moi tu n'as rien à cacher, pas même le bien que tu fais et ton désir de te multiplier autour de notre bonne mère. Je devine tout cela, mais je suis heureuse en te lisant, de pouvoir te suivre dans tes occupations. Cela fait du bien, tu sais que tu es la meilleure amie. Moi je t'étourdis toujours de mes fillettes qui remplissent ma vie, de mes occupations, eh bien si tu ne me parlais pas de toi, de ce que tu fais, moi aussi, je cesserais de t'entretenir de tout cela et cependant, c'est le seul moyen de ne pas devenir étrangères l'une à l'autre tant qu'on doit vivre éloignées. Je trouve un soulagement à lire ce que tu dis toujours de notre Julien et moi à te parler de lui.* » (Eugénie, 19 mars 1871) La guerre vient de ravir leur frère. Le drame s'est produit au moment où les communications postales étaient fortement perturbées. Cette circonstance a renforcé l'idée que le silence peut contenir, cacher, différer une mauvaise nouvelle et, de façon un peu superstitieuse, qu'il porte malheur. Eugénie avait pressenti le dénouement fatal dès la mobilisation de Julien. Après sa mort, elle trouve dans la correspondance avec sa sœur un exutoire à sa douleur mais aussi, dans le plaisir et l'effort de l'écriture, le moyen de conjurer l'éloignement et de croire encore au bonheur.

Le coût

La réciprocité du plaisir dans le respect du pacte épistolaire amène Charles à constater que ce bonheur reste un privilège social : « *Si vous aimez recevoir de mes lettres, les vôtres sont reçues avec non moins de plaisir et de satisfaction. Et dire qu'en France sur 100 français, 80 ne connaîtront jamais ces jouissances de s'écrire et se lire. Et le gamin de l'école ne soupçonne pas qu'il se prépare une vie bien difficile et bien décolorée en ne travaillant pas. Mais comment faire comprendre cela. Voilà notre Thérèse qui sait un peu lire et écrire peu et qui a horreur de la lecture, probablement parce qu'elle ne sait pas assez pour comprendre et que pour elle ce n'est qu'un travail sans profit.* » (18 octobre 1873)

Certes, la réflexion de Charles exprime la position du notable éclairé du XIXe siècle sur les bienfaits de l'alphabétisation. Il souligne incidemment que savoir lire n'implique pas automatiquement la capacité à écrire et encore moins à écrire des lettres[40]. L'exemple de sa servante, Thérèse, est typique de cette distance entre les capacités mises en œuvre dans cette double pratique : elle sait un peu lire, mais sans plaisir, et restera incapable d'écrire des lettres. Cet énoncé, au détour de propos sur le plaisir épistolaire, reflète l'idéologie d'un patronat qui jauge les mérites du « bon » travailleur et la juste punition du paresseux. Pas de profit sans travail. Pas de plaisir sans effort. Ce glissement, du plaisir au mérite, suggère que morale du profit et économie du plaisir s'articulent comme deux pôles d'un même univers. La moralisation du plaisir traverse effectivement ces lettres familiales.

Ainsi la fréquence des références au plaisir s'équilibre généralement avec la présence de motifs sur les contraintes. Don et contre-don situent l'échange épistolaire dans cette tension entre le plaisir de recevoir des lettres, plus rarement de les écrire, et la difficulté à y répondre.

Pour emprunter à l'hypothèse très suggestive de Goffman sur le « *face work*[41] », le travail de la figuration, il nous semble que l'engagement dans la relation épistolaire, tel qu'il apparaît dans cette correspondance familiale, est en permanence menacé par les interruptions, les retards, les silences qui prennent alors valeur d'« incidents » et dont les implications symboliques sont effectivement un danger pour la « figuration » qu'entendent jouer chacun des personnages liés par le pacte de la correspondance : danger de « perdre la face » dès lors que le fil de la communication est rompu ou distendu par rapport aux règles implicites du calendrier. Dans la mesure où des événements imprévus ou des dispositions personnelles risquent de faire voir l'épistolier sous un jour fâcheux, celui-ci tente de prévenir les reproches éventuels en portant des appréciations sur l'effort produit, donc sur lui-même. Comme dans les rites d'interaction analysés par Goffman, au lieu de cacher la gaffe ou le faux-pas, pour parer aux incidents susceptibles de faire « perdre la face », l'épistolier met une certaine complaisance à dire ses propres difficultés ou défauts à son interlocuteur. En échange, il va de soi que le destinataire prêtera une attention indulgente à ces faiblesses dans la mesure où les « prétextes » avancés sont dicibles et recevables de part et d'autre. Ainsi le commerce épistolaire pratique le régime du crédit qui consiste à différer un avantage, une lettre en retour, contre l'aveu de ses carences.

• *Les nouvelles*

La première difficulté est de trouver matière à écrire. En effet, bien que le rituel de mise en scène et que les propos sur l'absence et sur le plaisir occupent un large espace de la lettre, ces développements ne suffisent pas à couvrir le nombre de feuillets prévus. Surtout, la lettre, pour être « bonne », doit être intéressante, longue et détaillée. Objectif difficile à atteindre lorsque le contenu informatif fait défaut. Il importe alors de l'avouer, selon certaines modalités, ce qui est déjà une façon d'occuper la place, d'éviter la gêne du silence et de relancer éventuellement la « causerie ».

L'effet de vide devant la page blanche n'est pas un avatar propre à l'écrivain. L'écriture ordinaire vit aussi cette situation étrange du face à face avec l'espace vierge à gérer, et de la fuite du contenu au moment de le saisir. Ainsi Caroline avoue-t-elle : « *Je ne sais pourquoi il me semble que je n'ai rien de bien intéressant à te dire ; c'est drôle comme ça arrive souvent quand on a sa plume à la main.* » (5 février 1858) Marie fait le même constat : « *J'avais beaucoup de choses à te dire tout à l'heure et maintenant je ne m'en rappelle plus, cependant tu vois que je t'ai écrit une bien longue lettre (pour moi) car les tiennes sont si bonnes et si longues.* » (27 février 1873) Décidément, l'exercice épistolaire reste ardu même entre familiers : « *Je ne trouve pas grand chose à te dire car quoique je sache que tout t'intéresse, une fois que je suis devant mon papier les idées s'envolent et je ne trouve plus rien.* » (Marie, 10 avril 1873)

Pour contrebalancer ce constat d'impuissance, il est important de faire valoir sa bonne volonté : « *Je voudrais avoir quelque chose à te dire, mais je cherche en vain.* » (Eugénie, 1869) Caroline admet que « *la bonne intention ne suffit pas* ». Et de dire tout son effort : « *Je creuse mon cerveau et j'y fais une fouille complète pour voir s'il ne reste rien à te raconter, mais mes recherches sont inutiles et je ne trouve rien digne d'être ramassé.* » (9 novembre 1857) En termes plus enfantins, Marie exprime la même difficulté : « *Décidément les idées s'obstinent à ne pas venir, j'ai beau bailler et m'étirer les vilaines entêtées ne se mettent pas en frais.* » (25 janvier 1872)

Charles aussi, perplexe, s'interroge : « *Que peut raconter un homme qui a passé tout son temps en chemin de fer ?* » (2 mai 1860) Il n'empêche, sa plume court encore sur plusieurs feuillets bien remplis. Lui, le voyageur qui a parcouru l'Angleterre et la Hollande pour affaires, ne semble pas considérer que le paysage et les péripéties entrent vraiment dans la rubrique des « nouvelles ». Mais il admet aussi que, dans la situation inverse de la mère en vacances avec les fillettes dans la propriété de Launay, dans cette « *petite vie de cottage* », il n'y ait pas grandes nouvelles à offrir (7 juillet 1871). Ainsi, l'argument du « rien à dire » peut paraître contradictoire avec la présentation d'une lettre bien pleine qui en résulte néanmoins. Sans doute l'épistolier se sent-il mal placé pour juger de la pertinence de ses propos, pour mesurer l'information de ses énoncés. Il opte donc, nous l'avons vu, pour le mode du bavardage. Bavarder, c'est littéralement parler pour ne rien dire. En fait, il s'agit bien d'une rhétorique qui permet de donner de l'information sans se soumettre à la règle de la pertinence qui consiste à organiser le récit en fonction de la situation du destinataire, de son attente, de ce qu'on sait de lui. Caroline remarque avec à-propos que, faute de nouvelles de l'autre, la source se tarit : « *J'étais un peu inquiète de ne pas avoir de tes nouvelles et c'est ce qui m'empêchait de reprendre ma plume car je ne trouve rien de plus ennuyeux que d'écrire à une personne quand on ne sait ni comment elle va, ni ce qui lui arrive.* » (16 décembre 1857)

Il reste aussi qu'à travers ce « rien à dire », se pose la question de la « nouvelle » : qu'est-ce qui est digne d'être noté comme tel par l'épistolier, qu'est-ce qui est attendu par le destinataire ? Les nombreux déplacements de Charles à l'étranger, ses navettes entre Paris et Vieux-Thann et ses multiples activités en Alsace ne sont pas livrés comme « nouvelles », même s'il y fait allusion au cours de la lettre. C'est au contraire motif à couper court ou à retarder le courrier : « *Je ne t'ai pas écrit hier...parce que j'étais de très mauvaise humeur et cela parce que j'avais dépensé toute ma journée en chemin de fer.* » (16 juillet 1870) À l'inverse, Eugénie qui se rend en Bourgogne avec ses parents (en septembre 1863) nourrit les lettres qu'elle adresse à sa sœur de copieux récits de voyage : descriptions de paysages, de la propriété et de la forge d'Alfred ; visites de musées et de villes (Montbard, Alise-Sainte-Seine, Sens, Dijon...) ; excursions au château de Bussy-Rabutin, au jardin de Buffon, à l'abbaye de Fontenay... Plus tard, Marie, en voyage de noces, s'efforcera, suivant un modèle plus littéraire, d'intégrer les éléments des paysages traversés, des monuments et villes visités, au récit de sa lune de miel, dans une sorte de communion romantique avec la nature. André Constant de son côté – mais est-ce là un trait relevant de sa pratique scientifique ? – a confondu écriture épistolaire et mémoires à l'usage de sa famille quand, découvrant l'Alsace et partant en expédition vers la montagne environnante ou sur les glaciers suisses, il écrit à son fils Auguste. Outre l'ébauche de ces mémoires dans les lettres qui retiennent les impressions premières, le déroulement des faits, une description sommaire des lieux, il produit deux « récits » qui organisent ces esquisses en termes à la fois scientifiques, par les précisions chiffrées, et littéraires, par le style plus contrôlé et la construction narrative.

En temps de guerre, l'adage populaire « pas de nouvelles, bonnes nouvelles » semble s'inverser. Plus que jamais, l'absence de lettres fait naître l'inquiétude et croître l'angoisse à mesure que le silence se prolonge. La volonté de savoir mobilise toute l'énergie, non seulement pour tenir sa correspondance à jour mais surtout pour la nourrir. S'écrire en temps de guerre engage l'épistolier dans une véritable « chasse aux nouvelles », comme l'exprime bien Eugénie. Cette attitude active consiste à lire dépêches et journaux, à observer les mouvements dans la rue, à interroger ceux qui sont engagés dans l'action... Parmi les choses vues, lues ou entendues, parmi les bruits et les rumeurs, il faut faire un tri. La question de la croyance et de l'adhésion à ce qui est relaté sous-tend tout le récit dans un dispositif complexe d'attitudes qui vont de l'incrédulité au doute, de l'incompréhension à l'espoir, du pressentiment à la conviction. Pris dans le feu croisé de nouvelles partielles et contradictoires, l'épistolier s'efforce de mettre de l'ordre, de les rendre intelligibles pour lui-même et pour l'interlocuteur. Dans ce travail d'agencement s'esquisse, fugitive et voilée, l'expression d'une opinion politique [42].

Le statut des nouvelles ne paraît pas fixé une fois pour toutes. Ces rien de « *nouveau* », de « *remarquable* », d'« *extraordinaire* » qui courent tout le long de la correspondance familiale, loin de la tarir, prennent une résonance différente selon les contextes. À la veille de la déclaration de guerre et au cœur de l'événement, Charles considère que, décidément, il n'a pas de quoi remplir une page, tout comme Caroline, en des circonstances plus banales, peut se plaindre d'être à court de nouvelles parce qu'elle n'a vu « *presque personne d'étranger* ».

Il reste que le vide de nouvelles, toujours compensé par le trop-plein des « je-pense-à-toi », dessine bien des zones d'ombre sur le quant-à-soi (la santé, les sentiments, les préoccupations...). Une fois tracée la frontière entre soi et les autres, entre la famille et la politique, il n'est pas si facile de se montrer en pleine lumière. Il y aurait peut-être plus à raconter si les lettres n'étaient pas destinées à être lues en famille. L'attachement d'Eugénie et d'Aglaé semble bien souffrir de cette habitude de lecture collective : « *Tu as bien raison nous ne nous écrivons pas assez, avec notre prétexte que nous n'avons rien d'intéressant à dire, ou que nos lettres sont lues par tout le monde, nous restons silencieuses et cependant tout nous intéresse.* » (21 mars 1872) De la même façon, le mariage arrangé de Caroline l'amène à censurer les lettres qu'elle adresse à son amie Isabelle : « *Je n'ai pas grand chose à te dire parce que dans ce moment, pour moi, tout ce qui ne se rapporte pas à la chose, n'est pas la chose, tu comprends ?* » (30 mars 1858)

Alors que cette correspondance familiale fourmille d'expressions affectives, tout sentiment n'est pas bon à dire. Envahie par le pressentiment d'un malheur dès la mobilisation de son frère Julien, Eugénie avoue sa difficulté à trouver matière à écrire. La lettre ne lui paraît pas le meilleur exutoire de l'anxiété, par crainte justement d'ouvrir la vanne à un flot de pensées trop noires pour être écrites : « *Je voudrais vous écrire plus souvent que je ne le fais, mais comme vous le dites fort bien, on craint, avec la plume de se laisser aller à montrer réellement trop d'inquiétude et à communiquer à ceux qu'on aime toutes les tristes pensées qui absorbent.* » (21 août 1870) La tristesse, comme les états d'âme en général, doit être endiguée par la pudeur. Avec le deuil de Julien, Eugénie se réfugie dans le silence et le devoir. Les lettres, de loin en loin, se contentent de répondre à l'unisson de la douleur, visant à l'essentiel, épurées de toute nouvelle. Elles sont d'abord témoignages de l'affection : « *Notre silence mutuel prouve qu'il n'y a rien de remarquable de part et d'autre ; et nous devons en conclure que chacun est de son côté, à son devoir et que les santés continuent d'être bonnes. Il ne faut pas croire pour cela que nous ne pensons pas les uns aux autres, mais le défaut d'événement rend paresseux à prendre la plume, et, en dehors des témoignages d'affection à se donner, en se répétant qu'on est à l'unisson de pensées et de regrets (et cela on le sait bien) réellement on ne trouve rien à se conter.* » (1871) Le rien à dire peut donc servir de paravent à l'intimité qu'il faut taire ou, plus généralement, de frontière à ce qui est dicible ou recevable.

• *Dispositions personnelles*

La difficulté à écrire ne ressortit pas seulement à l'absence de contenu mais aussi aux dispositions personnelles, physiques ou psychologiques. La maladie est le cas limite qui oblige Caroline à dicter ses lettres (cas aussi de Cécile, la bonne, d'après Félicité, 26 février 1861) ou à ne les écrire qu'à la limite de ses forces, au point de s'évanouir, dit-elle (5 décembre 1857). Elle s'évertue à en donner la preuve en direct : « *Je veux essayer mes forces en t'écrivant moi-même quelques lignes ce que j'ai bien de la peine à faire comme tu peux le voir par cette affreuse écriture tremblée et encore je ne trace qu'un mot toutes les cinq minutes.* » Comme s'il ne suffisait pas de dire la maladie, la production du texte doit aussi la montrer, en apporter la preuve, en afficher le prix. La lettre vaut l'effort qui l'a engendrée, elle appelle l'admiration et d'autres lettres en retour.

Avouer le sommeil est moins glorieux, semble-t-il. Il est alors assimilé à de la paresse, voire à de la lâcheté, s'il vient effectivement interrompre la lettre. Mais l'aveu de la faiblesse engage le processus de réparation puisque malgré l'heure souvent tardive ou, parfois, dès l'aube, on reprend le fil de la correspondance. La raison alléguée paraît d'autant plus recevable qu'entre membres de la même famille, des comportements comme la propension au sommeil après les repas sont connus de tous et sujets à plaisanterie. Mais l'indulgence et le pardon acquis d'avance et la mise à distance par l'humour (les « *visites de Morphée* » à Eugénie) permettent de sauver la face dans la mesure où, malgré tout, la lettre aboutit.

Seuls les enfants peuvent se permettre de détester écrire. Ainsi, Mathilde, selon les dires de Caroline : « *Mathilde qui déteste les épîtres d'habitude me répond au bout de deux jours.* » (21 janvier 1858) Émilie, de même, se crée une mauvaise réputation auprès de sa sœur (« *Je crois bien que j'avais raison dans ma dernière lettre de douter du bon vouloir d'Émilie qui joue comme une reine avec ses petits pâtés de sable* ») (24 juin 1871). La petite sœur avoue d'ailleurs elle-même qu'écrire l'ennuie terriblement au point d'en avoir mal à la main (16 juillet et 2 novembre 1870). Au besoin, elle invoque son jeune âge pour échapper au devoir d'écriture que sa grande sœur a mieux assimilé : « ... *et puis tu connais ta petite fille qui est encore bien bébé et à qui cela ne plaît pas toujours d'écrire* » (29 décembre 1873). Elle a 13 ans mais tire parti de sa position de cadette pour jouer encore au « bébé ».

Il semble que chacun s'installe dans ses « prétextes » entendus par tous. Charles invoque la mauvaise humeur provoquée par un voyage en chemin de fer, la fatigue ou la paresse du soir ; Eugénie tombe régulièrement dans les bras de Morphée ; les fillettes affrontent vaillamment le devoir de la lettre avec la même conscience que les devoirs d'école : une corvée devant laquelle il faut faire bonne figure... Chacun, selon son tempérament, attire l'attention de l'interlocuteur sur le travail de l'écriture en désignant ses faiblesses pour appeler indulgence et compréhension.

• *Le manque de temps*

Il reste un prétexte fort, omniprésent : celui du temps. La tenue d'une correspondance s'inscrit dans un temps ritualisé à plusieurs titres : la production des lettres s'insère dans un tissu serré d'activités que l'épistolier prend soin d'énumérer mais qui suppose une scansion où l'écriture semble marquer les temps forts du quotidien. Cette imbrication prend la forme d'interruptions, de reprises et de signes reconnaissables par le destinataire (la cloche qui sonne l'heure du repas, l'attente de Melcher pour emporter le courrier, l'arrivée de convives ou de visiteurs...). En mettant en scène ce temps plein mais hiérarchisé, la correspondance livre une tranche de vécu découpée dans le vif quotidien, impromptu et bousculé.

La durée est un autre élément du temps ritualisé. La rédaction de la lettre peut être mesurée en heures (« *J'ai mis deux heures à écrire [cette lettre] ou plutôt il y a deux heures qu'elle est commencée.* ») (Marie, 6 avril

1873) Il est entendu que cette tâche absorbe beaucoup de temps : « *Ces longues heures, le temps à écrire à Georges, Léon, ma mère...* » (Charles, 6 mai 1860). D'ailleurs, l'heure inscrite au début et souvent rappelée au cours de la lettre affiche le même leitmotiv : il faut du temps pour tenir une correspondance, c'est une évidence que l'épistolier ne cherche pas à dissimuler.

Durée variable selon la dextérité de la plume et les capacités d'expression. Durée propre à chaque individu. Mais aussi durée autorisée par le groupe dont il faut s'extraire ou s'abstraire. Le hiatus inévitable entre un temps plein, intériorisé comme une morale de l'organisation des moindres faits et gestes, et le temps qu'il faut pour tracer les mots sur les feuillets, amène l'épistolier à justifier l'emploi de ce temps et ses bricolages, pris entre l'urgence des tâches quotidiennes et l'injonction du devoir épistolaire. Universel dans ses versions poétiques et philosophiques, le motif de la fuite du temps émaille aussi, naturellement pour ainsi dire, les lettres ordinaires et traduisent cette tension. « *Les journées s'envolent, les choses se succèdent si vite... Le temps est absorbé par magie.* » Même dans une société préservée des contraintes du travail salarié, à l'abri du besoin et assurée de son pain quotidien, le manque de temps est un mal général. Il faut le redire même si l'interlocuteur le sait déjà, il faut le justifier par toutes sortes de raisons. Mais c'est un mal partagé et d'avance excusé. Il est néanmoins évident que le temps plein ne laisse guère de place aux choses futiles, mais accumule au contraire des tâches « utiles » et marquées du sceau de la morale du temps-bien-employé[43]. Caroline à Isabelle : « *Il doit être difficile de trouver un moment de liberté et que de choses tu as à faire et à finir indispensablement.* » (16 décembre 1857) Eugénie à Aglaé : « *Tu connais ma vie, mes occupations, je sais aussi combien ton temps est utilement et activement employé aussi nous ne nous en voulons pas.* » (7 mars 1872) Eugénie à Charles : « *Je pense que tu n'auras pas eu le temps de nous écrire.* » (3 juin 1869) Charles à Marie : « *Ne t'inquiète pas, ma chérie, si parfois le temps te manque pour me raconter toute votre vie, ne te tourmente pas pour cela, ce petit mot me suffit.* » (30 novembre 1873).

Mais l'indulgence a des bornes, celles qui marquent la rupture du fil de la communication : « *Aglaé ne m'écrit pas. Pourquoi cela ? Je ne la reconnais pas. Qu'elle fasse un petit effort elle aussi pour me parler d'elle, de tout ce qu'elle fait. Il faut qu'elle reprenne cette habitude, comme un devoir si ce n'est pas un plaisir maintenant qu'elle en a perdu l'habitude. Je sais bien qu'elle est très occupée, mais aussi je sais qu'elle sait écrire tous les jours quand nous sommes ensemble loin des nôtres.* » (Eugénie, 26 février 1871)

Même si les raisons alléguées ne sont, de l'aveu des épistoliers, que des « prétextes », ceux-ci doivent être conformes à l'idée du devoir bien rempli. Du côté des femmes, les enfants ont priorité. Dès la naissance de sa première fille, Caroline se trouve « *entravée* », absorbée, sans cesse interrompue. Les lettres de cette période postnatale montrent une mère à la fois comblée et inquiète, très active dans toutes les tâches de soins et de nourriture, malgré la présence d'une nourrice. Les petites filles, précocement orphelines de leur mère, resteront le point de mire de leurs deux mères adoptives. Eugénie décrit son temps absorbé par la surveillance des études que les enfants suivent par correspondance. Aglaé prend le relais, après le décès de sa sœur. L'une et l'autre se montrent alors en train d'écrire tout en gardant un œil sur les écolières, ou dictant ou faisant réciter... Ou encore, elles profitent de leur sommeil ou des visites chez les petites amies (Eugénie, 1869) pour mettre à jour leur correspondance. Pour ces mères institutrices, le dilemme paraît insoluble ; absorbées par le devoir maternel, c'est souvent la correspondance qui pâtit : « *Ce matin les leçons se sont prises et voilà pourquoi je suis en retard pour le petit mot que je voulais vous adresser.* » (Eugénie, 7 novembre 1870)

Outre les enfants, les tâches domestiques, ou du moins leur direction, sont données comme des raisons également légitimes pour excuser un retard. Visites et sorties sont aussi incluses dans les programmes quotidiens. Tableau que résume Eugénie dans une lettre à Victorine : « *Je retrouve ce commencement de lettre dans mon buvard et toute honteuse, ma chère Victorine, de n'avoir pas repris la plume depuis si longtemps, je ne sais quelles excuses donner à mon silence ? La seule véritable est que mon temps était tellement pris par la présence des parents et amis qui se sont succédé chez nous après votre départ et qu'en y ajoutant la direction du ménage, des vendanges, puis les fruits, les lessives, etc., il ne me restait plus une petite minute pour venir vous dire : nous pensons bien à vous.* » (16 septembre 1869) C'est un tableau très proche qu'elle offre à sa sœur en 1871, après avoir reproché a Aglaé son silence : « *J'avoue que, pour ma part, je suis coupable de ne pas écrire plus souvent ; il me semble toujours que ce que j'aurais à te dire n'en vaut pas la peine ; et que les quelques instants dont je puis disposer entre une chose et une autre ne sont pas assez longs pour prendre la plume ; le soir je suis fatiguée et mon esprit n'a plus toute sa lucidité, enfin je trouve toujours quelques bonnes raisons pour laisser de côté une bonne petite causerie avec toi, tandis que veiller à la cave et au grenier, faire des dictées, promener mes deux fillettes, distribuer mes poires, écrire quelques lettres ennuyeuses, chercher quelques lectures amusantes pour ma petite jeunesse... voilà mes occupations quotidiennes.* » (10 décembre 1871) Sans peindre un tableau aussi précis, Caroline mentionne sans cesse qu'elle écrit « *à la hâte* ».

Les enfants, la maison, la sociabilité semblent remplir la vie quotidienne des femmes au point qu'elles se plaignent de manquer de temps pour tenir leur correspondance à jour, ce sont du moins les raisons avancées. Elles tentent bien de résister à l' accaparement de leur entourage, de s'en éloigner pour se rapprocher de l'absent, mais les femmes ne disposent pas de bureau, de « chambre à soi », tout juste d'un petit salon. Il semble alors que l'indétermination de leur espace propre coïncide avec l'éclatement de leur temps.

Pour en terminer avec l'énumération des tâches féminines qui concurrencent la correspondance, les épistolières citent aussi leurs activités charitables, auxquelles les fillettes sont très tôt initiées et associées. Ainsi, profitant de l'absence des enfants, Eugénie s'est « *actionnée à tailler pour les écoles* », mais ce fut au détriment de sa plume. Le modèle édifiant d'Aglaé, œuvrant pour les pauvres, est devenu une référence pour toute la famille. Sa sœur tente de s'y conformer : « *Comme toi, ma Gla, je voudrais faire bien des choses et je n'arrive pas.* »

La perception du temps plein est également à l'œuvre dans les lettres des fillettes et dans le regard que les adultes portent sur leurs activités. Le temps passe vite pour les enfants dès qu'il s'agit de prendre la plume. Le temps qu'il faut pour tracer les mots pour des mains moins expertes rend d'autant plus problématique l'insertion de cette activité dans l'emploi du temps. Le meilleur moyen de détourner l'obstacle de la durée est d'implorer l'indulgence pour ratures, taches et autres imperfections qui émaillent ou égaient les lettres enfantines, étant admis qu'un « don » imparfait vaut mieux que le silence.

La disposition idéale est que le « devoir » de la lettre et les devoirs scolaires s'inscrivent dans le même temps. En effet, les exceptions confirment la règle : « *Hier je n'étais pas du tout en train de travailler aussi je crois que c'est pour cela que je ne t'ai pas écrit.* » (Marie, 6 avril 1873) Cette équivalence paraît essentielle pour l'inculcation précoce de la culture épistolaire. Les études se déroulant à la maison, l'écriture de la lettre devient quasiment exercice scolaire. Pourtant, si l'emploi du temps des fillettes semble bien structuré et contrôlé par les mères institutrices, l'espace reste plus difficile à baliser et donc à protéger des distractions. Ainsi Marie, installée dans le cabinet d'Alphonse, faveur exceptionnelle, ne peut vraiment s'abstraire de l'aimable chahut qui se déroule dans la même pièce. Le spectacle est retranscrit sur le vif, devient sujet principal de la lettre où Marie se montre à la fois spectatrice absorbée et épistolière repentie : « *Je ne sais ce que je t'écris.* » « *Je ne trouve absolument rien à te dire, vraiment cette lettre ne vaut pas 40c.* »

Si elle n'est pas insérée dans le temps scolaire, l'écriture des lettres entre en concurrence avec de multiples activités ludiques et rencontre les mêmes obstacle que chez les adultes. À l'image de leur(s) mère(s), les fillettes intègrent peu à peu l'idée du devoir épistolaire tissé dans le temps éclaté des multiples activités quotidiennes. Faire prévaloir l'habitude sur la forme, l'objet sur le texte, c'est une façon de calquer le rituel familial, donc de se l'approprier, de montrer qu'on est conscient de ses faiblesses et qu'on connaît les règles de conduite.

La position de Charles par rapport au manque de temps diffère essentiellement de celle des autres épistoliers par la nature de ses activités, professionnelles et autres, politiques en particulier. Une simple mention comme « *il est l'heure* », « *j'ai peu de temps* », « *le temps m'a un peu manqué* », suffit à légitimer l'excuse, sans plus de développement. Il peut bien écrire un jour : « *Je ne sais pas trop pourquoi si je ne vous écris pas* », il est évident que son travail de chef d'entreprise n'a pas besoin d'être invoqué pour justifier un retard. En période de crise seulement (grève ou guerre), la présence d'ouvriers, une réunion, un conseil municipal, des visiteurs inopportuns ou des solliciteurs sont mentionnés comme empêchement. C'est alors la fonction de notable et d'arbitre qui absorbe le temps et interrompt l'écriture des lettres. Il s'agit de sollicitations extérieures et non d'appels de l'intérieur de la maison. Certes, le temps professionnel est souvent très chargé, mais, sauf exception, il reste continu, indivisible. Le temps de l'écriture se situe en matinée ou en soirée, avant ou après le travail, mais rarement entrelacé dans ses autres activités. Ainsi les espaces sont plus nettement délimités. Même si Charles soupire sur sa charge de travail, de démarches ou d'obligations diverses, même si le temps consacré à l'écriture des lettres familiales se réduit à une peau de chagrin, son temps ne paraît pas aussi éclaté que celui des mères.

Le rythme

Non seulement les lettres disent les modalités de leur production, non seulement elles exhibent les procédés rhétoriques constitutifs du sens déposé par les intéressés, mais encore elles parlent d'elles-mêmes dans le processus de circulation. Tel un miroir placé au cœur de l'écriture familiale, chacune d'elles (trois lettres sur quatre pour les femmes et neuf sur dix pour les hommes) embrasse dans une sorte de regard panoptique un ensemble d'autres lettres, reçues, expédiées, en train d'être écrites, attendues, annoncées, promises, dues... par les divers membres du réseau. Ces signalements, à la fois comptables et temporels, de lettres effectives ou virtuelles désignent d'abord les échanges interpersonnels (entre l'ego et l'autre) mais aussi ceux entre l'ego et des tiers, ou entre l'autre et des tiers, voire entre des personnes extérieures à cette relation. Comme s'il ne fallait jamais lâcher le fil qui tisse véritablement une correspondance familiale, chaque lettre s'efforce de repérer ou de réparer les rouages d'une série multiforme d'échanges continus. Chacune montre l'état présent d'une correspondance au long cours et ne manque pas d'en rappeler les règles.

Certes, les propos sur la circulation des lettres ne suffisent pas à en dresser un inventaire exhaustif. Ils apportent un complément, des précisions utiles au décompte de celles qui sont conservées. Mais le regard porté sur leur circulation produit un discours à la fois pragmatique et normatif sur l'efficacité du réseau, sur la compulsion épistolaire et sur l'usage d'un temps ritualisé.

• *L'accusé de réception*

Le rythme qui scande la vie quotidienne de temps forts et de temps faibles, qui suspend la circulation des nouvelles dans les silences ou dans les « ratés » de la poste et qui fonde finalement les règles du devoir épistolaire se marque d'abord par les accusés de réception : « *J'ai eu très grand plaisir à recevoir vos trois bonnes lettres* » (Caroline, 13 juin 1860) ; « *Je viens de lire ta lettre du 20* » (Charles, 21 juillet 1870) ; « *J'ai bien reçu hier mercredi ta lettre de mardi* » (Charles, 18 août 1870) ; « *J'ai reçu de maman deux bonnes et affectueuses lettres* » (Eugénie, 10 avril 1870), etc.

Le principe « toute lettre mérite réponse », inscrit dans le code épistolaire, envisage essentiellement un aller-retour de la communication, comme une boucle fermée sur elle-même. La correspondance familiale se conforme effectivement à cette règle en indiquant les lettres arrivées à destination. Ces marques rythmiques s'inscrivent en réalité dans une tension entre le temps de la poste, déterminé par une distance à parcourir – une durée incompressible mais extensible jusqu'à l'infini –, et le temps du dialogue, défini par la nature de la relation – une durée aussi fluctuante que les dispositions psychologiques des interlocuteurs. Pris entre les contingences géographiques (et politiques en période de guerre) et la mobilité des expériences individuelles, l'épistolier joue sur le registre du soupçon. Que faut-il déduire de l'absence de courrier ? Défaut du service postal ou oubli de l'autre ? Accident de parcours ou promesse trompeuse ?

À l'époque de Madame de Sévigné, l'épistolier avait beau jeu d'accuser la poste : « Je vous aime, ma bonne, de ne pas mettre en doute que je vous aie écrit et de vous en prendre d'abord à la poste [44]. » Les aléas d'un service peu sûr à cette époque donnaient lieu à des développements récurrents sur les mouvements du courrier. Au XIXe siècle, malgré un service bien rodé, le rythme épistolaire reste tributaire des contingences administratives, comme en témoigne, entre autres, cette remarque d'André Constant : « *Demain j'écrirai à Thann. Les lettres ne peuvent partir d'ici que dès le matin quand elles ont été déposées dans les boites avant sept heures. L'heure est passée mais comme j'apprends que si l'on porte à la boite du chemin de fer avant neuf heures j'ai voulu t'écrire à la hâte cette première impression de voyage...* » (2 septembre 1859)

Surtout le banal accusé de réception tente de désigner le maillon par lequel la chaîne doit être maintenue. À la limite, quelques lignes en attendant une vraie lettre, un petit mot pour expliquer pourquoi la lettre précédente, écrite le matin même, risque d'être retardée, tiennent lieu de « dédommagement ». Le repérage s'impose pour permettre à l'interlocuteur de vérifier que chacun des maillons fonctionne.

Qu'il relève du régime de la politesse ou de rapports soupçonneux avec le service postal, l'accusé de réception s'inscrit donc dans l'expérience sociale du temps qui permet d'éprouver les termes du contrat de confiance : « *Je ne te parle plus poste, adresse, j'espère que tu as nos lettres et que tu ne nous accuses plus d'oubli.* » (Eugénie, 6 octobre 1862)

En voyage, les déambulations de ville en ville nécessitent des pointages serrés sur les adresses provisoires ou les postes restantes. La récupération de toutes les lettres devient alors la préoccupation première, l'emportant sur la continuité et l'ordre des messages : « *J'espère que vous serez retournés à Montreux et qu'on vous aura remis nos lettres. Vous devez en réclamer trois. Une de maman et moi écrite samedi à 6h du soir à notre arrivée au Jardin et qui a été mise à la poste au chemin de fer de Lyon. Une deuxième de papa écrite le dimanche au moment de notre départ et enfin la troisième de ta très humble servante griffonnée le lundi et le mardi et qui est partie mercredi matin de Honfleur.* » (Eugénie, 3 octobre 1862)

Quand la guerre vient perturber la chaîne, du moins dans le sens Alsace-Paris, tandis que l'absence de nouvelles amplifie l'angoisse de jour en jour, les lettres expédiées de Paris sont alors numérotées : « *Voilà la troisième lettre que je t'adresse par les airs* » (Jeanne, 28 septembre 1870) ; « *Nous vous avons écrit au moins six fois et nous voyons par votre lettre du 10 février, qui nous parvient aujourd'hui seulement, que vous n'en avez reçu qu'une seule de nous, celle d'Aglaé confiée à Me Floquet* » (Jules, 16 février 1871). Quand les communications postales sont effectivement interrompues, il faut trouver d'autres moyens, contourner les lignes ennemies, faire porter les lettres hors de la zone occupée, ou bien tenter le ballon monté. À mesure que le silence et l'angoisse s'installent, les lettres expédiées de Paris réduisent leur contenu aux motifs de l'urgence : absence de nouvelles, comptabilité des lettres expédiées et mode de transport. Mais l'essentiel est encore et toujours de répéter que les santés sont bonnes : « *Comme je te le disais dans ma dernière lettre et dans toutes les précédentes, nos santés sont bonnes* » (Jeanne, 17 octobre 1870) ; « *Comme je te l'ai écrit bien des fois, nous allons tous bien* » (13 novembre 1870) ; « *Toujours sans nouvelles de toi, je risque encore ce mot ; s'il te parvient, il te dira, comme les précédents, que nous sommes tous en parfaite santé* » (20 novembre 1870). Refrain ressassé au point d'occulter les conséquences des bombardements et de la pénurie.

En dehors des événements perturbateurs dont la guerre constitue le paroxysme, à la fois dans la désorganisation postale et dans le risque de séparation définitive, les lettres disent le bon ordre de leur circulation, le plus souvent dans une notation simple : « *J'ai reçu la petite lettre de papa, je pense avoir un supplément aujourd'hui ou demain, Léon m'a adressé une lettre ainsi que maman.* » En une phrase, Caroline parle de trois lettres reçues le même jour, et d'une quatrième prévue pour le lendemain. Le pointage peut prendre la forme d'épisode circonstancié : « *Je t'ai écrit le 11 de Charleville [...] Peut-être recevrai-je avant midi une lettre de toi, j'attendrai pour fermer ce billet l'arrivée du courrier jusqu'à midi où elle sera portée à la poste de Thann. Il n'y a pas de lettre de sorte que je clos celle-ci. S'il en arrivait une de toi demain, je vais prier qu'on y mette la nouvelle adresse.* » (André Constant, 17 septembre 1859) Ces quelques lignes reproduisent le temps réel de l'attente du courrier et montrent comment le texte se construit autour de ces gestes d'attente partagée.

C'est finalement la référence aux habitudes qui permet d'interpréter les ratés et les silences : « *Une bonne surprise m'attendait hier à mon retour de Paris; une lettre de toi et que mes deux chéries m'ont apportée en triomphe. C'est la seule et unique que nous ayons reçue jusqu'à présent, elle a été mise à la poste samedi 24 à Thann ; et je connais assez ton exactitude à nous écrire pour être sûre que ce n'est pas la première lettre que tu nous écrivais. Il en est probablement de même des causeries que nous t'adressons chaque jour ; cette lettre est la 6e qui va partir à ton adresse et qui est chargée, comme les précédentes, de te porter nos tendresses, de te dire que nous allons bien.* » (Eugénie, 27 juin 1871) Les lettres suivantes, dès lors qu'un doute pèse sur le service postal, sont numérotées : 7e lettre... 14e lettre, etc.

• *Les calendriers implicites*

Le banal accusé de réception remplit donc une fonction plus complexe que la stricte conformité à un code de politesse : il est l'occasion de faire le point et de rappeler les dispositions implicites de l'engagement épistolaire. Le temps qui s'écoule entre les lettres structure et hiérarchise les relations au sein de la famille.

« *Je tiens à ce que tu reçoives chaque jour de nos nouvelles* » (Eugénie, 1er juillet 1871) ; « *Chère amie, jusqu'à présent je n'ai pas manqué de t'écrire journellement et compte bien continuer* » (Charles, 21 juillet 1870) ; « *Si tu ne reçois pas mes lettres, ne m'accuse pas, je t'écris tous les jours* » (Eugénie, 17 août 1870). Cette habitude conjugale d'écrire chaque jour lors d'une séparation, voire deux fois dans la même journée, semble bien établie dans ces milieux et à cette époque[45]. Même si les lettres conservées ne peuvent en fournir la preuve, l'écriture quotidienne entre époux est clairement exprimée dans les intentions et perçue comme une pratique normale : « *Mon cher Charles, quoique j'aie tout à fait au cœur, ou en tête, comme tu voudras le dire, que nous te verrons arriver mercredi matin, cependant au risque que ce griffonnage ne te parvienne pas, je ne veux pas te laisser pouvoir passer une journée sans recevoir de nos nouvelles.* » (Eugénie, 1er juin 1869) Il suffit d'ailleurs de citer en exemple le comportement d'un proche pour conforter le bien-fondé de cette pratique : « *Aglaé écrit à son mari qui la gâte comme le mien en lui écrivant tous les jours.* » (Eugénie, 27 mai 1869) Le respect de la règle appréciée comme une « gâterie » par celui qui reçoit les lettres comporte bien en retour quelques contraintes pour nourrir le récit : « *Mon cher Charles, je tiens à t'écrire tous les jours et je n'ai aucun événement à te conter, aussi je commence à craindre que mes lettres ne te paraissent bien monotones et insipides.* »

Ainsi la fréquence et l'abondance du courrier ne garantissent pas la richesse de l'expression ni la pertinence du contenu. Mais la banalité des échanges verbaux dans la vie courante prend un relief particulier dans une correspondance quotidienne. Privés des ruses et des charmes de la communication gestuelle, les propos transcrits peuvent paraître insipides. Mais qu'importe ! Pourvu qu'on écrive régulièrement. En tout cas, c'est dans la correspondance conjugale que le rythme est à la fois le plus serré et le plus souvent mentionné : rarement séparés, les époux ne se lassent pas de manifester leurs bonnes intentions quand ils le sont.

Le devoir épistolaire entre enfants et parents, tout aussi contraignant, ne se trouve pas aussi clairement explicité. Certes, Caroline se dit toujours redevable de son retard ou de sa hâte dès qu'elle s'adresse à ses parents. Certes, Marie et Émilie, installées chez leur tante Aglaé à Paris, s'appliquent à entretenir une correspondance bi-hebdomadaire avec leur père, resté à Vieux-Thann, lui-même se contentant de leur écrire chaque semaine. Ces pratiques peuvent d'ailleurs souffrir d'imprévus dans des emplois du temps bien réglés. Mais le principe n'est guère énoncé dans les lettres, comme s'il allait de soi et ne pouvait être négocié.

Entre sœurs comme entre amies, le rythme apparaît plus aléatoire. La gratification que représente une correspondance impromptue est proportionnelle à l'effet de surprise : « *Toi qui croyais d'avoir à m'envoyer une lettre tous les quinze jours, tu es assez gentille maintenant pour prendre la plume chaque semaine.* » (Caroline, 21 janvier 1858) Moins contraignant que dans la relation conjugale ou parentale, le calendrier des relations amicales ou fraternelles paraît négociable : il joue sur des promesses plus ou moins tenues, des mises à l'épreuve ou des effets de surprise ; il souffre les taquineries, les interprétations, les manipulations : « *Ton long silence me faisait perdre en conjecture* » (Caroline, 16 décembre 1857) ; « *Tu ne diras pas que je ne tiens pas ma parole* » (30 septembre 1857) ; « *J'attends de voir s'il est aussi paresseux qu'il le dit et si vraiment il aura le cœur de ne pas m'écrire un pauvre petit mot* » *[...]* « *Ne te fâche pas, ne te fâche pas, là voilà cette lettre* » (21 janvier 1858). La négociation des échanges entre amies, échappant au carcan du rythme imposé, trouve dans le moindre incident l'occasion de se jouer du « rite de réparation ». Montrer qu'on connaît les règles de conduite, mais les mettre à distance sur le mode de l'humour ou de la dramatisation, Caroline y excelle dans cette lettre à Isabelle : « *Pardon ! Pardon ! ne te fâche pas, ne me gronde pas, ne me boude pas, ne me punis pas car je reconnais ma faute, humblement je l'avoue ; en tremblant, je demande à en être accusée ; 15 jours sans écrire ! Quel crime abominable mais au lieu de mourir, je trouve que le meilleur moyen d'expier mon forfait, c'est de prendre ma plume et mon papier et de t'envoyer une bonne petite causerie qui, je l'espère, préviendra l'orage...* »

Comme l'amitié se cultive souvent en famille – l'amie de Caroline, Isabelle, est aussi sa cousine –, la circulation des lettres amicales tombe de ce fait sous le contrôle familial. Leur fréquence, sans parler ici du contenu, peut être l'objet d'interprétations : « *J'ai écrit à Mathilde afin que les Pochet, s'ils connaissaient l'état de mes affaires ne se disent pas : il paraît qu'elle est si occupée qu'elle ne pense plus à rien d'autre et avant, quand elle écrivait, c'est qu'apparemment elle ne trouvait rien de mieux à faire.* » (18 avril 1858) La lettre doit donc travailler en trompe-l'œil : maintenir l'apparence des habitudes pour ne pas détourner l'attention sur l'« affaire » qui se prépare sous roche, le mariage de Caroline. De façon plus banale, la visibilité des lettres participe du bon fonctionnement des relations au sein du réseau.

Le calendrier représenté dans les lettres ne se contente donc pas de définir l'intensité d'une relation interpersonnelle. Il fait aussi le point sur l'écriture des autres, tel un périscope qui balaie l'entourage : « *Je ne sais si A. a rompu le silence avec toi... Dis à Adèle, en lui écrivant, qu'elle me doit une réponse depuis un mois.* » (Caroline, 22 juillet 1857) Il s'agit moins de transmettre de l'information que de déposer des indices dont le sens relève de la connivence entre les interlocuteurs, et d'apporter la preuve que les maillons entre tiers sont aussi solides qu'entre soi et l'autre. Signaler la circulation des lettres, sans nécessairement en dévoiler ou connaître le message, est une façon de dire la cohésion du réseau, d'en contrôler les rouages. La compulsion de répétition que révèlent ces énoncés, joue comme une tendance conservatrice aussi primordiale que le principe de plaisir accompagnant l'évocation de la bonne circulation des lettres.

LA MISE EN ŒUVRE DE L'UNION FAMILIALE

Dans ce théâtre épistolaire où décor, postures, mouvements et répliques, avec leurs formes convenues, répétitives et furtives, permettent aux acteurs de communiquer, la scène du tête-à-tête se tient comme une parenthèse dans un jeu complexe d'interférences. Certes, des indices aussi évidents que l'écriture, la signature [46] ou l'adresse désignent l'identité et la place de chaque interlocuteur. Mais d'autres marques multiformes se superposent à cette relation strictement interpersonnelle. Elles la submergent parfois. Qu'elles prennent la forme d'interventions matérielles sur le papier (ajouts de texte), d'interpellations directes de tiers (par des vocatifs), d'écriture médiatisée (tenir la plume au nom d'un autre), de transmissions totales ou partielles de textes, ces pratiques définissent une configuration de rôles dont chaque lettre est à la fois le témoin et le fruit. Ainsi, la famille omniprésente et idéalisée impose sa référence aux symboles d'union qui circulent de lettre en lettre et, plus particulièrement, aux compliments à transmettre ou aux commissions à faire.

Ces interventions viennent contrarier le tête-à-tête au point de s'opposer parfois à la confidence. Mais l'accumulation et la répétition de formules, de demandes, de services se conjuguent aussi pour renforcer la solidarité et le tissu familial. Ces rites d'agrégation travaillent à conjurer le danger que représente toujours l'éloignement d'un membre ou d'une partie du groupe et garantissent l'efficacité de la solidarité familiale qui peut à tout moment se révéler indispensable. Ils contribuent à l'ordonnance des vies individuelles par rapport au groupe. En outre, l'incorporation des rites, qui nourrit et façonne les relations interpersonnelles, définit un mode de participation qui fait agir chacun au nom de la famille. L'individu qui reconnaît son attachement « à la société [on pourrait dire la famille] dont il fait partie, se sent moralement tenu de participer à ses tristesses et à ses joies ; s'en désintéresser, ce serait rompre les liens qui l'unissent à la collectivité ; ce serait renoncer à la vouloir, et se contredire [47] ». Au-delà des différentes formes d'interférences, reste la question de la liberté d'écrire ce que l'on sent et ce que l'on pense, tout en désirant garder l'approbation de l'entourage.

Le dialogue élargi

• *Les « lettres multiples »*

Après 1850, les photos de famille connaissent un grand succès ; elles « attestent à la face des autres et des générations futures, la force et la sérénité d'une tribu [48] ». Cette image, que la famille rassemblée rêve de donner aux siens, se retrouve matérialisée aussi dans la lettre. Comme ces portraits de groupe, certaines lettres juxtaposent sur une même feuille l'écriture de la mère et de la fille, du mari et de la femme ou des sœurs. Aux traits des visages réunis dans l'album font écho, aussi identifiables, les traits de plume sur le papier. Les écritures se mêlent et la lettre, dans la diversité des styles et des graphies propose une image de la famille aux éléments distincts, individualisés, mais unis. Ces lettres sont dites par la famille « lettres multiples », et fort appréciées : [Julien] « *remercie bien pour la lettre multiple qui lui a fait beaucoup de plaisir* » (Eugénie à Charles, 9 août 1870). Mais elles sont peu fréquentes : moins d'une sur dix [49]. Et la famille représentée dans ces cas-là est des plus restreinte, centrée le plus souvent sur une figure enfantine.

Le bébé, tout juste capable de saisir un objet, s'empare de la plume et gribouille sous l'œil attendri des adultes. Caroline peint ainsi sa petite Marie, treize mois, qui « *se jette sur la plume qu'elle tient avec une grâce toute particulière ayant bien soin de la tremper dans l'encrier* ». Guidée par sa mère, elle trace quelques mots pour son papa (13 mai 1860).

Les écritures de Marie et d'Émilie se conjuguent, quelques années plus tard, avec celle d'Eugénie puis celle d'Aglaé : le lien filial s'affirme malgré les deuils, présentant des jeunes filles proches de leurs mères successives, écrivant dans leur ombre. Avec cette forme d'écriture collective, la mère joue son rôle d'initiatrice et de guide ; elle surveille facilement le texte de l'enfant.

Il arrive que les jeunes s'associent entre eux pour écrire, hors de la présence des adultes. Marie raconte à son père ses activités de vacances et celles de sa sœur. Pourtant, Émilie (10 ans) demande à participer personnellement. Elle ajoute dans les marges : « *Entre deux parties de volant je viens te dire un petit bonjour. Je fais 20 coups de suite. Le vent emporte le foin dans les rosiers. Adieu, père chéri, je retourne jouer au jardin. Ta petite Founichon.* » (4 juillet 1871) Le père reçoit ainsi comme le double sourire de ses filles.

Les enfants ne sont pas les seuls à matérialiser leur présence par quelques phrases, à imprimer leur marque personnelle sur le papier. La photo de famille rassemble aussi la mère et la fille adulte, ou le couple.

Lorsque Eugénie écrit à sa sœur, elle n'oublie pas de transmettre les baisers de leur mère Jeanne. Celle-ci, cependant, éprouve le besoin d'ajouter quelques lignes de sa main. Et Eugénie de souligner ensuite : « *Vous voyez qu'on pense bien à vous ; même la petite mère a voulu vous le dire.* » (27 octobre 1859) La même Jeanne Desnoyers complète la lettre de son mari à leur fille Eugénie : « *Ma chérie bien que ton père l'écrive en notre nom commun, je veux te dire mes tendresses et les vœux de ta mère pour vous tous mes chers enfants. Mère amie AD.* » (29 décembre 1870) Le message transmis se renforce par l'écriture personnelle.

Quand Charles, exceptionnellement, le 13 août 1859, complète la lettre de sa femme, c'est pour renchérir avec toute la force de son autorité paternelle sur ses paroles rassurantes : « *Je ne suis nullement inquiet sur la petite indisposition de notre petite Marie.* » De façon exemplaire, la présence de la mère *et* du père s'affirme sur le papier autant qu'au chevet de l'enfant malade.

Ces lettres écrites à plusieurs, qui se présentent comme des tableaux intimistes, ne quittent pas le cercle de la famille la plus étroite.

Les interventions matérielles sur le papier peuvent prendre des formes multiples, de l'écriture de quelques mots à celle de pleines pages, de l'entrecroisement de voix qui se répondent à la juxtaposition de deux textes [50]. Dans la plupart des cas, un auteur principal se distingue aisément, le ou les auteurs secondaires n'occupant qu'une place réduite. Remplir trois pages ou seulement une marge par un ajout de quelques lignes n'implique ni le même effort ni le même degré de participation. Mais toute collaboration, si inégalitaire soit-elle, engage les protagonistes dans une démarche commune, un geste unitaire de communication.

Des lettres indépendantes glissées dans la même enveloppe sont assez rares, peut-être parce qu'elles ont été disjointes par la suite. Le 19 février 1862, par exemple, Léon et sa sœur Caroline écrivent tous les deux. Chacun de leurs textes forme un tout, distinct, signé – mais Caroline, écrivant après son frère et contrairement à son habitude, n'a pas mentionné la date. L'autonomie des textes se marque dans leurs destinations : elle s'adresse à ses parents, lui à son père. Caroline profite de la lettre de son frère, d'un départ du courrier ou de l'enveloppe rédigée pour envoyer une réponse. Ses remarques montrent qu'elle a pris connaissance du texte de son frère, elle le commente. Les nouvelles sont interchangeables mais chacun exprime son affection, tient à inscrire lui-même baisers et pensées tendres, avec son nom.

Entre Marie et Émilie, la collaboration peut prendre la forme plus complexe d'un dialogue – non dépourvu d'intention ludique. Les reparties de chacune sont quelquefois indiscernables en cette période d'enfance où l'écriture est peu fixée. « *Notre lettre est bien embrouillée car c'est tantôt Marie tantôt moi qui écrivons* », avoue Émilie à leur mère (31 octobre 1870). Ailleurs (26 juin 1871), elles transcrivent pour leur père une véritable conversation, identifiant au besoin leur intervention par l'initiale de leurs prénoms :

« – *père, Marie grogne*
– *non papa, pas du tout...*
– *cessons cette atroce querelle...*

– papa est-ce que je n'écris pas mieux qu'elle ?
– non pas... »

Mais, le plus souvent, l'écriture de l'auteur surnuméraire se fait plus discrète. Quelques lignes suffisent à attester de la présence, de l'affection, de l'unité familiale. Ces traces contentent le destinataire : «*Marie nous a écrit des lignes bien touchantes et affectueuses au bas de la lettre de Léon.* » (Félicité à Aglaé, 1er mai 1877[51])

• *Les lettres dictées*

Il est une autre forme de lettres auxquelles plusieurs personnes prennent part : les lettres dictées. Là, les plumes, au lieu de se compléter, se substituent l'une à l'autre. Mais celui qui écrit n'est pas simple instrument, il laisse filtrer sa propre façon de penser. Cette empreinte est singulièrement forte lorsque des adultes écrivent pour des enfants.

« *À mesure que notre petite Miky dictait, j'aurais voulu que tu puisses voir l'expression de son visage et les mouvements de ses petites mains à chaque mot qu'elle prononçait.* » (18 décembre 1862) Félicité a beau se présenter comme simple intermédiaire entre sa petite fille qui dicte et Eugénie, la destinataire, on a peine à croire à sa stricte neutralité. Grâce à la plume de sa grand-mère, Marie, trois ans, lance un appel à Eugénie : « *Ma chère petite marraine, Je voudrais bien te voir car je t'aime beaucoup, petite maman t'aime bien.* » Elle entre ainsi parfaitement dans la stratégie de séduction des adultes qui souhaitent que cette jeune femme assume un rôle de mère en remplaçant sa défunte amie Caroline[52].

En général, la fonction de secrétaire apparaît moins déterminante ; elle sait se faire oublier auprès de l'adulte. Caroline, immobilisée au lit, dicte de longues lettres. Ainsi à Isabelle : « *De la chambre de Crol, 25 novembre 57, Ma chère Isabelle, Ne t'effraye pas de ne pas reconnaître mon écriture, c'est ma troisième main qui t'écrit, les deux autres seraient bien incapables de tenir la plume. Veux-tu un portrait de la vieille Crol : figure la toi sur le dos depuis 9 jours, dans un mutisme complet...* » Eugénie Desnoyers assure le rôle de secrétaire : Caroline l'annonce, cela se remarque par une écriture inattendue et Eugénie le certifie en signant son nom et ajoutant quelques lignes de son cru. La présence de l'intermédiaire, triplement signalée ici, peut être plus discrète. Après son accouchement, c'est sa mère que Caroline sollicite : « *Mon cher père, Quoique je ne puisse pas encore t'écrire moi-même je puis cependant venir te donner de bien bonnes nouvelles de nous tous, à commencer par moi.* » (vendredi 22 février 1861) Sa mère écrit quatre pages serrées, qu'elle ne signe pas. Mais par son intervention, la secrétaire – muette ici, manifeste là – infléchit le discours de l'autre. Le contenu de la lettre dictée s'élabore dans l'interaction de deux personnes et ne peut rester à l'abri du double regard.

• *Des destinataires multiples*

Au tableau édifiant de la famille qui se réunit quelquefois pour écrire, fait pendant, de manière tout aussi exemplaire, celui des proches rassemblés autour de la lettre reçue. S'il est facile de constater la présence de plusieurs écritures sur le même feuillet, il est plus délicat de repérer la pluralité des destinataires. Faut-il se fier aux noms portés sur les enveloppes quand elles subsistent ? Aux adresses du début des missives ? Aux vocatifs qui scandent les textes ? Il n'y a pas cohérence entre ces divers indicateurs et des glissements s'opèrent au fil de la plume.

Les destinataires officiels nous restent inconnus : les enveloppes qui portent la suscription ont disparu dans la plupart des cas. Il faut se contenter de l'adresse de début de lettre. Il est rare qu'elle soit collective. Dans ce cas, elle est précise et limitée : pas de « chers tous » englobant et indéterminé. Sont associés dans une même formule la mère et la fille (« *ma bonne petite mère, ma chère petite Gla* ») et les parents (« *Chers parents* », « *chère mère et toi cher papa* »). Ou les fillettes. Les proches se plaisent à les réunir dans leur affection (« *mes chères bonnes petites filles* », « *mes chers enfants* »).

Les deux sœurs devenues adultes se retrouvent encore côte à côte : bien qu'elles soient mariées et vivent l'une à Paris et l'autre dans le Nord, leur grand-mère s'adresse pourtant à elles deux : « *mes bonnes petites Marie et Émilie* ». Il est vrai qu'elles viennent de perdre leur tante Aglaé, chez qui elles ont vécu des années, et que le deuil les rapproche. Dans cette même circonstance, leur grand-tante Eugénie Duméril réagit de façon semblable : « *Quelle perte immense vous faites, ma bien chère Marie, bien chère Émilie, en cette mère bien-aimée qui, à l'égal de son amie, puis de sa sœur, n'a cessé de vous prodiguer toutes les marques de sa vive tendresse.* » (12 juillet 1887) Chacune est nommée, mais c'est à elles deux ensemble, femmes mariées et ne vivant pas sous le même toit, que s'adresse la lettre.

Dans le cas le plus fréquent, les divers destinataires ne sont pas nommés dès le début ; ils rejoignent, dans le cours du texte, le premier interpellé. L'auteur élargit progressivement son auditoire. Un cousin l'exprime clairement en opposant une « forme collective » qui s'installe après une adresse personnelle (« *Ma chère Félicité* »), qu'il a d'abord préférée et qu'il étend tout naturellement : « *Je n'ai pas besoin de vous dire combien tout ce que j'écris ici est commun pour votre cher mari et pour vous. Je m'adresse à l'un et à l'autre bien que je n'emprunte pas la forme collective... Je vous quitte chers amis.* » (30 octobre 1873)

Le dialogue s'élargit à de nouveaux interlocuteurs. Eugénie nomme les unes après les autres les personnes auxquelles elle s'adresse. Ainsi, le 29 septembre 1871, après quelques mots destinés à sa « *chère petite Gla* », elle décide : « *je veux commencer par m'adresser à Alphonse pour le remercier* ». Puis elle emploie un « vous » collectif pour le couple et termine par un tête-à-tête avec sa sœur : « *Adieu, ma Gla chérie* ».

Mais, le plus souvent, elle ne scande pas son texte de vocatifs, elle n'interpelle pas des interlocuteurs successifs : de façon plus indistincte, elle s'adresse aux deux, hésite, glisse d'un destinataire à l'autre, jouant de la connivence entre mère et filles : « *ma bonne petite mère...tu sais que les lettres à Aglaé ou à toi c'est la même chose* » (décembre 1871) ; « *ma chère petite Gla... Il est établi que ce bavardage est pour maman aussi, en m'adressant à vous deux je n'ai pas besoin de réfléchir à ce que je vais écrire* » (12 décembre 1871). Elle montre, sur un mode très vivant, comment la lettre pour la sœur capte bientôt, aussi, la mère : « *Ma chère petite Gla, Hier j'allais écrire à maman lorsque j'en ai été empêchée par la visite de nos voisins ; depuis m'est arrivée ta bonne lettre et pour répondre de suite à tes questions je prends la plume avec l'intention de causer un moment avec toi, maman n'en sera pas jalouse et prendra ce bavardage comme s'il lui était adressé en propre.* » (avril 1872)

Les destinataires supplémentaires s'imposent, comme s'il était impossible d'imaginer, au sein de cette intimité épistolaire, la mère sans la fille ou l'enfant sans sa sœur. Très vite, le groupe familial se reconstitue, se substitue à l'individu. Aglaé écrit souvent à Marie, qui est l'aînée et, de plus, sa filleule. Mais dans toutes ses missives qui commencent par « *ma chère petite Marie* » apparaît peu à peu Émilie et les textes se terminent par des baisers aux deux « *bonnes petites chéries* ». Le passage du singulier au pluriel se fait quelquefois très rapidement. Le 4 décembre 1871, tout de suite après l'interpellation « *ma chère petite Marie* », Aglaé poursuit : « *je suis très contente de mes deux chéries.* » Elle termine dans la même confusion apparente des destinataires : « *Adieu, mes bonnes chéries, je vous embrasse bien tendrement et vous charge de toutes nos amitiés pour mère et père. Ce que tu me racontes m'a bien amusée. Merci mille fois à Émilie pour sa si gentille lettre.* » Aglaé d'ailleurs le dit : « *je vous confonds complètement dans mon amitié et mes deux chéries ne font qu'un dans mon cœur.* » (31 mars 1871)

Nommer les personnes à qui la lettre est destinée élargit explicitement son audience et, en même temps, semble la confiner à ce cercle précis, étroit, de la famille proche. Mais la lettre envoyée échappe à son auteur. Le ou les destinataires peuvent la montrer, la faire lire à d'autres, la recopier.

La lettre partagée

Retransmettre ou recopier des lettres sont pratiques courantes : telle lettre est donnée à lire de la main à la main ; ou bien envoyée par la poste, prêtée avec le souci de la récupérer ; ou transcrite avec soin. Ces gestes de partage (faire lire, transmettre, recopier) se mêlent et s'additionnent : des copies sont transmises, des lettres portées de Vieux-Thann à Morschwiller sont lues là-bas en famille, etc. Pourquoi fait-on cela ? Pour informer, bien sûr. Les nouvelles circulent ainsi avec un poids accru de vie et de vérité, directement communiquées, riches de tous les détails livrés par l'auteur, avec son style propre. Mais, au-delà, les lettres retransmises emportent dans leurs pages un peu de ces sentiments qui fondent la communauté familiale dans un va-et-vient consensuel entre l'individu et le groupe. La qualité de la lettre – et de son auteur – est exposée aux yeux de tous et, en retour, elle valide les bons principes familiaux.

Le soin que prend Charles à recopier sur deux pages un devoir d'Émilie, classée première au cours des dames Boblet, est exemplaire de ce désir de consensus autour de quelques valeurs. Le sujet est édifiant à souhait : épanchement avec Dieu d'une mère auprès de son enfant malade ; l'exercice de style ne l'est pas moins. Toute la famille l'a lu. C'est au tour de la grand mère de partager ce plaisir et cette fierté. Mais Charles la rassure : « *Je puis vous assurer que l'on n'en tire pas vanité* », car la modestie est une règle jamais enfreinte.

Les décès des proches représentent des moments forts pour la remise en circulation des lettres. Se conjuguent alors la quête des derniers mots du disparu, le désir de tracer de lui un portrait modèle, l'accumulation de textes aux fins d'édification familiale et un lent travail de deuil.

Après la mort de Caroline, Félicité rassemble les dernières lettres de sa fille : « *Voici quelques lignes de la dernière lettre que notre bien aimée Caroline a écrite à sa tendre amie Eugénie Desnoyers.* » On se rapporte aussi les ultimes paroles de Julien : « *Vous lirez l'admirable lettre qu'il* [Julien] *m'écrivait quelques heures avant sa mort.* » (Alphonse Milne-Edwards à son beau-frère Charles, 28 février 1871) La mort, surtout d'un être jeune, provoque une importante circulation de souvenirs parmi les proches. Aux lettres s'ajoutent des portraits, des mèches de cheveux, des objets ayant appartenu au défunt.

Julien, mort courageusement pendant le siège de Paris, fait honneur à sa famille. Ses vertus s'imposent comme exemplaires à tous ceux qui l'ont connu et en portent témoignage. En septembre 1871, Eugénie remercie encore sa sœur de lui « *avoir envoyé la lettre d'Attila ; elle est remplie de beaux sentiments qui trouvent un écho dans nos cœurs car ils sont suggérés par la vertu et toutes les aimables qualités de notre Julien* ». Subsiste aussi dans les archives familiales un extrait d'une lettre formée de fragments emboîtés, copies de copies, racontant les derniers moments de Julien et les réactions de ses parents.

Cette diffusion des lettres qui évoquent le disparu se poursuit des mois. On tente ainsi d'apaiser la douleur cruelle : « *Hier j'ai reçu une bien bonne courageuse mais bien triste lettre de ma chère maman, je vous la communiquerai quand je vous verrai, jusque là, elle m'est si précieuse que j'aimerai la garder avec moi, vous comprenez cela ; je vous envoie les deux lettres de mon bon père où il nous annonce la réalité de notre malheur. Vous verrez que leurs cœurs se sont reportés de suite vers vous qui avez éprouvé la même épreuve.* » (Eugénie à Félicité, début février 1871) Après la mort de Caroline, Félicité partage sa peine avec ses amies, elle leur retransmet les lettres de condoléances qu'elle reçoit : « *J'ai reçu bien des lettres précieuses dans ces derniers temps, et il faut aujourd'hui que je me donne la satisfaction de te copier celle que vient de m'écrire ma chère sœur et que je mets avec les tiennes et celles de tes parents et de Mr et Mme Fröhlich au rang des plus précieuses.* » (à Eugénie, le 29 août 1862)

Mais il est des usages plus utilitaires de la transmission ou de la copie des lettres : il s'agit des activités scientifiques pour André Constant Duméril et de la gestion du patrimoine pour Charles.

Vers Charles convergent des lettres ayant trait aux propriétés ou aux affaires familiales. Son beau-père lui rend compte des dégâts de la guerre, le 8 mars 1871 : « *Entre autres pertes matérielles, nous prévoyions bien que Launay avait à en subir de sérieuses, mais nous n'en étions informés que par les quelques mots de Michel copiés par Aglaé dans une de ses dernières lettres à Eugénie. Nous avons eu aujourd'hui plus de détails par une lettre de Mr Ch. Dugué que je viens de recevoir et dont je vous transcris tout ce qui peut vous intéresser en ce qui concerne Launay et Nogent. La lettre est datée du 6 mars.* » Et il recopie sur plus d'une page les détails envoyés par le notaire. La solidarité économique est une valeur familiale forte ; les renseignements sur l'état du patrimoine foncier sont retransmis avec soin à Charles : ses compétences et sa profession d'industriel lui confèrent un rôle d'expert.

André Constant Duméril et son fils Auguste, tous deux savants naturalistes, sont pris dans les échanges habituels des milieux scientifiques, où circulent dossiers, échantillons, nouvelles et lettres. « *J'ai reçu de Mr Grandidier père, de Château Fleuri Mérogis près de Ris (Seine et Oise) une lettre datée du 20 dans laquelle il te dit que ses fils actuellement à Cousco-Pérou lui ont donné des renseignements sur l'iguane actuellement au Museum... Le père a transmis à ses fils la lettre que tu lui avais écrite... tu trouveras cette lettre que je conserverai.* » (27 août 1858) La connivence intellectuelle renforce ici les liens familiaux.

Toute lettre est susceptible d'être divulguée et la lecture en famille est une étape obligée des échanges épistolaires. Les premières lettres visées sont celles des enfants : « *vos lettres nous font bien grand plaisir, nous les lisons plusieurs fois, toujours avec plaisir; quant à Petit Jean il ouvre ses oreilles et ses yeux pour ne rien perdre.* » (Aglaé à Marie, 4 décembre 1871) On fait plaisir et on se fait plaisir en montrant ces bonnes lettres, en les faisant lire. Les chroniques familiales aussi sont habituellement rendues « publiques » : « *les fréquentes lettres d'Eugénie et des fillettes sont reçues avec grande reconnaissance à Montmorency et lues par tous avec grand intérêt* », raconte Alfred Desnoyers à son beau-frère Charles, le 11 mai 1871. Ou Eugénie à sa sœur : « *Maman reçoit ta bonne lettre écrite mercredi, elle nous fait à tous grand plaisir. Celle que tu as adressée à Émilie deux jours plus tôt a eu le même succès. Chacun de jouir en écoutant les récits de la chère petite tante.* » (29 septembre 1871) La bonne fait partie du cercle des destinataires ; elle a droit à certains paragraphes. Charles avertit sa fille, après avoir passé en revue les petites nouvelles qu'il a péniblement « *cherchées du grenier à la cave* » : elles « *peuvent intéresser Cécile qui les lira avec plaisir* » (30 novembre 1873).

Félicité, en particulier, divulgue souvent les lettres qu'elle reçoit. Elle n'hésite pas à recopier pour l'une de ses amies le premier message que sa fille lui adresse, juste après son mariage : « *Paris 21 juin 1858, Je vous envoie copie chère et excellente amie, de la lettre reçue hier de Caroline qui vous fera tout le plaisir qu'elle nous a fait à nous-même.* » Félicité se rejouit de montrer l'affection de Caroline pour ses parents, ses sentiments pieux et les qualités de son mari, que la jeune épouse énumère : « *si bon, si charmant* », « *délicat, sensible* ». Son amie sait que le monsieur est riche, la lettre recopiée lui prouve que le choix, délicat, était bon et que le mariage est réussi : Caroline se déclare « *une heureuse femme* ». En transcrivant fidèlement ces mots, Félicité s'approprie, avec le texte, une part des sentiments exprimés. Grâce à la copie, elle légitime sa conduite auprès de son amie et, par le même geste, elle marque son attachement maternel.

Elle envoie en communication à Charles celles d'Eugénie (encore Desnoyers en mars 1864) : « *toute heureuse de posséder [ta lettre] je l'ai prise Dimanche dernier pour la montrer à notre bon Charles.* » (Félicité à Eugénie, 6 mars 1864) Même diffusion après leur mariage. Charles le signale à sa femme, le 6 juillet 1871, simple allusion qui n'appelle pas commentaire. La réciproque en revanche – Charles envoyant à Félicité une lettre qu'il a reçue d'Eugénie – amène des protestations (nous reviendrons sur la difficile intimité épistolaire des couples).

La lettre conjugale elle-même n'échappe donc pas au regard (ou aux oreilles) des autres. Eugénie raconte tout naturellement à son mari ce détail de la journée : « *cette bonne mère, chaque fois que je lui lis de tes lettres...* » (15 juillet 1871). Et quand Charles propose à sa femme de réserver pour elle seule un paragraphe de sa lettre, il suggère que l'usage courant était de lire aux autres. Après lui avoir dit combien il pense souvent à elle, il ajoute : « *Mais ce chapitre qui ne se lit pas au bon public qui t'entoure permettrait de toujours dire et redire et ne jamais avoir tout dit.* » (22 juillet 1870) En effet, Eugénie lit des passages des lettres de son mari aux fillettes et aux vacanciers présents dans la maison. Tous s'intéressent à Charles, à ses activités, à ses projets. Mais elle note aussi des moments de lecture solitaire, pleinement savourés : « *7h 1/2 arrivée de ta bonne lettre, c'est le meilleur moment de ma journée. Je suis restée seule à lire pour bien en jouir puis j'ai été retrouver notre monde sur la plage.* » (à son mari, 1er août 1868) Cette parenthèse n'exclut pas, ensuite, un partage des nouvelles.

Quelquefois, l'auteur s'inquiète et tente de limiter le cercle des intimes qui liront sa lettre. « *Maintenant, ma chère maman j'ai à t'annoncer une grande nouvelle que je te prie de garder tout à fait pour toi, papa et Léon ; c'est que Mimi ne sera plus fille unique au printemps selon toutes les apparences.* » (Caroline à Félicité, juin 1860) C'est Caroline qui souligne. Peut-être se souvient-elle que l'annonce de sa grossesse précédente avait été immédiatement diffusée avec force détails, que grand-père, oncle et tante avaient été mis au courant de ses maux de reins et de son impossibilité de vomir malgré des émétiques (lettre d'André Constant à Auguste, 27 août 1858). Elle réclame, cette fois-ci, plus de discrétion.

En retour, le destinataire éprouve le besoin de rassurer l'auteur. Oui, sa lettre est montrée. Mais pas à n'importe qui. Eugénie dissipe les craintes de sa sœur et l'encourage (8 octobre 1862) : « *continue à m'écrire, tes lettres ne sortent pas du cénacle* », c'est-à-dire ne seront lues que par les parents et les frères.

Cette diffusion du courrier, connue de tous, peut susciter des stratégies d'écriture. Par exemple, Eugénie réclame à sa sœur, à l'intention des Duméril, « *un bon passage que je puisse lire parce que je ne lis jamais rien de vos lettres* » (19 octobre 1864). Ou bien Caroline remercie son amie d'une lettre « *moins longue et moins intime* » que celles auxquelles elle est habituée, mais qui avait l'avantage de pouvoir être « *montrée et lue in familias et qui a produit le meilleur effet du monde* » (Caroline à Isabelle, 5 février 1858). À la joie de recevoir l'habituelle « bonne lettre », remplie d'épanchements amicaux, se substitue le plaisir de lire en famille un texte moins personnel mais apprécié de tous, de partager avec les siens les liens forts de la parenté.

On prévient une divulgation toujours possible en prévoyant des paragraphes qui seront lus à haute voix et d'autres réservés au seul destinataire, en usant d'allusions, d'initiales pour les noms propres, de sous-entendus pleins de connivence, de petites phrases codées ou en langue étrangère. Ces appels à l'intimité émergent de loin en loin dans les textes, insinuant des bribes de dialogue au sein d'une plus vaste conversation familiale.

Commissions à faire et à dire

La cohésion familiale apparaît sans cesse réactivée par l'inscription de commissions dans les lettres. Il faut entendre ce mot dans un double sens : soit un service à rendre (en général, un objet à acheter), soit, et c'est le cas le plus fréquent, un message à transmettre. C'est bien cette double acception que Félicité, Caroline, Eugénie et Marie attribuent au mot « commission », employé le plus souvent au pluriel. Au sens de demande d'objet : « *Pour mes commissions, je vais tâcher de les mieux expliquer* » (Caroline à sa mère, en 1861, au début d'une liste longue et détaillée). Au sens de transmission de message affectueux, de compliment : « *Céline m'a chargée de mille choses aimables pour Mme Edwards ainsi que toutes les personnes que j'ai vues, mais ce sont des commissions qu'il est permis d'oublier.* » (Eugénie à sa sœur, 14 octobre 1862)

Si le mot *commission* n'est pas rare sous la plume de nos épistoliers, la pratique est beaucoup plus répandue encore : 85 % des lettres contiennent une ou plusieurs commissions (transmission de message ou demande d'objet) ; un dixième du texte, en moyenne, leur est consacré. Tous les répètent et chacun reconnaît leur efficacité, participe à la gestion du réseau familial à travers ces mots et ces gestes qui impliquent une participation effective.

• *Les demandes d'objets*

Parmi les commissions, les demandes d'objets sont minoritaires [53]. Pourtant, le trafic est continu. Dans certaines lettres même, des listes précises constituent l'essentiel du texte. Dans une autre correspondance de cette même époque, Caroline Chotard-Lioret a souligné l'importance des commissions au sein de la famille Boileau [54]. Elle voit dans cette pratique un prétexte à s'écrire régulièrement et à remplir des pages lorsqu'il n'y a pas grand-chose à raconter. Les services sollicités ont aussi une raison économique. Depuis Nohant, George Sand trouve commode de se fournir à Paris en tissus pour son salon [55] ou de se faire ravitailler en « objets très importants, du champagne et des cigarettes [56] ».

Se pose la question du coût de tous ces transports de marchandises. Parfois un voyageur se charge d'un panier, mais la plupart des caisses sont confiées aux messageries des chemins de fer qui desservent l'Alsace. Alors qu'une lettre de moins de dix grammes nécessite un timbre de vingt centimes, on peut évaluer à deux ou trois francs le prix du transport en roulage rapide d'un colis de cinq à dix kilos [57].

Les demandes correspondent-elles à une nécessité ou servent-elles de prétexte pour renforcer les relations ? Le nombre de personnes impliquées, la fréquence des demandes et la nature des objets qui circulent inclinent à voir dans les échanges répétés des manifestations de la cohésion familiale plus que la stricte satisfaction de besoins matériels : ils ont une efficacité propre.

Les demandes relèvent, sinon de l'intime, du moins du plus personnel ; elles concernent vêtements, étoffes et bijoux, livres, bibelots, petits meubles, produits pour l'hygiène et médicaments, plantes, fleurs et fruits du jardin, nourriture. Significative nous semble la requête de Caroline à sa mère : « *Je serais bien contente si tu pouvais m'apporter des vieux draps* » (8 janvier 1861) – elle prétexte qu'elle ne veut pas ennuyer sa belle-mère. Elle fait venir de Paris ce qu'elle aurait pu trouver sur place ; ainsi son bébé sera entouré des linges usés et adoucis par sa famille. La plupart des commissions renforcent le sentiment d'appartenance, resserrent l'intimité.

Les questions d'argent sont abordées franchement [58] mais assez peu souvent car, en fait, elles ne se règlent pas au coup par coup, à chaque commission. Les frais semblent débités sur des « comptes » régulièrement approvisionnés. Ainsi Caroline, après avoir demandé à son père de prier Eugénie et Aglaé de lui acheter un filet pour les cheveux, ajoute : « *Je te serai aussi obligée de remettre trois cents francs à mes amies pour les dépenses qu'elles pourront faire plus tard pour moi.* » (23 février 1861) Pour les fortes sommes (quand Alphonse et Aglaé surveillent des travaux à Launay, maison qu'Eugénie leur a prêtée quelques semaines), « *les notes seront acquittées chez M. Dugué* », leur homme de confiance (11 septembre 1871).

Commission ou cadeau ? Il est quelquefois difficile de les distinguer : sollicite-t-on un achat ou suggère-t-on un présent ? L'objet que l'on fait parvenir a-t-il été réclamé ? La question se pose au moment des étrennes ; on ne sait pas toujours si les livres achetés par Aglaé seront finalement offerts par elle (cadeau) ou par Eugénie (commission).

Commande et don se mêlent dans la même phrase. Cette proximité est significative : tout objet envoyé et reçu, quelle que soit la forme de l'échange, est constitutif des relations familiales. Le lien entre les personnes inpliquées se renforce autant dans le cycle demander-recevoir-redemander que dans la séquence donner-recevoir-rendre [59].

Dans la plus simple des commissions, deux personnes seulement sont engagées. Une demande est adressée par l'auteur, pour lui-même, à son correspondant. Mais, le plus souvent, les correspondants jouent (dans ce domaine aussi des échanges matériels) le rôle d'intermédiaires ; ils demandent des objets pour d'autres, qui seront éventuellement achetés par d'autres : Caroline prie sa mère de « *demander à papa de vouloir bien acheter le manuel de piété à l'usage du sacré cœur, chez Jacques Lecoffre 29 rue du Vieux Colombier, c'est pour Eugénie à qui j'ai pris le sien* » (13 juin 1860).

Les enfants apparaissent comme les bénéficiaires privilégiés des commissions. Si les sollicitations sont fréquentes (il faut vêtir et chapeauter ces demoiselles tout au long de l'année), elles connaissent une recrudescence lors de certaines occasions de leur vie : communion, début des cours par correspondance (matériel scolaire), fêtes de fin d'année avec les étrennes. La naissance de Marie multiplie les demandes de sa mère Caroline. Les lettres se succèdent, par lesquelles la jeune femme fait participer ses parents à toutes les étapes du développement de leur petite-fille. Elle les associe à tous les détails de la vie quotidienne, en particulier par le biais des achats dont elle les charge. La seconde mère des fillettes, Eugénie, agit de même, ne cessant de mettre sa propre sœur à contribution.

Si les commissions matérielles se font souvent en faveur des enfants, ils n'en sont pas, loin de là, les uniques bénéficiaires. Les lettres de Caroline montrent l'étendue du réseau concerné. Sa mère, son père, son frère sont sollicités. Leurs envois sont destinés non seulement au bébé, à elle-même et à son mari, mais aussi à la tante, à sa belle-mère, aux amies, aux bonnes, aux voisines, au curé. Le même éventail de destinataires apparaît sous la plume d'Eugénie, élargi à sa propre famille et aux amies d'Émilie et de Marie.

Les commissions dont se charge Aglaé sont énoncées avec un luxe de détails qui particularisent les demandes[60]. Ou bien, au contraire, la connivence entre les deux sœurs s'accommode du flou des commandes. Une grande liberté est laissée à l'exécutant. « *Tu feras comme pour toi* », « *selon ton goût* », répète Eugénie à Aglaé. Le résultat sera toujours apprécié.

Réclamer depuis Vieux-Thann des articles de la capitale rapproche les deux jeunes femmes. Eugénie rappelle ses origines parisiennes et se démarque de la province où l'on ne « *trouve rien* ».

La tension coût/plaisir, mise en œuvre dans la rhétorique épistolaire, trouve une nouvelle dimension avec les commissions matérielles. À la difficulté d'écrire se substitue la fatigue de courir les magasins et au plaisir de recevoir une lettre s'ajoute celui de déballer des objets. Eugénie insiste sur les tracas que suscitent ses demandes : « *je vois que tu te donnes encore bien de la peine pour toutes mes commissions* » (avril 1872) ; « *Charles me gronde de te donner l'ennui de t'occuper de ces choses-là quand cela t'est une corvée déjà pour les tiennes* » (octobre 1871).

Mais la joie du destinataire récompense de tant de peines. Félicité Duméril, si attachée après la mort de Caroline à rapprocher Eugénie de ses petites-filles orphelines (et la commission demandée prend peut-être place dans sa stratégie), se fait l'écho du versant souriant des envois : « *Mille remerciements, ma chère enfant, pour les manteaux que toi et Aglaé avez achetés pour nos chères petites, ils sont d'un goût parfait et je les regarde avec double plaisir puisqu'ils sont choisis par des personnes que nous aimons tant.* » (Félicité à Eugénie, 19 mai 1863)

Les requêtes matérielles resserrent les liens, voire l'intimité, entre deux correspondants et, au-delà, entre l'acheteur et le destinataire de l'objet demandé. Cependant, la présence d'un objet, son « intercession », ne sont pas nécessaire pour que s'accomplisse l'interminable renforcement du tissu familial. Le plus souvent les mots suffisent : ce sont les compliments[61].

• *Les compliments*

Le mot connaît un grand usage social du XVIIe au XIXe siècle[62]. Nos auteurs l'emploient quelquefois : « *Alfred m'a chargée de te faire son compliment* » (Eugénie, 3 mai 1859) ; « *papa me prie d'offrir à ton père ses compliments affectueux* » (Eugénie, 20 septembre 1859). Mais, comme pour le mot commission, la pratique des compliments est bien plus fréquente que l'emploi du terme lui-même. Elle implique paroles et gestes qui viennent interférer dans la scène du tête-à-tête.

Tous, une fois ou l'autre, chargent leur correspondant de transmettre des compliments et huit lettres sur dix contiennent au moins une formule de ce type. Certains n'y manquent presque jamais : Eugénie et surtout Charles, Caroline et Marie. Même les lettres enfantines d'Émilie en comportent sept fois sur dix. On peut remarquer que les auteurs de manuels déconseillent vivement cet usage. Mais nos correspondants savent marquer leurs distances avec les normes et affirmer le primat de l'affection sur les strictes convenances.

Où les trouve-t-on dans les lettres ? Souvent à la fin : plus de la moitié des lettres contiennent une commission finale[63]. Les femmes, un peu plus souvent que les hommes, closent leurs lettres avec des mots de partage : pensées affectueuses ou baisers (6 lettres sur 10 pour elles, 5 sur 10 pour eux). Non seulement les compliments s'inscrivent dans la plupart des lettres, mais ils y sont souvent réitérés – une répétition qui caractérise surtout les femmes.

Les expressions varient peu : « *Quand tu verras Melle Lucie rappelle-moi je te prie à son bon souvenir* » ou « *Eugénie et Aglaé me chargent de leurs tendresses pour toi* ». On prie, on charge, on fait dire aussi : « *dis lui quelque chose de gracieux de ma part.* » Le message est alors laissé à la discrétion de l'intermédiaire, qui doit trouver les mots lui-même. Son initiative et son invention pallieront jusqu'aux mots retenus : « *je ne te dis rien pour papa, Alfred, Aglaé, Alphonse, tu sauras bien les embrasser pour nous.* »

Les formules peuvent se raccourcir et la commission, elliptique, devient implicite[64] : « *Je t'embrasse de tout cœur ainsi que ta mère* » ou « *j'envoie mes amitiés à Louise* » (Caroline, 4 juillet 1857). Le destinataire en tant qu'intermédiaire est mis entre parenthèses. Cependant l'efficacité du geste reste intacte, qui met Louise en relation avec Caroline.

Les commissions sont extrêmement répétitives. Là, l'expression convenue est monnaie courante, la formule est reine. Le point limite est atteint quand Caroline et son amie Isabelle décident de remplacer les formules habituelles par des signes conventionnels. Dans sa lettre du lundi 9 novembre 1857, Caroline en développe la signification : « *X signe conventionnel qui veut dire : maman t'embrasse ; et envoie mille choses à ton père et à Melle Pilet ; ne m'oublie pas auprès d'eux je te prie ; donne un bon baiser pour moi à Lionel, etc.* » Elle utilise ce code dans les lettres suivantes, l'enrichit de signes énigmatiques pour nous (d'abord un *O* barré, puis un *V*). Mais il ne suffit pas à tous les besoins et Caroline doit ajouter plus loin des amitiés pour Mathilde, des compliments pour Alfred, un rappel au souvenir des Delanche. En mars 1858, Caroline précise après ces signes « *y compris Edmond maintenant* ». Comme si c'étaient des enfantillages, elle arrête cette pratique au mois de mai, dès qu'elle sait qu'elle va se marier. Le 8 mai 1858, très formelle, très conventionnelle, elle conclut une lettre brève à Isabelle : « *Sois je te prie l'interprète de mes sentiments affectueux auprès de ton père et d'Edmond et veuille ne pas m'oublier auprès de Melle Pilet. J'embrasse bien fort Lionel. Je t'envoie une petite branche de mon bouquet de fiançailles, garde-le en souvenir de moi.* » Caroline est maintenant adulte. Elle change de style même si elle continue d'assurer Isabelle de son amitié. Retour aux compliments cérémonieux et explicites. Quelle que soit leur forme, ils paraissent indispensables.

Pris entre les règles de la bienséance et l'expression d'une réelle tendresse, les mots conventionnels ne préjugent pas de la sincérité des émotions. Dans ce champ affectif qui se déploie de l'amical respect à la caresse, le verbe *embrasser* reste dominant. Peut-on voir dans le succès de ce mot un signe de la place prise peu à peu par le corps dans la communication épistolaire[65] ? Ces formules demeurent-elles purement abstraites ? Ou renvoient-elles à des comportements vécus ? Les embrassements fonctionnent-ils comme emblèmes de l'affection, ou comme anticipation de gestes réalisables ? La question se pose pour toutes les expressions affectives que proposent les compliments. Ils transposent dans la lettre les ressources gestuelles de la vie commune (caresses, clins d'œil, sourires). Mais l'écriture cristallise et fait perdurer ces gestes furtifs.

Le pôle du baiser n'est concurrencé que par celui de l'amitié – des amitiés, plutôt –, surtout chez Eugénie (qui les multiplie : « *mille amitiés* ») et Caroline. Un mot fort, qui suppose la réciprocité[66].

Que transmet-on d'autre ? De la tendresse, des caresses, de l'affection, des pensées (renforcées par la formule « *ne nous oubliez pas auprès de...* »), des souvenirs. De façon imagée, on « *serre la main* », on « *caline* » ou « *donne un bon bec* ». Avec plus de cérémonie, on exprime son respect, on envoie des compliments, on forme des vœux. Plus vaguement, on lance « *un mot* » ou « *bien des choses* ».

Les compliments, tout comme les commissions matérielles, travaillent à l'union des membres de la famille, à leur implication personnelle dans le groupe. Si l'action des compliments se révèle plus prégnante, c'est parce qu'ils sont redits dans chaque lettre ou presque, et que leur rayon d'action est plus large. Les proches du destinataire le plus souvent, mais aussi l'entourage de l'auteur, voire les deux communautés ensemble, se trouvent partie prenante dans ces échanges de civilités[67].

L'efficacité des compliments se renforce de la nomination des personnes. Certes, les expressions globalisantes ne sont pas rares (« *vos chers entours* », « *eux tous* », « *la famille* », « *nous* », « *la petite colonie* », « *les Vieux Thannois* »). Cependant le mode de désignation le plus fréquent reste l'appellation individuelle.

Les enfants focalisent l'attention[68] : « *baby* », « *les petites filles* », « *mes chéries* », « *Mimi* », « *notre cher petit Jean* ». Mais la cohésion familiale requiert aussi les parents, les frères et sœurs, les conjoints, les domestiques (10 % des noms cités[69]), les amis (5 % des noms) et la famille éloignée (5 % aussi), ces deux dernières catégories se confondent d'ailleurs parfois.

Si le but de la correspondance familiale est de raviver, réaffirmer, les liens des uns avec les autres, c'est bien dans les commissions que cela s'exprime : la commission résume la lettre dans laquelle elle figure. La lettre dépouillée des fantaisies qui font son charme et son agrément se trouve là réduite à l'essentiel, au squelette qui structure le tout. Sa finalité se dit en quelques mots par lesquels l'auteur, le lecteur et leur entourage sont explicitement mis en relation. Les commissions, comme les lettres, plus que les lettres, sont affectées des mêmes caractères : elles se répètent inlassablement, confiantes dans l'efficacité des mots ; elles expriment des sentiments forts de solidarité à l'aide de formules stéréotypées jusqu'au code ; elles sont routinières et pourtant attendues.

Rites épistolaires et expression de soi

Les lettres recopiées pour l'amie ou lues à la famille rassemblée, les vêtements que l'on envoie aux enfants, les baisers transmis aux parents et le bonjour donné à la bonne, tous ces gestes suscités par les lettres tissent un vaste réseau qui touche de très nombreuses personnes. Si tous sont impliqués, chacun n'écrit pas à tous. La correspondance familiale s'organise autour de quelques relations privilégiées. Les fonctions de porte-parole du groupe sont assumées par quelques-uns. Chaque auteur exprime son identité singulière mais le fait toujours en se situant dans la configuration familiale. Sous sa plume, elle se dessine, elle se construit, elle vit. Dans chaque lettre se mêlent – s'affrontent ? – mots de l'auteur et voix des proches, parole individuelle et présence familiale.

• *Écrire au nom des autres*

On pourrait dire, en schématisant, que chaque foyer se décharge du devoir épistolaire sur une personne, lui délègue la responsabilité de la communication, l'exercice du rite. Le choix de ces porte-parole familiaux, réponse pragmatique à l'impossibilité d'une écriture généralisée de tous à tous, n'est pas explicité mais il est reconnu par le groupe. Dans les lettres, la signature et la suscription signalent les « délégués », et le texte porte les marques multiples de l'élargissement souhaité, voulu, du dialogue.

Une lettre d'Eugénie Desnoyers à son amie montre la place assignée à chacun : « *Ma chère Adèle, je viens te prier d'être notre interprète auprès de tes bons parents pour leur dire combien nous avons été touchés de l'accueil si affectueux qu'ils nous ont fait.* » (20 septembre 1859) Par le canal d'Adèle, la destinataire, Eugénie exprime à M. et Mme Auguste Duméril la reconnaissance de la famille Desnoyers (les parents, Aglaé et elle-même). L'échange se poursuit de famille à famille par l'intermédiaire des deux jeunes filles, ce que traduit l'usage des pronoms *nous* et *vous* : « *Nous* [famille Desnoyers] *sommes, comme vous* [famille Duméril], *bien attristés des détails que contient la lettre de ton oncle.* » (8 juillet 1862)

Eugénie joue encore le rôle de porte-parole familial auprès du ménage de sa sœur, alors en voyage de noces : « *Maman et papa me chargent de te dire que tu leur fais plaisir en t'adressant à moi et que s'ils ne s'adressent pas directement à toi c'est que je suis chargée d'être leur interprète, aussi ce grif-*

fonnage doit te porter tant de choses affectueuses, tendres de la part de nous tous que je ne cesserais de griffonner si j'écoutais nos cœurs. » (9 octobre 1862) Elle est sans ambiguïté désignée par les siens pour assurer la liaison.

Eugénie et Adèle, Aglaé et Eugénie : les plumes féminines apparaissent comme les championnes des échanges familiaux. Alors que les hommes – les hommes en général, et ceux de la famille Mertzdorff-Duméril en particulier – participent au grand combat de la vie économique, s'affrontent dans l'arène politique ou se lancent à la conquête de nouveaux savoirs, leurs femmes ont mission de préserver le havre familial, d'assurer sa survie, de gérer son fonctionnement présent et son avenir[70]. À elles de veiller à ce que chacun trouve et garde sa place. À elles de tenir la plume lorsque la famille se disperse.

Des manuels destinés aux jeunes filles et aux maîtresses de maison sont édités en nombre[71] pour les guider dans leurs tâches multiples. Madame Bourdon, que son succès rend exemplaire[72], conseille les femmes aussi bien pour organiser des repas ou porter le deuil que dans leurs relations avec leurs parents ou les domestiques. Elle donne des modèles pour la correspondance, les cartes de visite, les lettres d'invitation et les billets aux fournisseurs. Elle insiste sur la présentation et les formules : comment prendre congé de son père, de sa mère, de sa petite sœur, d'une amie. L'écriture prend place dans le temps plein des femmes, parmi les autres occupations reconnues. Félicité, Caroline, Jeanne, Aglaé, Eugénie offrent des illustrations convaincantes de ces épouses écrivant, recevant, redistribuant les « bonnes lettres » qui animent le réseau familial, gérant cette forme de sociabilité. Et l'image des femmes chroniqueuses du quotidien a prévalu, confortée, renforcée par leurs pratiques de conservation du courrier : celles qui écrivent les lettres, qui les reçoivent, sont souvent amenées à les garder, les classer, les archiver. Eugénie l'affirme à sa sœur : « *il est établi que tes lettres* [destinées à la famille] *sont mon bien* » (6 octobre 1862). Si les femmes se chargent souvent de ces tâches, l'intervention des hommes ne doit pas être sous-estimée.

L'homme éloigné de sa famille se trouve dans la nécessité de répondre. Charles écrit à ses enfants ; André Constant Duméril aussi, dont la femme meurt en 1852. Il écrit très régulièrement à ses fils Auguste (16, 19, 27 août 1858, 17 et 20 septembre 1859) et Constant (2, 8, 9 et 15 septembre 1859) lors des séparations. La fréquence des quelques lettres conservées (deux par semaine en ce mois de septembre 1859) laisse supposer une correspondance régulière, habituelle lors des voyages des uns ou des autres. Le contenu des lettres, leur ton, confirment leur caractère non exceptionnel. André Constant Duméril assure pleinement son rôle d'épistolier, non seulement avec ses fils, mais avec tous ses proches. Il s'excuse quand il ne peut le tenir, expliquant à sa petite-fille Caroline : « *Je présume que je suis bien en retard avec vous tous et surtout avec toi. Depuis deux mois je suis tellement malingre et paresseux que je ne pouvais pas prendre la résolution de prendre la plume.* » (4 mars 1860) Il a 86 ans et c'est sa dernière lettre conservée.

Il est vrai que l'homme marié cède la plume à son épouse, n'écrivant plus qu'occasionnellement, par exemple en l'absence de celle-ci. Ainsi Jules Desnoyers à sa fille : « *l'intention de ta bonne mère était de t'écrire aujourd'hui mais l'heure avance et je ne sais si elle sera rentrée avant l'heure de la poste.* » (16 novembre 1870) Il prend donc le relais.

La règle du correspondant attitré supporte donc de nombreuses variations ; elle ne fixe pas des positions immuables, l'un peut remplacer l'autre. D'ailleurs, dans cette famille où deux frères ont épousé deux sœurs, les dialogues se superposent : Auguste écrit à Constant et Eugénie Duméril à sa sœur Félicité ; de plus, leurs filles correspondent entre elles. Mais chacun avec son correspondant privilégié parle des proches. Les relations bruissent des voix des autres.

Les correspondants s'effacent derrière un groupe qui leur délègue la tâche d'écrire, derrière une entité qu'ils construisent dans la mesure où ils obéissent à ses règles. Écrire ce que l'on pense, ce que l'on ressent, vaut recherche d'approbation. Les opinions se soumettent à un contrôle réciproque et permanent. Faire lire à une amie un éloge de Charles par sa jeune épouse, demander pour sa cousine un livre de prières, s'en remettre au goût d'une tante pour l'achat de chapeaux, inclure la bonne dans la distribution des salutations sont autant de pratiques qui supposent la connivence et, dans le même temps, l'alimentent, la bâtissent, la cimentent de gestes et de mots.

Ceux qui écrivent imprègnent leurs propos de cette teinte familiale lisse et claire, même si chaque auteur a son ton propre et insiste plus ou moins sur telle ou telle composante du groupe. Chacun peut-il alors exprimer sa personnalité ? La page où s'inscrit le poids de la famille s'offre-t-elle, aussi, comme un espace de liberté ?

• *Des identités singulières*

Les hommes, et les femmes plus encore, trouvent peut-être dans l'écriture épistolaire, si proche pour elles d'une tâche domestique, une affirmation de leur place sociale. Caroline ou Eugénie se constituent en femmes mariées, épouses et mères, en assumant leurs responsabilités nouvelles et aussi en les décrivant dans des lettres à leurs parents et amis. Leur écriture les aide à se penser et se montrer comme « sujets ». Elles dépeignent ce qui se passe autour d'elles et dans le même geste, elles racontent leur vie, elles donnent leur point de vue, jouissant là de la position de pouvoir de l'auteur. Sur la fresque familiale qui se déploie, s'insèrent des dessins individuels.

Ces traces singulières se lisent dans l'emploi incertain des pronoms. Le glissement se fait sans cesse du « nous » (la collectivité au nom de laquelle le scripteur s'exprime) au « je », du « vous » (l'entourage du destinataire) au « tu ». Toutes les combinaisons possibles du singulier et du pluriel se trouvent à quelques lignes d'intervalle : « *Chère bonne petite mère, voici près de huit jours que* ***je vous*** *ai quittés et je ne suis venue encore qu'une fois vous trouver pour vous dire tout le plaisir que* ***nous*** *avons eu à être avec* ***vous****...* ***nos*** *journées ont été très remplies,* ***tu*** *devines par quoi...* ***je*** *vois avec plaisir que* ***ta*** *santé t'a permis de faire bien des choses depuis mon départ...* » (lettre d'Eugénie à sa mère, 10 février 1872)

La personnalité de chacun se devine aussi peut-être dans le choix de l'interlocuteur. Eugénie doit-elle s'adresser à sa mère ou à sa sœur ? Elle hésite, écrit quelquefois aux deux (« *ma bonne petite mère, ma chère petite Gla* ») ou bien elle interpelle l'une puis l'autre dans le même texte. Plus fréquemment, les lettres sont distinctes et Aglaé reste son interlocutrice préférée – au mépris des conventions épistolaires auxquelles elle adhère : « *Ma chère petite Gla, j'ai reçu de maman deux bonnes et affectueuses lettres, comme elle sait les écrire, de Julien une charmante épître qui a fait à Charles et à moi le plus grand plaisir, et c'est à toi que je m'adresse ? Comment s'expliquer pareille chose car de toi je n'ai reçu absolument rien, pas le moindre petit mot ! Mais il y a tant de choses qui ne s'expliquent pas dans ce monde que je n'essaierai pas à chercher explication à celle-ci.* » (10 avril 1870) Elle continue avec sa sœur les conversations et les murmures de leur enfance et de leur adolescence : « *Comme toi je ressens tellement les mêmes impressions sur les grandes et les petites choses qu'on éprouve un réel plaisir à se communiquer ses pensées d'autant plus qu'on sait que ça ne va pas plus loin.* » (octobre 1871) Mais ces apartés sont rares. Pour subvertir la forme habituelle de l'échange épistolaire familial, pour céder à la tentation de l'intime, elle profite de quelque moment de solitude. Elle avoue à sa sœur : « *Je suis seule dans l'appartement, c'est donc la minute de te dire deux choses : 1° que je t'aime de tout mon cœur et qu'une journée sans toi me paraît longue mais cela ne demande pas d'amplifications.* » (21 octobre 1859) Mais, très vite, elle se ressaisit, quitte le jardin clos de l'amour entre elles deux, s'immerge dans la famille, et la suite de la lettre entraîne Aglaé sur le terrain familier des déboires scolaires de leur frère Julien.

Cette affectivité qui s'exprime dans des moments d'isolement ne peut s'épanouir pleinement et elle apparaît le plus souvent comme en creux à travers des mots étouffés. À sa sœur partie en voyage de noces : « *Vos lettres nous font un bien grand plaisir, mais tu l'as deviné, ma Chérie, et je ne t'en dirai pas davantage sur le sujet ; je ne veux rien demander ; tu sais ce que tu éprouverais en pareille circonstance ; tout ce dont je puis t'assurer c'est que ma vieille et tendre affection sera toujours la même pour toi et que je serai toujours heureuse d'entendre le récit de ton bonheur.* » Elle masque aussitôt sa tendresse expansive et bridée, contrainte au mutisme, par un enjouement communicatif : « *Je te vois d'ici au bras de ton mari et, sauf votre respect, je ne peux pas m'empêcher de rire en pensant que tu es Madame et que tu es partie comme ça sans papa ni maman courir le monde.* » (29 septembre 1862)

Les justifications qu'elle avance sans cesse laissent deviner une certaine tension entre la visée collective des lettres et l'aspiration au tête-à-tête. Elle essaie de concilier les deux. Mais prisonnière des habitudes contraignantes, elle ne parvient pas à imposer un autre type d'échange plus intime, autonome. Les lettres à sa sœur doivent se conformer au modèle familial. Elles portent la trace des ajustements que la conscience d'appartenance au groupe impose à l'expression des identités singulières.

Des tentatives pour nouer des relations plus personnelles se relèvent aussi entre Caroline et ses jeunes amies : Eugénie, Adèle et Isabelle. Hors du regard maternel, Eugénie dit toute son amitié à Caroline – de façon un peu énigmatique pour nous : « *ces lignes ne signifient rien, elles sont écrites en fraude mais elles partent d'une amie qui aime tant que tu comprendras* » (25 mai 1860, les jeunes femmes ont alors 23 et 24 ans). Caroline revendique ce droit : « *tout cela est pour toi et rien que pour toi et il me semble que je puis bien t'écrire à toi* » (à Isabelle, le 18 avril 1858). Elle demande aussi à Adèle de lui raconter « *tout bas* » une soirée à laquelle elle ne peut assister. Ce compte rendu doit se faire à l'écart des parents car « *autrement nous pourrions courir grand risque d'avoir les yeux arrachés par ton père* » (12 juin 1857), commente-t-elle, feignant la frayeur.

La famille se fait particulièrement importune quand elle interfère dans le couple. Le conflit entre désir d'intimité et devoir familial se manifeste – toujours feutré – dans les lettres conjugales. Charles et Eugénie, et plus encore Charles et Caroline se disent, pour eux seuls, leur tendresse. Caroline avoue : « *à l'idée de t'embrasser la tête me tourne, reviens bien vite* » (décembre 1859) ; en termes très pudiques, Charles lui répond : « *Tu garderas un bon gros, très gros baiser pour celle que j'aime le plus ici bas.* » (4 mai 1860) « *Je voudrais être près de toi... Ma pensée ne te quitte guère* », ne cesse de soupirer Eugénie (ici, le 16 juillet 1870) ; et Charles, en écho : « *Je tiens à rester avec toi ma toute chérie.* » (28 juin 1871)

Cependant les épouses restent bien pénétrées de leur rôle, qui est de renseigner le correspondant (solitaire, éloigné) sur tout le cercle familial : « *Je t'écris aujourd'hui afin que* [...] *tu aies des nouvelles de nous tous* », de la petite Marie en particulier qui « *a percé sa sixième dent* » (Caroline, 11 janvier 1860). Et Eugénie ne se lasse pas de dire les jeux, les activités, les tendresses des fillettes qu'elle associe toujours à ses sentiments conjugaux.

Les deux femmes, à dix ans d'intervalle, sont conscientes du double statut de leurs lettres qui sont, d'une part, une chronique du groupe tout entier et qui peut (doit ?) s'adresser à la famille mais aussi un écho furtif de leur amour, destiné exclusivement à Charles. Craignant que la communauté ne l'emporte, toutes les deux doivent préciser que la lettre est pour Charles et pour lui seul. « *Ne montre pas ma lettre* », s'inquiète Caroline (11 janvier 1860) ; « *tu dois garder mes lettres pour toi* », gronde Eugénie (14 juillet 1871).

Même les lettres qui pourraient sembler les plus personnelles, celles que s'écrivent maris et femmes, débordent toujours le couple et impliquent la famille. Dans ces lettres conjugales comme dans celles des jeunes filles ou d'Eugénie à sa sœur se confrontent deux modes de communication : un dialogue entre deux individus singuliers qui essaient d'exprimer leurs sentiments réciproques et, chacun s'identifiant aussi à ses proches omniprésents, un échange familial.

Les auteurs doivent concilier le besoin de manifester leurs émotions personnelles et la nécessité d'accomplir les rites familiaux. Ceux-ci instaurent leur ordre propre et ses contraintes, mais ils ménagent aussi des espaces de liberté où les tensions se desserrent. Chacun trouve à affirmer sa propre identité, à renforcer sa conscience d'appartenir à une même famille et à définir les frontières de ce groupe qui doit et sait rester soudé malgré les séparations. Les règles de la narration épistolaire articulent le devoir de cohésion familiale, tissé de répétitions, de compilations d'événements quotidiens, et une pratique plus personnelle des mots. Les rites épistolaires se nourrissent de ce double langage.

L'EFFICACITÉ DU RITUEL

Le rituel épistolaire montre son efficacité avec une force singulière lorsque la correspondance dépasse le va-et-vient attendu au sein de la famille et s'inscrit dans une stratégie particulière – sans pour autant bousculer ses protocoles habituels. Elle ne se contente plus alors de gérer au mieux les relations sociales, de les entretenir, mais elle prétend les infléchir, les créer par son seul pouvoir. Qu'un problème se pose, et la feuille anodine, familière, routinière, circule de plus belle, mettant sa banalité au service de la cause familiale. Les stratégies de l'écriture dans des situations nouvelles se donnent à voir de façon exemplaire dans les années 1862-1864.

Le 7 avril 1862, Caroline meurt. En avril 1864, Charles se remarie avec Eugénie. Entre ces deux dates, Eugénie est amenée à passer du rôle d'amie au statut d'épouse. Ce déplacement est le fruit du travail d'écriture de Félicité, la mère de Caroline. Comment utilise-t-elle les ressources du

Félicité Duméril, mère de Caroline

rituel épistolaire pour convaincre la jeune fille ? Comment, dans ces circonstances particulières, les procédés rhétoriques habituels sont-ils mis en œuvre ? C'est à une véritable mesure de l'efficacité de la lettre que nous convie la prose de Félicité.

Il faut, en suivant les lettres, faire retour sur le passé, sur l'amitié de deux familles. Les Duméril et les Desnoyers habitent au Jardin des Plantes et, dans les années 1850, les jeunes filles des deux maisons (Caroline d'une part, Aglaé et sa sœur aînée Eugénie d'autre part[73]) sont très liées, ainsi que leurs parents. Elles se voient très souvent, passent l'après-midi ensemble ou fréquentent des amis communs, dînent avec leur famille les unes chez les autres. Caroline et sa mère sont invitées l'été dans la maison de campagne, à Montmorency (juin 1854).

Dans presque toutes ses lettres à Isabelle, sa cousine et amie du Havre, Caroline donne des nouvelles des demoiselles Desnoyers (« *mes amies* »). Il ne semble pas, alors, qu'une relation privilégie Eugénie plus qu'Aglaé. Caroline réunit les deux sœurs dans une même amitié.

Le 15 juin 1858, Caroline épouse Charles Mertzdorff. Les Desnoyers (parents et trois enfants) sont parmi les quarante et un convives du repas de mariage. Quelques jours après, Félicité recopie à sa « *chère et excellente amie* » Jeanne Desnoyers la lettre où Caroline, en voyage de noces, exprime son bonheur. La fin de sa lettre (« *je pense souvent aussi à vous ma ne amie, à vos excellentes filles* ») donne le ton de leurs relations. L'année suivante, Eugénie devient la marraine de la petite Marie.

Les lettres conservées de Caroline depuis l'Alsace s'adressent surtout à ses parents (ils ne s'installent auprès d'elle que fin 1861). Dans ces échanges très vite saturés par les nouvelles des bébés, les « demoiselles Desnoyers » sont moins présentes. De temps en temps, elle leur fait transmettre ses amitiés. Les deux sœurs apparaissent cependant individuellement (tantôt Aglaé, tantôt Eugénie) à propos de cadeaux, justement, pour les enfants : un colis annoncé par Aglaé en mars 1859, « *deux charmantes petites robes* » envoyées par Eugénie en août 1859. Mais peut-être au fil du temps Eugénie prend-elle la place de correspondante privilégiée. Caroline fait remettre 300 francs à son amie pour des commissions dont elle la charge (allusion de Félicité le 11 mars 1862) ; elles échangent des lettres. Sans doute Aglaé est-elle moins disponible que son aînée : elle se marie en 1862.

Jusqu'à la mort de Caroline, il semble donc exister une grande amitié entre les familles Desnoyers et Duméril, en particulier entre leurs éléments féminins. Durant les dernières années se devine une relation plus personnelle, bien que fort lâche, entre Caroline et Eugénie – due peut-être simplement au mariage d'Aglaé.

La mort brutale de Caroline laisse sa famille en grand désarroi. Ses fillettes sont encore en bas âge. Qui élèvera ces enfants de un et trois ans ? Leur grand-mère paternelle est âgée (presque 70 ans). Leur grand-mère maternelle, Félicité, mesure toute l'ampleur de la tâche – et aussi la fragilité de sa propre situation. Charles a associé à ses affaires la famille de Caroline : c'est ce qui les fait vivre. Caroline disparue, quelle sera leur place ?

Il n'est pas question ici de traquer les motivations des uns ou des autres, ni de mettre en doute la sincérité des sentiments exprimés. Mais, encore une fois, de prendre les textes au pied de la lettre, de lire ce qui est écrit, d'étudier une stratégie épistolaire – et non de démonter une combinaison matrimoniale. Félicité maîtrise les ressources de cette forme d'écriture. Tous les thèmes canoniques sont mis au service de la cause qu'elle défend : l'attente du courrier, le plaisir de la lecture, le respect d'un calendrier, la présentation de soi. Et toutes les pratiques de l'épistolier ordinaire sont utilisées au mieux : les demandes de commissions, l'écriture partagée, la transmission de la parole des autres, l'emploi des vocatifs.

Dès les premiers moments, Félicité, dans sa douleur et ses inquiétudes, se tourne vers Eugénie. Elle cherche à installer entre elles une relation suivie. Deux semaines après la mort de Caroline, tout en remerciant son amie Jeanne Desnoyers pour les « *excellentes lettres* » qu'elle lui a adressées, elle sollicite sa fille : « *Jugez ma bien chère enfant, si aujourd'hui je ne dois pas éprouver une sorte de douceur, une sorte de consolation à venir vous trouver, à vous dire de m'écrire.* » (Félicité à Eugénie, 20 juillet 1862) Eugénie doit répondre – et nous savons en effet qu'elle ne se dérobe pas, même si la plupart de ses lettres à Félicité ne nous sont pas parvenues. En cas de retard, elle est affectueusement rappelée à ses obligations : « *Je trouve, ma chère enfant, qu'il y a bien longtemps que tu ne m'as pas écrit.* » (Félicité à Eugénie, 9 décembre 1862)

Bien consciente de ce que ces lettres à une mère éplorée peuvent coûter à la jeune fille, elle souligne l'apaisement qu'elle ressent à leur lecture : « *tout en te mettant bien à l'aise et en sentant parfaitement les difficultés qu'il y a à m'écrire, je ne puis te cacher que chaque fois qu'une lettre m'arrive de la rue Cuvier, j'éprouve un soulagement à ma douleur* » (Félicité à Eugénie, 9 juin 1863) ; « *Merci bien merci, ma chère et bonne enfant pour tes bonnes lettres qui me font tant de bien* » (20 septembre 1862) ; « *que tes lettres me font du bien* » (11 septembre 1862), ne cesse-t-elle de répéter.

Elle instille au motif convenu de la réception du courrier et de la présentation de soi une forte charge émotive en se montrant en larmes : « *Je ne t'écris pas, ma bien chère enfant, sans que mon papier se mouille de larmes et il en est de même au reçu de tes lettres mais ces larmes me font du bien.* » (18 décembre 1862) Dans un registre émotionnel semblable, elle valorise la lettre dont les bienfaits se prolongent : « *Comment bien exprimer ce qui se passe dans mon cœur lorsque je reçois une lettre de ton écriture, ma bien chère enfant, je la lis et la relis continuellement.* » (2 janvier 1863)

Lettre relue, lettre recopiée aussi – c'est une vieille habitude de Félicité. Elle fait connaître à tous les paroles de consolation qu'elle reçoit de chacun, faisant ainsi communier dans la douleur ses amies dispersées. Elle réserve un sort particulier à une des dernières lettres de Caroline, qui, répétée, diffusée, court comme un signal tout au long de sa relation avec Eugénie. Caroline avait écrit à son amie quelques paroles consolantes à propos de la grave maladie d'une dame âgée. Le paragraphe se terminait par : « *enfin le bon Dieu fait bien tout ce qu'il fait, il faut jouir de ce qu'il vous envoie de bon et ne pas murmurer lorsque le malheur arrive.* » Quand peu de temps après Caroline meurt, Eugénie recopie pour Félicité ce passage de la lettre, car, dit-elle, « *je ne puis rien dire après ces lignes de votre pauvre enfant. Je les ai relues bien des fois depuis qu'elle nous a quittés, et il me semble que du haut du ciel, elle les adresse à tous ceux qu'elle a laissés sur cette terre* ». Félicité à son tour diffuse largement ce message. Elle ne cesse, dans ses lettres à Eugénie, de faire allusion à cette « *phrase que notre bien-aimée t'a écrite* » (11 septembre 1862). Six mois plus tard, en janvier 1863, elle lui parle encore « *des paroles pleines de sagesse de notre bien-aimée* », comme si cette évocation devait les rapprocher.

Les progrès de leur intimité se marquent dans le passage au tutoiement (de Félicité à Eugénie seulement, bien sûr, dès le mois d'août 1862) et l'évolution des appellations. La « *bien chère Eugénie* » des années passées devient, tout de suite après la mort de Caroline, la « *chère enfant* », « *bien chère* », « *chère et bonne* » ou « *tendre* », « *excellente enfant* ». La correspondance est d'emblée placée sous le signe de la filiation. « *Tu es mon enfant* », proclame-t-elle (24 novembre 1862). Cette maternité d'élection se complique encore, car si Félicité se veut la « *seconde mère* » (4 mars 1864) d'Eugénie, la mère d'Eugénie « *aimait regarder Caroline comme sa troisième fille* » (c'est Félicité qui le dit, dans sa lettre du 10 avril 1864). Adoptions ou substitutions en chaîne, que les vocatifs ne cessent de rappeler.

Le prénom n'est réintroduit que plus tard (« *chère et douce Eugénie* » en novembre 1862) et surtout le diminutif « *Nie* » (février 1863) qui avait cours entre les jeunes filles, mais que les mères ne dédaignaient pas d'employer. Le 2 juin 1862 – avant le drame – Félicité termine sa lettre par « *adieu bonne petite Nie que nous aimons tant ainsi que Gla et les chers parents* ». Caroline, elle, signait Crol pour ses amies. En mai 1863, Félicité utilise dans la formule finale une nouvelle et significative appellation : « *adieu ma Nie-Crol* », et elle explique : « *il est doux à mon cœur de joindre ces deux mots en t'écrivant.* » Joindre les deux diminutifs familiers, fondre en une seule leurs deux personnes, c'est en effet le thème majeur et constant des lettres de Félicité.

Dès le début, elle sent que les deux jeunes filles, animées « *d'une même âme, d'une même pensée* », ne faisaient « *pour ainsi dire qu'une seule personne* » (20 juillet 1862). Pendant des mois, elle ne lui écrit pas une seule lettre dans laquelle elle ne reprenne cette troublante égalité : Eugénie = Caroline. À la veille du mariage qu'elle a ainsi préparé, elle lui répète encore : « *oui, je confonds ton mérite avec celui de ma bien-aimée fille, toutes deux n'aviez-vous pas le même cœur, la même justesse d'esprit, les mêmes sentiments, le même besoin de vivre l'une dans l'autre.* » (10 avril 1864)

Cet argument très fort pour convaincre Eugénie, Félicité le place aussi dans la bouche d'autres interlocuteurs. Le principal intéressé, Charles, aurait compris dès janvier 1863 « *que toi et notre bien-aimée vous ne deviez faire qu'une seule personne* » (Félicité à Eugénie, 2 janvier 1863). Cela a semblé évident aussi à la jeune cousine Adèle, qui aurait inventé le prénom composé Nie-Crol (Félicité à Eugénie, 11 août 1863). Même la bonne qui s'occupe des fillettes « *dit que tu es pour elle l'image de notre bien-aimée* ». Félicité ajoute : « *tu l'es non seulement pour elle mais pour chacun de nous en particulier.* » (2 mai 1863) Finalement, c'est tout l'entourage de Félicité qui, par le truchement de sa plume, assimile l'une à l'autre les deux jeunes amies.

Sur d'autres sujets également, elle se fait l'écho de la parole des proches. Elle rapporte des propos de son mari, de son fils (Léon), de sa mère, de parentes et d'amies (Mme Fröhlich ou Mme Heuchel) pour convaincre Eugénie de venir s'installer à Vieux-Thann. Mais c'est surtout à la petite Marie (Miky) qu'il est fait appel.

Dans la plupart de ses lettres Félicité parle des fillettes en grand-mère attentive à leur santé, leurs occupations, leur caractère. Elle sollicite l'intérêt d'Eugénie pour les enfants en lui demandant d'acheter « *un manchon blanc avec une petite berthe ou petite palatine pareille au manchon* » (5 décembre 1862) ou des « *manteaux d'été demi deuil en étoffe grise* » (2 mai 1863). L'attention d'Eugénie est attirée, entretenue, par nouvelles et commissions mais aussi, très vite, par la mise en scène de Marie. Félicité, d'abord, rapporte des rêves (« *Miky rêvait cette nuit qu'elle allait à Paris et qu'elle y voyait sa marraine* », 11 septembre 1862) ou des paroles (« *je suis frappée d'entendre cette chère enfant qui t'a vue si peu cependant, lier dans ses idées le nom de sa marraine à celui de sa pauvre mère* », 29 juillet 1862). Bientôt, elle lui prête des propos en lui tenant la plume (Marie a trois ans). « *Ma chère petite marraine, je t'aime beaucoup* », « écrit » Marie en novembre 1862, en décembre, en janvier 1863. Ces mots d'enfant viennent renforcer ceux de Félicité. « *Je voudrais bien te voir* », dit Marie (24 novembre 1862) ; « *si ma douce Eugénie était ici combien j'aimerais prendre son avis au sujet de mes chères petites* », poursuit la grand-mère sur la même lettre. Lorsque Félicité suggère que les filles de Caroline ont besoin d'une mère jeune, d'une personne qui les aimerait et s'occuperait d'elles, elle donne son propre avis : « *et cette personne c'est toi* » (2 janvier 1863). Elle fait formuler la même idée par Marie : « *J'ai envie de dire petite maman à ma marraine.* » (9 février 1863) Sur un mode différent, les phrases naïves et directes de la petite fille ainsi retranscrites donnent une intensité nouvelle aux arguments plus nuancés, plus raisonnés, de sa grand-mère.

Remplacer Caroline auprès de Marie et d'Émilie implique de la remplacer aussi auprès de Charles. Si la recherche d'une mère pour les petites filles peut s'avouer, en revanche l'aspect conjugal de la question est évoqué avec beaucoup plus de réserve. Félicité n'esquive cependant pas le problème. Charles fait partie de l'entourage de l'épistolière et c'est tout naturellement qu'elle parle de son « *excellent gendre* » qui, comme son « *excellent mari* » se soumet avec une « *belle résignation* » aux « *décrets de Dieu* » (29 juillet 1862). À touches légères, elle poursuit son éloge : « *C'est un homme aussi remarquable par la haute intelligence que par la pureté et la noblesse des sentiments.* » (9 février 1863). Par la voix de Marie, elle s'autorise des détails plus personnels : « *Papa a toussé beaucoup mais il va bien à présent.* » (24 novembre 1862)

Petit à petit, elle s'instaure porte-parole de Charles, jusqu'à exprimer les sentiments qu'il est sensé ressentir, comme lorsqu'il vient à Paris pour affaires, accompagné de Léon. Pendant ce séjour du mois de décembre 1862, tous deux doivent faire une visite à la famille Desnoyers. Avant même qu'ils l'aient faite, Félicité anticipe : « *Voilà notre bon gendre et Léon à Paris depuis hier... et tous deux éprouvent une bien grande émotion en vous revoyant tous.* » Charles rentré en Alsace, Félicité fait le bilan : « *Notre excellent gendre a passé chez vous de bons moments, son cœur avait besoin de vous voir et de pleurer avec vous. Il vous aime tous, et sait si bien t'apprécier ma chère enfant.* » (2 janvier 1863) Dans la suite du paragraphe, elle cite une lettre de Léon relative à la même visite : « *Notre cher Léon a été de son côté bien heureux de vous revoir, il nous écrit en parlant de toi : Eugénie est toujours la même, pleine de bonté et de bienveillance.* » Ainsi les paroles attribuées à Charles et les mots retranscrits de Léon agissent de concert ; l'écrit authentifie l'oral, tandis que la compagnie de Léon atténue ce que la seule présence de Charles pourrait avoir d'un peu trop significatif. Parler de son entourage, pour son entourage et recopier une lettre : ces pratiques ordinaires permettent qu'un aveu soit fait (au nom de Charles) et que la brutalité de la déclaration soit estompée.

Félicité avance très subtilement, hardie et rassurante à la fois. Elle souligne l'« *émotion visible de Charles* », provoquée par la lecture d'une lettre de Jeanne Desnoyers à Félicité (9 juin 1863). Une autre fois, elle décrit « *ses yeux qui se mouillent* » lorsqu'il parle d'Eugénie et de Caroline, inséparablement liées (26 octobre 1863).

On peut s'interroger sur la réalité du portrait de cet homme, ému jusqu'aux larmes à l'évocation d'Eugénie. En mai 1863, il fait un autre voyage à Paris – et pourtant, il ne rencontre pas la jeune fille. Félicité l'explique incidemment : « *C'est par un sentiment de délicate discrétion que toi et tes parents saurez bien apprécier, qu'à son grand regret, il se privera du plaisir d'aller vous voir.* » (2 mai 1863) Absence de relation confirmée par Charles lui-même. De l'hôtel où il loge, rue Bergère, il écrit à sa belle-mère. Il lui raconte son séjour à Paris, ses difficultés d'industriel à « *entrer dans des maisons qui ne vous connaissent pas* », son peu de goût pour les peintures exposées au Salon (« *cette année les batailles abondent et je ne sais admirer ces horreurs* ») et, longuement, ses visites au Jardin (à la famille Duméril). Il dit aussi son désir de retrouver au plus vite ses enfants. Mais pas un mot sur les Desnoyers (Charles à Félicité, 10 mai 1863).

C'est donc bien par lettres que tout continue de se passer. Début août 1863, un voyage de Félicité à Paris et Montmorency, où elle rencontre les Desnoyers et parle avec Eugénie, ne modifie pas la situation ; elle continue de plaider *la* cause auprès de la jeune fille, qui garde ses distances. La grand-mère envisage un autre voyage, bientôt, avec ses petites filles. Elle rêve de les voir « *dans les bras d'Eugénie* » (14 août 1863). Celle-ci, tout en protestant du plaisir que ce projet lui procurerait, explique que sa famille est trop occupée tout l'été pour rencontrer les filles de Caroline : « *Nous espérons que votre voyage pourra se faire à une époque à laquelle nous puissions en profiter pour vous voir et faire la connaissance de ces chères petites.* » (16 août 1863)

Si la stratégie de Félicité (adossée à un faisceau de motivations que nous ne connaissons pas, relayée par d'autres intermédiaires et soutenue sans doute par des moyens divers) finit par porter ses fruits, elle se heurte longtemps à la réserve d'Eugénie. Certes, celle-ci est trop respectueuse des règles du savoir-vivre pour ne pas répondre à Félicité dans le ton attendu. Compatissante à son habitude, elle lui envoie des lettres réconfortantes. Et lorsque Marie intervient, elle écrit à l'enfant en marraine dévouée. Elle participe pleinement au réseau d'affection qui se tisse autour de la fillette et de sa grand-mère dans le souvenir de la mère disparue.

Mais, en cet automne 1862, quelques mois après la mort de Caroline, la préoccupation principale d'Eugénie semble être de s'adapter à une vie nouvelle, sans sa sœur, si proche confidente des années d'adolescence, qui vient de se marier. Entre le 29 septembre et le 14 octobre, six lettres d'Eugénie à Aglaé sont conservées. Si, dans la première, elle fait allusion aux joies de sa « *pauvre Caroline* » qu'elle a partagées, les suivantes, en revanche, pleines de nouvelles familiales et de protestations d'affection, n'évoquent plus leur amie. Une phrase de la dernière lettre semble justifier ce silence : « *Ma pauvre Caroline ! sans cesse je pense à elle, mais c'est de l'égoïsme ; elle est heureuse.* » (14 octobre 1862)

Tandis que Félicité cherche à intéresser Eugénie à ses petites-filles et à Vieux-Thann, de la maintenir dans le cercle étroit dont Caroline était le centre et dont elle-même ne s'évade pas, la jeune fille se montre très attachée à sa famille, soucieuse des siens, faisant des projets avec eux. Elle se dit touchée de l'affection marquée par Félicité, mais elle cherche à échapper à une relation exclusive. Usant elle aussi des procédés épistolaires, elle associe sa mère et sa sœur aux amitiés qu'elle envoie, aux commissions dont elle est chargée : « *Nous allons nous occuper du petit manchon et de la palatine. Adieu, bien chère Madame ; Maman, Aglaé et moi vous embrassons de tout cœur.* » (6 décembre 1862)

Mais finalement, à l'automne 1863, le projet se précise pour tous et le mariage est décidé. Félicité, empruntant le nom que lui donne Marie, signe « *ta maman Méhil* » (18 décembre 1863) ; Constant, comme font souvent les hommes dans les grandes circonstances, prend la plume pour marquer sa gratitude et sa reconnaissance à Eugénie (11 janvier 1864), et Charles, depuis Paris, annonce à sa fille d'une écriture inhabituelle, particulièrement soignée et lisible, l'arrivée de la nouvelle maman (31 janvier 1864). Pour la première fois, à sa manière pudique, Eugénie fait allusion à Charles : « *Il n'y a qu'une personne dont je ne vous parle pas, mais cette per-*

sonne sait bien que je pense à elle. » (Eugénie à Félicité, 31 décembre 1863)

Quelles que soient les raisons qui, en dernier ressort, ont déterminé Eugénie et sa famille à consentir au mariage avec Charles, cet épisode souligne l'utilité de la correspondance pour dégager une ligne de conduite, l'efficacité des procédés d'écriture pour la maintenir et le talent des épistoliers à les utiliser. Félicité propose une image de mère idéale (et donc de seconde épouse). Cette représentation construite lettre après lettre s'impose à Eugénie. Sans qu'on puisse préjuger de son libre arbitre ni de ses sentiments, il reste qu'elle a accepté ce rôle et l'a assumé pleinement.

Conclusion

« Le silence d'un monde muet[1] » a été rompu. Par ces traces inachevées comme autant d'éclats d'un passé révolu, le petit monde familial a fait entendre une parole, sa parole singulière et exemplaire. Encore faut-il qu'elle soit entendue.

L'image de la bouteille à la mer est un lieu commun de la littérature épistolaire. Geste d'espoir, urgence qui donne du temps au temps, errance au gré des vents et marées, le fil des représentations n'en finit pas de s'étirer. L'épistolier n'a nul besoin d'être poète ni marin pour percevoir que son geste appartient peu ou prou à l'ordre de l'écrit où se régissent les règles de la conservation, de la transmission, du dévoilement et, en dernier ressort, celles de la lecture. Le destin des correspondances a ceci de mystérieux qu'en se situant dans l'instant présent et dans l'éphémère, en désignant nommément le ou les lecteurs privilégiés, avec un peu de chance, elles réussissent, comme la bouteille à la mer, à traverser le temps et à toucher de nouveaux rivages.

Durant tout ce voyage, depuis leur naissance une à une jusqu'à leur entrée dans le monde de l'édition, la question du lecteur et du contrat de lecture scelle le destin étrange des lettres. Entre les correspondants d'abord, s'échangent, dans le respect d'un rituel approprié, tous les signes d'une véritable « quête de la félicité dans la communication[2] ». Montrer au destinataire l'acte d'écrire en train de se faire singularise l'instant et cultive ce qu'il a d'insaisissable. À partir d'un registre d'indices choisis, « le sujet écrivant construit l'image du sujet lisant en gérant les références communes au je et au tu[3] ». Ce jeu interactif dans lequel l'épistolier s'efforce de répondre à l'attente de l'autre, tout en l'orientant, produit, au-delà des mots, ses propres règles de compréhension fondée sur la connivence et le partage des valeurs.

Au-delà de la mort, de nouveaux lecteurs se profilent avec l'intervention des héritiers. Architectes de la mémoire, ils assemblent et organisent les lambeaux d'histoires en un bel édifice aussi solide et probant que la réussite des ancêtres. À ces lecteurs attentifs à la cause familiale, les lettres livrent les clés d'une appartenance édifiante à une lignée, à l'Histoire tout court.

Grâce à la complicité de ces médiateurs, les historiens deviennent lecteurs à leur tour. Ils avancent à pas mesurés, veillant à esquiver les pièges d'une lecture fictive ou documentaire. Comme au scalpel, ils dissèquent, repèrent et, finalement, opèrent leur propre découpage des textes. Dans ce nouvel agencement, une autre lecture est suggérée : celle de vestiges qui ne prennent sens que dans la logique des pratiques qui les ont produits.

À vous lecteurs du quatrième type, ces matériaux composites sont offerts et avec eux un nouveau contrat de lecture fait de dévoilement et d'écoute d'une parole relayée par l'imprimé. La neutralisation du graphisme et une disposition spatiale différente peuvent entraîner une perte de sens, mais compensée par la fluidité : lire couramment permet de voir autrement et autre chose. Comme le poète qui cherche à « rendre aux mots leur valeur harmonique » (Maurois), le lecteur est ici invité à entendre la résonance de ce qui n'est qu'un des objets possibles à construire.

En suggérant cette lecture, l'historien a tout à fait conscience d'appartenir à une époque où ces correspondances-là n'ont plus cours, alors que d'autres formes d'échange à distance envahissent la scène quotidienne et définissent de nouveaux rituels. Un sentiment mêlé d'étrangeté face à des pratiques révolues, mais aussi de nostalgie pour des objets familiers et valorisés, engendre un certain regard, une certaine réception. À cette croisée paradoxale se pose la question de l'historicité d'une écriture spécifique dont nous avons tenté de démonter les mécanismes et de pénétrer les raisons.

Écriture spécifique, il faut le souligner pour éviter de confondre en un même ensemble toute forme épistolaire. Est-ce à dire pour autant que les correspondances familiales constituent un genre à part ? Entendue comme un échange prolongé et croisé de lettres entre différents membres d'une famille, cette écriture, par sa structure narrative, son énonciation et sa fonction, se différencie effectivement des autres pratiques telles que correspondances littéraires ou politiques, lettres d'amour ou d'amitié, courrier commercial ou administratif, échanges diplomatiques ou militaires, etc. Elle s'en démarque à la fois par le maillage familial, par les formes de conservation, par les ressources rhétoriques et surtout par sa finalité qui en fait un instrument de solidarité, de contrôle et d'union. Certains de ces traits peuvent exister dans les autres corpus : par exemple, la transmission de nouvelles familiales dans les lettres commerciales, le discours sur l'absence dans la relation amoureuse ou amicale, la circulation en forme de réseau dans les échanges scientifiques. Dans les correspondances familiales, c'est la conjonction de cet ensemble de caractères qui les distingue des autres genres épistolaires et qui permet en conséquence d'en situer l'usage dans une période précise : loin de l'âge d'or de l'art de la conversation et de la lettre spirituelle, à distance aussi des formes multiples de la communication du temps présent. Embrassant un large XIXe siècle, avec des ébauches en amont dès le XVIIIe siècle, et des ramifications en aval jusqu'à l'entre-deux-guerres, le genre des correspondances familiales s'invente en dehors des sentiers balisés par la norme et les modèles [4], à la croisée de l'histoire des pratiques d'écriture et de l'histoire de la famille.

Le XIXe siècle marque une étape décisive pour la circulation du courrier, en raison des progrès de l'alphabétisation et du désenclavement économique et social qui multiplie les circonstances où s'écrire devient une nécessité [5]. La croissance exponentielle du courrier témoigne de cette « entrée massive en écriture ». L'infrastructure postale qui instaure progressivement un service sûr, régulier et bon marché, au même titre que les nouveaux moyens de transport qui facilitent les voyages d'affaires, d'agrément ou les migrations, sont autant de supports favorables à l'échange épistolaire. Mais dans ce contexte générateur de communications, la promotion de l'écrit ne touche pas toute la société française. Il est attesté en outre que, dans cet essor, la part du courrier personnel est inférieure à dix pour cent, l'essentiel des échanges étant lié au monde des affaires. La distribution inégale des compétences (selon l'appartenance sexuelle, sociale et géographique) dessine les limites d'une écriture potentielle. À l'intérieur des espaces sillonnés par la culture écrite, toutes les familles ne tiennent pas non plus la plume avec la même assiduité.

Tenir une correspondance – le cas que nous avons analysé l'illustre parfaitement – ne relève pas seulement de compétences ou d'incitations infrastructurelles, mais de manière plus profonde, cette pratique s'enracine dans un modèle de comportement, dans une façon de vivre le lien social et d'entretenir des relations. Dans l'état actuel des recherches sur cette question, il n'est pas possible de dessiner une quelconque cartographie, sociale et culturelle, de ces comportements, ni d'en démonter les causes et les effets. Il apparaît néanmoins à partir de cet exemple précis que la correspondance familiale, comme genre, naît au point de contact entre le mot et le réel, entre un langage possible et des circonstances qui s'actualisent à travers l'écriture. L'accès aux outils rhétoriques permet de cultiver l'attachement familial et de fabriquer un univers autarcique où chacun des participants travaille et se reconnaît. Face au vaste monde froid et indifférent, l'espace épistolaire ménage des abris chauds et aimables, solides et solidaires. Un espace que s'approprie le petit monde familial pour se réjouir ensemble des enfantements, des mariages, des visites et des retrouvailles. Un espace aussi pour panser les peines et les deuils. Un espace enfin pour asseoir des opinions, apprivoiser les peurs et partager des valeurs.

Le culte de la famille, en disposant dans la correspondance son temps, son cadre de vie, ses acteurs et ses mythes, trouve dans l'écriture les ressources appropriées pour domestiquer l'espace extérieur, celui qui est affronté dans l'éloignement et l'arrachement. À ce titre, l'imaginaire des épistoliers se nourrit de cette appréhension de l'espace et du temps[6]. Selon les événements et les itinéraires singuliers, il marque l'univers traversé de sa symbolique propre. Ainsi peut-on lire en filigrane la représentation d'un « jardin » (le Jardin des Plantes à Paris) qui se constitue comme lieu de la nostalgie : espace d'un paradis perdu, celui de l'enfance des jeunes filles (Caroline, Adèle, Eugénie, Aglaé, Marie, Émilie...) ; cadre vénéré de brillantes carrières scientifiques (André Constant Duméril, Auguste Duméril, Jules Desnoyers, Alphonse Milne-Edwards...). En contrepoint, l'Alsace apparaît comme le lieu de l'enracinement « par raison » : aboutissement de voyages initiatiques qui conduisent Caroline, Léon, Constant et Félicité, André Constant au seuil de « nouveaux mondes », celui des adultes (par le mariage ou le travail), celui d'une autre culture (par les habitudes et la langue), celui surtout, rude et imprévisible, de l'usine où se forge, bon an mal an, la fortune familiale. À d'autres moments de cette correspondance, pendant la Révolution ou au début du XXe siècle, les représentations spatiales et temporelles peuvent revêtir d'autres formes.

Il n'en reste pas moins que, réaliste et véridique, parcellaire et inachevé, l'univers ainsi figuré se construit dans la rupture, géographique, sociale et culturelle. La correspondance se présente comme le lieu stratégique où se réalise, s'inculque et se transmet cette vision duale d'un monde à soi à protéger de l'extérieur. Elle illustre à travers les mots ce processus d'inclusion et d'exclusion. Les « bonnes lettres » deviennent mot de passe que seuls connaissent ceux qui appartiennent au même horizon. Les émotions individuelles qui circulent dans le petit monde clos sont alors reliées par des milliers de fils invisibles et indicibles à l'histoire traversée par la famille. Ils sous-tendent précisément cet espace épistolaire comme les harmoniques accompagnent la tonalité principale : ils accordent, enrichissent, répercutent, amplifient, développent le rapport spécifique au monde d'un groupe social donné, dans un contexte particulier. C'est sans doute moins l'écriture épistolaire qu'il importe de dater, que cet ensemble de gestes ritualisés qui engage les membres d'une même famille dans la production écrite de son identité sociale.

CES BONNES LETTRES

Villers-sur-mer
Lundi 10 août

Mon cher Charles

On me remet à l'instant ta lettre, et je n'ai pas besoin de te dire que je voudrais bien être auprès de toi et que si je ne pars pas de suite p. Vieux Thann c'est par raison, je ne voudrais pas faire manquer aux enfants ces 3 derniers bains, et il faut bien que je donne 4 jours à ma pauvre Mère qui se dérange elle toujours p. venir nous trouver. Mais je t'assure que je ne jouis guère ici, ma pensée est toujours près de toi et j'ai hâte de rentrer dans notre home où tu es beaucoup trop seul. Soigne-toi bien, prends tes bains de Wattviller et promets-moi que si tu sentais le moindre malaise tu m'enverrais une dépêche. Je sais

Eugénie à Charles, 10 août 1868.

Note préliminaire

Donner des raisons à un choix intuitif est un exercice paradoxal. Avouons-le, la préférence portée à certaines lettres parmi tant d'autres[1] relève tout simplement du plaisir suscité soit par un bonheur d'expression, soit par une anecdote pittoresque, soit par un récit prenant valeur de témoignage historique. Ainsi, les émois d'une jeune maman narrant les progrès de son bébé, la confession du savant mesurant la vanité des collections d'objets au moment où il affronte le deuil de son fils, les doutes et les épanchements de l'industriel immergé dans l'action politique et l'urgence des événements, les méditations prémonitoires de la jeune fille sur la mort et le sens de la vie, les récits de choses vues et entendues pendant le siège de Paris..., tous ces motifs qui émaillent le tissu ordinaire des lettres suscitent des résonances non seulement chez le spécialiste averti des choses du passé, mais aussi chez le lecteur sensible aux expressions de l'intimité ; double regard qui permet de mettre l'Autre à distance et d'en partager la proximité. De ce plaisir on ne peut donner les raisons au risque de le perdre. Il peut néanmoins être dit comme tel.

Notre choix qui peut paraître arbitraire se situe donc dans cette tension entre un regard critique sur des documents qui font sens et une lecture de braconnage où chacun peut puiser sa part de rêve et de vérité. Aussi subjectif soit-il, il a toujours cherché à préserver l'idée de co-respondance, ce va-et-vient entre les interlocuteurs, ces bribes de dialogues qui tissent un réseau familial. Ce parti pris nous amène à livrer un texte brut, avec ses obscurités et ses jaillissements, et sans l'appareil critique qu'il est d'usage de construire dans ce genre éditorial. Annoter ces lettres aurait été en compliquer la lecture sans l'éclairer vraiment.

Toute édition de correspondance doit adopter des règles de transcription. Il n'existe pas de loi générale en ce domaine où les documents sont particulièrement hétérogènes. Chaque éditeur établit sa propre norme, jamais parfaite mais pragmatique et adaptée au genre de correspondance qu'il veut rendre accessible au public. Les conventions varient non seulement en fonction de la notoriété des épistoliers, de leur milieu culturel, de la nature de leur œuvre ou de leur action, mais aussi selon l'état de conservation des documents (avec les questions de datation, d'identification des destinataires et signataires, de lisibilité et de lacunes).

Dans le cas de cette correspondance familiale, nous avons opté, depuis le début de notre projet, pour une transcription scrupuleuse des textes. Préalable nécessaire pour économiser des déchiffrages réitérés et parfois laborieux puisque le travail d'analyse se faisait en équipe. Surtout, dans la logique de notre problématique attachée à tous les signes contenus dans les lettres, nous ne voulions pas trier par avance ce qui fait sens et ce qu'il faut jeter, choisir entre les pépites et les scories. « Le goût de l'archive passe par ce geste artisan, lent et peu rentable, où l'on recopie les textes, morceaux après morceaux, sans en transformer ni la forme, ni l'orthographe, ni même la ponctuation [2]. » Le copieur de lettres, même sur ordinateur, partage aussi cette émotion du temps retrouvé et ce goût de l'archive si bien évoqué par Arlette Farge. Pourtant la saisie de lettres, qu'elle soit manuscrite ou dactylographiée, lamine la part sensible de l'objet, elle confisque inévitablement les traits de plume, les ratures et toutes sortes d'informations apportées par la graphie, le papier et la mise en page. Quoi qu'il en soit, après la copie et passé le moment du partage d'un imaginaire de la lettre, il reste le texte. Nous avons montré comment les épistoliers contruisent du sens autour de la matérialité de l'objet et de sa conservation, comment leur énonciation dramatise la communion dans l'écriture et la lecture.

Ce texte, nous avons choisi de le restituer dans son intégralité dans la mesure où les formes déficientes ne font pas obstacle à sa compréhension. Sont respectés avec le plus d'exactitude – et sans présumer de nos capacités à interpréter et à dactylographier – la ponctuation, parfois absente ou réduite au tiret ; l'absence fréquente de capitales même pour les noms propres, en particulier dans les lettres de Jules Desnoyers, ou son abus dans le cas de Charles Mertzdorff ; les fantaisies orthographiques, qu'elles relèvent du « lapsus calami » (absence de la marque du pluriel), de pratiques personnelles ou de l'usage courant (*tems* pour *temps*).

Dans ce milieu cultivé, surtout du côté des scientifiques, les variantes orthographiques ne peuvent être stigmatisées comme « fautes » : une relecture aurait de toute évidence permis aux auteurs de les corriger. Ne pas le faire pour l'édition, c'est montrer que l'épistolier ne s'est pas relu et que l'écriture familiale s'effectue dans la hâte et la connivence. On souligne ainsi que les petites filles ne sont pas corrigées par les adultes et s'expriment en toute liberté ou, du moins, sous leur regard attendri et indulgent. Dans le cas de l'industriel alsacien, les lettres portent de multiples signes de ses pratiques professionnelles [3] et de son appartenance à la culture germanique. On est frappé par ailleurs de la grande maîtrise linguistique de Félicité Duméril ou de sa fille Caroline, ceci en toutes circonstances.

Il apparaît que les incorrections par rapport à l'usage moderne et normé de la langue ne doivent pas être tenues pour des « fautes », mais plutôt pour des traits distinctifs qui relèvent à la fois de l'éducation, des usages de l'époque, mais aussi des circonstances dans lesquelles sont produites les lettres. Les particularités ne peuvent se réduire à des positions définies *a priori* qui opposeraient le monde parisien et scientifique à la sphère alsacienne et industrielle, les enfants aux adultes ou les femmes aux hommes. Les niveaux de compétence et la maîtrise de l'écriture se modulent aussi au gré des événements, des sentiments et des circonstances.

1857

n° 1
Cécile Audouin (Paris)
à Eugénie Desnoyers (Montmorency)
mardi 9 juin 1857

mardi 9 Juin 1857

Il est 11 h près de la demie, ma chère et bien aimée amie, Ma tante, Léonce, Alfred et [illisible] viennent de partir et je ne veux pas laisser passer ce dernier Mardi sans te faire une petite amitié mais qui j'espère t'arrivera bien tendre comme elle part. Nous avons passé (sauf 2 visites de famille) la journée à faire des billets d'invitations pour ce Mardi 16 qui est maintenant si prêt nous n'avons plus qu'une ou deux toutes petites emplettes à faire et quelques visites d'amies intimes nous sommes donc bien en mesure Alfred me donne ma corbeille d'une façon très amusante, chaque jour il me fait un cadeau, ils sont tous charmants et je m'habitue parfaitement à cette petite redevance quotidienne, j'aurai une quantité de jolies choses à vous montrer et je suis fort enchantée de mon appartement- Si tu étais là j'aurais bien des choses à te dire enfin chère amie je vais bien, et je ne puis me figurer que dans huit jours je serai mariée ce qui fait que je ne suis nullement triste, seulement je tiens plus encore à ne pas quitter maman et je m'attache plus encore à tant de choses qui vont changer; Ce qui ne changera pas c'est l'affection que j'ai pour mes amies dont je sens encore plus le besoin et les preuves d'amitié de loin ou de près- Si tu m'aimes écris moi. Je pense bien à toi chérie et je t'aime bien tendrement surtout ne prends pas ça pour une banalité on ne les écrit pas du reste à près de minuit et avec un si grand désir de voir et d'embrasser celle à qui l'on parle-

Fais bien nos amitiés à tous les habitants du cottage embrasse bien fort Aglaé et toi chère amie prie bien le bon Dieu pour ta vieille amie Cécile qui t'aime tant et écris lui bien vite-

Encore un baiser je n'en finirais plus si je ne me disais que plus je tarderais plus j'aurais de peine à te quitter- Encore 2 bons baisers bien bien tendres et à Mardi-

Cécile Audouin

L'adresse de Caroline à Paris s'il te plait-

Voilà une sotte lettre et pourtant je désirais bien l'écrire et j'ai passé un bon quart d'heure je t'assure je suis si contente de penser que tu es heureuse un peu n'est ce pas aussi de ravoir un peu ta Cécile qui t'aime tant et si tendrement.

n° 2
Caroline Duméril (Montataire)
à Adèle Duméril (Paris)
mardi 12 juin 1857

Montataire 12 Juin 1857

Tu vois que je suis fidèle à ma promesse ma chère Adèle et que je viens causer un peu avec toi ; si je ne l'ai pas fait plus tôt, c'est que j'ai été si occupée à ma tapisserie que réellement je n'avais pas un instant à moi enfin la voilà finie et expédiée depuis hier au soir et tu vois que je ne perds pas de temps puisque je n'ai pas encore déjeuné. Papa t'aura raconté, d'après la lettre de maman, toutes nos cérémonies de Dimanche ; je t'assure que malgré la fatigue, j'ai passé une journée dont je garderai un bien agréable souvenir. Monseigneur est un homme charmant plein d'esprit, de cœur, et de distinction ; pendant les cérémonies religieuses, il a été bien touchant ; et ensuite, au chateau, il nous a tous amusés par ses histoires et la manière si fine dont il dit les choses. Figure toi qu'à ce dîner du château, il y avait 7 prêtres ; nous n'étions que quatre dames ; Melle de Condé, ma cousine, maman et moi. Les exercices religieux ont été fort longs ; après vêpres il y a eu des prières dans le cimetière ; Monseigneur chantait le de Profundis en jetant de l'eau bénite sur les tombes tandis que la population priait tout bas agenouillée sur cette terre si fraîchement remuée en tant d'endroits.

6 h. m. 1/4.

La cloche de 10 heures et le déjeuner m'ont interrompue dans mon bavardage, ma chère enfant ; puis j'ai été au jardin, j'ai cueilli des pois, je les ai écossés, je me suis habillée et suis partie avec Mr et Mme Fröhlich et maman pour faire des visites au château, chez Mr le Curé et à Creil chez Mr Boursier.

Nous rentrons, je viens de quitter ma livrée de cérémonie et me vois obligée de finir bien vite cette lettre si je veux qu'elle parte ce soir.

Je te charge, Dimanche, de dresser un procès-verbal très détaillé de tout ce qui se passera à la société protectrice car puisque j'ai le regret de ne pouvoir y assister, tu dois charitablement me dédommager le plus possible ; seulement je suis sûre qu'il faudra que tu me racontes tout cela tout bas autrement nous pourrions courir grand risque d'avoir les yeux arrachés par ton père. Adèle et Marie qui savent que je t'écris me chargent de beaucoup de choses pour toi ; Marie est je crois plus animée que jamais ; par moments elle nous donne de terribles envies de rire.

La campagne est vraiment chose délicieuse dans ce mois ci, tu ne peux te figurer combien tout est vert et fleuri, la pelouse dans le jardin est magnifique, les roses, le chèvrefeuille, le sureau, tout cela est dans son beau moment, je n'ai jamais tant joui, je crois, de la nature.

Adieu, ma chère Adèle, distribue autour de toi mes sentiments de respect et d'affection et reçois pour toi-même, avec deux bons baisers l'assurance de la sincère amitié de ta cousine et amie

Caroline Duméril

Mon oncle n'est pas mal cette après-midi, Théophile part ce soir.

n° 3
Caroline Duméril (Montataire)
à Isabelle Latham (Le Havre)
samedi 26 et lundi 28 septembre 1857

Forges de Montataire
26 Septembre 1857

Ah ça, Mademoiselle Isabelle, si c'est ainsi que vous répondez à mes lettres, notre correspondance ne sera pas très active et nous courrons grand risque d'être plusieurs mois sans entendre parler l'une de l'autre si ce n'est par des voies détournées ; petite paresseuse, va, je vois bien que décidément tu aimes mieux causer qu'écrire ; pourtant je t'en prie arme-toi de ton grand courage et prends ta plume car je t'avoue qu'après avoir tant joui d'être auprès de toi dans une si grande intimité il me parait dur d'être privée de toute nouvelle ; voilà trois semaines que je suis partie et je n'ai pas entendu dire le moindre mot des chers Hâvrais. Je pense qu'Edmond est retourné en Angleterre, que Georges est parti, que ton oncle Pochet est complètement rétabli ; que vous allez tous bien mais après tout ce ne sont que des suppositions et je t'avoue que j'attends avec impatience une longue lettre de toi.

Lundi 28.

J'ai été interrompue dans ma causerie, avant-hier et ne puis la reprendre que ce matin. Nous sommes ici depuis Jeudi, chez ma cousine et y resterons jusqu'au 5 Octobre puisque ce sont les vacances de Léon ; malheureusement le temps est bien gâté et nous ne pouvons guère jouir de la campagne ; hier pourtant il faisait beau et nous sommes allés aux courses de Chantilly qui, comme tu le sais, sont fort renommées et très à la mode ; ce sont les chevaux anglais qui ont remporté tous les prix au grand chagrin de ces messieurs du Jockey-club.

J'ai dévoré Hortense, je crois que rarement un roman m'a tant intéressée et je te remercie bien de me l'avoir prêté ; [Querchy] m'a plu aussi ainsi qu'Hélène et Isabelle ; je te renverrai tout cela par Emile à moins toutefois qu'il ne soit à Paris dans ce moment.

Je n'ai pas grand chose d'intéressant à te raconter car je n'ai vu presque personne d'étranger pendant la quinzaine que j'ai passée dans la Capitale, et ici, quoiqu'à quinze lieues seulement de Paris on est tout à fait dans l'ignorance de ce qui s'y passe. Tu auras sans doute appris par les Edgard Duval la mort de notre cousine, Mme Comte, je crois que tu ne l'avais jamais vue mais pour moi qui la connaissais très bien cette mort subite m'a bien frappée.

En m'écrivant, dis moi un peu ce que tu fais et qui tu vois que je puisse me croire encore un peu auprès de toi ; il me semble qu'il y a déjà si longtemps que nous ne nous sommes vues et que nous n'avons causé.

Si Mr Soudey n'est pas encore venu à Paris et s'il compte toujours aller voir Mme de Tarlé, dis lui que voici au juste son adresse. Maison St Paul, rue Houdan à Sceaux. Avant de venir à Montataire j'ai enfin terminé ma tapisserie et j'attends ma chaise montée Mercredi ou Jeudi, comme ma cousine ne s'en doute pas du tout, je jouirai beaucoup de sa surprise.

Adieu, ma chère Isabelle, à bientôt une bonne causerie de toi, je t'en prie, je t'envoie en attendant l'assurance de ma vive amitié et t'embrasse de tout cœur ainsi que Matilde

Ta cousine et amie
Crol

Voici comment il faut adresser ta lettre, chez Monsieur Fröhlich aux forges de Montataire près Creil Oise.

Dis à mon cher Lionel que j'ai tant parlé de lui à mes petites cousines qu'elles ont grande envie de le connaître.

Ne m'oublie pas je te prie auprès de ton père, de ta tante Gastambide et de Melle Pilet

n° 4
Caroline Duméril (Paris)
à Isabelle Latham (Le Havre)
mercredi 25 novembre 1857

De la chambre de Crol
25 Novembre 57

Ma chère Isabelle,

Ne t'effraye pas de ne pas reconnaître mon écriture, c'est ma troisième main qui t'écrit, les deux autres seraient bien incapables de tenir la plume. Veux-tu un portrait de la vieille Crol : Figure la toi sur le dos depuis 9 jours, dans un mutisme complet ; (comme on est bien punie par où l'on pèche diraient certains cousins havrais qui ont l'audace de trouver que j'ai la langue trop bien pendue) Donc je suis muette à cause d'un vilain mal de gorge qui me fait extrêmement souffrir nuit et jour. J'ai eu quatre abcès successifs ; maintenant j'ai encore le gosier bien pris, et les innombrables cataplasmes et sinapismes dont on m'accable, six sangsues [illisible] pieds, un déluge de gargarismes et un manque total de nourriture rien n'y fait jusqu'à présent.

La faculté, représentée à mes côtés par bon papa et mon oncle, n'a jamais vu aucun danger à mon état et déclare qu'il ne faut plus maintenant que du temps, des gargarismes et des cataplasmes. Tu vois que l'avenir devient rose pour moi ; je fais presque une chose défendue en dictant ces quelques lignes.

Mais je voulais te remercier de ta bonne lettre qui m'a fait grand plaisir, prends bien vite ta petite plume d'or et gratte m'en comme tu dis quelques longues pages ; ce me serait une distraction fort agréable ; je compte sur ton bon cœur et ta verve.

Je ne réponds pas à tout ce que tu me dis d'amusant quoique l'histoire de la noyade m'ait bien fait rire.

La voix me manque, adieu, je t'embrasse ainsi que Mathilde que je remercie. Et n'oublie pas surtout, chère Isabelle de prendre vite une des feuilles de Georges que j'admire (pas Georges.)

Je profite de mon rôle de secrétaire, chère Mademoiselle pour vous assurer moi-même de toute ma sympathie, et vous prier de recevoir l'expression de mes sentiments affectueux.

Eugénie Desnoyers
X O excepté moi
Crol

n° 5
Caroline Duméril (Paris)
à Isabelle Latham (Le Havre)
mercredi 16, mercredi 23 et jeudi 24 décembre 1857

Mercredi 16 Décembre 1857

La voilà commencée cette gigantesque lettre que je t'ai promise et que j'ai enfin la force d'entreprendre ; tu vois que je prends mon plus grand papier et ma plus petite écriture avec ma plume la plus fine ; si tu n'appelles pas cela un vrai bavardage je ne m'y connais plus. A te dire bien vrai je n'ai pas d'histoires bien interessantes à te raconter car tu comprends que lorsqu'on est étendu pendant trois semaines entre ses deux draps, on a beau être au courant de ce qui se passe au dehors ce n'est plus comme lorsqu'on est témoin véritable. Le premier Dimanche de ma maladie, j'ai bien regretté de ne pas aller chez bon papa où il y avait à diner ce curieux ménage dont je t'ai parlé ; Mr Bretonneau le fameux savant avec ses 79 ou 80 ans et sa femme qui a à peine 19 ans ; tu conçois qu'il y aurait eu de l'intérêt à les voir et il parait que tout le monde les examinait bien. La jeune femme est dit-on charmante, jolie, instruite ayant de l'esprit juste assez d'aplomb pour se bien poser et traitant son mari comme s'il avait 25 ans tout en le respectant et l'admirant comme on doit admirer et respecter un homme de son mérite et si universellement connu. C'était un étrange spectacle.

Mercredi 23 Décembre.

Voilà huit jours que cette lettre est commencée sans que j'aie eu assez de force pour la continuer ; depuis Dimanche où je vais mieux pour de bon, j'étais un peu inquiète de ne pas avoir de tes nouvelles et c'est ce qui m'empêchait de reprendre ma plume car je ne trouve rien de plus ennuyeux que d'écrire à une personne quand on ne sait ni comment elle va, ni ce qu'elle fait, ni ce qui lui arrive. Ton long silence me faisait perdre en conjectures ; car savez-vous Mademoiselle que je n'avais eu un mot de vous, et franchement tu ne peux te figurer combien cela me manquait ; je me suis si bien habituée à recevoir tes bonnes lettres où tu es si gentille et j'aime tant à te suivre par la pensée dans ce que tu fais ou ce que tu feras que vraiment cela me rendait un peu triste mais ce matin j'ai reçu le petit papier que j'attendais et je t'en remercie ma petite Isabelle car je comprends à merveille combien il doit t'être difficile de trouver un moment de liberté et que de choses tu as à faire et à finir indispensablement. Tu es bien heureuse de pouvoir t'occuper ainsi du jour de l'an ; il n'en est pas de même pour moi ; les seuls ouvrages que j'offrirai sont le col de Mme Desnoyers et une corbeille en tapisserie pour le cabinet de mon oncle ; les étrennes que j'ai à donner, je ne pourrai les acheter moi-même puisqu'il m'est défendu encore de sortir et c'est un plaisir que je regrette car je ne connais rien de plus amusant que l'aspect de Paris dans les derniers jours de l'année ; c'est un mouvement, une cohue sur les boulevards, un étalage de tant de choses différentes ! Mais je suis encore en prison et mon jour de Noël ne sera pas bien gai puisque je ne pourrai même aller à l'église ce dont j'ai bien gros cœur ; je me dédommagerai en envoyant une bonne partie de moi à la Côte, tu me feras une petite place à ton côté et ainsi vous serez 22 et 1/2 à table, seulement tu auras soin de me dire quels étaient tes voisins afin de savoir dans quelle société je me trouvais. J'ai compté quels pouvaient être les 22 en question et je me figure que vous aurez les Rigot, en tous cas je me figure que tu t'amuseras car c'est une bonne chose que les grandes réunions de famille. Pour ma part je resterai probablement au coin de mon feu avec maman car papa et Léon iront sans doute au Jardin comme les Dimanches. Pour mes étrennes, on me promet que je dinerai le jour de l'an chez bon papa ; j'irai en voiture bien entendu à moins qu'il ne fasse un temps d'été et ma journée se passera je pense à recevoir des visites avec bon papa. Ce qui me tourmente c'est que je ne sais que donner à Adèle elle a de tout la chère enfant et c'est un vrai casse-tête ; je t'écrirai l'année prochaine ce que j'aurai donné et reçu. Je suis bien aise que tu te sois amusée à cette soirée Labouchère ; tu ne me dis pas quelle robe tu avais.

Si j'avais été bien portante nous aurions eu une soirée aussi Jeudi dernier, chez un jeune ménage qui venait de baptiser leur fille ; je ne l'ai pas beaucoup regrettée, quoique la petite maîtresse de maison soit bien gentille. Tu auras su sans doute que Léon a échoué au baccalauréat ; nous nous y attendions puisqu'il n'est pas fort en Latin et nous avons été contents de ce qu'en physique et en mathématiques il avait eu le maximum car ce sont les parties dont il s'est spécialement occupé ; maintenant le voilà tout à fait ici et il travaille beaucoup avec un répétiteur ; c'est un grand changement dans la maison et il y apporte bien de la vie et du mouvement comme tu sais que fait toujours un garçon. C'est malheureux que vous n'ayez pas ce pauvre Edmond pour votre Noël il doit bien le regretter aussi. Ah ça j'espère qu'il se donne du genre ce jeune homme en conduisant ses cousins et les protégeant dans le monde ; tu as dû t'amuser en racontant cela à tes amies. Bien entendu que je n'ai pas pu aller non plus au mariage de Firmin Rainbeaux. Maman m'a dit que tout s'était bien fait ; il y avait à l'église tous les ministres et figure-toi que c'était à 9 heures du matin [illisible] qu'ils sont partis tout de suite pour l'Italie où ils vont rester sans doute 4 mois ! C'est un peu long, qu'en penses-tu.

C'est encore une année avec mariages ; les demoiselles Desnoyers ont un cousin qui va en passer par là aussi et il ramènera sa femme de Nantes dans très peu de temps. Tu comprends que j'ai beaucoup vu mes amies pendant que j'étais malade, cela aidait bien à souffrir ; la dernière fois que je t'ai écrit, c'était un Dimanche, maman avait été obligée d'aller aussi au Jardin et Eugénie est restée à diner dans ma chambre ; moi au lit et elle à mes côtés ; nous avons passé je t'assure une bonne soirée et comme tu le comprends n'est-ce pas. Peux-tu croire que je ne suis pas encore démêlée, je ne suis pas assez solide pour supporter de longues opérations et on n'a pu en faire subir encore qu'aux petits bouts de mes nattes. Je porte un filet pour cacher mon pêle-mêle capillaire et cette coiffure [pour le fait comparable] dit-on à Matilde, on me répète souvent : tu as décidément un profil Pochet ; ce n'est donc pas étonnant qu'on m'ait souvent prise autrefois pour la sœur de Georges ; ils ne peuvent décidément pas me renier pour leur cousine.- Je suis bien contente de savoir que toutes vos santés sont bonnes à la Côte il n'en est pas tout à fait de même ici et chacun a eu sa petite indisposition. Bonne maman qui va toujours si bien a été souffrante pendant une huitaine de jours, maman a eu une rage de dents terrible et un mal au doigt qui la gênait beaucoup ; Léon souffre depuis 4 jours aussi d'un mal de dents, à la suite d'une dent plombée ; Louise la femme de chambre de ma tante a été aussi fort souffrante enfin chacun a eu sa part et a sa part peu agréable.- Quant à moi, je ne suis pas redevenue tout à fait la Crol d'autrefois ; j'ai plus de force depuis deux jours et me tiens un peu mieux sur mes jambes ; mais l'inflammation de mon pauvre cerveau n'est pas finie et je me mouche toujours et je saigne au moins trois fois par jour ce qui m'affaiblit ; puis dès que je me fatigue un peu j'ai beaucoup de malaise, il faut que je m'étende et je passe toutes mes soirées couchée sur le canapé. Le matin je reste au lit jusqu'à onze heures, j'y travaille, j'y lis et ce n'est que là que je suis vraiment bien ; pour la moindre chose j'ai un peu de fièvre. Cette coquine [d'angine] m'a joué un vilain tour mais je vais tâcher de prendre de la patience et de supporter courageusement les ennuis que le bon Dieu m'envoie.

Remercie bien Lionel de sa gentille lettre, je lui écrirai bientôt mais ne le lui dis pas pour qu'il en ait la surprise, fais le lui seulement soupçonner

Tu sais que je n'ai pas vu Julie et Madeleine quand elles sont venues et j'ai reçu ton oncle en bonnet de nuit c'était la première fois que je sortais de ma chambre, figure que jusqu'à Dimanche dernier je ne pouvais pas mettre de corset et maintenant j'ai ôté le busc et je l'attache avec des cordons ce qui me permet enfin de mettre une robe jusque là j'en avais été réduite au coin du feu et rien dessous ; oh va, j'étais gentille tu as perdu à ne pas me voir.

Quand tu m'écriras, dis moi donc un petit mot pour Adèle, tu comprends, ça fera bien. La pauvre enfant souhaite que je retrouve mes jambes pour reprendre mes courses quotidiennes au jardin.

Jeudi 24

Décidément je ferme ma lettre car je veux l'envoyer à la poste et je n'y vois presque plus pour ajouter ces dernières lignes. Adieu ma chère Isabelle reçois tous mes souhaits de bonne année qui sont du fond du cœur, tu sais ; un des vœux que je forme bien sincèrement c'est que notre amitié qui est déjà bien solide cette année aille encore en augmentant l'année prochaine et c'est un vœu que, chose rare, j'ai presque la certitude de voir réaliser ; sur ce, ma petite Isabelle je t'embrasse bien tendrement.

Crol
X O

1858

n° 6
Caroline Duméril (Paris)
à Isabelle Latham (Le Havre)
jeudi 21 et samedi 23 janvier 1858

Paris 21 Janvier 1858. Jeudi.

Je reprends mon grand papier, ma chère Isabelle, pour venir répondre à ta lettre, ce que j'aurais dû faire plus tôt, n'est-ce pas ? mais je suis bien sûre que tu trouves que j'ai eu raison d'écrire à Matilde qui attendait une réponse depuis si longtemps ; de cette manière tu as eu de mes nouvelles et les petites bêtises – histoires ; à toi maintenant la vraie causerie sérieuse et d'amies. Ta lettre m'a fait un vrai grand plaisir d'abord parce que je suis bien contente de voir que tu m'écris volontiers et que tu me racontes ce que tu penses, ensuite ma petite Isabelle ça a été un vrai bonheur pour moi de m'apercevoir combien tu as des pensées sérieuses, pensées qui sont tout à fait miennes, qui ne me quittent pas et qu'on est tout heureux de sentir partagées. Oh oui, comme tu le dis bien, comme il est étonnant que l'on ne pense pas plus à ce but de la vie, but vers lequel chacun de nous marche et dont si peu s'inquiètent. Tout le monde songe à bien vivre mais quels sont ceux qui songent à bien mourir ; ceux-là je trouve reçoivent une bénédiction de Dieu et pour ma part c'est une grâce que je lui demande chaque jour que d'avoir sans cesse présent à la mémoire ce moment où il faudra paraître là haut, où il faudra dire au Seigneur : vous m'avez donné de longues années et voilà ce que j'en ai fait ; les grâces que vous m'avez accordées, c'est ainsi que je les ai reconnues ; les commandements que vous m'aviez laissés vous savez comment je les ai suivis. Quel terrible compte mon Dieu ! et si la grâce et la miséricorde divines ne venaient à notre aide, que deviendrions-nous ? Je t'avouerai que dans ma maladie, et à deux reprises je me suis crue bien près de m'en aller, c'était peu fondé à ce qu'il paraît, mais je t'avoue que ces deux moments là m'ont été une grande leçon et j'espère ne pas les oublier. Que je me suis trouvée peu de chose et combien ma vie me semblait peu remplie, pourtant, figure toi que je n'éprouvais pas de frayeur à l'idée de quitter le monde et il me semblait qu'il y avait là haut quelque chose de magnifique, pourtant j'ai bien prié pour amander encore des années de vie et j'ai demandé aussi des épreuves et la grâce de les bien supporter afin de paraître les mains pleines au tribunal de la justice et ce que je ne cessais de dire tout en souffrant c'était : Seigneur, seigneur, accordez moi de faire quelque chose pour vous, je ne suis pas encore digne de mourir, je n'ai pas encore assez souffert. Ce que je te dis là ma chère amie c'est une vraie confidence car ce sont bien mes pensées les plus intimes et que je n'ai dites à personne si ce n'est à Eugénie mais tout ce que tu viens de m'écrire se rapporte si bien à ces dernières impressions sous lesquelles je suis encore que j'ai cru te faire plaisir en t'en faisant part mais pour toi seule. Ne trouves-tu pas ainsi que l'on se fait du bien moralement en se communiquant les bonnes pensées que l'on peut avoir. Comme le dit notre bon curé marchons donc courageusement à travers la vie, faisons tout ce que nous pouvons et ayons confiance car c'est là seul ce qui peut nous soutenir.

Ton bon père et toi, ma chère Isabelle vous êtes mille fois aimables en parlant déjà d'une excursion à la Côte mais nous parlerons de tout cela quand vous viendrez et en tous cas d'ici aux vacances il y a du temps et si toutefois nous nous rendons à votre affectueuse invitation ce ne serait, je le crois, que vers ce temps. A maman de discuter les choses mais en attendant nous vous envoyons nos bien sincères remerciements.

L'article de ma santé est toujours à peu près le même ; je vais bien mais il ne me faut ni fatigues, ni émotions, ni le moindre petit excès [illisible] la fièvre, cela tient je crois à ce que j'ai été très affaiblie par toutes ces indispositions successives ; dans quelques jours je me paierai une bouteille d'eau de Pullna pour me purger de fond en comble afin d'en finir avec tous ces bêtes de malaise ; la semaine dernière j'ai eu mal à l'œil, un compère Loriot qui me génait beaucoup.

Dimanche j'ai, non pas diné car j'avais la fièvre et n'ai rien mangé, mais j'ai assisté au diner chez bon papa, il n'y avait personne que nous ; pas le moindre cousin, si ce n'est le soir le cousin Alfred Say ; ils sont devenus rares les chers cousins, il y a une éternité que je n'en ai vu (de jeunes).

Je vais t'annoncer un mariage dont on parle maintenant, c'est celui d'Isabelle Dunoyer que tu as vue plusieurs fois au jardin ; elle épouse un veuf de 47 ans, sans enfants, qui a une belle place à Bordeaux où Is. va aller. Tu peux, je pense en parler dans la famille, peut-être même le savez vous. Je crois qu'il n'y aura rien que la cérémonie à l'église. Dimanche j'ai reçu une invitation pour quatre mercredis chez Mr de Sacy à l'Institut ; on s'y amuse beaucoup et mes amies y vont mais pst ! nous brûlons aussi les Lundis chez notre cousin le général Perrodon à l'arsenal mais je n'y pense que pour me réjouir de ce que je ne peux y aller cet hiver. Il y aura, dit-on, deux soirées, l'une chez mon amie Cécile, Mme de Sacy, l'autre chez sa grand'mère Mme Brongnart rue Cuvier, tu sais, mes amies y vont encore ; voilà les seules réunions que je regrette. Eug. et Aglaé ont aussi un grand bal de Mardi en huit chez leur cousine Mme Paul Target qui est aussi cousine des Alfred Quesnel je ne sais si Melle Cécile (je crois) viendra à Paris pour la chose.

As-tu encore des nouvelles de ce pauvre Mr Peter L. donne m'en n'est-ce pas ?

J'admire cet aimable M [illisible] qui s'en va déchirant à belles dents toutes vos pauvres dames et demoiselles Havraises ; quelle mouche l'a donc piqué ; que c'est agréable de penser qu'on est arrangé ainsi par ces messieurs ; moi, au moins cet hiver, je serai tranquille de ce côté et on ne critiquera pas ma tenue dans le monde.

Tu es fâchée contre moi n'est-ce pas de ce que ce griffonnage ne t'est pas encore arrivé pourtant il n'y a pas de ma faute, je te l'assure et je pense bien, bien souvent à toi, plus que jamais puisque en outre de l'ordinaire je travaille pour toi et comment ne pas me figurer alors la tête qui est destinée à surmonter ce col et comment ne pas penser aux paroles qui sortent de cette bouche et comment ne pas finir par se persuader que je suis pour de bon auprès de ma chère petite cousine.

Samedi

Ne te fâche pas, ne te fâche pas, la voilà cette lettre et voilà les mille excuses de l'auteur qui promet de ne plus être aussi longtemps silencieuse à l'avenir, puisque ces causeries paraissent décidément faire plaisir, ce qui la flatte et lui est fort agréable.

Hier, je n'ai pu mettre ceci à la poste puisque j'ai entrepris de faire un chapeau à une de mes cousines ce qui m'a donné du mal et m'a pris du temps. Je te le répète et je t'en prie crois le bien, chère Isabelle, ce n'est pas la moindre négligence qui a causé mon long retard et si je ne suis pas venue te donner des preuves de mon amitié tu n'en es pas moins presque toujours avec moi, je te l'affirme ; je t'en prie n'est-ce pas ne m'en garde pas rancune et ne me rends pas la monnaie de ma pièce.

J'ai reçu ce matin la lettre de Matilde, l'as-tu lue ? comme elle est gentille et affectueuse, elle m'a fait bien grand plaisir dis le lui et remercie l'en avec un bon baiser de ma part. Je vois avec plaisir qu'il souffle un bon vent à la Côte un vent qui porte à écrire ceux même qui n'aiment pas cela.

Toi qui croyais d'avoir à m'envoyer une lettre tous les quinze jours, tu es assez gentille maintenant pour prendre ta plume chaque semaine ce qui me va joliment. Matilde qui déteste les épîtres d'habitude, me répond au bout de deux jours ; Emile écrit hier à mon oncle, ce qui je crois lui était à peine arrivé depuis qu'il était revenu. Que de miracles et d'agréables transformations.

Voilà bien un vrai barbouillage, mais je t'ai écrit le soir sur mes genoux et dans ce moment Léon lit à haute voix ce qui n'est pas des plus commodes. Je te dirai que nos soirées sont fort agréables maintenant, papa et Léon font une fois du Latin, une fois de l'Allemand et une fois de la littérature française ce qui m'amuse beaucoup. Nous nous tenons dans ma chambre depuis ma dernière maladie et nous y sommes fort bien. Mon tapis est rouge, mais il est fort joli ; viens vite le voir et tu retrouveras je l'espère ma petite chambre aussi gentille et aussi propice aux bonnes conversations.

Au revoir ma bien chère Isabelle aime toujours ta vieille Crol, pardonne lui et envoie lui bien vite ton pardon ; elle t'envoie mille tendresse et de bons baisers avec maints remerciements pour ta bonne dernière lettre

Ton amie Crol
X O V

A propos des journaux, je partage tout à fait ton opinion et suis bien d'avis qu'il y a beaucoup de choses [illisible]

J'espère que voilà un griffonnage assez considérable et assez intime pour me faire absoudre.

n° 7
Caroline Duméril (Paris)
à Isabelle Latham (Le Havre)
mercredi 24 février 1858

Paris 24 Février 1858

Je t'assure que c'était avec une grande impatience que j'attendais ta lettre, ma chère Isabelle, et j'avais vraiment peur que tu ne fusses souffrante car je suis bien sûre qu'il faut un vrai motif pour t'empêcher de venir faire un petit bout de causerie avec moi. Malgré tout je te remercie bien du sacrifice que tu m'as fait en sacrifiant une bonne heure et demie de sommeil en ma faveur et j'ai été bien contente Lundi matin en voyant ton écriture ; tout ce que je regrette, c'est que tu n'aies pas attendu un instant de plus pour faire descendre en ville car alors tu aurais pu me donner des nouvelles sur l'arrivée à bon port du petit carton que j'avais mis à la poste la veille, et qui, quoique sans raison, me donnait un peu d'inquiétude. Tu auras eu de mes nouvelles par Matilde à qui je devais une lettre depuis longtemps et tu es au courant de ce que j'ai fait et vu car il ne s'est absolument rien passé de nouveau que ce que j'ai raconté à notre petite cousine. Ma vie quoique sans évènements me paraît fort bien remplie depuis que je sors, que je vais et viens et suis en bonne santé. Nous avons eu des mariages de tous côtés, mais pour ma part il n'y en a aucun qui me touche de bien près ou du moins qui me trouble beaucoup.

Celui qui m'occupe davantage dans ce moment, c'est celui d'Alexandrine, notre bonne. Il y en a pour tout le monde n'est-ce pas ? nous sommes tristes de ce qu'elle va nous quitter car voilà 6 ans 1/2 qu'elle est chez nous et maman qui l'a eue toute jeune l'a pour ainsi dire élevée ; d'un autre côté son mariage nous fait plaisir pour elle car elle a, je crois, beaucoup de chances de bonheur. Elle épouse le beau-frère de notre blanchisseuse que nous connaissons depuis longtemps comme étant d'une très brave famille.

Le second mariage en question est celui d'Ernest Duméril, le frère jumeau d'Alphonse. Ce garçon là a un bonheur qui ne lui fait jamais défaut ; après avoir fait son chemin d'une manière étonnante, le voilà qui épouse une jeune personne charmante, riche d'une très bonne famille, et qui en outre le trouve complètement à son goût à ce qu'il paraît. La noce aura lieu je crois au mois de Juillet.

Enfin la troisième affaire de ce genre concerne Melle Quesnel qui épouse un jeune homme que j'ai beaucoup connu dans ma jeunesse mais que j'ai perdu de vue, il est vrai depuis plusieurs années. Il a nom Arthur Blaque et était le frère de Mme Isidore Geoffroy St Hilaire, du Jardin des Plantes. Il est grand, pâle, et a, dit-on, une longue barbe noire.Les jeunes gens se sont connus tout à fait par hasard, en chemin de fer, puis se sont revus en visitant l'usine de Fourchambault ; Arthur y a toujours pensé depuis, s'est fait donner une affaire pour Le Havre qui l'a mis en rapport avec Mr A.D., a été invité à leur bal, a été si aimable, que toute votre [jeunesse] l'a aussitôt désigné comme un prétendu pour Melle C., puis les Q. sont venus à paris et l'affaire a été conclue en 48 heures. Le soir Melle C. était au bal avec un gros bouquet blanc à la main et Arthur était à ses côtés et la soirée finie chacun savait que Melle C.Q. allait devenir Mme A.B.. Et voilà l'histoire ma chère enfant, et voilà comment les choses les plus importantes de la vie semblent dépendre de bagatelles et de choses inattendues pour les gens du monde, mais pour nous n'est-ce pas ? la volonté du Seigneur est partout et les choses les plus simples en apparence sont ordonnées par Lui.

Les jeunes gens du Hâvre doivent être un peu vexés de voir leur échapper ainsi une jeune et riche personne.

A propos, la dame que je t'ai dit être venue l'autre Dimanche à la maison était Mme Dolfus et non pas Mme Duval, je n'ai aucune nouvelle de cette dernière ;

j'ai aperçu, l'autre jour, Lucie au mariage d'Isabelle mais n'ai pu lui parler quoiqu'elle m'ait fait deux bonjours très gracieux. As-tu goûté aux dragées du baptême de Melle Marianne ? Fernand en a envoyé une boite à bon papa ; je ne sais qui était la marraine.

Les traces de la blessure de bon papa disparaissent chaque jour, mais tu comprends combien nous avons eu un moment d'émotion. Adèle est toujours à peu près de même, hier ça la tenait dans les reins et elle marchait pliée en deux ; elle te remercie de ton souvenir amical.

Les doigts d'Eugénie vont mieux mais elle en a bien souffert au point d'en avoir la fièvre. Aujourd'hui elles viennent toutes deux passer l'après-midi au coin de mon feu et dinent ici ; tu vois que nous ne faisons guère pénitence pour notre carême.

Léon travaille à mort dans ce moment, car voilà l'examen qui approche à pas de géant ; il a des leçons de latin et de mathématiques et en profite le mieux qu'il peut. Il est toujours bien gentil de caractère et fort agréable dans ses rapports avec moi.

Je pense qu'Edmond est bien près de son retour s'il n'est déjà auprès de vous ; je l'en félicite. J'espère que sa tournée aura bien réussi et qu'il se sera amusé.

J'ai fini de lire Dynevor Terrace, mais je ne sais comment te les renvoyer ; si Mme Maneyre est impatiente de les avoir, dis le moi, je les mettrai à la poste pour 10 sous environ car c'est au poids. Je trouve cet ouvrage très interessant le second volume surtout, tes notes m'ont bien amusée à trouver et je t'en remercie, il me semblait presque que tu lisais avec moi. Je les effacerai.

As-tu quelque soirée en vue ? est-ce tout à fait fini pour les Labouchère ? A Paris on fait peu d'attention au Carême pour les bals, et j'ai entendu dire que ça ne commençait que maintenant. J'espère que je suis bonne princesse et que je ne te fais pas attendre trop longtemps une réponse, je te le répète merci pour ta causerie mais ne les fais pas tant désirer ou du moins ne laisse pas tant d'espace entre elles.

Voilà je crois mon sac vidé et il ne me reste rien à te dire de neuf, je me borne donc à te répéter ce que tu sais bien, mais ce qui, je trouve fait toujours plaisir. Je t'aime beaucoup, t'embrasse bien fort et suis ton amie et cousine dévouée

Crol

O X V

Dis moi n'est-ce pas si mon petit bonhomme de paquet a bien fait son voyage, j'en suis inquiète, si le temps te manque pour prendre la plume, Lionel ne peut-il m'écrire deux mots ?

Nothing new about the matter. No news from M. ; must I owe you that I am very glad of [it] I hope it is finished and wish many good things to the dear gentleman.

n° 8
Caroline Duméril (Paris)
à Isabelle Latham (Le Havre)
mardi 30 et mercredi 31 mars 1858

Cf. texte présenté dans l'introduction.

n° 9
Caroline Duméril (Paris)
à Isabelle Latham (Le Havre)
samedi 10 avril 1858

Samedi soir. 10 Avril 58

Si je ne te savais pas une vraie amie ma petite Isabelle, je pourrais craindre que tu ne prisses mal les longs intervalles que je mets depuis quelque temps entre mes lettres, mais tu me connais et je suis bien sûre que tu ne m'en veux pas. Je me dédommagerai si bien quand tu seras ici et je me réjouis tant à la pensée que ce moment si désiré est enfin bien proche ! tâche de t'arranger à l'avance pour me consacrer le plus de temps possible, j'y ai plus de droits que jamais et je souhaite que ce voyage nous reste toujours comme un doux souvenir grâce aux bonnes heures que nous passerons ensemble.

Rien de nouveau, on a écrit de tous côtés pour les renseignements et on attend les réponses ; il est à croire que la personne en question viendra à Paris du 20 au 30 courant ; c'est une grande joie pour moi chère amie de penser que tu seras ici et que je pourrai te mettre au courant de tout ce que je verrai et penserai. Un cœur ami est douce chose dans ces circonstances. Garde cette histoire pour toi, car rien n'est fait ; pourtant l'oncle et la tante Henri sont au courant et font des démarches ; il est possible qu'[Emile] ne l'ignore pas non plus car il était question qu'il écrivît à un de ses amis qui est dans le pays. Tout cela fait un fameux chaos dans ma pauvre tête et souvent je souhaite d'être un peu plus vieille.

Ta lettre m'a fait bien plaisir et je sympathise bien avec toi dans tes frayeurs musicales, dis moi le jour de l'exécution s'il n'est pas passé, tu pourras te figurer qu'en pensée je suis à côté de toi et te tourne les pages pour te donner courage. Je te dirai que depuis le jour de Pâques j'ai repris un peu de jambes et j'en suis joliment contente car j'espère m'en servir bientôt pour aller te voir quand tu seras dans ce bon vieil hôtel de Castelle qui n'a que le défaut d'être un peu trop loin de la rue des Lions. Lundi je suis allée voir l'inauguration du boulevart de Sébastopol, c'était la première fois depuis 5 mois que j'allais dans le grand quartier. Je te dirai que mes amies m'ont fait promettre que pendant ton séjour tu irais passer une après midi chez elles, et j'ai promis, ma vieille, il faudra bien que tu tiennes ma promesse. Adèle va un peu mieux et ma tante est bien. J'ai déjà mis deux chapeaux de paille, l'un bleu avec un fond en soie a été fait par Aglaé, l'autre marron et noir est l'œuvre de mes mains, viens vite me donner ton avis sur tout cela. C'est aussi du 20 au 30 que Léon passera son examen, ce sera une fin de mois laborieuse. Je ne sais pourquoi il me semble que je ne te dis que des bêtises et que les idées ne veulent pas venir ; si ton oreille était là ! si tu étais où est Léon dans ce moment, près de la table à côté de moi son coude sur mon buvard et son oreille à portée ! enfin tout vient à point, dit-on, à qui sait attendre ; ainsi attendons, n'est-ce pas ? Ce que je t'ai dit est donc le secret, ainsi tu le gardes pour toi seule car tu comprends que jusqu'à présent tout est dans les nuages et avant que les choses s'arrangent, si toutefois elles s'arrangent, il y aura bien des péripéties et des agitations. Est-ce que je t'ai dit 38 ans ? qu'en penses-tu ? Décidément c'est là le thème et il reparait toujours, j'en deviens ennuyeuse et égoïste.

Mille pardons ma petite Isabelle mais vois-tu je compte sur toi Je regrette que la soirée Lab. ne réussisse pas car tu t'en réjouissais et moi par contre ; est-ce fini ? ne danseras-tu plus ? pour moi je n'aurai décidément pas levé le pied cet hiver mais vrai, cela ne me manque pas. Mes amies sautillent ce soir. Julien vient d'être un peu souffrant ; il est mieux aujourd'hui mais j'ai craint bien fort une maladie éruptive qui m'aurait mise à la porte.

Je te fais mon compliment sur ton poney, tu auras bien gagné de faire de jolies promenades cet été ; tu auras attendu assez longtemps.

Je t'avoue que je m'attendais peu à l'heureux évènement qui se prépare pour votre Marianne ; elle et [Emilie] sont des cas inattendus.

J'ai reçu ce matin une très aimable lettre d'Isabelle Dunoyer Mme Degrange ; elle a dîné cette semaine chez Mme Duval avec Edgard et Catherine qu'elle a trouvée très gentille. Le petit Gaston est à Bordeaux ; le plus jeune a de la peine à se remettre.

Comment va l'ami Lionel ? se réjouit-il aussi de son voyage à Paris ? je lui ménage des entrevues avec Julien et de grands tours dans le Jardin.

Si je veux que ma lettre parte ce soir il faut que je te quitte. A bientôt donc et un bon baiser.

X O Crol

n° 10

Caroline Duméril (Paris)
à Isabelle Latham (Le Havre)
dimanche 18 avril 1858

Dimanche 18 Avril 1858

Pourquoi ne m'écris-tu pas, ma petite Isabelle ? cela me ferait tant de plaisir. J'ai tant d'envie de savoir que tu penses à moi, que tu sympathises avec moi, que tu partages tout ce que je pense et tout ce qui m'agite. Est-ce que tu me bouderais parce que j'ai été longtemps sans t'écrire ? oh non ! n'est-ce pas ? et si tu as trouvé mes dernières lettres trop égoïstes, pardonne moi, je t'en prie, car tu verras plus tard qu'il est des moments dans la vie où on n'a plus très bien la tête à soi. Je ne puis te dire toutes les péripéties par lesquelles j'ai passé depuis ma dernière lettre; les renseignements sont venus de tous côtés et tu sais, dans ce monde, combien il y a du pour et du contre en toutes choses, qu'il est difficile, ma chère amie, de faire alors une moyenne et de décider s'il y a assez de bon pour se décider à sacrifier toute sa vie jusqu'au dernier jour.

Tout cela est terrible, je t'assure et j'ai cru un jour, la chose finie, le lendemain en voie d'avancer, tous ces changements sont tuants. Enfin, pourtant, le Mr s'impatientait et attendait avec anxiété la permission de venir et de me voir, et la permission est envoyée et l'entrevue aura lieu probablement Mardi ou Mercredi dans une promenade que nous ferons au Jardin des Plantes; oh! je t'en prie, pense à moi! comprends-tu ce que c'est que de voir pour la première fois celui à qui on appartiendra peut être, celui à qui on nous donnera, et qui aura sur nous tous les droits possibles. Enfin il faut plus que jamais s'en remettre au Seigneur dans une circonstance semblable, car il n'arrivera que ce qu'Il a décidé et en faisant sa volonté, il y a toujours moyen d'être heureux. Figure-toi que c'est Vendredi que Léon passera son examen! quelle semaine pour mes pauvres parents! en tous cas et quoiqu'il arrive, le mois d'Avril 1858 nous restera gravé dans la mémoire. Ne vas-tu pas venir toi? ne recevant pas de lettre, j'aime à en conclure que ton arrivée est très prochaine et que tu attends pour me l'annoncer d'une manière définitive. Je te dirai que j'ai écrit à Matilde afin que les Pochet, si ils connaissaient l'état de mes affaires ne se disent pas : il parait qu'elle est si occupée qu'elle ne pense plus à rien d'autre et avant, quand elle écrivait, c'est qu'apparemment elle ne trouvait rien de mieux à faire. Si on te demande ce que je te dis dans ma lettre, tu répondras que c'est simplement une lettre d'amitié, que je te grogne un peu pour ta paresse, et que j'attends avec impatience de savoir l'époque de votre voyage. Tu entends que je veux que tu gardes le secret, tout cela est pour toi et rien que pour toi et il me semble que je puis bien t'écrire à toi. Es-tu curieuse de savoir le nom du Mr, il s'appelle Charles Mertzdorff. Efface bien vite. Qu'en dis-tu, c'est un peu Allemand. Age 38.

Inutile de te dire n'est-ce pas, combien mes amies sont agitées et peu gaies; [115 lieues] pense un peu. Pour que tu puisses raconter quelque chose, je te dirai qu'Adèle n'est pas encore bien portante, et qu'elle a toujours peine à marcher; elle ira, je pense aux bains de bonne heure, mais pas à Trouville, on lui a ordonné un climat moins froid. Je ne te parle pas du jour de mes 22 ans puisque je l'ai raconté à Matilde. Tu vas passer d'agréables moments, je pense, avec les demoiselles Cortal, rappelle moi, je te prie, à leur souvenir. Mr Cordier va décidément partir et très prochainement; sa pauvre femme est bien triste. Voilà le mariage Quesnel qui doit approcher, ce me semble; je pense qu'Arthur est tout-à-fait guéri.

Dimanche après midi

Je veux t'envoyer ces quelques lignes , ma chère Isabelle, car j'ai besoin de penser que tu vas être auprès de moi dans toutes mes épreuves, je t'assure que c'est dans un moment comme celui-ci que l'on sent bien quels sont les gens que l'on aime et combien on a besoin de leur sympathie. Qui sait si ce n'est pas la dernière fois que je t'écris avant d'avoir répondu un oui fatal ; (non pas au pied de l'autel, pourtant).

Allons je te quitte, au revoir ma petite Isabelle, écris moi, je t'en prie, plutôt deux fois qu'une ; je te promets que s'il y a quelque chose de nouveau et de positif tu le sauras de suite ; mais non ; il vaut mieux que tu viennes bien vite ! bien vite ! Je t'envoie mille tendres amitiés

Ta toute dévouée
O X V Crol

Quelle semaine !
Ca m'a fait du bien de te tout raconter

n° 11
Caroline Duméril qui vient d'épouser Charles Mertzdorff
(Paris puis Vieux-Thann)
à Isabelle Latham (Le Havre)
début puis fin juin 1858

Si je ne me trouvais pas dans des circonstances aussi atténuantes, ma petite Isabelle, j'oserais à peine venir implorer mon pardon pour ce silence indéfini dont je ne suis pas grandement coupable car si tu savais que de choses à faire avant un mariage ! c'est un vrai casse-tête et je voudrais bien être plus vieille et sauter à pieds joints par dessus toutes les cérémonies qui m'attendent encore.

Hier nous avons signé le contrat, Lundi à 3 heures nous nous marions à la mairie ; Mardi matin, (à midi,) le mariage à l'église, à 5 h. diner de 40 personnes, chez bon papa, à 11h. moins 1/4 nous partons pour Fontainebleau ; Vendredi matin nous revenons à Paris ; à 8h. moins 1/4 nous partons avec toute la famille Mertzdorff pour l'Alsace ; nous arrivons à Strasbourg à 7 h. du matin ; nous en repartons à midi ; nous arrivons à 5 h. au vieux Thann où tous les ouvriers en habits de Dimanche nous attendent rangés en haie ; nous descendons de voiture et allons au milieu d'eux ; arcs de triomphe, coups de canon, etc. petit discours de Mr Mertzdorff en allemand ; quelques mots de Mme Mertzdorff en français ; double paie, le soir grand bal, le lendemain diner de 40 couverts avec tous les contre maîtres etc. Que dis-tu de ce programme et de cette vie ? Joins à cela que ma belle mère et ma belle sœur sont ici depuis qu.qu. jours que demain nous dinons à l'hôtel du Louvre, le soir au spectacle ; dans la journée j'ai 5 à 6 rendez-vous ; Dimanche tous les Mertz. dînent ici Lundi, les Mertz. de Thann, les témoins et les Fröhlich !...

J'ai reçu de fort beaux cadeaux, Mr Mertz m'a donné de superbes dentelles, toute une parure noire, une garniture blanche pour corsage ; un très beau châle, une montre, un livre de prières, une ombrelle blanche, une voilette délicieuse, un magnifique mouchoir, un bracelet en aluminium, que sais-je moi ? une bague avec un diamant etc ! Ma belle-mère m'a donné une broche avec des diamants.

J'ai reçu un magnifique bracelet, une cafetière en argent, une table à ouvrage en bois de rose, un dessus de pendule en bronze

(dernière lettre de Caroline Duméril)

Je t'envoie ce griffonnage afin que tu voies bien que j'ai pensé à toi ma petite Isabelle, d'ailleurs ce programme fait à l'avance est assez curieux en ce qu'il a été fidèlement suivi.

Voilà 18 jours que cette lettre a été commencée, que de choses en si peu de temps ! Ce Mr Mertzdorff dont je parle est maintenant mon mari et mon cher mari ; me voilà acclimatée dans cette Alsace à laquelle je ne pensais que comme dans un rêve ; me voilà mariée ; voilà que je commence la vie sérieuse et la grande tâche dans ce monde ; Dieu veuille que je sache m'en tirer le mieux possible et que je remplisse en femme chrétienne les devoirs qui me seront imposés. La vie se présente pourtant bien belle devant moi ; auprès d'un mari qui a toute mon affection, d'une belle-mère aussi bonne ; dans une position sociale si belle sous tous les rapports, si honorable d'après la manière dont Charles est posé dans le pays, tout cela est magnifique et je ne pourrai assez remercier Dieu qui m'a envoyé ces grâces. Pourtant si j'ai le cœur si rempli d'une grande affection, sois bien sûre ma petite Isabelle qu'il en reste une grande part pour ceux que j'aimais avant mon mariage et que j'aime peut être plus encore je crois qu'il y a des circonstances dans la vie où le cœur s'agrandit et devient de plus en plus [chaud].

n° 12
Caroline Mertzdorff (Vieux-Thann)
à Isabelle Latham (Le Havre)
lundi 28 juin 1858

Vieux Thann
28 Juin 1858

Je ne sais vraiment comment venir commencer cette lettre, ma chère petite Isabelle ; j'ai tant, tant d'excuses à te faire pour avoir été si longtemps sans t'écrire et d'un autre côté il s'est passé tant de choses pour moi depuis ma dernière causerie que c'est à peine si [illisible] venir prendre ma plume. D'abord pour m'excuser de mon silence, je te dirai que qu.qu. jours avant mon mariage j'avais commencé pour toi une assez longue lettre et que faute d'un quart d'heure pour la finir elle est restée [illisible] dans mon buvard comme pour me rappeler à chaque instant que je devais paraître bien froide à une petite cousine que j'aime pourtant bien fort et à qui je pense bien souvent.

Si tu savais, ma chère amie que de choses j'ai eu à faire avant ce 15 Juin. Visites, courses, emplettes pour moi et pour les autres, détails de tous genres dont il fallait m'occuper puisque je quittais Paris sans savoir quand j'y reviendrais, puis la famille de Mr Mertzdorff qui est arrivée huit jours avant le mariage et avec laquelle nous sommes allés le plus possible ; puis le 14, le mariage à la mairie, diner à la maison, et le 15 !... ma toilette de mariée, et la messe et tous les amis, et le soir le diner de 40 personnes puis enfin mon départ pour Fontainebleau, les deux jours que j'ai passés là, et mon retour à Paris et mes emballages et mes adieux à la famille, à mes parents, à mes amies, et mon départ définitif pour l'Alsace, et notre arrivée ici au milieu des fêtes et des réjouissances pour le mariage et le retour chez Charles ; tout cela je t'assure m'a occupée et émotionnée ! Tu ne saurais croire la réception qu'on nous a faite ici ; tous les ouvriers (environ 600) nous attendaient avec des acclamations, on nous a fait des discours, on nous a jeté et offert des fleurs ; dans la cour on avait dressé de longues tables et chacun avait sa place à un excellent souper servi par les contre maîtres et les employés de bureau ; le soir tout était illuminé au milieu des guirlandes et des arcs de triomphe, de nos chiffres en fleurs, enfin dans l'un des ateliers, il y a eu un grand bal que nous avons ouvert Charles et moi et où on a dansé jusqu'à 3 h. du matin. Le lendemain il y a eu un diner de 38 couverts pour les contre maîtres et les employés, celui-là nous le présidions, il y a eu maint toasts portés à notre santé, à celle de nos parents et à celle de notre postérité. Maintenant me voilà bien installée chez ma belle-mère qui est excellente et dont la société est bien agréable, nous y resterons assez longtemps, je crois, jusqu'à ce que notre maison soit finie. Je suis vraiment aussi heureuse que possible, ma chère Isabelle et je suis sûre que cela te fera plaisir car je compte sur ton amitié, chaque jour je connais davantage mon mari et le connaître de plus en plus, c'est l'aimer en proportion. Il est si bon, si charmant avec moi, j'ai en outre tant de confiance en lui et en tout ce qu'il fait que je prévois une vie toute de bonheur de ce côté ; c'est ce que Dieu peut accorder de meilleur à ses enfants et c'est ce dont je lui rends des actions de grâces bien sincères.

Tu auras reçu, je pense, de Paris une petite caisse contenant les livres dont je te remercie mille fois ; tu y trouveras aussi un petit souvenir ; une mèche de cheveux et une date ; c'est peu de chose mais ce sera toujours assez pour te rappeler, n'est-ce pas, cette cousine et cette amie qui sait t'apprécier et t'aimer. Tu voudras bien remettre aussi à Matilde la petite bague qui lui est destinée ; tu l'embrasseras bien tendrement de ma part, par la même occasion. Maintenant j'espère que nous allons reprendre notre correspondance accoutumée, j'y compte et tu me l'as promis.

Sois je te prie mon interprète auprès de tous ceux qui t'entourent et distribue sentiments de respect et d'affection à qui de droit. Pour toi je t'envoie de bons baisers et suis toujours ta cousine bien attachée quoique

Caroline Mertzdorff

Par hasard, j'ai vu Georges l'autre jour ; il en a été je crois fort étonné, il était à l'hotel du Louvre et moi aussi.

Aujourd'hui nous commençons nos visites de noces ; veux-tu la description de ma toilette ? robe de soie gris clair, à double jupe, châle de dentelles noires, chapeau de paille de riz avec boutons de roses et tout à l'avenant, qu'en dis-tu ?

Tu ne m'en veux pas, n'est-ce pas ? je t'en prie ; tu vas m'écrire bien vite et je continuerai, maintenant que je suis tranquille.

Voici mon adresse : Madame Charles Mertzdorff au Vieux Thann Haut Rhin au dessus du cachet, mets particulier ou on l'ouvrira au bureau.

1859

n° 13
Caroline Mertzdorff (Vieux-Thann)
à Félicité et Constant Duméril (Paris)
vendredi 11 mars 1859

Vieux Thann
11 Mars 1859

Ma chère Maman

J'espère bien que tu ne m'en veux pas et papa non plus de ce que j'ai été si, si longtemps sans vous écrire mais vous comprenez n'est-ce pas combien j'ai eu à faire, la semaine dernière pour faire nettoyer et déménager et cette semaine pour nous installer et nous organiser, en outre Mardi j'ai eu mon premier diner et tu sais qu'avec toutes choses nouvelles et des domestiques qui ne sont pas au courant de votre genre de vie on a bien à faire. Maintenant c'est encore bien autre chose, Dimanche, je donne un grand diner, nous serons 10. Les Zaepffel viennent de Colmar puis nous avons invité les Heuchel et les Henriet, tu vois que c'est sérieux et en outre un Dimanche avec l'église, les choses sont encore moins faciles à arranger ; mais je préparerai tout la veille d'autant plus que nous faisons un peu de cérémonie et sortons toutes nos plus belles choses.

Ajoute à cela que nous mettons tremper demain pour la lessive, qu'aujourd'hui nous comptons tout le linge sale, que mes affaires ne sont pas finies de ranger ; que j'ai encore beaucoup à faire pour baby, que je veux préparer de l'ouvrage en prévision pour Marie pendant que je serai au lit etc et tu comprendras, ma chère maman que tout mon temps est bien pris quoique nous nous levions à 6h. 1/2. Au reste j'aime beaucoup cette vie active et m'en tire à merveille ; j'ai pris mon second bain et hier le docteur Conraux qui est venu me voir m'a trouvée en aussi bonne voie que possible et m'a ordonné pour régime de continuer à manger, dormir et me remuer comme je le fais. Je suis toute heureuse en pensant que dans quinze jours je t'aurai là, tu seras si bien dans cette chambre et si près de moi que tu m'entendras je crois respirer. Avant ton départ ma pauvre maman, je crois que je te donnerai bien à faire encore.

D'abord 1° tu sais que la sage-femme que j'aurai et dont Mr Conraux nous a beaucoup fait l'éloge hier, nous disant que nous pouvions avoir toute confiance en elle a accouché et soigné Mme Merteau et toute sa famille ; nous voudrions donc bien avoir des renseignements positifs sur cette femme et savoir médicalement ce qu'en pensait le grand père de Mme Merteau qui était médecin ; maintenant veux-tu bien nous rendre le service de prendre des informations, soit en écrivant à Mme Fröhlich ou directement à Mme M. ou bien Charles a encore une autre idée, voudrais-tu aller toi-même à Mont. y passer une journée et causer avec Mme Merteau.

Fais là dessus ce que tu voudras, ma chère maman et en tous cas nous te remercions bien.

Art 2 après mes couches je ne pourrai plus mettre mon corset actuel qui est si bien fait et qui me rend tant de service. Crois-tu qu'après, en envoyant mes mesures à Mme [Maiture] elle pourrait me faire un autre corset, j'aime tant ceux qu'elle fait, on y est si bien ; pourrais-tu lui écrire un mot à ce sujet.

Art 3. voudrais-tu commander chez Roussel une cuillère à sucre allant avec notre service je pense qu'il s'en rappelle la forme et également marquée C.M. A propos, figurez vous qu'il y a 2 ou 3 jours nous avons retrouvé le petit couteau dans le bas de la maison où il avait été jeté avec le foin ; j'ai été bien contente

Art 4. peux-tu m'acheter 12 devants de chemises ordinaires pour mettre aux vieilles chemises de Charles.

Tu ne saurais croire combien nous sommes heureux chez nous et comme tout y est beau je crains que tu ne trouves trop de luxe. J'allais oublier de prévenir papa que la semaine prochaine, après le 15, il aura la visite de notre tapissier qui fait le voyage de Paris et que Charles a chargé d'acheter et de faire le meuble de notre salon ; palissandre et damas jaune, il se présentera chez vous avec un mot de moi et puis à papa de vouloir bien l'accompagner dans quelques courses. Je te demande pardon, mon cher père de cette nouvelle corvée mais nous serons bien contents que tu présidasses a ses achats et fasses donner ton goût tout en le surveillant et en le retenant dans des bornes de prix raisonnables

Adieu, mes chers parents, il faut vraiment que je vous quitte maman m'attend au premier mille merci pour vos bonnes lettres et toutes les peines que vous prenez pour nous ; nous vous embrassons du fond du cœur

Tout à vous votre fille
Crol

Je vous renvoie la note de Chabrol en vous priant de la payer.

Je suis extrêmement contente de Marie elle ne perd pas une minute, travaille beaucoup et très bien ; je crois que tu en seras contente.

n° 14
Constant Duméril (Paris)
à Caroline Mertzdorff (Vieux-Thann)
mardi 3 mai 1859

Paris 3 Mai 1859

Ma chère enfant

Je viens de voir ton frère à son bazar, je lui ai trouvé bien meilleure mine qu'il n'avait Dimanche, & il me dit qu'il se sent tout à fait bien : il avait l'air animé &

fort en train ; son pied aussi va beaucoup mieux, il est désenflé & il n'en souffre pas ; il le fait pourtant encore panser à l'infirmerie : voilà ce que je tenais à faire savoir de suite à la mère & à la fille sans parler de notre bon Charles qui aura, j'en suis sûr bien partagé nos préoccupations. Je t'avoue que pour ma part j'ai été bien inquiet à notre retour de Chantilly & j'ai été bien heureux que ta bonne cousine Eléonore ait fait descendre le lit de Léon dans ma chambre, car j'aurais passé une bien mauvaise nuit si j'avais senti ce pauvre garçon à un autre étage & si je n'avais pas pu aller le voir sans le réveiller. Grâces à Dieu nous pouvons être hors d'inquiétude maintenant & avoir tout espoir qu'il finisse heureusement son année de préparatoire. Il a commencé à suivre hier le cours de mathématiques élémentaires & le mardi & le vendredi les élèves qui comme lui, se préparent à Centrale auront une classe de spéciales appliquées à ce qui est demandé à cette école, pendant que les élèves qui se préparent à St Cyr & autres, ont la classe de cosmographie ; il pourra aussi continuer le cours de descriptive de Mr [Catala] qui l'intéresse beaucoup, ce que Mr Bachet approuve. Ce der y met vraiment beaucoup de bonne volonté pour que ses élèves aient chances de réussite puisque pour 4 élèves il fait donner un cours particulier de 25 leçons environ. Enfin Léon est très content & parait s'être remis de tout cœur au travail.

C'est à toi en particulier que je viens m'adresser aujourd'hui, ma chère enfant, parceque je veux suppléer à mon absence, en ce jour de baptême en venant te féliciter, au moins avec la plume, sur cette journée qui t'aura parue bien douce. Je ne t'énumérerai pas mes vœux pour cette petite Marie, tu les connais, ce sont ceux que tu fais toi-même : elle est née dans de bien heureuses conditions & se trouvera élevée au milieu de biens bons exemples si Dieu veut bien lui conserver ses parents ; non seulement tu lui donneras tout naturellement ces exemples si utiles mais tu sauras, j'en suis sûr, l'élever d'une manière bien favorable au développement de son cœur & de son intelligence ; elle t'aimera & fera ce qui est bon pour t'être agréable & pour plaire à Dieu que tu sauras lui faire aimer & dont tu lui feras comprendre les bontés. Ses deux bonnes mamans seront pour elle également des modèles de bonté & d'activité, dans son père, aussi, elle trouvera tout réuni & au bien être matériel qui lui semble promis se joindront toutes les satisfactions morales. Tu lui apprendras à comprendre son bonheur & à être compatissante pour ceux qui n'en sont pas favorisés de même ; il faudra qu'elle apprenne à venir au secours des souffrances physiques & morales qui accablent tant de gens & à être indulgente pour ceux qui se sont trouvés mal entourés dans leur jeunesse & chez lesquels personne n'a développé les bons sentiments & dont les mauvais penchants ont trouvé tant d'encouragement dans le monde. Ce cher petit être ne se doute pas de toutes les réflexions qu'il fait faire, ni ne pourra s'en douter de longtems & c'est à son insu qu'il faudra développer en lui les bons germes.

Je t'avoue que j'ai encore de la peine à me figurer que je suis grand père & il faudra que je m'entende appeler ainsi qque tems par ma petite fille pour être bien persuadé du fait : comme je voudrais voir cette petite figure, qui ne doit rien dire encore pour les étrangers, mais qui pour des parents & grands parents doit avoir déjà tant de charmes.

Je vois avec regret que tu as perdu ta garde, car j'espère bien que tu ne la reprendras pas après qu'elle a été dans cette maison Berger où règne la scarlatine; c'est bien aussi l'avis au Jardin & chez Mme Desnoyers il faut tout faire pour s'en passer, & pour ma part j'aimerais mieux encore que le retour de ta mère fut reculé, que de voir cette femme rentrer chez vous, quoique j'aie bien envie de ne plus être trop lontems veuf. Comment comptes tu t'arranger pour les domestiques? prendras tu une bonne spéciale pour l'enfant, ou est-ce la femme de chambre qui doit s'en occuper? cela me paraitrait difficile & t'exposerait à bien de la fatigue : voilà 18 jours que tu es accouchée; au bout de combien de tems te laissera-t-on marcher? est-ce au bout de 3 semaines, dans la maison, & d'un mois, dehors? Si la prudence est bonne, l'air est bien utile aussi à une nourrice & un peu de promenade dans le jardin, par le beau tems, vaudra de bons déjeuner à Marie.

Les nouvelles que j'ai données hier à ta mère de Mme Varaquié venaient par les dames Desnoyers qui les tenaient d'une dame de leur connaissance dont le nom ne me revient pas dans ce moment & qui est très liée avec Mme Orville. Quant au petit de Milhau on est un peu remonté : on avait d'abord consulté Mr J.Guérin qui voulait suivre un système de cautères & autres moyens violents, qui effrayaient les parents & n'étaient pas du tout d'accord avec l'avis de Mr Hardy qui a provoqué une autre consultation avec Mr Bouvier, qui a dit qu'il avait tout espoir de guérir l'enfant, on va suivre son traitement.

Tes petites amies n'ont pas encore réussi à rassortir ta robe de barège grenadine; elles t'écriront à ce sujet, je ne doute pas que vous ne vous entendiez & je m'esquive.

Mme Brémontier est venue faire visite hier soir au Jardin, pour voir sa fille & pendant 1 1/2 heure qu'elle a passée là, elle n'a pas cessé un instant de parler avec une volubilité désespérante, mettant un feu extraordinaire à des choses sans intérêt, racontant sa vie agitée & ses rendez vous plus ou moins manqués, enfin elle m'avait réduit à un tel état de torpeur que j'ai été obligé de me sauver pour ne pas m'endormir tout à fait ce qui n'était pas loin d'arriver heureusement que mon père dinait chez Mr [Buffet] : que son mari a du être malheureux de vivre dans un tel brouhaha & je ne m'étonne pas s'il allait chercher des distractions ailleurs. Ta tante Aline est fort ennuyée parceque Mr Bretonneau va, vient de Paris à Tours, promet d'apporter la pommade en question, l'oublie, écrit pour la demander, la cherche dans son cabinet, ne sachant pas s'il l'a reçue, ne la retrouve pas, repart, ne revient pas, n'envoie rien; enfin le nez de ta tante abandonné à la nature s'envenime plutôt & elle n'est pas plus avancée que le jour de son arrivée, de plus elle perd un peu confiance dans l'avis de Mr Bretonneau en le voyant avec des idées si affaiblies. Elle a l'ennui d'apprendre hier, qu'en son absence, sa femme de chambre décampe, pour une meilleure place qu'on lui offre à Caen.

Tache bien, ma bonne amie, d'écrire à ta bonne maman & charge la d'être ton interprète auprès de tous les habitants du Jardin. Adieu ma chère enfant, je ne te dis rien pour ta mère, puisqu'elle aura connaissance de ma lettre, continue comme tu as commencé, jeune mère, & tâche qu'en Septembre je te trouve grasse nourrice

Ton père affectionné
CDuméril

n° 15
Caroline Mertzdorff (Vieux-Thann)
à Félicité Duméril (Paris)
lundi 18 juillet 1859

Dans cette lettre, Caroline fait allusion à l'armistice de Villafranca signé le 11 juillet qui met fin à la guerre d'Italie contre l'Autriche.

Vieux Thann
18 Juillet 1859

Ma chère Maman

Je t'écris deux mots pour te dire que la petite continue à bien aller, Mr Conraux sort d'ici et a trouvé ses boutons magnifiques ; elle en souffre un peu depuis hier et cette nuit elle nous a bien réveillées mais sa santé générale ne s'en ressent pas du tout ; depuis qu'il fait un peu moins chaud, elle va beaucoup au jardin, sous la charmille où il y a de l'air et pas de vent. Tu me demandais l'autre jour quel était son costume par ces chaleurs ? il se compose en tout d'une chemise et d'une brassière et sur la tête un tout petit bonnet tricoté à jours sans rien dessus. Ses jambes et ses pieds sont toujours à l'air et comme elle est toujours soit dans la chambre dans son panier à roulettes, soit au jardin dans son grand panier à roues que son père lui a acheté et qu'on ne la tient pour ainsi dire pas dans les bras, la légèreté de son costume lui permet de gigoter et de faire aller bras et jambes à son aise. Elle est bien gentille surtout avec son père qui en est un peu fou comme tu le penses bien ; pendant les repas elle est toujours dans son panier à côté de son père et ne cesse pas de le regarder et de lui rire et lui de son côté lui fait la conversation.

Hier notre fête nationale a parfaitement réussi et nous en avons été bien contents il y avait grande joie, grand enthousiasme et pourtant pas une dispute, pas un homme ivre, pas un couple inconvenant c'était une foule compacte qui se remuait le mieux qu'elle pouvait au son d'une très bonne musique, les plus petits il est vrai tels que [Charnele] recevaient bien quelques légères bousculades, un garçon, puis une fille ont bien chacun perdu un soulier sans pouvoir les retrouver mais cela étaient des misères qui excitaient la joie au lieu de la diminuer. C'était un curieux mélange de vieilles gens, de gamins de jeunes personnes, d'ouvriers de tous genres car Thann et les autres villages avaient malheureusement un peu trop fourni leur contingent. A 5 h le conseil municipal a ouvert le bal, Charles en tête avec la fille du maire puis après le souper nous sommes retournés avec maman qui a pris beaucoup d'intérêt, moi j'ai dansé trois fois ce qui leur a fait plaisir. On avait mis à l'entrée de la place un tronc pour les blessés de l'armée et la recette a été dit-on fort belle. De 7 h à minuit chose remarquable il n'y avait pas un chat dans les cabarets, tous étaient à la danse ou autour.

Maintenant que nous avons la paix Charles repense à Wildbad, ce qui nous fait bien de la peine à tous les deux mais il en sent la nécessité car il est toujours sous le coup d'un rhumatisme sourd qui le tient de la tête aux pieds et il vaut mieux agir avant que le mal soit bien établi.

Je vous remercie bien pour vos bonnes lettres et pour la poudre puço mortifère je suis toujours abimée par cet affreux insecte dont j'attrape jusqu'à 7 et 8 dans une journée.

Adieu, ma chère enfant je t'embrasse de tout cœur ainsi que papa et attends bien impatiemment le moment de votre arrivée.

Ta fille Caroline

n° 16
Caroline Mertzdorff (Vieux-Thann)
à Félicité Duméril (Paris)
mardi 6 septembre 1859

Vieux Thann
6 Septembre 1859

Ma chère Maman

Hier déjà je voulais t'écrire et j'en ai été empêchée par une nouvelle préoccupation ; figure-toi qu'en me levant je me suis aperçue que j'avais mes règles ; justement le matin à 6 h. Charles était parti avec maman pour Colmar, et tu juges combien j'étais inquiète et effrayée ; j'avais entendu dire que lorsqu'une semblable choses arrivait à une femme, elle devait sevrer et cette idée me bouleversait car donner à téter à Mimi est une de mes plus grandes joies ; à midi ne sachant que faire la petite étant si triste de ne rien avoir, j'ai envoyé Mme Cornelli chez Mr Conraux qui m'a fait complètement rassurer, me disant qu'il avait vu maintes fois des cas semblables non seulement chez des mères mais chez des nourrices que l'on avait pourtant gardées sans que les enfants en souffrissent et que la nourrice de son petit garçon avait été de même. Ainsi rassurée je me suis d'abord fait téter par un enfant plus âgé, puis ensuite par ma petite mais voilà qu'en moins de 10 minutes elle avait tout rendu par haut et par bas et la même chose était arrivée à l'autre enfant, j'ai alors fait chercher Mr Conraux mais il faut vous dire que le matin à l'idée de sevrer j'avais eu un très violent chagrin et que j'avais énormément pleuré étant d'autant plus triste que Charles n'était pas là. C'est à ce chagrin et à ces larmes que Mr Con. a attribué ce lait indigeste qu'avait pris la petite et l'ayant trouvée parfaitement bien du reste il m'a tout à fait engagée à lui redonner à téter ; cette fois, en effet elle a bien digéré et s'est endormie à 6 h. pour ne se réveiller qu'à 10 h. 1/2 alors elle a mangé sa soupe et s'est rendormie jusqu'à 5 h. dans la matinée elle vient de téter et de manger sa soupe et quoiqu'elle ait eu deux selles son estomac paraît très bien, Mr Conraux vient de venir et m'a répété que je ne dois m'agiter en aucune manière qu'il y a eu beaucoup de travaux faits sur ce sujet et que l'analyse prouve que le lait dans cette circonstance contient moins de matières nourrissantes mais ne renferme rien de nuisible pour l'enfant. Me voilà remise aujourd'hui mais quand Ch. est rentré le soir il m'a bien grondée de m'être ainsi laissé aller au désespoir ; je manque de philosophie quand il s'agit de baby, cela est vrai je le sens mais c'est bien difficile de se corriger de ce défaut là. Malgré cette aventure je me porte parfaitement, mange et dors très bien et ai beaucoup de lait, d'ailleurs mon indisposition n'est pas très forte. Samedi soir nous avons été chez les Kestner prendre une tasse de thé mais on a dansé et j'ai refusé de faire comme ces demoiselles ; j'en suis bien contente [j'aurais cru que] c'était une imprudence qui avait pu causer mon aventure. Nous venons de recevoir vos bonnes lettres dont nous vous remercions beaucoup. Léon pense vous écrire demain, le voilà de nouveau au laboratoire aujourd'hui ; Georges vient de passer 4 jours à Colmar et pendant ce temps, je n'ai pu décoller Léon de sa chambre où il lit avec rage, c'est un très mauvais régime et je suis désolée de le voir rester enfermé quand il est si à même de prendre de l'exercice et le grand air, je ne sais si c'est faiblesse mais il craint tout ce qui est une légère fatigue.

Je connais assez ton obligeance et ton désir de faire plaisir pour oser venir te prier, ma chère maman, de rendre un petit service à Mme Cornelli ; il s'agit de chercher à rassortir l'étoffe de cet échantillon, je crois que cela sera très difficile et même impossible mais elle serait tout heureuse d'en ravoir 2 mètres pour refaire un corsage. La robe a été achetée il y a 2 ou 3 ans à Strasbourg. Léon te raconte sans doute la journée d'hier, je t'assure qu'il a déjà bien meilleure mine et meilleur appétit ; nous lui montons tous les matins un demi verre d'eau de Pulna chaude, cela provoque généralement 2 selles et je crois que cette purgation très douce prolongée pendant qu.qu. temps lui fera grand bien, car son système d'alimentation toujours chaude et sans fruits est je crois bien mauvais et [illisible] échauffant, je veux aussi lui faire prendre des bains mais il s'y refuse. Son temps est bien employé et il ne flâne pas du tout, il est une grande partie de la journée avec Georges au laboratoire, ce qui l'interesse je crois, Charles a des plans à faire, puis il va à la fabrique, il se couche à 8 h. 1/2 et dort jusqu'à 7 h. tu vois que le régime est fortifiant. Léon vient chercher ces quelques lignes ; adieu ma chère maman je t'embrasse du fond du cœur ainsi que papa. J'ai reçu une aimble lettre de Louise Edwards. Ta fille C M

n° 17
André Constant Duméril (Vieux-Thann)
à Constant Duméril (Paris)
vendredi 9 septembre 1859

Vieux Thann Vendredi 9 7bre1859

J'ai si brusquement été obligé de fermer ma lettre hier, que je n'ai pas eu le temps de t'entretenir à peine de mon séjour à Charleville* et de parler un peu en détail de la famille avec laquelle j'ai pu faire une plus ample connaissance. Toutes ces petites filles sont très intéressantes par les manières affectueuses dont elles sont entre elles et les petits soins auxquels chacune parait s'être chargée de préférence**. Toutes s'occupent à l'envie de la dernière petite sœur et du petit garçon qui est fort et extraordinairement développé et avancé car il n'a guère que six mois. Toutes sont blondes et ont la peau très blanche. La mère est véritablement charmante. elle nourrit préside à tout et s'occupe de chacun en particulier- c'est elle qui est l'ame active de la maison ; et ce n'est pas peu dire que de mener une pareille vie. Encore, pour le moment, c'est pour elle un intervalle de repos- car elle dirige toute la partie matérielle du pensionnat où elle préside à tous les détails de la vie intérieure de quarante élèves et avec un soin et une économie telle que pour la somme de cinq cents francs il faut faire face à toutes les dépenses de la vie animale, au blanchissage et à mille détails pour la tenue des dortoirs des sous maitres et domestiques qu'il faut nourrir et payer- trois femmes et un domestique homme. eh bien malgré cela il y a tant d'ordre et d'économie que toutes dépenses faites pour l'établissement et pour sa famille à laquelle, il est vrai, par cela même qu'il y a des maitres d'agrément payés par les familles pour quelques uns des élèves- Mons.Malard m'a avoué qu'il avait fait une réserve économique de 4 à 500 fr. Toutes ces petites filles s'occupent de musique, de dessin dont les leçons, sont presque gratuites. et j'ai scu par Eléonore, que toute cette famille travaille et profite d'une manière étonnante que presque toutes sont adroites, laborieuses et fort instruites. Georges est un jeune homme extrèmement avancé pour son âge. malheureusement il a pris dans la maison un certain empire qui est dû à ce qu'on s'en est beaucoup occupé ; et cette présomption, que je me suis permis de lui faire remarquer deux ou trois fois, ce qui sera peut être pour lui une leçon à laquelle il aura été sensible et qui lui pourra être utile. d'ailleurs, il est véritablement fort instruit : il cause de tout avec des connaissances réelles, mais avec un ton si tranchant, que quand il se trompe et qu'on le lui fait remarquer, on voit bien qu'il n'est pas accoutumé à céder aux remontrances.

Thelcide est admirablement conservée : elle est charmante, d'une très bonne tenue on ne croirait jamais qu'elle soit la mère d'une si nombreuse famille. beaucoup de graces dans les manières et ayant une ressemblance notable pour le Physique et la physionomie avec Octavie Raoul Duval, sauf la différence d'age, car on ne lui donnerait pas plus de trente six ans.

Ma belle sœur est véritablement en très bonne santé. Son teint et toute sa personne ont beaucoup gagné. Elle est fort active et elle a fait avec nous d'assez longues promenades sans fatigue. Eléonore a des cheveux presque blancs et très beaux, mais c'est une vielle fille. Madame Martin est grasse et gracieuse : elle a dans les traits et toute la Physionomie beaucoup de rapports avec Eugénie à laquelle elle ressemble beaucoup de profil. sa fille sera bien elle est dans un âge ingrat sa figure est un peu longue et maigre, mais elle est grande et parfaitement prise dans sa taille. elle est fort timide et encore enfant quoiqu'elle soit la plus grande de toute cette famille réunie.

mais en voilà bien long sur charleville et je vais maintenant vous parler de ce qui est autour de moi. D'abord de la petite dont la mère est si occupée. Comparativement au petit garçon Malard, elle n'a guère que la moitié du volume total, et, quoique très vive et remuante elle un peu moins développée- Caroline la trouve moins colorée qu'à l'ordinaire, elle attribue sa pâleur à un rhume de cerveau qu'elle avait il y a trois jours et dont elle est tout à fait guérie. Elle a des yeux très beaux, grands et doux ; sa bouche est mignogne et bien faite lorsqu'elle sourit, ce qui lui arrive souvent ; mais ses joues trop rebondies font rentrer le milieu du visage et chercher le nez et la fente de la bouche.

je n'ai pas trouvé à Léon un meilleur visage ; il a toujours un air triste et mr. Charles trouve qu'il aime trop à être isolé. hier j'ai eu deux ou trois fois occasion de le faire entrer un peu dans la conversation en lui faisant un reproche de ne faire qu'écouter quand il lui serait si facile de montrer ce qu'il sait dans quelques discussion sur des points de Physique ou de chimie sur lesquels il devait avoir une opinion ; alors il s'est mis à l'aise et a fort bien exprimé ses idées. j'en ai été content et je l'ai engagé à se montrer moins sauvage, il a toujours la manie de ne vouloir rien manger de ce qu'il appelle crud- ni melon, ni fruits et cependant il mange des poires cuites froides !

Dans l'excursion que nous allons faire en Suisse où Mr Charles nous accompagne et où il menera son neveu Georges, qui est un gentil garçon de l'age de Léon et qui s'occupe beaucoup de chimie, j'espère que je pourrai mettre Léon plus à l'aise et lui parler de sa manie, de manière à l'en corriger et à le faire revenir de ses craintes chimériques. Son beau frère est dans les mêmes intentions que moi. malheureusement Léon n'est pas assez communicatif et sa sœur lui en a fait déjà des reproches. il reste des matinées entières dans sa chambre à lire des Romans.

il est convenu que je partagerai en deux portions les huit jours que je dois passer ici. nous mettrons cinq à six jours à notre voyage en Suisse. je reviendrai ici passer quatre ou cinq jours avant de retourner près de vous. mes amitiés à ma sœur, à félicité et à toi j'ai reçu de Charleville une lettre d'Auguste.

je crois que nous partirons Dimanche pour Bâles. il est convenu que nous ferons le voyage à frais communs.

Nous avons appris avec bien de la peine Caroline et moi cette mort si inopinée de cette intéréssante mère des Famille M. de Valenciennes.

**André Constant vient de rendre visite à la famille de son frère Florimond à Charleville.*

***Ces petites filles serviront de modèle à Germaine Acremant pour son roman « Ces dames au chapeau vert ».*

1860

n° 18
Caroline Mertzdorff (Vieux-Thann)
à Charles Mertzdorff (Paris)
mercredi 11 janvier 1860

Vieux Thann
11 Janvier 1859

Mon cher petit Charles

Dans l'espérance que tu seras de retour à Paris Jeudi soir je t'écris aujourd'hui afin qu'en arrivant tu aies des nouvelles de nous tous. Ces nouvelles sont excellentes, Chéri, Mimi va à merveille, je crois bien qu'elle a percé sa sixième dent mais la coquine ne veut plus me permettre de m'en assurer ; elle a le corps très libre depuis ton départ et a fait 4 fois hier mais avec des résultats très satisfaisants de sorte que je suis très contente. La nuit dernière elle a été un peu agitée mais cette nuit elle s'est rattrapée et n'a jugé le jour levé qu'à huit heures 1/4. Je crois que la chère petite s'aperçoit de ton absence, et lorsqu'on lui dit : où est papa elle cherche de tous côtés en tendant sa petite main pour te prendre. Quel bonheur quand tu seras de nouveau au milieu de nous et que nous te tiendrons, Mimi et moi faisons des projets de te dévorer. Comme il semble qu'il y a déjà longtemps que tu es parti mon petit bien aimé, quel vide quand tu n'y es pas, la journée où on va et vient passe encore mais quand arrive le soir comme c'est triste, quel bonheur de te revoir et surtout de t'embrasser, vrai Chéri, c'est dans un cas comme celui-là qu'on sait si on aime.

Figure-toi, qu'hier, pour de bon, nous avons eu les Henriet, tous les cinq et toute l'après-midi, ils ont été très aimables, j'avais fait un petit goûter et tout a bien réussi, Mimi était bien occupée de tout ce monde je craignais même qu'elle n'en fût agitée aussi l'ai-je envoyée également faire une bonne promenade au jardin. Je crois qu'elle n'a jamais été plus fraîche et plus rose que depuis deux jours. Je viens de recevoir une bonne lettre de Papa qui me fait bien plaisir puisqu'elle m'apprend que ton voyage s'est bien fait et que tu étais en bonne santé, je prie bien le bon Dieu mon petit Charles, pour que ce voyage se passe bien et que tu reviennes bien vite là où on t'aime tant. Aujourd'hui tu es à Rouen, pourvu que tu puisses finir demain, je ne pense qu'à Dimanche parce que j'espère bien te revoir. Rien de particulier à la fabrique, l'oncle t'écrira demain, nos mères et l'oncle me chargent pour toi de leurs meilleures amitiés. La nuit je n'ai pas peur, Léon et maman couchent à côté de moi comme c'était convenu ; pourvu que le beau temps continue pendant tes pérégrinations, ce matin il y a un peu de brouillards. Mes coliques sont un peu revenues hier soir, comme j'avais été bien pendant deux jours je ne me suis pas ménagée pour les aliments et peut-être ai-je eu tort je vais aller plus prudemment.

Adieu, mon bon petit Charles bien aimé, il faut te quitter pour que ma lettre parte mais c'est triste, tu penses à moi n'est-ce pas ami, oh va j'en suis sûre ; mais je suis en mal de toi, vois tu, enfin je veux être raisonnable et je l'ai été jusqu'à présent, n'est-ce pas, tu es content de moi. Ne montre pas ma lettre. Je t'embrasse mille et mille fois

n° 19
André Constant Duméril (Paris)
à Caroline Mertzdorff (Vieux-Thann)
dimanche 4 mars 1860

Paris Dimanche 4 mars

c'est à toi, Ma Chère Caroline, que je crois devoir m'adresser pour causer un peu longuement de la famille, car je présume que je suis bien en retard avec vous tous et surtout avec toi. depuis deux mois je suis tellement malingre et paresseux que je ne pouvais pas prendre la résolution de prendre la plume.

heureusement et franchement il y a un mieux sensible. Mes nuits sont bonnes, grace à un quart de grain d'opium que je prends chaque soir et je n'ai plus de quintes [expiration] de matières salivaires plus ou moins épaisses qu'à mon premier lever seulement, cela me fatigue et j'ai perdu beaucoup de mes forces et de mon énergie accoutumée. Définitivement, et après d'inutiles emplois d'autres médicaments, je me suis mis à un régime tonique : je prends deux fois chaque jour une forte verrée de vin de quinquina au madère et je me force un peu à prendre du bouillon gras dans la journée et un peu de nourriture succulente et comme j'ai commencé à te le dire je me sens [certainement] mieux et je suis fort content de mon état

en voila bien long sur moi. je m'aperçois que j'ai commencé à écrire ce billet sur le verso je vais le couper et continuer.

L'abcès de ton père m'a beaucoup préoccupé j'ai bien craind les suites d'un pareil phlegmon dans la paume de la main et dans le voisinage des tendons ; car la matière de la suppuration trouvait malheureusement une voie trop naturelle pour ne pas fuser et remonter au delà du poignet- Nous avons été heureux d'avoir eu près de lui un médecin qui a si bien jugé et le siège du mal et dirigé en dehors l'évacuation. c'est une circonstance bien heureuse d'avoir trouvé près de vous un médecin si instruit et par cela même si capable de mener le mal avec la fermeté et les soins prudents qu'il exigeait. Si j'avais été plus entrain d'écrire je lui aurais adressé mon témoignage de satisfaction qui pouvait lui être sensible comme celle d'un confrère reconnaissant.

Nous avons admiré l'heureuse facilité de Constant pour nous écrire ainsi de la main gauche et pour nous dire avec détails tout ce qui concerne la famille du vieux Thann Nous n'avons pas encore à cet égard tout ce que nous désirons savoir sur l'affection assez grave de Madame Mertzdorff la mère. il est probable que dans l'une de vos prochaines lettres vous pourrez nous tranquiliser à cet égard.

tu conçois tout l'intéret qui nous attache aux plus petites circonstances de ton aimable petite fille. Continue ainsi de nous mettre bien au courant.

je dois vous mettre au courant des démarches importantes que je fais dans ce moment ci, parce que j'ai l'intention de présenter moi même à l'empereur dans une audience particulière mes deux volumes sur l'histoire des insectes.

en 1854, j'avais remis moi même au Ministre de l'instruction publique un exemplaire pour lui et un autre pour l'empereur de mon traité sur l'histoire générale des Poissons : cette circonstance de la remise directe, et sans note écrite, de ces deux exemplaires a été sans doute la cause que je n'ai rien, ni du Ministère de l'instruction publique, ni de celui du Ministère d'état, aucun accusé de réception. m'étant assuré de la manière la plus positive que cet ouvrage sur les poissons ne se trouvait dans aucune des Bibliothèques de sa Majesté et reçu en particulier une lettre du secrétaire intime Mr Macquart qui m'engageait à faire relier de nouveau ce travail et à le joindre à celui sur les insectes ; j'ai fait préparer le tout et j'en ai instruit le Ministre en lui disant que je comptais sur sa bienveillence parce que je [les] réclamerais moi même de l'Empereur dans l'audience que j'allais solliciter. j'ai trouvé chez le Ministre d'assez bonnes dispositions. comme je ne lui ai pas demandé des honneurs mais un honorable repos. Il m'a fait sentir qu'en donnant ma démission de Professeur de l'Ecole de Médecine je ne pourrais toucher que le maximum de ma retraite c.a.d. de 6,000f mais il ne m'a paru eloigné de l'idée de demander qu'il soit ajouté une pension viagère au traitement de retraite.

aujourd'hui je vais aller avec Eugénie chez Madame Rainbeaux pour la prier de vouloir bien me faire recommander très particulièrement à Mr Macquart dont la fille a épousé le fils de Me Rainbeaux. Si Mr Macquart veut bien me recevoir pour connaitre les droits réels que je crois avoir à la faveur du gouvernement par mes anciennes fonctions, mes titres et les ouvrages que j'ai publiés. il me semble que je pourrai réussir.

j'ai fait relier quelques uns de mes autres ouvrages et je suis pret à les présenter quand j'aurai obtenu une audience... vous saurez aujourd'hui ce qui nous occupe.

Adèle est mieux. Mad^e^ Duméril est fortement enrhumée. Eugénie et Auguste vont bien.

mes amitiés pour tous surtout à ton excellent mari. peut être aurons nous de vous des nouvelles bientôt. je t'embrasse vivement ainsi que notre toute petite ta joie et ton bonheur.

C.Duméril

n° 20
Léon Duméril et Caroline Mertzdorff (Vieux-Thann)
à Félicité et Constant Duméril (Paris)
dimanche 25 mars 1860

Dimanche. Vieux Thann

C'est en attendant une lettre nous annonçant votre bonne arrivée dans la capitale, mes chers parents, que je vous écris pour vous dire qu'ici tout le monde est bien si ce n'est Caroline tourmentée par une grosse aphte qui lui est venue cette nuit, et Charles qui a aussi ce matin une petite migraine, quand à Mimi elle dort dans ce moment du plus profond sommeil après un bout de promenade dans le jardin entre deux averses, car il faut vous dire que vous avez probablement amené avec vous le beau temps à Paris, toujours est-il qu'ici il nous a quittés et depuis Vendredi soir nous jouissons d'un mélange de pluie, de grêle et de neige qui hier surtout n'a pas cessé de tomber.

Votre lettre dont nous vous remercions bien vient d'arriver, nous avons été bien peinés de l'état de faiblesse dans lequel vous avez trouvé bon papa et qui doit bien inquiéter ; il est toujours heureux que l'empereur l'ait si bien reçu et les honneurs qu'on semble vouloir lui rendre maintenant lui donnent heureusement une satisfaction qu'il n'aurait pas ressentie il y a vingt ans. Nous n'avons rien à vous dire de bien nouveau depuis votre départ, cependant Caroline a l'intention d'ajouter q.q. lignes à ces quelques lignes, et je lui cède la place.

Adieu mes chers parents en vous envoyant mes meilleures amitiés et vous priant de me rappeler au souvenir de toutes les personnes du Jardin.

Votre fils bien affectionné
Léon

Ma chère Maman

A la hâte, je veux te dire combien je suis heureuse de vous savoir arrivés à bon port, tu comprends le vide que vous faites ici et combien notre vie, la mienne surtout est changée, mais je pense sans cesse à mon voyage à Paris et commence mes préparatifs. Nous comptons partir la veille de Pâques à midi pour Colmar et nous reviendrons le Lundi, ainsi Ch. ne perdra pas de temps. Cette pauvre Emilie a de nouveau bien des tourments domestiques. Nous allons bien sauf une aphte qui m'est venue cette nuit, aussi Charles n'a-t-il pas voulu que j'aille à l'église, ce qui me contrarie toujours beaucoup.

Je ne vous dis rien sur bon papa Léon exprime bien nos sentiments, je m'attends à éprouver aussi une émotion bien triste en revoyant ce pauvre grand père.

Mimi est à ravir; l'autre nuit elle ne s'est pas réveillée du tout, je me trouve à merveille de la coucher de si bonne heure.

Léon continue ses leçons de danse chez Mme André j'en suis bien aise, je suis allée voir ces dames pour arranger la chose.

Tu t'es chargée n'est-ce pas de toutes mes amitiés pour les demoiselles Desnoyers donne moi des détails je t'en prie dans ta prochaine lettre que j'attends bientôt. Je serai bien contente d'avoir mon chapeau et le vêtement dont je t'ai prié de vouloir bien parler à mes amies.

Adieu mes chers parents, excusez mon griffonnage mais Léon va en ville. Je vous embrasse bien tendrement et suis votre fille Crol

Les bonnes ne peuvent pas prendre leur parti de votre départ. Tout est bien arrangé pour les repasseuses demain.

Maman va bien.

n° 21
Charles Mertzdorff (Manchester)
à Caroline Mertzdorff (Paris)
dimanche 6 mai 1860

C'est Dimanche! C'est te dire ma chère petite femme (lis mon petit cornichon chéri) que j'ai été à l'église a 9 h.- & que depuis ce temps je n'ai pas quitté mon petit salon que j'ai pris tout exprès pour rester seul- ou mieux pour être avec vous.- Malgré ces longues heures, le tems à écrire a Georges, Léon, ma mère a penser à Paris, aux affaires, je dis le tems s'est si vite passé que je n'ai plus que quelques minutes pour causer avec toi.- Il est 5 heures.- tu comprends que ces 9 h. ne se sont pas écoulées sans que tu n'aies pas eu ta bonne part ; mais j'étais heureux tout seul dans mon petit cabinet que parfois je me croyais au Vx th. à côté de vous.-

Je puis dire que je viens de passer une bonne journée, surtout quelques heures ou j'ai eu assez d'esprit de ne pas me laisser tourmenter par les affaires.-

La lettre de mon oncle est toute d'affaires qu'il n'a pas voulu prendre sur lui de terminer et il me dit seulement que tout le monde va bien.- C'est la 13 page que j'écris aujourd'hui, tu vois que je n'ai pas perdu beaucoup de mon tems.- J'ai assez longuement causé avec Léon, lui exposant combien notre industrie etait en retard avec celle d'ici. Les grandes difficultés qui nous attendent- Que seul je ne saurais porter un aussi lourd fardeau que je comptais beaucoup sur lui [si tant] il se sentait la force & surtout l'énergie nécessaire. Que l'énergie & l'activité ne lui viendront que si [illisible] aime réellement mettre la main a la pâte quitte a casser ses ongles un peu plus souvent.- Que si réellement il ne se sent pas un amour réel pour l'industrie qu'il n'y a aucun tems de perdu que toute carrière n'importe laquelle qu'il choisira il faut qu'il s'y sente poussé que ce n'est qu'a cette condition que la vie devient sinon facile au moins agréable & que l'on trouve qq. satistaction.- Qu'il laisse un peu ses livres & ses mathématiques & ses romans.- etc etc...

Du reste tu sais que nous avons bien souvent causé de lui, combien j'étais désolé de le voir dans l'état d'abattement dans lequel il se trouvait lorsqu'il est venu au Vxthann & combien j'étais heureux de lui voir reprendre un peu de vie & d'entrain- Je me reproche a moi-même trop souvent de la mollesse & surtout de manque d'énergie pour ne pas savoir combien c'est nécessaire dans la vie.- Ce sont deux qualités il est vrai ne se donnent pas, cependt combien d'hommes ne voit-on pas que la nécessité, l'ambition & tout autre mobile, les ont poussés-

Que ne pouvons nous tous suivre les traces de bon papa ! A son age que l'on est heureux de pouvoir se dire que l'on est content de soi.-

Je pense en ce moment à livre ouvert avec mon chou, c'est pour elle & quoiqu'elle coñaisse déjà toutes mes pensées j'aime bien les lui redire pour qu'elle voie bien que son ami n'a pas changé même dans cette belle Albion.-

Mais je cause, je cause & ne te dis pas que j'ai rêvé de Miki qui avait 3 a 4 ans, elle était si gentille que j'en ai encore le cœur tout plein. C'est que j'ai pris le thé dans une famille autrefois à Mulhouse ou j'ai vu un amour de petite fille de 8 ans qui nous a fait très gentiment de la musique avec un tout petit peu de chant.- Autrefois je l'avoue cette musique ne m'aurait guère [intéressément], aujourd'hui marié je me laisse bien facilement séduire par ces petites demoiselles là.- Tu t'imagines quelles sont mes pensées que de fois me suis-je follement surpris a désirer me vieillir de quelques années pour voir de mes yeux voir !- Mais Dieu est si bon qu'il me donnera bien aussi a moi.-

Me voilà encore a bavarder trop longuement a propos de rien.

Je ne t'ai il me semble pas encore dit que j'allais tout a fait bien & que je me sens parfaitement disposé a recom̂encer le mauvais très mauvais métier que je fais ici.-

Tous nos français sont a Liverpool- te l'ai-je dit- fuyant le Dimanche de

Manch.- ils l'auront tout aussi bien trouvé là-bas.- J'ai décidément mieux fait qu'eux.-

Tu auras sans doute passé ta journée avec tes amies, profite profite chérie fais en bonne provision en attendant tu n'oubliras pas d'aimer ce a quoi je tiens pour ton mari. Même mon compagnon de voyage Mr Boquet dine en famille.-

J'ai beau regarder cette bonne gde page qui m'engage si aimablement a continuer mon bavardage, l'heure me dit toujs plus brutalement qu'il en est assez du reste je n'ai absolument rien de nouveau à t'apprendre & attendrai un autre jour pour t'écrire.- Si je ne t'écris pas dans 2 a 3 1iers jours sois contente c'est un signe que je suis bien occupé que je rentrerai d'autant plus vite.-

Mardi seulement je pense revoir Mr Latham d'ici. J'ai écrit comme j'ai pu Lis si tu peus.

Remercie encore bien ton père de son aimable petite lettre. fais bien mes amitiés à bon papa bonne maman & Oncle & tante. Embrasse Adèle pour moi donne un bon baiser a ta mère serre la main à notre bonne Cécile. & lorsque tu auras fait tout cela tu iras dans la chambre de Miki tu lui feras dire papa,& tu l'embrassera de mille baisers comme j'aimerais tant le faire.-

Ce n'est pas tout tu diras à mon petit cornichon que je l'aime toujours bien, que je suis toujours avec lui que je l'embrasse de tout mon cœur & lorsque tu auras fait tout cela comme je le ferais moi tu en auras pour bien longtems & je serai content de toi toujours

ton ChsMff

n° 22
Eugénie Desnoyers (Paris)
à Caroline Mertzdorff (Paris)
vendredi 25 mai 1860

Vendredi soir

Ma chère petite Crol,

Maman est obligée de partir de très bonne heure demain matin pour Montm., et par contre, nous, son ombre fidèle, suivrons la même voie. Il nous faut donc renoncer à l'espérance de t'embrasser demain et renvoyer à Lundi baisers et caresses que nous aimons tant à te donner.

Ta bonne mère m'a fait le gd plaisir de m'amener ton cher trésor, je lui en suis très reconnaissante ; cette petite Mikie est une petite créature si ravissante que je comprends que ce soit un sacrifice de s'en séparer même q.q. instants.

Vous avez eu une belle journée pr votre voyage à Montataire je souhaite que nous soyons aussi favorisés Lundi et que surtout tu ne te trouves pas trop fatiguée d'une vie si remuante ; mais tu sais faire tant de plaisir par ta présence que ton cœur te fait oublier le mal.

Ces q.q. lignes ne signifient rien, elles sont écrites en fraude mais elles partent d'une amie qui aime tant que tu les comprendras. oh ma petite Crol chérie que je suis heureuse de te voir ! Quelle enfant je suis de te dire cela de cette manière il y a longtemps que tu la connais cette vieille Nie et tu as raison de croire en son amitié pr toi et les tiens.

Que l'affection que ta mère nous témoigne nous est précieuse je ne puis m'empêcher d'être émue en y pensant

Bonsoir, Amie chérie, à Lundi une bonne causerie, tes paroles me sont toujours si douces et j'en ai besoin quoique, si je ne suis pas assez forte devant de petites préoccupations, ma confiance n'en soit pas moins toujours entière en la Providence

Adieu, mille caresses, à Lundi de très bonne heure. ED

1861

n° 23
Caroline Mertzdorff (Vieux-Thann)
à Constant Duméril (Paris).
vendredi 22 et samedi 23 février 1861
Lettre dictée à Félicité Duméril, qui rajoute quelques phrases.

Vendredi après midi 22 février

Mon cher père,

Quoique je ne puisse pas encore t'écrire moi-même je puis cependant venir te donner de bien bonnes nouvelles de nous tous, à commencer par moi je vais à ravir, il est difficile d'avoir une meilleure couche que celle que j'ai eue et quoique j'aie un peu plus souffert peut-être qu'avec Mimi je me remets bien plus vite n'ayant eu cette fois aucun accident, c'est aujourd'hui le neuvième jour et on commence à me nourrir ce que je réclamais à grands cris mais j'avais trop de lait dans les premiers jours pour qu'on osât me laisser manger. Notre petite Emilie vient à ravir, pour le physique c'est une enfant de neuf jours, tu connais les charmes d'une jeune personne de cet âge mais elle est bien faite, a les cheveux noirs, les yeux noirs et une forte voix, quant au nez et à la bouche il est difficile de les définir, telle qu'elle est, elle nous interesse déjà bien. Charles commence à prendre son parti de son sexe et ma belle mère s'est mieux résignée que je n'aurais osé l'espérer mais tu comprends que le premier désappointement a été bien vif. Mimi fait très bonne mine à sa petite sœur quoiqu'elle attende toujours frère dans trois semaines. Elle trouve que j'ai bien longtemps mal à l'œil et espère chaque jour que Mr Conraux le coqueteur (docteur) va me permettre de me lever, elle n'est pas ennuyeuse et reste bien gentiment dans ma chambre sans me fatiguer, cependant elle est un peu désorientée par tous les changements que la naissance de la petite a apportés dans notre intérieur, c'est bien elle qui jouira le plus quand je reprendrai ma vie habituelle. Nous sommes bien contents chaque fois que tu nous écris, malheureusement ces deux dernières lettres contiennent de bien tristes nouvelles, nous sommes impatients d'avoir des détails sur les Desnoyers qui ont vraiment de bien lourdes croix dans ce monde. Nous voudrions bien savoir aussi comment va ce pauvre Mr Rainbeaux qui nous a reçus ainsi que son excellente femme d'une manière si affectueuse, nous pensons souvent à son état et faisons bien des vœux pour lui. (Du 23) Nous avons été interrompues hier dans notre lettre et sommes pressées ce matin pour la finir, nos nouvelles sont toujours excellentes. Je veux de suite te prier de t'occuper pour le baptême des petits achats nécessaires, nous voulons faire les choses très simplement mais pourtant il faut que Léon offre quelque chose à la marraine et comme Emilie a une main très difficile à ganter et que d'ailleurs elle est en deuil, nous renonçons aux gants, je te prierai de faire emplette d'un joli coffret en bois dans les prix de vingt à vingt cinq francs et que l'on remplirait de bonbons, tu irais je pense chez un de ces marchands qui font très bien sans être [Tahan] quant aux dragées, j'aimerais savoir ce qu'Edgard en a donné de boites à Eugénie afin de me conformer à ce programme et en outre j'en voudrais six demi boites que Mimi donnera aux petites filles de ses amies, j'aimerais aussi trois ou quatre livres de tout ordinaires pour bonnes, sage-femme etc etc. Le baptême n'ayant lieu que la seconde semaine de Mars, il ne faut pas t'occuper encore des bonbons qui seraient rances. Voilà les peintres qui posent les papiers au Moulin, les peintures sont bien avancées ; maman compte y aller Lundi il parait que dans ce moment les échafaudages l'empêcheraient d'entrer. [Kult] le tailleur de pierres vient d'être malade pendant trois mois aussi n'est-ce qu'hier qu'il a pu aller avec Charles s'occuper du perron. Je suis sûre qu'Adèle est aussi bien occupée de sa nouvelle nièce et j'espère qu'elle ne la gâtera pas comme elle gâte l'aînée à qui elle a sans cesse quelque chose à envoyer. Maman ne cesse de penser à la distraction que donnerait Mimi si elle était au Jardin. Il est certain qu'on ne peut guère s'ennuyer avec elle, car elle a sans cesse quelque nouvelle idée en tête et généralement des idées bizarres. Adieu mon cher père, je t'embrasse de tout cœur ainsi que bonne maman, ma tante, mon oncle et Adèle.

Ta fille dévouée
C Mertzdorff

Quand tu iras chez mes amies veux-tu les prier de ma part lorsqu'elles passeront rue de la Chaussée d'Antin de vouloir bien entrer à la ville de Lyon et de me choisir un filet que je puisse mettre le Dimanche et finir dans la semaine. J'en ai eu un en chenille du prix de 5 francs qui me fait grand profit et Charles qui m'aime beaucoup avec ces coiffures ne veut plus que je les quitte. Peut-être la ville de Lyon voudrait-elle bien m'en envoyer quelques uns à choisir comme elle l'a déjà fait pour moi, notre nom est je crois connu dans ce magasin. Je te serai aussi obligée de remettre trois cents francs à mes amies pour les dépenses qu'elles pourront à faire plus tard pour moi.

Tu seras bien content de recevoir cette lettre mon bon petit mari qui te prouve l'excellent état de notre chère fille. Dieu veuille que ta 1ère lettre nous donne de meilleures nouvelles de nos bons amis auxquels nous pensons bien. La lettre que tu m'as envoyée d'Angélique Vasseur m'a fait grand plaisir. Quel excellent cœur que le sien

Mille choses bien affectueuses à ma mère, Eugénie, Auguste et Adèle. Voici une place d'ingénieur en chef vacante à Paris, cela ne sera-t-il pas favorable à mon beau frère ?

Ne nous oublie pas auprès de Louise, Paul et Marie.

n° 24
Félicité Duméril (Vieux-Thann)
à Constant Duméril (Paris)
mardi 26 février 1861

Vieux Thann 26 février

Mon bon petit mari

Comme de coutume j'ai d'excellentes nouvelles à te donner de notre bonne fille, il lui a été permis d'aller se mettre hier sur le canapé où elle a passé quatre heures. A son réveil notre petite Miky apercevant sa mère levée a poussé des cris de joie ; un peu plus tard vers les deux heures, j'ai promené cette enfant sur la route du Moulin je ne saurais te dire combien je jouissais de l'avoir ainsi tout à fait auprès de moi, elle a été on ne peut plus sage, m'embrassait quand je la tenais un instant dans mes bras, et en entendant le bruit du chemin de fer, elle s'est écriée : Méhil bon papa bon papa au chemin de fer ; notre promenade a duré une heure 1/4, il était temps que nous rentrions car on s'ennuyait de cette charmante petite dont chacun aime tant à s'occuper ; lorsque notre petite Emilie sera arrivée à cet âge ce sera plaisir de les voir toutes deux ensemble, en attendant la petite Emilie vient à souhait, elle grossit déjà et on s'aperçoit que sa nourrice a du bon lait. Caroline est si heureuse de la nourrir mais il est bien entendu qu'elle devra se soigner mieux qu'elle ne l'a fait la première fois. Quel bonheur pour nos amis Dunoyer que leur fils Charles soit entré en convalescence, exprime leur bien la part que nous avons prise à leur peine et dis à Mr Dunoyer tout le regret que j'ai eu de manquer sa bonne visite. Je comprends tous les soins qu'exige la santé de ce pauvre Charles, hélas ! que de chagrins il y a de tous côtés ; notre excellente amie éprouve de grandes inquiétudes pour la santé de son mari, c'est Melle Maria qui vient de me l'écrire, cependant heureusement Mr Rainbeaux venait d'avoir un bon sommeil de quelques heures qui lui avait fait grand bien, espérons que le mieux continuera ; je viens d'écrire à cette pauvre Cécilia pour la prier de me donner des nouvelles par l'entremise de Melle Maria car cette pauvre amie est prise maintenant par les maux de tête qui l'empêchent de dicter une lettre. Mon Dieu comme nos amis sont éprouvés ! Voici maintenant le grand jour qui approche pour notre pauvre Léon, puisses-tu avoir la main heureuse ! cela nous préoccupe bien.

Donne moi des nouvelles de mon oncle et ma tante Vasseur, je ne sais nullement ce qu'il y a sur le tapis par rapport à cette bonne famille.

Odillon [Decracker] ferait-il quelque chose en sa faveur ? maman je le crois bien, lui en aura parlé. Eugénie est bien bonne de nous faire ainsi ces jolis cadeaux de reliure et d'autres choses, quant aux couteaux à lames d'argent je croyais en effet que nous les partagerions car tu sais que nous n'en avons pas et pour le fruit il est agréable d'en offrir. Comment va notre bonne Adèle ? donne nous-en bien des nouvelles. Penses-tu que la place laissée vacante par la mort de Mr Bommart puisse donner quelque espoir à notre bon frère d'être appelé à Paris ? As-tu vu la famille Desnoyers depuis la lettre que tu nous as écrite ? Caroline espère bien qu'Eugénie ne tardera pas à lui écrire ; dis à Mr Desnoyers que

Charles le remercie mille fois de tous les soins éclairés qu'il a donnés à ses médailles qui en ont acquis pour lui un double prix, mais qu'il songe avec peine au grand travail que cela lui a donné. Je suis bien contente que maman aille bien, fais lui de notre part les plus tendres amitiés et recommande lui de se soigner et de faire un peu d'exercice.

Au revoir mon bon petit mari nous t'embrassons bien fort et te chargeons de nos meilleures amitiés pour Eugénie Auguste et Adèle Tout à toi

F. Duméril

J'ai écrit à Mme Constant Say au sujet de la mort de sa belle-mère.

Mille choses bien affectueuses à la famille Desnoyers. As-tu fait la remarque que les noms de nos petites filles sont ceux de Mesdemoiselles Sergent.

1862

n° 25
Caroline Mertzdorff (Vieux-Thann)
à Isabelle Latham (Le Havre)
mardi 21 janvier 1862

Vieux Thann
21 Janvier 1862

Ma chère Isabelle

J'ai vraiment un million d'excuses à t'adresser pour la lenteur que j'ai mise à répondre à ta charmante et si affectueuse lettre qui m'a fait tant de plaisir en me prouvant que tu m'as gardé ton amitié et que nous sommes toujours les mêmes vis à vis l'une de l'autre. Je ne puis te dire combien mon temps a été rempli depuis quelque temps de toutes manières, d'abord le mois de Décembre est toujours un mois qui déborde on a les vêtements des pauvres, l'arbre de Noël, les préparatifs du jour de l'an etc puis au milieu et pardessus tout cela j'ai eu mes enfants souffrants tour-à tour et qui m'ont fait craindre la rougeole quand l'une a été bien, l'autre a commencé, en outre ma belle mère a eu une bronchite, il lui est expressément défendu de sortir de sa chambre pendant 6 semaines et comme elle vit toute seule quoique sa maison tienne à la nôtre, il a fallu que je sois là autant que possible, puis nous avons eu ma belle sœur de Colmar enfin depuis 6 semaines je ne puis te dire combien de fois j'ai voulu prendre ma plume et combien de fois je l'ai remise à sa place étant appelée autre part. Tu ne m'en veux pas, n'est-ce pas ma chère amie, et mon long silence ne t'a pas fait douter de mon affection, si tu savais combien de fois je pense à toi et combien j'ai eu de plaisir à causer avec Fanny Monod ; voilà une famille qui t'apprécie bien comme tu le mérites. Quel plaisir ce serait pour moi de me retrouver avec toi, aussi tout bas je veux t'avouer qu'il ne serait pas impossible que je fasse une petite excursion à la Côte aux beaux jours car

Charles doit aller en Angleterre avec Léon. Mais tout cela est bien incertain encore car deux marmottes comme les miennes sont des colis bien génants et d'ici au mois de Mai il y a encore trop longtemps pour que mille incidents ne puissent venir empêcher l'exécution d'un projet; mais tu sais que l'on pense toujours volontiers à ce que l'on souhaite, l'idée de ce voyage me revient bien souvent. J'aurai tant de plaisir aussi à te faire voir mes enfants car je sais que tu as aussi de l'amitié pour elles. Mimi est très amusante maintenant par son bavardage; elle est calme, assez réfléchie, très observatrice, fort bavarde quand nous sommes seuls et froide comme le marbre quand il y a quelqu'un d'étranger; elle a de la mémoire et veut toujours apprendre, elle sait presque toutes ses lettres et les apprend en jouant. Emilie est d'un caractère tout autre, c'est la poudre, je ne puis te dépeindre sa vivacité, son entrain et sa gaieté; elle court à 4 pattes comme un lapin et se dresse seule devant tous les meubles, elle ne marchera pas vite car elle va aussi vite qu'elle veut en se trainant. Déjà depuis longtemps je veux t'envoyer leurs portraits et quelque peu flatteurs qu'ils soient pour moi je me fais un plaisir de vous offrir mes fillettes, tu en trouveras ci joint non seulement à ton adresse mais à celles des autres membres de la famille, voilà 6 mois qu'ils sont faits et Emilie qui a maintenant 11 mois 1/2 est bien changée. Je ne puis te dire combien tes dernières cartes m'ont fait plaisir je te retrouve tout-à-fait mais je ne puis en dire autant de Lionel ou il est changé ou son portrait n'est pas bon. Au reste ce doit être un grand garçon maintenant. Quant à toi te voilà sans doute au milieu des fêtes en ce moment, le carnaval sera long et tu en profiteras je pense. Ici il y a calme plat mais ce n'est pas moi qui m'en plains. Les Kestner sont tous plus ou moins souffrants; Mr Kestner n'est pas encore remis et les autres ont eu des rougeoles; dans d'autres familles il y a des deuils et des mauvaises affaires, nous nous avons aussi un grand chagrin c'est l'état de ma tante la femme de mon oncle l'ingénieur; elle est au plus mal et à chaque instant nous attendons une dépêche terrible. Du reste notre colonie alsacienne est en bonne santé et mes parents se sont très bien faits à leur nouveau genre de vie.

Adieu ma bien chère Isabelle, sois je te prie, notre interprète à tous auprès de ton bon père pour lequel nous avons une si sincère et respectueuse affection. Présente nos bons souvenirs à Melle Pilet et distribue à tous les autres membres de la famille les amitiés des Vx Thannois. Ne m'oublie pas surtout auprès de Mathilde qu'on dit une vraie demoiselle, je l'embrasse tendrement. Quant à toi ma chère amie sois sûre que je t'aime toujours bien tendrement et que je regrette vivement la grande distance qui nous sépare mais l'amitié rapproche tout, je t'envoie de bons baisers et suis ta cousine et vieille Crol

Quel évènement dans votre vie que le départ d'Edmond

Je t'envoie pr toi 3 Emilies et 2 Mimis et 1 papa tu feras choisir je te prie les autres aux Delaroche, aux Georges et à Matilde qui elle, ne m'a pas donné le sien, la vilaine.

n° 26
Félicité Duméril (Vieux-Thann)
à Eugénie Desnoyers (Paris)
lundi 2 juin 1862

Vieux Thann 2 Juin 1862

Ma bien chère Eugénie,

Bonne nouvelle ! notre chère Caroline entre aujourd'hui en pleine convalescence il ne s'agit plus à présent que d'avoir de la patience pour les jours qu'elle aura encore à passer au lit. J'avais écrit Vendredi matin à ma sœur pour lui dire que l'état de notre chère fille ne donnait pas d'inquiétude et que pas de lettre de Vieux Thann serait l'indication que tout marche bien. Hélas ! à peine ma lettre était-elle partie que Caroline fut prise des plus violentes douleurs de rhumatisme aigu, la nuit du Vendredi au Samedi fut affreuse, je vous le répète bonne Eugénie, ce que notre pauvre Caroline a souffert ne peut pas bien se rendre ; mais ce qui nous a extrêmement agités un moment c'est que d'après des auscultations faites avec le plus grand soin par Mr Conraux il y a eu un peu de crainte de pleurésie. Applications répétées de sangsues et vésicatoire au dos ont amené fort heureusement le résultat qu'on en attendait c'est à dire la facilité de la respiration puis cessation des douleurs rhumatismales. Enfin à présent nous sommes tous dans un autre monde et votre bonne lettre reçue ce matin a fait grand plaisir à notre chère Caroline qui vous en remercie bien, elle vous embrasse de tout cœur ainsi qu'Aglaé et votre excellente mère. Puisse votre première lettre nous appprendre le rétablissement complet de votre bon père dont la sensibilité vient d'être mise à une rude épreuve par l'état de Mme Boulez mais grâce à Dieu il y a, d'après ce que vous dites, une sorte de résurrection pour cette excellente amie qui vous est rendue. Oh ma bonne petite amie comme votre cœur sait comprendre toutes choses par la manière dont vous parlez de notre éloignement de Vieux Thann et de notre installation à Morschwiller.

Adieu bonne petite Nie que nous aimons tant ainsi que Gla et les chers parents. Bons serrements de main à ma tendre amie votre mère.

F. Duméril

Bien des remercîments pour le manteau que vous avez choisi. Je suis fort aise que vous n'ayez pas acheté de tournure.

Nos chères petites sont toujours bien gentilles, mais la petite Emilie est un peu éprouvée dans ce moment par le travail des dents.

Notre pauvre Caroline a eu bien du tourment et de l'émotion dans ces derniers temps à cause de l'hypocrisie et de la façon d'agir de la cuisinière qu'elle a renvoyée.

n° 27
Eugénie Desnoyers (Montmorency)
à Adèle Duméril (Paris)
mardi 8 juillet 1862

Montmorency
8 Juillet 62

Ma bien chère Adèle,

Je tiens à te remercier de suite de l'empressement que tu as mis à nous transmettre les nouvelles de cette pauvre Caroline. Nous sommes, comme vous, bien attristés des détails que contient la lettre de ton oncle, nous avions espéré que le mieux était définitif et qu'on n'avait plus de crise à redouter mais il ne faut pas perdre courage, ma Chérie, Dieu, après avoir été si bon pour nos excellents amis, ne les abandonnera pas et permettra que notre chère Caroline conserve la santé.

Nous pensons bien aussi aux inquiétudes que vous donne Melle Delaroche, soyez sûrs que rien de ce qui vous touche ne nous est indifférents.

Adieu chère Amie, reçois nos plus tendres embrassements et crois toujours à notre sincère affection.

Eugénie Desnoyers.

Papa et maman te prient t'offrir leurs meilleures amitiés à tes bons parents, ne nous oublie pas auprès d'eux.

n° 28
Félicité Duméril (Vieux-Thann)
à Eugénie Desnoyers (Paris)
dimanche 20 juillet 1862

20 Juillet 1862

C'est à vous, chère et tendre enfant, que je viens m'adresser. Mon cœur déchiré par la douleur a besoin de s'épancher dans celui si connu, si apprécié de la tendre amie qui ne faisait pour ainsi dire qu'une seule personne avec la fille chérie que je pleure. Oh quel vide! Quelle douleur! Celle qui était l'âme de tout ce qui était bon et bien a disparu de cette terre, elle y était pourtant si attachée, car tant d'êtres l'y retenaient. Si vous aviez été ici que de douces et touchantes paroles elle vous eût adressées ainsi qu'à Aglaé, à Adèle. Ses charmantes petites filles qu'elle nous laisse, elle vous les aurait présentées à toutes trois en les mettant sous votre protection car toutes trois, vous étiez si aimées de ma bien aimée fille. Vous ma bonne Eugénie, de l'âge de Caroline, d'un caractère et d'un esprit tout-à-fait analogues aux siens, ne formiez pour ainsi dire qu'un avec elle; aussi que de fois en vous voyant ensemble, il me semblait qu'une même âme, qu'une même pensée, vous animaient et vous donnaient la vie, d'après cela, jugez ma bien chère enfant, si aujourd'hui je ne dois pas éprouver une sorte de douceur, une sorte de consolation à venir vous trouver, à vous dire de m'écrire pour qu'il me soit encore donné d'entendre ma bien aimée qui me laisse ou plutôt nous laisse si malheureux sur cette terre. Adieu bien chère enfant, embrassez pour moi votre mère, votre père, Aglaé, Julien et priez pour moi.

F. Duméril

Je remercie mille fois votre mère, ma tendre amie, pour ses excellentes lettres qui m'ont fait du bien

J'adresse bien des remercîments à mesdames Alfred de Sacy, Louise et Cécile Edwards pour leurs lettres si bonnes et si affectueuses dont j'ai été bien touchée. Ces dames comprennent dans toute son étendue la perte que nous faisons.

n° 29
Félicité Duméril (Vieux-Thann)
à Eugénie Desnoyers (Paris)
vendredi 29 août 1862

Vieux Thann 29 Août 1862

Il y a déjà bien des jours, chère enfant, que je veux t'écrire et dire à ma chère Aglaé combien sont vifs mes vœux pour son bonheur * et combien sa lettre a été douce à mon cœur. Hélas! ce pauvre cœur est si déchiré, il a à supporter une si cruelle et douloureuse épreuve. Prie pour moi, mon enfant, afin que le bon Dieu m'accorde cette belle résignation que je suis si loin de posséder et que je trouve, en l'admirant tant, chez mon excellent mari et mon excellent gendre. Quel bel exemple de soumission aux décrets de Dieu ils m'offrent tous deux, et combien jusqu'alors mes efforts pour les imiter ont peu de résultat. Prie donc pour moi, chère enfant, j'ai besoin de tes prières qui doivent aller à Dieu comme celles de notre bien aimée Caroline. J'entends dire souvent que j'ai montré du courage dans les épreuves de la vie, mais combien celles que j'ai subies précédemment étaient peu de chose auprès du coup cruel qui me frappe aujourd'hui. J'ai reçu bien des lettres précieuses dans ces derniers temps, et il faut aujourd'hui que je me donne la satisfaction de te copier celle que vient de m'écrire ma chère sœur et que je mets avec les tiennes et celles de tes parents et de Mr et Mme Fröhlich au rang des plus précieuses.

Chère et bonne Félicité; Fontainebleau 15 Août

Je comprends que tu sois constamment en proie à des regrets de tous genres, car le malheur les amène toujours, et c'est un des vices de notre organisation, que de croire que nous pouvons par une prévoyance des événements que, grâce à Dieu, il ne nous est pas donné de posséder, en arrêter la marche; quand au contraire l'homme est si impuissant à changer l'ordre de sa destinée, qu'il se voit forcé alors de reconnaître la suprême volonté de Dieu. Si Caroline a été atteinte si inopinément de la cruelle maladie qui devait la ravir si jeune aux plus chères affections qu'il soit donné de connaître en ce monde, c'est présumablement parceque, par la vertu qu'elle déployait, par la manière dont elle usait de son bonheur, elle s'était acquis assez de mérites pour avoir suffisamment accompli sa tâche. La vôtre est rude aujourd'hui mais la pensée que vous serez tous réunis un jour, doit te donner des forces pour accomplir l'œuvre d'abnégation léguée par ta chère Caroline. Nous pensons constamment à toi et voudrions te savoir moins ébranlée. Je sens combien la présence de Constant t'est nécessaire et voudrais que vous puissiez vous voir chaque jour. Soigne toi bien je t'en conjure. Repasse souvent dans ta mémoire la phrase que Caroline a adressée à Eugénie Desnoyers, et qui semble avoir été formulée en prévision du malheur qui vous atteint si cruellement. Console toi aussi par la pensée que l'éducation que ta chère enfant a reçue de toi a produit de grandes vertus dont elle est certainement récompensée. Il est une douleur plus poignante encore que celle que vous subissez, c'est de voir entrer dans la mauvaise voie ceux à qui on a consacré tous ses soins. Léon est un charmant et bon jeune homme qui, j'en suis sûre, ne vous donnera que de la satisfaction, et la mémoire de sa sœur bien aimée aura encore sur lui une influence salutaire. Vos chères petites filles réclament toute votre tendresse et votre dévouement. Oh ma bonne Félicité, je sens toute l'étendue de tes souffrances.

Tu le vois, ma chère enfant, peut-on recevoir une lettre plus précieuse que celle-là, si semblable aux tiennes et à celles de ma très chère Eléonore. Quelle peinture parfaite de la douleur d'une mère, de la récompense attachée aux qualités, aux vertus de la bien aimée fille que j'ai perdue et qui nous a laissé sur cette terre, à mon mari et à moi, un depôt précieux : son mari et ses enfants.

Il ne se passe pas de jours que je ne parle à ma petite Miky de sa si tendre mère, et bien souvent je suis frappée d'entendre cette chère enfant qui t'a vue si peu cependant, lier dans ses idées le nom de sa marraine à celui de sa pauvre mère dont elle, et Emilie baisent fréquemment le portrait. Oh chère Eugénie, quelle oppression ! quel manque d'air à cette cruelle pensée que sur cette terre, je n'entendrai plus, je ne verrai plus ma fille chérie. Moi qui faisais des projets si doux à mon cœur de la possèder à Morschwiller où je me disais qu'elle serait là dans un bon petit nid avec son mari et ses enfants et entourée de ces mille petites choses qui viennent à la pensée d'une mère.

Adieu bien chère enfant, je t'embrasse de tout cœur ainsi qu'Aglaé et tes bons parents

F. Duméril

Ne tarde pas trop à m'écrire, je te prie, si toutefois tu en as le temps

Je ne puis assez faire l'éloge de Cécile que ma chère fille traitait en vraie amie. Cécile gardera toute sa vie le souvenir le plus profond et le plus tendre de sa jeune maîtresse

**Aglaé épouse Alphonse Milne-Edwards le 25 septembre.*

n° 30
Félicité Duméril (Vieux-Thann)
à Eugénie Desnoyers (Paris)
samedi 20 septembre 1862

Vieux Thann 20 7bre 1862.

Merci bien merci, ma chère et bonne enfant, pour tes bonnes lettres qui me font tant de bien car en les lisant je me dis : ma bien aimée penserait et dirait ce que m'écrit sa tendre amie tant il y avait de rapports entre elles deux. Oui je dois faire des efforts, accepter cette épreuve et m'y soumettre tout affreuse, toute déchirante et toute douloureuse qu'elle soit. Des liens bien forts me retiennent encore sur cette terre où je puis être de quelque utilité à ceux qui me restent et que j'aime tant aussi. Dimanche dernier nous avons été à la ferme, notre petite Miky en se promenant dans une prairie a dit : l'année passée nous venions ici avec petite mère je cueillais des fleurs qu'elle arrangeait en bouquets. En effet l'an dernier avant six heures, notre bien aimée partait pour la ferme avec ses enfants afin de leur faire respirer le bon air du matin. Bonne chère enfant toi qui étais si bonne mère, si tendre épouse, si tendre fille, si tendre amie, que de regrets, que de douleur causés par ta perte, par ta disparition de cette maison, et de tous les endroits où tu te montrais et où tu répandais tant de bonheur et de douce joie.- En m'écrivant, bonne Eugénie, tu me dis : que la volonté de Dieu soit toujours bénie, c'est mon enfant qui me parle par ta bouche et je t'écoute comme j'écoute mon mari et tous ceux que j'aime. Et toi, chère Aglaé qui partage avec ta sœur, ton père et ta mère tous mes sentiments de profond attachement reçois aujourd'hui, ma chère enfant, les tendres vœux de ta vieille amie. Puisse le bon Dieu répandre sur toi, sur ton mari toutes ses saintes bénédictions. Je t'envoie les cheveux de notre bien aimée pour que tu en fasses faire un bracelet, déjà depuis un certain temps elle conservait ceux qu'elle perdait et qu'elle avait fait réunir en mèches. Combien dans ce moment, notre bien aimée eût été plus que jamais occupée de toi et de tout ce qui est relatif à ton mariage, elle me disait souvent : Quand Eugénie, Aglaé et moi étions réunies, nous parlions toutes trois ensemble et chose singulière chacune de nous se comprenait et se devinait. Touchante et belle amitié ! jours heureux ! peut-on y penser sans attendrissement et sans une vive émotion.

Adieu mes bien chères enfants, je vous embrasse comme je vous aime et en véritable mère.

F.Duméril

Je serre dans mes bras votre mère ma tendre amie dont je partage toutes les sensations et avec laquelle je fais des vœux si ardents pour le bonheur de notre chère Aglaé.

L'excellente Mme Heuchel est une sœur pour moi.

n° 31

Eugénie Desnoyers (Honfleur)
à Aglaé Milne-Edwards (Montreux, Suisse) en voyage de noces
vendredi 3 et samedi 4 octobre 1862

Honfleur
3 8bre 62

Ma chère petite Gla,

deux lignes seulement pour te dire combien je pense à toi et combien je t'aime ma petite sœur- Voilà une phrase que je pourrais allonger, mais elle renferme à elle toute seule tout ce que je sens, et les explications que je pourrais mettre à la suite ont été comprises de toi ;- ton cœur me connait, tu sais que je dis vrai- Nos lettres se sont croisées ; merci pour la tienne, elle m'a fait grand plaisir. Tu devines combien tout m'interesse.- Le lac a toute ton admiration mais comment feras-tu pr vivre sans sa vue.- Voici un petit clair de lune qui plaira à je sais bien qui- Dis si je me trompe.

Aujourd'hui nous nous reposons, maman a mal à la tête et papa est allé seul casser des pierres ; nous avons sous nos fenêtres l'arrivée des bateaux et nous nous sommes contentés de cette distraction, car depuis que nous sommes ici nous avons déjà parcouru le pays dans tous les sens et nous ne sommes pas reposés du tout, mais nous allons tous bien ; tu sais le mal de tête de maman est plutôt une migraine, dans q.q. heures elle ne souffrira plus.

Hier nous avons loué une voiture pour la journée et nous sommes allés à Villerville, Trouville en suivant la côte en partie. La course a été charmante ; Nous avons rapporté force richesses pour notre aquarium, car vous saurez, Madame, que nous avons entrepris de conserver des petites bêtes ; je ne sais si nous réussirons, mon associé déploie beaucoup de zèle et paie non seulement de sa personne, en s'établissement pourvoyeur d'eau salée, mais en ouvrant les cordons de sa bourse. Que Mr Alphonse nous donne les renseignements sur la nourriture à donner aux crabes et aux anémones. Que c'est commode d'avoir un beau-frère savant, de suite on l'exploite. Mais tandis que je cause avec toi, j'oublie que Julien vient de rapporter une bouteille d'eau de mer et que lui et ses petites bêtes m'attendent. à tout à l'heure.

Samedi 4 Octobre-

Comment peux-tu supposer, ma petite Gla chérie, que nous soyons restés sans t'écrire. Est-ce que tu n'as pas compris que nos pensées vous suivaient et que sitôt vos lettres reçues notre première occupation a été de vous écrire, de te dire à toi, ma petite sœur, que nous t'aimerions toujours, que nous serions heureux de tes joies, que ton cher mari aurait toute notre affection et puis tes bonnes lettres me font tant de bien, je suis si contente de les trouver telles que je les souhaitais que je veux t'en remercier; et si tu veux continuer à m'écrire ainsi longuement et souvent mon plus grand plaisir, durant ton absence, sera notre correspondance et je te promets de mon côté d'être exacte.

Maintenant, mes chers Amis, j'espère que vous serez retournés à Montreux et qu'on vous aura remis nos lettres; vous devez en réclamer trois.- Une de Maman et moi écrite Samedi à 6h du soir à notre arrivée au Jardin et qui a été mis à la poste au chem. de f. de Lyon- Une 2d de Papa écrite le Dimanche au moment de notre départ et enfin la 3e de ta très humble servante griffonnée le Lundi et le Mardi et qui est partie Mercredi matin de Honfleur toutes avaient pr adresse : Madame Alph. Milne Edwards à Montreux (bureau restant) Canton de Vaud Suisse, exceptée celle de papa sur laquelle on avait oublié le bureau restant.

J'espère maintenant que tu ne crois plus je ne sais pas quoi, et que tu as toujours confiance en notre vieille amitié qui ne te fera jamais défaut, ma chérie, sois en sûre.

Nous voici bientôt au terme de notre petite excurtion, nous serons Mardi soir à Paris. Julien reprendra ses travaux et maman et moi nous rentrerons dans le calme plat...

Demain nous nous paierons un bon petit mal de mer mais ça aura un double but agréable; faire voir à Julien le Havre et éviter Lisieux. Si tu écris à quelqu'un de la famille nous sommes sur les côtes sans explication.

Hier nous avons eu un temps désagréable cependant je n'en ai pas moins fait le tour des bassins au bras de notre jeune frère. Maman a permis que je sorte avec lui à Honfleur; ce qui l'enchante (le jeune garçon). Nous allons deux fois par jour réclamer tes lettres!...

Oh! désespoir!

Nous devons renoncer à notre aquarium! Cette nuit nous avons manqué d'être asphyxiées maman et moi (car nous avons pris comme toujours 3 chambres dont une à 2 lits et cette dernière est pour la bonne mère et la sœur) Malgré tous nos soins les petites bêtes paraissent regretter tant et tant la plage qu'elles se laissent mourir.- Adieu, ma chère Gla, reçois les meilleurs baisers de père, mère, frère et sœur (je me croyais encore 2) et partage avec Alphonse nos bien tendres amitiés sœur amie Eugénie

Julien va très bien; il ne tousse plus. Maman est mieux aujourd'hui- Encore de bonnes caresses- Ecris nous au Jardin

Merci pour la jolie petite fougère, Je la garderai; c'est un souvenir de tes premières promenades et la preuve que tu ne m'as pas oubliée.

n° 32
Eugénie Desnoyers (Paris)
à Félicité Duméril (Vieux-Thann)
samedi 6 décembre 1862

Paris
6 Décembre 62

Bien chère Madame,

Que je vous demande pardon d'avoir tant tardé à répondre à votre si affectueuse lettre.- Ne croyez pas que ce soit indifférence de ma part, oh non ! souvent bien souvent mon cœur se rapproche du vôtre si cruellement déchiré et si je ne vous écris pas c'est la conscience où je suis de ma faiblesse ; je sens que je partage vos douleurs mais que mes paroles sont bien au-dessous des consolations que je voudrais pouvoir vous donner.

Votre seconde lettre m'arrive ce matin. Je ne saurais vous dire combien je suis touchée de tout ce que vous m'y dîtes, je vous en remercie bien sincèrement. Ah ! Quel admirable exemple d'humilité vous nous donné.-

Comment osez-vous parler de votre faiblesse ? Vous, chère Madame, qui par vos souffrances, votre abnégation devez avoir tant de mérite aux yeux de Dieu.

Notre bien-aimée Caroline m'a souvent dit combien elle remerciait la Providence de lui avoir donné de si bons parents, et souvent nous nous sommes entretenues de vos vertus et de celles de maman, nous regardant comme bien privilégiées, puisque nous avions le bonheur d'avoir près de nous les modèles que nous devions nous efforcer d'imiter. Votre enfant chérie est arrivée au but ; elle a par ses souffrances et sa vie si utilement remplie pour tous, gagné la récompense pour laquelle nous devons tous travailler.

Aussi c'est de l'égoïsme de notre part que de la plaindre, car quoiqu'elle m'ait écrit souvent que son bonheur était parfait (et ce doit être pour vous une grande consolation que de penser qu'elle a toujours été parfaitement heureuse avec vous tous), Et cependant sa joie maintenant est encore plus parfaite elle est audessus de notre compréhension. Mais soyez sûre qu'elle veille sur tous ceux qu'elle a laissés sur cette terre et qu'elle prie pour nous tous qui l'avons aimée si sincèrement.

Vos chères petites filles vont bien, je m'en réjouis ; ces petits êtres doivent être pour vous une gde consolation et leur présence doit vous être bien douce ; mais d'un autre côté nous sentons combien il doit vous être pénible d'être séparée de votre bon mari et de Léon. Nous sommes heureux de penser que vous irez les trouver la semaine prochaine.

De tous côtés on n'entend parler que de tristes évènements. Mr Dunoyer vient de succomber, les obsèques auront lieu demain.- Mme de [Mora] une dame de Montm. très charitable dont nous vous avons parlé je crois, vient de mourir, en q.q. jours d'une fluxion de poitrine, et sa fille qu'elle aimait tendrement n'était pas auprès d'elle ; elle avait dû accompagner son mari (pour lequel on a de gdes inquiétudes) dans le midi. Quelle douleur encore pr une mère.

La sœur de papa a été aussi frappée bien cruellement. Un de ses fils chirurgien militaire parti depuis 7 ans, allait revenir en France lorsqu'il a été atteint de fièvre et est mort à Saïgon. Vous comprenez le chagrin de la pauvre mère, elle espérait revoir son enfant et le batiment qui devait le ramener lui a apporté l'affreuse nouvelle.

Notre amie Amélie Delapalme (Melle Desmanèches) attendait un baby et le pauvre petit être est né mort. Voilà encore de ces tristesses que les mères doivent comprendre mieux que d'autres. Heureusement la petite femme va bien ; elle est de celles (comme votre bien aimée enfant) qui comprennent la vie sérieusement et acceptent ses épreuves comme venant directement de Dieu. Je vous demande pardon de vous entretenir de toutes ces misères de notre pauvre nature, mais votre cœur si déchiré compatira aux souffrances de ces pauvres familles.

Ici nous sommes bien ; maman cependant garde depuis 15 jours la chambre, elle tousse un peu et vous comprenez, nous exigions qu'elle se soigne, sa santé nous est si précieuse.

Notre petite Gla est toujours bien gentille, elle est restée ce que vous la connaissez ; sa présence si près de nous, nous est bien douce. Sa belle sœur Cécile se marie Lundi et Aglaé va prendre la direction de la maison ce qui va bien l'occuper ; jusqu'ici elle a eu Louise qui venait chaque matin lui faire son petit ménage. A propos cette bonne Louise m'a bien priée de vous dire toute sa reconnaissance pour les attentions que vous avez eues pour elle, elle a toujours le désir de vous écrire mais elle n'ose pas. J'ai dit à Cécile de Sacy la part que vous preniez à la mort de Mme Brongniard, elle vous écrira pr vous remercier du petit médaillon. Elle désirerait une petite photographie s'il vous en reste.

J'embrasse bien tendrement vos chères petites filles ; j'écrirai une autre fois à Mimi pr la remercier de sa bonne petite lettre qui m'a fait gd plaisir.

Nous allons nous occuper du petit manchon et de la palatine.

Adieu, bien chère Madame, Maman, Aglaé et moi vous embrassons de tout cœur et vous prions de croire à notre plus profonde amitié.

Je ne saurais vous dire quel prix j'attache à l'affection que vous me témoignez d'une manière si touchante.

Eugénie Desnoyers

Nous ne fesons qu'un avec papa pr vous prier de dire à Mr Constant et Mr Mertzdorff toute notre sympathie en leur offrant nos compliments affectueux. Nous n'oublions pas Léon.

Nous sommes bien heureux que vous ayez rencontré Mme Heuchel

n° 33
Félicité Duméril (Vieux-Thann)
à Eugénie Desnoyers (Paris)
jeudi 18 décembre 1862

Vieux Thann 18 Xbre 1862

Je ne t'écris pas, ma bien chère enfant, sans que mon papier se mouille de larmes et il en est de même au reçu de tes lettres mais ces larmes me font du bien.

Tu es mon ange consolateur. Lorsque mon pauvre cœur peut s'épancher dans le tien, il me semble alors que ma fille bien aimée m'apparait pour me soutenir et me redonner des forces. Tes sentiments et les siens étaient si bien à l'unisson ainsi que le jugement et la sagesse des pensées : il est donc bien naturel que toi qui ne faisais qu'un avec ma bien aimée, tu sois appelée à apporter quelque adoucissement à la blessure si profonde de mon cœur. Je viens d'avoir le contentement d'aller passer six jours à Morschwiller auprès de mon bon mari dont l'admirable résignation et la piété si belle et si pure se font sans cesse sentir dans toutes ses actions et dans toutes ses paroles. En quittant la maison de mon gendre pour aller à Morschwiller y passer quelques jours, je sais que je laisse nos chères petites entourées de tous les soins qui sont dictés par l'intelligence et le cœur, je ne saurais jamais assez parler de notre bonne Cécile que notre bien aimée affectionnait tant aussi.

Voilà notre bon gendre et Léon à Paris depuis hier, ils y sont pour affaires et tous deux éprouvent une bien grande émotion en vous revoyant tous. Cette maison du n° 59 ne renferme-t-elle pas des trésors pour nous. Léon est heureux de faire le voyage de Paris, de revoir parents et amis qui l'accueilleront à bras ouverts, ce dont nous jouissons bien pour notre cher fils. Notre bon gendre veut être de retour ici pour la Noël afin d'être témoin de la surprise des chères petites ce jour là. L'année dernière, à pareille époque, notre bien aimée tricotait et cousait pour les poupées qui devaient se trouver à l'arbre de Noël c'était pour elle un si grand bonheur de faire tous les préparatifs de cette fête destinée à ses enfants. Cette année l'arbre sera aussi installé dans le salon et orné de bougies, de bonbons et de petits objets, quant à moi, tout en me prêtant à cette fête j'aurai le cœur bien déchiré à cause de tous les souvenirs qui s'y rattachent. Notre petite Marie a été très heureuse de recevoir ta charmante lettre, et hier elle arrangeait dans sa petite tête tout ce qu'elle aurait à te dire. Je vais aujourd'hui tenir la plume pour t'écrire tout ce qu'elle me dictera. Elle et sa sœur se portent à merveille et leur bon père peut être tout-à-fait tranquille sur leur compte. C'est toujours une poupée qui fait le plus de plaisir à Marie, elle en voudrait une ayant de longs cheveux afin d'avoir le plaisir de la coiffer. Adieu bien chère enfant, je t'embrasse comme je t'aime ainsi que ton excellente mère et ma chère Aglaé. Mille amitiés de notre part à Monsieur Desnoyers et Julien

F.Duméril

Ma bonne petite marraine,

Je t'aime beaucoup. Ma petite sœur va très bien et moi aussi. J'ai beaucoup de plaisir à voir mes petites amies, je joue avec elles à la Dame. Il y a longtemps ma petite marraine que je sais mes lettres, j'épelle à présent et je compte jusqu'à cent. Je sais par cœur la Guenon, le Singe et la Noix, la Fourmi et la Cigale, le Renard et le Corbeau. Je ferai une surprise à Papa en lui récitant une nouvelle fable, je voudrais bien être dans la poche de papa pour te voir ma bonne petite marraine. La petite Eugénie n'est pas malade parceque je la soigne très bien et tu te trompes de penser qu'elle est malade. Bien des amitiés et des compliments à mon petit papa. Toutes mes filles vont très bien elles s'appellent : Eugénie,

Cécile, Berthe, Elise Marguerite, Marie, et la petite Fanny. Adieu chère petite marraine, viens nous voir bientôt. Mon cher Papa je t'aime beaucoup, je me réjouis de te revoir.

Marie Mertzdorff

A mesure que notre petite Miky dictait, j'aurais voulu que tu puisses voir l'expression de son visage et les mouvements de ses petites mains à chaque mot qu'elle prononçait : c'est une charmante et intelligente enfant. Sa petite sœur est moins jolie mais elle a aussi bien de la physionomie.

A l'instant m'arrive une bien bonne lettre de Louise dont je la remercie infiniment. Quel cœur ! et quels beaux sentiments !

Je connais Louise et la délicatesse de ses sentiments et sais toute la part qu'elle prend à notre douleur. Je lui fais bien mes amitiés ainsi qu'à François, Pauline et Marie.

Bien des remercîments, ma chère enfant, pour le manchon et la palatine que je recevrai probablement demain.

J'espère que ton excellente mère va tout à fait bien à présent, je ne puis assez lui recommander de se ménager et de se bien soigner.

1863

n° 34
Félicité Duméril (Vieux-Thann)
à Eugénie Desnoyers (Paris)
vendredi 2 janvier 1863

Vieux Thann 2 Janvier 1863

Comment bien exprimer ce qui se passe dans mon cœur lorsque je reçois une lettre de ton écriture, ma bien chère enfant, je la lis et la relis continuellement, et cette pensée que toi et ma bien aimée fille ne faisiez qu'un me revient sans cesse : puis en suivant des yeux ces chères petites qui étaient l'objet de la plus tendre sollicitude de leur excellente mère, je me dis que Dieu en rappelant auprès de lui notre bien aimée a voulu du moins que sur cette terre il y ait une personne qui aimera toujours excessivement nos chères petites, et cette personne c'est toi. Ah si Caroline avait pu te voir, te parler que de choses elle t'aurait dites !

Oui ma chère enfant, je suivrai tes conseils, je tâcherai davantage de chasser les pensées accablantes qui me font dire : si l'on avait fait ceci ? si l'on avait fait cela ? Mon excellent mari dont la piété est si admirable, m'arrête quand je lui parle ainsi, en me disant que Dieu l'a voulu que ses décrets sont impénétrables, qu'il faut savoir s'y soumettre sans murmurer et me cite alors les paroles pleines de sagesse de notre bien aimée, et tes réflexions, ma bien chère enfant, qui sont la continuation des pensées de celle que nous pleurerons toute la vie.

Notre excellent gendre a passé chez vous de bons moments, son cœur avait besoin de vous voir et de pleurer avec vous. Il vous aime tous, et sait si bien t'apprécier ma chère enfant en comprenant que toi et notre bien aimée vous ne deviez faire qu'une seule personne. Notre cher Léon a été de son côté bien heureux de vous revoir, il nous écrit en parlant de toi : Eugénie est toujours la même pleine de bonté et de bienveillance.

Embrasse pour moi de tout ton cœur ton excellente mère, elle sait combien je l'aime et combien je me sens fière de son mérite. Qu'elle soigne bien sa santé et ne sorte jamais lorsqu'il fait du brouillard ou que le temps est humide et froid. J'embrasse aussi comme je l'aime, ma bien chère Aglaé que j'entoure de mes vœux les plus tendres. Charles a été charmé de faire la connaissance de son mari que nous confondons maintenant avec tous les membres de la chère famille Desnoyers.

Notre petite Miky toute joyeuse d'avoir reçu la belle poupée envoyée par sa bonne marraine, me tire par la robe pour que j'écrive ce qu'elle veut me dicter.

Adieu donc tendre et excellente enfant ne nous oublie pas auprès de ton bon père et de Julien que Léon ne reconnaissait pas tant il a grandi. Demain Mr et Mme Zaepffel arrivent à Vieux Thann pour y passer une dizaine de jours. Quant à moi, après avoir eu le plaisir de les voir, je crois que je pourrai sans inconvénient aller passer quelques jours avec mon bon mari à Morschwiller.

F. Duméril

Chère petite Marraine,

Je t'aime beaucoup. Emilie dit qu'elle t'embrasse. La charmante poupée que tu m'as envoyée chère petite marraine, s'appelle Aglaé. Je te remercie mille fois de la belle poupée que tu m'as envoyée avec son chapeau et toute sa toilette. Eugénie et Aglaé sont très gentilles ensemble. Tu seras contente de savoir que je suis bien sage, que je dis bien ma leçon et ma prière. J'aimerais bien te revoir, pourras-tu venir bientôt à Vieux Thann ? Mon oncle et ma tante Zaepffel vont arriver, je crois qu'ils m'apportent des étrennes, peut-être qu'ils donneront une poupée à Emilie. Mes petites amies Berger sont venues hier. Adieu ma bonne petite marraine je t'embrasse de tout mon cœur

Marie Mertzdorff.

En lisant ce que tu m'écris, ma chère enfant, il me semble que j'entends les paroles de ma bien aimée fille.

n° 35
Eugénie Desnoyers (Montmorency)
à Félicité Duméril (Morschwiller)
dimanche 16 août 1863

Montmorency
16 Août 1863

Bien chère Madame,

Je ne veux pas tarder à vous dire tout le plaisir que nous font vos bonnes lettres et à vous remercier particulièrement de la dernière. Vous savez combien je vous suis profondément attachée, aussi je n'ai pas besoin de vous dire combien les détails que vous me donnez sur vos santés et sur vos projets, m'intéressent. J'espère que toutes les indispositions vont disparaître et que vous allez pouvoir jouir sans préoccupation, de la présence de Mme Auguste et d'Adèle. Que cette chère enfant se soigne bien, car par ces grandes chaleurs qui fatiguent même les forts on ne saurait assez être prudent et éviter les refroidissements. Je plainds cette chère Adèle de n'avoir pu dès son arrivée s'occuper de ses petites nièces comme elle le désirait, mais je suis sûre qu'elle aura accepté cette privation sans se plaindre. Ma petite filleule a donc été souffrante, mais grâce à Dieu son petit mal de gorge n'avait rien de grave et j'aime à penser que votre sollicitude n'a pas lieu de s'agiter.

Vous me parlez d'un projet qui me réjouirait bien s'il devait être mis à exécution à une autre époque, car alors je pourrais prendre ma part de la douce émotion qu'auront tous vos parents et amis en voyant vos chères petites filles. Mais cette année comme les précédentes, nous nous absentons pendant toutes les vacances et comme c'est le seul moment de liberté de papa et de Julien nous ne pouvons pas choisir une autre époque. Notre cher garçon est encore en plein travail; la distribution des prix a eu lieu la semaine dernière, il a eu 7 nominations (dont 2 prix et 5 accecits) -je vous dis cela en passant parce que je sais que vous intéressez à tout ce qui nous touche- et depuis il se prépare à son baccalauréat qu'il doit passer le 24 et le 26. Vous comprenez qu'ensuite papa désire lui donner un repos complet, il en aura besoin, aussi nous irons tous passer le mois de septembre chez Alfred, et pendant que maman pourra se reposer, si cela lui est encore nécessaire, papa et Julien pourront faire qq. excursions en Bourgogne ce qui leur fera beaucoup de bien à tous deux. En plus nous avons nos tantes et Mme Boulez qui nous réclament fort aimablement et auxquelles nous donnerons aussi qq. jours. Mme Boulez aurait voulu que nous allassions passer avec elle une grande partie du mois de 7bre, cela ne se peut pas, mais nous regardons comme un devoir de ne pas lui refuser une petite visite à elle qui a maintenant si peu de joie et qui nous témoigne toujours tant d'amitié, aussi lui donnerons-nous les derniers jours du mois d'Août. Et à notre retour d'Ancy le Franc nous irons probablement chez ma tante Allain. Vous voilà, chère Madame, au courant de nos projets. Je ne puis rien vous dire de plus, vous savez le bonheur que j'aurais à embrasser les chères petites filles de ma bien aimée Caroline, mais, comme votre projet ne parait pas encore avoir rien d'arrêté nous espérons que votre voyage pourra se faire à une époque à laquelle nous puissions en profiter pour vous voir et faire la connaissance de ces chères petites que leur bonne maman se faisait une fête de nous amener.

Nous n'avons pas vu Mme Froëlich et d'après ce que vous nous aviez dit de son désir qu'il ne soit pas question qu'elle amenait Adèle pour sa santé à Enghien nous avons pensé plus délicat de notre part de ne pas l'aller trouver. Je vous assure que c'est un véritable regret pour nous, de ne pas la voir. Lorsque vous lui écrirez, vous pourrez lui dire le sentiment qui nous a retenus.

Adieu, bien chère Madame, maman se joint à moi pour vous embrasser bien tendrement et vous assurer de notre bien sincère amitié.

Je ferai demain votre commission auprès d'Aglaé car elle est un peu souffrante et elle n'est pas venue nous voir aujourd'hui. Mes plus tendres caresses aux petites et encore merci pour votre affection. Soyez sûre que j'en comprends tout le prix

Eugénie Desnoyers

Papa se joint à nous pour toutes les amitiés que nous vous adressons. Ne nous oubliez pas auprès de Mr Constant, il sait bien que nous avons aussi pour lui un profond attachement.

Nos amitiés à Mme Auguste et à Adèle. Je remercie Cécile pour son bon souvenir.

n° 36
Eugénie Desnoyers (Ancy-le-Franc)
à Aglaé Milne-Edwards (Paris)
vendredi 25 septembre 1863

Ancy le Franc 25 7bre 1863

Ma chère petite Gla,

Voici une date que je n'ai pas oubliée et je veux te le prouver en t'envoyant ce petit bouquet que je viens de faire pour toi et qui doit te dire tant de bonnes et douces choses de ma part que je ne pourrai pas te les écrire toutes. D'abord que je te souhaite toutes sortes de bonheurs, c'est à dire continuation de ce que tu as, car ne m'as-tu pas dit que ce que tu as est bon, et puis prompt rétablissement de ta santé, et puis encore autre chose que je te laisse deviner; enfin mon petit bouquet composé d'œillets sauvages cueillis par maman sur le sommet du mont Auxois, de fougères (capillaire; rutamuraria) et orpin pris par nous tous sur un mur en descendant d'Alise Ste Reine, te dira tout cela et bien autre chose encore de la part de père mère frères et sœur.

Je t'ai quittée je crois avant hier à Dijon, au moment où nous nous disposions à aller retrouver papa et Julien qui nous attendaient devant le palais des ducs de Bourgogne. Une fois la troupe réunie, nous sommes montés en voiture et nous

nous sommes fait mener au parc; grande et belle promenade, puis à la Chartreuse, ancien couvent, maintenant asile des aliénés où on voit un ancien puits dit puits de Moïse à cause de statues qui s'élèvent au milieu de l'eau. C'est un monument unique à ce que disent les connaisseurs; mais je te conterai tout cela en détails, car est-ce que ça ne te paraît pas drôle que je voyage sans toi; maman reste toujours ma compagne fidèle, nous habitons à l'hôtel la même chambre, sans cela, j'avoue que je me trouverais bien seule.

Hier la journée a été charmante, nous avons été aux Laumes, nous avons visité Alise Ste Reine la fameuse place où Versingétorix a été vaincu par Jules César, puis nous avons pris la voiture d'un aubergiste et nous nous sommes fait conduire au château de Bussy-Rabutin; pour y arriver on suit une charmante route, on monte par un chemin monteux, malaisé, où coule un torrent et on arrive dans un magnifique parc qui par ses arbres et ses accidents de terrains, m'a fait penser à la montée au Vieux château de Bade. Le château quoique dominant la vallée est entouré d'eau. L'intérieur est fort curieux, Mr de Sareuse le propriétaire actuel est littérallement amoureux, passe-moi le mot, de son château qu'il a restauré avec le plus grand soin. Le méchant cousin comme dit Mme de Sévigné en parlant de Bussy avait pavoisé son château des portraits des plus jolies femmes de son temps ou des devises plus que malines.

La nuit nous a forcés à quitter et nous avons regagné au clair de lune la station des Laumes; papa et Julien sont partis pour Semur et maman et moi nous avons pris la route d'Ancy le Franc; à 9h 1/2 nous étions avec Alfred qui a été bien content de nous ravoir, il a eu les Messieurs qu'il attendait, et a toujours beaucoup de besogne.

Nous avons trouvé ta petite lettre qui nous a fait bien plaisir, tu sais si nous désirons te savoir bien. Maman t'embrasse bien tendrement. Tu as charge de toutes nos amitiés pour Mme Duméril et de la remercier de la part de maman de sa lettre.

Avez-vous de bonnes nouvelles de Louise? La petite fille est-elle belle?

Surtout ne fait pas acheter de perse pour ma chaise longue pour plusieurs raisons, mais la seule que je te donnerai, c'est que j'aimerais mieux un autre dessin.

Papa et Julien arrive, ils commencent par me charger de mille amitiés pour vous. Il me charge de dire à Alphonse que quoiqu'il n'ait rencontré presqu'aucune des personnes qu'il désirait voir à Dijon, il a cependant vu la collection d'un amateur qui possède entre autres choses un assez grand nombre d'ossements d'oiseaux de St Géran le Puy. Il aurait bien voulu les porter à Alphonse, mais ce qu'il a pu obtenir, c'est que si plus tard ton mari le désire, ce monsieur les lui confiera pour les déterminer. Papa a cru surtout reconnaître les os de la grande espèce dont Alphonse a fait un genre nouveau. Cette personne est en rapport avec Mr Jourdan de [illisible] auquel il a déjà prêté beaucoup d'os qu'il ne lui a pas rendus; papa lui a dit que son gendre n'agissait pas de cette façon.

Adieu, ma petite Gla, écris-moi, écris-moi, tes lettres me font tant de plaisir. Je t'embrasse bien fort, je n'ai rien fait de ma journée, encore mille amitiés.

Les ossements de cet amateur avaient été achetés par lui à Vichy d'un marchand qui en faisait commerce mais dont il ne se rappelle pas le nom.

n° 37
Félicité Duméril (Morschwiller)
à Eugénie Desnoyers (Paris)
lundi 26 octobre 1863

Morschwiller 26 8bre 1863

Il y a longtemps, ma bien chère enfant, que je ne me suis donné le plaisir de venir causer un peu avec toi, mais crois bien que si je ne t'ai pas écrit, ma pensée et celle de tous les miens ne se sont pas moins portées bien souvent vers toi qui es devenue pour nous tous un ange gardien. Tu le vois ma douce enfant, je t'unis dans mon cœur à ma bien aimée fille ; ne possèdes-tu pas comme elle tout ce qui donne à la femme la vraie noblesse et la plus grande richesse. Notre chère et charmante Miky parle de sa petite marraine bien souvent, il semble que cette enfant aspire à te voir, à te parler, et à retrouver enfin sa mère, quant à Charles ses yeux se mouillent en parlant de toi, de notre bien aimée et il dit : Caroline et Eugénie se sont perfectionnées l'une l'autre. Il y a quelques mois, ma pauvre mère ayant deviné nos pensées secrètes, nous questionna et sur notre réponse elle joignit les mains pour te bénir comme on bénit l'enfant qui doit attirer dans une maison les bénédictions du Ciel.– Comment va ma chère Aglaé, peut-elle marcher à présent ? embrasse la bien fort pour moi ainsi que ta bonne mère, toutes deux savent bien, j'espère combien est vif et profond l'attachement que j'ai pour elles. Me voici à Morschwiller auprès de mon bon mari et de Léon, ils sont bien occupés du travail de la fabrique et ils y mettent un bien grand intérêt. On me demande ma lettre pour la remettre au voiturier, je te quitte donc, ma bien chère enfant en te serrant dans mes bras autant que je t'aime. Mille choses bien affectueuses à ton bon père et à Julien.

F Duméril

n° 38
Félicité Duméril (Morschwiller)
à Eugénie Desnoyers (Paris)
lundi 9 novembre 1863

Morschwiller 9 9bre 1863.

Merci ma bien chère enfant, de penser souvent à la pauvre Méhil et de lui adresser ces bonnes paroles qui la remontent et qui sont pour elle comme une rosée bienfaisante. Le déchirement, la blessure profonde de mon cœur n'auront de terme qu'avec ma vie, mais dans cette cruelle épreuve que je subis, Dieu permet qu'un ange semblable à mon enfant vienne à moi pour me soutenir et me donner confiance dans l'avenir de nos chères petites. Il faut que je te raconte, ma bien chère enfant, que ma présence dans la maison de Charles a offusqué sa mère qui s'est trouvée excitée par deux de ses amies lesquelles trouvaient que j'empiétais sur ses droits en restant à Vieux Thann, et qu'ayant mon mari et mon fils à Morschwiller c'est là que je devais être. Madame Mertzdorff a alors fait entendre à Charles qu'il lui semblait que sa femme seule aurait le droit de commander chez lui et que ma présence à Vieux Thann était une sorte d'offense pour elle, dès que j'ai été informée de tout cela par notre excellent Charles qui souffrait tant en me le disant, tu comprends que je n'ai pas tardé à me retirer. J'ai été m'agenouiller sur la tombe de ma bien aimée où j'ai prié Dieu de toute mon âme de ne pas nous abandonner, de veiller sur Miky et Emilie : puis je suis revenue auprès de notre bon Charles, des chères petites que j'ai quittées avec le cœur bien gros, je laisse heureusement auprès d'elles le meilleur des pères et une personne à laquelle je voue autant de reconnaissance que d'amitié, cette personne c'est Cécile, combien cette bonne et excellente fille pense à toi, combien elle me comprend, et combien elle saura avec nous tous rendre d'actions de grâce à Dieu le jour où nos chères enfants seront dans tes bras. Depuis mon départ de Vieux Thann, notre bon Charles m'a amené les chères petites pour passer une journée ici, il les a conduites hier à Colmar chez leur tante Zaepffel qui réclamait depuis longtemps une visite de ses petites nièces qui ont eu, à ce qu'il parait, des transports de joie lorsqu'il a été question de ce voyage : que serait-ce donc s'il s'agissait d'en faire un autre qui serait pour elles bien autrement heureux ! Charles doit les ramener aujourd'hui à Vieux Thann si toutefois il n'y a pas de changements dans les projets.

Embrasse bien bien fort pour moi notre chère Aglaé dis lui de se bien soigner, c'est un devoir qu'elle saura remplir comme elle sait si bien remplir tous les autres. Je vous suis bien souvent ta bonne mère et toi dans vos diverses occupations, parle moi de Mr Alfred, de ce bon Julien si infatigable au travail, mais il doit se ménager et prendre un peu de repos. Mon bon mari va bien quoique un peu enrhumé, notre pauvre Léon a été dolent ces derniers jours par du mal entrain et mal à la gorge, le voilà heureusement bien mieux et c'est avec bonheur qu'il s'est dirigé ce matin vers la fabrique. C'est un bon jeune homme, bien à son affaire, Charles en parait fort content, mais Léon sent de plus en plus tout ce qu'il doit à son beau frère si bon et si expérimenté.

Adieu ma bien chère enfant nous t'embrassons autant que nous t'aimons et envoyons les choses les plus affectueuses et les mieux senties à ton cher entourage. Un bon baiser pour moi à ton excellente mère.

F. Duméril

Je t'envoie des petites violettes que j'ai cueillies dans le jardin.

Je ne puis te dire assez combien je suis ravie du livre que ma sœur m'a prêté et qui a pour titre le Monde, le vaste Monde.

n° 39
Félicité Duméril (Morschwiller)
à Eugénie Desnoyers (Paris)
vendredi 18 décembre 1863

18 Xbre 1863

Que te dirai-je, chère et tendre enfant, notre cœur est plein, et nous joignons les mains pour remercier Dieu, car au milieu de notre grand malheur Dieu permet qu'un ange consolateur vienne à nous pour nous fortifier et entourer nos chères petites de ces soins si parfaits dont elles se ressentiront toute la vie. Ma bien aimée fille qui est au Ciel te bénit de venir prendre sa place auprès de ce qu'elle a laissé de plus cher sur cette terre : et tu sais, sans que j'aie besoin de te le dire, qu'en mon mari et moi tu trouves de vrais parents fiers et heureux de ton mérite, reçois donc toutes nos bénédictions, et en particulier celles d'une pauvre mère dont le cœur si déchiré reçoit pourtant aujourd'hui un baume salutaire que toi seule possèdes et peux donner.

J'ai eu par ce courrier une lettre de mon excellente amie Madame Heuchel qui m'apprend que nos chères petites viennent d'être assez fortement indisposées par la toux et du mal de gorge, Mr Conraux a été de suite appelé et elles sont à présent en bonne voie de guérison, cependant je ne veux pas attendre à demain pour aller les voir et je partirai aujourd'hui pour Vieux Thann. Ah ! Quand ces charmantes créatures seront-elles auprès de toi ? Quand les verrai-je dans tes bras, dans ceux de ta tendre mère et d'Aglaé, il me semble qu'alors je respirerai plus librement.

Adieu tendre enfant, nous t'embrassons autant que nous t'aimons sans oublier ton cher entourage et notre bon Charles.

Ta maman Méhil

n° 40
Eugénie Desnoyers (Paris)
à Félicité Duméril (Morschwiller)
jeudi 31 décembre 1863

Paris
31 Décembre 63

Ce n'est pas cette année, bien chère Madame, que je voudrait manquer à la douce habitude que j'ai de vous écrire quelques lignes à l'occasion du nouvel an, car maintenant je suis déjà, il me semble, un peu à vous tous et mon droit et mon plaisir est de vous dire toute l'affection et le dévouement que je serai heureuse de vous montrer.

Vous m'appelez d'une manière si touchante à venir prendre, parmi vous, la place de l'enfant bien-aimée qui est au ciel, que souvent je me sens vivement émue et je crains de ne pas être digne de la remplacer, mais ce que je puis vous assurer c'est que je ferai toujours de mon mieux, et j'ai la confiance que le bon Dieu m'aidera.

Les chères petites ont été assez souffrantes ces derniers temps, je suis heureuse de les savoir mieux, et j'espère qu'elles vont reprendre vite des forces pour le moment où elles pourraient venir à Paris.

Depuis notre retour nous avons été bien occupées ; les courses pour le jour de l'an, l'installation, tout était à faire, mais heureusement maman n'est pas trop fatiguée.

Aglaé continue à mieux aller, elle me charge de toutes ses amitiés pour vous.

Adieu, chère madame, croyez ainsi que Mr Constant à mon tendre et respectueux attachement et dites à Léon qu'il a aussi sa part de l'affection que mon cœur vous donne à tous.

Eugénie Desnoyers

Maman me charge de vous embrasser et vous remercie de la si bonne lettre que vous lui avez écrite.

Il n'y a qu'une personne dont je ne vous parle pas, mais cette personne sait bien que je pense à elle.

n° 41
Charles Mertzdorff (Paris)
à Marie Mertzdorff (Vieux-Thann), en écriture script
jeudi 31 décembre 1863

Ma chère Mimi

Je viens t'embrasser et te dire que Marraine est bien impatiente de te voir pour embrasser cette grande fille dont je lui parle si souvent.

J'ai dit à Marraine que tu l'aimais bien, aussi veut-elle que tu viennes bientôt la voir à Paris avec ta petite sœur Emilie. Tu coucheras dans la chambre de petite Marraine et dans le grand lit de tante Aglaé. La petite sœur aura aussi un lit à côté du tien.

J'ai dit à Marraine que tu t'en réjouissais beaucoup et que dès qu'il ferait beau tems, nous viendrons tous à Paris, que vous serez toujours très sages.

Tante Adèle sera aussi bien contente de vous embrasser.

Jeudi matin je pense arriver à la maison et je serai bien content d'être avec mes petites filles que je ne quitterai plus puisqu'elles viendront avec moi à Paris pour chercher petite Marraine qui viendra avec à la maison pour rester avec ses petites filles, qu'elle aime tant. Elle sera ta petite Maman et aussi la petite Maman de la chère petite Founie.

Tu seras bien heureuse d'avoir une petite Maman qui t'aimera bien et qui sera aussi bonne que petite mère chérie qui est au ciel.

Tu embrasseras bien pour moi Gribouille, tu n'oublieras pas de donner un gros baiser à grand Maman.

Tu diras à Cécile qu'elle peut faire acheter des Oranges à Mulhouse où j'ai vu des charettes remplies et que l'on vendait à deux sous.

Si le Jambon n'est pas arrivé, Kohler peut le prendre chez le charcutier qui demeure au Lion Rouge à Mulhouse.

Je t'embrasse bien ton papa qui t'aime toujours

CHARLES

Dimanche Matin

1864

n° 42
Constant Duméril (Morschwiller)
à Eugénie Desnoyers (Paris)
lundi 11 janvier 1864

Morschwiller 11 Janvier 1864

Ma chère Eugénie

Je voudrais bien vous exprimer aussi les sentiments que votre récente missive a fait naître dans mon cœur, mais je vous avoue que je suis embarrassé pour le faire car je ne sais pas bien comment les définir.

C'est principalement de la reconnaissance que j'éprouve envers vous parce que vous vous dévouez à nos chères petites filles que nous chérissons tant et auprès desquelles vous allez remplacer la mère qui leur était si nécessaire, parce que vous allez ramener la paix et la sérénité dans l'esprit de notre cher Charles et la joie dans ce cœur si aimant qui a besoin d'affection et qui, réservé au dehors, veut s'épancher dans l'intimité. Auprès de vous son bonheur passé sera un doux souvenir dont il pourra s'entretenir sans porter atteinte à son bonheur nouveau. Nous aimons ce cher Charles comme notre fils et nous partageons ses joies comme ses peines.

Nous sentons déjà notre amitié pour vous se changer en tendresse et nous croyons que pour votre bonheur aussi vous avez pris une heureuse résolution. Sans doute vous rencontrerez aussi des nuages, mais où n'y en a-t-il pas sur cette terre et comment se plaindre quand on se sent tendrement et délicatement aimée par un homme d'un esprit si distingué, d'un cœur si pur et quand la conscience vous dit que vous remplissez une noble tâche que vous avez librement acceptée.

Un côté de votre nouvelle position que vous saurez bien apprécier aussi, c'est de pouvoir faire tant de bien et exercer une si heureuse influence dans un pays où vous occuperez le premier rang. Que de bien on peut faire par l'exemple, par les conseils, par l'intérêt qu'on porte aux malheureux ; en exerçant cette douce influence autour de vous et en faisant le bien avec discernement vous serez sûre, non seulement d'entrer dans les vues de votre mari, mais encore de prendre chaque jour une place plus grande dans son cœur.

Quel changement vous allez apporter dans cette maison si triste aujourd'hui.

Avec vous la vie va y rentrer : vous remplacerez, sans la faire oublier, celle qui en faisait la joie et vous viendrez pour ainsi dire, continuer sa tâche sous son regard et avec son approbation et sa reconnaissance.

Pour ma femme et moi quelle jouissance aussi de vous sentir auprès de nos petites chéries, quelle tranquillité pour nous : quelle consolation de penser qu'elles seront élévées comme elles l'auraient été par leur première mère.

Au milieu de toutes ces satisfactions, nous éprouvons un regret pourtant, regret bien sincère et bien senti, c'est de penser que vos chers parents, qui s'étaient bercés de l'espoir de vous garder près d'eux, vont être privés de votre douce société. Vous allez laisser un vide immense, tant auprès d'eux, qu'auprès de votre chère sœur à laquelle vous lie une si tendre amitié. Dieu a permis heureusement qu'elle se fixât si près d'eux.

Acceptez donc, ma chère Eugénie, l'assurance de ma tendre gratitude : faites agréer à vos chers parents l'expression de ma respectueuse amitié et comptez toujours sur la vive affection de votre dévoué

C.Duméril

Nous venons de recevoir une lettre de Mme Fröhlich ; ils sont tous enrhumés à l'exception de son mari mais elle a été fortement prise et obligée de garder le lit une partie de la journée.

n° 43
Eugénie Mertzdorff (Baden-Baden)
à Aglaé Milne-Edwards (Paris)
jeudi 21 avril 1864
Eugénie vient d'épouser Charles et elle écrit pendant son voyage de noces.

Baden-Baden
Grand duché
Hôtel du Cerf
21 Avril 64
Jeudi 10h

Ma chère petite Gla,

Ma lettre d'hier était pour vous tous et tu y auras trouvé une masse d'amitiés à ton adresse, mais ça n'empêche pas que je veux ce matin t'écrire directement en te chargeant de donner de nos nouvelles à nos chers parents.

Ta pensée nous a suivis, je n'en doute pas, depuis notre départ et plus d'une fois, il m'a semblé que tu étais près de moi. De mon côté, je suis ici, et je suis là-bas, je te vois avec maman essayant par tes témoignages d'affection de faire disparaître pour elle ce qu'a de triste le départ de tant d'êtres aimés. Ta mission est belle, ma chérie, te voilà restée près de deux foyers que tu es appelée à remplir de ta vie, à animer de ta jeunesse, où toi et ton mari vous devez remplacer tant d'absents, et entourer de tendresses de chers parents qui se sont toujours dévoués pour leurs enfants ; mais j'ai confiance en toi et je sais bien que tu es digne de remplir une belle mission ; ne va donc pas dire que ta vie est inutile ; et en attendant que le bon Dieu t'envoie de nouveaux devoirs, sois bien sûre que tu en as là des grands et que tu remplis parfaitement.

Que te dirais-je de moi ? Tu le devines : il me semble que je rêve ; le départ, le voyage, les témoignages d'affection que mon mari ne cesse de me donner... tout cela est empreint de sentiments bien divers que tu comprends, que tu partages même. Le 25 7bre 62 n'est pas encore assez loin de toi pour que tu ne t'associes complètement à tout ce que je ressens ; et je n'ai pas besoin de m'étendre sur ce sujet pour te dire que maintenant je ne doute pas que je serai parfaitement heureuse, et que toutes deux nous sommes des femmes privilégiées qui devons remercier Dieu de ce qu'Il nous a envoyé de bons maris qui nous aiment et vers lesquels on se sent attiré à cause de grandes qualités de cœur qu'on reconnaît en eux.

Je suis triste de savoir Alphonse absent en ce moment, sa présence t'eût été doublement précieuse en ce moment, mais tu es trop raisonnable pour te plaindre et comme tu dis, cela te permettra d'être plus à notre bonne mère. Combien je pense à elle, à toi que j'aime tant et dont je n'ai jamais su me passer ; écris-moi souvent, donne-moi des nouvelles de chacun, je crains que les uns ou les autres vous ne soyez souffrants et cela à cause des fatigues que vous avez pris pour moi. Comme je l'ai écrit hier à maman, nous sommes parfaitement installés et avons trouvé Bad. très joli ; quelques personnes sur la promenade. Hier après le dîner, nous sommes allés faire un tour de 2 heures, nous avons soupé à 7h 1/2 et ce matin nous sommes assez reposés mais pas encore suffisamment pour faire une grande promenade à pieds. Les enfants ne sont pas mal, nous venons de faire prendre à Mimi une cuillerée de sirop purgatif. Mais le papa a dû faire le sévère ; petite founichon est toujours gentille à croquer. Ce sont des petites tendresses à n'en plus finir.

Adieu, ma chérie, je t'embrasse bien fort et te charge de donner à notre bon père, à notre bonne petite mère, à mon petit Julien, de ces bons baisers comme je voudrais les leur donner moi-même

Ta sœur et amie
Eugénie

Je ne te charge de rien pour Alphonse et Alfred car ils ne doivent plus être près de vous, je tâcherai d'écrire demain à Ancy. Charles qui vient de venir me déranger dans mon griffonnage me recommande bien de t'envoyer une chaude poignée de mains et amitiés. Cécile est parfaitement bien et te charge d'amitiés pour ceux que j'oublierais.

n° 44
Eugénie Mertzdorff (Vieux-Thann)
à Aglaé Milne-Edwards (Paris).
mercredi 11 et jeudi 12 mai 1864
Lettre incomplète.

Vieux-Thann 11 Mai 64
6h 1/2 du soir

Ma bonne petite Gla,

Comment se fait-il que nous ne nous écrivons pas plus souvent ? Tu comprends bien que les lettres que j'adresse à maman sont pour toi également ainsi pourquoi m'écris-tu si rarement ? et puis je ne suis pas en retard car la dernière lettre c'est moi qui l'ai écrite et elle était de taille si j'ai bonne mémoire ? Mais trève aux lamentations car c'est perdre un temps précieux puisque je me figure être près de toi en griffonnant ce papier et ce ne sont que des témoignages d'affection, de tendresse que je veux qu'il porte à ma chère petite Gla de la part de sa vieille Nie. Ah si tu étais là, comme nous nous en conterions. D'abord sur nos maris ; je crois qu'ils n'auraient ni l'un ni l'autre à redouter nos entretiens, car ce n'est que du bien que nous aurions à dire d'eux, et puis nous aborderions le sujet ménage, ce sujet éternel toujours neuf pour nous maîtresses de maison ; et puis nous nous ferions nos confidences sur nos petits désespoirs ; figure-toi que moi aussi j'oublie tout !... Me voilà comme toi, ma chérie, je veux penser à ceci à cela (exemple faire mettre à temps une lettre à la poste, donner les livres des fournisseurs que j'avais réglés à l'homme qui vient prendre les commissions et autres choses du même genre, il n'y a pas de quoi se pendre mais ça ennuie) et j'oublie ; tu connaissais cela, mais maintenant tu es la femme d'expérience et tu ne t'agite pas pour si peu de chose, aussi j'espère suivre tes traces et bientôt ne pas m'intimider pour des riens. Tu sais on va, on vient, on fait ceci, on fait cela, on vous appelle Madame, chacun se casse le cou pour tâcher d'apercevoir le bout du nez de ta très humble et moi je ne comprends rien... pardon je te quitte pour aller donner un [illisible] à ma petite Mimi.

Jeudi matin

Voilà 11h 1/4 et je n'ai pu reprendre la plume et cependant, ma Chérie, combien je pense à toi, combien je parle de toi, certainement que ton nom est prononcé plus de 50 fois par jour, sans exagération, tante Aglaé par ci, tante Aglaé par là, tout ce que je fais, tout ce que je vois, je voudrais pouvoir te le conter, te faire partager mes impressions ainsi qu'à notre bonne petite mère. On m'écrit combien tu es gentille auprès de nos chers parents, je ne te dirai pas que cela me fait plaisir, c'est ton cœur qui te fait agir et nous pensons de même sur ce sujet comme sur beaucoup d'autres. Je commence à m'habituer ici, le temps me paraît passer beaucoup plus vite qu'à Bad., cependant par moment le temps m'est long de vous. Lundi, je ne valais pas grand chose et il n'aurait pas fallu dire beaucoup pour me faire pleurer ; les enfants étaient allées chez les petites amies et j'étais restées seule pour écrire la dépense, inspecter la maison, les armoires de la cave au grenier, et malgré toutes ces graves occupations, je me suis bien ennuyées, c'est ce que mon mari et Cécile ont bien vu, aussi tu devines si on m'a entourée encore plus depuis. Charles se remet depuis Lundi aux affaires, mais piano, donnant encore sa plus grande partie de son temps à sa femme. Mardi nous sommes allés à Morschwiller, les Duméril sont tout ce que nous pouvions souhaiter pour moi ; vraiment je suis bien gâtée, car impossible de recevoir un accueil meilleur que celui qu'on me fait, même de Mme Mertzdorff ; elle a l'air enchantée ; ce qui est drôle, c'est que je reçois des deux côtés les petites confidences de griefs réciproques, tu comprends que j'écoute et que je suis toujours pour la paix, mais au reste ces dames ont de bonnes relations ensemble maintenant. Morschwiller est encore un charmant établissement propre, bien situé, avec prairie, vue des montagnes, maison très confortable, seulement il n'y a qu'un petit inconvénient, c'est qu'il continue à manger de grosses sommes, et ça c'est plus grave que les cuisinières. Tu vois que [...]

n° 45
Eugénie Mertzdorff (Vieux-Thann)
à Aglaé Milne-Edwards (Paris)
samedi 17 septembre 1864

Vieux-Thann
17 Septembre 64

Ma chère petite Gla,

Notre bonne mère nous a quittés ce matin ainsi que papa et Julien ; nous voici seuls. Maman a été bien forte, j'ai tâché de l'imiter. Elle me paraît bien en ce moment, j'espère que mes chers voyageurs se seront trouvés bien de leur séjour au Vx-Thann et qu'il leur prendra goût d'y revenir. Dieu fasse que toi aussi tu viennes m'y voir, c'est un temps après lequel je soupire.

Partis à 9h maman et Julien doivent arriver à Ancy-le-Franc à 9h du soir, Papa passera 2 jours à Besançon et ils rentrerons à Paris au commencement d'Octobre. Jusque-là, ma chérie, leur présence va te manquer, mais tu es si bonne que tu ne t'en plaindras pas. Je te remercie d'avoir même engagé Maman à prolonger son séjour ici, d'avoir cherché toutes sortes de combinaisons pour me la faire conserver ; mais il n'y a pas eu moyen de gagner plus et cependant après avoir fait beaucoup de projets de voyage, voyage en Suisse, voyage à Ancy, nous avons renoncé à tout parce que, depuis quelque temps, je me trouve fatiguée, même souffrante par moment, aussi vais-je restée tranquille pendant quelques jours jusqu'à ce que nous puissions être mieux fixés sur la cause. Tu vois que je tiens ma promesse de te tout dire ; bien entendu que c'est pour toi seule. Tu es assez perspicace pour deviner de quoi il s'agit, je n'ai pas besoin de mettre les points sur les i. Il y a une dizaine de jours nous avons fait une grande promenade dans la montagne (promenade qui conviendra tout à fait à l'agilité d'Alphonse), le lendemain nous sommes allés à Mulhouse et j'ai été très fatiguée par ces deux journées de marche ; avant hier nous sommes allés tous à Morschwiller et la voiture m'a été peu agréable ; aussi ce matin n'ai-je pas été reconduire maman au chemin de fer. C'était une privation, mais il ne faut pas faire d'imprudence, voilà ce que maman et Charles me recommandent ; ce sont les deux seuls avec lesquels ce grave sujet soit abordé, mais, comme par moment je m'étends sur le canapé, si on me surprend comme cela, bientôt on me regardera en plaisantant, ce que mon beau-frère a déjà fait en voyant que nous renoncions subitement au voyage en Suisse. Cela m'ennuirait.

Comme tu as dû t'ennuyer à [Bayeux] de n'avoir pas Alphonse, enfin te voilà rentrée au bercail, et plus forte ; je suis bien heureuse en pensant que tu es beaucoup mieux et que d'un moment à l'autre je pourrai apprendre ce que je souhaite pour toi. Je suis émerveillée de tout ce que tu as fait en ouvrage. Je ne t'en dirai pas autant de moi, pendant le séjour de maman, j'ai eu Mimi malade, nous avons toujours été un peu en l'air tout en sortant peu et les ouvrages à l'aiguille ont été très négligés comme le piano. Ce sera pour cet hiver.

Pour ce que tu dois donner à Louise, je ne peux pas te fixer, maman dit que ce sont des journées complètes qu'il faut payer un peu plus cher que les journées de couture.

Pour Mr de Zaepfell, il était aux environs de Colmar, c'est Emilie qui est allé le voir, il n'est pas venu à Thann.

Ecris-moi, me voici seule et j'ai besoin de vos lettres pour être raisonnable. Adieu, ma Chérie que j'aime beaucoup [illisible]

Dimanche matin. Mille baisers encore et amitiés à Alphonse de la part de nous tous.

n° 46
Eugénie Mertzdorff (Vieux-Thann)
à Aglaé Milne-Edwards (Paris)
vendredi 23 septembre 1864

Vx-Th 23 7bre 64

Ma chère petite Gla,

Tu peux être tranquille, ta lettre est brûlée et je comprends si bien ton désir que je te prie d'en faire autant de celle-ci comme de sa sœur aînée. Elles se détruisent l'une l'autre, c'est à dire que mes confidences d'aujourd'hui l'emportent sur les dernières. Il n'est plus question de rien, si réellement question était comme nous l'avons cru ; certaine chose est venue avant hier, assez fort ; j'ai été très souffrante hier, et maintenant, je suis une peu chose ; tu connais cela, je me repose encore, car aujourd'hui je ne serais pas capable de faire la promenade de la montagne qui a, je crois, amené ce petit détraquement dans ma santé.

Mais assez parlé de moi, c'est à toi que je pense, ma Chérie ; ta bonne lettre de l'autre jour m'a fait bien plaisir car je te retrouve toute entière, mais ça me chagrine de te voir ainsi découragée ; il faut tâcher de te remonter ; c'est facile à dire, me diras-tu, mais quand on se sent malentrain, fatiguée, oh alors on ne voit plus les choses en beau et on exagère le petit point noir. C'est vrai, ma Chérie, aussi moi je ne te sermonne pas la-dessus ; tu sais bien tout ce que tu as de bon en partage, et je te dis seulement de ne pas te décourager et que ce que nous te souhaitons tous pourra bien t'arriver, continue à te ménager, c'est le principal. Maman doit bien te manquer, je te plains d'être privée de notre chère famille, je suis sûre que leur retour te fera du bien. Je viens de recevoir une lettre de Julien, tout le monde va bien. Je ne sais si une fois remise, Charles voudra bien m'emmener à Ancy comme nous en avions formé le projet, pour cela il faut que je sois tout à fait bien et en ce moment je suis encore fatiguée.

Samedi matin 11h

Encore un petit bonjour, ma Chérie, avant de donner le vol à ce griffonnage, qui te portera mes amitiés, mes tendresses et te dira mes misères et mes ennuis dont je ne dois pas me plaindre puisque je me retrouve bien et que j'ai mes deux fillettes qui réclament mes soins. Mimi m'appelle à son secours, en ce moment, parce que pour son charme particulier Cécile la débarbouille trop bien.

Où en est Alphonse de ses travaux ? Pour quand ses examens ? L'air de la mer lui a-t-il fait du bien ? Et Cécile Dumas, en avez-vous toujous de bonnes nouvelles ? Cécile de Sacy, comment va-t-elle ? Combien a-t-elle de baby ? est-ce qu'il n'était pas question d'un quand je suis partie ?

Je n'ai reçu de lettres de personne de la famille. J'ai écrit à Mme Clavery pour la nommination de Paul, et à Constance et ces dames ne m'ont pas répondu. J'ai écrit à Amélie et à Mme Bidault. Il faut que j'écrive à Bathilde et à Marie, ce n'est pas encore fait. Jeudi nous aurons notre distribution de prix des garçons, le maître d'école veut que ce soit tout à fait solemnel. Ce qui a été très gentil, c'est la distribution de récompenses à la salle d'asile.

Adieu, ma Chérie, je t'embrasse très fort ta fidèle amie Eugénie.

Demain un anniversaire que je n'oublie pas et qui me fait te souhaiter continuation de ce que tu as de bon et encore ce que tu désires.

1865

n° 47
Eugénie Mertzdorff (Vieux-Thann)
à Aglaé Milne-Edwards (Paris)
1865
Fragment.

causions toilette, quoique ce soit un sujet peu intéressant. En toute conscience, je puis dire que je n'ai pas fait de progrès en coquetterie, Alphonse peut être tranquille, je ne serai pas de ce côté, une mauvaise connaissance pour toi. Mais cependant il faut s'en occuper. Ma belle mère voudrait toujours me voir en toilette avec quelque chose que les autres n'aient pas ; mais moi j'aime le simple, des choses peu voyantes et dans un pays où on se trouvent les premiers, il faut donner l'exemple. Les filles, les ouvrières sont portées tout naturellement à vous imiter, aussi tant que mes affaires sont propres, j'aime mieux ne pas changer. Nous rarangerons ma robe violette, en la retournant et en lui mettant des nœuds noirs devant. J'ai acheté une robe de flanelle à petits carreaux bleux et noirs, que nous allons faire en robe de chambre, plus tard il me faudra une robe bien pour remplacer ma violette que je te chargerai de m'acheter et de faire faire. Nous reparlerons de cela, donne-moi tes idées. Comme pour mes chapeaux, il me faudra un chapeau pour toujours aller à la messe, me promener avec les enfants, un noir ne serait-ce pas le mieux ? Et mon velours bleu ne pourrait-il pas refaire [l'habillé] ? Je ne sais pas avec quelle robe je le mettrais. Pense à cela et écris-moi. Tu ne me dis rien de vos relations, de Melle Baudeman. Quand le mariage ? Ecris-moi, tu sais le plaisir que font les lettres.

Adieu ma Chérie, le papa, la maman et les mioches embrassent petite tante Aglaé et l'oncle Alphonse.

Ta meilleure amie
Eugénie M.

J'embrasse mon Julien.
Mimi à chaque courrier demande sa lettre.

n° 48
Eugénie Mertzdorff (Vieux-Thann)
à Aglaé Milne-Edwards (Paris)
jeudi 3 août 1865

Ma chère petite Gla,

Que je voudrais pouvoir te donner un bon conseil et pouvoir te tirer d'embarras. Mais que reproches-tu à Marie ? Est-ce assez grave pr ne pouvoir la conserver réellement ? Car vois-tu il faut bien en prendre son parti nous ne pouvons retrouver des François et Pauline, et une Cécile est chose bien rare.- Comme toi j'ai mes ennuis avec mes cuisinières, je suis décidée à ne pas conserver celles que nous avons en ce moment. Et si je te racontais que Nanette avait été dire à la cuisinière qui entrait du mal des 2 bonnes et de Madame ? Mais que veux-tu, celle-là c'était dans l'espérance de rester ici, car c'eût été d'une épouvantable ingratitude après l'avoir soignée pendant 2 mois ! Et Marie qui se met en tête de se marier ! Enfin tu vois que je te comprends, mais il ne faut pas exagérer les choses, quand on a, comme nous, tant de causes de bonheur réel, il faut tâcher de se cuirasser contre ces sortes d'ennuis qui vous absorbent cependant malgré soi. Je n'ose te donner un conseil quant à Louise- d'abord la crois-tu assez forte pr entrer comme cuisinière ? Et puis Mr Edwards ne serait-il pas [ennuié] de rencontrer Charles dans la maison ?- Je comprends ta perplexité. Steph et

M. s'entendent donc contre la maison ?- Tu me parles de la venue à Paris de Cécile Ernest. Pour quand ? Ils vont bien. Et un voyage pr toi il n'en est donc plus question ?-

Ne t'agite pas, je t'en prie outre mesure, ta santé est plus précieuse à tous que tout le reste.-

Nous avons été bien contents d'avoir Alfred et les mioches parlent toujours de l'oncle Alfred, Mimi voulait lui écrire mais le temps nous manque- C'est demain la fête patronnale à l'Eglise.- Mme Zaepfell est partie hier.- Dis à Alfred que j'ai reçu 3 gigantesques melons que j'ai ainsi distribué : un à Colmar, un à Morswiller- 1 au Vx Thann. Il peut faire compliment à son jardinier. la qualité était jointe à la beauté.-

Dis encore à ce cher Directeur que Charles accepte la mairie ! (il n'en reviendra pas) -Qu'on a tant fait que j'en suis venue à le lui conseiller.- Je reçois la lettre de maman, merci à elle aussi pr ses bonnes amitiés et il me la faut avec Julien avant le 15.- Nous comptons régaler pompiers etc, et j'ai besoin des 2 pr m'aider, Adieu ma Gla chérie, je t'embrasse de la part de tous ceux d'ici et pr tous ceux de là bas ta sœur amie

Eug. Mertzdorff

Tiens moi au courant de ce que tu décideras pour ta maison [illisible]

n° 49
Eugénie Mertzdorff (Vieux-Thann)
à Aglaé Milne-Edwards (Paris)
lundi 11 septembre 1865

Vieux Thann
11 7bre 65

Ma chère petite Gla,

Un petit bout de causerie que je te crois réellement là près de nous ;- Maman travaille, nous sommes toutes les 2 seules dans le petit salon, les enfants dorment et Ch. est chez sa mère, tu vois comme tu serais bien là entre nous deux. Mais je ne veux pas être le mauvais génie car vous êtes si extraordinairement raisonnable qu'on ne peut que vous admirer et s'incliner- Alphonse est un travailleur esclave de ses devoirs et toi une femme modèle ! Une fois cela bien établi je puis te dire que papa et Julien sont en Suisse depuis Samedi matin et que les nouvelles que nous avons reçues de nos chers voyageurs étaient de Zurich écrites avec un entrain et un enthousiasme qui font plaisir ; l'itinéraire était les lacs aux habitations lacustres, puis la chute du Rhin Constance &- Ces Messieurs peuvent nous revenir ou Jeudi ou Samedi selon que l'appétit leur viendra en voyant.

Bonsoir, ma Gla, nous allons faire dodo.

11h 3/4

La distribution des prix de la salle d'Asile, les arrangements de ménage & et voilà midi sans que je sois venue causer avec toi. C'est que j'ai mes ennuis aussi ; j'ai donné hier congé à ma cuisinière une paresseuse, une gâcheuse & et j'ai arrêté Dimanche une perle, une rangeuse && à ce qu'on les dit toujours, nous verrons- le meilleur renseignement c'est qu'elle est restée 19 ans dans la même maison et sa maîtresse est morte au printemps ;- faut espérer qu'elle pourra convenir chez nous. Mais toi ma Chérie, je te plains, et je vois que tu n'es pas encore au bout de tes ennuis ; tu dois pourtant être contente d'avoir Louise c'est une si brave femme dis lui bien des choses de ma part. Tâche de lui faire donner qq. leçons, elle est intelligente et apprendras vite.-

Je suis très contente des chemises de Charles et te prie d'en recommander encore une douzaine exactement semblables aux premières- sont-elles à 14 ou à 16 frs- je voudrais donner à maman le prix des deux douzaines-

Le voile que tu m'as envoyé m'a été très commode-

Aujourd'hui nous allons tous dans la vigne cueillir du raisin- Il fait une chaleur extraordinaire.-

Samedi nous sommes allés à Mulhouse pr acheter à la foire des petits objets que nous avons donnés aujourd'hui à la gde satisfaction des enfants.-

Nous ferons aussi notre distribution de prix à la maison quand l'oncle Julien sera revenu.

Je ne sais ce que ce cher garçon a décidé pr l'école. il parait ne pas vouloir l'école centrale et préférer la polytechnique. Il faut qu'il décide lui-même, on ne peut que donner un avis.

Lettre de Suisse ce matin, encore de Zurich, toujours très content des lacs et des habitations lacustres- aujourd'hui ils sont à Constance.

Jeudi nous aurons les Duméril et iront faire une promenade en voiture dans la vallée.-

Maman a bonne mine mais le temps passe trop vite.

Les fillettes voudraient manger tante Aglaé tant elles l'aiment.

Papa Charles entre il charge ton mari de t'embrasser de sa part et te charge toi de lui dire qu'il est vilain de ne pas t'avoir amené au Vx Thann avec une caisse d'or pr l'installation de Mr le Maire et de Mme Maire, car tu sauras que nous sommes dans les honneurs jusqu'au coup. Dimanche à 5h du matin nous étions réveillés à coup de canon, à 7 nous passions sous un magnifique arc de triomphe pr sortir de chez nous : *en bleu sur blanc- le soir illumination et vin chaud au billard pr le conseil municipal.

Adieu ma Chérie [illisible]

Dessin raturé de deux étendards avec l'inscription : « à Mr le maire de Vx Thann » et « hommage de ses ouvriers ».

1866

n° 50
Eugénie Mertzdorff (Vieux-Thann)
à Félicité Duméril (Morschwiller)
Vendredi 26 janvier 1866

Chère Madame,

Deux mots seulement puisque nous aurons le plaisir de vous voir Dimanche. Mais je sais que la chère bonne Maman sera heureuse d'avoir des nouvelles de ses petites filles. Et comme, en somme, je n'ai que du bon à dire je ne vois pas pourquoi je me tairais.- Vous savez que la petite Founi a eu un peu de trouble du côté de l'estomac, mais ça n'augmente pas, sans pr cela disparaître complètement, ça doit tenir à la croissance : elle dort bien et est toujours bien gaie.- Mimi travaille avec plaisir et nos matinées sont toujours prises par nos petites leçons ; ensuite on saute au jardin tant qu'on peut ;- je tâche de les sortir car, comme bon papa, je suis convaincue que nos petits choux ont besoin d'être un peu moins douillettées.

Vous trouverez, chère bonne Maman, dans la caisse les objets dont nous nous sommes entretenues l'autre jour. Nous sommes heureux que ce soit vous qui portiez ces objets qui ont appartenu à votre bien aimée Caroline ; il y a encore là bien des souvenirs doux et tristes pr vous, mais ces souvenirs vous accompagneront sans cesse ; c'est pourquoi nous avons pensé agir dans l'esprit de Caroline en vous remettant une partie des objets qu'elle portait.

J'ai de bonnes nouvelles de Paris ; Léon vous aura dit [illisible] lettre de Mme Auguste.

Adieu, chère bonne Maman, Mère et filles vous embrassent de tout cœur et envoient leurs sincères amitiés à bon papa et à oncle Léon

Votre affectionnée et respectueuse
Eug. Mertzdorff

Pardon pr mon griffonnage mais il est presque midi et j'ai fait travaillé les enfants et ne suis pas habillée.

Vx Thann
Vendredi midi
26 Janvier 66

1868

n° 51
Félicité Duméril (Morschwiller)
à Marie Mertzdorff (Vieux-Thann)
lundi 8 juin 1868

Morschwiller 8 Juin 1868

Ma bien chère petite Mimi,

Hier nous étions tous bien contents d'entendre la lecture qu'oncle Léon nous a faite de ton journal et nous avons regretté de n'avoir pas pu t'en exprimer notre satisfaction, mais tes petites amies étant arrivées, cela ne nous a pas été possible, je viens donc te dire, ce matin, que nous aimons à penser à ton journal et te répéter ce que tu comprends bien, au reste, c'est que tout travail porte en lui sa récompense. Ton père, ta mère et nous tous sommes si heureux quand toi et Emilie remplissez bien vos petits devoirs, mais sais-tu ce qu'il faut faire pour y arriver complètement, c'est de ne jamais flaner, de te dépêcher dès le matin à faire le plus que tu peux de ta toilette ; puis de te mettre ensuite avec énergie à ton travail si bien proportionné à ton âge par les soins de ta douce et tendre mère, et le soir, quand, avec elle, tu fais l'examen de ce qui s'est passé dans la journée, combien ton cœur sera heureux de pouvoir lui dire que tu as fait courageusement ce que tu devais faire. La récréation d'ailleurs ne devient-elle pas bien meilleure lorsqu'on l'a méritée, puis une petite fille qui cherche à devenir laborieuse apprend facilement bien des choses qui causent une agréable surprise aux chers parents. Notre petite Emilie si gentille fera comme son aînée et alors vous serez toutes deux comme ces bons enfants dont il est question dans le livre de Buquin, au chapître intitulé : Amour de Dieu et de ses parents.

Adieu bonne petite Marie je t'embrasse bien fort ainsi que toute la famille

Ta grand'mère
Félicité Duméril

Nous sommes bien contents de penser que nous vous verrons cette semaine à Morschwiller.

n° 52
Eugénie Mertzdorff (Villers-sur-mer)
à Charles Mertzdorff (Vieux-Thann)
samedi 1er août 1868

Villers sur Mer
1r Août 68
Samedi soir

Mon cher Charles,

Tes lettres me font toujours de plus en plus de plaisir ; et je voudrais pouvoir te montrer combien je suis heureuse en recevant ces bonnes preuves de ton affection. C'est que pour l'un comme pour l'autre, ni les affaires, ni la vie du bord de la mer, ne peuvent faire oublier le vrai bonheur celui d'être ensemble et de pourvoir se communiquer ses pensées et ses impressions. Aussi je ne saurais te dire comme la fin de la semaine prochaine me paraît loin ; et puis faisant un tel voyage je voudrais que tu puisses en profiter pour te faire encore un peu de bien ; ne prenant pas tes douches il me semble que quelques bains de mer te feraient du bien ; le temps est si beau, la mer est délicieuse ; j'ai repris un second bain aujourd'hui, il m'a paru plus agréable, et je compte recommencer demain, il fait si chaud. Notre location est pour jusqu'au 15 au matin, mais avec la fête et les trains de plaisir nous nous demandons s'il ne faudrait pas partir le 13 ou le 14, quoique ce soit dommage de ne pas profiter des jours de fête au bord de la mer. Tu vois que la fin de la semaine prochaine nous approcherons de la fin de notre séjour ; c'est pour cela que si j'osais je t'engagerais à venir nous retrouver, mais je n'ose pas, tu feras ce que tu pourras. Je vois si bien d'ici les mille et une choses qui te retiennent, t'attachent, te tiraillent à la maison que je ne veux pas être le démon tentateur.

Tu seras content de la mine de nos chéries, elles sont brûlées et colorées ; les yeux animés et une bonne paresse d'esprit complètent les soins qu'on donne à la machine. Avec cela elles dévorent. Ca doit leur faire du bien.

Je t'écris à côté de Mr Edwards qui rédige un rapport, d'Agla qui travaille pour son Jean et d'Alphonse qui lit. Ces 2 Messieurs vont aller à Trouville au devant de Mme Dumas qui arrive avec Noël à minuit et ils craignent qu'elle ne puisse pas se tirer d'affaires tant il y avait de monde hier ; et ce soir ce sera bien autre choses, il y a dès demain des courses à Deauville.

Journal : 9h à 11h sur la plage ; 11h 1/4 bain en famille ; midi déjeuner en ogre ; 2h 1/2 à 4h pataugeade à marée basse ; 4h petit vin sucré ; 5 à 6h courses, visite du pavillon qui est charmant et contient 5 chambres de maître et 4 de domestique ; j'ai un lit pliant pour ma Mie, elle peut s'étaller ... 6h 1/2 dîner ; 7h 1/2 arrivée de ta bonne lettre, c'est le meilleur moment de ma journée. Je suis restée seule à lire pour bien en jouir puis j'ai été retrouver notre monde sur la plage où l'oncle et les nièces construisaient une tour moyen âge. Voilà ; mon cher ami, le récit exacte de nos faits et gestes. Comme nouvelle, Cécile a pris un bain qu'elle a trouvé excellent, elle va continuer. Dis à Thérèse que je suis contente qu'elle soigne bien Monsieur.

Pour l'école il est ennuyeux que tu rencontres des difficultés. Comme tout a besoin d'être étudié.

D'après ce que tu me dis, l'oncle Mertzdorff est à Bad. Je ferai peut-être bien d'écrire à Elise du bord de la mer ? Qu'en penses-tu ?

Pour le chalet, c'est presque soirée : 3 bougies ! et du thé qu'on apporte (Mr Edwards est là).

Bonsoir, mon chéri, il ne me reste qu'à te souhaiter une bonne nuit et à t'envoyer toutes les tendresses de tes petites filles et celles de ta griffonnante de petite femme qui ne craint pas de dire qu'elle t'aime beaucoup

Eug.M.

Je n'ai pas de nouvelles de Paris. Je ne sais rien à te dire. On parle d'un bon article dans le Temps sur la candidature de Mr Ern. Dumas à Nîmes. « la candidature pour faire plaisir à papa ». Le bruit de la mer vient de me faire penser au canal. Je me suis crue à la maison. La mer paraît d'argent.

<u>Dimanche</u> 9h Nous rentrons de l'Eglise. Tout le monde va bien, les enfants ont bien dormi. Mme Dumas est arrivée à 2h avec Noël, les enfants sont sur la plage avec l'oncle Alphonse. A 11h on prendra le bain. Adieu mon Charles chéri, que n'es-tu avec nous !

Je t'embrasse bien fort comme je voudrais le faire [illisible] Demande à Thérèse si elle a quelque chose à me faire dire.

n° 53
Charles Mertzdorff (Vieux-Thann)
à Eugénie Mertzdorff (Villers-sur-mer)
août 1868

Je viens de faire partir ma lettre et me voilà encore t'écrivant, ma chère Nie. Avoue que d'un mari c'est très beau, lorsque ce n'est pas écœurant, ou ne donne quelque inquiétude d'un ramolissement quelconque. Je ne me demande même plus si, le cas présent, je me trouve dans l'un ou l'autre cas. J'écris ! Je le sais bien, je ferais infiniment mieux de faire autre chose, ne serait-ce qu'une petite visite à ma tante Georges que je n'ai pas encore vue ; mais il est trop tard et j'aime l'air de la mer.

Je ne vois pas, en t'énumérant exactement tous les événements de la journée ici que mon papier puisse te porter des nouvelles bien intéressantes et bien nouvelles. Pour cela je compte beaucoup sur ton petit Industriel Alsacien que je t'adresserai à l'occasion.

A Morschwiller je n'ai rien trouvé autre que ce que je vous ai marqué déjà dans mes deux lettres. [illisible] et eau. Tandis que nous ralentissons et ne faisons pas très bien, eux ne vont pas mal, leurs chiffons sont réellement mieux que les nôtres. Par contre en Percales, nous sommes toujours encombrés. A Morschw., l'on ne fait pas assez pour les ordinaires, nous manquons de machines pour les Percales. C'est comme tu vois un équilibre à rétablir et surtout à étudier, à essayer, à combiner, à chercher pour mieux faire.

J'avoue ma faiblesse, cela ne m'amuse plus et depuis que j'ai si bien paressé avec vous tous, il me semble plus dur et moins facile de me remettre à la besogne qui ne me plaît plus. Mais ce qui pire est c'est qu'il me semble que je ne suis plus à la hauteur de ma tâche et que tout autre ferait plus facilement et infiniment mieux que moi. Si ma boutique était un panier de pommes tu la trouverais vendue au premier marché, mais cela n'est pas aussi facile que cela et je garderai bien malgré moi je te l'assure.

Léon a fait et soumis quelques nouveaux projets quoique bien modestes, ils sont cependant très importants pour le présent et difficile pour ménager l'avenir. Aussi n'en pouvais-je plus, j'ai dû discontinuer et remettre à Dimanche. Mais Dimanche j'ai Wattwiller auquel je ne pensais pas, je viens donc d'écrire à mes invités pour remettre la partie de plaisir à un jour de la semaine.

Nous avons passé une bonne soirée chez les Tachard. La mère s'est retiré de très bonne heure. Mme Tachard, qui est de belle taille, en attendant d'un jour à l'autre un petit 5ième s'est retiré aussi ; de sorte que les hommes se sont mis à régenter préfets, ministres et empereurs. Décidément l'on se prépare de part et d'autres d'aimables surprises pour les prochaines élections.

A Mulhouse, la chaleur du ciel fait fondre tout ce qui est coton. Aussi pas d'affaires et figures en conséquence. En rentrant, j'ai voyagé avec Mme. Galland qui rentrait de sa campagne d'Uffholtz qui est, dit-on, charmante. Le matin je comptais bien me lever de bien bonne heure mais j'ai réussi, comme certaine petite dame que tu connais bien. Il était 7h passé et bien 8 heures lorsque j'ai déjeuné. Ai-je bien employé ma journée, je n'en sais trop rien ; presque toute la matinée j'étais dans mon bureau, ou bien avec mon ingénieur distingué, mais sûr très paresseux. Après avoir fait étendage, machines divers, il m'a soumis un projet de glacière. Pour cette dernière, Tachard dit en avoir une excellente, ne se vidant jamais, couverte en chaume, ce qui ne serait pas très [élevé]. Je vais lui demander de la voir et en avoir le prix [je] n'ai pas confiance en ce que je vais faire.

L'après midi je me suis donné un cigare et fait une petite lecture de journal et d'histoire, ce qui m'a conduit à 2h. J'ai reçu dans la matinée et l'après midi quelques vendeurs de toutes sortes, après mon tour par toute la fabrique, j'étais chez Me Andrès où j'ai trouvé Mr Berger absent, il a accompagné sa femme et Melle Andrès à Dieppe. Ils ont fait un séjour de 2 à 3 jours à Paris, ils ont quitté il y a une 8aine de jours. J'ai eu la joie de voir toute la petite bande de petites amies qui rentraient dans un brack magnifique. C'est leur omnibus qui peut se découvrir à l'occasion. Dans la journée j'avais quelque velléité d'aller voir les Kestner mais le tems m'a manqué et c'est partie remise. Je ne sais donc rien des 2 orphelinats si ce n'est qu'ils continuent à se bouder et commencent leur œuvre de charité.

Thérèse est de bonne humeur, elle me dit avoir fait des confitures. Voyant devant la cuisine des haricots, je lui ai demandé si c'était pour en faire des conserves, elle m'a dit que oui et en avoir déjà un pot tout entier. Comme je suppose que ton département t'intéresse toujours, je te dirai qu'elle a déjà vendu pour la somme considérable de 40 frs avec petit Jean le jardinier et 10 centimes par jour. Compte. Il est vrai de dire que l'on n'a vendu que légumes et fruits de toutes espèces ; produits de 5 jardins et 60 fenêtres de couche. Chaque melon se vend selon Thérèse et suivant grandeur de 0.50 à 1.50 etc.etc.

Par contre ma ménagère a encore de l'argent et ne m'en demande pas. Quoique cela soit contraire à tous les principes les plus élémentaires des économistes du jour, je dis qu'avec une quantité aussi prodigieuse d'exportation nous ne saurions que prospérer et nous enrichir.

Je ne me suis pas encore fait la question si je retournerai à la mer ; elle m'a déjà été faite souvent mais je suis resté Normand et ai répondu en conséquence. Il est vrai que rien ne va bien mal ; mais rien ne va bien ; n'en était-il pas ainsi avant de quitter ?

Cette lettre me fait souvenir des 12 pages de Mme de Torcy. Qu'en penses-tu ?

J'ai passé une bonne 1/2h dans la maison de ma mère *, il y a là tant de souvenirs ! J'aurais déjà donné l'ordre de faire des changements dans sa chambre ; mais je l'aime cette chambre où je l'ai vue tant souffrir pour la dernière fois. J'attendrai encore quelques jours et compte bien y faire encore doux pélerinage.

Mais voilà l'heure d'aller se coucher, il est 10 1/2h et je suis tout surpris de ce que la pendule me dit car il était à peine 9 1/2h lorsque je [illisible]. Embrasse bien fort nos petites chéries, veille bien sur elles, toutes mes affections aux Alphonse. Tu sauras que je suis content de toi jusqu'à ce jour. Continue à m'écrire ou fais écrire.

**La mère de Charles vient de mourir.*

n° 54
Charles Mertzdorff (Vieux-Thann)
à Eugénie Mertzdorff (Paris)
août 1868
Trois petits croquis sont insérés dans le texte.

Jeudi midi

Ma chère Amie

J'ai bien reçu tes 2 lettres et je puis t'assurer que je les ai lues et même relues comme leurs sœurs. Si je ne t'ai parlé école c'est que je comptais le faire lorsque tu seras à Paris et comme te voilà en route pour la capitale, il n'y a pas de tems à perdre.

Ci-joint le plan que tu connais et comprends, tu n'as donc pas besoin d'explications. Ce qui m'embarrasse c'est de meubler mes salles : salle d'asile : je compte y mettre assez de gradins pour loger 120 enfants, au moins. D'après la sœur les gradins à Vx-Thann qui ont 45 centimètres de large, ne sont pas assez larges ; ainsi l'enfant du bas est assis sur les pieds de celui qui est au-dessus de lui. Je compte donner une largeur de 0,55 m, soit 10 centimètres de plus. Est-ce bien ?

Maintenant tu sais que pour monter et descendre ces gradins, l'on laisse au milieu un couloir de 1 m de large, et des 2 côtés vers les murs, 0,50 m. Ces couloirs sont simplement les mêmes gradins qui vont d'une pièce d'un mur à l'autre. Ce qui fait couloir ce sont les enfants qui assis laissent ces places libres. C'est par là que les enfants circulent. Le recteur me fait observer que cette circulation sur des marches occasionne souvent des accidents. La sœur n'en connaît pas. Je me demande comment remplacer ces marches. Est-ce un plan incliné ? Restons au rez de chaussée. Comment meubler et arranger la classe des petits enfants de 6 à 7 ans qui ne font qu'apprendre à lire et auquels je voudrais encore faire faire de petites promenades dans le préau. C'est pour cela que ce dernier se trouve entre la salle d'asile où l'on ne fait qu'occuper les enfants et cette petite école (garçons et filles) que l'on prépare à entrer dans les écoles. Ce serait une 2de salle d'asile. A-t-on de ces écoles ? Comment asseoir les enfants, faut-il des bancs et pupitres devant pour écrire comme dans les écoles ordinaires ? ou des gradins ? Des plans vide pour former aux enfants des cercles avec moniteur ? Enfin quel est la meilleure méthode d'apprendre à lire aux enfants ? Comment disposer la salle pour cela ?...

Depuis mon dîner voilà 3 fois que je me dispose de continuer ma lettre, sans succès ; aussi un peu libre, je vais me hâter de finir.

Pour les salles du haut, avoir le dessin des bancs les hauteurs, largeurs etc. Savoir quelle disposition leur donner, quelle largeur compte-t-on pour 1, 2, 3 élèves ? Ici ils sont très à l'étroit : sur une longueur de bancs de 2,40 il y a 6 élèves.

Voilà ce que je me propose de faire faire sauf avis contraire :
passage de 50 cm le long des murs au milieu 80 cm et chaque banc aurait 1,70 de long et serait disposé pour 3 élèves. Je n'aime pas les bancs longs contenant 5 et 7 élèves, il doit y avoir un peu de désordre et surtout du dérangement lorsque l'un ou l'autre doit sortir.

Une des questions embarrassante est le chauffage : où placer les fourneaux ? Quels espèces de fourneaux ? au bois ou à la houille ? Cette dernière est plus économique.

Peut-on mettre une grand fourneau entre 2 salles d'écoles chauffant les 2 ensemble.

Pour les lieux, il y a séparation de garçons et filles au rez de chaussée, au premier, il n'y aura qu'un sexe. Sa disposition est marquée, mais non les détails.

Par qui fait-on faire le nettoyage de cet endroit ?

Mais en voilà parfaitement assez ; si tu as le bonheur de rencontrer la dame, dans la conversation tu trouveras plus que je ne puis te tracer. Je tiens au départ de ma lettre et il est déjà tard.

Je voulais t'envoyer un billet de 1 000 mais réflexion faite, tu trouveras à Paris si tu n'as pas.

Mon oncle n'est pas encore ici ce matin, je l'ai vu hier en rentrant de Mulhouse, il était levé n'allant pas trop mal. Je l'ai engagé de demander Conraux pour savoir à quel bain il l'engageait d'aller, avant de se décider pour Wattwiller. Je n'ai pas une minute pour lui faire visite aujourd'hui. Lui absent, je n'ai pas pu aller à Morschwiller comme il était convenu.

Hier en rentrant, j'avais mon mal de tête habituel de Mulhouse, aussi me suis couché de bonne heure.

Ta femme de chambre est ici. L'on continue à 4 personnes à faire le nettoyage ordonné. Nous devrions être propres.

Mais le tems passe. Embrasse tous. Tout à toi

CHM.

Jeudi 4h soir.

1869

n° 55

Eugénie Mertzdorff (Launay, près de Nogent-le-Rotrou)
à Charles Mertzdorff (Vieux-Thann)
mercredi 19 mai 1869

Launay 19 Mai
5h

Mon cher Charles,

A peine nous as-tu quittés que déjà me voici prenant la plume pour causer avec toi. Je ne commencerai pas par te dire que nous avons déjà (nous trois) le temps long après toi, il faut garder cela pr une autre lettre, mais je te dirai que nous avions le cœur un peu gros en recevant ton dernier petit adieu lorsque le chemin de fer est parti entrainant notre plus cher ami à toutes trois. Nous sommes remontées fort sagement en nous donnant le bras, et causant de tout ce que nous pourrions bien faire jusqu'au retour du bon père. Le ciel a attendu que nous fussions à Launay pr laisser tomber une nouvelle averse et maintenant, on lit, travaille, copie au billard.- Mais je viens de faire avec papa et maman une petite séance avec des fermiers aspirans et c'est ce qui me permet de venir déjà te griffonner.

Il s'agit de Victor Ménager qui est venu avec sa femme, sa mère et son beau-père. Ils ont grand désir d'avoir la ferme de Launay. La femme est très bien, une vraie fermière, elle nous a beaucoup plu, l'air ouvert et bonne santé.- La mère de Ménager est une bonne vieille femme à l'air honnête qui offre son bien (40 arpens) pr garanti de son fils. Le père de la femme, l'ancien meunier, qui a perdu son bien, est encore maire de [illisible], il était là aussi et paraît s'entendre en culture. Ils ont discuté leurs intérèts, mais sans chercher chicane et ont dit qu'ils consentaient à louer au conditions que tu leur avais faites et que nous leur avons répétées d'après le petit papier que nous avons écrit ensemble. Papa leur a lu en entier l'ancien bail, puis le sous-sin préparé pr les autres (avec l'augmentation 3.100frs et dans 4 ans 3.200frs. Et la moitié du fumier pendant 4 ans.) puis on a regardé l'état des lieux de la terre, et ils étaient prèts à signer, mais nous leur avons dit que nous voulions t'écrire avant de terminer et ils reviendront Lundi pr savoir ta réponse et jusque là nous ne ferons affaire avec aucun autre. Papa va tâcher de rencontrer le notaire demain pr savoir encore q.q. chose sur eux comme position pécuniaire. Les gens nous paraissent bien.- Ils entreraient avec 4 juments, 5 vaches, 25 moutons et les ustensiles voitures && voilà ce qu'il a à son autre ferme ; on pense qu'il aurait à augmenter le nombre des bêtes à Launay par la suite.

Tu me feras plaisir de me répondre si tu crois qu'on peut faire affaire avec ces gens là, et puis ce serait une affaire terminée-

Tu dois être déjà fatigué, et tu n'es qu'au petit commencement de ta périgrination, te voilà avec Mr Buhot autre cause de mal de tête.

J'attends avec impatience de tes nouvelles et mes petites filles se réunissent à moi pr t'embrasser comme nous aimons à le faire.

toute à toi
EugM.

Mille amitiés à oncle tante Georges et les gds parents Duméril

J'attends avec impatience une chère lettre de toi. Que de besogne tu vas trouver en arrivant.

n° 56
Eugénie Mertzdorff (Launay)
à Charles Mertzdorff (Vieux-Thann)
dimanche 23 mai 1869

Launay 23 Mai 1869
5h

Je t'ai écrit si vite ce matin, mon cher Charles, que je veux me donner encore le plaisir d'une petite causerie avec toi, et te remercier pour les bonnes et longues lettres que tu m'as déjà adressées et qui renferment tant de détails sur toute choses qui m'intéressent. Je vois que tu as commencé par t'occuper de la maison, c'est preuve que tu penses à celles qui doivent l'habiter et que tu veux la leur rendre le plus agréable possible. Aussi quoique tu devines bien que je sois un peu préoccupée de savoir mon home ainsi livré à tous, je ne t'en remercie pas moins pour ton desir de me faire plaisir et que je trouve tout beau à mon retour. Je ne vois pas de recommandation à faire pr l'ordre, pr les armoires, pr la bonne tenue des chambres & et salons && le sort en est jeté, au petit bonheur ! que chacun fasse de son mieux ! advienne que pourra.-

Il n'y a aucune couche de peinture à redonner à la cuisine, c'est simplement la croisée bouchée à badigeonner et peut-être le dessus du fourneau à badigeonner pendant qu'on aura le badigeon jaunâtre ?

Les journaux du pays m'ont bien intéressée et je te remercie d'avoir songé à me mettre de côté ces différents articles qui, pour nous, avaient double piquant.- Tu dois finir ton dépouillement*, je suis curieuse de savoir le résultat.

Je suis honteuse de mener une vie si paresseuse pendant que tu es si occupé. Nos petites filles ont toujours des mines qui réjouissent, une sagesse qui fait l'admiration de tous ; petit Jean va très bien aussi, et ne pleure plus, il joue avec son Emilie chérie, ils viennent de construire une pièce d'eau, pont & dans le sable, et Marie est enchantée tante Aglaé l'a aidée à construire une petite chapelle en mousse ?

Papa a fait très bonne course à Nogent, ce bon père n'est remonté qu'à 3h sans avoir déjeuné, mais sans fatigue après avoir parcouru la ville du château chez le notaire, Mr Dugué & même voir les vieilles maisons et cloîtres et au retour ramassé q.q. ammonithes à notre intention. Mais pr la partie affaire voici : Le notaire a remis une petite note sur les Ménager qui est tout à fait satisfaisante : - Il n'y a aucune hypothèque sur le bien de la mère environ 40 000 frs dont le 7e reviendra à celui à qui nous louerions en terre.- La famille bonne réputation.- La femme intelligente et bonne ménagère ... enfin si tout cela est vrai ce serait très bien, on dit ce Ménager bon travailleur et honnête...

Demain on enverra encore à papa q.q. renseignements sur ses rapports avec son propriétaire actuelle et s'ils sont favorables papa leur écrira de venir Dimanche pr terminer, car papa retourne à Paris demain soir et ne doit revenir que Samedi avec Alphonse.- J'espère que mon mari me reviendra aussi... en attendant je lui envoie toutes nos tendresses.

Nous voici avec le beau temps, Launay est de plus en plus joli, les rododindrons ne sont que fleurs, la vue charmante, et les enfants s'amusent si bien que ça doit leur faire du bien, aussi je veux chasser les idées qui me font voir tout à coup dans un sapin un peintre furtant dans mes armoires, ou bien dans le chant du rossignol, le chant de Victoire à la cuisine, oubliant d'éteindre le gaz, ou de veiller à autre chose, enfin je ne veux penser qu'au plaisir d'être ici en famille et de te revoir bientôt. Tes petites filles t'embrassent bien fort

ta Nie

Mille amitiés à tante Georges
Un petit bonjour à Victoire.

* *Elections législatives du 23 mai.*

n° 57
Charles Mertzdorff (Vieux-Thann)
à Eugénie Mertzdorff (Launay)
dimanche 23 mai 1869

Dimanche soir

Ma chère Amie.-

Je te remercie de tes bonnes lettres & je te prie d'embrasser bien fort ma chère grosse Mimi pour sa bonne lettre qui m'a fait le plus grand plaisir ainsi que le petit mot d'amitié et d'affection de notre chère petite Emilie.

J'appréhendais cette journée, plus que nécessaire, sauf l'ennui d'être assis là a entretenir une conversation qui n'est pas toujours de mon gout; je n'ai pas eu d'autres ennuis.- Ces élections malgré la passion que l'on y retrouve dans toutes les localités & en particulier ici, ce Dimanche s'est passé très tranquillement plus des 3/4 des électeurs ont déjà passé devt l'urne. La grande majorité, je crois pr Keller. Il est plus que probable que nous n'aurons pas a passer par un second Scrutin.

Victoire sur mon invitation a écrit a Thérèse aujourd'hui, lui demandant comment elle va & pour quelle époque elle espère rentrer.- J'espère que nous aurons réponse.

Il me semble qu'il y a déjà bien longtems que je vous ai quitté & ne puis me mettre dans la tête que ce ne sont que 4 1/2 journées sans vous.

Les journées se passent vite, au diner & soirées cela ne passe pas aussi bien.- Je n'ai pas a me plaindre de ma santé qui est bonne, très bonne. Ne me sentant pas la moindre fatigue l'on dirait que ces 15 jours de vacances m'ont fait gaillard.

Je suppose que l'Oncle est allé au Casino & me videra demain son sac de nouvelles; car a ma mairie je n'ai absolument rien appris, que les recoltes se présentent bien, surtout prés & vignes; que le baromêtre monte, le beau tems est revenu, mais il fait froid l'on n'a rien de trop avec ses habits d'hivers.-

J'ai vu l'électeur Mr Berger qui me dit que ses petites filles vont très bien ce qui peut bien interesser leurs petites amies de Launay.

Comme mes diners ne sont pas longs j'étais au jardin brûler mon cigare, mais j'y étais seul ce qui perd beaucoup du charme d'admirer. Il me semble que jamais notre jardin n'a eu autant d'ombre & aussi vert & touffu que cette année. Trop peut être.

Je dirai a Mimi & Emilie que la couveuse cigogne est toujours très sage & ne quitte pas son nid. Mais elle ne nous dit pas si elle a réussi attendant pour cela, votre retour sans doute.

Pas mal d'oiseaux je ne sais lesquels mais peu de nids me dit Gustave.

Je n'ai pas encore visité le jardin qui me donne cependt des fraises & des haricots verts.- Je ne parle pas des vulgaires asperges, salades etc que tout le monde sait trouver.-

Le maçon a travaillé hier au soir jusqu'a 10h. pour réparer le corridor. Mais le tems n'est pas favorable au prompt sèchage- Il y aura encore là bien des journées de peintres & je ne sais reellement pas comment faire, je ne puis pas laisser la maison abandonnée a Victoire seule & impossible de retirer les artistes car Dieu sait si nous pourrions encore les avoir cette année. Il est donc probable que je passerai encore toute cette semaine ici. & que je ne vous retrouverai qu'a Paris a moins que Thérèse ne vienne assez valide pour être le majordome de la place.- Pour le moment Messieurs les peintres ne se pressent pas.-

[Weinbrunner] Menuisier me promet ses armoires pour la semaine.- Je n'ai pas vu le second encore.

Voilà ma chère amie le journal de ma journée bien vide il ne me reste que te prier d'embrasser tout ton entourage pr moi & toi même sur tes deux bonnes grosses joues ton ami Chs.

Je n'ai rien ententu ni des Zaepffel ni des Henriet. Léon a passé 2 journées au bord du Rhin Dimanche & Lundi [illisible] avec Gges & sa femme.-

n° 58
Eugénie Mertzdorff (Launay)
à Charles Mertzdorff (Vieux-Thann)
mardi 1er et mercredi 2 juin 1869

Launay
Mardi soir

Mon cher Charles,

Dans ta lettre datée de Dimanche soir tu ne me parles pas de venir, et moi je t'attends toujours.- Aglaé dit qu'il en était déjà ainsi l'année dernière au bord de la mer; il faut que ce soit un instinct car mes petites filles et moi partageons cette même pensée. C'est le désir que nous avons de te revoir qui nous fait toujours croire à la possibilité de ton retour; on aime à croire à ce que l'on aime.

Ce pauvre oncle Georges parait bien pris, il va en avoir pr q.q. temps; c'est triste que cela lui revienne si souvent.

Aujourd'hui je suis descendue avec mes fillettes et Cécile à Nogent pr faire visite à Mme de Torsay, son beau père m'avait dit qu'elle devait passer la journée à Nogent, mais pendant que nous étions en ville, elle est montée à Launay sans que nous nous rencontrions sur la route. Il faisait très beau, et j'ai fait q.q. commissions et fait voir aux enfants le cloître dont bon papa avait parlé, ainsi que St Laurent et ND. Elles étaient enchantées et la maman aussi, on ne peut pas s'empêcher d'être satisfait en les regardant. Marie est très brunie, et Emilie aussi, c'est bon.

Petit Jean va bien aujourd'hui. Cette pauvre tante Aglaé n'est plus inquiète. Ce petit garçon est vraiment bien gentil par son intelligence et ses réflexions. Il continue à avoir une profonde tendresse pr Emilie.

Toutes les réflexions que tu me fais à propos des élections sont juste celles qui se font ici; ce n'est pas à l'éloge du suffrage universel. C'est honteux pr les électeurs. car les nomminations des candidats libéraux dans certaines circonscriptions sont au contraire la preuve du manque de jugement personnel et pr éviter l'ombre d'une influence administrative on subit tout le joug d'un enrôllage quelconque et on vote d'ensemble pr le candidat qu'on vous dit libéral. Le mot y est; c'est tout!-

Je suis contente pr les écoles, tu as bien fait de demander pr les enfants un arrangement convenable, pour qu'on ne prenne pas sur leurs heures de classe pr courir la mousse &.

J'aurai plaisir à revoir les nouveaux bâtiments de notre Ecole. Vois-tu q.q. chose dont nous aurions besoin ? Il me semble que nous avions marqué l'année dernière différentes choses à acheter chez Hachette pr les salles d'asile ?-

Je ne te répète plus notre programme ; tu le connais : Vendredi nous quittons Launay à moins que tu ne veuilles y venir ?- Tout continue à être superbe. Il fait très beau mais froid nous avons un peu de feu dans la bibliothèque

Bonsoir, mon chéri, je t'embrasse comme je t'aime et mes petites filles en font autant

toute à toi
EugM

Mercredi matin 8h1/2

Bonjour, mon cher Ami, Tu vois que nous avons fait grasse matinée. Et toi comment vas-tu ? Décidément tu ne viendras plus ;- il fait si beau. Aussi nous allons voir aujourd'hui à parler pr la besogne à laisser, puis demain les paquets.- Maman ce matin n'a plus sa bonne mine des jours passés. Adieu Ami chéri, à bientôt, j'espère, on ne jouit de rien quand on est ainsi séparés.-

EugM.

n° 59
Charles Mertzdorff (Vieux-Thann)
à Eugénie Mertzdorff (Paris)
jeudi 3 juin 1869

Ma chère Nie

En rentrant hier au soir j'ai fait une visite a notre malade qui s'est enfin décidé a demander l'avis de Conraux.- C'est la goute & rien que cela, mais cela le retient toujours au lit, impossible de se mettre sur ses pieds. Je prévois qu'il en a encore pour un bout de tems, que personne ne peut apprécier.- L'on dépend les uns des autres. Notre départ s'est déjà fait dans des conditions peu favorables & voici encore pour la rentrée une autre annicroche.- Rien ne souffre par l'absence de Gges grace a Mr Jaeglé qui fait la besogne en gde partie.-

Fatigué hier au soir, je n'ai pas eu le courage de t'écrire & me suis couché de bonne heure.- Du reste les soirées, nuits & matinées sont si fraiches que l'on a froid. L'on prétend même qu'il s'en fallait de 1-2 degrés pour avoir de la gelée. Hier le tems était assez beau, beau aujourd'hui sans trop de chaleur. Il est tems que le soleil vienne un peu réparer les dégats des pluies continues, l'on commençait a être inquiet pour les récoltes se présentant si bien.

Dans la maison rien de nouveau, pas plus dans les usines le voisin de Wesserling m'assurait hier que le blanchiment ne travaille qu'au 1/4.- nous c'est 1/2.- Morschw. un peu plus. Voilà le bilan du blanc.-

Je reçois ta lettre de Mercredi matin.- Vous quittez demain Vendredi, c'est au mieux ; vous aurez ainsi quelques jours avant mon arrivée.- Je compte quitter Lundi soir pour vous arriver Mardi matin.- Si je suis sans l'oncle, je ne resterais que 8 jours au plus 10.- Ce qui vous fera en tout 15 jours je pense que pour ce que tu veus faire ce tems te sera suffisant. En voudrais tu d'avantage je retarderais de quelques jours moi même mon départ. Tu comprend que lorsque l'on travaille aussi mal que nous le faisons aujourd'hui, que tous les jours il faut créer de la besogne pour ceux qui n'en ont pas, l'on a plus besoin d'être là. Les vacances se donnent, a nous autres, lorsque tout va bien & c'est rare.-

Vous n'avez aucune nouvelle d'Alfred ? Le pauvre garçon est encore tenu plus que moi, qui suis mon chef.-

Si je vous manque a toutes trois, vous savez au moins que mon carême ici est plus rigoureux, il me tarde de vous revoir, mais surtout de vous ravoir ici.- Car loin d'ici j'aurai toujours ma boutique malade, qui me tracassera.-

Je ne fais mes fins de mois que le 15 mais je prévois que ce n'est pas gai.- Mon portefeuille a encore diminué de 50 mille francs.- C'est plus raide que je ne pouvais le supposer.- Il faudra probablemt renvoyer du monde, tu sais que pour moi c'est très très dur. De tout cela, la morale ? Qu'il vaut mieux être professeur que blanchisseur.-

Le décorateur de chêne va finir aujourd'hui, mais l'autre n'est pas encore venu, je vais me décider a réparer les accrocs replâtrés & laisser les peintures.-

L'on déménage partie de ma biblioth. pour faire place a l'armoire de joujous & faire netoyer ces 2 pièces.-

La présente te trouvera a Paris, tu voudras bien Embrasser tout ton entourage pour moi.

tout a toi Chs

1870

n° 60

Charles Mertzdorff (revenu en hâte à Vieux-Thann à cause des grèves en Alsace) à Eugénie Mertzdorff (restée en vacances à Paramé)
vendredi 15 juillet 1870
Télégramme.

pour St Malo de Thann
déposé le 15.7.70 à 11h. 30

Mr Mertzdorff à Paramé exprès St Malo

Bien arrivée trouve la fabrique fermée mais ce matin une partie des ouvriers travaillent pas de désordre soyez sans inquiétude la grève tire a sa fin

Mertzdorff

n° 61
Charles Mertzdorff (Vieux-Thann)
à Eugénie Mertzdorff (Paramé)
vendredi 15 juillet 1870

Vendredi 15 Juillet 70

Ma chère amie

Ma dépêche de tout a l'heure te dit que je suis bien arrivé un peu fatigué, mais cette nuit j'ai bien reposé & me sens bien.

A Mulhouse j'ai trouvé l'oncle & Leon qui m'attendaient nous avons soupé tous ensemble chez Mme Stœcklin qui a son mari au bains en Suisse. Mme Galland est un peu souffrante.

En arrivant Léon m'a fait part de la triste nouvelle que Mr Auguste va toujours moins bien. Il a consulté le docteur Baddenberger qui a constaté une hypertrophie du cœur très avancée.- C'est d'une gravité extrême Mme Auguste qui connait cet état est jour & nuit dans les anxiétés les plus cruelles. Il était même question de faire venir Adèle, c'est le medecin qui les y engage.- Tu vois qu'a Morschviller s'ils n'ont pas la grève, ils ont de bien autres soucis.-

A Mulh. quelques atteliers ont com̂encer a travailler au moins en partie. mais somme toute la position est toujours très grave. Les ouvriers ont formulé des demandes que les patrons ne peuvent accepter.- L'exitation est extrême & si nous n'avions pas de troupes ici, il y aurait déjà de grands crimes a constater sans nul doute.

Jusqu'aprésent les fabricants n'ont offert aucune résistance, l'on a forcé les portes des Kestner & Scheurer, le flot des grévistes est entré par milliers, ont arrêté tout travail même sans attendre qu'une opération soit achevée.-

Ainsi Haeffely l'on a laissé les pièces en travail dans les cuves etc- il a bien de l'argent de perdu.- Voilà un homme qui a donné 700.000 pour les ouvriers tant pour écoles hopital dot capital produisant 5 000frs de rente a distribuer aux plus anciens ouvriers de Mulh. etc etc... Quant a nos ouvriers, ils ont été un peu montés par ceux de Mme André qui quittant le Mercredi matin sont allé a Thann se réunir au grévistes & ce sont eux qui revenant ont forcé la porte & l'on a renvoyé toute la fabrique.- Hier personne ne travaillait ce matin l'on savait déjà dans le village que je devais venir. que si j'avais été ici, rien ne serait arrivé a Vxth etc.

Ce matin l'on a sonné, beaucoup de femmes & qqs hommes sont entré environ 100 a 150.- J'ai fait marcher la machine, l'on sort des cuves ce que l'on peut & sèche ce qui est en travail, il n'est pas question de finir. La marchandise sèche –

Je t'écrirai un peu, ma chère amie, a baton rompu.- Je suis a la mairie;- Je viens de recevoir 1° la députation des ouvriers hom̂es. 2° les femmes- filles par salle par poste par individu même.- Voilà 2 h. que je passe a écouter toutes les réclamations des uns & des autres.- Mais pas un mot désagréable, pas de menace, c'est en supliant que tout ce monde a passé devant moi.- J'ai promis aux uns, refusé aux autres. Mais la grande généralité je les ai remis après la reprise du travail. En somme j'ai demandé toute ma liberté, leur laissant la leur.- Mais je crois que demain nous aurons les 3/4 des ouvriers qui viendront travailler & pour nous je considère la grève comme terminée.- Je vois une fois de plus que l'on a confiance en moi & comptent sur moi.- Pour moi ce qui vient de se passer tout a l'heure m'a un peu remis cette [lassitude] car ils ont été très gentils.-

Attendons a demain, nous saurons s'ils mettent leur promesse de rentrer demain ou s'ils se laissent encore influencer par les mauvaises influences-

A chaque instant je suis interrompu étant toujours depuis 3 h. a mon poste.-

Chs Wallenburger vient de venir j'ai tellement confiance dans mes gens que je fais arrêter de sècher les pièces, comptant reprendre le travail demain.-

a voir suite

Suite. Je rentre de la mairie pour voir ce qui se passe ici-

Ce matin le com̂andt est venu se mettre a ma disposition avec ses soldats. Je n'étais pas encore habillé & l'ai reçu, com̂e je pouvais en manche de chemise. Je l'ai remercié voyant a 6h. les ouvriers rentrer, j'ai trouvé inutile d'avoir de la troupe devant ma porte. à 7h. j'étais chez Mad André, voir Mr Berger; savoir les propositions de ses ouvriers & les siennes. Ce sont les ouvriers André les plus exaspérés.- de la à la mairie ou il n'y avait rien,- à 9h. chez Mr Kestner, ou j'ai trouvé tous ces Mess une partie de leurs ouvriers travaillant.-

à 10h. j'étais a Thann ou j'ai rencontré Mr Conraux Mr Henriet & le sous Préfet avec lesquels je me suis longuement entretenu sur la rue.-

Pendant que j'étais là la colonne des grévistes a passé. Henriet qui parait avoir une grande influence sur les ouvriers.- s'est détaché & a cherché a arrêter. je n'ai pas entendu ce qu'il leur disait. Mais partout on l'accuse, je suis persuadé a tort, qu'il ne cherche que de la popularité & était contre l'appel des troupes.- Quoiqu'il en soit j'ai entendu ce que le mot d'ordre de la colonne a été, a Vxthann, la troupe a im̂édiatement suivi les grévistes & est arrivé en même tems que moi dans ma cour. Les grévistes ont fait le tour du village & sont rentré a Thann.-

le capitaine m'a demandé il était 11 1/2h un verre de vin pr ses hommes ce qui a été donné.- En attendant j'ai demandé des renseignements & sachant que la colonne est retourné a Thann, la présence de tous ces soldats a été inutile ils sont reparti- La troupe ne fait rien heureusement, n'a rien a faire, elle est a la disposition des industriels qui peuvent en avoir besoin.- à Midi le peu de monde qui a travaillé n'osait plus sortir. je les ai accompagné jusqu'a la porte & la voyant tout tranquille rien n'est arrivé.-

Ce soir, croyant a la rentrée, je laisse sortir mon monde avant l'heure, n'ayant rien a leur faire faire.-

A voir tous ces gens tellement exités l'on se croyait en pays ennemi-

Je ne sais trop rien te dire de la maison mon tems a été pris ailleurs. J'ai vu Thérèse qui a défait ma malle. Nanette je l'ai a peine vue.-

Tout est ciré ou peu s'en faut- l'ordre est dans la maison si il n'est pas ailleurs.-

Les confitures sont faites c'est par centaines de pots qu'il faut compter.- Sirop me dit Th à mon diner de 10 minutes il y en a 55 pots. le reste a l'avenant-

Je ne sais rien du Jardin et peu de tout ce qui m'entoure ici.- Je vais, je t'écris & le tems passe. il est 4 h. a demain.

Il est probable que ce soir, plus a mon aise je te raconterai plus en ordre ce qui s'est passé- Embrasse bien fort nos fillettes chéries mes amitiés les plus affectueuses a nos chers amis

tout a toi
Chs Mff.

Ce qui est plus effrayant pour nous que la grève c'est la guerre *.- Nous ne savons pas plus que vous par les Journx-

Je n'y crois pas encore & cependt cette baisse de 3frs ne nous dit rien de bon & nous fait tout craindre.-

Mais je t'en reparlerai a tête plus reposé.- Pour le moment je suis bourrelé.

Le 15 juillet, les députés votent les crédits pour la mobilisation.

n° 62
Charles Mertzdorff (Vieux-Thann)
à Eugénie Mertzdorff (Paramé)
vendredi 15 et samedi 16 juillet 1870

Vendredi soir 10h.-

Chère amie

Je pensais continuer avec toi mon petit griffonnage de ce matin, mais les ouvriers de Mme André en ont disposé autrement. Comme je crois te l'avoir déjà dit ; j'ai pris a tache de réunir ouvriers & patrons, pour cela j'ai fait prévenir par les contremaîtres Andres quelques uns des bons & hoñêtes ouvriers pour cela. Je croyais que cela serait pour demain, mais une bonne partie est bien décidée de rentrer avec une journée de 11h.- Ils se sont donc réunis sans se concerter avant, mais au lieu de quelques délégués j'ai eu sur les bras une centaine de gens passablement montés.- J'ai fait de mon mieux j'ai bavardé, dit le pour & le contre, mon éloquence a été grave & splendide- orateur de premier ordre, j'ai parlé de 8 a 10.- Plusieurs fois je supposais être arrivé a mon but ; mais ce qu'on acceptait tout a l'heure ne suffisait plus- Cependant je dois dire qu'étant moi même très calme tout ce monde a été éxessivement convenable ; pas une parole blessante ici pour les uns ni pour les autres.- La partie est remise a demain, ces Messieurs veulent savoir ce qui s'est fait a Mulh. se fait ou fera a Bitschwiller & je pense que la tâche sera plus facile alors.- Du reste ils sont fatigués de courir avec les [infirmes] dans les rues & pour Lundi notre village sera débarassé de cette infernale grève qui ne peut que faire du mal.

Il n'en sera peut être pas de même pour la plus mauvaise population des filatures & tissages. Cependant il y a déjà terriblement qui souffrent de la faim. la grève se généralise de plus en plus.- ce soir l'on a dégarni Thann de ses troupes pour les envoyer a Cernay & Sentheim & Massevaux. De suite le trouble a été plus grand a Thann ; mais la chose a été prévue & mille homme par exprès ont remplacé les hom̂es qui nous ont quitté.- Bien rude métier pour ces pauvres soldats qui depuis 8 jours couchent sur de la paille ou dans la rue.-

Pour ces ouvriers de filature & tissage qui sont les plus mauvais, il est bien plus difficile de les réunir aux patrons. Ces derniers perdent de l'argent depuis 2 ans & se seront pas faché de voir chaumer même arrêter pour des mois leur usine.- Cependant il faudra bien manger & cette grosse considération, fera que le trouble actuel s'éteindra de soi même.-

Ce qui est bien heureux c'est qu'aucun malheur ne soit a déplorer- Déjà plusieurs bruits sinistres ont circulé ici de Cernay & la vallée, espérons qu'il n'en est rien.- D'après les ouvriers de ce soir, a Mulhouse l'on compte de 9 a 10 000 ouvriers travaillant de nouveau.-

J'avoue que j'étais très content de ne pas vous voir ici ; c'est hideux & pour toi qui aime faire le bien a tous cela te donnait bien des regrets.-

J'allais te faire un cour de haute philosophie, mais je m'abstiens a tems quitte a y revenir lorsque je n'aurai pas autre chose a te dire.-

Malgré une assez grande fatigue & de grosses émotions de cette longue journée je ne me trouve nullement fatigué, un peu surexité peut être ; quoique je n'aie pas réussi comme je l'aurais souhaité je suis assez content du tout.

Ce sont les nouvelles politiques qui me tourmentent bien autrement & qui peuvent avoir des conséquences bien autrement calamiteuses pour nous autres pauvres industriels qui avons a pourvoir pour tout le monde.-

Mais le journal d'aujourd'hui ne nous dit rien-

Demain je vais écrire a Mme Andres pour décom̂ander machine [illisible] pr Morschw. je l'ai déjà annoncé & a Mr Berger & a ses ouvriers tout a l'heure avec mes motifs.-

Quelle mauvaise année, ma chère amie allons nous peut être passer, elle sera riche en émotions de toute sorte & plus d'une fois l'embarras sera grand ! - Julien prendra son colier de misère a un bien vilain moment !-

Morschw. est resté bon. c'est quelque chose.-

Depuis Mercredi, j'ai fait rester les voitures a la maison cela n'a pas fait mal.-

Je suis très heureux d'être ici & n'ai qu'un regret c'est de ne pas avoir été là au com̂encement ; mais enfin je suis encore arrivé a tems.

J'espère bien recevoir une lettre de toi demain qui me donnera de vos bonnes nouvelles.- l'on t'adresse maintenant des journaux.- tu auras mes lettres sois donc sans inquiétude.-

Lorsque tout sera oublié, je pense bien reprendre quelques jours la clef des champs ne serait ce que pr peu de tems.- Mais il n'est pas encore question de cela.-

Un peu plus tard j'écrirai a mes petites fillettes chéries chéries dis leur bien que papa les embrassant est bien souvent avec elle & espère bien le faire com̂e il le souhaite.

La dernière page a demain il va être 11h.- Barbé n'est toujours pas ici.

Samedi matin 9h. Je continue ma lettre ne sachant pas si cet après midi j'aurai un moment.-

Nos ouvriers sont tous rentré, ce matin 6h.- Tout travaille avec la régularité ordinaire ;- Je ne sais rien de Thann.

Au moment l'on nous com̂unique une dépêche que la guerre est déclarée.- Dieu protège la france! ce sont les provinces du Rhin qui vont supporter le poids de cette horrible résolution.- Que la providence soit clémente.

Je me demande s'il ne vaudrait pas mieux que vous ne rentriez pas a Vxth. Si vous alliez vous installer a Launay ?-

Les ouvriers Andrés me demandent.-

11h.- l'affaire est arrangée, les ouvriers rentrent Lundi chez Mme Andrés.- Voici Mairel.- qui me fait une visite les ouvriers fileurs sont encore en grève, le reste travaille partout- Nous avons la paix aujourd'hui.-

Ordre du chemin de fer, nous ne pouvons plus ni recevoir ni expédier de marchandises.- heureusement que j'ai un peu de houille en réserve, si je n'avais pas le chantier ch. de fer qui me permet de mettre en réserve quelques bateaux nous étions arrêté.- Ce qui peut arriver a bien des maisons.- Tout le matériel de ch. de fer est absorbé par la guerre.- l'on recrute des employés des ch. de fer pour suivre l'armée.-

Tout le long de ma route j'ai constaté un peu plus de verdure qu'a notre 1er passage.- Ici par contre il n'a pas plu c'est une sècheresse épouvantable.-
Suis sans nouvelles de la récolte des pom̂es de terre.
Rien dans la maison, je suis bien soigné. Je n'ai pas encore vu le jardin

Je suis sans nouvelles de Morschwiller.- Si possible j'irai demain Dimanche.

Midi je ferme ma lettre avant de diner.-

Rien autre a te dire que t'embrasser avec nos enfants & frère & sœur

tout a toi ChsMff

n° 63
Eugénie Mertzdorff (Paramé)
à Charles Mertzdorff (Vieux-Thann)
samedi 16 juillet 1870

Paramé
16 Juillet 70
Samedi 9h du matin

Merci, mon cher Ami, pour la bonne dépèche qui est venue m'assurer que tu étais arrivé à bon port à la maison, et que si tu n'avais pas encore trouvé tout dans l'ordre ordinaire, du moins, tu avais la conviction que la grève touchait à sa fin. Espérons qu'il en sera bientôt de même pr tout ces bruits de guerre et que les préparatifs qu'on fait ne serviront qu'à montrer à l'étranger que les Français seraient tout disposés à les rosser à la 1ère occasion, malheureusement la même envie existe dans le camp opposé. Aussi qu'adviendra-t-il ?

Depuis longtemps je savais qu'oncle Georges était toujours très aimable, mais il vient encore de m'en donner une preuve en m'écrivant Jeudi tout ce qui se passait dans notre pays. Ce pauvre oncle parait bien heureux de te voir arriver, et je le comprends, et je ne veux pas me plaindre de ton absence en songeant à combien ton arrivée à Vieux-thann aura fait plaisir.

D'après les détails que j'ai lu hier soir dans la bonne lettre de l'oncle je vois que la force a dû arriver jusqu'à Thann pr faire respecter la liberté. Il me semble que les ouvriers Kestner ont été les derniers à se joindre aux grévistes ?- En est-il comme cela ? ou est-ce le hasard ? Et Pourquoi ?-

Tes petites filles t'écrivent toutes deux, je les laisse griffonner comme bon leur semble ; c'est donc 3 éditions que tu recevras des mêmes faits et gestes, et peu de choses intéressantes, si ce n'est que nous pensons beaucoup à toi et que nous regrettons bien que tu ne sois plus avec nous.

Les fillettes te diront qu'hier on a été patauger dans les rochers, mais de la vraie patauge, glouglouff au sable, Tante et moi travaillant et l'oncle seul explore les rochers non loin de notre halte ; à 4h retour à la villa, chacun se part de ses plus beaux atours et on va faire visite aux 0vins et Vaillant ; ces dames étaient sur la grève, rien de remarquable à te conter ; à 5h1/2 le bain s'est pris mais sans gde joie l'eau était froide.

11h Un mot de Julien nous annonce son arrivée pr demain soir avec Hortense s'il n'est pas appelé avant sous les drapeaux ? car voici la guerre déclaré ! ah ! que de préoccupations de tout genres !- Dans quelle limite de temps ? Et sur quel point ?- L'Alsace bien entendu. Ne pas être ensemble. Enfin tu vas voir ce que tu veux que nous fassions ; si nous devons raccourcir la saison de bains pr aller te retrouver...

Voici un calmant pour les grévistes et l'ordre va se rétablir dans les ateliers mais pour faire place à quoi ? à la guerre et entre deux armées comme celles qui vont se trouver en présence ! Que de victimes ; mais la lutte ne peut pas être longue. En ce moment Marie étudie son piano, Jean lit, Emilie apprend une fable, l'oncle Alph, après nous avoir fait la lecture du Moniteur, examine q.q. petites bêtes ; la mer est d'un bleu magnifique, le ciel superbe.

Je voudrais te recommander de te bien soigner, ménager, mais je sais que cela ne servira de rien et que tu vas avoir tant trouvé à faire que tu n'auras pas le temps de songer à toi.

Adieu, cher Ami, je t'embrasse comme je t'aime, c'est à dire du plus profond de mon cœur.

ton EugénieM.

Je ne te renvoie pas les lettres d'oncle Georges et de Léon car tu as par eux tous les détails mais je te les conserve.

1h Le Bain s'est pris avec plaisir, l'eau était excellente, les petites mines sont roses et brunes, on vient de manger comme des ogres et on se prépare à passer le reste de la journée à la patauge. Tu vois que tu peux être tranquille sur tes trois tiennes qui t'aiment beaucoup

EM

Bien des choses à oncle et tante Georges et à Morschwiller dont je suis bien préoccupée. Julien m'exprime le regret de n'avoir pas été prévenu pr passer avec toi de 8h à 7h

n° 64
Charles Mertzdorff (Vieux-Thann)
à Eugénie Mertzdorff (Paramé)
samedi 16 juillet 1870

Samedi Soir-

Ma chère petite Nie

N'ayant que très peu à t'apprendre je prends un petit papier.- Je me suis du reste trouvé un peu fatigué cet après midi & me suis donné de suite après mon dîner une bonne sieste d'une heure.-

Pour un peu remuer j'étais aux deux Sources, celle du prés audessus du jardin est a peu près réduite a Zéro.-

celle des vignes au contraire maintient une bonne quantité d'Eau, & son lit monte pas mal dans la montagne. Cela nous permettera de la conduire chez nous, sans crainte de la perdre de nouveau.- Mais il ne peut encore être question de la monter un étage & n'y compte même pas.-

Quoique j'aimerais bien passer mon dimanche a la maison, je crois que j'irai a Morschw.rendre visite a ces pauvres gens- L'on m'a renvoyé Vogt ; il parait que le medecin n'aime pas la promenade en voiture & le malade lui même s'en trouve fatigué. D'un autre coté comme tout n'est pas rentré dans l'ordre je voudrais être ici pr le Dimanche qui peut bien ne pas se passer sans quelque ennui a Cernay & Thann.

Je remetterais ma visite a Lundi. Pendant ces quelques mauvais jours Gges & sa femme ont interrompu leurs bains, Lundi ils reprendront, pour cela ils quittent a 5 h matin & a 8 1/2 h sont rentré.

Jean passe sa journée a gratter & frotter les parquets. ce soir je l'ai trouvé ds la gde salle a manger grattant avec un verre les taches.- Du reste tout est luisant & glissant !- Les ton.x de la cave sont vides Nanette me dit avoir eu des jours de 80 litres !-

La pluie menaçait aujourd'hui chaleur extrême baromètre variable & pluie Zéro-

Nous sommes pourvu de pièces & avons a faire enlever a Mulh pas mal.- Mais ne pouvons pas expédier le chemin de fer n'acceptant rien. Une maison de Paris nous écrit pour qu'on lui adresse ses balles a Paris, trouvant qu'elles sont trop exposées sur la frontière du Rhin.- J'aurai moi même a prendre mes mesures & décliner toute responsabilité par suite de dégats prussiens.

Je m'attend a être dans notre district bien malmené, si cette grande loterie la guerre, tourne contre nous.-

Que de maux pour un amour propre ! & un baptême de sang d'un prince mi sang ?-

Enfin l'on dit cette guerre populaire & nécessaire, a Lure un Curé l'a soutenu a mon passage ;- Que je suis peu religieux !

7 1/2 h.-

Maintenant les ouvriers sortent a 6 h. au lieu de 7 h. ils ont donc une h. de travail de moins, par contre le gouter est supprimé. ce qui fait que le souper se fait plus tot & cela permet d'aller un peu au Jardin que je n'ai pas encore vu.

Demain Dimanche ma lettre doit être mise a la poste le matin.- Je ne vois du reste plus rien en fait de nouvelles. Cette perspective de guerre me brouille les idées-

Je t'embrasse bien avec mes petites filles que tu calinera un peu pour moi-. J'espère toujours pour en manger un Morceau de chacune dans peu de jours.- Si non cette semaine, la prochaine pour sûr- si le pour sûr était pour nous !

tout a toi & ceux qui t'entourent
Chs Mff

Je me décide a rester ici demain J'espère un peu voir Léon ici.- Lundi j'irai a Morschw.

n° 65
Eugénie Mertzdorff (Paramé)
à Charles Mertzdorff (Vieux-Thann)
samedi 16 et dimanche 17 juillet 1870

Paramé
Samedi soir 16 Juillet

Mon cher Charles,

Avec quel bonheur ton écriture a été reconnue ce soir et avec quelle avidité nous avons lu les détails que tu nous donnes. J'admire que tu aies pu, au milieu de tant d'occupations, trouver le temps de nous écrire aussi longuement, je t'en remercie bien, car tu devines que ma pensée ne te quitte guère. Et puis quelle nouvelle préoccupation, la guerre déclarée ! Cet après midi Mr Hovins nous disait que le bruit circulait que nos troupes s'étaient emparées du pont de Kehl et que les premiers coups de fusils étaient tirés ? De quel côté se dirigeront les armées ; notre pays ne sera-t-il pas un point ? Et à quel moment ?- toi là-bas, nous ici ;- Je voudrais être près de toi, et je sens bien que mes fillettes ont besoin de moi et que la mer leur fait du bien...

Ce soir elles ont embrassé ta lettre en disant bonsoir petit père, puis Marie a été chercher ton portrait qu'elle a apporté de Vieux-Thann pr que nous le regardions ensemble.

Pr te faire plaisir je te dirai qu'elles ont bien ri ce soir, l'oncle les a taquinées tout gentiment et ce fou-rire n'a pas cessé de tout le dîner. L'après midi s'est passée dans les rochers où nous avons été battus du vent aussi ce soir sommes- nous tous avec des mines superbes. Marie sautait de joie dans dans son lit à la pensée de voir Hortense demain soir. C'est heureux pr nous que l'arrivée d'Hortense car impossible que nos fillettes ne sentent pas et ne voient pas nos préoccupations, et il est bien bon que leur petit imagination qu'elles soient occupées d'autres choses.

Ce que tu me dis de nos ouvriers me fait plaisir,- c'est si triste de voir toujours interpréter tout ce qu'on fait avec une idée d'intérêt. Je suis heureuse qu'ils aient été convenables avec toi qui les traite comme tes enfants et es si bon pr eux. Mais cette effervescence est incroyable. La guerre va probablement détourner les esprits, mais après... Nous vivons dans un triste temps. Babylone, Babylone. On se croirait au temps du prophète Jérémie.

Espérons que le bon Dieu aura pitié de son peuple.

Tu dois avoir eu tant d'émotions depuis q.q. jours que je te vois bien fatigué et ayant besoin déjà de repos et cela va encore te manquer. Comme tu dis nous ne sommes pas sur la terre pr nous amuser, chacun doit accomplir sa tâche ; heureux quand, comme toi, on sait si bien la remplir. Bonsoir Ami chéri, je t'embrasse du fond du cœur

ta petite femme
EM

Dimanche 10h1/2

Après la lecture du journal on est encore plus avide de nouvelles, mais il faut encore attendre q.q. jours. Les bruits rapportés par Mr Hovins sont démentis il n'y a rien d'entammé, je pense que c'est plutôt au Nord de Strasbourg qu'auront lieu les hostilités ?...

Nous n'avons pas de lettre de Paris, nous attendons donc ce soir Hortense et Julien. Nous craignons bien que la classe de Julien ne soit rappelé quoi qu'on ne l'ait jamais appelé pr l'exercice. A Morschwiller sont-ils malheureux ? Ils feraient bien de faire venir Adèle.-

Ce matin nous sommes allées à la messe de 7 h, puis chacun à lisotté, la mer est assez forte, le temps superbe mais vent N.E. assez froid, on ne prendra le bain que ce soir à 5 h avant d'aller au ch. de fer.

Nos bonnes petites filles vont bien, on travaille à la collection d'algues de père, comme elles disent ; je caline en ce moment ma petite Founi de la main gauche, et Marie m'attend pr que nous jouions à 4 mains. Tu sais, cher Ami, le reste de notre vie, c'est à toi que je pense aux prises avec les difficultés, et le soir seul dans notre gde maison. Sois sûr que nos cœurs sont avec toi

ta Nie

Mes amitiés à oncle et tante Georges

Je suis bien contente que tu aies trouvé tout en ordre à la maison, dis un petit mot de ma part à Nanette et Thérèse.

Je comprends que les Vieux Tha. soient contents de ton retour. C'était utile à plus d'un point de vue pr la mairie et pr les industries.

n° 66
Charles Mertzdorff (Vieux-Thann)
à Eugénie Mertzdorff (Paramé)
mercredi 20 juillet 1870
Le 19 juillet la déclaration de guerre de la France (datée du 17) est notifiée à Berlin.

Amie aimée

Je viens te conter ma journée d'hier quoique je sache que Gges va t'écrire demain. Je l'ai prié de le faire lui disant que je ne t'écrirais pas.- Mais lorsqu'on est loin mieux deux lettres qu'une. Et il te dira peut être choses auxquelles je ne pense pas

J'étais a Mulhouse accompagné de Ruot en coupé!.- Entrant en ville, j'ai trouvé ds les rues Mme Stœcklin avec gde & petite filles, ces demoiselles ont couru après la voiture pour m'inviter a aller dîner avec elles.- Je suis naturellement descendu me suis empressé de saluer & remercier la Maman. J'avais promis hier a Paul & devais refuser.- Mme Galland va mieux, Anna a une mine merveilleuse qu'elle a appporté des Vosges ou elle a passé quelques mois je crois.- J'ai trouvé Mme Paul peu rassurée & très peu en train.- c'est un enfant & un pas mal gaté.

Chez Schlumberger banquier, j'ai trouvé un désarrois complet.- tout le monde réclame de l'argent. il ne sait ou donner de la tête. & refuse généralement. Pour moi il a fait exéption & je pense obtenir de lui ce que je voulais.-

En Suisse il y a une crise monétaire, ces Mess. ont dans le tems envoyé tout leur argent en Amérique.- Aujourd'hui qu'ils ont du mal a en obtenir de la France, ils sont dans la plus gde gêne.-

Aussi l'un des banquiers de Bâle ne me donnera que 1/2 de ce que je lui demande. L'autre n'a pa encore répondu.

Si tout va com̂e je l'espère je compte pouvoir disposer pr Nogent de 150m frs. Tu vois que tout le monde fait com̂e moi.- Pour peu que cela dûre je disposerai davantage.

Malheureusement je n'étais pas ici & cette absence augmente mes difficultés.- L'on ne saurait quitter impunément; tu t'en doutes un peu & me pardonne lorsque je me fais tant tirer l'oreille lorsqu'il s'agit de s'absenter.

Mais assez de ces questions financières, je n'ai pas encore réponse & ne puis l'avoir de Cousin Dugué- lui n'acceptant pas je me retrouverai de nouveau ds l'embarras. La bourse a été une conférence pour le secours des blessés.- a Mulh. déjà l'on a organisé un service de buffet pour les militaires allant vers le nord du Midi ils ont a discrétion un bon mélange Eau & Vin, pain viande tabac etc. etc.- Et l'on dit qu'il y en a qui en ont bien besoin. A Mulh. l'enthousiasme pr la guerre n'est pas extrême & les malheureux jeunes gens qui vont rejoindre leur régiment ne sont pas tous gais. Pas de nouvelles du théatre de la guerre- l'on dit que pas un coup de fusil n'a encore été tiré- Des 2 frontières les demonstrations ne manquent pas. Mais une rive du rhin com̂e l'autre la frayeur est sur bien des visages.- La rentrée précipitée de tous les étrangers de l'Allemagne & Suisse se fait par Bâle & Mulhouse en masse.- Impossible de trouver un lit a Bâle, plus d'une famille a passé sa nuit sur le pont & dans la rue.Emilie écrit que le Collège a Colmar va se fermer Samedi Gges attend a faire chercher Jules. Elle dit que le mouvement de Colmar par l'arrivée de tous les militaires est indescriptible elle ne parle pas encore de ma lettre.

Il n'est pas encore question de garde mobile mais les jeunes gens s'y préparent. L'on parle de camps le long de la frontière du Rhin pr la mobile. Mais rien d'officiel.-

Ce soir j'ai prié Nanette de venir ds la salle a manger. Voici com̂ent j'ai établi le ménage- Le pot au feu tous les 2 ou 3 jours. A midi potage, bœuf, légume & viande.- le soir thé viande froide de midi & s'il y a un peu de légumes du dîner. Autrement salade & rien de plus, qu'il y ait ou non du monde.

J'attend Léon pr demain ou Vendredi-

Mr A. Duméril a qqs bons jours.-

Mercredi soir 9h.-

Voilà ma chérie toutes mes actions & toutes mes nouvelles.- J'oubliais de dire que j'ai acheté un gd sac de voyage.- Tu voudras bien donner de bons becs aux fillettes, que je suis heureux de savoir qu'elles sont bien sages & qu'elles aiment bien la petite maman. quant a moi je pense bien les embrasser tout a toi ma chérie

Chs Mff

Com̂e le courrier de [illisible] m'a porté réponse a ma demande Mr Jaeglé a fait atteler pr me rejoindre a la bourse.- J'étais bien émotionné & effrayé lorsque je l'ai apperçu, heureusement bien a tort-

L'on s'attend a quelques faillites.- C'est toujours ces moments qui précipitent les commerçants malades.- En ce moment ici c'est un sauve qui peut.-

n° 67

Charles Mertzdorff (revenu à Vieux-Thann après un bref séjour à Paramé)
à Eugénie Mertzdorff (qui a quitté Paramé pour Paris)
vendredi 5 août 1870
Les hostilités ont commencé le 2 août.

9h. Soir Vendredi 5 Aout 70

Nie chérie. Je t'ai écrit si a la hate cet après midi, je ne pouvais te dire que j'étais bien arrivé. A maintenant le détail que tu trouveras a ton entrée a Paris.-

Rien de particulier a te signaler de ma route de St Malo a Rennes. Mr Benoist (ou Batiste ou etc.) m'a suivi dans mon waggon quoiqu'ayant seconde.- J'ai été aussi aimable que possible nous avons beaucoup parlé chasse- Milne Edwards & guerre. Puis me quittant, je me suis trouvé seul, mais non tout a fait seul car je vous suivais dans votre projet de ville & votre retour.- A Rennes 30 minutes. Buffet- pas trop mauvais, suffisant p[r] un voyageur.- Pas trop de monde dans les waggons je trouve a bien me câser. Nous n'avons jamais été plus de 4, mais le plus souvent 2.- Mon jeune compagnon de route, était un jeune lieutenant des futures gardes mobiles de Seine & Oise.- Heureux & fier de son grade ; faisant force vœux, pour que la mobile donne, com̂e l'on dit- & se voyant dans son beau rêve décoré de la médaille militaire des bords du Rhin.- Comme nous n'étions pas très d'accord nous l'avons été tout a fait lorsque nous étions couchés sur nos banquettes.- Par extraordinaire, j'ai un peu ronflé & même m'entendais très bien.-

a 5h. Paris- voiture & gare de l'Est.- 5 1/2. paris déjà très animé, p[r] un habitant de Paramé.- flané un peu sur le boulev[d]- visité très en détail l'Eglise X ?- Ne pouvant me décider a tenir compagnie a quantité de gens qui buvaient le petit vin blanc chez le M[d] de vin je me suis décidé a me mettre d[s] un petit coin de la gare & déjeuner avec la croute & un peu de veau que la bonne ménagère avait mis dans mon sac.- Réservant le bon pain beurré pour meilleure occasion.- J'avais a peine terminé cette réconfortation fort utile, qu'une voiture me dépasse c'est Alfred, qui s'est donné la peine de venir me serrer la main.- Nous avons un peu causé de ses affaires ; qui sont, je crois, en bonne voie. Il devait se trouver aujourd'hui même a Brousseval. p[r] 12 h[s]. j'espère qu'il aura eu là un rapprochement de plus.

Il fait bien d'être prudent, je crois qu'il l'est & qu'il n'ira pas a la légère dans cette affaire. Je n'ai pu que l'approuver jusqu'ici & lui confirmer ma promesse d'un bon coup d'épaule. Mais le tems était court, beaucoup de tems perdu pour prendre mon billet ce qui fait que nous n'avons pas pu nous dire tout ce que nous aurions voulu. Alfred était en costune de Tuilier, se proposant de faire faire ses premiers produit céramique, ce jour là.- Que le feu le protège, s'il sait protéger du feu !-

En waggon bien installé peu de monde, Mutisme complet. A Troyes déjeuner complet & très suffisant, en quantité & tems. Pas de soldats quelques conscrits (remplaçants) ivres qui nous ont mis en retard de 30 minutes !- En tems ordinaire ils cuvaient leur vin au violon.- Maintenant a chaque station les litres suivaient les litres.- Pauvre Julien !-

Bar sur aube premier convoi de matériel militaire.- Mais j'oubliais de dire qu'a Paris a 6h.est arrivé le 2 de ligne s'embarquant pour X- un autre régiment était attendu.- Puis beaucoup de chev[x] a la gare de La Villette. Langres Vesoul etc... beaucoup de trains militaires prêts a partir.- Belfort camp de Cavalerie en arrivant infanterie un peu plus loin- Au loin du ch. de f. l'on aperçoit au loin d'autres camps- Altkirsch, même 2 camps de cavalerie. tout cela parfaitement installé.- Ce train poste est assez libre il ne rencontre que rarement une gare encombrée. ce n'est pas com̂e a mon dern. voyage. A Mulh.- En sortant Paul m'attend, me dit que Vogt est là que l'on m'attend a Morschw.- que Mr Auguste y est encore etc.- Aux abords de la gare foule compacte, circulation difficile, impossible aux voitures.-

C'est que Mercredi, dépêches sur dépêches ont donné grandes inquiétudes de ce coté ci du Rhin.- Le Rhin était noir d'Allemands qui se disposaient a se passer la fantaisie de visiter Mulhouse sans armes.- Le sort de Francfort a fort effrayé aussi dans la journée d'hier en quelques heures il y avait 30.000h. en ville venant un peu de Colmar & d'ailleurs.- Mais les camps d'Altk. & Belfort n'ont pas bougé.- Le Général ayant son quartier général a l'hotel.- Du reste dans la foule de l'étonnement, beaucoup de crainte, pas un chant, pas un cris.- Le sous Préfet consterné est sur les dents- deux appels de lui de Vive l'Empereur la foule répondant par le cri de Vive la France !- J'ai fait atteler au plus vite, il était dejà tard & je n'étais pas faché de sortir de ce brouaa.

Ce soir les domestiques rentrent de Mulhouse.- Il n'y a plus un seul homme tout a été cette nuit dirrigé vers le Nord

Il parait qu'un instant, 2 jours, les vivres ont manqué a Belfort. Les pauvres mobiles ont un peu souffert de la faim.- Minery d'ici est parti avec une voiture de Pain & provision mais, a son arrivée les prix étaient déjà retombés au normal.-

Quant aux bruits de guerre, j'engage tout mon monde a se fermer les oreilles.- Victoires, défaites, incendies etc tout se succède dans la même heure.- L'on ne sait absolument rien. hier Léon a rapporté que Mac Mahon avec tous ses algériens 80.000 a disparu de Strasbourg, on le cherche en vain- Pour les uns il a passé aux Prussiens, pour les autres il est a mi chemin de Berlin. C'est te dire, l'esprit de tous ici a déménagé, conversation,chassepot mitrailleuse- Prussiens & blessés tout cela se succède sans jamais s'arrêter.- Adieu Calicot ton bon règne est loin hélas.

Comme dit pas de chants, pas de cris- Tout est triste préoccupé- s'en allant chacun aux nouvelles.-

Mais surtout se préparant a recevoir des blessés. Pour cela de grands efforts chez le petit comme le grand.- Le clergé a renvoyé les séminaristes pour faire autant d'hopitaux.- A Mulh. des 100.000 de frs pour même but.- Pas un bourg qui ne s'impose & se dispose a bien traiter les pauvres éclopés.- A Thann l'on me dit qu'il y aura 180 lits de préparés.- l'on a déjà dépensé 8000frs.- Chez les Kestner le chalet du jardin transformé en hopital de 20 lits.-

V^{x}th. n'a encore rien fait, Mr André voulait de nouveau présenter une nouvelle liste p^{r} Thann, j'ai refusé de signer, l'Oncle G^{ges} va aller demain chez Mr Sick faire venir 20 lits avec som̂iers de Paris, g^{de} vitesse, acheter l'étoffe pour les matelas & le crain végéral nécessaire.-

Moi de mon coté vais visiter la vieille maison Guth que j'ai dans le village ; si convenable, y faire les trav^{x} nécessaires pour y loger 20 lits.- faire des Démarches pour avoir un Carabin de Strasbourg que je logerai ici si j'en ai besoin. & propose 2 a 3 chambres p^{r} des officiers.- Je n'aurai qu'une dépêche a envoyer a Mr Hirtz de Strasbourg p^{r} mon futur docteur.- les lits installés je donnerai avis au Préfet.- Du reste je vais encore trouver au village quelques personnes disposées a recevoir un infirme.-

Tu vois que si le même entrain se produit partout, com̂e je le crois, il sera facile de faire soigner dans nos 2 dép^{t} du Rhin 50.000 blessés- Dieu veuille que nous n'en ayons pas besoin. Kestner a déjà fait savoir que ses lits retourneront a l'hopital que ces gens (au fond de bien) aiment le bruit, la renommée & la grosse caisse.-

Nanette a eu la visite des Marchands du Midi- Grands achats; mais l'on ne me demande pas d'argent- Que c'est économique qu'un ménage de Garçon

n° 68
Eugénie Mertzdorff (Paris)
à Charles Mertzdorff (Vieux-Thann)
lundi 8 août 1870

Paris
Lundi 2^h

Mon cher Charles,

Je viens de relire pour la 3e fois ta chère, bonne et longue lettre, merci Ami chéri, pour cette bonne missive qui m'attendait à mon arrivée ici et dont la vue m'a été un soulagement; nos chères fillettes l'ont embrassée comme toutes celles qui viennent du bon père.

Paris est consterné, au reste comme toute la France; hier à Renne on ne voyait que figures tristes, sérieuses en vain aurait-on cherché sur toute cette population qui venait chercher les nouvelles, un visage n'ayant pas le cachet d'une navrante anxiété. Les nouvelles que nous recevons de nos armées sont bien faites p^r cela. On croit ici à un appel général (et on craint que l'ennemi n'arrive jusqu'aux portes de Paris ?) La position est bien triste. Alphonse et Alfred viennent de partir aux nouvelles sur le boulevard. Alph. nous attendait à 4^{h}45 à la gare de l'Ouest; sa figure si sérieuse n'était pas reconnaissable. Alfred vient de rentrer à 7^h ce matin après avoir passé 2 nuits en ch. de fer. A Brusseval il n'a rien conclu, ses propositions n'ont pas été acceptées, M^r [Emile] lui a donné, sur sa demande, ses dernières intentions, il les a en poche et a dit que dans des circonstances comme celles-ci il attendrait p^r donner sa réponse définitive. Il voulait aussi aller à Alfort p^r arrêter un peu les travaux qu'il a commandés.- Voilà p^r ses affaires, maintenant parlons de notre cher mobile qu'il est allé trouvé au camp. Il a passé la journée d'hier avec lui, de suite son capitaine lui a donné de suite permission de 10^h; on voulait déjà le faire passer caporal, mais il a décliné l'honneur ce que son capitaine a approuvé ensuite quoiqu'il ait insisté p^r lui donner les galons, il est beaucoup plus libre simple soldat que d'avoir la responsabilité de commander à des hommes plus ou moins distingués, lui sachant à peine l'exercice. La Mobile n'a pas bougé de Châlons et ne doit avoir des fusils que ces jours-ci, puis sera probablement dirigée vers les places. Mr Pavet qui était parti avec la division de Camrobert se dirigeant sur Nancy est rentrée au camp Samedi soir. Alfred l'a vu hier. Notre Julien est très bien, bon moral, bonne santé et tu ne devinerais pas les petites délicatesses qu'Alfred va lui envoyer : un filtre en papier et son article sur le gneiss ! p^r étudier sur la place les gissements !

J'ai trouvé maman bien, ses cheveux blanchis, mais le moral bon, ne pleurant pas. C'est la France qui occupe tout le monde; elle était levée p^r nous recevoir. Elle est rentrée hier de Montm. tout est prêt p^r nous y recevoir, le jour de notre départ n'est pas fixé, mais ici on a besoin d'avoir les nouvelles et personne n'a l'air très disposé à prendre de suite la route de Launay. Aussi nous commencerons par aller à Montm. quitte à rentrer à Paris, si l'ennemi approchait...- Alfred, Alphonse ont l'air de croire qu'eux aussi pourraient être utiles. Tu comprends d'après cela la tournure des esprits. Mme Lafisse nous quitte à l'instant, elle est venue de suite nous voir, leurs pensées sont les mêmes que les nôtres- Raymond est à Châlons et chacun se figure qu'il ne reverra pas les siens.- On me parle de toi, et on nous plaind d'être séparés. je t'ai quitté hier soir après un bon souper à la gare de Rennes dans la bonne confiance que nous aurions sans peine notre wagon, mais il n'en a pas été ainsi, et c'est par l'énergie et la chance (on rajoutait un wagon de seconde et celui qui nous l'avait promis a fait rajouter une première p^{r} nous) que nous avons pu faire passer une bonne nuit à notre petit monde ; nous les avons mis chacun sur une banquette et leurs pieds sur nous, de sorte qu'on a bien dormi, les petits tout d'un somme ;- A Versailles, j'aperçois Bathilde qui réclame sa fille, nous la lui jetons à moitié endormie et sans ses affaires, car nous n'avons pas reçu la lettre de Bathilde nous donnant cette combinaison, et nous gardons sa caisse et son billet- Ma tante Allain est toujours bien mal. Ma tante Prévost toujours de même- Nos fillettes étaient un peu fatiguées, mais bonne mine, tante Aglaé vient de les emmener, je vais aller les chercher puis voir Adèle. Que d'émotions partout. Merci encore p^{r} ta bonne lettre, écris-moi, toujours au Jardin des Plantes comme cela j'aurai toujours les lettres n'importe où nous irions et puis je t'écrirai tous les jours que tu sois bien au courant, puisque nous n'avons que cela que nous en profitions. Encore un bon baiser p^{r} mon meilleur ami.

Eug Mertzdorff

Je partage tes préoccupations à cause des ouvriers et voudrais pouvoir te seconder p^{r} les blessés, mais c'est plus tard que je pourais être utile. P^{r} la maison c'est très bien, que notre monde ne se décourage pas. Nous rentrerons le plus tôt possible. Notre présence fait du bien à maman. Les domestiques d'Alfred sont arrivés aussi ce matin, p^{r} le moment il n'est pas question de prendre quelqu'un chez maman c'est inutile.

Marie t'a écrit en voyage, mais la lettre est restée dans le sac d'Hortense !

n° 69
Charles Mertzdorff (Vieux-Thann)
à Eugénie Mertzdorff (Paris)
lundi 8 et mardi 9 août 1870

8 Aout 70 Lundi

Ma chère Eugénie

Je ne sais, mais je doute que tu reçoive mes lettres regulièrement. Aujourd'hui pas un seul courrier n'est arrivé.- Et une dépêche affichée qu'il y a pas d'ennemis de Belfort a Strasbourg a 4 lieues audela.-

Mais l'on est sobre en nouvelles- elles sont si mauvaises ! J'ai reçu une lettre de papa Duméril, ils vont bien, sont com̂e moi bien heureux de vous savoir loin du théatre de la guerre. de même que Mr Auguste ne se soit plus trouvé ici.- Félix est nom̂é caissier a Chaum^{t}.

Jamais notre caisse n'a été aussi pauvre. Je voudrais faire la paie Mercredi soir & je n'ai pas de quoi, craignant ne pas en trouver a Mulh. la banque ayant déménagé sa succursale

Je viens de réunir les pompiers pour qu'ils ne soient pas tentés de se servir de leurs armes si l'ennemi devait venir.- Réunion du Conseil municipal. Quelle galère que ces fonctions de maire.

J'ai constaté que notre provision de farine est [minimum,] par Léon je tente d'avoir 100 sacs.-

Les chambres se réunissent le 11 Jeudi ?- Tachard vient de partir avec sa femme, laissant grand mère & tous les enfants a Morschw. les recom̂andant aux Duméril la pauvre jeune femme pleurait bien m'écrit bon papa.

Par toutes les routes les voitures emportent des familles de Mulh. & environ.- beaucoup vont en Suisse par les montagnes. d'autres dans les Vosges.

Les Kestner Dames restent m'a dit ce matin Risler. Jaeglé va probablement demain meubler les chambres [aidé] des Zaepffel & s'y installer.- J'ai mis l'argenterie etc. de coté & qq^{s} papiers.- Il me tarde tu le comprends de recevoir de tes nouvelles. La dernière est de [Jeudi]- tu ne faisais pas encore tes paquets & vous voilà a Paris.-

L'exitation était si grande ici.- Les plus anciens amis du Gouvernement le maudissent- plus énergiquement peut être que ses anciens adversaires.- Je dis si Paris apprend ces tristes nouvelles- lui qui vient de donner son dern. enfant- que sera-ce.- une Révolution & vous y êtes tous.

Impossible de bouger d'ici- Maudite mairie !- Lorsque je te saurai loin de la ville des villes- je serai bien content. Car franchement maman & papa peuvent bien quitter.- Peut-on travailler lorsque tant d'émotions vous énervent.- Heureusement ma santé est bonne, je me trouve un peu fatigué ce soir, car depuis mon arrivée ici, je ne me suis pas donné assez de tems au som̂eil je compte me coucher de bonne heure ce soir.

Vers 3h. une petite alerte du feu, les pompiers sont sortis, ce n'était qu'un feu de cheminée.- Il faut encore de ces émotions là.- Georges est un peu souffrant il a de la peine a marcher, je crains qu'il ne puisse venir demain tellement il allait péniblement ce soir.-

Par les Journ^{x} Anglais & Allemands vous devez déjà être au Cour^{t} de ce qui s'est passé, tandis que nous sur les lieux ne savons rien. Chacun est a la chasse de nouvelles si contradictoires que l'on n'en sort pas.- A 10 h.- une dépêche annonce, dit on, l'occupation de Mulhouse par l'ennemi.- Le Préfet nous dit une heure après qu'il n'y en a pas eu d^{s} le départem^{t} .- Les jeunes conscrits de cette année partent aujourd'hui.- Quel départ !- Je réclame des nouvelles de Julien. il doit vous écrire souvent ? Nous n'avons pas encore com̂encé les lits.- nos pauvres blessés vont être soignés en Allemagne ! Pauvres gens, pauvre France ! Je laisse ce blanc p^{r} demain matin il va être 7 h.- & a 8 h. je voudrais être a la mairie.-

Matin notre réunion a été calme, généralement l'on n'est pas content de ma retraite de mairie.- Mr Berger & autres ont fait des démarches je tiens bon- chacun son tour. Embrasse bien fort enfants & tout ce qui t'entoure

ton dévoué
Ch[s] Mff.

n° 70
Eugénie Mertzdorff (Paris)
à Charles Mertzdorff (Vieux-Thann)
mardi 9 août 1870

Paris
Mardi 9 Août 70
1[h]-

Mon cher Ami,

Je jouis bien maintenant de lire tes bonnes lettres dont j'avais été privée depuis ton départ. Le courrier de Dimanche matin a manqué à Paramé car on vient de me renvoyer ta lettre de Vendredi, une de Julien, et une de Me Duval nous priant de lui laisser Hortense au passage à Versailles. Tu me demandes les détails sur l'affaire du camp de Châlons au sujet des Mobiles. Les journaux ont fait plus de bruit qu'il n'y avait de fumée ; rien de sérieux ; en arrivant au camp après la nuit de ch. de fer et 2 heures de marche, on leur offre des tentes mouillées et de la paille grouillant de vermines, c'étaient les tentes occupées primitivement par les turcos, et de vivre pas pendant assez longtemps, aussi quand le maréchal est passé, le 6e bataillon s'est mis à crier : à Paris ! des vivres !&&- On les a laissés crier, en fermant les yeux car la réclamation était juste et le lendemain les vivres et la paille fraîche étant arrivés, la manifestation ne s'est pas renouvellée, au contraire, Julien dit qu'il y a de l'entrain et l'état général moral et santé paraissent bon. Julien ne se plaint pas. Il nous remercie bien bien p[r] la lettre multiple qui lui a fait beaucoup de plaisir et dit t'avoir écrit.- Pauvre garçon où est-il maintenant. Pas de dépèches hier et aujourd'hui. Les troupes se consentrent et c'est vers nos Vosges que la g[de] bataille va se livrer, voilà les seules nouvelles que nous avons à Paris il est 1[h]-. Que je voudrais être près de toi, Ami chéri, partager tes inquiétudes et t'aider dans l'installation des ambulances, tu fais bien de disposer de tout ce que tu peux, il faut s'occuper de draps et de chemises. Tes filles de la fabrique peuvent faire cela. Il me semble que nos sœurs des écoles pourraient être otorisées à soigner les malades p[r] un temps limités et pendant lequel les écoles seront fermées.- Faire la demande au Supérieur.- Une fois le 1er moment de danger passé, j'espère que tu me permettras de rentrer et de venir te seconder p[r] les soins et la surveillance de cette ordre. Un carabin sera indispensable, et une sœur d'expérience avec cela on pourrait donner des aides de bonne volonté. On en trouvera. Mes petites filles t'écrivent, mais elles soupirent et trouvent que c'est bien fatiguant. On leur trouve bonne mine. Maman est bien. Papa continue à vider l'appartement qu'on réclame. Comme je te l'écrivais hier ayant les 2 domestiques d'Alfred p[r] aider, nous ne cherchons personne p^r maman, le temps portera conseille. On vit au jour le jour, et restons à Paris jusqu'à nouvel ordre, Aglaé et ces messieurs ne venant pas avec nous, il me semble préférable d'attendre ensemble la marche des évènements. Alph. est allé se faire inscrire à la mairie p^r la garde nationnale, puis il pense préparer une ambulance dans le laboratoire des hautes études. Il est comme tout le monde, navré ; il n'y a que les rouges qui triomphent, c'est abominable ! Alfred est, avec Mr Edwards, chez le général p^r s'offrir p^r diriger les travaux de terrassements et constructions d'un des forts de Paris, il trouve qu'en ce moment, il n'y a plus d'opinion et qu'il ne faut songer qu'à la France. Ici on fait courir tant de bruits divers qu'on ne croit à rien qu'aux dépèches officiels depuis l'affaire de Vendredi à la Bourse et qui s'est répandue jusqu'à Thann ! c'est bien pénible.-

Victorine Target est venue me voir hier, nous irons aujourd'hui à 4^h la trouver. Ils sont bien tristes et bien tourmentés. Alfred ne donnera aucune réponse jusqu'à cessassion de la guerre ; la mère Festugière effraye Alf. plus que jamais elle domine Cécile.-

Alphonse est à la séance de la chambre, on craint de la part des députés de l'opposition des réclamations qui ne seraient pas à leur place quand l'ennemi est sur le territoire français.- Quand on parle de trahison & Mr Edw. se met en colère et chacun dit qu'il ne faut que s'occuper de la patrie malgré tout ce qu'on peut blâmer et ne pas approuver.-

Hier soir j'ai été chez Mr Auguste avec nos fillettes, le pauvre Mr Duméril m'a paru bien souffrant, mais à l'institut on ne lui a pas trouvé mauvaise mine et lui parait heureux de se retrouver chez lui avec sa fille et ses petits enfants ; Adèle va très bien. Il doit y avoir ce matin une consultation, il m'a dit n'avoir rien au cœur ; il se fait encore illusion, tant mieux.

Adieu, cher Ami, je t'embrasse comme je t'aime bien bien fort, chacun en fait autant ici. Que se passe-t-il en ce moment autour de toi. Merci, merci p^r tes bonnes causeries. Hélène a écrit une petite lettre si impressionnée à Emilie que je comprends qu'il vaille mieux p^r les fillettes ne pas les mener en Alsace.- Elles sont comme toujours et ne paraissent nullement impressionnées de notre agitation morale. La petite Jeanne Brongniard va rentrer au Jardin ; son père est de la garde nationnale, elles vont donc encore avoir une gentille compagne.

Adieu, ami chéri, mes amitiés à oncle et tante Georges et aux g^ds parents Duméril

Ta Nie

n° 71
Charles Mertzdorff (Vieux-Thann)
à Eugénie Mertzdorff (Paris)
mercredi 10 et jeudi 11 août 1870

Mercredi 10h. soir

Ma chère Nie ma journée d'hui est courte. Des 6h. en route p^r Morschw. ou j'ai trouvé tout mon monde en bonne santé & assez résigné. Bonne maman n'a pas bonne mine, mais ne se plaint pas, elle va toujours.- J'ai quitté ces bons parents avec Leon a 10 1/2h p[r] Mulhouse laissant ma voiture qui devait m'attendre a Lutterbach p[r] le retour. diné à l'auberge. A Mulhouse consternationn personne n'a le sol & cependant l'on devrait payer une 100 de mille ouvriers.- La banque ne donne même plus d'argent contre ses propres billets.- Comme tout le monde je suis rentré sans argent, ne sachant absolument pas com̂ent faire la paie, Berger de même.-

L'on me cite des personnes qui le matin ont échangé 50 roulx or contre des billets & qui le soir n'ont plus pu avoir une pièce de 20frs.- Tout l'argent que tout le monde verse journellement dans ce grand coffre a été expédié a Besançon.- C'était prudent, mais au moins devrait-on rendre peu a peu pour les besoins.

Je ne sais réellement pas comme cela se passera & je ne serais nullement étonné que ce bon vox populi, nous prenne pour des aliés aux Prussiens. Un seul mot & le feu est aux poutres. Si Samedi je n'ai pas trouvé, j'annonce a mon monde que je vais en chercher a Paris.-Et tu peux bien me voir arriver Lundi matin pour repartir le soir.- L'on fait du papier monnaie de 5. 10 & 20 frs que l'on donne a l'ouvrier qui le remet au Marchand, qui lui, vient le présenter a la caisse & reçoit contre du Papier sur Paris.- Mais je suis persuadé que cela ne sera pas reçu longtems. L'ouvrier est tellement irritable & ne veut pas comprendre.- C'est possitivement l'ennemi irréconciliable de son patron.-

Le calme & résignation règnent a Mulhouse, sans cette irritaton contre la banque & la tête. Le Senateur de Heckeren a été a la bourse, mais il a du quitter, il ne pouvait plus tenir.-

Que de désastres, faute d'une direction capable.- Que la nation se soulève toute entière ; mais n'aille pas se confier a des incapacités toutes pourries. Il s'agit de faire maison nette pour monter un nouveau ménage.- Il faut qu'on sente toute son incapacité pour avoir appelé Changarnier en conseil après lui avoir refusé un fusil. Quelle confiance le soldat peut il encore avoir.-

L'on dit que les Allemands ménagent bien le pays conquis, pas l'ombre de désordres, a Haguenau l'on a fait ouvrir toutes les boutiques le Prussien achète & paie.- La discipline est sévère.- D[s] les ménagements- trop grands, n'y aurait-il pas une arrière pensée . de nous prussifier. La banque aidant ??-

Ici nous ne pouvons rien, tout est ouvert, rien derière nous- Nous ne pouvons qu'attendre ce que l'on fera de nous.

Aujourd'hui nous arrivent les 1ers journ[x] de Paris & le courrier- J'ai trouvé ta bonne lettre de Mardi- ce soir en rentrant mais j'avais déjà de vos nouvelles par Mme Auguste qui nous donne de tristes nouvelles de son mari.- La consultation a constaté une agravation considérable du mal.

Je n'ai pas de nouvelles des Zaepffel.- Hier j'ai reçu linge etc. de Wattwiller a conserver chez moi.- Personne ne voulait prendre la responsabilité.- La mienne est déjà si grande que rien ne peut l'agraver.- C'est toujours plus en sureté ici que la bas abandonné de tous.-

J'aurais voulu avoir un peu de farine en provision pour le village ; mais pas d'argent pas de Suisse.-

Les fabriques continuent a travailler nous ici arrêté Lundi & Mardi, avons repris le travail & j'envoie une voiture a Mulh.

Hier sont rentrés au village 5 jeunes mobiles de Belfort qu'on a renvoyé com̂e soutiens de famille, fils ainés & veuves- De même a Mulhouse plusieurs voitures remplies de jeunes gens sont rentré a Mulh.- l'on se demande pourquoi- Et puis l'on appelle tous les hom̂es de 20 a 30 ans.- Léon y est- & [Charrier] & Volmer, ici presque tous enfin- Partout il y a encore des soldats & sur la frontière nous avons 1 h. a opposer a 5 & 10 Allemands. ou donc sont nos 5 a 600.^{m} hom̂es?

Barbé est a Bâle reconduire sa sœur, qui ne vivait plus de frayeur.- Il devrait m'encaisser 10^{m} f- A Thann nous avions près de 5000frs a encaisser d^{s} 15 maisons, plus personne ne paie. Melcher a rapporté 50 frs- C'est réellement désolant !

L'on continue a affirmer que les Paraf de Thann ont suspendus leurs paiements. Le ménage Paraf que tu connais est absent depuis 3 mois.- Je crois qu'ils ne reviendront plus.

Ta dern. lettre était de Jeudi, Paramé, & celle d'hier maintenant. Il y en a donc encore en route? -Tu comprend que j'étais impatient d'en recevoir.

Il y a trop de choses a la fois, je ne saurais être a tout.- ma préoccupation principale c'est l'argent.-

Je ne sais pas com̂ent Jaeglé est campé dans le salon d'Emilie- Nous venons seulement recevoir avis d'expédition des lits de fer de Paris.- Je n'ai pas encore eu un moment p^{r} m'occuper du reste.- Mon oncle est couché depuis Lundi, l'on me dit qu'il va un peu mieux mais il ne s'est pas levé aujourd'hui.

2h. Je croyais ma lettre partie, la retrouve. Melcher est déjà a Thann pour la Poste- Ce sera p^{r} demain.

Ch^{s} Wallenburg organise un attelier de 20 couturières- le monde ne nous manque pas pour l'organisation de notre petit hopital.-

L'on va faire 50 draps.- p^{r} 20 lits & le reste- cela fini je laisserai les femmes faire des chemises.-

Au reçu d'une dépêche de Mulh. Jaeglé est parti pour aller chercher de l'argent.- l'on dit que la banque en distribue un peu aux industriels. Nous saurons ce soir ce qui en est.- Quoiqu'il arrive j'ai prié mon banquier de Paris de me dépêcher s'il a mon argent prêt.- & j'irai- mais ne m'arrêterai que le tems de vous embrasser & rentrer ne pouvant pas déserter mon poste bien bien difficile.-

Lorsque je pense qu'il n'y a que 8 [illisible] il me semble des années. C'est ce qui s'appelle vivre vite-

Jeudi 10h.- Jaeglé est rentré de Mulh. avec de l'argent. la banque a distribué 1 mill. aux industriels p^{r} les ouvriers.-

Barbé me télégraphie qu'il rentre aussi- avec ce que j'attendais.- Je suis donc en mesure; seulement c'est tout en grosses pièces de 5 f. argent & ne sais pas trop ou placer cela.- C'est gênant & cependant ne puis pas laisser ma caisse, car c'est la première chose a inventorier par des pillards.- Comme les Andrés n'ont pas les facilités que j'ai je ne vois pas trop com̂ent ils feront.-

Henriet m'a prié de passer a la mairie il était embarrassé de savoir comment fêter le 15 Août.- Ma réponse a été courte. & fort approuvée par tous les maires présents.

Voici ce qui se dit.- Mac Mahon a manqué de munitions, c'est un fait, il aurait tenu plus longtems, mais il ne pouvait que cela.- Voici pourquoi.- 3 millions de Cartouches sont attendues a Belfort- Le 1er wagons arrivant l'on n'a pas d'ordres- puis l'on s'im̂agine qu'il faille pr plus de régularité attendre le dernier qui a mis un peu de tems a venir.- En attendant tout est resté en gare- Mac Mahon ne pense pas avant le départ de s'informer s'il a des munitions- a Belfort l'on ne se doute pas que [l'on] puisse se battre.- On a soigneusement garé les cartouches.- Il y a 2 jours tout [un convoi] de bateaux can̂onières a été vu garé a Mulhouse qui est ouvert au point qu'il y a plus ni douaniers a la frontière ni gendarmes en ville.- .- 10 hom̂es & un caporal peuvent venir les prendre pour a l'occasion s'en servir sur la Seine.- Frossard & son oubli de s'assurer s'il y a un homme dans les bois.- etc- etc....L'on ne finit pas de lire toutes les aneries de nos grands hommes.-

Autre fait digne de ne pas être perdu pour l'histoire.- L'on rassemble les conscrits de cette année- Ils vont a Colmar- Nous croyons qu'on les instruit dans l'art de tenir un fusil.etc... Erreur ils restent 2 a 3 jours & le Général les renvoie paternellemnt a la maison parcequ'il ne sait pas comment les faire arriver a leurs régiments- Com̂e en tems de paix chaque hom̂e a sa destination l'un pour tel l'autre tel autre régiment & armee- le général se trouve dans l'embarras.- Ceci est un fait- Ici la classe de 70 est rentrée dans ses foyers.- L'on dirait que depuis le 1er au dernier tout le monde a perdu la tête.- C'est un second Sadowa. l'armée ennemie passe les vosges a Saverne & a St Avon et......-

Ici la colère est extrême & l'espoir nul. a Mulh. se trouve le Général Douai frère de celui qui s'est fait tuer a Wissembourg.-le 7 il reçoit une Dépêche de Mac Mahon qui lui demande 20m. hom̂es & 20m. a Belfort.- il avait en tout 7 mille hommes, il s'est replié sur Belfort en pleurant com̂e un enfant. L'on avait oublié que la division se trouvait a Lyon.- Elle se concentre maintenant dit on

Aujourd'hui qu'on s'est un peu rendu compte- l'on comprend l'insuccès & cette terrible défaite.- Sur le Champ de Bataille de Wœrth. il y a 4 franç s pr un prussien- 4 jeunes gens de Mulhouse sont sur place com̂e membres de la Société de secours aux blessés.-

Le 8 & 9 la panique a été terrible, tout le monde se sauvait, les uns en Suisse les autres ds les Vosges. au point que maintenant les paysans arrêtes les fuyards & les font rebrousser chemin.

Tout cela, l'on ne sait pas trop d'après quel bruit; car dans le duché de Bade la peur n'était pas moins grande ils se cachaient ds leur forêt noire par milliers.- Ceci n'a rien d'extraordinaire- Mais l'on m'assure que la panique a gagné le Général qui faisait sauter le Viaduc a Dannemarie, il est miné, sans l'intervention du procureur impérial.- il coupait ainsi Lyon, Belfort de Strasbourg. Comprenez si vous pouvez.-

La guerre absorbe tous les esprits ici, nous serons les premiers a faire les honneurs de chez nous- Pardonnes moi cherie & mes longues tirades & mes colères mitigées ;-

Je continue a rassurer, ce soir le maire d'Aspach était ici;- j'ai taché de le remonter.

tout a toi cherie
ton Ch[s]

personne ne m'a parlé; mais je crois remarquer que nos chers habitants ne sont pas contents de ma retraite.- Si je m'en allais en ce moment ce serait une déroute complète ici.- L'on me montre g[de] confiance & se grouppe autour de moi.

Henriet a fait la paix avec ses anciens ennemis qui dit -il sont fort aimables & restent en permanence a ses cotés. Il est aussi enchanté de sa résolution surtout depuis qu'il sait que je me retire de même. quoiqu'il soit 11 h. je n'ai pas de nouvelles des Zaepffel je vais écrire un petit mot.- l'on dit que Préfet a perdu la boule. c'est fait pour cela.-

Henriet m'assure que Dimanche le Curé de Thann a fait le plus violent sermon contre les fabricants parce qu'ils sont protestants & qu'ils exploitent le pauvre peuple.-

Kestner est toujours en danger il va moins bien aujourd'hui qu'hier. J'étais la prendre de ses nouvelles.

n° 72
Eugénie Mertzdorff (Paris)
à Charles Mertzdorff (Vieux-Thann)
vendredi 12 et samedi 13 août 1870

Paris
12 Août 70
Vendredi soir

Mon cher Charles,

Quoique tout fasse craindre que les communications soient interceptées et que mes lettres ne t'arrivent pas je tiens à t'écrire tous les jours, c'est toujours une chance de plus p[r] que tu aies q.q. chose de nous. C'est si triste d'être ainsi séparés. Et p[r] toi surtout qui es seul et a tant de choses sur les bras avec des impossibilités p[r] lever les difficultés, je pense bien à toi, Ami chéri, et je souffre en songeant quelle crise tu traverses. Et peut-être maintenant, un corps d'armées ennemis a passé le Rhin et envahi notre pays de votre côté? Tu es aussi bien renseigné que nous sur le théâtre de la guerre. Les détails nous viennent souvent par des extraits du Courrier du Bas Rhin, puis ce soir c'est le Temps qui rapporte sur Mulhouse les détails que tu m'as écrits. (c'est probablement Mr Tachard qui les a donnés)- Le Gaulois, le Figaro ont de bons correspondants et aujourd'hui nous avions les détails sur la journée du 6.- Tu dois avoir tout cela par extrait. On continue à m'envoyer le Moniteur, grâce à toi je pense.

Je te quittais à 1^{h} en toute hâte Alphonse venant m'offrir de me conduire au Corps Législatif; j'accepte, et vite m'habille et en voiture. La séance n'a rien eu de remarquable, mais p^{r} moi de l'intérêt puisque c'était la première fois que j'assistais à pareille fête.- M^{rss} les députés ne brillent pas par le décorum et sont bien bavards, la sonette de Mr Schneider doit souvent s'agiter. La loi sur les échéances à reculer d'un mois ne sera votée que demain. Il n'y a eu d'élan que lorsque le ministre a annoncé que la démission de Le Bœuf était acceptée.- Les abords du palais Bourbon parfaitement calmes ainsi que tout Paris. En rentrant j'ai accompagné Aglaé qui allait faire une course derrière ND de Lorette en voiture découverte avec les enfants, et partout la tranquilité. De temps en temps on rencontre un groupe chantant la Marseillaise c'est tout.- On travaille activement aux forts de Paris. Alfred avec sa brigade va en diriger un d'après les plans qu'on lui donnera. Ne t'agite pas p^{r} nous, nous espérons ne pas faire d'imprudence. Tes chéries vont bien, tout le monde les entoure de soins de caresses aussi elles vont très bien. J'ai bien sommeil, bonsoir cher Ami, dors bien.

Samedi midi 1/2

Je suis plus heureuse que toi, cher bon Ami, car je reçois régulièrement tes bonnes lettres, me voici en possession de celle écrite Mercredi soir et Jeudi. Je suis donc au courant des péripéties que tu as eues à supporter p^{r} arriver à avoir le numéraire nécessaire p^{r} payer tes ouvriers. On comprend la panique de la banque, mais elle devait venir ensuite en aide à ceux dont elle emportait l'argent.-

Ici on a beaucoup de peine à avoir autre chose que des billets; la banque va émettre des billets de 25 ^{frs} On ne reçoit plus d'or, tout en pièces de 5^{frs} c'est embarrassant, mais on est encore bien heureux d'en avoir.-

Comme toi et comme toute la France on souffre des fautes qui sont commises, du désarroi qui existe partout, et de la tête perdue de tant de gens qui devraient être à la hauteur de la position. Encore une bonne lettre de Julien en même temps que la tienne. Sauf la pluie qui est si abondante, qu'ils ne peuvent aller s'exercer malgré leur désir de connaître au plus vite le maniment du fusil, et sauf le vent qui vient arracher la nuit les pieux de la tente, mais il dit qu'on se retourne et qu'on reprend son somme. Mr Pavet partait p^{r} Metz; il va retourner à l'ordinaire (c'est la gamelle qui porte ce nom) Je ne souhaite pas te voir arriver à Paris malgré tout le bonheur que j'aurais à t'embrasser, car par le temps présent le voyage est fatiguant et puisqu'il faut que tu sois à ton poste de Vieux Thann, tu devrais repartir de suite; et dans tous ces voyages il y a encore une chance de plus de danger.- Voilà notre toile achetée p^{r} les chemises de blessés, nous nous y mettons tous.- P^{r} celles qu'on fait à la maison, recommande qu'on les fasse le plus simplement possible, et larges d'entournures, pas de poignets aux manches et cordons au col p^{r} attacher, avec 50 draps ce sera un commencement.- Je voudrais bien t'aider p^{r} l'établissement des ambulances, ce serait la seule chose où je pourrais t'être bonne à q.q. chose.- Mes bonnes petites filles vont très bien et sont bien gentilles. Elles ont fait des petits devoirs ce matin, je vais continuer, elles ont besoin d'être occupées.

Adieu, mon cher Charles, je t'embrasse de cœur ta petite femme [aimée]

EugM

Papa, maman les frères et Agla te font mille amitiés, Julien demande toujours de tes nouvelles. Amitiés à oncle et tante Georges, je remercie bien oncle Georges de sa lettre.

Tous les jours depuis le jour où tu nous as quittées une ou 2 lettres partent à ton adresse. J'ai reçu toutes les tiennes.

Merci.

Où Léon est-il envoyé ?

Julien dit qu'il leur arrive de la mobile de partout.

Mille amitiés

Cécile te fait dire bien des choses. Elles est bien démontée. Et Nanette, fait-elle bonne figure, bien des choses p^r elle.

n° 73
Charles Mertzdorff (Vieux-Thann)
à Eugénie Mertzdorff (Paris)
vendredi 12 et samedi 13 août 1870

Ma chère Nie Je voulais écrire aux enfants, mais je me suis couché après minuit & me suis levé avant 6 h. de sorte que toute ma journée j'étais fatigué & n'ai pas fait beaucoup.-

Ce soir l'on est venu nous annoncer la mort de ce pauvre Kestner qui a tant souffert depuis si longtems.- Hier j'étais au bureau demander des nouvelles qui n'étaient pas si mauvaises. M^r & Mme Floquet sont arrivés ce matin.- Il avait 67 ans.

Berger est venu aussi me consulter pour Jules André qui se [tient] dans cette catégorie d'hommes de 25 a 35 que l'on appelle.- Savoir ce qu'il faut faire pour faire valoir son titre de fils ainé de [illisible]

Plus de 10 mobiles de réserves m'ont demandé des certificats pour tacher de rentrer, il est vrai qu'ils sont tous mariés. Ma mairie m'occupe une partie de la journée.- Mon attelier de couture fonctionne a faire des bandes & des matelas.- Les sommiers viennent de nous arriver.- Mais non les lits- La maison est prête- Je viens de commander a mes menuisiers des tables de nuit.- Puis un peu de vaisselle- etc.- un petit foyer, enfin fais moi un peu une liste de ce qu'il faut pour monter ce ménage- consulte un peu Alph.-

Je n'ai pas encore écrit a Mr Hirtz.- Par le fait le haut Rhin n'a pas ou exessivement peu de blessés- Colmar & Thann pas.- il est vrai que ces dern. n'ont pas encore leurs lits & ne sont pas plus avancés que moi.- C'est Mons [illisible] qui a toute la charge, aussi se plaint-il qu'on le laisse [illisible]. les morts sont en bien plus grand nombre que les blessés. Il est bien heureux de voir la France se lever-

Ici l'on est tout a fait découragé- il n'y a plus l'ombre d'énergie.- Notre peuple souverain d'ici tient le raisonnement suivant- Si Napoléon, qui est tout pour nous, a été battu, c'est qu'il a été vendu par les rouges & les protestants.- Ils ont fait dans le pays les listes des personnes- A Mulhouse l'on craint beaucoup, ayant désarmé les pompiers & n'ayant plus ni gendarmes, ni soldats.-

Le fils Risler Kestner qui est mobile a Neuf Brisach est appelé avec de ses camarades devant le comandant qui leur dit que le territoire franç va être & qu'il les a choisi pour sortir de la ville & faire opposition- Ils étaient 200.- Aussitôt fait. heureusement personne n'a passé le Rhin & ils ont pu rentrer autrement on les sacrifiait.- Je n'ai pas vu- je raconte ce que l'on me dit.- Mais l'on n'a encore appelé les mobiles que de qq^s Dép. pourquoi cette première levée n'est elle déjà depuis longtems sans les [illisible]. A Belfort les mobiles sont très occupés, 6 h^s par jour. Mais l'on dit qu'ils se sont refusés d'être incorporés dans l'armée.- A t-on fait des tentatives je n'en sais rien..-

Avant la grande bataille qui malheureusement sera terrible nous croyons ne pas être envahi.- Du reste de ce coté ci de la forêt noire l'on prétend qu'il n'y a pas du tout de troupes. toutes les forces allemandes paraissent réunies au N^d de l'Alsace. Nous n'aurons guère ici que la Landwehr.- L'on dit que de nouveau la banque donne un peu d'argent- Quand elle a quitté il y avait 9 millions en caisse.-

Il est impossible de se rendre compte de ce que l'on deviendra mais si l'on pouvait se donner 6 mois de plus l'on serait heureux- Comme tu le dis bien soyons résignés & prions Dieu.-

Les coumiers sont réguliers depuis deux jours- Mais pend^t 8 jours aucun train ni aucun fil teleg ne marchait.- Marchandise impossible d'expédier.- Du reste le ch. de fer fait l'impossible p^r un peu satisfaire- Des qu'il peut avoir une locomotive de libre, elle marche p^r le public. Demain Samedi nous avons la paie & l'argent nécessaire ;

Samedi matin. Rien de particulier.- Je me suis couché de bonne heure, ai passé une bonne nuit.- Cependant je me trouve un peu fatigué & enervé- Mais du reste vais très bien. L'oncle est a son bureau depuis hier va bien.-

J'ai écrit a Emilie ma sœur, elle a envoyé une lettre a G^ges réclamant de nos nouvelles : cela se trouve donc bien. rien de particulier a Colmar ils vont bien, Edgard a beaucoup a faire. Mme Jaeglé est installée c'est un ménage bien tranquille. Kremholz a envoyé sa note p^r les enfants f. 137 que je vais faire payer.

Je reçois une lettre de mon banquier de Paris Mess. Offroy & C auxquels j'ai envoyé 60 000 frs comptant aller moi même chercher l'argent- Il m'écrit qu'il peut me faire huit mille frs.& avec peine la banque réservant son argent- Pour si peu je ne ferai le voyage qu'à la dernière extrêmité.- Je me réjouissais d'avoir le plaisir de vous embrasser & vous voir quelques heures, mais non- car je ne me donnais ce bonheur que par devoir pour les autres- Pour moi & les miens je ne dois pas quitter. l'on est un peu plus remonté a Mhlhouse et ailleurs.- Je ne le suis pas.

Ricot est venu dîner avec moi- Je lui ai dit que j'étais décidé a supprimer ma maison de Paris.- Je lui écrirai encore pour que ce soit fait p^r le nouvel an.- Il faut se réduire, surtout avec l'esprit de la classe ouvrière.- Réduire travail & dépenses !-

le ch. de fer est miné en bien de places- on le fera sauter, nous pouvons donc être longtems sans nouvelles les uns des autres mais je pense qu'on saura faire arriver les lettres par Bâle & Lyon.

2h. Je reçois lettre de faire part Kestner enterrement demain dimanche 3h. soir. Je vais faire visite aujourd'hui.

n° 74
Eugénie Mertzdorff (Paris)
à Charles Mertzdorff (Vieux-Thann)
lundi 15 et mardi 16 août 1870

Paris
15 Août 75
Lundi 10^{h} soir

Que tu es donc bon, mon cher Charles de nous écrire aussi régulièrement et quel bonheur pour nous de lire ta chère écriture. Ta lettre de Samedi ne nous est parvenue qu'aujourd'hui (à 2^{hs}) mais celle d'hier était en notre possession ce soir à 6^{h}. C'est prompt et honneur au service de la poste pour un temps de guerre. La ligne de l'Est aura bien mérité de la patrie.- Tes petites filles sont bien heureuses d'avoir chacune une lettre du père chéri, celle-là leur appartient et chacune l'embrassait et l'a mise dans sa poche. J'admire que tu puisses, malgré tout ce que tu as en tête, leur écrire si gentiment ta petite morale a été comprise et demain on veut bien travailler : nous verrons.

Je suis étonnée du peu d'enthousiasme dont tu me parles et qu'il n'y ait pas plus d'élan p^{r} repousser l'ennemi. Paris est plus patriote et en Bretagne il y a des enrolements et cependant la question de brûle pas comme en Alsace, c'est extraordinaire. Je serais bien étonnée que Léon pût ne pas partir car c'est la première fois que j'ai entendu parler de remplaçant aussi je n'en ai pas parlé.- Les deux fils de Mr Duméril l'ingénieur partent, ils attendent qu'on leur indique leur corps. Georges serait s.lieutenant à cause de son titre d'ancien élève de l'Ecole polytechnique et il voudrait avoir son frère comme brosseur. C'est une levée en masse. Chacun reprend espoir, seulement on crie beaucoup après les longueurs de la bureaucratie française et après ce qui nous a menés jusqu'ici. La crise est grave. Hier des horreurs à la Vilette les journaux vont vous porter le récit de cet assassinat de 2 hommes à un poste de pompiers;- on a trouvé des armes. Les Prussiens sont fortement accusés, on en arrête toujours.- C'est la pauvre Lorraine qui souffre la première, s'il n'y a pas une éclatante Victoire, notre tour pourrait bien venir.-

Demain je te reparlerai de notre ambulance, je vois que tu as fait marcher les choses rondement mais p^{r} le moment on dirige les blessés vers Paris p^{r} les éloigner des ennemis.- Nous sommes allées à la g^{d} messe du Panthéon nous avons eu un beau sermon sur le sujet palpitant de la patrie.- L'après midi avec maman et Agla et chez Mr Auguste. Ce dernier va un peu mieux, l'enflure diminue, on reprend de l'espoir. Mr Soleil est venu hier 6h à Paris avec un garçon de caisse, mais une dépèche de son directeur l'a rappelé de suite.- Nous avons trouvé Me de Tarlé au no 13 qui a été très aimable, les enfants ont été gentilles.- Nos messieurs ont commencé leurs travaux de fort ils sont rentrés bien fatigués, il fait chaud. Bonsoir, cher Ami, je t'embrasse du fond de mon cœur.

Mardi 1h

Pas de nouvelles complétant le combat de Longueville, c'est inquiétant, on est toujours si anxieux d'apprendre une bonne nouvelle qu'on ne sait pas comment on vit. Seulement hier 8 jours que nous sommes à Paris, il semble qu'il y ait déjà un siècle que nous avons quitté la mer et deux siècles que tu es seul au Vieux Thann.....

1h1/2 On m'apporte ton bon petit mot d'hier. Merci, mon cher Charles pour toutes ces bonnes preuves que ta pensée est avec nous, ça fait bien du bien dans l'éloignement. Par le même courrier une lettre de Julien à Emilie bien bonne et aimable pr tous. On va changer leur fusil à tabatière pr des chassepots. Ce n'est pas bon signe,- c'est preuve qu'on va faire donner la garde mobile.- Les Prussiens avancent toujours. La gde bataille devient imminente à moins qu'on ne veuille les laisser venir jusqu'à Paris. Ici la résistance sera acharnée et longue. Les forts sont bien garnis et approvisionnés et tout le monde est décidé à se battre.

Jusqu'ici je n'ai pas cru devoir demander à m'en aller à Launay car les avis sont partagés pour savoir où on sera le mieux à Paris ou à Launay en cas d'attaque des Prussiens. Générallement on pense que nous sommes mieux ici, Montm. est beaucoup trop près de la capitale et Launay pas assez éloigné pr qu'avec le ch. de fer, l'ennemi ne se dirige pas de ce côté par petite bande pr chercher les vivres et prendre partout le nécessaire à une armée aussi nombreuse. Et que dans une maison isolée nous serons peut-être bien effrayés, il n'y aurait que papa et maman qui m'accompagneraient - Mais personne ne veut prendre la responsabilité, maman dit qu'elle fera ce que je voudrai, qu'elle veut bien partir. Je te prie de me donner encore ton avis en m'écrivant.- Ici on fait q.q. provisions de nourriture.- La chaleur est assez forte. Ce matin à 8h Emilie venait à la messe avec [illisible] toute la semaine il y a des prières et [illisible] à Dieu de protéger nos braves soldats et de donner la victoire à notre belle France.- Que Dieu écoute nos prières. Que sa volonté soit faite.

Notre grasse Mie était encore dans son somme en rentrant 9h je conduis mes fillettes chez tante Aglaé où je les laisse et rentre travailler aux chemises des blessés. Pendant ce temps elles vont reconduire petit Jean au ch. de fer; il part avec sa maman à Blois pr tenir compagnie à cette pauvre Me Pavet qui vient d'avoir son 6e garçon; puis elles rentrent déjeuner de bon appétit; Marie depuis a cousu; Emilie un peu fatiguée s'est reposée sur le canapé un 1/4 d'heure; puis l'arrivée de vos bonnes lettres, elle a fait un peu de piano 2 temps de verbe et voilà que nous nous en allons tous, bonne maman aussi, travailler chez tante Aglaé. Tu vois que les enfants remuent encore assez, mais certainement que ça ne vaut pas la campagne.

Je suis bien contente que pr la paie de tes ouvriers tu sois tranquille. Ici impossible d'arriver à changer les billets il faut faire queue pendant un ou 2 jours à la banque et on ne vous donne pas d'argent, seulement des billets de 100^{frs}. Mr Soleil disait qu'il faudrait bien encore 6 semaines avant que les plus petits billets soient en circulation.

Je n'ai pas pu parler avec Alphonse pour notre ambulance ; ces Messieurs partent dès 5^{h} 1/2 p^{r} leur fort et ne rentrent que le soir ; hier ça a bien marché M^{r} De Launay de l'Observatoire a traîné la brouette, Alph. porté les bois &&&. Ce soir, j'irai trouver Alph. p^{r} voir ce que nous pourrions ajouter à ce que tu as déjà fait.
50 Draps.- P^{r} les oreillers qu'as-tu fait faire ?
chemises sur le modèle de tes chemises de nuit
    seulement pas de poignet aux manches
    0^{m},56^{c} de large et droites.
    col de 0^{m}53^{c} long et 2 cordons p^{r} attacher.
    Le devant fendu de 0^{m},50^{c}
serviettes de coton ou essui main && p^{r} servir à tout.
linge de fil vieux
10 cuvettes ou terrines
Je passe sous silence les meubles des tables de nuit
en vaisselle commune en terre allant sur le feu
    2 marmites 3 plats et
    4 petits pots
3 douz d'assiettes- Une douz creuses.
2 douz de tasses-
2 douz de verres communs
6 pots pouvant contenir lait, tisanne ou eau-
6 carafes
3 soupières
6 g^{ds} bols
2 théières. Mais je pense que si les malades arrivaient, chacune se ferait un plaisir d'apporter q.q. chose

Adieu Ami bien aimé je t'embrasse comme je t'aime c'est bien fort espérons un temps meilleur ta petite femme EugM.

Bien des choses à oncle et tante Georges. Ce matin j'ai reçu une lettre d'Emilie je lui avait écrit hier.

Bien des choses à Nanette et Thérèse de ma part. Cécile me prie toujours de ne pas l'oublier auprès de tous les V.Thann.

n° 75
Eugénie Mertzdorff (Paris)
à Charles Mertzdorff (Vieux-Thann)
mercredi 17 août 1870

Paris 17 Août 70
7h Mercredi matin

Hier soir, Mon cher Charles, j'ai été lâche, j'avais sommeil et je me suis couchée à 9h sans avoir la force de prendre la plume pr venir causer avec toi ! J'espère que tu me pardonnes et je me dépèche de réparer ce matin tandis que mes petites filles dorment encore bien tranquillement. Je n'ai encore vu personne, maman a toujours un peu mal à la gorge, cependant elle est venue passer hier le reste de la journée avec nous dans le petit jardin d'Aglaé. Ces messieurs ont fait une bonne journée à leur fort ; ils ont reçu la visite du général Chabot Latour et de Mr Thiers. Les conseils de ce dernier ne sont pas refusés, à ce qu'il parait, car, comme je te le disais à la séance du corps législatif à laquelle j'ai assisté, Thiers est entré dans la salle causant très intimement avec Palikao.- Qu'est ce que les journaux vont nous apporter ce matin ? On ne sait plus comment on vit. On a intérieurement une inquiétude qui trouble mais ces messieurs ne veulent pas qu'on la montre, on voit qu'ils sont agacés quand on parle de désastre & il faut montrer de la confiance pr être bon patriote et se mettre à l'unisson de notre brave armée qui va faire acher ses hommes jusqu'au dernier. Tout cela trouble la respiration. Enfin courage et confiance en Dieu.

Demain j'irai avec Aglaé à Quimquanpoix voir ma tante Allain qui est toujours bien mal, c'est pénible mais c'est un devoir.

Les enfants resteront avec maman et irons jouer avec leurs petits cousins Soleil.-

Pr ce que tu me demandais au sujet des fournitures les plus utiles à une ambulance, Alph. n'a pas pu me renseigner, nous allons demander à son ami Mr Boardel s'il y a q.q. objets spéciaux. L'air est la chose la plus recommandée partout et ces Messieurs aiment bien les tentes par cette saison, aussi en établit-on dans tous les jardins des hôpitaux.

Hier j'avais préparé à mes fillettes des petits devoirs qui n'ont pas été faits malgré la gde bonne volonté et le désir de bien faire, elles ont lu et cousu aux chemises des blessés.-

Cette nuit sous mes fenêtres, j'entendais causer, crier, comme cela arrive souvent, et il y en avait un qui criait, je m'engage, je pars contre les Prussiens... et beaucoup comme cela : Je suis fort étonnée qu'en Alsace il n'en soit pas ainsi, car l'intérêt est bien plus immédiat.

Je regrette maintenant de d'être pas retournée de suite avec toi, mais on ne pouvait pas juger par les évènements qu'on ignorait... et qu'on ignore encore. Depuis hier rien de neuf.-

La mort de Mr Kestner amènera-t-elle q.q. changements dans la fabrique probablement qu'une partie de ces dames va s'en aller à Paris, il me semble qu'il a été pris gravement assez vite, depuis le temps où il était malade. J'espère que tu es bien soigné que Nanette et Thérèse font de leur mieux pr que tu aies tout ce qu'il te faut.

J'entends les chéries qui se réveillent, que n'es-tu là ? Elles ont bonne mine et tu serais heureux de les embrasser. Je vais le faire p^r toi.

3^h Depuis mon petit bonjour de ce matin, j'ai été avec maman à la messe 8^h p^r nos soldats, au retour j'ai fait travailler nos fillettes qui se sont parfaitement appliquées et ont fait chacune une dictée très bien écrite et avec une seule faute (difficile). On avait relu ta bonne lettre avant de se mettre à la besogne, ce qui avait donné le g^d courage de remettre d'une heure le plaisir d'aller avec tante Aglaé. Puis midi sont arrivés et après être restées à nous regarder travailler je viens de les envoyer jouer chez tante Adèle, à 3^h1/2 nous les emmènerons au bain froid. J'avais parlé dans la journée de dentiste mais j'ai été accueillie par 2 grosses larmes aussi je remets cette visite que je ne crois pas urgente.- Ma présence ici est bonne car par moment notre pauvre mère a le cœur bien gros, elle rangeait ce matin les affaires de Julien et je n'ai pas besoin de te dire ce qu'elle disait. Tu le devines. Le journal ne confirme pas les bruits de g^de victoire qui courent, mais ce qui parait certain c'est le retour à Châlons de l'empereur. C'est là que la g^de bataille se livrera. Quelle carnage ! Le cœur frémit ; mais il faut montrer de la confiance. Je crois bien que Léon sera obligé de partir. Tout le monde est appelé, il n'y a que les fils de veuve qui restent comme soutien de famille. Je pense que tu dois avoir des bas de manches d'habit à raccomoder ainsi que les bas de pantalons gris regardes-y ; et tu le ferais faire au petit tailleur (le Sacristain) il viendrait chercher ce que tu aurais mis de côté. Thérèse ne peut pas faire cela.-

Marie a encore une bonne petite lettre de Marie Berger. Elle a commencé à t'écrire dès hier, mais la lettre est encore là, elle voudrait si bien faire qu'elle ne trouve pas le bon moment. Si tu ne reçois pas mes lettres ne m'accuse pas, je t'écris tous les jours.-

Adieu, Ami chéri, je t'embrasse comme je t'aime et ce n'est pas peu dire. Encore mille amitiés, garde le meilleur et donne q.q. chose aux parents et amis

ta petite femme

Eug M.

je ne sais ce que je dois faire aller à Launay ou rester à Paris ? Je voudrais que papa vint aussi, mais ce matin il disait qu'il ne voudrait pas déserter son poste, ainsi il n'y aurait que maman les enfants et moi et ses vieux domestiques avec Cécile. Au jour le jour. Que Dieu nous dirige.

n° 76
Charles Mertzdorff (Vieux-Thann)
à Eugénie Mertzdorff (Paris)
vendredi 19 août 1870

19 Aout matin.-

Vendredi Ma chère Eugénie J'ai reçu hier au soir ta bonne lettre du 17 mais 6ième jour sans journx français sauf l'Industriel qui nous en donne qqs extraits lorsque par qq voyageurs il peut avoir un Journal. l'armée françse a été & est encore dans une position bien critique- Si Bazaine opère sa retraite heureusement ayant au dos une armée 4 fois plus forte que lui, ce sera magnifique.- Il s'agit maintenant de savoir ce qu'il trouvera a Châlons.- S'il y a 300m hom̂es nous pouvons peut être avoir raison des 6 a 700m/ allemands.- Nous ne serions toujours en hommes que com̂e 5 a 7 ou 8.-

Tu comprends toutes nos inquiétudes; voilà Belfort dégarni de troupes depuis avant hier- par contre au sud de l'Allemagne, de l'autre coté de la forêt noire, il y a toute un grosse armée a cheval sur ses chemins de fer attendant les ordres de Molke.- Si nos troupes se retirent sur Paris, nous devons forcément être occupé; car une préoccupation d'une retraite des allemands n'existant plus, toutes ces réserves qui sont encore immenses seront disponibles.- Ils ont 1200m/ soldats!-

Notre crainte c'est de nous voir coupé de la France. Voilà déjà le bas Rhin qui s'organise a la prussienne- Administrateurs & financiers prussiens y sont.- Du reste l'on dit quantité de cour̂iers anglais surtout, vont & viennent du quartier général Prussien & qu'une brochure anglaise, préliminaire de paix est en travail.

Nous devons être sacrifiés; l'Alsace sera réuni a l'Allemagne.- Ce serait un pauvre pays que le nôtre, appelé a voir tous les 10 ou 20 ans une guerre comme celle ci.- Mais qu'y faire! Si c'était encore par notre unique faute.-

Tu vois que dans le fin fond de ma solitude je broie un peu de noir; mais comment n'en serait til pas ainsi, devant nous le Rhin & ses habitants, derière nous l'armée ennemie, a moins l'on serait maté & découragé.-

Je comprend colère & énergie a Paris- Mais je suis sûr que si tu voyais les villages & petites villes ouvertes de toute la France, tu ne trouverais pas cet élan parisien qui se sent chez lui & est assez fort pour une résistance sérieuse.-

Je partage bien les inquiétudes de notre bonne mère, il y a de quoi- L'on ne peut que demander a Dieu— Je ne continue pas car je broie du noir.-

Ici c'est toujours la même situation du pays & des affaires. Hier soir je suis resté a la mairie jusqu'a 9 h.- puis ai trouvé Mr Jaeglé au bureau- puis j'ai lu mon journal de Bâle & le petit Industriel.- Il faudra encore bien 6 jours jusqu'a ce que Bazaine soit a Châlons, ce seront autant de journées de combat a moins que le camp soit assez fort pour aller a sa rencontre.

D'après le journal, Strasbourg a fait une sortie a été repoussé & laissé un canon.- Par contre a Selestadt 250 uhlans ont sommé la ville, la sortie de quelques mobiles les a mis en fuite laissant 10 des leurs.- Tout cela est peu important.

Si le père ne peut pas vous accompagner a Launay, il est bien sûr qu'il faut rester a Paris, ou maman aura toujours plus facilement des nouvelles de Julien.- Je me fais plus facilement a l'idée de vous voir a Paris quoique j'aurais cru qu'a Launay vous vous trouviez parfaitement en sécurité, mais comme tu dis isolés de tous ceux qui restent a Paris.- Comment saurait-on être bien en ce moment.-

Le petit Bonheur vient de prendre congé, com̂e anç militaire il est appelé.- Cette classe d'hom̂es ne fait guère que 40.000 h. au maximum mais ce seront de bons soldats, seulement ont -ils le droit de se plaindre parcequ'ils ont déjà servi 7 ans ils faut qu'ils se dévouent tandis que ceux qui sont resté a la maison & ne peuvent être bons parcequ'ils ne savent pas le métier restent forcément a la maison. Le pays serait autrement défendu si tout le monde avait été soldat ne fut-ce que 1 a 3 ans com̂e en Prusse.-

Pour demain il reste encore 200 pièces ce sont les dernières.- l'un des blanchiments se trouvera vidé demain l'autre a la fin de la semaine proch. alors je n'aurai plus de travail pour 10 ouvriers !- Si tu me demandes ce que je ferai- je n'en sais rien, l'on va le jour le jour ;- tant que j'aurai de l'argent je paierai aux ouvriers une indemnité p^{r} qu'ils puissent un peu vivre.- Mais l'on n'a cœur a rien.-

Je suis seulement trop bien soigné en tout l'on me gâte. Quant au manger je l'ai réduit a sa plus simple expression & m'en trouve très bien.- Pour le reste mes servantes se lamentent toujours qu'elles n'ont rien a faire p^{r} moi.- Nanette surtout voudrait bien revoir la maitresse de maison a laquelle il faut bien se soumettre- l'attente ne peut pas être longue.- 7bre décidera de nous & notre pauvre pays !-

[Je vous remercie des] bonnes lettres que je reçois qui sont ma seule consolation. Je vous embrasse com̂e je vous aime Chs.

J'ai écrit hier a Edgard- Je voudrais bien voir ma sœur, mais cela n'est pas possible, ils sont bien démontés aussi. Nous pouvons encore avoir de bien mauvais jours a passer- Tant qu'on a des nouvelles les uns des autres l'on trouve consolation.

n° 77
Eugénie Mertzdorff (Paris)
à Félicité Duméril (Morschwiller)
dimanche 21 août 1870

Paris
21 Août 70

Chère bonne Maman,

J'ai été bien heureuse de recevoir votre bon et affectueux petit mot de Jeudi dernier, et moi-même je voudrais vous écrire plus souvent que je ne le fais, mais, comme vous dites fort bien, on craint, avec la plume de se laisser aller à montrer réellement trop d'inquiétude et à communiquer à ceux qu'on aime toutes les tristes pensées qui absorbent.

Je vous sais bien courageuse, et soumise aux décrets de la Providence et je ne doute pas que vous n'attendiez avec calme, ainsi que bon papa, les évènements qu'il plaira au Ciel de nous envoyer.

Quant à moi, je ne puis vous cacher que je souffre extrèmement de ne pas être auprès de Charles et il me faut toute ma tendresse p^r mes chères petites filles p^r accepter en ce moment de crise cette séparation.

Jusqu'ici nous sommes restés à Paris, mais si les évènements continuent à devenir si sombres, maman veut bien m'accompagner et nous nous dirigerons sur Launay, où nous rencontrerons d'autres causes d'alarme, mais à la grâce de Dieu. Il n'y a que Lui qui connaisse les choses à venir.-

J'ai été bien heureuse d'apprendre que Léon ne se trouvait pas compris dans la classe des hommes appelés. Que de douleurs! que d'efforts! Et après?...

Nous avons eu le bonheur de revoir notre Julien; la vie des camps jusqu'ici n'a eu aucune mauvaise inffluence sur notre jeune soldat. Il est au camp de St Maur p^r peu de temps probablement.....

Mr Pavet est blessé à la jambe et à Metz, mais on n'a aucun détail; il aurait eu une 1ere blessure à la figure et aurait conservé son commandement, ce n'est que la blessure à la jambe qui l'aurait mis hors de combat.

Raymond Duval a dû combattre aussi dans la journée du 17; on n'a aucune nouvelle depuis le 14. Vous devinez les craintes.

Je ne vous parle pas de vos chers frère et sœur, je sais qu'ils vous écrivent longuement et souvent; Samedi nous avons eu le plaisir de passer une bonne après midi avec Mr Auguste qui nous a menées au Guignol des Champs Elysées. Il me paraît un peu mieux, Me Auguste a repris courage.- Les petits enfants vont bien.-

Alfred et Alphonse travaillent activement à la défense de Paris de 5^h du matin au soir. Ces messieurs avaient besoin de faire q.q. chose p^r le pays, ils souffrent trop dans l'inaction.

Maman me charge de toutes ses amitiés. Mes fillettes embrassent bien fort bonne maman Duméril. Marie est tombée Dimanche dans l'escalier, mais rien de grave heureusement, une forte contusion au nez. Emilie est une peu enrhumée. Mais je n'ai que du bien à vous dire de ces deux bonnes petites chéries.

Adieu, chère bonne Maman, je vous envoie p^r vous et nos messieurs l'assurance de ma profonde affection

Eug.Mertzdorff

n° 78
Georges Heuchel (Vieux-Thann)
à Eugénie Mertzdorff (Paris)
dimanche 21 août 1870

Vieux Thann le 21 Août 1870

Ma chère Nièce,

Malgré que je suis journellement au courant de ce que vous faites, puisque Charles a la bonté de me communiquer vos chères nouvelles, je sens néanmoins le besoin de communiquer directement avec vous, puisqu'il me semble qu'il y une éternité déjà que je suis privé de ce bonheur, car vous ne sauriez croire, ma chère Nièce, combien que les jours & les semaines se passent lentement quand on vit comme nous vivons en Alsace, tantôt dans la peur & l'inquiétude & tantôt dans une petite lueur d'espérance, suivant les bonnes ou mauvaises nouvelles qui nous arrivent très irrégulièrement de Paris soit par les journaux ou les dépèches du gouvernement.

Cependant les lettres particulière & du commerce nous arrivent journellement, mais le plus souvent avec deux jusqu'à quatre heures de retard, & celle que Charles a reçu hier de vous nous a fait bien plaisir, puisqu'elle nous annoncait dabord que vous vous portez tous bien & en second lieu que votre chère frère Julien se trouve aprésent au camp de S[t]Maur & qu'il a déjà eu le bonheur d'aller embrasser ses chère Parents ; vous ne sauriez croire quel plaisir que cela nous a fait & ma femme en a pleuré de joie pour Madame votre mère ; nous prions journellement le bon Dieu pour que la paix se conclue avant que ces chers Enfants de la mobille ne soyent obligés de marcher à l'ennemi, car nous avons tant de parents & de chères amis parmis eux que nous autres pauvres vieux seraient éxposés de voir se rouvrir de nouveau notre grand deuil a peine cicatrisé !

Vous savez sans doute par Charles que M[r] Stœcklin & Galant ont conduit leur familles en Suisse au Village d'Auvernier près Neuchâtel ou reste la mère de Mr Galland ; Ces Dames ont quitté leur foyer à grands regrets, mais il y a une quinzaine de jours il y avait une telle panique dans tout l'Alsace que beaucoup de familles se sont expatriées ; D'après les lettres de Mad[me] Stœcklin elles sont simplement mais très tranquillement installées à Auvernier, & ce qui les console souvent, c'est le babillage de la petite Jeanne qui leur parle des Prussiens sans savoir ce que c'est, ce qui les distrait souvent ; maintenant la famille Stœcklin est encore bien tourmentée a cause du fils qui d'un moment à l'autre sera appelé pour la garde mobille ; quant à Mr Gibert il s'est fait remplacer & l'on a remis son mariage jusqu'après la guerre ! ce qui probablement rendra Mad[elle] [illisible] furieuse contre les Prussiens !

Il ne se passe pas un jour que ma femme & moi ne parlions de vous, de vos chères Enfants & de tout votre famille, car chaque jour je lui répette les nouvelles que Charles me communique & vous ne sauriez croire combien nous avons le tems long après vous ; ce n'est vraiment que la consolation de vous savoir en cas dévénements en plus grande sureté à Paris qu'ici qui nous rend cette séparation plus supportable ! quant à Charles, je vous assure que malgré les tracas & soucis de toutes espèces il fait très bonne contenance & fait surtout preuve d'une très grande énergie pour parer a toutes les difficultés qui se présentent a lui en sa double qualité de Maire & d'Industriel ! je voudrais seulement, qu'après avoir passé des journées aussi laborieuses il puisse au moins passer ses soirées près de vous & entouré de ses chers Enfants ! mais avec l'aide de Dieu ces beaux jours ne tarderons pas trop a luire pour lui, & avec [illisible] jouir aussi un peu, car vous ne sauriez croire combien il me tarde d'entendre au dessus de ma place du Bureau les pas cadencés de votre démarche ainsi que les bonds & les sauts de nos deux chères Biches !

Je pense que Charles vous aura déjà dit que nos voitures reviennent le plus souvent a vides de Mulhouse, que nous ne travaillons que quatre jours par semaine, mais je vous avoue franchement qu'on se fait petit à petit à cette position critique dans l'espoir qu'un succès marquant de notre armée nous amène un changement quelconque pour épargner de plus grands malheurs, surtout celui de voir notre pauvre Alsace annexée à la Prusse, car dans ce cas, notre Industrie serait ruinée de fond en comble, & nous espérons que toute la France se réunira comme un seul homme pour nous déffendre comme elle se réunit déjà a présent pour déffendre sa capitale ! Qu'on nous impose telle indemnité de guerre qu'on voudra à payer au vainqueur s'il il y a lieu, nous ÿ consentons a les payer en Alsace, & je souscrit a cet effet pour mon compte a payer tout le durant de ma vie le double de contributions que je paye a présent, mais au nom du Ciel ne souffrez pas qu'on nous détache de notre chère patrie, car nous aimerions autant mourir de suite !

J'espère que bientôt nous aurons de meilleures nouvelles à nous communiquer ; Veuillez en attendant présenter nos affections a votre chère famille, & recevoir l'assurance de nos sentiments les plus sympathiques.

G. Heuchel

On vient de me dire que Mr Buffet doit faire au nom des Députés de l'Alsace & des Vosges une démarche près du Gouvernement pour éxiger qu'il ne sera pas parlé de paix tant qu'un seul Prussien sera sur le térritoire Français ! Bravos ! c'est là le vœux de nous tous ! vive Buffet !

Nous comptons beaucoup sur la garde Nationale de Paris ; elle sauvera dabord la capitale & le paÿs après, car nous avons bésoin de débarrasser le paÿs de bien des gens ! la leçon est cette fois-ci trop terrible, & je pense qu'on en profitera avec sagesse !!

n° 79
Charles Mertzdorff (Vieux-Thann)
à Eugénie Mertzdorff (Paris)
lundi 22 et mardi 23 août 1870

Lundi soir

Ma chère Nie mignonne Je t'écris ce soir Lundi assis a ta place, sur ta chaise d^s ton petit salon chéri.- Le petit mot que je t'ai adressé ce soir était si court, si a la hâte & n'avait d'autre but que de te dire que ns n'avons rien de particulier.-

Madame André a fait afficher Samedi soir jour de paye, (elle a pu se faire l'argent) que n'ayant plus de travail, elle engage les ouvriers a se chercher de l'ouvrage ; qu'elle ne s'engage pas a en donner longtems encore.- C'est une consternation dans le village,- ses ouvriers sont bien des plus mauvais du pays & qui se sont conduit indignement lors de la grève.-

Mais cela, tout naturellement, me touche aussi & sera un lourd fardeau p^r cet hivers. Nous ne travaillons pas aujourd'hui ni demain- finissons le peu qui reste- Après je ne sais pas trop. Les Kestner n'ont plus de sel, houilles ni pierres calcaires, ils ont une 30^ne de voituriers qui ne suffisent pas.-

Thann & toute la vallée se trouve avec très peu de farines & pas de sel du tout. Je ne parle pas du sucre dont on peut se passer.

Ce matin l'on nous a prévenu qu'on reprennait de la marchandise au ch. de fer. Je vais m'empresser d'expédier les 600 balles que j'ai en magasin. Une bonne responsabilité de moins- Nous avons encore heureusement de la houille pour un mois surtout si l'on ne travaille pas.

J'ai eu la visite de Aug. Scheurer Kestner qui est venu me dire que le curé de Thann & V^x^th. continuent a exiter le peuple contre les rouges.- C'est eux, la cause de tous nos malheurs- Ils n'ont pas tout a fait tort. C'est d'eux que ns tenons le vox populi. Mais ce n'est pas ainsi que le curé l'entend. Le fait est que l'exitation est exessive qu'un rien peut faire éclater une éxécution du peuple.- Il parait que Sheurer & Chauffour hésitent a prendre l'affaire K.- Scheurer Roth & Stehlin sont aussi a se demander s'ils doivent rester dans le pays. J'ai autant a leur offrir.-

Voilà ou en sont les esprits, tu vois que ce n'est pas gai.- Tu as lu la scène des environs de Périgeux, c'est absolument ce que nous avons a craindre ici & probablement un peu partout.

Scheurer est a souhaiter que quelques boulets allemands détruisent leur fabrique pour qu'il puisse porter son industrie ailleurs.- Il est a croire que si tout n'est pas ruiné il y aura des industries a vendre bon marché.

Mais nous parlerons plus a tête reposée lorsque notre rude tâche sera achevée, puisque aujourd'hui il faut rester a son poste chacun, & le poste n'est pas enviable il s'en faut.-

Nous voilà déjà 4 jours sans nouvelles de Metz, ce n'est pas bon & l'on fait bien de broyer du noir, quoiqu'au ch. de fer l'on augure bien de cette reprise de trains de marchands. Il y a maintenant sur Mulh. 2 trains montant & descend^t^ au lieu d'un seul.- Pour moi je crois t'avoir dit que je doutais d'un succès de retraite possible. dans les conditions dans lesquelles se trouve Bazaine je crois préférable qu'il soit complètement entouré, s'il peut tenir a une position aussi terrible.- C'est Chalons qui a la rude tache d'aller le rejoindre. Avons nous le monde nécessaire ?-

Que c'est affreux qu'une pareille guerre ! Je suis bien de l'avis de Mme Buffet

Nos amis dans le monde entier sont bien rares, s'il y en a. & l'on est a chercher, le Danemark éxépté, quel est le peuple qui ne voie, avec plus ou moins de contentement, le malheur qui nous accable.- Il y a un motif.- Jusqu'au Pape qui parait heureux de se mettre sous la protection prussienne. & a fait complimenter par Antonelli son Altesse le futur empereur d'Allemagne.- L'on ne dit pas s'il fait dire des messes (c'est méchant)

J'avoue que je ne suis pas aussi rassuré que vous paraissez l'être dans Paris & pour Paris. Je te confesse franchement que je te verrais avec bien plus de sécurité aux environs de Bâle ou je pourrais facilement aller vous visiter.- Le ch. de fer de Bâle a Mulh. ne sera pas détruit, c'est du reste impossible, il n'y a pas un pont. Même le pays occupé, la circulation sera encore possible pour les personnes & les lettres.-

Mme Galland est chez son beau père avec toute sa smala, d'un village dans les environs de Neufchatel. Me Stocklin ses 2 filles & la petite, sans bonne est dans l'auberge du même village.- Elles ne sont pas trop mal, s'y plaisent comme l'on peut se plaire dans ces conditions.- Elle a fait son prix d'avance, logem^{t} nourriture, service & tout pour 10^{fr} 50 par jour pour 4 persoñes [illisible] 350 frs par mois. Cela doit être un pauvre hotel 3 frs par jour!-

Si le saxon arrive devant Paris, c'est qu'il aura passé pardessus toutes nos armées qui ne doivent plus exister.- Dans ces conditions l'on est en droit de se demander ce que deviendra Paris.-

S'il y arrive il aura perdu 4 a 500m hom̂es il sera guère aimable & si la rue se défend la ville court de grands dangers.-

Tu vois ma chérie que je suis guère aimable qu'en veus tu- Je ne vois que vous & n'ai plus que vous- Il est si naturel qu'on s'en préoccupe & mettant tout au prix, l'on arrive a être plus qu'effrayé.- Tu me diras peut être avec quelque raison, pourquoi voir tout si noir- Tu as raison- Mais si il y a un mois l'on nous avait prédit ce qui malheureusement est.- Personne n'aurait osé broyer ce noir; même pas moi.- & cependant cela est!-

Il doit affluer énormément de monde a tous les dépots de guerre.- Ce soir encore 6 jeunes gens d'ici qui partent volontaires. Il en est ainsi de partout.- Une 30^{aine} sont parti d'ici depuis quelques jours.-

Mais il en faut 600 mille- & arrivera t-on a tems? y a t il de quoi les armer?- Les princesses & duchesses & comtesses en ont elles laissé? Aura t-on le courage de sonder tous les gouffres que la France s'est creusé. Pauvre pays.-

Ici tous les partants militaires; c'est au cris de Vive Nap. que l'on quitte son pays.- Tous les curés en chaire même cris.- Un plébiscite aujourd'hui donnerait a la France un échantillon du savoir faire du Vox populi-

Je reviens a ma Suisse ou je voudrais te voir, mais ou je comprends que tu ne veuilles pas aller- Tu es bien mieux au milieu des tiens avec ta bonne mère, qui, elle aussi, a de justes préoccupations.- Julien restant a Paris elle voudra y rester & toi rester avec elle.-

Si tu te décidais a aller en Suisse j'irais a ta rencontre a Dijon & rentrerais par Pontarlier en Suisse pour en ressortir p^{r} Bâle.- L'on est si mal & si mal a son aise partout que l'on ne sait réellement ce qui est le mieux.- Dans tous les cas pas ici, nous aurons notre tour de grosses tribulations.-

Comprends ma peur, si tu peus, mais laisse moi t'aimer & me préoccuper de toi & de nos chères trésors.- Tu es bien entourée de personnes aussi prudentes, plus a même que moi de juger ce qui serait le mieux.

Si tu as besoin d'argent Offroy a a ma disposition 10m fr. qui ne sont pas assez pour me décider a un voyage.-

Mon avis est qu'avant 15 jours Paris est investi ou le Saxon est sur son retour. Il faudra donc prendre un parti & si l'on se décide a suivre la voix tremblante du poltron prendre les 10.000frs r du faub. Poissonnière 63- & se mettre en route.-

Tu sais que le télégrame n'est plus possible. Les lettres arrivent régulièrement & depuis 2 jours nous avons les Journ^{x}.- Celui de Bâle doit être arrêté a la frontière depuis 3 jours.- Toujours le même boisseau! Cela ne rassure pas, mais inquiète d'avantage.

Metz com̂e Strasb. ne doit plus pouvoir communiquer avec le reste de la france.

Ce matin l'on nous assurait que la filature la chartreuse (aux Stehlin) qui se trouve aux pieds des fortifications strasbourgeoises a été incendiée par l'ennemi.- Par contre Kehl serait en cendres.- Je ne crois ni l'un ni l'autre.- L'on dit seulement que de la rive gauche du Rhin l'on bombarde faiblement la citadelle qui répond.- Pas un soldat sur la rive droite du Rhin par contre nouvelle levée en Allemagne & l'on assure qu'il rentre toujours par Rastadt des troupes en France.- L'on assure aussi que la dissenterie a déjà fait pas mal de victimes dans l'armée ennemie & qu'elle augmente ;

Il n'y aurait rien d'étonnant ces gens ne doivent pas être très a leur aise. les nuits com̂encent a être fraîches.- Le baromètre remonte je voudrais tant le voir a g^{de} pluie !-

M^{r} le Curé est venu me présenter son vicaire ; tout petit, maigre, tout jeune, figure intelligente, vive.- Petite personne se croyant gros personnage, cassant & peu conciliant. Nageant en pleine Eau de son Evêque.- Il ne me va pas encore nous regrettons l'ancien.-

Sœur Emilie est venu me dire que l'école n'a plus d'étoffe ni ici ni a Roderen.- Je lui ai promis des coupons mais n'en ai rien fait encore, un peu par oubli.-

Il est tard bonsoir.-

Mardi 23. Matin 10h.- La voie est coupée a Chaumont. Jaeglé va a Mulh. voir si l'on peut faire expédier des balles- a Thann plus possible- Ce sont de ces positions impossibles. Les chemins de fer coupés, je ne vois malheureusement pas trop com̂ent tu peus sortir de Paris a moins d'aller a Lyon & Genève- A la garde de Dieu- tu resteras a Paris ! -Que Dieu nous protège ! Mais sa protection nous est visiblement retirée !- L'on dit qu'a Strasbourg l'ennemi a brulé une rue entière, elle est a une distance formidable de la rive droite-

C'est la rue qu'habite les parents de Mme Jaeglé.- Ces pauvres gens sont sans nouvelles depuis longtems déjà & des parents de lui & d'elle !- Aussi est on inquiet.- C'est ou nous en serons dans quelques jours !- Quelle position- & tous ceux qui nous y ont plongé, vivent encòre !– –

Voilà Bazaine enfermé dans Metz- combien d'hom̂es lui reste-t-il ? le camp sera refoulé ou coupé de Paris- & Paris se défendant peut parfaitement être brulé com̂e Strasbourg.- La fureur est tellement grande les sacrifices im̂enses de part & d'autre.- C'est la destruction d'un pays d'une race par une autre.-

Nous n'aurons pas le cour. de Paris- Je n'ai donc pas ta lettre, ne sais si la présente te parviendra. Pas d'autres nouvelles d'ici- Ne sais pas s'il y a des troupes a Belfort.-

Je viens d'adresser un panier fruits a Emilie.- Edgard m'écrit p^{r} affaires rien de lui & sa famille.- Pas de nouvelles de Morschwiller depuis avant hier- J'ai écrit a Morschw. p^{r} donner de vos nouvelles & ai envoyé la lettre de Mimi.- Je pense que Mimi aura repris son entrain & que son maladroit accident n'aura pas de suite-

Tu voudras bien l'Embrasser avec Emilie. Mes meilleures amitiés a tous de ton ami qui t'aime Chs-

n° 80
Eugénie Mertzdorff (Paris)
à Charles Mertzdorff (Vieux-Thann)
mardi 23 et mercredi 24 août 1870

Paris 23 Août 70
Mardi soir

Mon cher Charles,

Ce soir nous avons tous l'esprit tout remonté. Ce n'est pas qu'on ait appris q.q. éclatante victoire mais il souffle un air de confiance dans notre armée qui a fait du bien à tous et a redonné nerf et courage. Bazaine occuperait une position importante du côté de Mézière, le camp de Châlons serait entièrement abandonné par nos soldats qui auraient tout détruit avant de le quitter. Stratégie Bazaine.-

Ce soir Julien est venu à l'heure du dîner nous surprendre, il est toujours bien reçu, il va dormir ici jusqu'à demain matin 4^{h} p^{r} être à l'appel de 6^{h}. Le cher garçon va toujours bien, cette nuit couché sur un peu de paille, la pluie sur la tête et aux pieds sous la tente, ne lui fait pas mal à la gorge, ça étonne.-

Tout notre petit monde va bien sauf le rhume d'Emilie mais qui ne m'empêchera pas demain matin de l'emmener chez le dentiste et vers 3^{h} nous avons le projet d'aller toutes au camp de S^{t}Maur.

Bonsoir Chéri, je dors, tu peux en juger. Un gros bec

Mercredi midi.

On va bien ici. Je rentre avec mes deux bonnes filles de chez le dentiste, nous avons pris l'omnibus ; elles ont été <u>d'une raison parfaite toutes deux</u>, pas l'ombre d'une grimace ; je retournerai demain matin encore chez Mr Pilette, parce que la dent d'Emilie que j'ai trouvée gâtée une fois la voisine enlevée, est un peu sensible, et puisque je me trouve forcément retenue à Paris je crois utile d'en profiter p^{r} faire soigner les bouches mais comme je te le disais, le dentiste a trouvé que maintenant l'ensemble était bon. Au retour encore en omnibus après 2 petits achats modestes, et en ce moment Emilie se repose un peu sur le canapé, Marie écrit son journal en attendant qu'on rentre de l'autre appartement p^{r} le déjeuner.

Les nouvelles politiques sont les mêmes qu'hier soir ; c'est à dire pas de nouvelles ; confiance que Bazaine exécute sa retraite combinée ; l'emprunt qui se couvre ; -et les dépèches venant de Berlin moins confiante, et malgré l'audace Bismark on sait que les combats du 14, 16, 18 n'ont pas été des victoires p^{r} l'ennemi comme on avait voulu le faire croire au 1er moment par les dépèches étrangères. On rapporte que des Prussiens auraient été vus sur le territoire Belge et tués comme violant la neutralité.- Tout cela des on-dit. Attendons. Tu dois recevoir les journaux, car au g^{d} bureau le buraliste a dit à Cécile qu'il acceptait les journaux, mais que les jours derniers ils avaient retenus les journaux ne les faisant pas partir avec les lettres. Pourquoi ?- D'après les bruits c'est lorsqu'ils n'ont pas la certitude que les voies sont libres afin de ne pas livrer trop de journaux aux bonnes troupes prussiennes.-

Nous allons à 1h1/2 au camp de StMaur. Voilà une partie. Maman, Aglaé, nos fillettes et moi.-

Merci pr ton bon petit mot de Lundi. Je vois que tu vas bien et que tu t'occupes toujours activement.

1h1/2

J'ai reçu hier une lettre d'Emilie, je lui récrirai.

Les avis sont si partagés que personne ne veut me donner de conseil sur la question Paris ou Launay.- Généralement on se croit plus en surетté à Paris qu'ailleurs. Me Delafosse vient de rentrer cette nuit de Dieppe avec toute sa famille. A la grâce de Dieu-

Les environs de Paris ont une gde anxiété.

On ne nous dit rien dans les journaux de la marche des Prussiens, je ne les crois pas très loin.-

Adieu, Mon cher Ami, je t'embrasse bien bien fort, nos petites filles en font autant ; (Emilie étudie son piano, et Marie écrit en attendant le moment de partir...

Je ne t'envoie pas de journaux, car rien de plus qu'hier. Le camp de Châlons complètement abandonné...

Encore mille amitiés à qui de droit

ta Nie

n° 81

Constant Duméril (Morschwiller)
à Charles Mertzdorff (Vieux-Thann)
mercredi 24 août 1870

Morschwiller 24 Aout 1870

Merci, mon cher Charles de votre petite lettre reçue hier. Je voulais justement aller passer cette journée là avec vous & je m'étais mis en route mais quand je suis arrivé à Lutterbach le train venait de passer : il avait repris sa marche règlementaire, le train de Paris n'étant pas attendu & le courrier devant maintenant nous venir par Dijon parce que nous avons coupé le chemin de fer entre Chalindrey & Chaumont pour que les Prussiens ne puissent pas s'en servir. J'avais quelque envie de continuer la route à pied, mais il tombait une petite pluie fine qui n'était pas engageante & je suis rentré piteusement à la maison comme j'en étais parti.

Je voulais vous dire que nous avons traité avec un remplaçant pour Léon : c'est un ancien zouave qui doit être un fameux soldat : il est veuf & n'a qu'une petite fille : il est ouvrier chaudronnier chez Ducommun ; il a l'air d'un bien honnête homme ; point vantard : il dit qu'il craint que l'ouvrage vienne à manquer & de tomber dans la misère qu'en se faisant remplaçant il assure une petite fortune à son enfant & que s'il part il espère bien en revenir. Nous avons fixé la somme à quatre mille francs dont 500 francs payables après son acceptation par le conseil de révision & le reste quand il devra partir : s'il ne part pas il n'aura que les 500 francs qui lui seront toujours acquis.

Merci des détails que vous nous donnez : la bonne maman ne prend pas bien son parti de la chute que sa petite Mimi a faite dans l'escalier elle pense au mal qu'elle aurait pu se faire, tandis qu'elle n'est que légèrement contusionnée. Nous sommes bien contents de savoir Julien à Paris ou du moins au camp de St Maur : on aura bien joui de ses 48 heures de permission.

Nous commençons aussi à bien réduire notre travail, d'abord en supprimant les veillées, puis en laissant tantôt les uns, tantôt les autres à la maison. Nous avons arrêté l'ancien calorifère pour le réorganiser il allait par trop mal : nous rapprochons les deux rangées de tourniquets, nous remettons d'equerre toute la charpente en fer & nous remplaçons la plupart des tourniquets.

Welter nous a envoyé hier les deux machines à humection auxquelles nous ne songions guère : je vous en enverrai une par la première voiture qui ira à VxTn. Il n'a pas envoyé la facture avec, mais elle ne tardera sans doute pas à paraître.

J'ai expliqué au père Buisson comme quoi vous ne pouviez pas vous charger de son argent & lui ai parlé de l'emprunt : ça n'a pas l'air de le tenter beaucoup ; il a du en causer avec sa femme je ne sais pas ce qu'ils auront décidé.

Je ne vous parle pas de la guerre c'est trop triste, mais ici et à Mulhouse on ne doute pas que les Prussiens ne soient exterminés & chassés de France : seulement cela coutera terriblement cher en hommes en argent & en valeurs détruites : que les hommes sont insensés !

Recevez mon cher Charles l'expression de notre tendre amitié.

C.Duméril

Nous vous plaignons bien dans votre solitude.

n° 82
Charles Mertzdorff (Vieux-Thann)
à Eugénie Mertzdorff (Paris)
jeudi 25 et vendredi 26 août 1870

Vx th 25 Aout 70. Soir 10h.

Ma chère bien aimée je ne t'ai pas écrit aujourd'hui le moindre petit mot. Bon papa a été ici il a passé la matinée jusqu'a 5h. avec moi, il était trop tard pour t'écrire. du reste vers 4 h. je me sentais trop fatigué & ne l'aurais pu-

Ce soir j'ai eu la visite de Mr Jaeglé qui s'en va encore demain a Mulhouse, toujours pour nos éxpeditions.- J'espère que demain le ch. de fer enlevera les dern. balles faites.-

Ce qui restera n'est plus si considérable après.- Aujourd'hui 5 voitures a 3 chevx chaque étaient a Mulh. pour porter des balles mais ne nous portent pas une nouvelle pièce ici.- Demain il ne nous reste pas une nouvelle pièce a mettre a l'Eau !- Nous finissons ce qui y est ; ce sera pour la semaine proch. Après que faire je n'en sais rien.- Les hommes je puis les occuper a des terrassements & autres.- Mais les femmes ?-

Mon attelier de couture tire aussi a sa fin, les [illisible] draps oreillers, etc sont faits, il y a 60 chemises.- Si j'ai de l'étoffe je continuerai encore des chemises.

Hier au soir les Mess. Berger & Autres qui rentraient de la bourse de Mulh. nous ont assuré que sans nouvelles l'on en attendait d'éxéllentes ; que même l'allemand battu s'en retournait en toute hâte.- suivant affiche de Bâle que [personne] n'avait vu.- Aujourd'hui une dépêche un peu rassurante a été éxpédiée de la préfecture au Maire- Mais rien qui puisse encore nous réjouir ; ni trop nous rassurer.- Je ne le suis pas du tout quant a moi.

Nous voilà le 4 ou 5 jour sans lettres ni journ^{x} de Paris exactement comme il y a juste 10 jours du 15 au 18. 19.- Ainsi du 15 au 25 nous n'avons reçu que 2 ou 3 jours de suite des journ^{x}- Mais c'est surtout tes bonnes lettres qui me font si grand défaut. J'ai bien reçu ta lettre qui me fait part de la chute de Mimi, c'est la dern. depuis plus rien.- A Morschw. naturellement il en est de même. Que c'est long, trop long !

Lorsque tes bonnes nouvelles me manquent, tout manque a la fois & l'on s'adonne encore plus volontiers a broyer noir.-

Le jour ou je pourrai prendre le ch. de fer pour aller vous retrouver, vous embrasser & vous ramener, sera si beau, si beau que cela me remonte un peu. Mais quand viendrat il ?

Mr Bodener a été a Belfort avant hier. il n'y a pas beaucoup de soldat mais la ville fourmille tellement de jeunes volontaires engagés ou appelés que la circulation devient difficile.-

Ce qui est facheux c'est qu'il n'y ait qu'un seul bureau d'enrolement, quantité d'anciens soldats appelés déjà habillés attendent déjà depuis 4 jours que leur tour arrive.-

C'est encore cette détestable administration qui vient entraver l'élan. L'on presse a réunir le plus de monde possible & naturellement au plus vite- Un jour ce sont des mois.- Parcequ'il n'y a qu'un Vieux Capitaine qui n'est pas vif, généralement en prend aussi a son aise l'on va perdre des milliers d'hommes, qui peuvent être si utiles en ce moment ; L'élan est extraordinaire, c'est a qui partira.-

Les mobiles de la h^{te} Saone, Jura sont arrivé a Belfort mais non encore habillés, il n'y a que les cadres d'équipés.- Je crois que ce sont les fusils & fourniments qui manquent. Le pays se croyait si riche & il se voit si pauvre a l'heure ou rien ne devrait manquer ; que nous n'avons que de bien cruelles réflexions a faire.

Notre départemt est toujours tranquille, il est vrai qu'il s'est dépeuplé de la jeunesse bruyante.- Léon a terminé son affaire de remplaçant, il a du aller aujourd'hui ou ira demain avec lui a Belfort, s'il est accepté il partirait de suite ; Mais si c'est aussi encombré il faudra qu'il fasse queue pendant 8 jours.- C'est incompréhensible- & cependant cela est !- Ce n'est qu'en France ou de pareilles choses se voyent & cela de tous tems.- Tu vois que je suis touj^{s} mauvais français & pas mal criard- Mais je ne sais me retenir, car si nous autres pauvres administ^{s} de fabriques nous faisions nos affaires ainsi- il y a bien longtems que l'on n'en ferait plus.

Je ne vois pas pourquoi j'économiserais ce bout de papier pour me priver du plaisir de causer avec toi.-

Jaeglé est toujours sans nouvelles de Strasbourg, la pauvre dame est très inquiète, p^{r} sa mère qui y est enfermée.- D'après l'industriel une bombe serait tombé dans un pension̂at de jeunes filles en aurait tué 7 & blessé grièvement bon nombre d'autres.- La ville dit on souffre beaucoup.- D'un autre coté- Graffenstaden qui est au portes de Strasb. (g^{de} usine de machines) travaille com̂e en temps ordinaire. Le pays est horriblement pressuré, bon nombre d'habitants se sauvent, s'ils peuvent.- le père Jaeglé écrit que tous les villages sont tous les soirs fermés par des voitures que l'on met en travers des routes & chemins en vrai barricades pour empêcher les sorties- pour la journée chaque habitant a besoin d'un laissé passer seulement pour aller travailler dans ses terres.- mais ce dont l'on se plaint surtout des Badois, c'est leur conduite indigne ignoble vis a vis des femmes. Dans ce pays cela a vallu quelques mille hommes qui se sont engagé pour venger cette conduite.- C'est épouvantable. Ce pauvre bastion est réduit presque ravagé d^{s} son entier.- Pas un seul hom̂e n'a encore mis le pied dans le haut Rhin cepend^{t} l'on a déjà eu des Uhlans a 3 lieues de Colmar ou l'on n'est pas du tout rassuré.-

Je viens d'éxpédier un exprès a Mr Humberger pour qu'il écrive a Mr Keller, lui signaler le fait de Belfort.- Il serait si facile au Ministère de la guerre d'imprimer une plus grande activité dans les bur^{x} Il le faut- Nous avons déjà gagné un peu de tems. c'est beaucoup- il s'agit de le mettre a profit l'on en a trop perdu.- Il écrira encore ce soir & demain le ministère peut aviser ; s'il juge a propos.- Si ce n'était que Belfort cela ne vaudrait pas la peine, mais c'est probablement par toute la France ainsi & ce serait grâve ; ce que j'appelle de grosses fautes.

Crois tu que je ferais bien de t'envoyer une caisse de bandes & chemises p^{r} les pauvres blessés.- surtout de bandes il nous est si facile d'en faire.-

Ce ne sera que plus tard que nous pouvons avoir des blessés. Si Dieu veut permettre que nous puissions nous débarrasser de l'ennemi. tant que nous sommes enclavé, l'on ne peut pas.- Je continuerai probablement a occuper quelques fem̂es a faire des chemises.-

L'Empereur envoie ses chambellans en province pour rassurer le pays & très probablement aussi pour son instruction. Mr de Boulach du bas Rhin était Mercredi a Mulh- ou il a affirmé qu'aux carrières de Jaumont les prussiens ont laissé 40m. morts & 50m blessés ! total 90m h.- Mais un chambellan peut-il dire la vérité ; sait-il seulement ce que cela peut être.

Léon est ici, par les On dit il est tout rassuré. Midi je te quitte non sans t'embrasser bien fort, te chargeant d'en faire de même pour moi aux enfants & parents tout a toi

Chs Mff

Rien de nouv. a Mulhouse qui est aussi un peu plus remonté. Il se confirme qu'il est rentré 300 m. allemands ces dern. jours.- Par contre en Allemagne l'on est assez démoralisé cette dernière levée des hom̂es de 40 a 50 ans se fait difficilement- les femmes s'émeuvent- & Berlin n'est pas très rassuré il doit y avoir eu des manifestations.-

Je reçois a l'instant (Samedi Matin 26 Aout) tes deux lettres des 21 & 22 & une lettre de Mimi- Merci a toutes deux. Un paquet de Gaulois & Figaro ; ce sont les premiers ; Ne vous donner pas la peine de m'adresser de Journ^{x} si les vôtres m'arrivent, mon Moniteur & Tems sont ici aussi- Mais depuis 4 jours il a fallu se contenter de mon Industriel & Bâlois.- Ce dernier dit que l'on com̂ence a s'inquiéter en Allemagne.-

Le filtre du barrage va se terminer demain, Samedi l'on y mettra l'Eau & alors il y aura de l'Eau a la buanderie & l'on com̂encera la lessive.- J'ai envoyé un panier fruits a Emilie elle m'a déjà écrit- Rien de particulier se plaignant de ce qu'Edgard est surchargé de besogne. [illisible] te souhaite une bonne nuit

n° 83

Charles Mertzdorff (Vieux-Thann)
à Eugénie Mertzdorff
jeudi 15 septembre 1870
Eugénie est réfugiée en Suisse après la défaite de Sedan et la proclamation de la République le 4 septembre.

Ma chère petite Nie

Rien de bien nouveau ici pour la journée d'aujourd'hui.-

Tu as reçu une lettre d'Emilie que je viens de lire, mais elle a 3 jours de dâte de sorte qu'elle ne dit rien- si ce n'est que l'on a toujours peur de l'occupation, sans cependant croire qu'elle puisse se réaliser le lendemain. Nous n'avons aucun détail de Colmar, l'on dit que l'on s'est battu mais ne savons pas autre chose.-

Ma pauvre sœur se préoccupe toujours des autres.- Elle prétend qu'il y a 40 mille francs tireurs par corps de 50 a 100- que peut faire une pareille organisation, les uns vont a droite, les autres a gauche, sans tête com̂e tout ce qui se fait en France.-

D'après journal de Bâle Bismarck ne veut traiter avec la République & entend faire rentrer Napoléon III avec & a la tête de son armée qui se trouve en Allemagne.-

Tout est possible aujourd'hui !- Par contre je lis aussi que pour donner plus de poids aux réclamations & futures traités l'on va occuper le h^{t} Rhin & si par extraordinaire l'on ne peut le garder l'on prête l'intention de fortement rançonner le départemt & surtout Mulhouse. C'est dans les habitudes de la belle nation allemande.

Nous n'avons rien de la France le courier de Paris n'est pas arrivé Melun est occupé & probablement aujourd'hui tous les ch. de fer coupés.-

J'ai passé a peu près tout ma journée a parcourir le village a remonter tout le monde & ce n'est pas facile- les hom̂es malades com̂e Wirtz & Stern sont ou étaient persuadés qu'on allait les faire marcher avec les Prussiens. Aujourd'hui plus de 100 jeunes ont passé le village fuyant les prussiens.- Ici je voyais le moment ou tous les hommes allaient se sauver.- J'espère qu'il y aura un peu plus de calme demain.-

Demain je m'attend a apprendre leur entrée a Mulhouse.

Notre tour ne viendra que Samedi ou Dimanche.

l'on m'a demandé des cartouches il est vrai qu'on avait cherché le courage dans la bouteille. J'ai refusé com̂e tu penses bien.- Com̂e les cartouches sont chez moi je vais les faire mettre de coté & a première réquisition je les jetterai dans le canal.- ou ferai couler de l'eau dessus.-

Mais relativement le village est assez calme quoique cet après midi la 1/2 des Ouvriers aient passé leur journée dans les cabarets. Quelle triste population que celle de ces malheureux serruriers C'est une vraie lèpre d^{s} un pays.-

J'ai réuni mon conseil &, des demain matin il reste réuni en permanence.-

Je ne sais rien de Nanette. Antoinette a passé sa journée ici.

Il est 10 h. soir je vais encore sortir faire un tour d^{s} le village

Il y a 8 h^{mes} de garde n'ont-ils pas eu le toupet de venir me demander a boire, devant rester la nuit dehors.- Vox populi !!!

tout a toi ma chère ton
Chs

J'espère que ma lettre te trouvera promptement & te trouvera avec tout ton entourage & bien installés la petite Thérèse est peut être la seule qui n'ait pas peur.- Marian̂e la portière, & bien d'autres ne font que pleurer

Il est arrivé ici la fille de Mr Hans qui est sœur institutrice dans un village près Haguenau ou il y a des pruss̃iens depuis 1 mois- Elle est rentrée par le pays de Baden elle dit que ces allemands se sont toujours très bien conduit & que pas un habitant n'a eu a en souffrir autrement que par les réquisitions.

Mais je crains qu'ici ces réquisitions ne soient éxéssives. Nous ne tarderons pas a l'apprendre. Jamais Francfort n'a été aussi prussien que depuis que la ville a été fortement rançonnée-

n° 84

Eugénie Mertzdorff (Bâle)
à Charles Mertzdorff (Vieux-Thann)
vendredi 16 et samedi 17 septembre 1870

Bâle
Vendredi soir
16 7bre 70

Mon cher Ami,

Les évènements se succèdent avec une telle rapidité et les émotions sont si g^{de} qu'il semble réellement qu'on vive dans le pays des songes. Dans l'éloignement on ne croirait pas à la triste réalité si on ne voyait continuellement passer ces voitures d'émigrants ! car il faut bien appeler les choses par leurs noms, voitures chargées de matelas, de meubles, d'enfants de femmes et tous pleurant et ne sachant où aller, mais ce soir il n'y aura plus personne sur les trotoirs, chacun aura donc pu trouver un toit p^{r} s'abritter. Il est si pénible de quitter son pays et p^{r} ceux qui ne savent pas où aller avec leurs enfants que d'angoisses de plus. C'est comme p^{r} les femmes de nos 3 domestiques qui sont ici, je te prie, s'il y avait lieu de faire soigner et veiller p^{r} elles et leurs enfants, il m'est si pénible de penser que nous on nous éloigne et que eux au contraire sont obligés de laisser leur famille.

Hier soir est arrivé un convoi de 340 Strasbourgeois (femmes et enfants) nous en avons vu beaucoup et avons même cherché à leur parler afin d'avoir les renseignements sur la mère de M.J. et nous les avons obtenus, aussi bon que possible, d'une dame juive qui loge avec sa famille chez Me Oswald. Mais je pense que M.J. écrit tout cela, avec détail à son mari. Il nous tarde de le savoir rentré, à bon port auprès de toi, car les bruits qu'on nous rapporte ne sont pas trop rassurants ; L'ennemi prendrait les jeunes gens p^{r} les faire travailler aux travaux de sièges. Mais est-ce que cela n'est pas hors les lois de la guerre ?- Me Lelièvre est arrivée ici bien fatiguée, elle est sans nouvelle de ses filles qui sont en Normandie et avec lesquelles elle ne correspondait plus depuis 6 semaines, Mr Mairel doit savoir où elles sont, j'ai donc promis que s'il y avait une occasion p^{r} que ma lettre parte je te prierais de faire demander chez Mr Mairel un petit mot que tu m'enverrais p^{r} que je puisse lui faire parvenir ici ou simplement me dire quelles sont les dernières nouvelles reçues. Que de douleurs. Mr Lelièvre est resté à [illisible] toutes israélites qui sont sorties de Strasbourg, on attend encore demain une nouvelle arrivée. Nous avons été aujourd'hui chez Me Oswald c'est une femme qui nous a beaucoup plu par sa façon amicale et simple et surtout dans sa façon de parler et d'agir on voit du cœur et beaucoup de naturel. Elle nous a engagées à venir passer avec elle l'après midi demain, nous n'avons pu refuser et irons. Après cette visite, je suis allée avec mes fillettes chez les Gotti j'ai été bien reçue gens aimables, mais il ne faut pas chercher autre chose, ils viendront nous voir dimanche et s'il fait beau je leur ferai faire une promenade en voiture.

J'ai écrit à maman, ma lettre pour Paris a été prise à la poste (via Genève) mais celle de M.J. p^{r} le Bas-Rhin a été refusée.

Nos petites filles vont bien, Emilie un peu enrhumée mais ce n'est rien, elles profitent bien de leur séjour je dirais presque à la campagne, tant l'air parait pur ici nous avons fait deux longues courses à pied dans la ville. Quoiqu'elles entendent bien toutes les misères qui se racontent elles sont certainement mieux ici que si elles assistaient à l'ombre de ces atrocités. Ce qui n'empèche pas que p^{r} m'aider à supporter mon exil je me figure que tu vas nous rappeler prochainement, car vivre en te sachant seul avec tant de responsabilités, et d'inquiétudes ce n'est plus vivre, et il faut prier Dieu qu'il nous aide tous à supporter courageusement un tel temps d'épreuve, car il semble que les forces doivent vous abandonner. De q.q. côtés qu'on se retourne tout est si sombre et triste : souffrance morale et inquiétudes p^{r} ceux qu'on aime.

Je n'ai pas de recommandations à te faire, tu penses à tout, et quant à ma maison c'est un petit sacrifice à côté de tout ce qui absorbe le cœur et l'esprit en ce moment. à la grâce de Dieu. Seulement sois prudent par amour p^{r} nous.

Bonsoir, Ami aimé, où es-tu, que fais-tu ? Peut-être ne peux-tu pas jouir seulement du repos dont tu as si g[d] besoin. Je t'embrasse comme tu sais que je t'aime

ta petite femme aimée
EugM.

Amitiés à Oncle et tante Georges que je n'ai pas pu aller voir avant mon départ.

Samedi 10[h] Vogt revient de chez M[r] Oswald qui nous fait dire que nous pouvons envoyer nos lettres. Je profite de ce petit bout p[r] t'envoyer les meilleures tendresses de tes bonnes petites filles et de ta Nie. Nous attendons impatiemment de tes nouvelles. Les soldats [illisible] p[r] pouvoir faire respecter la neutralité. Les voitures d'émigrés continuent à passer. On dit l'ennemi très près, et se dirigeant sur Belford. Paris doit être [illisible] cerné d'après ce que nous lisons dans le jounal de Bâle, il n'y aurait plu que par l'Ouest que le ch. de fer communique. Je crains toujours que tu ne me tiennes pas au courant de ce qui sera p[r] toi. Enfin courage à tous. Que Dieu nous vienne en aide. Encore un bon baiser

EM.

Mon cher papa je t'écrirai. Adolphe et Juliette sont très gentils. Adieu père je t'embrasse Emilie

Mon cher père ta petite mimi vient aussi te dire combien elle t'aime et qu'elle aimerait bien te voir.

Marie.

n° 85

Charles Mertzdorff (Vieux-Thann)
à Constant et Félicité Duméril (Morschwiller)
mardi 1er et mercredi 2 novembre 1870
Eugénie est à Vieux-Thann et les fillettes ont été envoyées chez leurs grands-parents à Morschwiller.

Chers Parents.

Hier matin a 8 h. nous avons entendu le canon entre le Moulin & Cernay. Prise d'armes de la Garde N[le] d'ici & Thann. sur quelques Uhlans 3 a 4 des francs tireurs ont fait feu mais de très loin.- Quelques minutes après un corps d'armée de 5 a 600 h. s'est avancé devant Cernay & a tiré avec le canon contre la fabrique Gros & les Maisons ouvriers voisines.- Le directeur de l'usine a pu faire arrêter le feu en promettant que les francs tireurs du voisinage décamperaient ce qui s'est fait.- Du coté de Steinbach, de même qq[s] francs tireurs ont été délogé par du canon ce qui a valu quelques dégats dans le village ; entre autre le Maire a eu un boulet qui a défoncé sa maison.

Le Prussien ne s'est pas arrêté. après avoir désarmé (dit on) la g^{de} Nationale de Cernay & Uffholt ils se sont massé sur la route entre Cernay & la G^{de} route. Vers 10 h. du matin ce corps d'armée que les uns disent de 6, 10 & même 15 mille hommes avec 12 canons se sont dirrigé vers Belfort ou l'on croit qu'ils vont aller.-

Cette nuit quelques centaines de ces Allemands ont couché a Guewenheim & Sentheim.-

Un voiturier arrivant d'Issenheim nous assure qu'un nouveau corps d'armée venant de Colmar va passer aujourd'hui nous devons donc nous préparer a les recevoir ici.- Ce ne sera pas sans quelques malheurs.-

Hier soir le Citoyen armé était encore, comme nous le connaissons ivre furieux.- Il n'y a pas eu de malheur ici, Mais a Leimbach l'on a trouvé 2 morts- je n'ai pas de détails.-

Hier soir 11 h. je reçois une lettre de Mr Berger qui me demande une voiture p^{r} les francs tireurs qui nous quittent tous dit-il- Ce serait un vrai bonheur p^{r} la localité mais je n'y crois pas.- Je n'ai pas encore pu vérifier si le fait est vrai.- Pas de francs tireurs je pense que la G^{de} nationale resterait tranquille.

Le Maire d'ici s'étant quintuplé nous étions hier toute la journée a la mairie. Mr Berger, Heuchel, Zimmermann adjoint & moi.-

Je ne suis pas faché de mon coup d'état, j'aurai au moins un peu de liberté & une immense responsabilité de partagée.

Je n'ai pas besoin de vous dire qu'il nous manque bien quelques petites choses a la maison.- Mais nous sommes bien content de savoir ces petites filles loin d'ici.- Les émotions sont trop fortes même pour nous.-

Vous voudrez bien les embrasser & dire a nos bonnes petites bien aimées que Maman compte aller les embrasser Vendredi ou Samedi & que si le Papa peut être de la partie il n'y manquera pas.-

Je compte, je puis même dire j'espère que nous serons désarmés aujourd'hui ou demain.- Un peu de tranquillité nous serait donné.-

L'on me dit a l'instant que tous les francs tireurs ont quitté, malgré cela la g^{de} Nationale encore ivre d'hier soir se réunit de nouveau.-

Embrassez je vous prie mes bonnes petite filles com̂e je vous embrasse

ChsMff

V^{x}Thann 1-2 9h. matin.

Mr Jaeglé demande le bordereau du mois.- pour arrêter les écritures du mois.- le porteur de la présente est un de nos ouvriers.- il dinera au village & rentrera ce soir.-

n° 86
Marie Berger (Vieux-Thann)
à Marie Mertzdorff, son amie (Morschwiller)
mercredi 2 novembre 1870

Mercredi 2 Novembre

Hier je n'ai pu faire partir ma lettre nous étions dans un boulversement car on attendait les Prussiens ils étaient tout près du moulin il y en avait 15 000 et nous avons très bien entendu les coups de canon nous étions tous en bas puis nous montions on a emballé les bijoux pour les enterrer en cas qu'on brûle la maison enfin c'était un remue ménage à n'en plus finir. Mme Mertzdorff a proposé à papa de nous envoyer à Morschwiller et s'il n'avait pas été trop tard nous y serions allés pensé donc quel bonheur cela eût été. Il n'y a eu qu'une messe basse à laquelle nous ne sommes pas allés on ne savait pas ce qui pouvait arriver pendant qu'on y était. Enfin pendant le dîner M^r^Braun est arrivé il n'a mangé que de la soupe, un peu de viande et est reparti il nous a dit qu'il ne pensait pas qu'on se battrait encore tu penses notre bonheur. Les Prussiens se sont dirigés vers Belfort et il y en a encore 600 à Cernay. Hier vers 4h. nous étions chez Marie Bragmann et nous avons vu passer Mr Braun à cheval avec un autre homme a côté de lui sais-tu ce que c'était on avait pris à Cernay dans un auberge deux hulans avec leurs chevaux, de belles bêtes, et le soir comme nous étions au petit salon à jouer aux cartes à chnip chnap chnour un très amusant jeu nous avons vu entrer papa qui a annoncé un hulan. Ce hulan était tout bonnement M^r^Braun qui avait le manteau et le casque Prussiens il a donné le casque à Madame Kestner et le manteau il l'a gardé. Adieu encore une fois ma chère Marie Hélène t'écrira vendredi à Emilie réponds-moi bientôt

Ton amie qui t'aime
Marie Berger

Si seulement vous pouviez être ici demain.

n° 87
Emilie Mertzdorff (Morschwiller)
à Charles et Eugénie Mertzdorff (Vieux-Thann)
mercredi 2 novembre 1870

Mercredi 2 Novembre 1870

Chère mère mon cher petit papa,

Je vous aime de tout mon cœur et j'espère bientôt vous revoir. Ce matin j'ai demandé à Cécile mes portraits j'étais encore dans mon lit je les ai embrassés en pensant a vous mes chers parents. Après je me suis levée mais comme il faisait extrêmement de vent je n'ai pas été à la messe, il n'y a que bonne maman qui y a été. Pendant qu'on me peigait j'ai joué avec une chaise je l'ai attachée par le pied, et c'était mon cochon après je suis descendue pour déjeuner. Après j'ai été faire une dictée avec bonne maman, il n'y avait que deux fautes, un accent, et l'autre je ne m'en rappelle plus. Puis j'ai demandé à t'écrire, pour te dire combien je t'aime ainsi que mon cher père. Hier je n'ai pas dessiné j'étais trop paresseuse.

Je vais te raconter notre journée tu sais déjà la matinée jusqu'au dîner. Après notre repas j'ai été me promener dans le jardin avec Cécile, mais madame la pluie l'a interrompue. J'ai fais des dessins avec une ficelle que je tortillais autour de mes doigts et de mes mains, j'ai fais la table les chandelles et le berçau. Puis comme bonne maman voulait appeller Rosalie pour nous lire un passage de la Bible je crois que s'était un sermon sur la montagne et comme cela nous enuyait beaucoup ainsi que Cécile nous nous sommes bien vite mise a jouer aux dominos pendant que bonne maman était sortie je ne sais plus pour qu'elle cause. Après cela nous avons joué aux cartes, toujours avec Cécile. Marie n'a jamais perdu. Mais comme bonne maman devait aller chez madame Tachard nous sommes remontées toutes les 3 dans notre chambre. Là nous avons jouées a des petits jeux assis. Puis Cécile et moi nous nous sommes battues, moi j'étais Prussienne et Cécile Française. Nos petits gâteaux de Miland étaient exquis. Nous avons soupé et je me suis bien vite couchée car je mourais de someil. J'ai dormi comme un petit sabot. Il est 10 heures 55 minutes je travailler aux surprises, et prendre du repos. Ce matin Cécile voulait mettre mon mouchoir au sal mais moi je n'ai pas voulu car c'était le tien que tu m'avais donné quand j'ai tant pleuré car je n'en avais pas, et comme tu t'étais mouchée dedans j'ai absolument voulue le garder alors Cécil et moi nous nous sommes débattues enfin comme j'ai donné quelques coups à Cécile elle a laché le mouchoir et je me suis empressée de l'empocher.

N'as-tu pas de petites lettres de Paris ou de tante Zaepffel. Viens nous chercher avec père et les petites Berger, vont-elles toujours bien ces chères amies. Il fait un vent terrible les volets tremblent ce qui fait beaucoup de tapage, c'est si triste le mauvais temps, surtout quand on n'est pas avec ses parents chéris.

Adieu chère mère et cher père je vous embrasse si fort si fort pour vous montrer ma tendresse et pour vous persuader qu'il faut venir me chercher et me ramener à Vieux Thann.

Ta chérie petite Emilie Mertzdorff

Bien des amitiés de la part de Cécile elle te fait dire que tes petites filles sont très sages et ont très bien dormies.

n° 88
Jeanne Desnoyers (Paris)
à Eugénie Mertzdorff (Vieux-Thann)
dimanche 13 novembre 1870 (Lettre envoyée par ballon monté.)

Paris, le Dimanche 13 N^bre^ 1870. 58^jours^ de siège

Ma chère Eugénie,

Nous sommes toujours réduits à nous demander si tu reçois les lettres que je t'adresse. Aucun signe de vie de ta part ne nous le prouve. Nous espérons que vos santés sont bonnes, que vous êtes en lieu sûr, Suisse ou V.T. mais rien ne nous le prouve. Comme Je te l'ai écrit bien des fois, nous allons tous bien. Julien dans son fort ; alf et alp. G^des^ N^aux^, et peut-être à la veille d'être mobilisés.- Les élections se sont bien passées. toujours bon courage et espoir. Nous ne mourons pas de faim, quoiqu'on puisse vous dire. La très très grande majorité de la garde nationale et de tous les habitants est pour l'ordre et a confiance dans le gouvernement, malgré l'oppos. de plusieurs journaux. On attend cependant avec impatience un armistice dont on parle chaque jour, pour permettre la réunion d'une assemblée.

Nous avons eu indirectement et par les télescopes des renseignements sur M.m.cy toutes les habitations du pavé neuf sont occupées par les Prussiens ; Les canons sont placés sur les pentes. Le maire et quelques habitants sont restés, on ne parle pas de pillage. Les malheurs publics qui nous frappent tous n'empêchent pas les douleurs particulières ; j'en ai une bien pénible à t'annoncer : ce cher bon monsieur Auguste dont l'état s'aggravait sensiblement depuis plusieurs jours a succombé hier soir. Sa femme que nous avons vue ce matin est pleine de courage, quoique bien profondément affligée, ainsi qu'Adèle qui ne quittait pas son pauvre père pendant tous ces derniers jours.

Madame Auguste m'a tout particulièrement chargée de la triste mission de t'informer de ce malheur et de te prier de l'annoncer à nos bons amis Duméril dont leur cher frère a souvent prononcé les noms. Les derniers moments ont été très calmes et sans souffrance : mais l'hydropisie avait fait de tels progrès qu'il n'y avait plus d'espoir et cependant il a écrit lui-même à monsieur Constant de ne pas s'inquieter, il y a peu de jours. Que nos chers amis soient bien persuadés que nous prenons une vive part à leur douleur. Quand et comment pourront-ils adresser quelque consolation à leur pauvre sœur ?..

La direction des postes fait annoncer qu'on peut esperer réponse à nos lettres de deux manières la 1ère en mettant oui ou non sur une carte que je t'envoie en même temps que cette lettre dans une enveloppe à part, mettre 1^f^ d'affranchissement

1 vous portez-vous bien ?
2 êtes-vous à Thann-
3 recevez-vous nos lettres-
4 Thann est-il occupé ?

L'autre procédé serait d'écrire ce que vous voudrez sans dépasser 40 mots au prix de 50 centimes par mots.

Adieu, ma chérie, mille tendresses de la part de ceux qui t'aiment [illisible]

Mère amie

n° 89
Paul Duméril
à Eugénie Duméril, sa tante,
après la mort de son mari
Lettre recopiée par Félicité Duméril.
lundi 14 novembre 1870

Issy 14 9bre 1870

Copie de la lettre de mon neveu Paul Duméril à ma sœur.
Ma bien chère tante,

J'apprends à l'instant la cruelle nouvelle. Le coup qui vous frappe pour ne pas être imprévu n'en est pas moins sensible. Ce n'est qu'en regardant la main dont il part que vous pouvez le supporter avec résignation. Le souvenir des sentiments chrétiens qui ont animé mon bon et cher oncle jusqu'au dernier moment sera votre seule consolation ; du moins Dieu lui a épargné les souffrances et lui a conservé avec la vivacité de l'intelligence, le moyen de vous donner à vous et à Adèle les dernier témoignages de cette extrême bonté qui se répandait sur tous ceux qui l'entouraient. Pour moi qui en ai reçu tant de preuves, j'attendais impatiemment le jour où il me serait permis de revoir et d'embrasser mon cher oncle, c'est pour moi un surcroit d'affliction de n'avoir pas pu assister aux derniers moments de mon excellent oncle, je voudrais aussi me rapprocher maintenant de vous une consigne inexorable ne me permet d'aller au jardin que demain ; il faut que je me contente de me transporter par l'esprit auprès de vous et d'Adèle, de cœur je suis avec vous auprès des restes de mon cher oncle, absorbé dans cette tristesse de la mort que je connais depuis longtemps je puis le dire car je le sais par moi même. Pour ne pas désespérer il faut détacher les yeux du cercueil pour regarder plus haut. Vous le faites, ma chère tante, j'en suis sûr et je joins mes prières aux vôtres et à celles d'Adèle pour implorer la bonté divine dont l'assistance ne saurait manquer à ceux dont la vie comme celle de mon bon oncle s'est passée à faire le bien. Je demande aussi au bon Dieu de vous inspirer le courage et la résignation que dans un si cruel malheur il vous est impossible de trouver en vous même. Je vous embrasse ainsi qu'Adèle de tout mon cœur comme je vous aime et comme je sens le besoin de vous le témoigner

votre tout dévoué neveu
Paul Duméril

n° 90
Jules Desnoyers (Paris)
à Eugénie Mertzdorff (Vieux-Thann)
jeudi 29 décembre 1870
Lettre adressée à Bâle en poste restante, par ballon monté.

Paris, 29 décembre 1870

Ma chère Eugénie

Quoique toujours incertains que nos lettres vous parviennent nous ne voulons pas laisser finir cette triste année sans vous redire combien nous pensons à vous et combien nous sommes tourmentés d'être depuis plus de quatre longs mois privés de vos nouvelles et combien nous payerions cher quelques mots de vous, apportés sous l'aile de ces braves pigeons qui ont déjà rassuré tant de familles. où êtes-vous tous quatre? qu'êtes-vous devenus depuis votre pénible départ? nous vous écrivons tantôt à Basles, tantôt à V.Th. et nous ne savons si vous avez reçu une seule de nos 20 ou 30 lettres. Nous ne savons si vous avez appris par nos lettres la mort de M.Auguste et si vous avez pu l'annoncer à son frère [illisible] de son côté cette pauvre Me Auguste est dans la même incertitude et sa fille n'a pas le moindre signe de vie de son mari. Les santés sont bonnes et si cette lettre te parvient vous pouvez le dire [illisible] quant à nous nous continuons tous de nous bien porter: Ta bonne mère avec son courage et sa prévoyance, son patriotisme infatigable. Ta sœur avec le même dévouement pour les deux ambulances (jardin et Sorbonne) auxquelles elle donne ses soins. Julien toujours bien portant et entrain au même fort. toujours [illisible] qu'on redoute pour les sorties et même nous vient autant que possible tous les 15 jours. Alfred parti ce matin avec la compagnie de [marche] dont il fait partie ainsi que Jean. Il est parti pour 4 jours, plein de courage. Alphonse avec la compagnie d'éclaireurs dont il est depuis 15 jours, passe deux fois par semaine 24 heures du côté de S.Cloud ou de Passy. Il n'est point trop fatigué et fait en même temps son cours.- Jusqu'ici les santés de toute notre maisonnée sont pareillement bonnes.- On a toujours courage confiance et espoir.- Le bombardement des forts est commencé depuis 2 jours du côté de l'Est mais nous sommes sans inquiétudes tant nous sommes bien [montés]. Malgré les réquisitions nécessaires pour faire durer l'entretien des 2 millions de parisiens, on se soutient encore bien, grâce à la modération et à la prévoyance mais les pauvres pour lesquels la ville le gouvernement et les plus aisés font tant, souffriraient bien sans ces secours.- Nous sommes sans nouvelles de nos armées de secours. Nous attendons nous espérons et nous comptons surtout sur notre patience, notre persévérance et le courage de nos braves défenseurs.

Nous avons eu des nouvelles par M. Lafisse de sa femmes et de M^de^ [illisible] qui sont bien portantes à Rouen; ainsi que de Marie B et de sa b. sœur qui étaient à Tours depuis plusieurs mois M. [illisible] dans les Vosges sans avoir pu donner de ses nouvelles Le doute que ce mot vous parvienne m'empêche de vous donner aucune autres nouvelles; qui d'ailleurs sont toutes bonnes.- Nous vous embrassons comme nous vous aimons, et nous espérons que l'année qui va bientôt commencer nous rendra ce bonheur de famille dont nous sommes privés par votre silence et nos inquiétudes. nous n'osons point penser aux réquisitions de la Guerre sur vos fabriques. Bien que les fautes soient [illisible] Dieu aidera pour le reste avec [illisible] de ton excellent mari. [illisible] ma bien chère Eugénie ta bonne mère, ta sœur, ton frère et moi ne faisons qu'un pour t'assurer de notre bien tendre affection. Ton père tout dévoué

J.D.

Toutes nos affections à nos amis Duméril et Georges.

Notre dernière lettre vous a été adressée à Basles vers la fin de la semaine dernière, la précédente par ta bonne mère, l'avait été à Thann.

On ne sait pas du reste où Alfred a été envoyé ce matin.

Le froid si vif des jours passés a un peu diminué. Ce qui serait bien désirable [illisible] ! et vous combien vous pourrez en souffrir au milieu [illisible]

Ma chérie bien que ton père l'écrive en notre nom commun, je veux te dire mes tendresses et les vœux de ta mère pour vous tous mes chers enfants. Mère amie AD.

1871

n° 91

Aglaé Milne-Edwards (Paris)
à Eugénie Mertzdorff (Vieux-Thann)
dimanche 15 janvier 1871
Lettre adressée à Bâle, en poste restante.

Dimanche 15 Janvier 1871

Ma chère petite Nie, tu dois être toute préoccupée en entendant parler de bombardement, ne te tourmente pas car nous n'en souffrons pas, quelques bombes arrivent près du jardin sans faire de dégat et comme ce n'est que la nuit, nous dormons dans nos caves que nous avons transformées en élégantes chambres : portières, draps, lits & rien n'y manque. Pour la nourriture nous sommes très bien possédant beaucoup plus de provisions de tous genres qu'il ne nous en faudra pour aller jusqu'à la fin du siège ; jusqu'à présent je n'y ai même presque pas touché. Notre bonne mère va parfaitement ainsi que notre bon père et cependant nous sommes tous bien tourmentés de notre cher Julien qui est blessé* ; connaissant ma pauvre Nie, tu vas bien te tourmenter mais, suivant l'exemple de notre chère mère, tu vas penser à tous les tiens et ne pas te rendre malade ; en ce moment il faut s'armer de courage et de confiance en Dieu ; espérons qu'il sera assez bon pour nous conserver notre cher petit frère et que nous aurons le bonheur de nous retrouver tous réunis.

C'est le 5 janvier que cher Julien a reçu un éclat d'obus à la cuisse notre g^d désir était de le posséder de suite, aussi Mr Edwards est-il allé malgré les bombes qui pleuvaient sur le fort pour le chercher ; mais le médecin a trouvé impossible de le transporter tu comprends notre inquiétude les nouvelles ne sont pas complètement bonnes on a l'air de trouver la blessure grave, mais il ne faut pas perdre courage car l'on a bien des exemples de guérison. Ce que je puis bien te répéter c'est que maman est admirable, ne se laissant pas abattre, montrant une énergie et un courage admirable et cependant tu comprends combien nous nous tourmentons ; papa est exactement de même et tous deux se portent admirablement ; maman n'a pas même mal à la gorge comme les autres hivers et cependant voici plusieurs nuits qu'elle passe dans la cave. Pour être tout à fait tranquille sur nos chers parents n^{s} les forçons à aller ainsi qu'Alfred s'installer momentanément chez Mr Lafisse où les bombes n'arrivent pas. Comme notre maison est hors de la portée des canons prussiens nous n'abandonnons pas dans le jour nos appartements. Par l'omnibus je pourrai aller souvent voir maman [illisible] viendra souvent me trouver. Je suis sûre que tu nous approuves. Je ne saurai jamais assez te répéter combien maman et papa ont bonne mine et ne souffrent pas du siège ; dureste, les boucheries donnent toujours de la viande fraiche, hier du bœuf et nous avons des provisions, aussi n'aurons-nous pas à souffrir. Je me porte admirablement ainsi qu'Alphonse, Alfred et petit Jean ; sans les inquiétudes que nous donne notre cher Julien, nous ne serions nullement à plaindre.

Les quelques bombes qui tombent dans Paris et qui ne sont pas très nombreuses n'ont pas fait grand mal n'effraient pas du tout la population. Au contraire ; chacun est enragé contre les Prussiens et ne veut pas se rendre, au contraire, on veut tenir le plus longtemps possible et faire beaucoup souffrir l'ennemi. Nos troupes sont très actives et très bien disposées, en somme l'esprit est excellent et nous sommes tous persuadés que la france aura le dessus mais quelle horrible guerre ; que de chagrin pour tous et combien chacun est malheureux. Nous n'avons rien reçu depuis la lettre dans laquelle tu nous annonces pour prochainement ton adresse en Suisse ; depuis ce moment rien ne nous est parvenu de Vieux Thann. Nous pensons tous bien à toi, à ton mari, à tes chères petites filles et souffrons bien de ne pas recevoir de vos nouvelles.

Mr Lafisse va très bien, il vient diner souvent chez maman et parait très bien portant ; il a reçu depuis longtemps des nouvelles de Constance qui est à Nantes.

Adieu, chère petite Nie, je t'embrasse bien tendrement ainsi que les tiens. Maman me charge de toutes ses tendresses pour toi, ma bonne chérie. Combien il est pénible d'être sans nouvelles de toi.

A.Milne E.

* *En fait, Julien est déjà mort.*

n° 92
Alfred Desnoyers (Paris)
à Charles Mertzdorff (Vieux-Thann)
jeudi 9 février 1871

Paris 9 Février 1871.-

Mon cher Charles

Les pressentiments d'Eugénie n'étaient que trop fondés : notre malheur est complet.- Notre bien cher Julien n'est plus.- Quel affreux malheur ! Sans nouvelles de vous depuis 5 mois, ne sachant pas si vous receviez les lettres de la famille, si vous saviez enfin notre deuil, j'avais demandé et obtenu un laisser passer pour Bâle et Thann. J'allais me mettre en route, malgré les difficultés, lorsque la première lettre d'Eugénie est arrivée.- Elle nous disait que vous saviez tout, que vous étiez réunis, et que vous alliez bien.- J'ai donc renoncé à la pénible mission que je m'étais imposée.-.- Oui, notre cher enfant a été frappé à son poste par un projectile ennemi. Il est mort en brave soldat, ayant toute sa connaissance et pensant à ceux qui l'aimaient et qui n'étaient pas auprés de lui. Ses dernières paroles ont été pour la mère pour nous tous, pour la sœur chérie d'Alsace et pour vous.- Vous dire l'estime qu'il laisse parmi ceux qui l'ont connu en dehors de nous et le nombre de témoignages de regrets et d'admiration que nous recevons à son endroit est impossible ; et comme le dit notre courageuse mère : Il était trop parfait pour nous être conservé.- Sa mémoire vivra longtemps chez ceux qui n'ont fait que le connaitre : que sera-ce pour nous !

Que de sacrifice, mon Dieu ! et tout cela pour en arriver où nous en sommes.- J'aurais voulu aller vous donner de vive voix tous ces tristes détails, si douloureux à écrire ; mais on ne trouve pas prudent que j'entreprenne la route, ce que j'aurais fait cependant si vous n'aviez pas encore reçu de nos nouvelles.-

Je viens de passer encore une bien triste semaine.- Mon pauvre ami Bayot vient de s'éteindre, après 8 jours d'agonie affreuse, d'une maladie de poitrine dont il était atteint depuis longtemps, mais qui, depuis 5 semaines avait fait des progrès effrayants. Nous l'avons conduit à sa dernière demeure :- J'ai eu la consolation de le voir suivre par les quelques amis qu'il avait à Paris. Mon père, le Prince d'Hénin et moi remplacions une famille qui n'existe pas.- Et dire que nous n'avons même pas eû cette triste satisfaction pour notre pauvre Julien.

Courage, mes bons amis, et croyez à mon inaltérable attachement.

A.Desnoyers

n° 93
Jules Desnoyers (Paris)
à Charles Mertzdorff (Vieux-Thann)
jeudi 16 février 1871

paris, jeudi 16 février

Mon cher ami,

Depuis le grand malheur qui nous a tous frappés une de nos pensées les plus consolantes a été de vous communiquer notre douleur et de recevoir de vos nouvelles. nous vous avons écrit au moins six fois et nous voyons par votre lettre du 10 février, qui nous parvient aujourd'hui seulement, que vous n'en avez reçu qu'une seule de nous, celle d'aglaë confiée à M^de^ floquet qui avait eu l'obligeance de nous offrir de vous la transmettre. La première de nos lettres après la mort de notre cher enfant était de moi ; je vous l'avais adressée par ballon poste restante à Bâles; elle était de peu de jours postérieure au malheur et je vous en racontais les tristes détails. je vous priais d'en faire part à notre Eugénie, en l'y préparant, comme votre cœur vous l'inspirait. C'était presque en même temps que M.Lafisse de son côté marquait à Constance de l'annoncer avec tous les ménagements possibles. Cette voie n'a eu pour résultat que de vous inquiéter plus cruellement, nous ne le prévoyions pas ; depuis lors, je vous ai écrit de nouveau à Vieux-Thann, en vous disant encore toute la triste vérité ; puis ma femme, puis aglaë puis alfred et moi-même à Eugénie. aucune de toutes ces lettres ne paraît vous être parvenue ; celle d'alfred seulement était adressée à Bâles poste restante ; les autres l'étaient à Vieux-Thann. nous étions dans une si vive inquiétude de n'avoir point reçu de vos nouvelles depuis le mois de Septembre, que votre première lettre du 1e février a été pour nous un éclair de bonheur, au milieu de notre peine. nous ne nous décourageons pas et nous espérons que cette nouvelle lettre et les précédentes finiront par vous parvenir. Continuez de nous écrire le plus souvent possible mes chers enfants ; vous qui aimiez tant notre cher julien, qui l'aviez si bien jugé, qui l'aviez adopté comme votre fils, plus encore que comme un frère, mêlez vos larmes aux nôtres ; parlez nous de lui, parlez nous de vous, de vos chères petites qui doivent le regretter aussi bien vivement, ce cher enfant si doux, si aimable, si vertueux, si laborieux et si courageux comme il en a bien trop bien donné la preuve. ah ! mes chers amis quelle épreuve la providence nous envoie à tous au milieu de tant de malheurs et en face d'un avenir aussi incertain ! ai-je besoin de vous dire combien vos lettres nous sont précieuses ? vos santés sont bonnes à tous, ainsi que les nôtres. C'est dans notre malheur une pensée consolante. mon excellente femme supporte avec un courage admirable comme notre Eugénie et notre aglaë, la perte cruelle que nous avons faite. n'est-ce pas de notre cher enfant que nous vient ce courage ? oh ! oui, il est heureux si, comme nous ne pouvons en douter, Dieu récompense en une meilleure vie les vertus de cette terre et tient compte des sacrifices qu'il nous y impose et des terribles épreuves dont il nous accable.

Notre bonne amie, M^de^ Constant Duméril, dont la lettre a été la première reçue par nous après notre malheur, y a bien pris part, elle qui avec tant de courage et de vertus, a supporté aussi les épreuves que Dieu lui a envoyées ; sa sœur et son frère sont bien empressés à prendre part à notre peine. nous avons été heureux d'apprendre qu'on n'avait plus d'inquiétudes pour Léon, non plus que pour le fils et le gendre de M. Duméril l'ingénieur, qui s'est montré bien bon pour nous en ces tristes circonstances. De nos familles et de nos amis, nous seuls avons souffert pour notre enfant, et pour cet excellent M. pavet dont la mort est aussi un si grand malheur pour sa nombreuse famille. que la [consolation] de nos amis en soit une pour nous ! Mme Auguste a supporté aussi avec un bien grand courage la mort de son excellent mari.

Merci Mon cher Charles, des détails que vous nous donnez sur la situation du pays et de vos usines ; nous étions si inquiets que nous avons été bien satisfaits de les apprendre et de voir que les choses auraient pu être plus fâcheuses encore. quant à nous et aux environs de paris, vous avez su qu'il n'en est pas de même ; nos deux maisons de Mont. ont été complètement dévastées et pillées : Il n'y est pas resté un meuble, un livre, un objet d'antiquités ou de géologie de mes collections formées depuis quarante ans et si le maire de MM n'avait pas eu la très obligeante inspiration de faire transporter à la mairie, après de premiers pillages, une petite partie de mes livres et de mes antiquités, il ne nous resterait plus que ce qui avait été conservé à paris. nous avions appris vaguement et indirectement cette dévastation. mais nous ne les voyions pas au point où elles sont en réalité. Alfred et alphonse sont parvenus avec bien des difficultés à se rendre avant hier dans notre campagne et ils ont pu constater le saccage et la dilapidation la plus complète. Tout le mobilier a été enlevé, toutes les glaces brisées ; une partie des fenêtres et portes, des parquets, <u>tous</u> mes <u>corps de bibliothèques</u>, tous mes corps de tiroirs &. enlevés et brûlés ; Ils n'ont <u>plus trouvé que les murailles</u> dans les deux maisons et des immondices partout. le salon de la grande maison avait été converti en boucherie et le billard à côté, dont les sœurs avait fait une chapelle, converti en écurie.- les livres dorés de la tour déchirés, déchiquetés pour chercher derrière des cachettes de trésors. les statues en bas reliefs brisés ou enlevés, pour la plupart. Cependant les grandes sculptures des portes et du bosquet n'ont presque pas souffert. alfred et alphonse ne veulent pas que nous retournions à Montmorency avant qu'ils aient un peu fait nettoyer ces amas d'immondices et ils ne pourront le faire qu'après la paix et après la retraite des environs de paris. Nous ferons en sorte de faire rigoureusement pour la grande maison ce qui sera indispensable, en vue de voir s'il y a possibilité d'obtenir à certaines conditions, la réalisation du bail qui avait encore un an de durée.

Eh bien ! Mon cher ami, vous me croirez sans peine quand je vous dirai que, malgré mes goûts d'antiquaire, de bibliomane, de collectionneur, toutes ces pertes m'ont laissé à peu près impassible ; je déplore surtout les embarras et les dépenses que cela va occasionner à ma pauvre femme, après tous les [ennuis] de ma collection peut-être en d'autres temps [eus-je] été plus sensible à ces pertes de longues et intéressantes recherches, mais après le grand malheur qui nous a frappés, je trouve à peine quelques regrets pour tous ces objets matériels que j'avais eu sans doute le tort de trop aimer autrefois. puis à qui d'entre nos enfants tout cela plairait-il ? Ils l'aimaient à cause de moi qui l'avais créé. Mon excellente femme a souffert patiemment sans me le témoigner de mes goûts de collectionneur ; j'en suis puni ; c'est justice. ah ! si je n'en avais pas d'autre peine ! notre pensée consolante a été qu'en nous détachant de MM, ce pillage nous rendrait plus faciles nos réunions de famille soit en alsace soit à Launay. ah! quelle douce pensée que celle de vous revoir, mes chers enfants! mais dîtes vous bien en attendant, que nous n'avons eu et n'avons d'autres peines, avec les douleurs communes de la patrie, que la perte de notre cher julien et les inquiétudes que nous avons si longtemps ressenties pour vous.- je vous répète que nos santés sont bonnes, que ma chère femme est pleine de courage et de sentiments religieux que vous trouvez aussi dans notre Eugénie, qu'aglaë, alfred et alphonse rivalisent d'affection et d'attention pour adoucir notre peine, et que votre chère pensée, l'espérance de vous revoir nous soutiennent aussi.

Nous vous embrassons tous quatre bien tendrement.

Votre père tout dévoué
J.D.

je crois vous avoir marqué dans une de mes lettres que nous avions aussi perdu notre vieil ami Bayot qui s'est éteint après une lente maladie de poitrine. alfred a été pour lui, jusqu'à la fin et après, un ami dévoué, comme vous devez le penser

beaucoup d'autres maison de MM ont été dévastées comme les nôtres, un journal de ces jours-ci (le Gaulois) en a parlé et spécialement en disant que notre propriété où j'avais formé un véritable musée, avait été saccagée et que je n'y trouverais ni un livre ni une statue, et que ce spectacle était navrant.- Si ce petit sacrifice avait pu seulement comme le grand que nous avons fait être utile à la patrie! Ma femme a écrit plusieurs fois à Eugénie; aujourd'hui même elle lui a commencé une lettre; mais voyant que nos lettres ne vous parviennent pas elle est découragée et va attendre que vous nous donniez la certitude que vous avez reçu les précédentes sa dernière a été mise à la poste au Mans, il y a 4 jours.

Ma femme a répondu à M^de^ Constant le 3 de ce mois.

n° 94
Eugénie Mertzdorff (Vieux-Thann)
à Jeanne Desnoyers (Paris)
dimanche 26 février 1871

Vieux Thann
26 février 71
Dimanche 6h

Ma bonne petite Mère,

Je t'ai écrit longuement ces jours derniers, et me voilà encore avec ma plume, mon cœur est tellement occupé de vous tous et je suis si heureuse de recevoir ta chère écriture qu'il me semble que je ne puis rien faire de mieux pr terminer mon dimanche que de venir causer avec toi, ma chère maman.10h soir L'arrivée de Melle Augusta venant chercher les petites Berger, puis le souper avec l'oncle

Mertzdorff, une petite lecture, causerie avec mes fillettes en les couchant, une petite flatterie à Morphée en lisant la vie de St Jérome, voilà ce qui m'a empêchée de continuer à t'écrire. Tu es toujours la meilleure, c'est encore une bonne lettre de toi du 19 que je viens de recevoir, elle porte le timbre de Paris boulevard Baumarchais et tu me dis que tu vas la donner à Mr de Sacy pr l'emporter à Guéret, au reste je vous le répète, c'est mises à la poste à Paris qu'elles arrivent le plus vite par la voie prussienne. Je suis contente qu'il vous revienne qq. unes de nos anciennes lettres vous pourrez voir que nous avions usé de tous les moyens pr tâcher de vous faire parvenir de nos nouvelles et calmer les inquiétudes que nous pensions bien que vous aviez pr nous. Mais réellement nous avons été épargnés en comparaison de tant d'autres endroits, vous retrouverez toutes choses comme vous les avez laissées, et je dois remercier Dieu de ce que mon mari n'a pas eu à souffrir ; Vous ai-je raconté qu'il avait été prisonnier 2 heures mais ensuite on l'a relâché ; le soir même les hommes qu'on accusait d'avoir insulté les soldats prussiens ayant été se constituer prisonniers, sans quoi on l'emmenait avec d'autres comme otage... L'affaire a été jugée à Strasbourg sans conséquences graves, q.q. semaines de prisons qui sont faites par les accusés. L'anxiété est grande chez tout le monde, notre sort doit être décidé et on ne sait rien encore. Que va devenir notre beau pays. Après tant de sacrifice, d'héroisme, de souffrances de douleur partout notre pauvre France et pr rien ! Et surtout on a le cœur navré quand, comme nous, on a perdu un être tendrement aimé, sur lequel se confondaient nos affections et nos espérances. Cher et bon Julien, je regarde souvent son cher visage, je ne puis croire à la réalité. Je rêve très souvent de lui. Encore cette nuit avec toi je le soignais ; -au bout de 3 jours il se réveillait, nous parlait, et nous ne pouvions pas lui dire tout ce que nous avions souffert... il nous souriait... enfin toutes sortes de choses comme cela, puis ceux que nous avons déjà perdus se mêlent dans mes rêves...-

Combien la résignation chrétienne dont vous donnez tous tant de preuves m'est un soulagement, et cette confiance que notre cher Julien jouit d'un bonheur qui ne peut se comparer à celui que, malgré tous nos efforts, nous n'aurions pu lui procurer sans tristesse, aide à supporter cette cruelle séparation. Tout ce qu'on se rappèle de lui est si bon, si doux, si aimable et en même temps sérieux et gai. Mais tout cela tu le sais et nos pensées se confondent sur le cher enfant que nous pleurons.

Aglaé ne m'écrit pas. Pourquoi cela ? Je ne la reconnais pas. Qu'elle fasse un petit effort elle aussi pr me parler d'elle, de tout ce qu'elle fait, il faut qu'elle reprenne cette habitude, comme un devoir si ce n'est pas un plaisir maintenant qu'elle en a perdu l'habitude. Je sais bien qu'elle est très occupée, mais aussi je sais qu'elle sait écrire tous les jours quand nous sommes ensemble loin des nôtres.- J'ai écrit à Louise, quelle douleur que la sienne, rester avec toute sa petite famille ! comment supporte-t-elle cette gde épreuve ? -Cécile a-t-elle pu aller la trouver. -Aglaé a-t-elle encore toute la famille Dumas chez elle ?-

Je n'ai plus eu de nouvelles de Constance depuis que Paris est ouvert. Comment va son mari ? Elle a fait un bien gd sacrifice en s'éloignant avec sa mère.

Tu me dis qu'Alfred a été plusieurs fois en des avants postes très exposé, pauvre cher garçon Dieu l'a épargné, nous aurons bien du plaisir à l'embrasser.

Encore une gde douleur dans la famille de mon beau frère. Le fils ainé de son frère, qui est inspecteur des contributions indirectes à Nancy, jeune homme de 24 ans charmant sous tous les rapports, très bien élevé, travailleur vient de faire comme mobile la campagne de Paris, et au moment où les parents se réjouissaient de ce que leur fils avait échappé aux balles et aux obus, ils apprenaient qu'on l'avait trouvé mort dans sa chambre à Paris. Il était enrhumé et a dû prendre une potion, quand dans la nuit des voisins voyant de la clarté dans sa chambre sont entrés et l'ont trouvé mort au pied de son lit et les rideaux brûlés. On ignore ce qui s'est passé. Ceci est encore plus affreux pr les pauvres parents, ils ont déjà perdu, il y a q.q. années, une charmante fille de 15 ans. Ces Zaepffel de Nancy sont des gens sérieux se consacrant entièrement à l'éducation de leurs enfants, leurs efforts avaient réussi et vous comprenez, par vous même leur douleur. Ici tout le monde me charge toujours de vous dire toute la part qu'on prend à votre malheur et de vous assurer de la sympathie de tous ceux qui connaissaient votre Julien.

Bonsoir, ma bonne Mère, embrasse bien papa pr nous, ainsi qu'Alfred, Aglaé et Alphonse et garde pr toi les tendresses de ton Eugénie.

Bien des choses à [Tr] et Pauline. Cécile est bien touchée de ce que tu aies pensé à elle, elle pleure sincèrement notre Julien, elle répète toujours qu'elle n'a jamais connu un jeune homme comme lui. Je remercie papa d'avoir écrit à Mr Bonnard ; il arrive presque tous les jours une lettre pr sa femme, seulement, ne la sachant pas ici, les premières ont été adressées en Dauphiné et le service dans l'intérieur de la France est beaucoup plus long que pr l'Alsace. Edgard est toujours à Bâle, j'irai avec les enfants de mardi à jeudi à Colmar.

n° 95
Alphonse Milne-Edwards (Paris)
à Charles Mertzdorff (Vieux-Thann)
mardi 28 février 1871

Mon cher Charles

Que de désastres et de douleurs depuis que nous nous sommes quittés, nous ne pouvions croire que pour notre pauvre pays et notre pauvre famille la mesure serait si complète. Il faut bien du courage pour envisager froidement la position que nous nous sommes faite et pour ne pas désesperer de l'avenir. Il semble que l'on vit au milieu d'un rêve ; on comprend à peine les evenements qui se succèdent et on n'a pas encore bien nettement conscience de ses malheurs. Le vide qui s'est fait parmi nous est bien grand, et chaque jour le creuse davantage ; nous aimions tant notre pauvre Julien, il le meritait si bien que le temps ne pourra que nous faire plus vivement sentir sa perte. C'était notre benjamin à tous, nous nous le disputions et, il aurait été mon frère de père et de mère, que je n'aurais pas eu pour lui plus d'affection et d'estime. Je ne puis penser à lui sans avoir le cœur navré. Lui le plus jeune et le meilleur il est parti le premier ne nous laissant que le souvenir de toutes ses bonnes et solides qualités et tout ce que je ressens je sais que vous le sentez aussi. Vous et Eugenie l'aimiez à la fois comme un frère et comme un fils. Quand on est unis comme nous le sommes il est bien dur de voir se briser un des liens les plus chers. Le Lundi soir Julien était venu passer la soirée avec moi, à me conter sa vie de soldat ; il était gai et confiant dans l'avenir, il venait de faire deux reconnaissances avec son bataillon et il n'en avait parlé qu'à moi pour ne pas attrister et inquiéter ses parents ; vers onze heures il descendit voir Aglaé et mon père et resta encore plus d'une heure au coin du feu à causer aimablement et gentiment comme il savait le faire puis il rentra pour retourner le lendemain matin au fort. C'est la dernière fois que nous l'avons vu, le jeudi matin on m'apporta une lettre du major que je connais depuis longtemps, m'annonçant sa blessure et à cette heure là il avait déjà succombé. Vous savez avec quel courage, quel héroisme il a supporté et ses douleurs et le chagrin qu'il avait de nous quitter tous ; vous lirez l'admirable lettre qu'il m'écrivait quelques heures avant sa mort, pensant à tous s'oubliant lui même. Vous ne sauriez croire combien les circonstances au milieu desquelles il se trouvait depuis la guerre avaient révélé chez lui de courage et d'abnégation, il était impossible d'avoir à la fois autant d'énergie et de douceur. Il a montré qu'il n'avait pas seulement une ame affectueuse bonne et honnete mais aussi ferme et patriotique. Pour notre bonne mère c'est un coup affreux qu'elle a reçu avec une resignation admirable mais la plaie de cœur ne se guérit pas elle s'avive de plus en plus ; sa tristesse augmente de jour en jour. Quant à Aglaé, je l'admire, elle supporte sa peine comme je suis sur que le fait Eugenie, en consolant les autres et en faisant le bien autour d'elle. Elle a bien rempli son rôle pendant toute cette longue et terrible guerre et elle nous a été bien utile c'est la femme du devoir et c'est une véritable consolation de voir combien elle aime et entoure la pauvre mère. Malgré toutes nos fatigues, malgré nos chagrins la santé d'Aglaé est bonne elle s'est même raffermie et cependant depuis le mois de Septembre elle n'a pas eu un instant de repos : d'abord l'ambulance du Jardin, puis celle de la Sorbonne, puis les malheureux du quartier à visiter et à secourir ; c'était navrant de voir mourir les petits enfants auxquels on ne pouvait plus donner à manger ; le nombre des misères à soulager était et est encore énorme Aglaé y a bien travaillé. Vous savez qu'elle ne nous a pas quittés un seul instant, même pendant qu'on bombardait le Jardin et que nous ne pouvions coucher que dans les caves. Jamais elle n'a dit un mot pour m'empêcher d'aller à mon poste et de faire mon devoir et cependant ça devait bien lui coûter surtout après la perte du frère qu'elle aimait tant. Mon cher Charles nous avons de bien bonnes femmes et nous devons à la bonne mère qui nous les a élevées une fameuse reconnaissance, entourons la le plus possible c'est la seule manière d'adoucir son chagrin ; que je voudrais vous voir tous ici, plus on est malheureux plus on a besoin d'être ensemble et nous avons été si loin les uns des autres.

C'est demain que les Prussiens entrent dans Paris plaise à Dieu que tout s'y passe avec ordre, mais avec une population comme la notre on peut tout craindre des fous et des scélérats à la remorque desquels se traine une foule stupide d'ignorance et de vanité ; ce n'est plus le jour de s'opposer à l'entrée des Allemands, nous payons le prix de nos fautes ; il faut accepter l'épreuve et profiter de l'expérience que nous devons avoir acquise. C'est le travail seul et l'ordre qui peuvent nous sauver, on le comprend dans toute la france excepté à Paris où le temps se passe en parades et en manifestations où l'on crie à la trahison pour expliquer des désastres que l'on doit à l'incurie, à l'indiscipline et au désordre, où l'on préfère tout accuser excepté soi-même et où aujourd'hui on fait taire ceux qui crient Vive la france pour les forcer à crier vive la république. Il y a bien à faire avant d'arriver à la régénération aussi ne désesperons pas. Embrassez bien pour moi Eugénie ainsi que nos chères petites filles que je voudrais bien voir.

votre bien affectionné
Alph. MilneEdwards
28 fev. 1871.

n° 96
Eugénie Mertzdorff (Vieux-Thann)
à Aglaé Milne-Edwards (Paris)
dimanche 5 et lundi 6 mars 1871

V.Thann
Dimanche 5 Mars 71

Ma chère petite Gla,

Combien la lettre que tu m'as écrite Dimanche dernier m'a fait plaisir, au moins je t'ai retrouvée, j'ai pu te suivre dans tes pensées, dans ta vie. Eh bien, nous sommes tristes, notre douleur est la même, notre but le même, partageons donc tout cela en nous écrivant et en nous répétant que le souvenir de l'être chéri que nous avons perdu, sera encore un lien de plus pr resserrer entre nous tous, notre affection. Maman est vraiment bien bonne de m'écrire comme elle le fait, je ne saurais assez lui dire combien ses bonnes paroles me sont précieuses; je me répète les pensées courageuses et profondément chrétiennes qu'elle exprime si bien et qui viennent adoucir un peu son profond chagrin. En effet il n'y a que cette confiance qui soulage. Figure-toi que je me surprends souvent à causer avec lui, notre Julien, je dis un petit mot à son cher portrait... cela soulage.- Je suis forcément distraite tant par mes occupations (qui ne sont cependant pas aussi nombreuses que les tiennes) mais surtout par mes chères petites filles avec lesquelles il faut causer, rire, s'associer à leurs petites joies, elles qui comprennent et partagent tous les regrets que tous donnent au cher et aimé oncle Julien; mais le cœur ne se distrait pas et c'est de notre bonne mère dont je suis occupée, c'est elle que j'ai toujours devant les yeux; nous parlons souvent d'elle, je la vois courageuse, mais sa tristesse est si profonde, et si partagée de tous ceux qui ont connu son Julien que le temps ne fera qu'augmenter nos regrets. Nous voudrions pouvoir être desuite tous 4 autour de nos bons parents, mais les voyages sont encore trop difficiles et on dit qu'il serait imprudent, pr ceux qui n'ont pas habité Paris pendant le siège d'y arriver desuite. Mr Bonnard n'a pas encore permis à sa femme de ramener ses enfants et son père à Paris : je pense cependant que ça ne va pas tarder et qu'alors nous pourrons aussi, avec vos conseils, décider le moment de notre venue.

Je suis heureuse de voir combien ta vie est utile, bien employée, c'est si bon dans ces moments de gde crise de pouvoir porter q.q. adoucissements à tant d'infortunés et tu sais si bien te multiplier, que je t'admire de loin et voudrais t'imiter.

Comme je te l'ai écrit, nous n'avons pas eu de blessés, et tout ce que nous avons fait nous l'avons envoyé en Suisse, à Mulhouse & mais maintenant les chaussettes de laine, les bandes & ne me paraissent plus devoir être utiles ; dis moi donc quelles sont les choses dont tu trouves le placement le plus nécessaire, tant pr les convalescents que pr les petits enfants, les femmes &. Je serais contente de travailler pr toi, je te le porterais en allant vs voir. Ici notre pays a été épargné, nous avons fait l'impossible pr conserver les ouvriers, c'est donc vers de plus gdes infortunes qu'il faut porter ce qu'on peut faire encore.

Mais la consternation est profonde, car notre pauvre Alsace paie pr jusqu'au jour où elle sera de nouveau le théâtre de q.q. lutte terrible et l'histoire nous l'apprend partout.

Je partage la douleur de votre pauvre Louise, comme je suis sûre qu'elle partage la nôtre. Son détachement de la terre me parait bien naturel, mais ses pauvres enfants ! Elle sera mieux dans votre voisinage pouvant vs voir tous et cependant étant chez elle.

J'ai été à Colmar, la semaine dernière ; partout des tristesses et des misères !- Quelle reconnaissance on doit avoir pr ses parents quand ils sont ce que sont les nôtres.- C'est toi qui les embrasseras encore pr moi.

Lundi midi. hier est arrivée à Charles une bien bonne lettre d'Alphonse du 28. Remercie le bien de nous avoir écrit. Il est si bon de retrouver dans les siens les mêmes pensées que soi-même on ressent. Tout ce qu'il dit de notre Julien, de notre bonne mère, de toi, de notre malheureuse France, est tellement à l'unisson de nos sentiments ! Dis-lui que plus que jamais nous l'aimons et apprécions tout ce qu'il est et qu'on éprouve tous le besoin de resserrer encore les affections de famille.

10h du soir. Aujourd'hui il faisait un temps splendide, au reste comme depuis 15 jours, j'ai emmené toute ma petite jeunesse en y joignant les petites Berger et nous sommes allés à Leimbach à pieds, une bonne petite course qui a fait du bien. J'avais à aller à l'école de couture de Leimbach pr distribuer les chemises finies. La semaine prochaine j'en ferai autant à Roderen. Je continuerai de même à m'occuper des écoles jusqu'au jour où le français sera suprimé ... Et on dit que cela ne tardera pas, déjà à Thann on a fait partir une sœur qui ne savait pas l'allemand. Tous les professeurs du collège de Colmar ont été renvoyés.

Mme Floquet est venue me voir ; je souhaite te trouver aussi bonne mine qu'à elle. Elle a aussi eu un de ses parents frappé le 12 Janvier au fort d'Issy. Que de victimes, que de douleurs. Il semble toujours qu'on rêve, tout cela ne peut être que l'effet d'un épouvantable cauchemar ! mais hélas non, c'est la triste réalité. Et on pourrait tenir à la vie encore ? Cependant quand on est entouré de petite jeunesse, il ne faut pas toujours répéter cela, si tu savais comme mes petites filles cherchent à bien faire, à être sages, à s'appliquer à tous leurs devoirs et cela pr me faire plaisir et pr un jour retrouver tous ces êtres aimés qu'elles ont déjà vus disparaître. Tout cela se lit dans leur bon petit cœur, ce sont des natures comme petit Jean, aussi Emilie me gronde quand je compare ses petits cousins à son chéri de Jean. C'est très amusant; elles se réjouissent, à la perspective, de vous aller voir

Un petit mot à Estelle de ma part, Cécile lui souhaite le bonjour, la pauvre fille n'a pas de nouvelle de ses parents depuis Septembre, son village, près de Belfort, a été en partie détruit.

Quel magnifique clair de lune, quel beau ciel, on voudrait toujours voir audela. Pauvre nature il faut s'incliner devant la volonté de Dieu.

n° 97
Jules Desnoyers (Paris)
à Charles Mertzdorff (Vieux-Thann)
mercredi 8 mars 1871

paris, mercredi 8 Mars 71

Mon cher ami,

Voilà donc la paix conclue, mais à quelles conditions! inévitables sans doute mais bien cruelles! notre chère Alsace, si française, si courageuse, si industrieuse, si belle nous est ravie. après la mort de notre pauvre et cher julien c'est le plus grand de tous nos malheurs consommés. Votre fermeté, votre active et loyale intelligence, votre dévouement à la patrie, à la famille nous rassurent sur les pénibles conséquences de cet événement si grave et si douloureux. mais nous avons Mon cher ami, la plus entière confiance dans le parti que votre sagesse, votre expérience, votre affection vous dicteront. Les intérêts des affaires que vous dirigez avec tant de bon sens et d'intelligence ne sauraient être entre des mains plus prudentes que les vôtres et vous êtes bien convaincus tous deux que, pour notre affection, Vx Thann est toujours français, aussi français que paris. ainsi ne consultez, dans le parti que vous prendrez, que les intérêts bien calculés avec votre sagesse et votre sang froid ordinaires. D'ailleurs, il paraît certain que les conditions subsidiaires relatives aux pays conquis, seront aussi favorables que possible, du moins aussi chaudement débattues que possible par nos représentants dans la réunion qui doit traiter définitivement à Bruxelles de la réalisation de la paix. peut-on dire cependant qu'il y aura là rien de définitif? quel traité gros d'orages et de revanche! quelles douleurs pour les français qui en ont signé et approuvé les bases! je conserve encore, dans cette sinistre circonstance, un grand espoir dans l'habileté de M.Thiers et dans les intérêts des puissances neutres si longtemps indifférentes ou traitres ou aveugles; notre amoindrissement les menace et elles auraient bien dû le prévoir plus tôt. nous n'avons pas besoin de vous répéter, Mon cher ami, avec quelle anxiété nous attendons toujours de vos nouvelles et quel bonheur nous apportent les lettres de notre Eugénie, les vôtres et celles de vos chères filles. c'est une des plus grandes une des seules consolations qui nous restent après notre grand malheur dont la pensée ne nous quitte pas et qui est irréparable. Tout le reste comme vous le dites si justement, peut être réparé : le travail, la modération nous rendront l'avenir moins pénible, malgré les pertes de toute nature que nous aurons tous à supporter. mais la douleur, laissée par la mort de notre cher enfant, vous et notre Eugénie vous la comprenez et la partagez si bien que je n'ai rien plus à vous en redire. Ma courageuse et excellente femme la supporte aussi bien que possible ; mais elle a de fréquents moments d'angoisse que mon cœur partage comme les vôtres, comme ceux de nos autres enfants de paris. c'est helas ! pour toujours.

Entre autres pertes matérielles, nous prévoyions bien que Launay avait eu à en subir de sérieuses. mais nous n'en étions informés que par les quelques mots de Michel copiés par aglaé dans une de ses dernières lettres à Eugénie. nous en avons aujourd'hui eu plus de détails par une lettre de M. Ch. Dugué que je viens de recevoir et dont je vous transcris tout ce qui peut vous intéresser en ce qui concerne Launay et Nogent. La lettre est datée du 6 Mars.

« Ici nous avons été sous le poids de l'occupation depuis le 22 octobre, mais plus particulièrement et sans désamparer depuis deux mois, et Dieu sait quels sacrifices nous n'avons pas dû faire. Enfin, il faut se consoler en pensant qu'il y en a de plus malheureux que nous ; mais vous avez été des plus affligés, car rien ne vous a épargné.. et la crainte que j'avais pour MM. n'a été que trop réalisée.

« Ici le fermier de Launay a bien souffert. Ses chevaux, vaches, porcs et partie de moutons lui ont été enlevés. c'était le sort des propriétés trop voisines de la ville. Launay a bien souffert aussi, mais relativement bien moins, quoique ayant été presque toujours occupé par 5 à 600 hommes quelquefois. mais les dégats n'ont pas été aussi considérables qu'on aurait pu le craindre. j'aurais voulu lui éviter plus tôt ce qu'à la fin j'ai pu faire par l'entremise d'un colonel que j'avais chez moi, (c'était de nouvelles visites), au moyen d'une défense que j'ai pu obtenir pour empêcher l'envahissement, et dont le fermier et le père Michel ont été très heureux. Mais il était déjà tard. Michel a perdu tout son fourrage, vous le pensez bien ; néanmoins il a pu sauver ses vaches.- Votre fermier, à la suite de toutes ces secousses a été assez sérieusement malade ; mais il va mieux. Débonne le locataire des Renardières ainsi que la f^e^ Damas sont morts de la petite vérole. (c'est aussi de la même maladie que le fermier avait été atteint). je n'ai pas entendu parler de disparition autres qu'une pendule et quelques livres, pour le mobilier, avec quelque linge. Mais le père Michel avait, dès l'abord, fait une cachette que je me dispose à lui faire ouvrir l'un de ces jours, quand la garnison va nous quitter, cette semaine, dit-on.

« Je suis heureux des nouvelles que vous me donnez de M.Mertzdorff ; dites lui bien des choses de ma part quand vous lui écrirez, ainsi qu'à ma cousine, et que ce qu'il m'a confié est en bon état.

« quant à moi personnellement j'ai bien souffert et vieilli en peu de temps. je suis exténué et sinon hier que j'ai pu quitter la ville quatre heures pour aller et venir à la pépinière, je n'ai pas eu un instant de repos, passant mes journées à la mairie (avec adjoint) et Dieu sait comment. j'ai eu bien du dégât à ma propriété de campagne c'était le lieu de deux combats et j'ai eu parfois 1000 à 1200 prussiens à la fois. A l'instant, votre ancien fermier Deletang m'apporte mille francs sur ses fermages, que dois-je faire ? »

Tel est, Mon cher ami, le récit que j'avais à vous transmettre qui vous attristera comme nous mais dans une juste mesure; car tout cela est probablement réparable. Ce sont sans doute les bois qui auront le plus souffert mais le bûcher était bien garni. les meubles, quoique sans doute fatigués, ne sont point détruits. Tant mieux; ce sera une dépense moins grande. Malheureusement il n'en est pas de même pour MM. Nous nous sommes enfin décidés à y laisser aller ma femme avec nous et elle a comme vous pensez bien, très bravement supporté la vue de cette effroyable dévastation. on a retrouvé quelques debris de mauvais meubles chez des voisins et comme je vous l'ai déjà dit, des boiseries sculptées et une partie de mes livres à la mairie et chez le receveur des Contributions; quant aux glaces toutes brisées ;les marbres presque tous en morceaux; les bibliothèques et tiroirs brûlés..&& pour les portes, elles sont a peu près toutes brulées ou détruites, sauf dans notre maison. j'y suis retourné hier ou plutôt j'y suis resté à coucher de la veille, ma femme étant rentrée le soir à paris avec nos enfants. bien leur en a pris, car hier une nouvelle garnison de prussiens (de deux mille hommes) est arrivée à MM. Elle est de passage, mais sera remplacée sous très peu de jours par d'autres troupes qui, parties de la rive gauche de la Seine, suivant les conditions du traité, se dirigent vers les d[ts] du Nord. j'ai reçu pendant que j'étais encore là, la visite de plusieurs officiers, non encore pour loger, mais comme curieux des ruines du vieux château & dont ils avaient entendu parler! j'ai eu le courage de leur faire voir les ruines des ruines et juger par eux-mêmes de l'effroyable saccage. Ils ont eu l'air d'exprimer avec beaucoup d'hélas et de hola! des regrets, que j'ai pris pour ce qu'ils valaient; et tout en ayant été froid et poli surtout avec un officier supérieur parlant bien français et semblant instruit, je n'ai pu m'empêcher de leur dire, en les quittant, que j'étais malheureusement trop vieux pour leur rendre leur visite à Berlin! je ne sais encore si nous allons en avoir à loger dans nos ruines; c'est possible, aussi y retournerai-je demain. Mes yeux et ma pensée commencent à se faire à ce spectacle. la violette qui fleurit, comme si rien de nouveau ne s'était passé dans notre triste france, me reporte vers des temps meilleurs; je revois dans ces lieux que j'ai tant aimés, nos chers enfants dont l'un n'y reviendra plus, et dont le souvenir y sera toujours vivant. En essayant de remettre quelque apparence d'ordre dans les amas de papiers déchirés, dispersés dans le jardin avec les débris de toute sorte, dans les énormes trous creusés pour chercher des trésors, j'ai retrouvé de nombreuses lettres et autres souvenirs de notre pauvre Julien, trésors plus réels pour notre affection que ne pouvaient l'être pour les pillards ceux qu'ils cherchaient.

L'une des semaines précédentes, avant la signature de la paix, un autre détachement était venu exiger le payement d'une Contribution de guerre qui pour le canton seul de MM dépassait 60,000[f] et avait été réduite gracieusement à 34,000. une souscription particulière avait été faite et nous avions versé provisoirement mille fr. mais nous croyons que l'exigeance de cette contribution tardive n'aura pas dû être définitive, d'après les termes de l'armistice. Mais tout cela n'est rien auprès des charges et des pertes que vous aurez eu à subir malgré la mansuétude des conquérants. nous avons appris avec plaisir d'après la dernière lettre d'Eugénie écrite de Colmar à alfred que la pensée de vous prendre en ôtage n'avait pas été réalisée et que bientôt m. votre beau frère pourra rentrer en france; mais dans quelles circonstances : sa pauvre femme si longtemps malade et inquiète; sa sœur affligée d'un nouveau et si grand malheur. dites leur bien à l'occasion que notre peine ne nous laisse point insensible à la leur.

Nous avons eu aussi plaisir à apprendre que les santés de nos bons amis Duméril, y compris Léon, étaient bonnes. ne nous oubliez pas auprès d'eux, non plus qu'auprès de M. et de Me heuchel et remerciez les, ainsi que les autres personnes, qui veulent bien prendre part à notre malheur.

Nous avons aussi et surtout beaucoup à vous remercier Mon cher ami, du nouveau témoignage d'affection et de confiance que vous nous donnez par la lettre qu'en votre nom Eugénie a faite à sa maman. Sans doute serons nous, un jour ou l'autre, heureux d'en profiter, ainsi que ma femme a répondu à Eugénie : alors nous vous en préviendrions. les charges que nous allons avoir à supporter pour nos maisons de MM sont telles que je n'ose y penser sérieusement. mais nous ne ferons que le plus indispensable et le plus urgent, d'autant plus que les ouvriers seront rares et chers.

Nous espérons bien avoir le bonheur de ne pas trop tarder à vous revoir tous; mais il ne faudra faire ce voyage que quand vos affaires vous permettront de quitter. peut-être alors pourrons nous aussi revoir ce pauvre Launay. peut-être jugerez vous à propos d'écrire un mot à M. dugué pour le remercier de son obligeance et répondre à la demande qu'il me charge de vous adresser.- alfred offrait si cela pouvait vous sembler utile de faire dans quelque temps un tour à Launay afin de mieux apprécier les dégats et de vous en rendre compte. mais il faudrait attendre que les prussiens aient tout à fait quitté le pays. c'est aussi ce que nous attendrons pour commencer les réparations sérieuses de MM. nous ne ferons en attendant, que l'indispensable.

Vous aurez vu l'ordre du jour motivé de paul Target à l'assemblée de Bordeaux : cela va le mettre en évidence et n'est pas sans utilité pour le résultat général et pour lui-même.

les journaux vous aurons peut-être effrayés de bruits relatifs à la garde nationale de paris : il y a la plus grande exagération et bientôt il faut espérer que tout de ce côté, rentrera dans l'ordre et la discipline.

adieu, Mes chers enfants, donnez toujours souvent de vos nouvelles : c'est je vous le répète, un de nos rares bonheurs en ce moment. Eugénie aura trouvé à son retour de Colmar, plusieurs lettres de sa maman et d'aglaé soit pour elle soit pour nos petites filles qui ont écrit bien affectueusement en souvenir de leur cher oncle julien. nous les embrassons, ainsi que vous deux, avec la bien sincère amitié que vous connaissez

Votre père tout dévoué
J.Desnoyers

[illisible]
Eugénie nous demandait ce qu'était devenu le mobilier d'alfred : Sauf les livres papiers et le linge rapportés à paris, tout a peu près a été enlevé.

n° 98
Aglaé Milne-Edwards (Paris)
à Marie Mertzdorff (Vieux-Thann)
vendredi 31 mars 1871

31 mars 71

Ma chère petite Marie,

je suis un peu honteuse de ma méprise, mais je suis sûre que tu ne m'en veux pas ; cela prouve que je vous confonds complètement dans mon amitié et que mes deux chéries ne font qu'un dans mon cœur. Tu ne saurais croire combien ta dernière lettre m'a fait plaisir, je l'ai déjà lue plusieurs fois et compte bien la relire encore afin de me croire avec toi.- Nous sommes comme tu le sais à Mont. avec bonne maman qui se sent mieux depuis qu'elle a quitté la turbulente capitale ; elle remue beaucoup plus, s'occupe des ouvriers et n'est pas plus fatiguée. J'espère que le calme lui fera un peu de bien mais elle est bien bien triste.

La pauvre maison n'est pas belle ni réjouissante ; lorsque nous y sommes arrivés, il n'y avait rien que du fumier sur les parquets aussi a-t-on commencé par l'enlever, puis on a lavé, puis on a relavé, ça n'en a pas l'air plus propre mais nous savons cependant que ça doit l'être. Maintenant oncle Alph. cherche à réparer les serrures car il n'y en a pas une qui marche ; il s'est occupé de la grande porte Dimanche, puis de notre chambre, du vestibule, de la salle à manger &&. Notre rêve est d'avoir dans chaque chambre du papier gris aussi oncle Alph., avec l'aide de b. maman, commence ce grand travail car on ne peut pas avoir d'ouvriers ; depuis 15 jours nous attendons des portes pour (entre autre) l'endroit le plus indispensable...

Tu serais peut-être bien aise de savoir de quoi se compose notre élégant mobilier. Dans la chambre de b.m. il y a un vieux lit de fer avec une paillasse et un matelas, une table nocturne sans portes, avec un marbre trop petit ; 2 vieilles commodes à marbres cassés sans tiroirs renfermant les q.q. objets de toilette indispensabes, deux vieux fauteuils, 3 chaises de paille neuves, un morceau de glace tenu par 3 clous, un bureau qui n'a pas de dessus, une table de bois blanc neuve, sur les commodes sont placés : une jardinière à oncle alfred, le dessus et le dessous de la pendule de la salle à manger qu'on n'a pas, une bouteille d'encre et une brosse ; sur la cheminée est le portrait du cher oncle Julien, 2 bouquets de violettes et des journaux. Tu vois, ma chérie, que nous sommes encore dans le délabrement le plus complet. Il faut te dire que nous n'avons rien apporter craignant que les Prussiens, qui sont dans Mont., ne s'emparent de nouveau de la maison si on la quittait. On dit qu'il y a à Deuil des meubles des maisons de Mont. je vais y descendre pour constater ce qui y est ; mais ce qu'on retrouve ainsi est dans un tel état qu'on préfère presque ne rien avoir. François, Jean et un ouvrier travaillent activement au jardin qui change d'aspect.-

Tu me demandes des renseignements sur le jardin des plantes je te dirai que ce sont les éléphants du jardin d'acclimatation qui on été mangés mais ils habitaient pendant le siège à la ménagerie du museum. Mr Geoffroy nous a même offert un petit morceau de trompe qui a un peu le goût de la langue ; il nous a fait également manger quantité de curiosités dont je te parlerai de vive voix ; mais les animaux du jardin des plantes n'ont point été sacrifiés ; tu retrouveras les éléphants moins 1 qui vient de mourir. Adieu, mes bonnes chéries, je vous embrasse bien tendrement ainsi que votre petite mère ; bien des amitiés au cher père.

Tante Gla

Je remercie Cécile de son bon souvenir et lui fais dire mille choses.-

Oncle Alph. est à Paris et va revenir ce soir ainsi que b.papa Desnoyers. Je t'écrirai promptement car je n'ai plus de place et cependant j'ai bien des choses à te dire.

Bonne maman Desnoyers vous embrasse bien tendrement en commençant par la maman, le papa et finissant par les fillettes.

n° 99
Charles Mertzdorff (Vieux-Thann)
à Eugénie Mertzdorff (Montmorency)
mercredi 28 juin 1871

Ma bonne petite Nie Il n'est pas encore tard, je rentre d'un petit tour aux ateliers & je pense passer avec toi une bonne et bien douce heure.- Tout d'abord te dire que j'ai reçu la lettre de notre Emilie chérie- c'est toujours bon de vous savoir tous en bonne santé.- C'est l'Oncle* qui a fait aujoud'hui la corvée de Mulh.- il l'aime ce que je ne sais pas dire.-

Ce soir j'ai reçu une bonne lettre de ma sœur il n'y a encore rien de décidé, loin de là, ce n'est qu'aujourd'hui qu'il** a pu avoir audience au Ministère, cette pauvre Emilie voit qu'elle s'est un peu abusée sur les facilités a être servie a souhait, elle s'en inquiète un peu.- Du reste elle ne me parle que peu de sa santé ; d'après le peu qu'elle en dit, je vois qu'elle ne va pas trop bien ; ces derniers orages, assez violents, mais sans causer de dégats, l'ont éprouvé. Tu sais qu'elle a une frayeur des éclairs et du ton̂erre surtout la nuit & seule dans la maison. Il faut si peu. Elle commence à être ennuyée seule & sans solution. Toujours sa sainte horreur des casques pointus. Elle s'ennuye & voudrait voir du monde chez elle, elle invite oncle & tante Gges d'aller passer une soirée chez elle s'ils vont à Heiteren, ce que j'ignorais. Invite aussi les Henriet.-

L'oncle nous dit en rentrant que Mulhouse est en état de siège, il y a eu deux cas ou des jeunes gens ont été tués par les coups de fusil a quelques jours d'intervalle. A chaque enterrement il y avait 2,3,6 mille hom̂es force discours & manifestations, ce dernier les soldats pruss. ont gardé l'entrée du cimetière, & lorsque la famille avait passé, fermé les portes & croisé les armes.- après 9 h. soir interdit de se promener plus de 2 ensemble. a 10 h. plus personne ne doit se trouver dans les rues. l'on a fait arriver 5 000 h. de nouvelles troupes qui logeront chez le bourgeois par 5 & 10 h.- Du reste Mulhouse n'est pas seul privilégié, toute l'Alsace sera occupé & plus qu'occupé par une force d'armée formidable. En haut lieu l'on n'est pas content de l'esprit &, dit-on, c'est a la bayonette que l'on veut germaniser ces mauvaises têtes.- pour Mulhouse c'est positif pour le reste ce sera a voir.

Mais dans tous les cas d'ici a bien longtemps notre pays ne sera pas gai & difficilement habitable même.

Nous avons eu aujourd'hui la visite d'un Calicot allemand qui vient dans le pays pour étudier ce que l'on y fait & acheter.- Il est parfaitement de mon avis, que c'est l'industrie allemande qui va infiniment plus souffrir de l'annexion si malheureuse que l'Alsace.- Il a visité les divers blancs & va faire essayer;- C'est un homme parfaitement bien, un peu Docteur com̂e tous les allemands, il a été frappé de l'esprit antipatique qu'il a trouvé a Mulh. même dans la classe des fabric^{ts} & négociants.-

Co^me tout allemand, surtout tout prussien, il est heureux de voir ce beau rêve de l'unité allemande accompli, mais il craint bien que cette guerre ne soit qu'une trêve, surtout lorsque l'on entre dans ce pauvre pays conquis de l'esprit duquel, lui com̂e bien d'autres, n'avait pas idée.

Ce soir il est encore passé a Mulh. un convoi monstre de prisonniers français que l'on continue a recevoir par vive la France. Je suis toujours surpris & étonné de voir aujourd'hui l'Allemand si réaliste, ce sont de vrais Américains; & ce changement ne date guère que de 1848- Ce changement je m'en doutais un peu en suivant les divs expositions & m'en étonnais souvent. Ce n'est plus l'Allemagne co^me je l'ai habitée en 1838; c'est tout un autre peuple. Mais que d'efforts pour en arriver là. J'attribue ce changement a leur littérature de ce siècle, leurs écoles un peu a l'américain & surtout a ce grand nombre d'allemands en Amérique & le monde entier, ce grand va & vient des 2 continents.- l'Allemagne doit beaucoup a la Prusse qui elle doit pas mal a tous ses Fritz depuis plus 1 siècle.

Mais je m'aperçois que le souvenir de mon marchand allemand m'entraine beaucoup trop audela du Rhin.- & com̂e avant tout je tiens a rester avec toi ma toute chérie, tu feras très bien de ne pas me suivre. Du reste j'ai toujours sur le cœur mon Bismark parisien & recom̂cerais volontier ma lettre si je n'écrivais que pour toi. Je voulais encore écrire a founichon mais je vois que j'ai mis plus de temps a écrire ces deux pages que d'habitude

Je te dis donc bon soir t'embrasse bien, te croyant utile la bas je ne te dirai pas que j'aimerais te voir ici a cette table. mais si souhait est permis, je me transporterais volontier au milieu de vous [illisible]

bien montré mais ma tête de linotte [illisible]

Il y a 8 jours j'ai fait acheter par Paul 5(cinq) pièces de vin du Jura, un assez bon vin pas cher & bien suffisant pour être bu avec de l'eau (85 fr. la pièce.) il vient d'arriver ce soir, je vais faire mettre les 5 tonx dans la cave de Maman s'il y a place.- J'espère être approuvé. Il y a encore 5 autres pièces achetées par l'Oncle. [Bordeaux] a 120 rendu mais dont nous n'avons pas avis.- Voilà du vin pr longtemps.

* *Il s'agit de Georges Heuchel, oncle maternel de Charles.*
** *« il » désigne Edgard Zaepffel, le mari de sa sœur Emilie.*

n° 100
Charles Mertzdorff (Vieux-Thann)
à Marie et Eugénie Mertzdorff (Montmorency)
samedi 1er et dimanche 2 juillet 1871

Chère Marie, chère petite amie. Si recevoir mes lettres, m'écrire même est un plaisir pour toi ; je te prouve bien par cette lettre que j'ai la même satisfaction a bavarder avec ma grande Mie. J'ai reçu ta bonne lettre, elle m'a fait le plus grand plaisir, car lorsque l'on est seul, comme je le suis, avoir de bonnes nouvelles de tous ceux que l'on aime est une bien douce jouissance & un vrai bonheur de les savoir tous réunis en bonne santé.

Ta lettre me dit que vous travaillez un peu, j'en suis bien content & la petite Maman chérie fait très bien de ne pas trop vous laisser flâner.- C'est lorsque l'on est jeune & petit encore qu'il faut s'habituer au travail, sans lui pas de bonheur parfait possible. Mais je ne suis pas venu pour prêcher ni aux unes ni aux autres ; tu sais par expérience que si le travail n'est pas toujours ni récréant, ni amusant lorsqu'il est fini & bien fait l'on est content de soi, l'on se donne a soi même une bonne note & jamais le paresseux n'aura ces douceurs qui sont les plus douces dans la vie.-

Je t'écris dans le petit salon, a la lumière de la lampe assis a ma place sur le canapé ; c'est la première fois que je vous écris d'ici, d'habitude c'est au bureau, mais aujourd'hui l'on fait la toilette d'enbas.- J'ai laissé ta lettre dans un des tiroirs du bureau je ne sais donc pas d'ici quel jour toi & la petite maitresse avez écrit.-

La pensée est de toi, mais tu ne m'en parles pas. De votre jardin il me serait bien facile de vous en envoyer un bouquet ; haricots et petits pois d'Emilie sont en fleurs, les petits pois surtout ont dépassé de beaucoup la taille de la petite jardinière & si elle les voyait dépasser les ronces, elle aurait certainement du plaisir.- Vos choux sont de toute beauté & pour peu qu'ils poussent ainsi, ce seront les plus belles têtes du potager. Dans vos rondelles, le jardinier a planté des Zinias qui sont en fleurs. Toi Mimie tu possèdes les seules quarentaines que j'ai encore découvert au jardin.-

Pour le jardin je vous ai déjà dit qu'il était beau & bien fleuri des roses en quantités & de toutes les variétés ; seulement Mme la pluie ne leur permet pas de conserver longtems leur coquette toilette.- Ce qui n'est pas beau, c'est le massif de fouscias devant le billard, ces pauvres plantes aiment la chaleur et c'est ce qui nous a manqué a tous.-

La vigne est belle mais du soleil, le foin en demande autant & s'il parait ce beau soleil ce n'est que pour des instants. Aujourd'hui nous avions un petit orage, hier brouillard sans eau je crois.

La cour a été bien animée toute la journée charette sur chariots qui n'ont fait qu'entrer et sortir. C'est que nous recevons quantité de toiles, mais surtout le chemin de fer manquant de wagons, ce sont les voituriers de Mulhouse qui nous ammènent de la houille.- L'oncle a eu la paye ce soir & comme tout le monde travaille très tard tous les soirs il lui a fallu beaucoup d'argent, aussi les petites filles et garçons étaient-ils contents en s'en allant, comptant leur fortune de ce soir.

J'ai fait ta commission auprès de Nanette & sur ton ordre, elle continuera a me faire ses petits plats.- Depuis que je suis seul je mange pour mon désert une grande assiettée de fraises avec force sucre et vin.- Tu vois qu'il est facile de devenir gourmand, lorsqu'on n'écoute pas sa petite raison qui ne le veut pas.

J'ai écrit hier une longue lettre à Maman. Peu de jours avant j'ai aussi adressé une longue prose a ma toute petite chérie. Depuis il ne s'est rien passé de bien interessant.- La maison est propre et luisante com̂e sortie d'une boite. L'on voit bien que les demoiselles du logis sont absentes. Tout est dans un ordre parfait & sur la com̂ode de mon cabinet de toilette pas le moidre petit panier a lessive, pas le moindre ballot de toute sorte.- La chambre d'étude est irréprochable de propreté & d'ordre. Le Coucou marche mais j'ignore a qui il doit ces petits soins, seulement il ne s'est pas corrigé & je l'entends qui déraisonne toujours.- Nous avons eu la visite de Mr le Curé de Leimbach & comme il ne m'a pas trouvé il m'a écrit une petite lettre me recom̂andant une pauvre petite fille a laquelle j'ai donné de l'ouvrage, aussi est elle partie contente.

Je suppose que demain a l'Eglise Mr le Curé d'ici va bien gronder.- Figure toi que les grands garçons qui avaient tous loué des places a l'orgue, n'ont plus voulu payer 30 sols par an trouvant que c'était trop cher et comme l'on n'a pas voulu céder, ils sont tous partis en riant. de sorte que maintenant l'on ne les laisse plus monter.- Tu vois que Vx thann a aussi ses petites révolutions.- Demain Dimanche, c'est un bon jour de tranquillité ; je vais encore continuer mes rangements.- Je ne te charge pas d'embrasser la maman, je compte bien lui écrire un petit mot demain matin. Mais la petite joueuse tu l'embrasseras bien. N'oublie pas bonne Maman et Tante si cela peut lui faire plaisir, l'Oncle artiste s'il n'est pas trop taquin & Alf. s'il est at home. Cécile sur les deux joues. Amitiés a cette bonne Pauline et brave François. Sans oublier Jean & [illisible]. Je ne sais pourquoi je m'imagine que petit Jean est avec vous en ce moment [illisible] toute la maison doit dormir tout a toi ma chérie

Chs Mff

Dimanche soir, c'est a la chère Maman, ma chérie que je m'adresse pour lui dire que ce matin lorsque j'ai voulu lui écrire, j'en ai été distrait par des soliciteurs et aussi par Gges et Jaeglé qui sont venu causer un peu au bureau. Quoique je n'ai pas fait le paresseux et que dès 6h. je me suis levé, mon Dimanche s'est passé très vite & il me semble que je n'ai rien fait. Je le doublerais volontiers. Cet après midi j'étais a Wattw. où je n'ai trouvé qu'une partie du monde que j'y cherchais. Mr Risler président des bains n'y était pas.- J'ai vu par contre les Henriet et les Zurcher. Je dois avouer que l'on m'a reconnu de loin, Marie Zurch. était sur le balcon du chalet et c'était une véritable joie en me voyant, tout le monde s'est précipité a ma rencontre. J'ai trouvé tout le monde en très bonne santé.- henriet sans peruque n'avait pas trop mauvaise mine même Célestine grosse et grasse a une mine enviable. Gabrielle a un peu de teint n'est plus si momie.

[illisible] est grosse & forte & grande, c'est une demoiselle bientôt. Marie Jo va bien, elle est un peu éprouvée, quoique maigre, elle est formidable mais elle se porte bien. La petite Marie était la bien mignonne mais bon teint le gros Charles comm̂ence a peine a se tenir sur ses petites jambes, c'est un magnifique bébé : L'on est parfaitement installé au Châlet, tout y est, même le portrait de Mr de Sèze. Ils paraissent très contents.- Ou se trouvent Célestine et Charles Zurcher l'on n'a pas besoin de faire de frais de conversation. Je ne devais rester que quelques minutes, mais j'ai du plusieurs fois les doubler; mais enfin j'ai fini par arriver a dire ce que je voulais savoir, pour un payement de Wattw. a faire a un entrepreneur. Tu sais ces gens s'adressent volontier a moi.- Il est plus que probable que cet hiver je provoque la vente de cette affaire je n'en sortirai pas autrement.- Encore une leçon ?- L'on m'en a déjà pas mal donné de ces leçons & je m'y laisse toujours prendre.- J'ai quitté la maison a 3h. & ne suis rentré qu'a 6h.1/2.- Demain matin je vais a une vente de bois de la Comm̂une je me hâte de terminer voulant encore écrire a Morschw.-

Jules Heuchel va bien mieux, & Mme Jaeglé aussi, quant au mari il n'y parait plus.- Toujours même presse pour les pièces malgré ma circulaire- J'espère encore arriver a contenter [illisible]

Adieu Ma chère amie Je t'embrasse bien comm̂e je t'aime.

Je suis bien auprès de la bonne mère ne t'inquiète pas de moi. J'ai assez de besogne pour ne pas avoir le tems de m'ennuyer.- Lorsque je suis seul & veus me reposer, voilà ce que je fais ; bavarder avec vous.

n° 101
Eugénie Mertzdorff (Paris)
à Charles Mertzdorff (Vieux-Thann)
vendredi 7 juillet 1871

Paris
Vendredi midi

Mon cher Charles

Deux mots à la hâte pr te dire que nous allons bien, que notre petite course à la capitale s'est faite comme je te l'avais écrit, et que nous rentrons ce soir à Montm. Depuis q.q. jours maman est assez fatiguée. Le temps est chaud et beau, j'espère qu'elle va se remettre comme tu l'as vue. Papa aussi se ressent des émotions. Hier déjeuner en famille chez Me Lafisse, tout le monde très aimable et me chargeant de mille choses pr toi. J'ai trouvé ma tante Target bien fatiguée, courbée en deux

Voilà Alph et Agl., je ne veux pas me faire attendre, je te demande pardon de ne pas rester à causer avec toi je t'écrirai ce soir en détail

Papa s'est occupé des cartes, mais c'est beaucoup plus cher 1200 fr... neuf et le reste à l'avenant je te donnerai le détail

Mille bons gros baisers
de ta Nie

n° 102
Eugénie Mertzdorff (Montmorency)
à Charles Mertzdorff (Vieux-Thann)
vendredi 7 et samedi 8 juillet 1871

Montmorency
7 Juillet 71
Vendredi soir

Mon cher Ami,

Je t'ai griffonné q.q. lignes si précipitamment à Paris que je ne veux pas me coucher sans venir te rendre compte de mes faits et gestes, d'autant plus qu'il y a du bon et qui te fera plaisir comme à moi, c'est le résultat de ma visite à Mr Gosselin. Cette visite me coûtait un peu et à ma grosse Marie aussi ; tante Aglaé a été assez gentille pr nous accompagner, de sorte que nous avons été fort bien reçues et que notre consultation n'a rien eu d'ennuyeux. Il a bien examiné la grosseur de la cuisse et a dit positivement que ce n'était rien, qu'il ne fallait rien y faire ; y toucher le moins possible ; c'est à dire la maman seulement tous les 6 mois pr s'assurer que ça n'est pas changé ; que cela ne tient pas au tempéramment et que je pouvais dire au papa qu'elle serait tout de même une belle fille et une bonne mère de famille, qu'on avait dû me dire que c'était un exostos. Et quant à dire d'où cela vient il m'a répondu en riant, après m'avoir demandé son âge, qu'il peut y avoir 14 ou 15 ans qu'elle en a eu le germe ! que nous ne l'avions pas vu et que la petite sœur, et le petit frère, s'il y en a un, pourrait aussi en avoir ! » Tu vois, mon Chéri, que nous devons nous trouver heureux, car je craignais un peu qu'il n'y eut un petit appareil ou autre à poser.

Tu dis que tu es content que nous n'ayons pas été là lors de l'incendie à cause de l'émotion que nous aurions eue, eh bien ! pr mon compte je regrette de n'avoir pas été à côté de toi pr partager tes anxiétés ; et me réjouir, avec toi, puisque les choses n'ont pas pris les proportions que nous pouvions craindre. Remercions Dieu.

En arrivant ce soir, j'ai eu le bonheur de trouver ta bonne lettre écrite Mardi soir, tu me fais un bien gd plaisir en m'écrivant ainsi toutes choses et je te suis bien reconnaissante de ces longues soirées que tu passes la plume à la main à causer avec nous.

Je suis un peu fatiguée, maman et mes fillettes dorment je vais en faire autant à demain le récit de nos faits et gestes. Un bon gros bec de ta Nie.

Samedi 1h

Tes petites filles ont passé leur matinée à écrire à leur cher bon père, ce qui ne m'empêchera pas de reprendre la plume, car je suis trop heureuse en lisant tes chères bonnes lettres pr que je ne pense pas que de ton côté mes grifonnages te font q.q. plaisir à recevoir. Au moment où nous descendons déjeuner on m'a remis ta lettre du 6, je ne me plains plus du service, les nouvelles sont bonnes et assez récentes pr tranquilliser les cœurs qui s'agitent vite.

La petite garnison de maman, 6 hommes et six chevaux, est assez sage- et ne donne pas de préoccupation ; comme tu dis, on s'habitue aux choses désagréables, tout comme aux autres, et on devient moins difficiles. On ne nourrit pas les hommes et quant aux chevaux, maman a dû ce matin rappeler à l'ordre pr que les maîtres prussiens ne les laissent pas courir dans le potager de la gde maison, voilà tout.-

Nous sommes donc partis Jeudi à 10h pr Paris, maman était assez souffrante, mais elle voulait aller; nous étions attendues chez Constance, et puis notre but était une visite que nous voulions faire à la dernière demeure de notre pauvre Julien. Six mois qu'il n'est plus possible à ceux qui l'aiment de l'embrasser. Notre bonne mère a été bien courageuse et résignée; c'est Alfred et moi qui l'avons accompagnée dans ce triste pélerinage hier matin entre 10h et 11h. Notre pauvre père ne s'est pas senti la force de venir, il préfère aller seul.- Tu comprends ce que le cœur souffrait de conduire une pauvre mère aux pieds de cette petite croix noire, et de la voir s'agenouiller sur cette terre qui recouvre ses plus chères affections... mais tout cela c'est passé doucement et religieusement, le matin nous étions allées toutes deux à l'Église à l'intention de ce cher enfant, cela donne de la force;-et maman, oublieuse d'elle-même, ne cessait de s'adresser à Alfred pr le remercier de ce qu'il avait fait pr lui arranger cette petite place; et depuis à nous tous, toi compris, pr répéter combien elle est heureuse de l'affection dont nous l'entourons, qu'on est si bon pr elle.- Pauvre mère, comment pourrait-il en être autrement.

Pour moi il était aussi un autre anniversaire que je n'ai pas oublié.- 9 ans que Dieu a appelé Caroline à Lui. Enfin ce sont de chères âmes qui doivent veiller sur nous, et nous servir d'exemple dans l'accomplissement du devoir, nous les retrouverons un jour.

Comme je commençais à te l'écrire hier, notre après midi du Jeudi a été consacrée aux membres de la famille présents à la capitale. Ma tante Target est bien courbée, elle est partie hier chez Brousserat passer q.q. jours, puis elle se dirigera sur Mirecourt et ira faire une saison à Bourbonne. Son intention est de venir jusqu'à Thann, je lui ai bien répété qu'elle nous ferait beaucoup de plaisir à tous deux.- Victorine est tout occupée de politique, elle voit souvent les princes d'Orléans, mais pr le moment, tout le monde est pr la république avec la direction Thiers. Le jeune Ernest Duvergier a été nommé à une gde majorité dans son département et sa sœur reconnaît qu'il a du talent pr parler dans les réunions, lui seul s'est occupé de son élection. Chacun m'a beaucoup parlé de toi, on m'a chargée de mille choses à ton adresse et on voudrait bien te voir lorsque tu viendras nous chercher on voulait me faire promettre que je préviendrais Victorine du jour de ton arrivée, afin que Paul pût prendre un Dimanche pr venir te voir à Montm. Je n'ai rien promis.

Pendant que maman se reposait chez Constance j'ai été faire visite à Me Clavery et au retour j'ai pu attraper ma voiture ce qui a permis que maman rentre au Jardin sans fatigue, c'était l'important. De même hier, j'ai eu quatre heures de voiture, il faisait extrêmement chaud et je pense être approuvée de toi car de la sorte maman, Aglaé et les fillettes n'ont pas eu trop de fatigue et les choses se sont faites encore comme nous le désirions. Maman est rentrée avec Cécile à 4h à Montm, et a pu voir ses ouvriers, avant notre retour qui a été par le train de 6h. Au ch. de fer j'ai rencontré Me Beaudrillard (Félicie de Sacy) il y avait une dizaine d'années que nous ne nous étions revues et nous avons eu du plaisir et de l'émotion à nous retrouver ; les questions politiques étaient complètement étrangères pr nous ; nous avions assez d'évènements des familles à nous communiquer ; tous ses frères et sœurs sont mariés, elle a quatre enfants assez délicats ;- Presque tous les Sacy sont sans place maintenant et je pense qu'ils seront q.q. temps avant d'en retrouver aussi, ils se tiennent tranquilles et sont retirés à Monlignon à la campagne.

Voilà mes fillettes bien heureuses, elles lavent les habits de leurs poupées ; elles ont de bonnes petites mines ; je regrette que tu ne puisses en jouir, mon cher Charles, car chacun me fait compliment sur leur bon petit air et tu serais heureux de le constater par toi-même. Chacun leur parle aimablement et on sent en elles le reflet de ce bon vouloir qu'elles inspirent. Ce serait pr toi une douce jouissance que je ne tarderai pas à te rendre. En attendant maman est encore venue me charger de te remercier de lui laisser ton trio, elle t'embrasse cette bonne mère bien tendrement.

Voudras-tu faire toutes nos amitiés à Morschwiller, je n'ai pu voir personne des Duméril à ce voyage, je tâcherai d'écrire prochainement à bonne maman. Agl. avait vu Me Auguste qui va bien et reste encore à [illisible]

Edgard est allé Mercredi chez Mr Edwards, le domestique lui a dit que nous devions venir le lendemain, il a dit qu'il tâcherait de revenir, mais nous ne l'avons pas revu, Agl et Alph étaient sortis lors de sa visite.

La question des cartes du dépos de la guerre a besoin d'avoir ta décision pr qu'on puisse acheter car les prix sont plus élevés que nous ne pensions. Papa a été chez le libraire et pr avoir les 10 départements que tu désires (ce qui te ferait tout l'Est de la France puisque tu as déjà l'Alsace) ce serait une dépense d'environ 205 frs.- Papa a fait le relevé du nombre de feuilles que cela demande 41 ;- il pourrait les avoir à 4frs non collées, et 5 frs collées sur toile ce qui est indispensable. Ces feuilles seraient de l'édition tenue au courrant, ch. de fer, canaux &.- Quant à la carte entière vers laquelle je penchais d'abord pr l'avoir de l'édition actuelle ce serait une dépense d'environ 1200 frs ; il y a 250 feuilles de paru (en tout il y aura 265 feuilles).- Chaque feuille non collée coûte (par faveur) 4 frs demifeuille 2frs de collage 2 frs par feuille ; voilà comment on arrive au 1200 frs.

Quant à rencontrer une édition d'occasion cela montrait bien à 500 frs et au dessus pr compléter et les feuilles seraient en partie de l'ancienne édition sans ch. de fer -R.S.V.P.-

Adieu, Mon Chéri, je n'en finis pas et ne cesse de griffonner. Je t'embrasse bien fort comme tu sais que je t'aime, ne te fatigue pas trop car je vois que tu as bien à faire pr toi et pr les choses publiques. J'espère que tu pourras te débarrasser d'une partie de ces dernières. Ta petite femme

EM

De bonnes amitiés de ton trio et de tout leur entourage.

EM

n° 103
Charles Mertzdorff (Vieux-Thann)
à Eugénie Mertzdorff (Montmorency)
jeudi 13 juillet 1871

Ma chère Nie en vous écrivant hier matin bon papa est arrivé en toute hâte au grand conseil, pour m'annoncer que la toiture du lessivage s'est effondrée vers 8 1/2h. matin, heureusement l'on s'en méfiait & les 3 hom̂es qui y travaillaient on eu bien le tems d'en sortir, de sorte que je n'ai que des dégats a constater.

Nous avons déjeuné un peu vite & vers 2h. j'étais sur place.- bon papa a si vite fait attelé & est venu ici qu'il n'avait pas pu constater les dégats qui sont assez considérables & surtout nous arrêtent bien plus longtems que je ne pensais.- Le batiment est là com̂e si une incendie l'avait détruit; peu s'en faut; les transmissions sont tordus, coupés,- de même les tuy^{x}- quant aux cuves, il était trop dangereux d'y entrer je n'ai rien pu voir.-

L'on a du déblayer aujourd'hui, pour cela j'ai fait prendre les plus grandes précaut. pour que cela en reste là & que nous n'ayons pas encore d'autres malheurs a craindre.

Je pense que cela s'est fait; j'irai demain matin m'assurer de l'état des trav^{x} & voir combien de tems cela n/ prendra pour pouvoir recommencer le travail. Si c'est trop long, voir qui doit en souffrir, envoyer des lettres d'avis pour que l'on dispose de la marchand/ que n/ ne pouvons plus finir ou voir Mr Haeffely qui, s'il n'est pas surchargé de travail, peut n/ blanchir et nous finir a Morschw.-

Je me fais en ce moment l'effet d'une bonne pipe bien culottée, plus rien ne me fait, le feu, l'eau le tremblement de terre tout passe sans m'altérer beaucoup.-

J'ai déjà passé par tant de presses, que j'accepte assez philosophiquement ce qui peut encore venir.

Le maître charpentier, qui est un ivrogne intelligent aurait pu éviter cela avec quelques pièces de bois, il pouvait nous éviter tous ces désagréments.- Mais le pauvre homme est depuis longtems malade sa fin est même très prochaine.

Enfin le mal est, il faut le réparer tant bien que mal.- C'est du provisoire a faire pour 6 semaines, peut-être bien moins de travail.-

Bonne maman avait la lessive elle était toute affairée & avait bien bonne mine. Du reste elle avait beau tems. Pour aujourd'hui le tems était très beau, l'on a pu rentrer du foin en quantité; le baromètre com̂e celui de Paris a beaucoup monté. Il fait chaud.-

Jean met en couleur tes chamb/ du grenier Ce que font tes bonnes, j'avoue que je n'en sais rien je les vois toujours occupées.-

Ici l'on travaille toujours tous les soirs jusqu'a 10h. & minuit souvent. La besogne se fait régulièrement, sans retard nul part. Cependant j'avoue que lorsque ce mois d'août sera passé, je n'en serai pas faché & serai de bien de la responsabilité plus léger.- J'aurais gagné quelque vacance que très probablement, je trouverais encore moyen de ne pas prendre.

Lundi ou Mardi je vais avec Kohl a Siegolsheim voir Mons. l'Evêque, tacher d'avoir une solution pour les sœurs de l'orphelinat qui sont tourmentées par tu sais qui. Il faut absolument brusquer la solution; car s'il ne veut pas nous nous trouverions forcé a nous retourner ailleurs.- Si l'on nous laisse les sœurs il nous faudra un aumônier indépendant de la cure, autrement aucune de ces pauvres filles ne peut rester.- Quant a l'orphelinat du Kaltenbach, il parait que mon jugement sur sœur Jérôme se confirme.- Pauvre nature humaine.-

Ce matin j'étais chez Mr Berger pour affaires commnunales. j'y ai rencontré Marie qui est une toute grande fille m'a demandé des nouvelles de vous toutes des amies en particulier de leur retour et leur ennui de ne pas les voir depuis si longtems.- Elle m'a dit aussi qu'Hélène a reçu une bonne lettre d'Emilie ce que j'ignorais. La lettre a fait plaisir me dit-on son auteur doit en être contente.

Il y a toujours peu de travail chez eux & il doit y avoir pas mal de gêne.-

Ma chère amie en t'embrassant je te dirai que ma santé est bonne mes yeux ne valent plus ce qu'ils étaient il y a encore 3 semaines, mais ne vont pas trop mal, après les comptes du mois je vais les laisser un peu se reposer a nouveau.- Je n'applique pas encore les compresses, tu vois que ce n'est pas si mal.- Je ne me sens pas trop fatigué non plus, ce matin je me suis un peu retiré dans mon cabinet; mais je n'y étais pas depuis une 1/2h. que Mess. Jaeglé & oncle sont venu me rappeler au devoir.

Tu voudras bien embrasser mes petites filles, remercier Marie de sa lettre de Mardi reçue ce matin, ne pas t'inquiéter trop de moi ni d'ici tout cela allant bien. Tu vois que je te donne les plus petits détails de tous nos faits & gestes & de loin tu peux nous donner ton absolution que nous croyons tous mériter.- tout a toi ton ami

ChsM.

le papier te dit que je t'écris de ton petit salon, & ma prose que je vais me coucher.

tout Morschw. m'a chargé de tant d'amitiés pour tous que je te laisse le soin de la distribution. C'est avec grand plaisir qu'elle a lu toutes les lettres des enfants.

Pendant mon absence Mme Oscar Scheurer est venue te faire visite & te fait dire qu'elle va faire une absence assez longue. elle a laissé sa carte.

n° 104
Eugénie Mertzdorff (Montmorency)
à Charles Mertzdorff (Vieux-Thann)
samedi 15 juillet 1871

Montm.
Samedi 15 Juillet
2h.

Mon cher bon Ami,

Il faut donc que tu aies toujours des préoccupations et des ennuis, et encore plus pendant notre absence. J'admire la façon calme dont tu acceptes ces contrariétés de chaque jour et je n'ai qu'un regret, c'est celui de ne pouvoir en prendre ma part autrement que par la pensée, puisqu'il est hors de mon pouvoir de t'en diminuer la dose.

Nous avons reçu Emilie et moi tes bonnes lettres mises à la poste Jeudi au moment où bon papa venait d'apprendre le nouvel accident arrivé à Morschwiller. Heureusement que la chute de ce toit n'a pas ammené de mort ou de blessé; mais quelle contrariété pr toi d'être forcément arrêté lorsqu'on voudrait pouvoir contenter tant de gens qui vous remettent la marchandise. Cet accident est la conséquence naturelle de l'incertitude des projets sur Morschwiller qui fait que, depuis plusieurs années on ne fait que le rabobinage. Enfin, espérons qu'avec les arrangements que tu prends tu vas pouvoir reprendre sans trop tarder la besogne.

Pauvre Alsace, combien elle est à plaindre, et pr ses habitants qui restent au cœur français, quelle triste position. Les journaux d'hier avaient parlé des répressions de Mulhouse, mais pas avec les détails que tu me donnes. C'est inquiétant. Que peut-on attendre de l'avenir ?-

La quantité de Prussiens ne diminue pas ici, le ch. de fer du Nord est infesté, combien cela va-t-il durer, avec la close du traité qui laisse au jugement de l'ennemi à savoir si la France est assez pacifiée pr lui offrir une garantie suffisante?

Hier vers 1h/2 nous avons entendu 3 détonnations suivies de grondement et comme le temps était extrèmement chaud, nous les avons attribuées au tonnerre, tandis que c'était encore un nouvel accident, la carchoutière de Vincennes qui a dû sauter. Quelle est la cause? Les détails manquent. Papa, qui est rentré hier soir à 7h a dit qu'on voyait encore un brouillard épais dans cette direction, mais qu'on croyait qu'il y avait peu de victimes.

Emilie était bien heureuse en recevant ta lettre; Marie trouve que une partie doit lui revenir, car elle écrit des lettres bien plus longues que sa petite sœur; mais elle dit qu'elle te remercie bien « des lettres qu'elle a reçues. En ce moment elle écrit courageusement à bonne maman Duméril, et elle prétend qu'elle aimerait mieux écrire quatre fois à son papa; ça marche tout seul alors ». (sic)

Hier et aujourd'hui les fillettes ont fait de bons petits devoirs le matin, puis ensuite elles ont aidé chacun à différentes besognes telles que cueillir haricots et fèves, éplucher les légumes avec Cécile qui est à la cuisine, (Pauline est un peu souffrante et remonte dans sa chambre, mais rien de plus qu'habituellement). Puis avec moi elles sont venues balayer les musées &&. Tout à l'heure, elles vont prendre un bon bain, l'eau est déjà chaude, cette bonne petite mère soigne pr tout; elle est bien, il fait très chaud, cette température lui convient. Elle me charge toujours de bien des amitiés pr toi, et ne veut pas nous retenir audelà de ce que nous avions projetté d'avance, ainsi, mon bon chéri, arrange les choses comme tu le trouveras le plus convenable, tu sais où nous sommes, et tu sais que ton trio sera heureux de rentrer auprès de toi. Cette pauvre mère chaque fois que je lui lis de tes lettres répète toujours : « Combien il est bon, combien mon Julien eût été heureux avec lui ! »

Pr ce soir nous attendons tout notre monde parisien. La journée ici demain leur fera du bien, car la maison est bien fraîche. Tu parles de paresse, c'est nous qui menons une trop douce vie, et je me reproche chaque jour de ne pas me lever plus tôt. Il me semble que tu me trouveras engraissée, ça m'agace. Je me suis occupée des livres pr les leçons des enfants, je pense avoir ce qu'il me faut.

L'accident de Mathis peut être grave à son âge.-

Les petites filles et la maman sont très intriguées de savoir la surprise qui se trouve dans la petite chambre bleue ?...oh ! Eve !

Adieu, mon bon Ami chéri, je t'embrasse de tout cœur, dans 8 jours j'espère que je serai près du moment de t'embrasser. Nos 2 bonnes petites filles vont bien et pensent toujours comme leur maman aussi elles aiment beaucoup le cher bon père auprès duquel nous voudrions être. bon courage

Ta Nie.

Nanette a les clefs des chambres et des armoires à provisions, celles de mes armoires sont : « ouvrir le tiroir du bas de mon armoire à glace, prendre une clef ouvrant mon armoire à linge et là on trouve celle de l'armoire à glace où est celle du secrétaire du petit salon. Il me semble que voilà ce que je t'ai expliqué au départ. C'est digne du petit poucet !

Approuvé les achats de vin. Seulement que les gardes de nuit ouvrent la nuit le petit volet de la cave et le ferment avant 6h le matin

Tu verras en lisant ce griffonnage que tu dois le garder pr toi seul. Eug. Marie, Emilie.

1872

n° 105

Madame S. Boblet (dirige avec sa mère un cours par correspondance à Paris)
à Eugénie Mertzdorff (Vieux-Thann)
mercredi 7 février 1872

Paris, 7 Février 1872

Chère Madame et Amie,

Nous commençons donc aujourd'hui cette correspondance qui, entreprise pour vos chères enfants, aura aussi un autre but que celui d'exciter leur émulation et de leur tracer un plan d'études, le but (premier pour moi et pour vous aussi, je l'espère) de renouer entre nous des relations bien anciennes déjà et dont le souvenir nous est doux.

Gratifiez-moi bien souvent, je vous prie, d'un mot qui accompagne l'envoi des devoirs, et (voyez combien je suis ambitieuse !) je vous demande aussi, de temps en temps au moins, un mot de votre grande fille que je me sens toute portée à aimer et pour elle-même, et à cause de vous.

Soyez indulgente pour moi, quand je ne pourrai vous écrire ; c'est qu'il m'aura fallu sacrifier le plaisir au devoir.

Je crois vous avoir donné toutes les explications nécessaires pour le moment ; si vous en désirez quelque autre, je suis toute à vous.

Adieu, chère Amie, je vous embrasse du fond du cœur ainsi que vos enfants.

S.Boblet
1 rue Jacob

n° 106
Eugénie Mertzdorff (Vieux-Thann)
à Aglaé Milne-Edwards (Paris)
fin février 1872

Vieux Thann
Lundi soir

Ma chère petite Gla,

J'ai bien sommeil mais je veux cependant profiter de la lettre de Marie pour y joindre un petit mot. Tu sais comme je t'aime et combien ma pensée aime à se rapprocher de toi, je te suis dans toutes tes nombreuses occupations. A propos tu ne me réponds pas au sujet de la souscription nationale du quartier à la tête de laquelle tu dois être. Mais par mon petit doigt je sais que tu es sous présidente et que tu reçois les modestes offrandes des dames et c'est à ce titre que je viens te prier de prendre 100 f^rs^ et 50 f^rs^ de la part de chacune des fillettes, ce qui te fera 200 f^rs^ à ajouter à ta liste. Tu vois que cela ne regarde pas les messieurs, eux on les laisse agir plus grandement, plus à la hauteur de nos souffrances. Je te fais bien des excuses de ce que nous ne t'ayons pas écrit plus souvent, les fillettes pour te remercier de toutes les attentions que tu as eues pour nous tous pendant notre séjour à Paris.

Que dit-on en ce moment? reprend-on un peu courage? Les journaux ne paraissent pas très rassurés eux-mêmes. On s'attend toujours à q.q. mouvements. Chacun ne voit pas l'avenir en beau, loin de là. Enfin à quoi sert de s'inquiéter? Qui vivra verra, et si non inutile de s'agiter.

[illisible]

Mardi 11^h^

Charles est à Morschwiller, c'est énorme ce qu'il a à faire en ce moment, en raison des décisions à prendre. On demande du blanc d'impression p^r^ les fabriques d'indienne, et Ch se décide à en faire à Morschwiller dans une partie de la fabrique seulement, ça aura le double but d'être utile et de conserver une occupation à Mr Duméril à Morschwiller (ceci entre nous deux, je pense tout haut) Léon viendra ici, il dirigera la fabrique qui aura encore à faire il faut l'espérer; Ch. a l'intention de n'entrer qu'avec prudence dans l'affaire Seillière, il n'y a encore rien de décidé ces messieurs doivent venir un de ces jours. De cette façon j'espère qu'avec le temps Ch. aura plus de liberté, tout en ayant encore de l'occupation en industrie. Hier il a porté solennellement sa démission au Kriesdirector de Thann, (de maire) il ne voulait pas l'accepter, mais il a fini par comprendre que c'était sérieux et qu'il ne voulait plus de la mairie.- Aussi au village il est bruit que nous partons, que nous ne restons plus au pays, que nous avons acheté une g^{de} fabrique en France &&& enfin maints produits de l'imagination des curieux circulent.- M^{r} et Me Zaepffel sont à Paris, mais avec l'intention de demander la place de conseiller de préfecture à Nancy afin de se fixer dans cette dernière ville.- Mr Heuchel va mieux ; il s'est levé hier.- Ma purgation m'a fait du bien, mais j'ai toujours l'estomac un peu fatigué, il faut que je le ménage et tu sais ça influe sur tout le reste de la machine, c'est désagréable. Je ne puis continuer à t'écrire, de nouveau je fais une dictée ; Emilie a pris sa leçon.- Aujourd'hui je veux faire faire ma cire, c'est une g^{de} besogne quand on n'a pas d'expérience.- Adieu, ma Gla, je t'embrasse de tout cœur ainsi que maman. Amitiés à Alfred et à Jean

Eug.M.

n° 107
Eugénie Mertzdorff (Vieux-Thann)
à Jeanne Desnoyers (Paris)
mardi 6 mars 1872

Vieux Thann
Mardi 6 Mars

Chère bonne Mère,

J'ai eu bien du plaisir à recevoir ta bonne lettre et je te demande pardon de n'être pas venu plus tôt t'en remercier, mais c'est bon signe, tu sais les évènements sont rares chez nous, les jours se succèdent et se ressemblent sans monotonie pour cela, car nous sommes toujours activement occupées. Le temps continue à être magnifique et tu dois pouvoir diriger tes travaux de Montm. je pense que tu seras retournées passer tes 3 jours comme les autres semaines, la violette doit fleurir au cottage comme ici, car comme nous disions l'année dernière à cette époque il n'y a que les hommes qui changent, la nature reste toujours la même, et malgré les douleurs, les tristesses, les maux qui existent et planent toujours au dessus des nations, la terre conserve toujours ses principes de vie et de rajeunissement ; les petits oiseaux recommencent à se faire entendre et hier, dans notre promenade nous avons trouvé partout trace du printemps. Dieu est toujours présent il n'y a que les hommes qui soient méchants.

La semaine dernière nous avons eu la visite de Mr Seillière avec son associé, il n'y a rien de positivement décidé, mais je pense que ça s'arrangera ; Mr Seillière nous a bien plu, c'est un homme modeste qui a été habitué à reconnaître la supériorité de son frère qui est mort et ne se met pas en avant, sans p^{r} cela paraître manquer de valeur, comme Victorine a paru vouloir nous le dire ; et avec cela il y a de la distinction et l'habitude du monde, nous avons pu parler de beaucoup de gens que nous connaissions soit du côté des membres d'Institut que papa connait, soit du côté des relations Buffet, Target ; Demain un de ces Messieurs reviendra. Ils ont été à Morschwiller et là encore avec les Duméril, ils ont paru très contents.

Merci p^r^ le bénitier annoncé, nous le ferons prendre à Belfort à l'adresse où il doit être maintenant. Je te récrirai lorsque je l'aurai vu.- Mon estomac va mieux, je le soigne en lui donnant du bouillon et de l'eau de [Soultzbach].- Charles est toujours bien portant malgré ses nombreuses occupations et préoccupations. Ce soir encore réunion du conseil municipal.-

Les Bonapartistes font circuler des feuilles populaires à bon marché où on représente une alsacienne sautant au cou des 3 Napoléons! ça s'appelle : L'heureux Retour, Une bonne Surprise && enfin flatter le peuple et lui faire croire que c'est de là que doit venir le salut. D'un autre côté (il y en a p^r^ tous les goûts) ce sont des prophéties à ne plus finir qui annoncent p^r^ cette année le retour d'Henry V et le triomphe de l'Eglise && si ce n'est pas la fin du monde. En attendant les Prussiens font l'exercice et commandent en maître et notre pauvre France n'avance guère. Je pense que ma Gla ne continue pas sa tournée de quête après le manifeste du gouvernement. A la hâte mille tendresses à toi, chère Maman, et à vous tous amitiés

Eug M.

n° 108
Madame V.Charrier-Boblet (Paris)
à Eugénie Mertzdorff (Vieux-Thann)
mercredi 1er mai 1872

1er Mai 72

Le voilà, bien chère Madame et amie, le voilà qui commence ce joli mois de Mai! joli! réputé tel pas généralement, et que je puis qualifier de joli comme d'autres le font, puisqu'il ne viendra pas rompre pour 6 longs mois nos douces relations. Aujourd'hui, 1er, notre avant-dernière réunion, le 8 notre réunion dernière pour le cours d'hiver, et le Vendredi 10 la distribution des récompenses. Que ne puis-je espérer de vous y voir, vous et vos bien chères enfants, auxquelles cette réunion serait utile certainement : mais l'Alsace est si loin! l'Alsace! je ne veux pas dire la Prusse, le mot est trop dur! et quand cette malheureuse Alsace sera-t-elle de nouveau France? Vivons dans l'espoir de ce jour il sera vraiment beau!!!

Mais avant d'avoir atteint cette sommité du bonheur patriotique, il est un premier degré à franchir : la délivrance des 6 départements occupés! pour obtenir ce premier résultat, ce tant désiré résultat, tout ce qui sent vibrer en soi la fibre française doit agir, doit s'associer à la belle et noble entreprise de la souscription des femmes de France; nos mères ont racheté Du Guesclin et nous ferions moins qu'elles en faveur de notre malheureuse et noble patrie? Non, nous ne pouvons avoir ainsi dégénéré; =aussi, au jour de la Distribution des Prix nous ferons, en faveur de la délivrance du sol une quête, dans laquelle nous solliciterons la générosité et le patriotisme de pères et de mères aussi bien que d'élèves : ces dernières m'ont fait sur le sujet du rachat et de la régénération de la France des compositions de style extrèmement remarquables (je regrette de ne pouvoir vous les faire admirer) ; j'espère qu'elle mettront dans l'application et la propagation de leurs idées la chaleur qu'elles ont mise dans leur énonciation, et que grâce à elle et à leur intercession le cours prouvera par des effets les sentiments qui animent tous ceux qui en font partie : pour moi, je serai plus heureuse encore que fière du bon résultat de cette quête.

Je vous offre mes bien affectueux compliments, ma chère fille se joint à moi ; et nous nous rappelons à l'honorable souvenir de Monsieur Mertzdorff. Baiser aux bien chères enfants.

V.Charrier-Boblet

n° 109
Eugénie Duméril (Chaumont)
à Marie Mertzdorff (Vieux-Thann)
vendredi 17 mai 1872

Chaumont 17 Mai 1872

Ma bonne petite Marie,

Les trois générations, fixées à la banque de Chaumont*, ont été bien touchées, ce matin, à la réception de ta lettre, de tes images, du choix qui a présidé à cet envoi, et rend doublement précieux, à la situation de chacune des destinataires, tes souvenirs de 1re communion.

Te voilà arrivée à l'adolescence, ma chère enfant, et tu sens combien tu dois de reconnaissance à Dieu, qui t'a fait naître dans un milieu tel qu'est le tien. Tu t'efforces de faire le bonheur des excellents parents qui te rendent le présent si heureux, et dirigent ton intelligence et ton cœur vers les biens impérissables qui, après eux, devront t'aider à supporter la douleur d'une séparation de quelques années. Toi et ta sœur êtes privilégiées : vos deux mères, également vertueuses, et votre père excellent, vous porteront bonheur, je l'espère de toute mon âme, ma douce, ma chère enfant !

Je t'envoie une reproduction de la photographie de ta mère, et Adèle mettra, dans sa lettre, celle destinée à Emilie. Je voulais vous en envoyer deux, façon émail, sur fond blanc : je les avais entourées, et bourrées de papier soie, mais tante Adèle m'engage à ne pas les faire voyager dans une enveloppe fragile, et à attendre que votre bonne maman ou Made E.Cumont puisse vous les remettre.

J'ai les phot. de Marie : j'en enverrai, la semaine prochaine, à Morschwiller, dont 3, destinées à Vieux Thann : une pour vos parents et les autres, pour toi et Emilie. On souhaiterait ici voir arriver une petite sœur à Marie.

Mr Delisa, parent de ta mère, fait aujourd'hui l'inspection de notre banque. Il est arrivé ce matin à Chaumont.

Adieu ma bonne petite Marie. Je t'embrasse de tout mon cœur, et te charge d'embrasser pour moi ton père, ta mère et Emilie. Fais-toi, je te prie, mon interprète, auprès de Monsieur et de Madame Heuchel.

Ta bien affectionnée grande tante Eug.Duméril.

* *Il s'agit d'Eugénie Duméril, sœur de Félicité (dont le mari Auguste est mort depuis peu), d'Adèle sa fille, mariée à Félix Soleil, directeur de banque, et leurs enfants.*

n° 110
Charles Mertzdorff (Vieux-Thann)
à Monsieur Gerbault, homme d'affaires
samedi 6 juillet 1872
(brouillon de lettre)

Vieux Thann 6 Juillet 72

Mon cher Monsieur

Comme je vous l'ai promis je viens résumer en quelques lignes la conversation que nous avons eue ensemble sur diverses questions.

Mon beau- frère Léon, tant qu'il a été chez ses parents, n'a eu que de faibles appointements, un intérêt de 3 % pendant quelques années, enfin depuis 3 a 4 ans l'intérêt a été porté à 10 %.

Il a chez moi environ 60,000 francs qui seront augmentés par l'inventaire de fin de ce mois : j'aurai donc peu à ajouter pour complèter la somme de cent mille francs qu'il aura en se mariant.

Quant à sa position future, voici ce que j'avais rèvé.

Mes deux beaux-frères devenaient mes associés dans un temps très court pour après prendre pour eux l'affaire que j'ai créée, désirant peu à peu me retirer.-

Léon me restant seul, depuis qu'une bombe prussienne nous a enlevé notre jeune frère bien aimé : c'est donc bien sur lui seul que je compte & puis compter n'ayant pas de fils qui puisse me succéder.

En prévision des circonstances nouvelles que la guerre nous a faites, n'ayant plus en vue pour le moment qu'un seul collaborateur, j'ai du chercher à changer un peu mon industrie.

Les constructions de Morschwiller simplifieront considérablement les affaires de cette usine. Mr Duméril suffira seul à gérer cet établissement, tandis que Léon viendra à Vieux Thann qui reclamera tous ses soins.

S'il se marie, il sera mon associé & je ne doute pas que par nos efforts réunis nous ne sachions vaincre les difficultés d'un nouveau marché.

En ce moment, il ne peut être question pour Léon de prendre l'affaire pour son propre compte ; elle est beaucoup trop lourde pour lui seul ; j'y resterai donc forcément encore.

Mais si, comme je l'espère, nous réussissons à conserver à l'établissement son activité rémunératrice, je compte conserver toute facilité à me retirer des affaires.

Mon industrie sans être trop difficile demande beaucoup de travail, n'a pas chance de bien gros bénéfices, comme souvent l'on rencontre en industrie, mais elle est à peu près exempte de pertes. Ce qui est acquis ne l'est pas sans peine, mais reste acquis : c'est là un grand repos pour l'avenir & m'a toujours fait considérer ma position dans l'industrie comme l'une des plus enviables.

Il est toujours difficile de scruter l'avenir d'une affaire, mais je crois qu'avec la constitution robuste & solide de l'Industrie Alsacienne, avec sa place qu'elle a acquise à force de travail dans le monde entier ; elle ne saurait périr & restera toujours un centre qui s'impose ; nous pouvons avoir 2 ou 3 années difficiles mais notre place est faite & se conservera.

Décidé, jusqu'à présent du moins, à rester Alsacien en n'optant pas, je ne vois pas quelle difficulté mon beau-frère peut éprouver en restant français & si, contre l'impossible, il devait en être autrement, il trouvera toujours en France chaussure à son pied : mais je ne crois pas à cette extrêmité

Je ne sais si j'ai répondu à toutes les questions qui intéressent nos amis ; je désire vivement que ma franchise puisse les convaincre, comme je le suis moi-même, que l'avenir de Léon est assuré, s'il en a la volonté- Si ces conditions toutes matérielles que je donne sont agrées, il ne reste plus que les conditions morales à étudier & ceci n'est plus de ma compétence & espère bien un bon succès mérité.

Pardonnez mon long verbiage & croyez moi, mon cher Monsieur, votre tout dévoué

n° 111
Émilie, Marie et Eugénie Mertzdorff (Paris)
à Félicité Duméril (Morschwiller)
mercredi 23 juillet 1872

Paris
23 Juillet 1872

Ma chère bonne maman,

C'est moi qui prends la plume pour te dire que nous sommes tous arrivés à bon port. Ici nous avons trouvé tout le monde en bonne santé. J'ai très-bien dormi cette nuit. Nous avons trouvé à la garre nous attendant tante et oncle qui s'étaient levés de bien bonne heure. Ce matin j'ai déjà joué avec le petit Jean. Il est bien gentil et bien amusant.

Demain nous irons au cours et Jeudi nous entrerons en vacance je me réjouis beaucoup.

Hier en passant sur le viaduc nous avons vu la pauvre locomotive brisée jetée à l'envers sur le talus. Nous prendrons un bain froid à quatre heures ça sera bien bon il fait si chaud. Nous venons tous de nous débarbouiller et nous avons trouvé cela excellent.

A 1 heure nous irons chez tante Marie - Conduire une pauvre petite orpheline dans une maison à Batignole.

Comme Emilie te l'a dit nous avons fait très bon voyage. Nos compagnons de route furent la famille juive Lans je crois et une famille d'anglais très nombreuse dont la petite fille paraissait bien gentille.

La chaleur est atroce et l'on est à moitié cuit enfin c'est pour tout le monde la même chose.

Je crois bien que nous finirons par avoir tante Aglaé avec nous au bord de la mer. En ce moment elle est retourné déjeuner.

Pardon chère bonne maman de cette lettre certainement si tu ne nous en avais pas tant priées nous ne ferions pas partir cette horreur.

Je ne vois plus rien à te dire si ce n'est de te répèter que je vous aime beaucoup. je t'embrasse encore une fois ainsi que bon papa et oncle Léon.

ta petite Marie.

Les deux bonnes petites chéries étant prètes les premières elles se sont mises à écrire et vous ont dit que nous avions trouvé tout le monde bien et que le voyage s'est bien passé ; je n'ai rien à ajouter, mais cependant je ne puis laisser partir du papier blanc.

Papa et maman ont très bonne mine, je n'ai pas besoin de vous dire qu'ils sont bien heureux de nous avoir pour quelque temps.

Alfred est bien, tout occupé de sa petite affaire il vient d'emmener Charles à Alford pour voir sa briqueterie. Pendant ce temps j'ai conduit les enfants chez Aglaé, elle les emmène voir un orphelinat, puis reviendra nous prendre pour les conduire aux bains froids. Je suis entrée chez Mme Bibron qui est partie de ce matin pour la campagne, j'ai laissé un petit mot. Demain matin nous irons chez le dentiste, et dans la famille si possible, et à 1^h^ au Cours ; Jeudi à Montmorency et le projet est de partir Samedi pour Launay avec papa et maman, nous y resterons avec cette bonne mère jusqu'au moment où Aglaé viendra nous trouver p^r^ aller à la mer, car elle vient avec nous et Alph. viendra nous retrouver vers le 15. Vous voyez que cela s'arrange assez bien.

Nous avons encore bien repensé à ce qui nous occupe tant pour Léon et nos souhaits l'accompagnent toujours.

Papa, maman, Aglaé, Alfred et Alphonse m'ont chargée de mille choses pour vous tous.

Nous vous embrassons de tout cœur

Votre bien affectionnée Eugénie

Après le bain je tâcherai d'entrer quai de Béthune. Voilà l'orage

n° 112
Adèle Soleil (Chaumont)
à Marie Mertzdorff (Vieux-Thann)
vendredi 1er novembre 1872

Chaumont 1er Novembre
1872

Ma chère Marie,

L'affection que j'ai pour toi, celle si grande que je portais à ta chère maman, et la pensée qu'à présent que tu as fait ta première communion tu n'es plus une enfant, mais une personne capable de comprendre et de remplir les devoirs de la vie, m'engagent à venir aujourd'hui t'adresser une demande. Peut-être sais-tu que notre famille va bientôt s'accroître et que nous attendons un quatrième enfant qui doit nous arriver les premiers jours de Janvier. Eh bien, ma chère Marie, je viens te demander si tu consentirais à être sa marraine, et à remplir à l'égard de l'un de mes enfants cette seconde maternité que ta chère maman eût certainement acceptée, je sais, ma chère enfant, que c'est une charge que je te demande d'accepter, aussi c'est à ta raison et à ton affection pour moi et pour ma famille que je m'adresse, avec l'espérance de trouver un appui dans l'affection de ta chère maman Eugénie et de ton papa, les priant de t'accorder la permission d'accéder à ma demande. Je viens de demander à ton cousin Paul Duméril, de vouloir bien être parrain. Il est bien entendu que je ne te demande pas de faire ce voyage que l'hiver rendrait bien pénible ; mais, si tu consentais à être marraine, ta tante Eugénie pourrait te remplacer.

Nous avons eu le plaisir de voir Dimanche dernier ton oncle Léon qui nous a donné de bonnes nouvelles de vous tous, et qui vous en aura sans doute aussi porté de nous.

Ma petite Marie commence à devenir grandelette, elle aura sept ans à la fin de ce mois, mon gros Léon est un garçon fort ami de la lecture, et mon petit Pierre prend tous les jours plus de ressemblance avec sa sœur à laquelle il ressemble au physique et au moral.

Adieu, ma chère Marie, j'espère que tu ne refuseras pas ma demande. Je t'embrasse bien tendrement, ainsi que ton papa, ta maman, Emilie et tes grand parents.

Ma mère me charge de t'embrasser, et ton cousin Félix te sera bien reconnaissant si tu accepte notre demande.

Ta tante affectionnée,
Adèle Soleil

1873

n° 113
Eugénie Duméril (Chaumont)
à Marie et Emilie Mertzdorff (Vieux-Thann)
samedi 18 janvier 1873
après la mort de leur mère

Chaumont 18 Janvier 1873.

Mes chères, mes bonnes petites nièces,

Je suis avec vous de cœur, au milieu de la grande épreuve qui vous est envoyée, à un âge où généralement tout sourit encore dans l'existence, et je pleure avec vous la sainte mère qui vous a été ravie, si semblable à celle que vous avez perdue dès l'enfance.

Déjà, le moment est venu pour vous de pratiquer les vertus qui vous ont été enseignées. Ce n'est que dans le malheur, mes bien-aimées, qu'est donnée la possibilité d'acquérir des mérites.

Nous ne pouvons douter que les desseins de Dieu ne soient infiniment miséricordieux : si donc il a appelé si prématurément à lui votre sainte mère, c'est dans un but bienfaisant à son égard, ainsi qu'au vôtre. L'aveuglement où nous sommes ici-bas des secrets du Ciel ne saurait, en cela, nous permettre le doute, et nous devons nous abandonner avec une entière confiance aux décrets de la volonté divine.

Vos deux excellentes mères veillent sur vous : elles seconderont les efforts de votre excellent père, de vos grands parents, de tous ceux qui vous entourent, pour obtenir que vous deveniez des femmes de bien, et le jour viendra où, tous réunis en Dieu, vous n'aurez plus à souffrir, ni à vous tourmenter. En attendant la réalisation de ces espérances, le bon Dieu répandra sur vous, ma chère Marie, ma chère Emilie, les trésors de sa grâce, si vous avez su vous en rendre dignes.

Gémissant aujourd'hui avec vous sur la perte immense que vous faites, je suis pleine de confiance, pleine d'espoir en vous, qui avez puisé des sentiments si chrétiens !

Adieu, ma bonne Marie, ma bonne Emilie. Je vous embrasse de cœur, au nom de mon excellent mari ainsi qu'au mien, avec la vive tendresse qu'il vous portait, et que je vous porte.

Votre tante Eugénie.

n° 114
Félicité Duméril (Morschwiller)
à Marie Mertzdorff (installée avec Emilie chez Aglaé
et Alphonse Milne-Edwards à Paris)
dimanche 26 et lundi 27 janvier 1873

Dimanche 26 Janvier 1873

J'ai été bien contente hier, ma chère petite Marie, en recevant ta bonne lettre. Depuis votre départ notre pensée était toujours avec vous tous, d'abord dans le voyage, puis à votre arrivée à Paris et à votre installation chez votre excellente tante qui est maintenant votre petite mère à toutes les deux. Tout ce que tu nous racontes nous a vivement interessés, ce plan que tu nous donnes de l'appartement nous permet de vous suivre dans les mouvements de la journée. Tout est pour le mieux, grâce à l'intelligence et au cœur qui ont présidé à ces divers arrangements. Pouvons-nous nous plaindre de votre départ, mes bien chères petites en songeant à tout ce que vous trouvez auprès de votre tante si conforme en tous points à vos deux chères mères qui sont au Ciel et qui vous suivront tendrement dans la vie. N'êtes vous pas tout pour ce pauvre père qui saura prendre de la force auprès de ses chères petites filles.

(Du Lundi 27) Nous recevons à l'instant une lettre de ton bon père et nous le remercions bien de nous avoir écrit. Nous apprenons que ta chère tante Aglaé a mal à la gorge, j'espère que cela n'aura pas de suite, mais nous désirons beaucoup avoir de ses nouvelles, nous ne demandons pas de longues lettres sachant combien le temps est précieux mais seulement quelques lignes. Le bon père parle de ses chères petites, de leurs attentions pour lui et pour la bonne famille auprès de laquelle elles vivent à présent. Au milieu de notre douleur, Dieu permet cependant que nous reprenions des forces par l'exemple de cette résignation chrétienne dont les chers parents Desnoyers donnent le modèle.

C'est Samedi soir, ma bonne petite Marie, que m'est arrivée ta chaise qui est d'un si joli travail et qui m'est si précieuse à tant de titres, je l'ai mise à côté de celle offerte dans le temps par ta petite mère et ta tante Aglaé. Ici nous n'allons pas mal pour la santé, mais ton bon papa a été pris ces jours derniers par des douleurs de rhumatisme, heureusement il en est à présent à peu près débarrassé, mais il faut qu'il prenne des précautions.

Adieu mes bien chères petites filles nous vous embrassons comme nous vous aimons ainsi que les chers parents qui vous entourent.

Félicité Duméril

Souvenirs affectueux à la bonne Cécile
Il m'est doux de posséder la lettre de Madame Pavet.

n° 115
Félicité Duméril (Morschwiller)
à Aglaé Milne-Edwards (Paris)
dimanche 9 février 1873

Morschwiller 9 février 1873

Ma bien chère Aglaé,

Les bonnes lettres que nous recevons de Paris nous causent bien du contentement et nous aident à supporter la douloureuse épreuve que nous subissons. Cette lettre de notre petite Marie que je viens de recevoir, nous tient au courant de son travail, des promenades faites avec le bon père et qui auront une si heureuse influence sur la santé des chères enfants. Je la remercie bien de m'avoir écrit comme elle l'a fait, je te remercie aussi du fond du cœur pour ces quelques lignes que tu as ajoutées et qui contiennent tout ce qui va au cœur. Je crois que tu as raison, dans ce moment, de te borner aux leçons du catéchisme et du cours, ces leçons là qui sont si importantes priment tout. Voir nos chères petites à la tête de leurs classes sera un bonheur pour elles comme pour nous, il y a beaucoup à faire pour ce cours, et il faut que la santé marche de pair avec le travail. Accumuler trop de leçons peut nuire à l'une et empêcher de bons résultats dans les études essentielles. Ai-je besoin de te dire combien par la pensée, je suis avec vous tous, avec tes chers parents, les paroles me manquent pour bien dire ce que j'éprouve. Plusieurs lettres me sont arrivées, j'en détache celle d'Isabelle Latham que je t'envoie. Le souvenir d'Isabelle est lié à celui des temps heureux et je sais que tout ce qui vient d'elle t'interesse. Adieu bien chère et bonne Aglaé nous t'embrassons comme nous t'aimons ainsi que la chère famille qui t'entoure. Les photographies de nos bonnes petites sont toujours là auprès de nous. C'est notre chère bien aimée qui nous les a fait faire

Félicité Duméril

Je n'ai pas de nouvelles de Chaumont et désirerais bien en recevoir.

n° 116
Charles Mertzdorff (Vieux-Thann)
à Marie Mertzdorff (Paris)
vendredi 11 avril 1873

Ma grosse chérie, ce qui veut dire ma petite Marie, je m'attendais a une lettre de toi, seulement le Vend. S[t] la poste ne se délivre pas le matin et j'ai donc du attendre. Je ne m'en plains pas, les prussiens fêtent les Dimanches & les jours S[ts]. Tu les approuves avec moi j'en suis sûr & ce n'est pas la seule bonne chose a les imiter.

J'ai passé ma journée d'hier a Morsch. puis a Mulh.- Bonne maman va bien, si bien que .... Entre mille tu ne le devinerais pas & pour ne pas te laisser cherchant..... Je vais te le dire de suite .... si bien .... qu'elle se décide à m'accompagner a Paris la semaine proch. Voilà j'espère une grande nouvelle. Elle doit avoir écrit a son frère Mr Auguste pour lui demander s'il peut la recevoir & comme cela est a peu près certain, vous pouvez a peu près compter la voir dans peu de jours.-

Elle désire voir son frère que l'on dit un peu souffrant, mais surtout aussi embrasser ses petites filles.- Elle remettera son voyage a Besançon a un peu plus tard. Il est du reste décidé que tante Auguste viendra passer quelques jours a Morschw. cet automne.

Adèle a écrit a bonne mamn, elle va mieux ; cependant les forces ne reviennent que bien lentement, dit elle. Elle connait le malheur qui nous a frappé & tu sais qu'elle sent vivement les douleurs des autres.

Elle est contente de son nouv/ logement, seulement pend^t longtems encore, ils auront des ouvriers dans leur maison, qui une fois arrangée, sera commode & agréable.

A Mulhouse j'ai rencontré le notaire, que j'avais a voir ; seulement ce que j'avais préparé avec tant d'art & de soins ne vaut pas grand chose. C'est a peu près a recommencer & nous ferons cela ensemble chez lui a Paris.

Je n'avais pas encore vu les Paul, j'y ai passé une heure avant le départ du ch de fer.- Ces amis vont bien, mais ils sont un peu inquiets de l'avenir.

Aller & retour en ch de fer j'ai voyagé avec Mr Marozeau qui m'a parlé de vous & de sa petite fille.-

J'ai oublié de faire prendre des nouvelles de Mr Conraux, ne sortant pas du tout je suis comme étranger au pays. Notre pauvre Alsace est si triste & cependant le pays si beau. Tous est vert sauf le roosberg, qui conserve encore son bonnet blanc penché un peu sur l'oreille Gauche (nord) Dans le paysage cela ne fait pas mal & j'en suis sûr vous aurez bien du plaisir a le revoir ainsi que ses deux petites sœurs sa [Ranzen] & sa Stauffen.-

Les pelouses du jardin sont a peu près terminées, quelques unes verdissent déjà & lorsque nous reviendrons tout cela sera bien vert.- Nous avons eu un peu de froid, hier une bîse du Nord a été des plus désagréable.- Aujourd'hui il pleut & le jardinier, je vois, en profite pour sortir l'Orangerie, c'est de bonne heure, pourvu qu'il n'ait pas a s'en repentir.-

Dans la cour & la fabrique rien de bien important a vous en entretenir. Hier un domestique de Morschw. est venu avec voiture a 3 chev/. Il n'est rentré qu'avec 2 chev/, laissant le 3ème malade ici.- Dans la journée il est mort.- Ce sont de ces petits accidents qu'il faut oublier au plus vite. L'émigration est toujours très grande a Mulhouse, comme dans toute l'Alsace beaucoup de personnes s'en vont en Amérique & quelques uns en Algérie.

L'on me dit que Mr Jean Dollfus, si grand type Alsacien, rentre d'Algérie ou il a acheté le terrain suffisant pour créer un village de 50 familles alsaciennes.-

C'est une dépense de 300 mille francs au moins aussi sa famille n'est elle pas trop contente. Nanette a reçu une lettre de Dellyse ; son fils n'est pas trop content la bas, il regrette toujours son Colmar. Il a vu Mr Dollfus qui établit son village a 2 lieues de Dellyse, donc dans la g^de Kabylie ce qui m'étonne.-

C'est faire un noble usage de sa fortune !

Je viens de faire mes comptes avec Nanette qui lorsqu'elles sont seules toutes deux, ne dépenses presque rien pour elles.- C'est le petit café au lait qui fait les frais des repas. Nanette a bien bonne mine, elle engraisse ainsi que Thérèse. Les deux s'informent toujours de vous & comme Nanette regrettait de ne pas savoir écrire le français pour vous envoyer une lettre ; je l'ai engagée de le faire en Allemand, lui promettant réponse dans la même langue.- Je sais par Mr Berger que Hélène va bien & que la semaine prochaine elle viendra a V^x^ thann ou est déjà Marie sa sœur.

Tu vois que je pense a vous & si je m'arrête c'est bien la taille du papier qui en est cause.

Il ne me reste place que pour embrasser Oncle et tante, toutes deux mes chéries ; tante est contente de vous. continuez ainsi & dans notre malheur grace a vous je gouterai encore quelques moment heureux

Léon est ici il reste jusqu'a demain, couche donc ici. Je compte passer mon Dimanche de Pâques a Morschviller.

V^x^ th. Vendredi Saint au soir. Votre père qui vous aime ChsM

n° 117
Charles Mertzdorff (Vieux-Thann)
à Marie Mertzdorff (Paris)
jeudi 5 juin 1873

Jeudi 5 Juin 73

Ma chère Marie

C'est toi que je charge d'embrasser tante & Emilie pour les bonnes nouvelles que j'ai trouvé en rentrant hier au soir.- Je crois vous avoir dit qu'Oncle G^ges^ avait reçu une lettre des Zaepffel qui sont a Colmar & qui demande si je suis a V^x^th.-

En écrivant a Mad. Z.- je me décide a y adresser ma personne et non la lettre. Donc hier matin a 5 1/2 le train me portait a Colmar, en première l'on est presque assuré d'être seul, surtout a 5h. du matin c'est en effet ce qui m'arrivait. Je me dépêche en arrivant a Colmar, vers la maison.- Marianne la portière m'ouvre sans que j'aie besoin de sonner & je me réjouissais de surprendre les habitants de la maison, lorsqu'une figure désolée m'apprend qu'on venait de quitter, il y a a peine 5 minutes pour le Schneiderich, propriété de Mme de Rheinwald.- Que faire, m'en retourner c'était bien dûr, d'autant plus que je prévoyais que je ne saurais revenir.

J'ai donc fait demander une voiture & une demie heure après j'étais en route pour le Rhin.- J'avais un bon cheval & suis arrivé au Moulin presque en même tems que ces Dames.

Je ne sais si vous connaissez la route & la propriété.- Le chemin conduit a travers pleine admirablement cultivée j'avais un tems magnifique & cette petite course loin d'être une fatigue m'a été exécessivement agréable. L'on passe 4 a 5 magnifiques villages dont deux presque entièrement protestants l'un très juif &

2 catholiques, il y aurait donc toute une étude a faire sur cette route de 4 lieues, si la voiture n'allait pas si vite.- En passant l'un des villages mon cocher s'arrête, me disant que l'on appelait. En effet me retournant je vois une Dame qui de loin fait forces signes & court vers nous.- Je me précipite hors de mon équipage & vais a la rencontre de la dame, que je ne connais pas & qui tout essouflé s'excuse de la mésaventure, En me voyant passer elle était persuadée de reconnaître M^r^ X pasteur de Cernay qu'elle attend- force éxcuse & je reprend mon chemin.-

Au moulin la surprise a été grande Mme de Rheinw, Melle Elisa, Melle Marie Z. L'oncle & tante auxquels j'ai du raconter le but & le motif de ma visite.- Nous sommes si près du Rhin que j'ai proposé une petite promenade vers cette ancienne & belle frontière- Il n'est pas bien large, son Eau est verte & claire & franchement il ne m'a pas fait l'effet d'être plus allemand qu'il ne l'était dans le tems plus heureux.-

J'aime ce moulin qui est traversé par un canal du Rhin d'une Eau si belle qu'on la boit avec délice. Le poisson abonde & nous avons même eu le plaisir d'assister a une pêche dans l'un des bras du Rhin- C'est loin du monde, de l'Eau & une belle forêt qui y touche ; au loin les Vosges & de l'autre coté forêt noire.- J'ai fait peu salon auprès de ces Dames, qui, les unes étaient toutes occupées du diner & ma sœur qui trouvait que le bon soleil, que l'on attend depuis des mois, était trop chaud.

Je n'avais pas de livre & n'en avais que faire, pour admirer cette belle nature toute épanouie a ce beau soleil & je t'assure que j'ai passé une petite heure bien agréable tout seul, assis sur un vieux chêne qui était là tout près de l'Eau couché en attendant la scie pour faire des planches, mon pauvre arbre avait bien 2 siècles & il ne se plaignait pas du sort qui l'attendait.- J'étudiais la facilité avec laquelle le poisson se meut dans l'Eau, & dans mon imagination vagabonde il me semblait qu'en donnant le même mouvement a un ballon un voyage en Amérique me paraissait facile.- C'était un assez petit poisson qui me servait depuis quelques minutes de modèle pour ma construction aérienne, lorsqu'une assez grosse truite se précipite sur le pauvre petit qui très heureusement a été assez habile d'échapper a la dent de son compagnon.- Le gros poisson n'a fait qu'apparaître & impossible de savoir de quel coté il avait disparu mais pour sûr il était loin puisque mon petit poisson est revenu oubliant sa mésaventure, chercher sa pature a la surface de l'Eau assez rapide.- J'étais là depuis assez longtems a construire mon ballon lorsqu'on est venu me prévenir que le dîner était prêt.- Dîner de campagne très gai, l'oncle taquinant sa nièce, mais qui est maintenant une grande demoiselle.- G^de^ demoiselle dans la manière de mettre son chapeau, de se coiffer & de son petit air.etc.- La pauvre petite fille est très gentille mais j'avoue que si jamais ma petite Marie prenait ce petit air que je ne sais définir, je ne serais pas content & que je remercie encore Dieu de nous avoir donné une bonne tante qui sait mettre dans la tête & surtout dans le cœur autre chose plus solide & surtout plus charmant & durable.-

Je dirai donc que je n'étais pas content de la pauvre petite fille qui très probablement ne voit pas ses petits travers & me suis guère occupé d'elle. Elle m'a cependant chargé en partant de beaucoup d'amitiés pour vous toutes deux.-

Après le diner vers 3 heures l'on a fait un nouveau tour vers le Rhin & a 4h. la voiture nous reconduisait Oncle, tante & moi a Colmar.- J'ai trouvé bonne mîne a Oncle & tante & ils ne savent pas encore quand ils iront a Saxon- Avant l'on viendra 2 a 3 jours a V^{x}th.. - Leur jardin est très beau, les arbres grandissent bien & l'on y trouve maintenant facilement de l'ombre. La maison est encore très bien meublée,il y encore suffisamment de lits pour nous recevoir. Il n'y a que la chambre ou vous couchiez qui est presque sans meubles.-

L'on a de bonnes nouvelles de Mr Henry qui avance en grade. Vers 7 h. j'ai quitté Colmar & suis rentré en compagnie de Mr Gaspard Schlumberger de Thann.- Une tasse de thé & comme j'étais un peu fatigué je n'ai pas attendu longtems pour me coucher il était 11h. Ce matin g^{de} lutte pour le réveil, je désirais me lever de bonne heure mais $5^{1/2}$ pas possible 6h. je dors de nouv. $6^{1/4}$ je me lève & a 7h. j'avais déjeuné.- C'est passable com̂e tu vois, mais je voudrais mieux & il est probable que je l'obtiendrai.

Je ne sais rien de Morschv. depuis Dimanche, l'ami Léon n'a pas paru a V^{x} th. depuis & ne devine pas trop le pourquoi. Je compte le voir aujourd'hui-.

Mardi j'ai diné avec Mr Barbé, comme il n'y a plus assez de travail pour lui, cet ami va chercher une autre position.

J'ai eu aussi la visite de Mr Berger qui m'a donné de bonnes nouvelles de ses filles & de son Louis.- Les Prussiens n'ont encore rien dit aux Sœur de Kiensh. il n'est donc pas sûr qu'elles recoivent ordre de quitter.- Dans ce dernier cas il est probable que vos petites amies aillent en Suisse & cependant l'on n'est pas trop content des progrès de Louis.

Vous voilà toutes deux contentes de vos œuvres de couture, je le comprend, vous savez que vous ferez le plus grand plaisir le jour ou vous porterez ce qui vous a couté un peu de peine. Emilie surtout qui n'a pas fait un aussi gros travail doit être ravie & cela lui donnera du courage a recommencer autre chose.-

Voilà aujourd'hui encore sans soleil, le baromètre est bas baisse depuis quelques jours ce qui nous menace de nouveau de quelques jours de pluie.- Cepend^{t} il ne fait pas froid, il a plu cette nuit & pleuvera dans la journée. Des mille baisers que te porte cette lettre tu voudras bien en distribuer a Oncle, tante, Emilie, Cécile- tout a toi ma chérie ton père Ch^{s} M.

Dans mon progra m̂e d'hier se trouvait une lettre p^{r} vous, écrite chez tante d^{s} son [Kiosk] vous savez maintenant pourquoi je vous ai laissé 2 jours sans lettre. Mais voilà coup sur coup deux gros volumes- la quantité y est, la qualité aussi. Dédoublant vous aurez le nombre. Encore un bon baiser. Si je ne vous parle pas de [illisible]

De V^{x}th je n'ai rien de particulier a vous dire, il est Jeudi je pense faire visite aux sœurs a M^{r} flach. & a M^{r} le Curé.-

n° 118
Charles Mertzdorff (Paris)
à Félicité Duméril (Morschwiller)
dimanche 27 juillet 1873

Cours d'Emulation de Mmes Charrier Boblet
Emilie Mertzdorff
Cours Style du 16 Juillet 1873

Sujet. Epanchement avec Dieu d'une mère auprès de son Enfant malade

Mon Dieu, seule auprès du lit de mon enfant chéri, je me prosterne à vos pieds & j'ose implorer votre miséricorde ; écoutez les cris d'un enfant innocent, excusez les prières d'une mère qui souffre.

Votre bonté s'étend a tout & a tous ; vous connaissez toutes vos créatures car elle sont l'ouvrage de vos mains ; je le sais, vous les aimez ! Seigneur, ayez pitié de moi : ayez pitié de mon enfant !

Lorsque vous avez vu la douleur de la veuve de Naïm, vous avez eu compassion de ses pleurs & vous avez rendu la vie à son fils !

Ma douleur n'égale-t-elle pas la sienne mon Dieu ? Aucun remède ne pourra sauver mon fils, mais je crois en vous & je vous aime de tout mon cœur ; la prière n'est-elle pas le plus grand & le plus efficace de tous les remèdes ? Vous seul, Seigneur, vous pouvez rendre la vie a mon enfant & vous ne resterez pas sourd aux cris d'une mère !

Mon Dieu sauvez mon enfant !

Néanmoins que votre volonté s'accomplisse, mais qu'ayant pitié de moi, vous me laissiez mon enfant !

Non, mon Dieu vous ne retirerez pas à une mère sa seule consolation

Seigneur j'espère en votre bonté !

fait au cours en 20 minutes
1ère sur 2 élèves de la supérieure toute la première & toute la seconde classe.

Dimanche soir 27 Juillet 73

Ce que vous venez de lire chère Maman est un style de la petite Founichon qui, a la réunion de toutes les classes c'est a dire des filles de 17 ans jusqu'a 12 ans, a eu le plaisir d'être première & il va figurer sur le livre d'honneur de Mme Charrier.

Si ce succès a fait plaisir a la petite, il en a fait plus a Marie & tante, oncle, père en jouissent de même. Pour que vous ne soyez pas privée de ce plaisir j'ai cru bien faire a vous l'envoyer.

Mais je puis vous assurer, que l'on n'en tire pas vanité & Emilie prétend que ce n'est que le hasard seul qui l'a favorisée.

Mercredi proch. est le dernier cours, les enfants ont encore la semaine bien chargée, mais c'est la fin & l'on n'est pas faché.

Aujourd'hui Dimanche l'on range & prépare déjà pour le séjour de la mer. C'est Jeudi soir 31 que nous quittons & serons a Portrieux vers 11h. du matin.

Depuis 3 jours je descends, & même me promène un peu au Jardin, mais mon pied est toujours un peu enflé j'ai dû me faire faire des chaussures exprès & ne puis marcher sans boiter un peu. Mais restant tranquille je ne souffre plus. Quant aux Enfants elles vont tout a fait bien.

J'ai eu le plaisir de voir hier M[r] Fx Soleil qui est pour 8 jours a Paris il parait tout a fait content de son séjour a Besançon & m'a donné de bonnes nouvelles de tous. Il a trouvé Me Auguste ici avec bonne mîne.- Il n'est resté qu'un moment & n'a pas eu le plaisir de voir les Enfants qui étaient sortis avec leur tante.

J'ignore si les Paul sont rentrés a Mulh. il n'est pas probable qu'ils aient trouvé ce qu'ils cherchaient.

Alphonse ne peut quitter que le 8 ce qui est contrariant car il est fatigué & a bien besoin de repos.- J'oubliais de vous remercier de votre bonne lettre & vous embrasse de tout cœur.

Toutes mes affections a Père & Léon tout a vous Ch[s] Mff.
adress. a Portrieux près St Brieuc (Côtes du Nord) maison Vve Lelong

n° 119
Paule Arnould (Jonchery-sur-Vesle, Marne)
à Marie et Emilie Mertzdorff (Vieux-Thann)
lundi 18 septembre 1873

Le Vivier. Ce Lundi 18 Septembre 1873
par Jonchery sur Vesle
Marne.

Chères Amies,

Je commence ma lettre par de nombreux mea culpa, oh! oui, pardonnez-moi et surtout ne m'imitez pas! Je pense bien que vous n'êtes plus à Portrieux, mais à Vieux-thann, et c'est là que je vais vous adresser ma lettre.

Après vous avoir quittées, je suis restée trois semaines à Sceaux avec mon Grand Père et ma Grand'Mère; j'étais bien contente d'être avec eux, mais vous comprenez que Père, Mère, mes frères et mes sœurs me manquaient beaucoup, enfin je suis revenue ici avec une dame, de nos amies, parce que Bon Papa voulait que j'embrasse Mère le 27, jour de sa fête; il est arrivé quelques jours après moi.

En revenant ici j'ai trouvé Marcel bien changé, maintenant il marche tout à fait seul, dans les jours qui ont suivi mon retour, je courais toujours après lui tant j'avais peur qu'il ne se jette par terre et les autres accoutumés à le laisser aller, riaient de mes inquiétudes. Tu t'amuserais, ma chère Emilie, et tu perdrais bien du temps comme moi si tu avais cette chère petite poupée pour jouer, voilà la poupée comme je la comprends, qui court toute seule; qui se fait comprendre, bien qu'elle ne parle pas; qui crie un peu, sans qu'on lui appuie la main sur l'estomac. Il est si intelligent qu'on ne pourrait croire qu'il n'a que treize mois, tous les jours son esprit se développe davantage, mais par exemple il ne dit que papa et maman, parce que nous le comprenons sans qu'il s'exprime par des mots, et avec cela quand on lui dit de faire quelque chose, il le fait généralement ; c'est pourquoi il est si paresseux pour parler. Le lendemain de mon arrivée, il était avec moi, je rangeais mon pupitre et j'avais laissé tomber quelques papiers alors je lui ai dit de me les rapporter et il a été me les chercher tous ; c'est quelquefois très commode d'avoir un petit valet de chambre de treize mois. Il n'est pas caressant du tout il n'embrasse pas et c'est à peine s'il laisse les autres lui faire leurs tendresses, il est si drôle quand il prend sa vache de bois ou sa poupée, qu'il la met dans ses bras penche sa tête sur son épaule et manque de se jeter par terre tant sont grands les mouvements qu'il fait pour la bercer ; il a une passion pour les livres et les images quand il voit un livre se sont des trépignements de joie et d'impatience, jusqu'au moment où on lui fait voir les images ; il y a surtout une certaine figure de petit garçon de son âge sur lequel il se jette avec une bouche démesurée pour l'embrasser. Vous voyez que c'est un garçon sérieux il ne rit pas très souvent et ce n'est guère que si l'on joue à cache-cache avec lui ou s'il voit Edmond et Louis qu'il abandonne sa gravité. Hier, j'écrivais lorsqu'il arrive avec un crayon et me fait deux grandes raies dans ma page.

Travaillez-vous beaucoup ? A Sceaux je n'ai presque rien fait mais depuis que je suis ici je me rattrape, Mère m'a même dit qu'elle me retrancherait certaines leçons parce qu'elle trouvait que je n'ai pas assez de temps à moi ainsi que pour la couture et la lecture. Mais voyez-vous j'ai beaucoup de professeurs : Bon Papa me fait dessiner, Mère a le piano, la grammaire, l'analyse, l'écriture etc. ; Mathilde l'histoire, la géographie et l'allemand ; Lucy la chronologie et la mémoire ; Pierre l'arithmétique ; Edmond et Louis tour à tour me font ma dictée.

Nous ne savons rien encore pour les examens de Pierre, mon Père et lui sont partis Vendredi avec 5 camarades de mon frère et doivent revenir Lundi ; ils ont été faire une petite tournée dans les Vosges, je ne sais pas s'ils ont un déluge comme nous mais ce doit être assez désagréable de voir des montagnes par la pluie et le brouillard d'autant plus qu'ils vont à pieds.

Savez-vous, mes bonnes petites Amies, que mes Mardis m'ont bien manqué, maintenant je les ai à peu près retrouvés avec nos amies de Trigny, mesdemoiselles Barbe, quoiqu'elles soient très gentilles pour moi c'est très différent puisque Marie la plus jeune a dix huit ans et demi ; nous lisons dans ce moment, les Apôtres de la Charité, c'est un livre très interressant, parce qu'on aime toujours à connaître dans leurs moindres détails les héros du Christianisme ; rien n'encourage comme l'exempe, on oublie plus vite, les belles paroles que les belles actions, et les exemples parlent au cœur par eux-mêmes.

Vous devez être heureuses d'être dans votre cher pays, mes bonnes Amies, mais par cela même que vous y avez des souvenirs d'enfance vous devez sentir encore plus le vide que vous laisse votre chère Mère ; si vous saviez comme je pense souvent à vous deux, ma chère Marie et ma chère Emilie ! au revoir, mes Amies chéries, je vous embrasse toutes les deux de tout mon cœur et comptez toujours sur l'affection de votre compagne et amie

Paule Arnould.

Voulez-vous présenter mes respects à Monsieur Mertzdorff et demander à votre chère Tante la permission de l'embrasser pour moi.

n° 120
Charles Mertzdorff (Vieux-Thann)
à Marie Mertzdorff (Paris)
jeudi 11 décembre 1873

Jeudi soir 11 X^{bre} 73

Ma chère Marie

J'allais me mettre a mes comptes de fin d'année mais je m'arrête a tems pour venir te prier d'abord d'embrasser ta tante sur ses deux grosses joues pour la bonne lettre qu'elle s'est donné la peine de m'écrire. Tu peus bien penser le plaisir que cette lettre de ce matin m'a fait car je n'en attendais pas. Cette bonne tante est toujours contente de ses bonnes petites filles, qu'elles continuent ainsi a récompenser cette bonne tante pour toutes les peines qu'elle se donne pour faire de vous de bonnes grandes filles.

Puis ma chérie je n'oublirai pas non plus de vous embrasser, comme je vous aime, c'est comme tu sais ... très fort-

Il y a longtems, me semble t il, que je ne vous ai plus écrit & ce qui est encore plus long ce sont ces 15 jours loin de vous.- Et cependant, j'ai encore si peu fait depuis que je suis ici qu'il me semble qu'en quelques bonnes journées j'aurais pu terminer ce qui ne l'est pas encore.

D'abord le froid, auquel je me figure être très sensible, me retient plus en chambre & bureau que je ne devrais, je ne vais pas assez a toute chose autre que des écritures que je devrais laisser pour les soirées. Mais com̂e tu vois, je m'écoute un peu trop, ce qui n'est pas bien. Tu vois donc que ton père n'est pas toujours content de sa personne & s'il le dit c'est qu'il espère toujours se corriger.

Hier Mercredi j'ai eu la visite de deux Allemand patron & représentant, vrais Berlinois. Leon est venu avec eux. Ils sont arrivés a 11h. & devaient repartir avec moi a 1h. p^r Mulh. de sorte que je leur ai donné a dîner. Oui ma chère petite amie, je suis réduit a avoir a ma table des Juifs allemands & cela pour que la fabrique puisse vivre! & que je trouve de quoi occuper les Ouvriers. Du reste l'homme par lui même est très bien & s'il parlait une autre langue que celle que nous avons si souvent entendu lorsque ces Amis envahissaient notre pays nos maisons, je l'aurais trouvé fort bien

A Mulhouse j'étais a la Bourse, l'on me persuade que c'est mon devoir, je le crois puisqu'il le faut & je vais; mais non avec plaisir- Je ne sais trop ce que j'y ai fait d'utile que Leon n'aurait pas su faire, mais j'ai vu bien des amis que depuis fort longtems je n'avais pas vu & j'ai causé plus en cette heure qu'ici dans des semaines.. Heureusement que j'aime bien bavarder avec mes chéries bien aimées, autrement j'oublirais entièrement ma langue que je n'ai jamais bien su.

Le service de la maison se fait com̂e a La Trappe dès que l'on m'entend arriver, a 7 1/2 matin, midi 1/4 & 7h du soir, tout est prêt & se prépare. Je n'attend jamais & fais rarement attendre. le journal lorsqu'il est là a midi est mon compagnon, mais lire en mangeant n'est pas com̂ode, il faut de l'habitude pour y trouver de l'agrément & le dîner dure trop longtems. le plus souvent je préfère expédier le manger grande vitesse & reviens au coin du feu du petit salon lorsqu'il y fait bon ou a mon bureau ou Melcher a soin d'entretenir les feux. Tu devines que ce que je caresse avec le plus d'affection, c'est le poêle ; c'est com̂e cela que l'on se gâte & que l'on a froid.- Mais je vais bien, très bien même.

Je dois retourner a Mulh demain ou j'ai déjà envoyé Mr Petrus pour voir la même machine (une rame) & ou je me rencontrerai avec Léon- Mais com̂e la journée est longue & la vue d'un métier ne prend qu'une ou 2h.- je compte aller me promener a Bâle- Tu as sans doute déjà deviné que c'est pour l'achat d'un manteau fourré ; qui doit préserver ma petite personne sur la route de Paris.

Tu vois que je me soigne & que je ne me laisse manquer de rien. Mais com̂e j'aurai plusieurs fois a faire ce petit voyage, il ne sera pas inutile & sais d'avance que j'aurai l'approbation de la tante & filles.

J'espère être rentré pour 8h. du soir ou peut être je trouverai pour me réchauffer une petite lettre.-

Ce matin le Percepteur prussien est venu me demander la permission de profiter de la glace du filtre du haut. il parait qu'il y a déjà foule. je laisse la porte ouverte pour que tout le monde puisse en profiter

Nous avons depuis 3 a 4 jours tous les matins de 8 a 10° de froid ce qui est rude pour la saison.

Je ne remplirai pas ma glacière, c'est une grosse affaire & pour quoi ?- Par contre je vais demander a Mme Berger la machine a faire la glace pour en acheter une pour l'hopital de Thann & peut être pour moi en cas de besoin pour les malades, car ce ne sera jamais pour faire des sorbets.- Il fait bon chaud dans le salon, il est 8h1/4 & je vais me mettre a mes comptes c'est assez bavardé comme cela. bonsoir tout le monde que je vois a la bibliothèque toi & tante travaillant Emilie & Jean s'amusant.

Notes

INTRODUCTION

1. Mikhaïl Bakhtine, *Esthétique de la création verbale*, Gallimard, 1978, p. 275.
2. Arlette Farge, *Le Goût de l'archive*, Le Seuil, 1989, p. 147.
3. *Ibid.*, p. 42.
4. *La Seconde Main ou le travail de la citation*, Le Seuil, 1979.
5. Michel de Certeau, « L'opération historiographique », in *Faire de l'histoire*, Jacques Le Goff et Pierre Nora, éd., Gallimard, 1974, t. I, p. 3-41. Paul Ricœur, *Temps et récit*, Le Seuil, 1983-85, 3 vol.
6. *Apologie pour l'histoire ou Métier d'historien*, A. Colin, 1964, p. 24.
7. Farge, *op. cit.*, p. 145.
8. *Ibid.*, p. 146.
9. *Ibid.*, p. 147.
10. Cf. la publication la plus révélatrice de cette problématique : *Histoire de la vie privée*, sous la dir. de Georges Duby et Michelle Perrot, Le Seuil, 1987, 5 vol.
11. Pour ne retenir ici que les ouvrages exemplaires : Serge Chassagne, *Une femme d'affaires au XVIIIe siècle. La correspondance de Madame de Maraise, collaboratrice d'Oberkampf*, Toulouse, Privat, 1981 ; *Marthe*, Paris, Le Seuil, 1982 ; *Émilie*, Paris, Le Seuil, 1985 ; *Le Journal intime de Caroline B.*, enquête de Michelle Perrot et Georges Ribeill, Paris, Montalba, 1985 ; *Les Lettres d'Hélène*, Paris, éd. Hermé, 1986 ; Roger d'Amécourt, *Le Mariage de Mademoiselle de la Verne*, Paris, Librairie Académique Perrin, 1987.
12. François Lebrun, dans l'avertissement à l'édition de Serge Chassagne, *op. cit.*
13. Janet Altman, *in* Mireille Bossis et Charles A. Porter (éd.), *L'Épistolarité à travers les siècles* (colloque de Cerisy, 1987), Franz Steiner Verlag, Stuttgart, 1990, p. 107.
14. Roger Duchêne, « Du destinataire au public ou les métamorphoses d'une correspondance privée », *Revue d'histoire littéraire de la France*, 1976, p. 29-46.
15. Pierre Bourdieu, « L'illusion biographique », *Actes de la recherche en sciences sociales*, juin 1986, p. 69-72.
16. Ricœur, *op. cit.*, t. I, p. 344.
17. Cf. H. R. Jauss, *Pour une esthétique de la réception*, Gallimard, 1978.
18. Selon la formulation de P. Ricœur, *op. cit.*

UNE CORRESPONDANCE FAMILIALE

1. L'HISTOIRE DE LA FAMILLE

1. Gérard Genette, *Nouveau discours du récit*, Seuil, 1983, p. 29.

2. Nous avons conservé les deux prénoms pour éviter la confusion entre les personnes dans le cours du récit. En réalité, André Constant Duméril signe et est appelé Constant. Son fils, Louis Daniel Constant est également Constant pour toute la famille, mais c'est à lui que nous réservons ce dernier prénom.

3. À la suite de la suppression des universités par la Législative (18 août 1792), la Convention créa trois Écoles de Santé dans lesquelles chaque département devait envoyer « un élève de la patrie » (14 frimaire an III.- 4 décembre 1794).

4. Erwin H. Ackerknecht, *La Médecine hospitalière à Paris, 1794-1848*, Payot, 1986, p. 11. Parmi ces étudiants (« *poor boys* », dans l'édition anglaise), il cite : Dupuytren, Richerand, Duméril, Moreau et Ribes.

5. Il n'était pas seul dans ce cas. Bichat tenait les comptes de son étroit budget ; Bretonneau vivait en partie grâce aux provisions que lui envoyait sa famille. *Cf.* Maurice Genty, « Les étudiants en médecine à Paris sous la Révolution », *Le Progrès médical*, supplément illustré, 1939, n° 2, p. 9-16.

6. Dupuytren, par exemple, de deux ans son cadet, qui fut souvent son concurrent le plus menaçant dans les concours de début de carrière et devint un chirurgien célèbre.

7. Pietro Redondi, « La Révolution française et l'histoire des sciences », *La Recherche*, 1989, n° 208. Parmi toutes ces sociétés, il faut signaler la Société médicale d'Émulation, créée le 5 messidor an IV dont A.C. Duméril fut l'un des fondateurs avec Bichat, Alibert, Bretonneau, Husson, Ribes et Dupuytren. *Cf.* Pierre Astruc, « La genèse et les débuts de la Société médicale d'Émulation », *Semaine des Hôpitaux de Paris*, 15 octobre 1936.

8. Le récit de cet épisode fait par A.C. Duméril dans une lettre à ses parents est tout à fait conforme à ce qu'en rapporte A. Prévost, *L'École de Santé de Paris (1794-1809)*, Paris, 1901.

9. A. Prévost, *op. cit.*, rapporte également ce mémorable événement, consigné dans les *Délibérations de l'École de Santé* du 29 pluviôse an IX. Une fois de plus, A.C. Duméril est opposé, entre autres futures célébrités, à Dupuytren et Bichat.

10. Paul Triaire, *Bretonneau et ses correspondants*, Alcan, 1892. Dans le même volume figure une lettre de J.B. Cloquet, également lié à A.C. Duméril, qui relate cette rupture sous une forme allusive et sur un ton humoristique (lettre à Bretonneau du 20 thermidor an X).

11. Jacques Léonard, *La Médecine entre les savoirs et les pouvoirs*, Aubier, 1981. L'auteur définit le contexte scientifique dans lequel se développe, à l'époque, la pensée médicale : « Le corps médical est tout disposé à admettre les rapports de réciprocité entre vie organique, vie mentale et vie sociale. » Cette notion est particulièrement mise en avant par les « idéologues de la seconde génération » parmi lesquels se trouverait A.C. Duméril.

12. Desgenettes, médecin de l'armée d'Italie, membre de l'expédition d'Égypte. Sa fidélité à Napoléon lui vaudra une longue disgrâce.

13. Il s'agit de Godoy Alvarez Faria, ministre de Charles IV d'Espagne, favori de la Reine, dont la vie politique fut fort mouvementée et qui avait conquis ce titre de « Prince de la Paix » lors de la signature du traité de Bâle (1795). Il était Premier ministre (et l'Espagne alliée de la France) lors du voyage d'A.C. Duméril en Espagne.

14. P. Lebrun-Pézerat, « "La Révolution qui a été funeste à tant de gens m'a été fort utile" :

politique et carrière dans une correspondance familiale ». Communication au colloque *La lettre et le politique*, organisé par l'Association interdisciplinaire de recherche sur l'épistolaire (A.I.R.E.), Calais, 17-19 septembre 1993 *(Actes à paraître)*.

15. Charles Dunoyer (membre de l'Institut), « Notice sur la vie et les œuvres de M. Duméril », extrait du *Journal des Débats* du 17 octobre 1860. Notant que le disparu a réservé la plus considérable partie de son temps « à la culture des sciences naturelles, le premier, le plus ancien, le plus constant objet de son affection », il associe son nom à celui de Cuvier qui lui doit une part de ses découvertes en anatomie comparée. Après l'exposé de tous ses mérites en anatomie philosophique, zoologie, anthropologie, étude des mœurs des animaux, il caractérise sa personnalité scientifique et son apport essentiel : « On serait, quand on l'a bien connu [...] porté à croire qu'il recherchait peu la gloire périlleuse des généralisations, et qu'il ambitionnait de préférence celle de devenir de plus en plus un explorateur exact des faits non connus ou non suffisamment connus, et un ordonnateur ingénieux des connaissances acquises. »

16. *Cf.* Michelle Perrot, « La famille triomphante », in *Histoire de la vie privée*, *op. cit.*, t. IV, p. 94.

17. Il s'agit de Madame Dollfus. Il est impossible de préciser son rôle dans cette affaire. On peut remarquer cependant que la famille Dollfus, mulhousienne d'origine, avait essaimé en Haute-Normandie depuis la fin du XVIIIe siècle (*cf.* J.-P. Chaline, *Les Bourgeois de Rouen. Une élite urbaine au XIXe siècle,* 1982, p. 60). Or les Delaroche du Havre connaissaient la branche alsacienne de cette famille. Dans le volume consacré à Charles Mertzdorff, il est suggéré que les Delaroche ont pu jouer un rôle dans cette médiation.

18. Jules Desnoyers (1800-1885). Après des études de droit et de sciences naturelles, il entre au Muséum en 1833 comme aide-naturaliste. Un an plus tard, il est nommé bibliothécaire et devient secrétaire de la Société d'histoire de France, fondée par Guizot (dont une copie de lettre de 1871 est conservée dans le fonds Froissart). Il est également membre de la Commission des travaux inédits et du Comité des travaux historiques et entre à l'Académie des Inscriptions et Belles-Lettres en 1862. Tout au long de sa vie il avait réuni de très belles collections de manuscrits et de livres, « les plus belles du siècle », qui ont été données à la Bibliothèque nationale et dont Delisle publia le catalogue en 1888. « Homme aimable et fort estimé de ses concitoyens », selon la notice qui lui est consacrée dans le *Dictionnaire de biographie française*, où cependant il est rangé parmi « les amateurs » de cette belle époque, « qui, manquant de maîtres et de modèles, facilement contents d'eux-mêmes, munis de quelques documents de seconde main, discutent de toute chose ».

19. Henri Milne Edwards (1800-1885). Reçu docteur en médecine en 1823, il renonce rapidement à exercer « l'art de guérir » pour se consacrer aux sciences naturelles. En 1838, il succède à Cuvier à l'Académie des Sciences. À partir de 1841, il occupe différentes chaires au Muséum dont il devient le directeur en 1864. En 1876, il est remplacé par son fils Alphonse (le mari d'Aglaé Desnoyers) dans la chaire de physiologie. Il est l'auteur de nombreux ouvrages, dont les *Leçons sur la physiologie et l'anatomie comparées* ; son apport essentiel serait, selon divers auteurs, d'avoir exprimé le principe de la division du travail physiologique, d'avoir établi les lois de ce travail et classé les êtres vivants d'après ce critère. En 1823, il avait épousé Laure Trézel, fille du futur général qui s'illustra dans la conquête de l'Algérie. Il fut nommé pair de France en 1846 et occupa le ministère de la Guerre de mai 1847 à février 1848.

20. Charles Mertzdorff, personnage assez représentatif de la bourgeoisie industrielle alsacienne, n'est pas, en cela, différent d'André Constant Duméril, le « savant », travailleur infatigable. Le modèle socioculturel auquel Charles, « le capitaliste », se conforme est inspiré par « les

valeurs de l'effort et du travail poursuivis assidûment toute une vie durant et de génération en génération », valeurs bourgeoises exaltées depuis le XVIIIe siècle. Louis Bergeron, *Les Capitalistes en France (1780-1914)*, Gallimard, Archives, 1978, p. 52.

21. Cette alliance entre riche bourgeoisie et aristocratie moins bien pourvue illustre les propos de Théodore Zeldin sur le mariage dans la bourgeoisie : « La distinction entre nobles et bourgeois n'était pas absolument claire. Ceux qui étaient bourgeois depuis assez longtemps et suffisamment riches, se mariaient dans la noblesse qui accueillaient à bras ouverts leurs belles dots. La noblesse a rapidement absorbé les industriels et les financiers les plus fortunés... » *Histoire des passions françaises*, 1848-1945, Le Seuil, 1978, t. I, « Ambition et Amour », p. 27. Voir aussi le chapitre sur « Le mariage et les mœurs », p. 333-338.

22. Le *Dictionnaire de biographie française* retient d'Ernest de Fréville de Lorme qu'après ses études à l'École des Chartes, il fut l'assistant de Claude Fauriel pour son long poème *La Croisade contre les Albigeois*, puis le collaborateur d'Augustin Thierry et qu'il travailla sous la direction de Laboulaye comme auxiliaire à l'Institut (Inscriptions et Belles Lettres).

23. Comme beaucoup de ses contemporains, Charles était grand amateur de cures thermales et en particulier de bains froids (que Marie semblait aussi apprécier beaucoup). Homme pratique et fort occupé, il s'avisa que la petite station de Wattwiller, à quelques kilomètres de Vieux-Thann, au prix de la rénovation des thermes et de l'hôtel, pouvait lui être fort utile ainsi qu'à sa famille. Il pensait ne pas prendre un grand risque en se portant acquéreur de l'établissement et trouva un gérant. Les débuts furent prometteurs, lui-même y faisant des cures régulières pour soigner ses rhumatismes. Il s'y rendait le plus souvent le matin de très bonne heure, prenait son bain, buvait son eau et retournait immédiatement à Vieux-Thann. De temps en temps, il passait une nuit à l'hôtel, y prenait un repas pour s'assurer de la bonne marche de l'établissement et y rencontrer quelques connaissances parmi la clientèle. Mais l'affaire périclita et devint une charge. Ses efforts pour la sauver par un changement de statut financier et un transfert de responsabilité ne purent vaincre la mauvaise conjoncture qui s'aggrava et le conduisit à l'abandon de l'affaire.

En 1741, Wattwiller comptait un établissement de soin réputé, fréquenté par la noblesse de Mulhouse et de Bâle. Le 4 décembre 1850, sur avis de l'Académie de médecine, un arrêté ministériel autorisait l'exploitation de l'eau minérale de Wattwiller. Le 29 août 1865, les sources étaient déclarées d'intérêt public. En 1914-1918, l'établissement de bains, les installations des sources et le bourg furent détruits par la guerre. L'exploitation des sources fut reprise en 1924. En 1993, de nouvelles installations de captage et d'embouteillage ont complètement modernisé l'établissement.

24. Léon Damas Froissart (1852-1923) figure également dans le *Dictionnaire de biographie française* au titre d'inventeur d'une ligne de mire surélevée (1886) et surtout pour « une étude de solution pratique du problème du tir masqué de l'artillerie de campagne » en 1906. Dans le volume consacré par Ludovic Damas Froissart, son petit-fils, à l'*Histoire d'une vieille maison de famille à Campagne-lès-Hesdin* (ouvrage en principe destiné à la famille, mais qui nous a été prêté), la biographie de Damas occupe une large place et donne sa dimension au personnage qui entre alors en scène dans notre récit comme futur époux d'Émilie. Une simple anecdote souvent racontée dans la famille en montre le caractère et la stature, tels en tous cas qu'ils apparaîtront vingt ans plus tard. Après le refus d'un de ses supérieurs d'expérimenter la vigie de son invention au cours d'un exercice de tir, Damas demande des explications et se fâche. Cela lui vaut d'être mal noté et de ne pouvoir accéder au grade de colonel en dépit de très bons jugements sur ses capacités d'officier. Il sollicite alors son admission à la retraite pour se retirer à Campagne, ce qui lui est accordé

le 1er juin 1908, à 56 ans. Moralement blessé, il achète une parcelle de terrain sur les lieux de l'essai refusé et y fait construire un monument portant cette inscription : « Ici fut brisée ma carrière du fait de l'incompréhension de mes supérieurs ». Il est suggéré que ses convictions politiques et religieuses affirmées ont pu, dans le contexte politique de l'époque, lui valoir cet affront.

25. Dans le volume cité note 24, la fortune de Damas est évaluée à 3 millions de francs. Comme il recherche une épouse de fortune équivalente, on peut avoir une idée de celle d'Émilie et de Marie.

26. *Cf.* Jacques Léonard, *Archives du corps. La santé au XIXe siècle*, Ouest-France, 1986. Il traite dans un chapitre de la vogue de « l'hydrothérapie externe » : bains de mer, bains froids, cures thermales, p. 122-127. Presque tous les membres des diverses branches de la famille ont sacrifié aux cures thermales. Si Charles semble avoir été le pionnier, la pratique s'est allégrement poursuivie même pendant la guerre de 1914 et au-delà.

27. Cécile Milne-Edwards a épousé son beau-frère, Ernest Dumas, après le décès de sa sœur aînée qui laissait un enfant. Ernest Dumas est curieusement absent de la correspondance, à l'exception de deux ou trois courtes mentions, alors qu'il ne meurt qu'en 1890. Né en 1827, il est le fils du célèbre chimiste J.-B Dumas (1800-1884), qui fut membre de l'Académie des Sciences, professeur à la faculté des Sciences de Paris, à la faculté de Médecine et au Collège de France, auteur d'un nombre considérable de découvertes importantes en chimie théorique et expérimentale, et qui finit, après diverses étapes, par occuper exclusivement des fonctions politiques. Il fut même ministre de l'Agriculture et du Commerce durant trois mois en 1850. Faut-il s'étonner de voir son fils Ernest, sorti de l'École des mines, devenir alors attaché à ce même ministère ? Après s'être intéressé au drainage en Angleterre, il devient directeur de la Monnaie à Rouen, puis à Bordeaux, et ensuite essayeur au Bureau de la garantie de Paris. Comme son père encore, il entre dans la vie politique, comme député. Il est élu au corps législatif en 1867, réélu en 1869 et, siégeant dans la majorité bonapartiste, il vote la guerre avec la Prusse. Après la guerre, il reprend ses fonctions d'essayeur de monnaies. Son absence dans la correspondance laisse perplexe étant donné les relations étroites entre Cécile et le foyer de son frère Alphonse, mais ses deux mariages successifs avec des filles Milne-Edwards ne surprennent guère, après tous les cas d'homogamie rencontrés dans le monde universitaire et scientifique.

28. Bourdieu, « Le capital social », in *Actes de la recherche en sciences sociales*, n° 31, 1980, p. 2-3.

29. Le 3 juin 1899, la Cour de cassation avait cassé le jugement du premier Conseil de guerre (19-22 décembre 1894) qui avait condamné Dreyfus. Il est gracié le 19 septembre 1899, mais ne sera réhabilité que le 12 juillet 1906. C'est dire qu'à la date de cette lettre, « l'Affaire » était loin d'être close.

30. Sur ce sujet et sur celui de l'antisémitisme qui lui est lié, voir notamment le livre de Georges Bensoussan, *L'Idéologie du rejet. Enquête sur le monument Henry ou archéologie du fantasme antisémite dans la France de la fin du XIXe siècle*, Manya, 1993.

31. C'est Ludovic Damas Froissart qui nous a donné de vive voix cette dernière indication. Pour tout ce qui concerne la campagne électorale et les prises de position politiques de Damas Froissart, nous avons puisé à la fois dans les lettres et dans le volume consacré à l'histoire de la maison de Campagne-lès-Hesdin. L'historique de la vie communale à Campagne, longuement développé dans cet ouvrage, permet de voir la nature et de mesurer l'ampleur du conflit qui oppose « depuis plus de 20 ans » Damas Froissart, « le plus riche contribuable de Campagne [...] jamais consulté sur les dépenses, [...] engagé très fermement au moment des luttes entre l'Église et l'État », et le Conseil municipal d'obédience radicale-socialiste, dirigé par le maire

Narcisse Morel, puis par son fils Victor. C'est ce dernier qu'affronte Damas Froissart aux législatives de 1910.

32. Les professions de foi et les convictions politiques de Damas Froissart n'apparaissent pas, bien entendu, de manière aussi précise dans les lettres familiales d'Émilie. Quant à la correspondance de Damas lui-même, elle n'existe pas pour cette période. Il est sans doute bien trop occupé par la campagne électorale. Son programme, exposé dans *L'Éclaireur* du 17 avril 1910, est reproduit dans l'ouvrage de M. Ludovic Damas Froissart, ainsi que la suite de l'histoire.

33. Après des études sur l'histoire du droit au Moyen Âge, Robert de Fréville collabora à la *Revue critique des idées et des livres* où, sous le pseudonyme de Robert Cernay (Cernay est un village proche de Vieux-Thann, berceau des Heuchel, la famille maternelle de Charles Mertzdorff), « il exprimait ses convictions nationalistes ». En 1913, il était secrétaire de rédaction de la *Nouvelle Revue d'histoire du droit français et étranger*, in *Dictionnaire de biographie française*.

2. Mémoire et patrimoine

1. Anne Martin-Fugier, *La Bourgeoise*, Grasset, 1983, p. 11.

2. C'est grâce à M. Bergeron que nous avons pu accéder à ce fonds privé très riche, qu'il connaissait pour avoir consulté les archives industrielles de l'entreprise familiale.

3. Ludovic Damas Froissart a conservé les lettres et versé les autres documents à la Bibliothèque du Muséum de Paris.

4. *André Constant Duméril, médecin et naturaliste, 1774-1860*, 1984 ;
Charles Mertzdorff, un industriel alsacien, 1818-1883, 1983 ;
Histoire d'une vieille maison de famille à Campagne-lès-Hesdin, 1985.
Le volume sur Charles Mertzdorff a été tiré à 600 exemplaires et visait, dès le départ, un public extra-familial (il s'est par exemple vendu à Vieux-Thann). En revanche, le volume sur André Constant Duméril ainsi que celui sur la maison familiale – sans dépôt légal – n'étaient destinés qu'à une diffusion restreinte.

5. Rien de tel ne subsiste pour sa sœur Eugénie, disparue 14 ans plus tôt.

6. Il est attesté pourtant que Charles, séparé de ses filles à partir de 1873 (lui, dans son usine alsacienne, elles, élevées par leur tante à Paris) écrivait alternativement à l'une puis à l'autre et que chacune lui répondait.

7. Alain Corbin a noté que les cousines jouent souvent le rôle d'interlocutrices privilégiées à l'adolescence, in *Histoire de la vie privée*, *op. cit.*, t. 4, p. 514-515.

8. « J'ai envoyé deux pastilles de citron dans ma dernière lettre, je crains qu'elles n'aient fait perdre ma lettre par curiosité. Comme celle-ci contient une lettre d'affaire, je ne veux pas m'exposer à une tentation de la part des facteurs », prévient Mme de Cerilley dans une lettre à son mari du 16 juillet 1844 ; *Émilie*, *op. cit.*, p. 131.

Plusieurs lettres des années 1880 mettant en cause les postes locales ou la receveuse sont citées par Caroline Chotard-Lioret, *La Socialité familiale en province, une correspondance privée entre 1870 et 1920*, thèse de 3e cycle, Paris-V, 1983, p. 20.

9. Entre parents et enfants : « *il est arrivé ce matin une lettre de toi* » (Émilie à Louis, 6 août), « *j'ai été heureux de trouver en arrivant ici ta lettre du 16 août* » (Damas à Louis) ; « *nous avons aujourd'hui une lettre de Lucie* » (Damas à Louis, le 21). Entre frères : « *c'est moi qui te remercie de la part de Michel pour ta bonne lettre arrivée hier soir, car il est parti dès ce matin dans la montagne* » (Émilie à Louis, le 14) ; « *je sais que Jacques a reçu une lettre de toi* » (Émilie à Louis, le

16). Se devine aussi une correspondance avec la famille plus éloignée : « *on a trouvé à la poste restante de Biarritz une lettre de Marie Parenty renvoyée de Douai qui nous annonce que son mariage aura bien lieu le 11 septembre* » (Émilie à Louis, le 28). Et avec les domestiques restés dans le Nord : « *Françoise nous écrit que Netti a eu 8 petits ; elle n'en a gardé qu'un* » (*id.* le 24).

10. « *Je pense que la lettre que je t'ai envoyée hier ne te parviendra pas car je n'ai pas du tout bien mis l'adresse, faute de pouvoir te lire* » (Émilie, 6 août).

11. Pour les pratiques actuelles de conservation, voir les pages que Jean-Pierre Albert consacre aux « archives du privé » dans son chapitre « Écritures domestiques », in *Écritures ordinaires*, sous la direction de Daniel Fabre, Paris, BPI – Centre Georges-Pompidou / P.O.L., 1993, p. 62-64.

12. Dans la correspondance familiale publiée : *Marthe, op. cit.*, Émilie de Montbourg répète à son frère Charles : « brûle mes lettres » (2 avril 1894, 19 juillet 1896). Elle-même assure qu'elle détruit les lettres de son frère (24 septembre 1892). En effet aucune lettre de Charles de Cerilley n'est antérieure à 1895.

George Sand jette elle aussi au feu des lettres reçues et demande souvent à son correspondant de faire de même des siennes : « j'ai brûlé ta lettre, brûle la mienne » (25 juin 1847). À propos de ces injonctions, Georges Lubin note : « Heureusement, les nombreux correspondants à qui George Sand a fait cette recommandation ne lui ont pas obéi » (*George Sand. Correspondance*, textes réunis, classés et annotés par Georges Lubin, Garnier, tome VII, 1970, p. 576).

13. Les lettres de Jenny et Karl Marx ont apparemment été détruites par leurs filles, sans doute par Laura. *Cf. Les filles de Marx. Lettres inédites*, Albin Michel, 1979, et Fritz Raddatz, *Karl Marx. Une biographie politique*, Fayard, 1978.

14. En 1912, à la mort de leur mère, le frère de Colette, Achille, détruit 2 000 lettres de Colette à Sido. *Cf. Lettres de Sido à Colette*, Éditions des Femmes, 1984.

15. Michèle Maurois, *L'Encre dans le sang*, Flammarion, 1982. Gaston de Caillavet détruit lettres et portraits la nuit de la mort de sa mère (p. 16, p. 384) ; Jeanne, son épouse, regrette d'avoir brûlé des paquets de lettres – dont celles de Proust (p. 73, p. 225).

16. Krzystof Pomian, « Entre le visible et l'invisible : la collection », *Libre*, 1978, n° 3 , p. 6.

17. K. Pomian, *ibid.*, p. 25.

18. K. Pomian, *ibid.*, p. 26.

19. Jean Baudrillard, *Le Système des objets*, Gallimard, 1968, p. 9.

20. J. Baudrillard, *ibid.*, p. 135.

21. J. Baudrillard, *ibid.*, p. 146.

22. Alain Corbin, « Le secret de l'individu » dans *Histoire de la vie privée, op. cit.*, t. 4, p. 500. Il souligne qu'« au XIXe siècle, la collection demeure une pratique essentiellement masculine ; c'est l'homme qui invente et dessine le projet de l'accumulation » (p. 496).

23. K. Pomian, *op. cit.*, p. 29.

24. Philippe Lejeune, *Moi aussi*, Seuil, 1986, p. 182.

25. Si la photocopie autorise diffusion et circulation des archives, il peut arriver qu'elle rabote les textes du fait d'erreurs de manipulation ou de ses limites techniques face aux encres pâlies et aux papiers fragiles.

26. Le domaine de Brunehautpré (Pas-de-Calais) où les papiers d'Émilie étaient conservés a été endommagé par une trentaine de bombardements en 1943 et 1944.

27. Louis semble d'ailleurs particulièrement attentif à l'histoire de sa famille. Dans une lettre du 21 mars 1918, sa mère Émilie lui relate la visite du « *Général cousin Cumont* », et rappelle l'alliance des familles Cumont et Duméril, qui remonte à plus d'un siècle. Elle ajoute :

« *Pardonne-moi cette petite généalogie, tu es le seul de la famille (avec Henri) que cela intéresse* » – Henri Degroote est un beau-frère de Louis Froissart.

28. Philippe Régnier, « Usages saint-simoniens de l'épistolaire », in *La Lettre à la croisée de l'individuel et du social*, sous la direction de Mireille Bossis, Paris, Kimé, 1994, p. 91-97.

29. Trois volumes auxquels il faut ajouter ceux consacrés à l'histoire de la famille de son épouse, écrits à partir d'autres documents.

30. Voir à la Bibliothèque nationale, les « *Histoires et généalogies particulières des familles françaises* » rangées sous la cote Lm³. Nous en avons choisi une dizaine, comptant de 50 à 400 pages, et dont l'exploration plonge jusqu'au XIe siècle ou se limite au XXe. Ruraux, citadins, artisans, cultivateurs, négociants ou soi-disant nobles (mais les familles aristocratiques dont l'histoire relève d'un autre registre ont été écartées) : la diversité est la règle.

31. Philippe Lejeune, *Le Pacte autobiographique*, Paris, Le Seuil, 1985 et *Moi aussi*, *op. cit.*

32. Philippe Lejeune, *Moi aussi*, *op. cit.*, p. 182.

33. Sébastien Commissaire qui incitait ses compagnons prolétaires à rédiger des Mémoires, avait lui-même reconstitué son autobiographie à partir de sa correspondance. (*cf.* Jean Hébrard, « La lettre représentée », dans *La Correspondance. Les usages de la lettre au XIXe siècle* sous la direction de Roger Chartier, Fayard, 1991, p. 319).

34. Le « journal » du comte Rodolphe Apponyi, attaché de l'ambassade d'Autriche-Hongrie à Paris, publié par Ernest Daudet sous le titre *Vingt-Cinq Ans à Paris, 1826-1850*, Paris, Plon, 1913-1926, 4 volumes in 8°, serait un montage de ses lettres à sa mère adoptive. Recherche en cours des manuscrits originaux menée par Anne Martin-Fugier, qui nous a signalé ce détournement de correspondance en journal.

35. Ludovic Damas Froissart ne considère cependant pas la généalogie comme une finalité en soi, mais « comme un moyen d'approfondir l'histoire, les études sociales, l'environnement, le comportement ».

36. Léopold Génicot, « Typologie des sources du Moyen Âge occidental », fas.15 : *Les Généalogies*, Brepols Turnhout, 1975.

Bernard Guenée, « Les généalogies entre l'histoire et la politique : la fierté d'être Capétien en France au Moyen Âge », *Annales E.S.C.*, mai-juin 1978.

37. Robert Lemaignen, *La Famille Lemaignen et ses parentés les plus proches, XIVe-XXe siècle*, 1977, Alençon, 154 pages. B.N. : 8° Lm³ 5090.

38. André Burguière, « La mémoire familiale du bourgeois gentilhomme : généalogies domestiques en France aux XVIIe-XVIIIe siècles », *Annales E.S.C.*, juillet-août 1991.

39. Cité par Paul Gueyraud, *Une famille de courtiers, les Caune*, Marseille, 1972.

40. Laurent Thies, « Guizot et les institutions de la mémoire », in *Les Lieux de Mémoire*, sous la direction de Pierre Nora, *II La Nation*, volume 2, Paris, Gallimard, 1986, p. 579.

41. Pierre Dormeuil, *Famille Dormeuil, 1792-1974*, 1975, Bar-le-Duc, 232 pages. Famille de négociants en tissus. B.N. : 16° Lm³ 5043.

Est présentée d'abord, sous forme arborescente la « généalogie simplifiée de la famille Dormeuil comprenant seulement la descendance masculine » de l'ancêtre Victor (1792-1836) jusqu'à Fabien né en 1964. Suit un survol de l'histoire de quatre générations (p. 11 à 26). Ensuite, jusqu'à la fin du volume, se succèdent les individus. Un par page. Identifiés par un nom, un ou des prénoms, une ou deux dates (naissance et décès). S'offrent ainsi au lecteur 200 pages presque vides.

42. Jean et Pierre Carmignac, *Histoire de la famille Carmignac, 1775-1975*, 176 pages. Famille issue de maçons du Gâtinais. B.N. : 16° Lm³ 5055.

43. Pierre Marron, *La Famille Marron en Dauphiné depuis le* XI*e siècle*, 1972, dactylographié, 260 pages. B.N. : Fol. Lm3 4999.

44. André Burguière, *op. cit.*, p. 42.

45. Rambert George, *Chronique intime d'une famille de notables au* XIX*e siècle : les Odoard de Mercurol*, 1981, Presses Universitaires de Lyon, 126 pages. B.N. : 8° Lm3 5218.

46. P.L.V. (Pierre Gabriel Le Verdier), *Histoire de la famille Rondeaux*, réédité en 1988, Rouen, 310 pages. Famille de la haute bourgeoisie rouennaise, 1620-XXe siècle. B.N. : 4° Lm3 3432(A).

47. *Histoire de la famille Coste*, 1587-1830, copie du document olographe de Joseph Coste, instituteur à Chuyer, écrit en 1830, édité vers 1970, 50 pages. Famille rurale de la Loire. B.N. : 4° Lm3 4312.

48. Un procès-verbal d'estimation le décrit ainsi en 1839 : « Le château consiste en un principal corps de logis construit en briques et couvert en ardoises, faisant face à la cour et au jardin, ce bâtiment se compose d'un rez-de-chaussée où se trouve un fournil, salle à manger, salon, vestibule, deux chambres de maître et une de domestique. Le premier étage contient dix chambres à coucher, dont quatre à feux, deux cabinets de toilette et deux antichambres et grenier divisé en plusieurs pièces, deux caves au dessous du bâtiment principal.

En un autre bâtiment de 20 mètres de longueur placé à la suite du corps de logis, construit en briques d'un côté et en paillotis de l'autre, couvert en pannes, le bâtiment est à usage de lavoir et d'écuries avec auges rateliers et un grenier dessus » ; etc. « Le château et les dépendances telles qu'elles viennent d'être décrites ont été estimés par les experts à 20 650 francs. »

49. Christiane Klapisch-Zuber, *La Maison et le nom. Stratégies et rituels dans l'Italie de la Renaissance*, EHESS, 1990.

50. Michel Melot, *Courrier de l'UNESCO*, mars 1990.

51. Cette faillite est mentionnée par Ivan Kaemmerlen, « L'industrialisation de Vieux-Thann », *Bulletin de la société industrielle de Mulhouse*, 1983 -3.

52. *Une famille comme les autres*, lettres réunies et présentées par Denise Baumann, Société d'édition Droit et Liberté, 1973, Paris, 190 pages. Famille de petits commerçants alsaciens installés dans les Vosges après 1870. B.N. : 8° Lm3 5017.

53. Éliane Richard, « Un siècle d'alliances et d'ascension sociale : les Fraissinet », *Provence historique*, tome XXXV, fascicule 142, octobre-décembre 1985.

54. Testament d'Alexandrine Duméril, qui mourra en 1863 : « *Ma chère Félicité, voici mon dernier vœu. Je désire que celle de vous deux qui survivra se charge de l'éducation religieuse des enfants qui auront perdu leur mère et si malheureusement vous décédiez toutes deux avant que tous les enfants ne fussent bien affermis dans la religion catholique c'est l'aînée des filles de vos deux familles que je charge d'accomplir* ce pieux et saint devoir. *Je désire aussi que tous mes petits enfants épousent des catholiques. Ta mère, A.Duméril née Cumont. Lille, 31 mai 1843.* »

55. *La Famille Cordonnier-branche aînée,* XVI*e siècle-1974*, 114 pages. Cette famille compte des artisans, des architectes de la région lilloise. B.N. : 4° Lm3 5053.

Les lettres signalées sont écrites du front, de septembre 1914 à mars 1915, par André Gervais Marie Joseph Cordonnier (1891-1915), sergent au 43e d'infanterie.

56. Fidèle à l'esprit de son récit, Joseph Coste ne fait allusion à une lettre qu'à propos de problèmes d'argent : Antoine Coste, grenadier en Espagne, écrivit à sa famille « plusieurs lettres par lesquelles il nous priait de lui envoyer de l'argent que nous lui envoyâmes par la poste, ayant eu l'occasion de rencontrer un homme de Condieu de sa connaissance, qui lui prêta 34 francs,

duquel la femme vint demander cet argent à Simon, qui lui donna, le 8 du mois d'août 1811, 12 francs à compte... »

57. Lettres du Père d'Incarville à sa sœur et son neveu, publiées dans le *Bulletin de la Société de l'Histoire de Normandie*, tome IX.

58. Cote F15 385 folio 103.

59. Denise Baumann, *op. cit.*, p. 183.

60. *Ibid.*, préface de Pierre Gascar, p. 9-10.

61. Michelle Maurois, *op. cit.*, p. 11.

62. *Ibid.*, p. 14-15.

63. *Ibid.*, p. 12.

64. *Ibid.*, p. 13.

65. *Ibid.*, p. 15.

66. Rambert George, *op. cit.*, p. 3.

67. *Ibid.*, p. 86.

68. *Ibid.*, p. 87.

69. Daniel Pennac, *La Petite marchande de prose*, Gallimard, 1989. Un homme, emprisonné à vie, remplit des pages de son « crayonnement appliqué ». Par hasard, il lit un de ses textes, publié à son insu sous la signature d'un autre : « Il ne se reconnut pas dans les premières lignes de ce J.L.B. Il ne reconnut pas son travail. La netteté des caractères d'imprimerie, le rythme des paragraphes, la blancheur des marges, la matérialité même du livre, le contact glacé de la couverture l'égarèrent. Le titre *Dernier baiser à Wall Street* ne lui disait rien....Il se lisait donc sans se reconnaître. » (p. 312)

70. Chantal Martinet, « Objets de famille/objets de musée. Ethnologie ou muséologie ? » in *Ethnologie française*, 1982, tome 12, n° 1, p. 61-72.

71. Pierre Nora, *Les Lieux de mémoire, II la Nation*, volume 2, *op. cit.*, p. 383.

72. Paul Robert.

73. André Chastel, « La notion de patrimoine », in *Les Lieux de mémoire, II La Nation*, volume 2, *op. cit.*, p. 405.

74. François Hartog, *Le Magazine littéraire*, février 1993 (à propos des *Lieux de mémoire*).

75. Gérard Noiriel, « Pour une approche subjectiviste du social », *Annales E.S.C.*, novembre-décembre 1989.

76. Pierre Nora, *Les Lieux de mémoire, I La République*, Gallimard, 1984, p. XXXIV.

77. *Ibid.*, p. XXIV.

78. *Ibid.*, p. XXXV.

79. *Ibid.*, p. XIX.

3. Le rituel

1. Victor W. Turner, *Le Phénomène rituel. Structure et contre-structure*, PUF, 1990, p. 12.

2. Le traitement informatique de ce découpage a été mis en œuvre grâce à l'intervention compétente de Catherine Gréard (Ingénieur de recherches CNRS) qui a créé les logiciels appropriés.

3. Cette méthode de lecture transversale, affinée et systématisée, permettrait de définir des critères plus sûrs pour des études comparatives entre des correspondances familiales de la même époque ou, plus généralement, entre divers corpus de lettres au cours du temps.

4. Préface à *La Mise en scène de la vie quotidienne. t. I : La présentation de soi*, Éd. de Minuit, 1973, p. 9.

5. Toutes les références aux manuels épistolaires s'appuient sur l'analyse d'un corpus d'environ 200 titres parus entre 1830 et 1900. Cette étude a été publiée dans *La Correspondance. Les usages de la lettre au XIXe siècle, op. cit.* : Cécile Dauphin, « Les manuels épistolaires au XIXe siècle », p. 209-272.

6. Sur cette question, il faut consulter l'ouvrage classique de Norbert Élias, *La Société de cour*, Flammarion, 1985.

7. Edgard Pich, « La lettre et la formule », in *Femmes de lettres au XIXe siècle. Autour de Louise Colet* (Roger Bellet éd.), PUL, 1982, p. 113-119.

8. C'est Charles qui écrit les lettres les plus longues : 90 lignes en moyenne (format dactylographié), avec un maximum de 227 lignes (22-23 août 1870). C'est une lettre de Jules Desnoyers datant du 8 mars 1871 qui atteint le record de 255 lignes. Pour Eugénie, qui ne ménage pas non plus sa peine, la lettre la plus longue compte 190 lignes, pour Caroline 193 lignes. Excepté le cas des enfants, la longueur des lettres est à peu près constante, autour d'une moyenne de 72 lignes

9. À en croire les manuels, cette place, en tête de la feuille, apparaît « moderne » au milieu du XIXe siècle, et acceptable dans les relations égalitaires, tandis que la mention de la date en bas de page reste recommandée pour les lettres adressées à des « supérieurs ».

10. Les manuels épistolaires du XIXe siècle emploient couramment le terme de « suscription » pour désigner la façon de s'adresser au destinataire. En réalité, d'après le *Dictionnaire historique de la langue française* de Alain Rey (Dictionnaires Le Robert, 1992), « suscription » a plus précisément le sens d'« adresse écrite sur le pli extérieur ou sur l'enveloppe d'une lettre ». En outre, le mot s'est employé aux sens particuliers d'« inscription, titre, écriteau, étiquette » et d'« inscription honorifique ». À ce terme vieilli, nous avons préféré l'emploi du mot « vocatif » (dérivé de *vocare* « appeler », lui-même dérivé de *vox* « la voix ») malgré sa connotation grammaticale. En effet, « vocatif désigne comme en latin le cas employé pour s'adresser directement à quelqu'un dans les langues à déclinaison et, par extension, une construction qui a le même rôle dans une langue sans déclinaison » (*ibid.*). Le terme de « vocatif » présente surtout l'avantage de s'appliquer à toutes les interpellations qui circulent dans la lettre depuis l'incipit jusqu'à la formule finale, en passant éventuellement par des rappels dans le corps du texte. Cette flexibilité, avec les glissements et les lapsus, est en soi intéressante à étudier. Le vocatif ne se confond pas non plus avec l'énoncé plus large désigné par « suscription » ou « souscription » qui restent composites.

11. Goffman, *op. cit.*, t. II, p. 88.

12. *Cf. infra.*

13. Pich, *op. cit.*

14. Le terme d'ami mériterait une étude à part : il semble qu'au XIXe siècle son emploi s'étende aux relations de parenté, non seulement entre égaux mais entre générations, de parents à enfants et inversement, brouillant ainsi le modèle fort de l'obéissance et de la soumission dans le respect des formes. *Cf.* M.Di Giorgio, « La bonne catholique », in Georges Duby et Michelle Perrot (éd.), *Histoire des Femmes*, Plon, 1991, t. IV, p. 195.

15. Cette adresse est un indice de l'anglomanie qui envahit le langage, les manières et les pratiques dans les milieux bourgeois français, voire dans les classes populaires. Les nombreuses mentions du « *baby* » dans les lettres de Caroline empruntent aussi à cette mode (*cf.* Philippe Ariès et Michelle Perrot (éd.), *Histoire de la vie privée, op. cit.*, t. IV, p. 18 et *passim*).

16. Cette question est développée dans le chapitre « L'efficacité du rituel ».

17. Cinq fois sur 13 pour André Constant, 6 sur 103 pour Charles, 4 sur 108 pour Caroline et 10 sur 188 pour Eugénie.

18. D'après les propos tenus par Constant au moment où vient de se conclure le mariage d'Eugénie avec Charles, dans sa lettre du 11 janvier 1864.

19. *Op. cit.*, t. II, p. 92 : cette « règle qui n'apparaît nulle part plus joliment que dans la conduite d'amis intimes » établit une gradation entre le premier contact où s'échangent les salutations expansives et les suivants qui donnent lieu à des versions de plus en plus réduites de la parade initiale. Jusqu'au moment des adieux où s'amorce alors une « cérémonie » spécifique. Voir *infra*.

20. *Ibid.*, p. 75.

21. *Ibid.*, p. 87.

22. Marie-Claire Grassi a effectivement souligné toute l'ambiguïté du recours aux vocables de l'amitié comme substitut aux mots de l'amour qui ne peuvent s'écrire en famille. *Cf.* « Friends and Lovers (or the Codification of Intimacy) », in *Men/ Women of Letters*, Yale French Studies, 1986, 71, p. 77-92.

23. Une version abrégée de cette partie a été publiée dans *La Lettre à la croisée de l'individuel et du social, op. cit.*

23 bis. *Le Secrétaire du XIXe siècle, faisant suite au Savoir-Vivre en France*, Strasbourg, Veuve Berger-Levrault et Paris, Bertrand, 1840, in-12, 298 p. (rééd. 1844, 1856 et 1862).

24. *Cf.* entre autres *Pratiques de la lecture* (Roger Chartier éd.), Marseille-Paris, éd. Rivages, 1985. *Id.*, *Lectures et lecteurs dans la France d'Ancien Régime*, Le Seuil, 1987.

25. Nous empruntons évidemment le terme à Philippe Lejeune, en détournant quelque peu le concept qu'il a proposé, pour le transposer à la situation épistolaire. *Cf. Le Pacte autobiographique, op. cit.*

26. Paris, Le Seuil, 1977, p. 21.

27. *Cf.* Fritz Nies, « Un genre féminin ? », *Revue d'Histoire littéraire de la France*, nov.-déc. 1978, p. 998.

28. Roger Duchêne, *Madame de Sévigné et la lettre d'amour*, nouvelle édition augmentée, Paris, Klincksieck, 1992.

29. *Cf.* Dauphin, *op. cit.*, p. 232.

30. L'expression est employée par Michelle Perrot dans *Le Journal intime de Caroline B.*, Enquête de M. Perrot et de G. Ribeill, Arthaud-Montalba, 1985, p. 140.

31. Barthes, *op. cit.*, p. 187.

32. Cité par Barthes, *ibid.*

33. Communication au Colloque de Wolfenbüttel (Allemagne), 7-10 octobre 1991 : « *Art épistolaire et art de la conversation en France à l'époque classique* », résumé dans le *Bulletin de l'A.I.R.E.*, décembre 1991, n. 8. « La conversation » in *Les Lieux de mémoire, op. cit.*, t. III, vol. 2 : *Traditions*, p. 679-743.

34. Goffman, *Les Rites d'interaction*, Éd. de Minuit, 1974, p. 101-120.

35. « Essai sur le don. Forme et raison de l'échange dans les sociétés archaïques », in *Sociologie et anthropologie*, PUF, 1968, p. 147 et 148.

36. Comme l'a analysé Jean Starobinski à propos de l'aristocratie du XVIIe siècle : « Sur la flatterie », *Nouvelle Revue de la Psychanalyse*, 1971, n. 4, p. 138.

37. Il est remarquable que l'étymologie du mot « flatter » signifie concrètement « caresser avec le plat de la main ». Sur cette notion-pivot de la vie sociale, cf. Starobinski, *ibid.*

38. J. Lacroix, « Correspondre au XIXe siècle », in *La Correspondance (Édition, fonctions, signification)*, Actes du Colloque franco-italien, Aix-en-Provence, 5-6 octobre 1983, Université de Provence, 1984, p. 158.

39. Vasile Alecsandri, *Lettres inédites*, Paris, Champion, 1911, p. 60, lettre du 16 mai 1877. Cité par Lacroix, *op. cit.*

40. Dans le dernier tiers du XIXe siècle, l'alphabétisation des Français se généralise. À l'époque où Charles écrit, plus de 80 % des conscrits savent lire et écrire, et peu à peu les femmes comblent leur retard. Mais la production de textes, et à plus forte raison de lettres, reste le privilège d'une mince couche de la population, comme le suggère l'analyse de l'enquête postale de 1847, publiée dans *La Correspondance. Les usages de la lettre au XIXe siècle, op. cit.*

41. Dans *Les Rites d'interaction, op. cit.*, p. 15 sq.

42. Cet aspect du statut des nouvelles politiques a été développé dans le cadre du colloque de Calais (17-19 septembre 1993) sur « la lettre et le politique », organisé par l'Association interdisciplinaire de recherche sur l'épistolaire. *Cf.* Cécile Dauphin, « Statut des nouvelles politiques dans une correspondance familiale : le cas de la guerre de 1870 ».

43. *Cf.* Alain Corbin, *Le Temps, le Désir et l'Horreur*, Aubier, 1991 : le chapitre « L'arithmétique des jours au XIXe siècle », p. 9-22.

44. Lettre 209 à Madame de Grignan, Mercredi 13 avril 1672.

45. Ce rythme quotidien a été souligné par Caroline Chotard-Lioret, *op. cit.*, et dans « Correspondre en 1900, le plus public des actes privés ou la manière de gérer un réseau de parenté », *Ethnologie française*, 1985, XV, 1, p. 65.

46. Sur la question de la signature comme signe de l'identité, voir Béatrice Fraenkel, *La Signature. Genèse d'un signe*, Gallimard,1992.

47. Durkheim, *Les Formes élémentaires de la vie religieuse*, 1912, p. 571.

48. Michelle Perrot, *Histoire de la vie privée, op. cit.*, tome 4, p. 274. Dans le même volume, sur les portraits de famille, on pourra aussi consulter Anne Martin-Fugier (p. 195) et Alain Corbin (p. 426).

49. Cette proportion moyenne recouvre de larges disparités : dans les lettres conservées, Charles écrit toujours seul (à deux exceptions près) et Eugénie à plus de 95 %. D'autres auteurs, en revanche, mêlent fréquemment leurs écritures. Aglaé, Félicité Duméril et Jeanne Desnoyers participent une fois sur quatre ou cinq à des lettres collectives. La proportion de lettres à plusieurs mains atteint ou dépasse la moitié dans le cas des jeunes : Marie, Émilie, Léon, Jean Dumas.

50. L'apposition de la seule signature reste exceptionnelle : sur une seule lettre les « auteurs » supplémentaires (Charles et ses filles) se sont contentés de signer « *des deux mains* », pour renforcer une invitation formulée par Eugénie. Leur paraphe se veut là parodie de contrat, simulacre d'acte juridique.

51. Il s'agit ici de Marie Stackler, épouse de Léon.

52. Voir plus loin le chapitre sur « l'efficacité du rituel ».

53. Dans 1 lettre sur 3 pour Caroline et Félicité ; 1 lettre sur 4 pour Eugénie ; 1 sur 10 pour Aglaé et même 1 sur 15 pour la petite Émilie.

Les demandes sont rares chez Charles ; il est vrai qu'il est en relation d'affaires avec son beau-père, son beau-frère, son oncle et que ses requêtes passent peut-être par d'autres canaux. Ses lettres familiales font cependant allusion à des cartes, des journaux, des tarifs douaniers, qu'il demande qu'on lui fasse parvenir.

54. Caroline Chotard-Lioret, *op. cit.*, p. 101-102

55. Le 26 juin 1846, George Sand demande à Marie de Rozières d'acheter « 50 mètres de perse gris et rose à 22 sous », « 150 mètres de galon », 35 mètres de mousseline rayée, 12 mètres de coton gris et blanc, etc., *op. cit.*, p. 400.

56. Lettre du 12 août 1846 à Emmanuel Arago, *op. cit.*, p. 447.

57. Évaluation faite d'après les tarifs cités par Louis-Maurice Jouffroy, *Une étape de la construction des grandes lignes de chemins de fer en France : la ligne de Paris à la frontière d'Allemagne, 1825-1852*, tome 3, p. 171.

La poste ne se charge de l'acheminement des colis que vers 1880.

58. Des prix sont évoqués : « *tu serais bien gentille de demander à maman si je dois payer vos petits chapeaux de paille avec natte de velours. La note est datée du 1er juin et est de 30 francs. Je ne sais si c'est déjà payé* » (Aglaé à Marie, 15 novembre 1871) ; « *la pendule n'est pas trop chère à 95 francs* » (Eugénie, avril 1872).

59. La séquence donner-recevoir-rendre est étudiée par Marcel Mauss, « Essai sur le don... », *op. cit.*, p. 145-279.

60. Toutes ces précisions obligent à des échanges multipliés ; la fréquence des lettres s'accélère : « *Je veux répondre de suite à tes questions : -Médaille de 1ière communion en argent, il me semble que la taille de celles des petites Berger est bonne à peu près comme une pièce de 1frs ou un peu plus, c'est solide, mais si tu trouves l'autre mieux, j'approuve. Faire marquer M.E. entrelacés* » (Eugénie à Aglaé, avril 1872).

61. Compliment : « paroles de civilité adressées à quelqu'un de vive voix ou par lettre » (Littré).

62. Alain Rey, *Dictionnaire historique de la langue française*, Le Robert, 1992.

63. Pour un autre milieu géographique et social (celui des émigrés polonais), et quelques décennies plus tard (c'est-à-dire à la fin du XIXe siècle), Witold Kula note que dans les lettres à la famille restée en Pologne « les formules finales sont avant tout des salutations pour tous les membres de la famille au sens large du terme. On se surprend souvent à constater qu'une bonne partie, jusqu'au quart parfois, d'une lettre écrite avec tant de difficulté était consacrée à énumérer toute une parentèle plus ou moins proche. Pourtant ces rites étaient de la plus grande importance pour les intéressés. Une omission était suceptible de provoquer une querelle familiale ». « Lettres d'Amérique : 1890-1891. L'émigration des paysans polonais vue par eux-mêmes », in *Revue de la Bibliothèque nationale*, nº 50, 1993, p. 56.

64. Les commissions ont une formulation implicite 3 fois sur 10. Chez certains auteurs, comme Aglaé, cette proportion atteint 1 sur 2.

65. Marie-Claire Grassi, *Correspondances intimes, 1700-1860*, thèse de doctorat, Université de Nice, 1985, p. 468.

66. Marie-Claire Grassi (*op. cit.*, p. 457) insiste sur la réciprocité du sentiment lorsque le mot *amitié* est employé dans les formules de fin de lettre.

67. Les compliments élargissent le dialogue soit en s'adressant à l'entourage du destinataire (procédé 1), soit en faisant participer celui de l'auteur (procédé 2), soit en réunissant les deux entourages (procédé 3).

Répartition en % des procédés utilisés

	procédé 1	procédé 2	procédé 3
Eugénie	40	30	30
Aglaé	55	20	25
Caroline	60	15	25
Charles	90	5	5

68. Eugénie mentionne les enfants dans 4 compliments sur 10, Aglaé les mentionne 3 fois sur 10 et Charles 5 fois sur 10.

69. Pour les commissions, Eugénie fait mention des domestiques dans 1 lettre sur 3, Charles dans 1 sur 6. La mention valorise la fidélité, l'ancienneté des services et l'intimité des relations, en particulier les soins donnés aux enfants : Cécile, qui suit partout les fillettes, est intégrée au réseau familial.

70. Pierre Rosanvallon résume en une formule les rôles sociaux masculins et féminins : « on oppose le droit de cité des hommes au droit de famille des femmes », *Le Sacre du citoyen, Histoire du suffrage universel en France*, Gallimard, 1993, p. 136.

71. Voir, par exemple, le recensement de ces manuels fait, sur trois décennies, par Marie-Françoise Lévy, *De mères en filles, l'Éducation des Françaises 1850-1880*, Calmann-Lévy, 1984.

72. Mathilde Bourdon, *Aux jeunes personnes. Politesse et savoir-vivre*, Paris, 1864, in-18°, 175 pages.

73. Ces jeunes filles sont sensiblement du même âge : Caroline est née en 1836, Eugénie en 1837 et Aglaé en 1839. La présence des frères est beaucoup plus discrète.

Conclusion

1. Voir introduction, note 1

2. Alain Viala, « Littérature épistolaire », in *Le Grand Atlas des littératures*, sous la direction de Gilles Quinsat, avec la collaboration de Bernard Cerquiglini, Encyclopedia Universalis, 1990.

3. *Ibid.*

4. Alors que la majorité des manuels épistolaires s'adressent explicitement aux enfants et aux femmes, la famille est rarement visée en tant que telle. La catégorie « correspondance familiale » n'apparaît qu'une fois parmi les quelques deux cents titres répertoriés pour les années 1830-1899. Une seule fois, en sous-titre et en 1899. Il s'agit de Ducret, *Le Secrétaire pour tous. Notions sur le style épistolaire ; correspondance familiale*, etc.

5. Sur ces questions, nous renvoyons aux analyses parues dans *La Correspondance. Les usages de la lettre au XIXe siècle, op. cit.*

6. Cette relation au temps et à l'espace structure les correspondances familiales et en définit les modalités narratives, au même titre que le « chronotope » proposé par Bakhtine organise la narration des genres épique ou romanesque : *cf.* Mikhaïl Bakhtine, *Esthétique et théorie du roman*, Gallimard, 1978, « Troisième étude : Formes du temps et du chronotope dans le roman. Essais de poétique historique », p. 237-398. On peut considérer que les correspondances familiales sont mises en récit selon un rythme, une respiration, une temporalité et un contexte spatial qui en définissent la spécificité.

CES BONNES LETTRES

1. Nous ne publions ici que 120 lettres sur plus de 800 que comprend le fonds Froissart pour les années 1857-1873, période qui fait l'objet de notre étude.

2. Arlette Farge, *Le Goût de l'archive*, *op. cit.*

3. Charles use fréquemment d'abréviations et, dans le cas de redoublement de lettres, il utilise une graphie particulière que nous avons tenté de traduire avec les moyens typographiques ordinaires. Ainsi, nous avons transcrit le mot « comme » : com̂e.

Remerciements

Ce livre est le résultat d'un travail collectif mené dans le cadre du Centre de Recherches historiques (EHESS), où nous avons bénéficié de la compréhension et de toutes les facilités matérielles nécessaires à la réalisation de ce projet. Celui-ci ne s'est réellement dessiné d'ailleurs que grâce à l'intervention de Louis Bergeron. Qu'il trouve ici l'expression de notre reconnaissance. Nous sachant intéressées par l'histoire des pratiques épistolaires, il nous a offert sa médiation pour entrer en relation avec Ludovic Damas Froissart, détenteur d'une importante correspondance familiale.

Cette rencontre fut notre seconde chance. Ludovic Damas Froissart, avec l'accord de sa famille, nous a prêté ces documents précieux et nous a laissé la liberté de les exploiter dans la perspective qui était la nôtre. Nous le remercions chaleureusement pour la confiance qu'il nous a ainsi témoignée.

Nos remerciements vont aussi à Roger Chartier pour son soutien et pour la stimulation que nous avons trouvée dans ses travaux et son enseignement tout au long de cette recherche ; à Jacques Revel, Jean Hébrard, Patrice Bourdelais qui ont pris la peine de lire nos manuscrits et qui nous ont encouragées et conseillées ; à Catherine Gréard qui n'a pas ménagé son aide lors de nos essais de formalisation informatique et statistique.

Table des lettres par auteur

Les chiffres renvoient aux numéros des lettres.

Table des illustrations

DES MÊMES AUTEURS

LA CORRESPONDANCE
LES USAGES DE LA LETTRE AU XIXe SIÈCLE

Ouvrage collectif sous la dir. de R. Chartier
Paris, Fayard, 1991.

Bibliothèque Albin Michel
Histoire

MARTINE AZOULAI
Les Péchés du Nouveau Monde, les manuels pour la confession des Indiens (XVIe-XVIIe siècle)

JANINE DRIANCOURT-GIROD
L'Insolite Histoire des Luthériens de Paris de Louis XIII à Napoléon

NICOLE EDELMAN
Voyantes, guérisseuses et visionnaires en France (1785-1914)

PAUL GERBOD
Voyage au pays des mangeurs de grenouilles, la France vue par les Britanniques du XVIIIe à nos jours

ROBERT HUGHES
Barcelone – la ville des merveilles

LYNN HUNT
Le Roman familial de la Révolution française

CHRISTIAN JACOB
L'Empire des cartes, approche théorique de la cartographie à travers l'histoire

PHILIPPE JACQUIN
Le Cow-Boy, un Américain entre le mythe et l'histoire

GERD KRUMEICH
Jeanne d'Arc à travers l'histoire

ARLETTE LEBIGRE
Les Dangers de Paris au XVIIe siècle

DOMINIQUE LEJEUNE
Les Sociétés de géographie en France et l'expansion coloniale au XIXe siècle

ALFRED MORABIA
Le Gihâd dans l'Islam médiéval, le « combat sacré » des origines au XIIe siècle

LÉO MOULIN
La Vie des étudiants au Moyen Age

Bruno Neveu
Érudition et religion aux XVIIe et XVIIIe siècles

Michèle Riot-Sarcey
La Démocratie à l'épreuve des femmes, trois figures critiques du pouvoir, 1830-1848

Martine Sevegrand
Les Enfants du bon Dieu, les catholiques français et la procréation, 1919-1969

Catherine Vincent
Les Confréries médiévales dans le royaume de France, XIIIe-XVe siècle

Collectif Unesco
Destins croisés, cinq siècles de rencontres avec les Amérindiens

Cet ouvrage a été composé
par Charente Photogravure à L'Isle-d'Espagnac
et achevé d'imprimer
par l'Imprimerie Pollina à Luçon
pour les éditions Albin Michel
en février 1995

N° d'édition : 14122. N° d'impression : 66932
Dépôt légal : mars 1995

Imprimé en France